Kerstin Pohl

Gesellschaftstheorie in der Politikdidaktik

Die Theorierezeption bei
Hermann Giesecke

Bibliografische Information der Deutschen Nationalbibliothek

Die Deutsche Nationalbibliothek verzeichnet diese Publikation in der Deutschen Nationalbibliografie; detaillierte bibliografische Daten sind im Internet unter http://dnb.d-nb.de abrufbar.

© WOCHENSCHAU Verlag
　Dr. Kurt Debus GmbH,
　Schwalbach/Ts., 2. korrigierte Auflage 2014

www.wochenschau-verlag.de

Alle Rechte vorbehalten. Kein Teil dieses Buches darf in irgendeiner Form (Druck, Fotokopie oder einem anderen Verfahren) ohne schriftliche Genehmigung des Verlages reproduziert oder unter Verwendung elektronischer Systeme verarbeitet werden.

Umschlaggestaltung: Ohl Design
Gedruckt auf chlorfrei gebleichtem Papier
Gesamtherstellung: Wochenschau Verlag
ISBN 978-3-89974446-0

Inhalt

1. Einleitung 5

2. Hermann Gieseckes „Konfliktdidaktik" 18
   2.1 Einführung 18
   2.2 Ralf Dahrendorfs Konflikttheorie – Erster Exkurs 25
       2.2.1 Bedeutung und Entstehung der Konflikttheorie 26
       2.2.2 Dahrendorfs Konflikttheorie und Gesellschaftsdiagnose 31
       2.2.3 Kritik und Würdigung 39
   2.3 Gieseckes didaktische Konzeption und seine Theorierezeption 43
       2.3.1 Politikbegriff und Gesellschaftsbild 45
       2.3.2 Die Auswahl der Lerninhalte 56
       2.3.3 Zielsetzung und Bürgerleitbild 68
       2.3.4 Das kategoriale didaktische Modell 88
       2.3.5 Aufgabenfelder und Funktionen
             der politischen Didaktik 109
   2.4 Woher kommt Gieseckes „Konfliktdidaktik"? –
       Erklärungsansätze 118

3. Gieseckes neue Didaktik: Politische Didaktik
   im Zeichen der Kritischen Theorie? 141
   3.1 Einführung 141
   3.2 Marx und die Kritische Theorie – Zweiter Exkurs 142
       3.2.1 Karl Marx 143
       3.2.2 Die Kritische Theorie – Einführung 159
       3.2.3 Die Diagnose der spätkapitalistischen Gesellschaft 165
       3.2.4 Herbert Marcuse: Eine psychoanalytisch
             erweiterte Dialektik der Aufklärung 182
       3.2.5 Jürgen Habermas' Beitrag zur Kritischen Theorie 191
       3.2.6 Entfremdung und Emanzipation –
             der rote Faden der marxistischen Theorien 198

3.3 Die Emanzipation hält Einzug in Gieseckes
didaktische Konzeption 203
3.4 Die neue Didaktik – Einführung 228
3.5 Die Darstellung der Geschichte der politischen Bildung 231
3.6 Gieseckes neue Konzeption 266
    3.6.1 Gesellschaftstheoretische Grundlegung und
Parteilichkeit der politischen Bildung 266
    3.6.2 Lernziele und Inhalte der politischen Bildung 279
    3.6.3 Das Kategorienmodell 288
    3.6.4 Implikationen des Kategorienmodells für Ziele,
Inhalte und Methoden des politischen Unterrichts 299
    3.6.5 Der Zusammenhang zwischen politischer Didaktik,
politischer Theorie und pädagogischer Theorie 322
3.7 Was bleibt von der sozialwissenschaftlichen Wende? 330

4. **Gieseckes Abwendung von den sozialwissenschaftlichen
Theorien nach 1972** 375
4.1 Die Aufsätze Gieseckes zur politischen Bildung nach 1972 375
4.2 Gieseckes neue „Politische Bildung" 398
4.3 Sozialwissenschaftliche Wende rückwärts? 412

5. **Chancen und Gefahren der Theorierezeption:
Fazit und Ausblick** 413
5.1 Was lässt sich von Hermann Giesecke lernen? – Ein Fazit 413
5.2 Politikdidaktik und sozialwissenschaftliche Theorien heute –
Ein Ausblick 420

Literaturverzeichnis 425

Abkürzungen 445

Danksagung 446

1. Einleitung

„Jede praktische Theorie
ist eine eklektische,
sie sucht sich die Aufklärung,
wo sie sie finden kann."
Hermann Giesecke

Politikdidaktische Theorien sind praktische Theorien, denn sie zielen auf das Handeln der Lehrerinnen und Lehrer und versuchen, dieses anzuleiten. Zum Handeln der Lehrerinnen und Lehrer gehören die Durchführung sowie die Vor- und Nachbereitung des Unterrichts, aber auch die ständige begleitende Reflexion und Begründung dieser Praxis. Politikdidaktische Theorien sollen hierfür geeignete Instrumentarien bieten.

Politikdidaktische Theorien zielen aber nicht nur auf die Unterrichtspraxis, sondern auch auf die politische Praxis: Indem sie sinnvolle Ziele und Inhalte der politischen Bildung formulieren und begründen, können sie die politische Bildung und nicht zuletzt deren öffentliche Finanzierung legitimieren.

Politikdidaktische Theorien sind aber auch wissenschaftliche Theorien, weil sie der konzeptionellen Grundlegung einer Politikdidaktik dienen, die sich mittlerweile als wissenschaftliche Disziplin etabliert hat. So bezeichnet etwa Wolfgang Sander die Politikdidaktik als „interdisziplinäre Sozialwissenschaft", die „politisches Lernen empirisch und konzeptionell [untersucht,] mit dem Erkenntnisinteresse, die Bedingungen für die Möglichkeit von Lernprozessen aufzuklären, die die politische Mündigkeit der Lernenden fördern" (Sander 2001: 12).[1]

An eine politikdidaktische Theorie werden also hohe Ansprüche gestellt. Das gilt vor allem, wenn es sich bei dieser Theorie um eine didaktische Konzeption handelt, die – nach einer häufig zitierten Definition von Wolfgang Hilligen – einen „plausible[n] Gesamtzusammenhang von hypothetischen oder mehr oder weniger gesicherten Aussagen über Ziele, Inhalte, Unterrichtsorganisation und Bedingungen der politischen Bildung bzw. des politischen Unterrichts" darstellt (Hilligen 1991: 15).[2]

---

1 Vgl. zur Wissenschaftlichkeit von Politikdidaktik und politikdidaktischer Theorie auch Massing 2002 und Weißeno 2002.
2 Vgl. zum Begriff der didaktischen Konzeption auch Giesecke 1980: 503; Sander 2005: 24; Detjen 2007: 425.

Politikdidaktische Konzeptionen müssen also zunächst Aussagen machen über die institutionellen und personellen Ausgangsbedingungen politischer Bildung – vor allem über ihre Adressaten: Im Rahmen eines meist nur implizit enthaltenden Menschenbildes treffen sie Aussagen über deren potenzielle Lernvoraussetzungen, Einstellungen und Fähigkeiten. Diese Adressaten können Schülerinnen und Schüler sein, aber auch Jugendliche außerhalb der Schule oder Erwachsene, wenn es sich um Konzeptionen für die außerschulische politische Bildung handelt. In dieser Arbeit stehen die Konzeptionen für die schulische politische Bildung im Zentrum, und zwar solche, die sich vorrangig der politischen Bildung im Rahmen des darauf spezialisierten Unterrichtsfachs widmen. Dieses Unterrichtsfach wird hier, einem Vorschlag der Gesellschaft für Politikdidaktik und politische Jugend- und Erwachsenenbildung (GPJE) folgend, als „Politische Bildung" bezeichnet, häufig aber auch Gieseckes Terminologie folgend als „politischer Unterricht". Der Begriff steht stellvertretend für alle in Deutschland üblichen Fachbezeichnungen, die verwirrend vielfältig sind (vgl. GPJE 2004: 9, 12). Wird „politische Bildung" klein geschrieben, ist damit die entsprechende Bildungsaufgabe gemeint – ob es dabei um die Aufgabe der Schule oder der außerschulischen Träger oder beider geht, ergibt sich jeweils aus dem Kontext.[3]

Politikdidaktische Konzeptionen enthalten meist auch Aussagen über die geeignete Unterrichtsorganisation, worunter in der Regel Methoden, Medien und Sozialformen politischer Bildung verstanden werden. Diese dienen dazu, „die optimalen Bedingungen für die Begegnung von Lernenden und Sache" herzustellen (Kuhn/Massing 2004: 8). Idealerweise berücksichtigen die Konzeptionen daher auch den Implikationszusammenhang, in dem Methoden, Medien und Sozialformen mit den Bedingungen des Unterrichts einerseits und mit seinen Zielen und Inhalten andererseits stehen.

Den Schwerpunkt fast aller didaktischer Konzeptionen bilden aber die Ziele und Inhalte der politischen Bildung. Mit der sogenannten didaktischen Wende rückte ab Mitte der 1950er und spätestens in den 1960er Jahren zum einen die Notwendigkeit in den Fokus, Inhalte gezielt auszuwählen, um den Schülerinnen und Schülern durch exemplarisches Lernen *Einsichten* in poli-

---

[3] Giesecke schreibt politische Bildung meist klein, gelegentlich aber auch groß, beispielsweise wenn es ihm ausdrücklich um Politische Bildung als Institution oder als Unterrichtsfach geht (vgl. Giesecke 1968e: 284; 2000a: 229). Er ist diesbezüglich allerdings nicht konsistent. Seine Schreibweise wie auch die anderer zitierter Autorinnen und Autoren wird trotzdem sowohl in wörtlichen Zitaten als auch in Paraphrasen grundsätzlich beibehalten, da es bei der Groß- und Kleinschreibung nicht nur um Rechtschreibung, sondern auch um die inhaltliche Konnotation des Begriffs geht.

tische und gesellschaftliche Phänomene und Prozesse zu ermöglichen. Didaktik wurde damit zur „Wissenschaft von den Bildungsinhalten". Zudem erschien es nun notwendig, die Ziele der politischen Bildung zu begründen, und es entbrannte eine Diskussion um die Frage, was eigentlich den urteilsfähigen und mündigen Bürger ausmacht (Detjen 2007: 155; vgl. Gagel 2005: 133-135; Kuhn/Massing/Skuhr 1993: 172-173; u. S. 73).

Die Rolle der Sozialwissenschaften in der Politikdidaktik und die Fragestellung der Arbeit

Viele Politikdidaktiker wandten sich auf der Suche nach Antworten nun den *Sozialwissenschaften* zu. Hier erhofften sie sich zum einen Antworten auf die Frage, welche Inhalte besonders geeignet seien, um politische Einsichten zu erreichen. Zum anderen suchten sie in der normativen sozialwissenschaftlichen Diskussion auch Schützenhilfe zur Legitimation ihrer Vorstellungen von den Zielen einer guten politischen Bildung (vgl. Gagel 2005: 151-157).

Hermann Giesecke hat mehr als alle anderen Politikdidaktikerinnen und -didaktiker sozialwissenschaftliche Theorien rezipiert und in seine konzeptionellen didaktischen Überlegungen einbezogen. Auch wenn er selbst nachträglich seine Theorierezeption als „eklektisch" bezeichnet hat,[4] hebt Walter Gagel lobend hervor, Giesecke nutze die sozialwissenschaftlichen Theorien zur „Darlegung eines konsistenten Zusammenhangs von Zielen und Inhalten für den politischen Unterricht" (Gagel 2005: 158). Giesecke wird deshalb allgemein das Verdienst zugeschrieben, nicht nur zur didaktischen, sondern auch zur sozialwissenschaftlichen Wende der Politikdidaktik maßgeblich beigetragen zu haben. Gagel geht sogar so weit zu diagnostizieren, dass man bei Hermann Giesecke eine Antwort auf die Frage finde, die lange Zeit als Gretchenfrage der Politikdidaktik galt: worin genau „die Beziehung zwischen Fachwissenschaft und Fachdidaktik besteht" (Gagel 2005: 158; vgl. Massing 2007: 20; u. S. 139).

Zahlreiche Autorinnen und Autoren, die sich mit Giesecke auseinandergesetzt haben, stellen fest, dass er zunächst Dahrendorfs Konflikttheorie und später die Kritische Theorie rezipiert habe. Auch fast alle Überblicksdarstellungen zur Geschichte der politischen Bildung enthalten zumindest einige Absätze zu Gieseckes Rezeption dieser Gesellschaftstheorien. Trotzdem ist Gieseckes Theorierezeption noch nie systematisch untersucht worden. In der Sekundärliteratur bleibt die Auseinandersetzung mit seinen Theoriebezügen häufig oberflächlich; es gibt zahlreiche Ungereimtheiten und Widersprüche

---

4 Vgl. dazu das Eingangszitat o. S. 5 aus Giesecke 1978b: 374.

sowie viele Aspekte, die noch nie analysiert wurden (vgl. v.a. unten ab sowie S. 19 ab S. 331). Diese Arbeit will daher untersuchen, *welche* sozialwissenschaftlichen Theorien Giesecke *in welchem Ausmaß* rezipiert. Es wird zudem um die Frage gehen, ob Giesecke diese Theorien *adäquat* rezipiert, also ob er jeweils den Zusammenhang der Aussagen berücksichtiget, auf die er sich stützt, und nicht einfach einzelne Aspekte als Belegstellen heranzieht, ohne den Argumentationskontext einzubeziehen. Schließlich wird herausgearbeitet, welchen *Stellenwert* die Theorien für Gieseckes politikdidaktische Konzeptionen haben und welche *Funktionen* sie im Kontext seiner Argumentation erfüllen.

Die hierbei gewonnenen Erkenntnisse sollen zum einen Beitrag zur Geschichte der Politikdidaktik liefern. So wird seit mittlerweile mehr als 50 Jahren die Behauptung tradiert, dass Giesecke sich in seiner ersten Didaktik auf Dahrendorf stützt, obwohl dessen Name im Buch kaum vorkommt und auch Giesecke selbst mehrfach die Bedeutung Dahrendorfs für seine Konzeption relativiert hat. Dieser offen zutage liegende Widerspruch bedarf endlich einer systematischen Klärung.

In Bezug auf Gieseckes neue Didaktik gibt es in der Sekundärliteratur keine einhellige Meinung – dafür zwei Thesen, die einander gegenüberstehen, sich aber eigentlich gegenseitig ausschließen: So geht ein Teil der Autoren von einer „marxistischen Uminterpretation" (Sutor) aus, ein anderer Teil glaubt, Giesecke sei bei seiner liberalen Theorie geblieben und die Kritische Theorie habe für ihn lediglich eine „Bereicherungs- und Ergänzungsfunktion" (Gagel) gehabt (vgl. o. S. 344). Vermittelnde Positionen konstatieren eine Mischung beider Theorien und zum Teil auch Widersprüche, die sich daraus ergeben – das genaue „Mischungsverhältnis" und die Auswirkungen der Widersprüche auf Gieseckes neue Didaktik wurden aber noch nicht im Zusammenhang untersucht, sodass die Arbeit auch hier Neuland betritt.

Gieseckes politikdidaktische Schriften ab Mitte der 1970er Jahre inklusive der beiden erneuten Überarbeitungen seiner Didaktik von 1993 und 2000 wurden in der Politikdidaktik bisher wenig zur Kenntnis genommen und spielen in der Sekundärliteratur kaum eine Rolle (vgl. u. S. 399). Diese Schriften offenbaren die Tendenz Gieseckes, sich nicht nur von den marxistischen Theorien abzuwenden, sondern eine wissenschaftliche Legitimation didaktischer Konzeptionen durch eine gesellschaftstheoretische Grundlegung prinzipiell in Frage zu stellen. Zudem relativiert Giesecke nun auch den zuvor zentralen Stellenwert von Konflikten im Rahmen seiner politikdidaktischen Konzeption. Diese Entwicklungen Gieseckes werden hier erstmals systematisch analysiert und zudem kritisch hinterfragt, um die Aussagen über seine Theorierezeption auf sein gesamtes politikdidaktisches Werk ausdehnen zu können.

Neben dem Erkenntnisgewinn für die Wissenschaftsgeschichte verfolgt die Arbeit einen weiteren Zweck: Indem sie Gieseckes Versuche, sozialwissenschaftliche Theorien für seine politikdidaktischen Konzeptionen fruchtbar zu machen, untersucht, kann sie prinzipielle Chancen und Gefahren der Theorierezeption in der Politikdidaktik ausfindig machen und benennen. Dadurch kann sie schließlich auch die Notwendigkeit verdeutlichen, dem Verhältnis der Politikdidaktik zu den sozialwissenschaftlichen Theorien heute wieder mehr Aufmerksamkeit zu widmen: Gerade vor dem Hintergrund, dass es nach der sozialwissenschaftlichen zu einer pragmatischen Wende kam, in der viele Politikdidaktiker sich ausdrücklich wieder von den sozialwissenschaftlichen Theorien abwandten (vgl. dazu bspw. Gagel 1992: 66), scheint die Frage, wie genau die Beziehung zwischen Politikdidaktik und sozialwissenschaftlichen Theorien aussehen könnte und sollte, noch immer nicht ausreichend geklärt. Viele gegenwärtige Autorinnen und Autoren rezipieren heute wieder Theorien aus Politikwissenschaft und Soziologie (vgl. bspw. Juchler 2005; Scherb 2003) und in Teilbereichen wird auch auf der Metaebene nach der Funktion dieser Theorien für die Politikdidaktik gefragt (vgl. Massing 1999). Die Relevanz der Frage nach der Beziehung zwischen Politikdidaktik und Sozialwissenschaften zeigt sich ganz aktuell auch an dem Streit um die Frage, welche Basis- und Fachkonzepte die politische Bildung vermitteln sollte und welche Sozialwissenschaften bei der Formulierung dieser Konzepte in welcher Weise herangezogen werden sollten (vgl. Weißeno u.a. 2010; Autorengruppe Fachdidaktik 2011). Die vorliegende Arbeit möchte der Diskussion dieser Frage neue Impulse verleihen, um damit die fortwährende Auseinandersetzung um die konzeptionelle Grundlegung der wissenschaftlichen Politikdidaktik voranzubringen.

Der Theoriebegriff

Nachdem die Begriffe „Theorie", „wissenschaftliche Theorie", „sozialwissenschaftliche Theorie" und „Gesellschaftstheorie" bereits gefallen sind, muss vor dem Beginn der Analyse das der Arbeit zugrunde liegende Begriffsverständnis geklärt werden:

Der Begriff *sozialwissenschaftliche Theorien* steht hier für Versuche, die Komplexität der sozialen Welt auf übersichtliche Erklärungen zu reduzieren. In den Worten von Bernd Ladwig heißt es schlicht: „Theorien sind Zusammenhänge von Aussagen, die auf die Beantwortung von Warum-Fragen zielen" (Ladwig 2009: 13).

Theorien sind damit nicht auf die Wissenschaften beschränkt – jeder Mensch entwickelt auch persönliche Theorien, um sich die Gegebenheiten

9

in seinem Alltag und das Handeln seiner Mitmenschen zu erklären und sich so in seiner Lebenswelt zu orientieren. Wissenschaftliche Theorien unterscheiden sich von *Alltagstheorien* dadurch, dass die Komplexitätsreduktion nicht intuitiv, sondern systematisch erfolgt: Sie verknüpfen Aussagen auf intersubjektiv nachvollziehbare Weise sowie mit einem Generalisierungsanspruch gegenüber den Objekten, um die es ihnen geht, und mit Bezug auf alle potenziellen Rezipienten. Dabei handelt es sich um empirisch gewonnene Aussagen darüber, warum etwas der Fall *ist,* oder normative Aussagen darüber, warum etwas der Fall sein *sollte* (vgl. Ladwig 2009: 25; Pohl 1999b: 196).

Der Terminus *sozialwissenschaftliche Theorien* soll fortan als Oberbegriff für alle Theorien über die Gesellschaft oder ihre Teilbereiche stehen. Erziehungswissenschaftliche und psychologische Theorien werden dabei ausdrücklich ausgenommen, weil sie im Rahmen der Didaktik eine ganz andere Rolle spielen als die in dieser Arbeit untersuchten sozialwissenschaftlichen Theorien. Neben einigen klassischen wissenschaftstheoretischen Einteilungen sozialwissenschaftlicher Theorien (vgl. Fijalkowski 1961; Habermas 1968a; 1969a; Narr 1972) gibt es zahlreiche spätere Systematisierungsversuche, die im Rahmen dieser Arbeit aber nicht dargestellt werden müssen (vgl. Ladwig 2009: 13-29; Pohl/Buchstein 1999; Rosa/Strecker/Kottmann 2007: 17). Stattdessen beschränkt sich die folgende Systematisierung auf solche Theorien, die in der Politikdidaktik eine zentrale Rolle spielen – das sind vor allem Gesellschaftstheorien, Demokratietheorien und Wissenschaftstheorien. Diese lassen sich durch ihren jeweiligen Gegenstandsbereich voneinander abgrenzen:

Als Gesellschaftstheorien werden im Folgenden solche umfassenden Theorien bezeichnet, die alle Gesellschaftsphänomene einbeziehen, einschließlich der Teilbereiche Politik, Ökonomie und Recht (vgl. Böhret/Jann/Kronenwett 1988: 339; Pohl 1999a: 91). Sie haben damit einen umfassenderen Erklärungsanspruch als beispielsweise politische oder ökonomische Theorien, die sich jeweils nur auf die Politik oder die Ökonomie als Teilbereich der Gesellschaft beziehen.

Allgemein gesprochen fragen Gesellschaftstheorien danach, was eine Gesellschaft zusammenhält, wie sie funktioniert, was sie verändert und wenn es sich um normative Gesellschaftstheorie handelt auch danach, ob sie ein gutes Leben ihrer Mitglieder ermöglicht. Diese Ansprüche haben sowohl die marxistischen Theorien als auch Dahrendorfs Konflikttheorie, die daher beide als Gesellschaftstheorien bezeichnet werden.

Demokratietheorien machen Aussagen über die „Demokratie", die dabei allerdings unterschiedlich weit definiert wird. Sowohl am Beginn der politischen Bildung in Deutschland wie auch in den letzten Jahren gab es eine Diskussion über die Frage, ob politische Bildung auch auf die Demokratie als Lebensform zielt. Als Referenzautor wird häufig John Dewey genannt, dessen wohl bekanntester Satz über die Demokratie lautet: „Die Demokratie ist mehr als eine Regierungsform; sie ist in erster Linie eine Form des Zusammenlebens, der gemeinsamen und miteinander geteilten Erfahrung" (Dewey 1993: 121).[5]

Die meisten Demokratietheorien legen ihren Fokus jedoch auf das demokratische politische System und gehören damit zu den politischen Theorien. Ihr spezifischer Schwerpunkt liegt dabei auf dem politischen Handeln der Bürgerinnen und Bürger. Als „magisches Dreieck der Demokratietheorie" bezeichnet Hubertus Buchstein die Fragen nach den Bürgerrechten, den Bürgerqualifikationen und den institutionellen Arrangements, die die Rahmenbedingungen dieses Handelns bilden (Buchstein 1996: 296). Dieser Definition liegt ein Demokratiebegriff zugrunde, der die etymologischen griechischen Wurzeln der Worte „demos" (= Volk) und „kratein" (= Herrschaft/Macht) weiterhin ernst nimmt. Buchstein und Jörke diagnostizieren für die letzten Jahre eine semantische Transformation des Demokratiebegriffs, der nun das rationale Politikergebnis, den „Output" demokratischer Prozesse ins Zentrum stelle (vgl. Buchstein/Jörke 2003: 475).

In der Politikdidaktik hat sich diese semantische Transformation mit guten Gründe nicht durchgesetzt: Wie auch Buchstein und Jörke kritisieren, verabschiedet sich ein rein output-orientierter Demokratiebegriff „von den partizipativen Momenten" der Demokratie (vgl. Buchstein/Jörke 2003: 475), die bisher seinen normativen Kern ausgemacht haben. Ein output-orientierter Demokratiebegriff wäre daher für die Politikdidaktik gar nicht anschlussfähig: Egal ob man als primäre Ziel der politischen Bildung in der Mündigkeit, der Urteilsfähigkeit oder der Handlungsfähigkeit sieht – sie muss an einem Demokratiebegriff ansetzen, der an der Partizipation als normativem Kern festhält.

Ob das ein ausreichender Grund ist, am „alten" Demokratiebegriff festzuhalten und damit womöglich den Anschluss an die neuere Demokratietheorie zu gefährden, braucht hier nicht diskutiert zu werden: Da der Schwerpunkt der Arbeit auf der Geschichte der Theorierezeption liegt, kann und muss ohnehin der damals übliche Demokratiebegriff verwendet werden, nach dem die Bürgerinnen und Bürger im Zentrum standen (vgl. Pohl 2004d).

Der dritte für diese Arbeit relevante Theorietypus sind die *Wissenschaftstheorien*. Sie sind Metatheorien, weil sie theoretische Aussagen über die

---

5   Die neuere Forschung über Dewey hat gezeigt, dass Dewey darüber hinaus einen zweiten Demokratiebegriff hat: Dirk Jörke spricht von einem „Modell einer politischen Demokratie, deren Kern die kooperative Lösung von öffentlichen Problemen ist" (Jörke 2003: 84; vgl. Dewey 1996; Pohl 2004c: 167-172).

Wissenschaft selbst machen, inklusive ihrer Theoriebildung. Die wohl wichtigste Kontroverse bestand über Jahrzehnte in der Frage, ob auch normative Aussagen wissenschaftsfähig sind. Sie begann mit dem sogenannten Werturteilsstreit, den Max Weber, Gustav Schmoller und andere Wissenschaftler zu Beginn des 20. Jahrhunderts austrugen, und wirkte bis in die von Adorno als „Positivismusstreit" bezeichnete Auseinandersetzung zwischen Theodor W. Adorno, Karl Popper und anderen zu Beginn der 1960er Jahre nach (vgl. Dahrendorf 1993: 149). In der politischen Bildung spielt neben der Frage der wissenschaftlichen Begründung von Normen vor allem die von Habermas im Rahmen der wissenschaftstheoretischen Fundierung seiner Gesellschaftstheorie vorgenommene Unterscheidung zwischen unterschiedlichen erkenntnisleitenden Interessen (vgl. u. S. 196) und im Zusammenhang damit seine Unterscheidung von empirisch-analytischer, historisch-hermeneutischer und kritischer wissenschaftlicher Theoriebildung eine Rolle.

Biografie, Werke und Wirkung Gieseckes

Die Theorierezeption in der Politikdidaktik anhand der Schriften Gieseckes zu untersuchen, bietet sich nicht nur deshalb an, weil bei ihm die sozialwissenschaftlichen Theorien eine wichtige Rolle spielen. Darüber hinaus lässt sich an seinem bis heute andauernden, mittlerweile mehr als 50-jährigen, wissenschaftlichen Schaffen überprüfen, ob auch die *Konjunktur* sozialwissenschaftlicher Theorien in der öffentlichen Diskussionen einen Einfluss auf die Theorierezeption in seinen Schriften hatte. Der folgende Abschnitt verdeutlicht daher kurz Gieseckes wichtigste biografische Stationen und gibt einen ersten Überblick über die Vielfältigkeit seines Werkes:

Hermann Giesecke wurde 1932 in eine katholische Arbeiterfamilie in Duisburg geboren. Beide Eltern waren an Literatur und Bildung interessiert und schickten ihren Sohn auf Empfehlung seiner Lehrer auf ein altsprachliches Gymnasium. Während des Krieges musste Herman Giesecke allerdings mehrfach die Schule wechseln, vor allem, weil seine Familie wegen der Luftangriffe das Ruhrgebiet vorübergehend verließ. In Halberstadt bekam er – so schreibt er in seiner Autobiografie – die Empfehlung zum Eintritt in eine Napola; sein Vater lehnte das Angebot aber ab. Er selbst bezeichnet im Nachhinein seine Mitgliedschaft in der Hitler-Jugend als lästige Pflicht und schreibt, für seine Jugend seien zwar der Krieg und der Katholizismus, nicht aber der Nationalsozialismus prägend gewesen (Giesecke 2000a: 39-51,61).

Nach dem Krieg beendete Hermann Giesecke 1953 die Schule und nahm 1954 ein Lehramtsstudium mit den Fächern Geschichte und Latein auf. Sein zentrales Interesse galt schon bald der Geschichte der modernen Emanzipationsbewegungen, und er gründete gemeinsam mit Kommilitoninnen und Kommilitonen den Studienkreis „Ost-West-Fragen", dessen Mitglieder ab 1956 im Auftrag des Jugendhofes Vlotho Schülerlehrgänge zur politischen Bildung durchführten (Giesecke 2000a: 79-114; vgl. u. ab S. 118).

Giesecke schloss das Studium 1960 mit dem Staatsexamen ab und arbeite dann hauptberuflich als Jugendsekretär im Jugendhof Steinkimmen, den er ab 1961 auch leitete. 1963 trat er eine Assistentenstelle bei Theodor Wilhelm in Kiel an, mit der seine wissenschaftliche Laufbahn begann. Er setzte sich dort zum einen mit Fragen der Pädagogik des Jugendtourismus auseinander, zum anderen promovierte er mit einer Arbeit über seine Erfahrungen in der außerschulischen politischen Jugendbildung, die bereits 1964 unter dem Titel „Die Tagung als Stätte der politischen Jugendbildung" erschien (Giesecke 1964a; vgl. Giesecke 2000a: 140-141).

Er verarbeitet darin seine Erfahrungen aus der außerschulischen politischen Jugendbildung und formuliert ein Gesamtkonzept für die politische Bildung. Aus dieser Dissertation – die er nach seinen eigenen Worten nur mit wenigen Kopien an der Universität Kiel abgegeben hat und die außer von den Gutachtern von niemandem gelesen wurde (vgl. Giesecke 2000a: 144)[6] – gingen anschließend zwei Bücher hervor: Der praktische Teil erschien 1966 unter dem Titel „Politische Bildung in der Jugendarbeit" (Giesecke 1966a), der theoretische 1965 als „Didaktik der politischen Bildung" (Giesecke 1965a).

Auch wenn Gieseckes konzeptionelle Überlegungen in der außerschulischen politischen Bildung entstanden sind, wurde seine „Didaktik" vor allem in der schulischen politischen Bildung populär,[7] und Hermann Giesecke wurde gleich durch diese erste Monografie zu einem der bekanntesten Vertreter der deutschen Politikdidaktik. Seine „Didaktik" erreichte zwölf Auflagen und ist seit ihrem erstmaligen Erscheinen „zum Drehpunkt nahezu aller Ansätze der ‚politischen' Didaktik geworden" (Adam 1975: 29). Selbst ein Kritiker wie Klaus Wallraven bezeichnet sie als „bahnbrechend" im Hinblick auf die Wahrnehmung der Bedeutung von Konflikten in Politik und Gesellschaft

---

6   Nach Gieseckes eigenen Angaben war seine Dissertation überdies „stilistisch [...] miserabel", und für die beiden Bücher hat er sie – auf Anregung seines Verlegers bei Juventa – v.a. sprachlich überarbeitet (Giesecke 2000a: 144-145). Dass er auch deutliche inhaltliche Veränderungen vorgenommen hat, wird im zweiten Kapitel der Arbeit gezeigt.

7   Angesichts der starken Systematisierung des Lernprozesses und der Engführung auf die kognitive Durchdringung politischer Konflikte verwundert es nicht, dass Gieseckes Didaktik in der schulischen politischen Bildung mehr Anklang fand als in der disparaten und viel offeneren außerschulischen politischen Bildung (vgl. Scheurich/Pohl/Hufer 2004: 340, 373-383).

(Wallraven 1976: 122; vgl. Gagel 2005: 158). Giesecke hat anschließend zahlreiche weitere Bücher und Aufsätze zur politischen Bildung und zur Pädagogik veröffentlicht – die Didaktik von 1965 blieb aber zumindest aus Sicht der Politikdidaktik bis heute nicht nur sein bekanntestes, sondern auch sein einflussreichstes Buch.

Nur zwei Jahre nach der Veröffentlichung wurde Giesecke 1967 auf eine Professur für Pädagogik und Sozialpädagogik an der Pädagogischen Hochschule Göttingen berufen. Hier lehrte er bis zu seiner Emeritierung 1997. Der Schwerpunkt seiner Veröffentlichungen verschob sich im Folgenden immer mehr zur Pädagogik. Er verfasste unter anderem eine „Einführung in die Pädagogik", die erstmals 1969 publiziert wurde von der nach zahlreichen Auflagen 1990 eine Neuausgabe erschien (Giesecke 1990). Daneben schrieb Giesecke einflussreiche Bücher zur NS-Pädagogik (1981a, 1999a) und zur Schulpolitik (1996a; 1998a).[8]

Giesecke veröffentlichte aber immer weiter auch Bücher und Texte zur politischen Bildung. Neben zahlreichen Aufsätzen erschienen 1973 seine „Methodik des politischen Unterrichts" (Giesecke 1973a) und 1976 sein Schulbuch „Einführung in die Politik. Lese- und Arbeitsbuch für den Sozialkundeunterricht im Sekundarbereich I" (Giesecke 1976a). 1972 legte er eine grundlegend überarbeite Neuausgabe seiner Didaktik vor, die im Folgenden meist als neue Didaktik bezeichnet wird, und deren Neuerung unter anderem darin besteht, dass Giesecke jetzt ausdrücklich die Kritische Theorie zu seiner Bezugstheorie erklärt (vgl. Giesecke 1972a: 119-120; u. S. 228). Dieses Bekenntnis sowie Gieseckes Forderung nach einer grundsätzlichen Parteilichkeit der politischen Bildung in der neuen Didaktik haben zu heftigen Diskussionen in der Politikdidaktik geführt (vgl. u. S. 273).

Zwei weitere Neubearbeitungen, in denen er unter dem Titel „Politische Bildung" seine Didaktik mit der Methodik zusammengeführt hat, legte Giesecke dann 1993 und 2000 vor (vgl. Giesecke 1993; 2000b). Diese Ausgaben konnten aber bei weitem nicht mehr die Popularität der ersten Didaktik erreichen und haben lange nicht so viele Diskussionen ausgelöst wie seine Didaktik von 1972.

---

8   Giesecke Homepage weist insgesamt 14 Monografien zur Pädagogik aus; darüber hinaus hat er auch persönliche Erfahrungen in Form von Bücher verarbeitet, nicht nur in seiner Autobiografie, sondern auch in dem Buch „Wenn Familien wieder heiraten. Neue Beziehungen für Eltern und Kinder" (Giesecke 1997a). Weitere Angaben finden sich auf seiner Homepage http://www.hermann-giesecke.de (letzter Zugriff: 01.06.2011).

Als wichtiges Werk ist schließlich Gieseckes Autobiografie zu nennen (Giesecke 2000a), auf die sich auch die vorangegangene Darstellung der biografischen Stationen Gieseckes vorrangig stützt.

Vorgehensweise und Gliederung

Von Gieseckes Schriften sind für die Untersuchung seiner Theorierezeption vorrangig seine erste Didaktik und die Neuausgabe der Didaktik von 1972 zentral, weil er vor allem in diesen Werken Bezüge von der Politikdidaktik zu den sozialwissenschaftlichen Theorien herstellt.

Um untersuchen zu können, ob Giesecke die berücksichtigten Theorien adäquat verwendet, und auch um den Stellenwert und die Funktionen dieser Theorien für Gieseckes politikdidaktische Konzeptionen bewerten zu können, reicht es nicht aus, diese Theorien bloß im Kontext ihrer Rezeption bei Giesecke zu betrachten. Um der Fragestellung gerecht zu werden und die Aussagen in der Sekundärliteratur überprüfen zu können, müssen die für Giesecke zentralen Gesellschaftstheorien vielmehr in *eigenständigen Darstellungen* präsentiert werden, in denen ihre wichtigsten Argumentationszusammenhänge im Kontext analysiert werden.

Das ist für Ralf Dahrendorfs Konflikttheorie, deren Rezeption in Gieseckes erster Didaktik ein „common belief" der Politikdidaktik darstellt, nicht allzu schwer: Sie lässt sich im Rahmen von Dahrendorfs Gesamtwerk gut identifizieren, der Umfang seiner Schriften dazu ist übersichtlich, und die wichtigsten Grundzüge lassen sich relativ leicht herausarbeiten. Die Darstellung als Exkurs im Rahmen des zweiten Kapitels dieser Arbeit kann sich daher auf knapp 20 Seiten beschränken (Kap. 2.2).

Deutlich schwieriger gestaltet sich die Darstellung von Gieseckes späterer Bezugstheorie: „der" Kritischen Theorie (Kap. 3.2). Da Giesecke selbst diese ausdrücklich als Grundlage seiner neuen Konzeption bezeichnet (vgl. Giesecke 1972a: 119-120; u. S. 228), erfordert die Bearbeitung der Fragestellung eine Darstellung, die dem komplexen Argumentationszusammenhang der wichtigsten Theoretiker der Kritischen Theorie gerecht wird, ohne den Rahmen eines Exkurses innerhalb der Analyse der didaktischen Konzeption Gieseckes völlig zu sprengen. Die Begründung der konkreten Auswahl der Theoretiker und Inhalte erfolgt im Rahmen des entsprechenden Exkurses im dritten Kapitel (vgl. u. S. 164); hier sei aber vorab dreierlei angemerkt:

Beim Blick in Gieseckes Neuausgabe der Didaktik wird schnell klar, dass er zahlreiche marxistische Kategorien heranzieht, die nicht erst in der Kritischen Theorie eine Rolle spielen, sondern bereits bei Marx selbst. Da Giesecke außerdem in seiner Autobiografie seine intensive Auseinandersetzung mit

Marx noch während seines Studiums anführt (vgl. u. S. 118), darf ein Exkurs zu Gieseckes gesellschaftstheoretischer Grundlage seiner neuen Didaktik nicht erst bei Horkheimer und Adorno ansetzen, sondern muss bereits bei Karl Marx beginnen.

Die Schwerpunktsetzung in diesem Exkurs erschließt sich für die Leserin und den Leser teilweise bereits – so hoffe ich – bei der Lektüre des Exkurses selbst, weil dort versucht wird, zentrale Argumentationslinien in den marxistischen Gesellschaftstheorien aufzuzeigen. Die Auswahl der dargestellten Gesichtspunkte erfolgt aber auch unter dem Aspekt, auf jeden Fall das zu berücksichtigen, was für Giesecke relevant ist. Aus Platzgründen müssen dafür manchmal Dinge wegfallen, die im originären Theoriezusammenhang vielleicht wichtiger sind. Gerade Leserinnen und den Leser, die mit Marx und der Kritischen Theorie vertraut sind, werden daher unter Umständen erst nach der Lektüre des gesamten dritten Kapitels die Schwerpunktsetzung in diesem Exkurs nachvollziehen können.

Schließlich zeigt ein Blick in Gieseckes erste Didaktik, dass er gesellschaftstheoretische Überlegungen von Theodor W. Adorno sowie von Jürgen Habermas und anderen Autoren der empirischen Studien zur politischen Bildung, die ab dem Ende der 1950er Jahre am Frankfurter Institut für Sozialforschung (IfS) durchgeführt wurden, bereits 1965 rezipiert hat. Um diese frühe Rezeption analysieren zu können, werden die damals für Giesecke bereits relevanten Einzelaspekte aus der Kritischen Theorie und ihrem Umfeld schon im Rahmen des zweiten Kapitels dargestellt und im Exkurs des dritten Kapitels dafür häufig ausgespart.

Die Darstellung dieser Einzelaspekte folgt der gleichen Logik, nach der auch die wichtigsten der anderen sozialwissenschaftlichen Autoren, auf die Giesecke sich immer wieder bezieht, berücksichtigt werden: Es wird versucht, jeweils im Zusammenhang mit Gieseckes Rezeption die Aussagen dieser Autoren in den Rahmen ihres originären Argumentationskontextes einzuordnen. So kann zumindest für diese einzelnen Aspekte geprüft werden, ob Giesecke diesen Argumentationskontext berücksichtigt oder ob er nur singuläre, ihrem Zusammenhang entrissene Aussagen als Belegstellen für seine eigenen Vorstellungen heranzieht. Aufgrund der Vielzahl solcher Verweise bei Giesecke und aufgrund der Vielzahl unterschiedlicher Theoretiker, auf die er sich bezieht, ist im Rahmen dieser Arbeit keine Gesamtdarstellung des Gedankengebäudes dieser Autoren möglich und es können auch nicht alle Theoretiker, deren Namen bei Giesecke fallen, entsprechend berücksichtigt werden.

Die Darstellung von Gieseckes Theorierezeption erfolgt in den Kapitel zwei bis vier. Im zweiten Kapitel wird nach dem Exkurs zu Dahrendorf die erste Didaktik Gieseckes von 1965 im Hinblick auf ihre Theorierezeption analysiert (Kap. 2.3). Im dritten Kapitel folgt nach dem Exkurs zu Marx und der Kritischen Theorie zunächst die Untersuchung der Aufsätze Gieseckes ab 1967, in denen sich die Rezeption marxistischer Theorien anbahnt (Kap. 3.3). Der Analyse der Theorierezeption in Gieseckes neuer Didaktik von 1972 dienen die folgenden drei Unterkapitel (Kap 3.4-3.6).

Beide Hauptkapitel schließen mit einem ausführlichen Fazit, in dem für die jeweilige didaktische Konzeption Gieseckes zusammenfassend die Frage beantwortet wird, in welchem Ausmaß er jeweils welche Theorien rezipiert und welche Funktionen diese im Kontext seiner Konzeption erfüllen. Zudem wird versucht, den Einfluss der sozialwissenschaftlichen Theorien in Relation zu anderen Einflüssen auf Giesecke zu bewerten, sodass die bisherigen Darstellungen der Theorierezeption in der Sekundärliteratur korrigiert oder erweitert werden können (Kap. 2.4, 3.7).

Nach den beiden Hauptkapiteln zwei und drei folgt ein kürzeres viertes Kapitel zu Gieseckes späteren Schriften. Hier werden zunächst seine Aufsätze ab der Mitte der 1970er Jahre untersucht (Kap. 4.1) und anschließend die erste und zweite Auflage seiner erneut überarbeiteten politischen Didaktik aus den Jahren 1993 und 2000 (Kap. 4.2). Das Kapitel schließt mit einem kurzen Fazit (Kap. 4.3).

Die Kapitel zwei bis vier stellen den Beitrag der Arbeit zur Wissenschaftsgeschichte der Politikdidaktik dar. Da die Ergebnisse zu den drei Phasen der Theorierezeption bei Giesecke jeweils am Kapitelende zusammengefasst werden, kann das Fazit am Schluss der Arbeit den Blick über Giesecke hinaus auf die gegenwärtige und zukünftige Diskussion in der Politikdidaktik richten (Kap. 5). Zunächst werden die Chancen und Gefahren der Rezeption sozialwissenschaftlicher Theorien durch die Politikdidaktik, die im Rahmen der Untersuchung der Schriften Gieseckes deutlich geworden sind, so zusammengefasst, dass daraus generelle Kriterien für eine sinnvolle Theorierezeption in der Politikdidaktik abgeleitet werden können (Kap. 5.1). Anschließend wird die mögliche Bedeutung sozialwissenschaftlicher Theorien für politikdidaktische Konzeptionen im Kontext potenzieller Anknüpfungspunkte der Politikdidaktik an ihre Bezugswissenschaften systematisiert. Der Systematisierungsvorschlag wird durch ein Schema veranschaulicht, das die systematische Diskussion über die Rolle sozialwissenschaftlicher Theorien in der Politikdidaktik anregen und bereichern soll (Kap. 5.2).

2. Hermann Gieseckes „Konfliktdidaktik"

2.1 Einführung

Gieseckes erste Didaktik, die 1965 unter dem Titel „Didaktik der politischen Bildung" im Juventa-Verlag erschien, lässt sich durch zwei Merkmale charakterisieren, die prägend für die weitere Politikdidaktik wurden: Inhaltlich stellt sie politische Konflikte in den Mittelpunkt der politischen Bildung, und didaktisch plädiert sie für eine kategoriale Analyse dieser Konflikte mit den Schülerinnen und Schülern.[9] Auch wenn Giesecke nicht der Erste war, der politische Konflikte ins Zentrum stellte,[10] war er doch der Erste, der durch

---

9 In der Sekundärliteratur findet sich zum Teil die Feststellung, dass Gieseckes kategorialer Ansatz auf Klafki aufbaue (vgl. z.B. Kühr 1980: 133; Juchler 2011: 106, 109). In seiner Autobiografie schreibt Giesecke allerdings, er habe sich nicht an Klafki orientiert – dessen didaktische Konstruktion sei mit seinen Erkenntnissen aus den Lehrgängen zur außerschulischen politischen Bildung nicht in Einklang zu bringen gewesen (vgl. Giesecke 2000a: 142). 1978 in seinem Interview mit Gerd Koch heißt es etwas genauer, er sei im Rahmen seiner Assistententätigkeit in Kiel auf Klafkis Dissertation „Das pädagogische Problem des Elementaren und die Theorie der kategorialen Bildung" (Weinheim 1959) gestoßen und habe „dieses Buch fasziniert gelesen, habe auch eine Menge davon gelernt zur Interpretation der Arbeit, die wir da machten" (Giesecke 1978b: 358). Trotzdem hat Giesecke aber anschließend betont, Klafkis Modell sei nicht konkret genug gewesen, und er habe daher sein Kategorienmodell „aus der unmittelbaren Selbsterfahrung" entwickelt. Hier ist nicht der Raum, um neben Gieseckes Dahrendorf-Rezeption auch seine Klafki-Rezeption systematisch zu prüfen. Gieseckes Aussage gegenüber Gerd Koch zeigt, dass Klafki ihn sicher beeinflusst hat, seine vehemente Kritik an Klafki an mehreren Stellen seiner Didaktik bestärkt allerdings seine Aussage, dass er sich für die Entwicklung seines konkreten Modells eher nicht an Klafki orientiert hat.

10 Das merkt auch Peter Massing (2007: 21) an und bezeichnet die hessischen Didaktiker Hilligen, Fischer und Engelhardt als Gieseckes Vorläufer (vgl. entsprechend auch Rolf Schmiederer 1972: 109). Im engeren Sinne kann allerdings lediglich Engelhardt als Vorläufer Gieseckes bezeichnet werden: Nur in seiner didaktischen Schrift nehmen politische Konflikte die gleiche prominente Rolle ein wie bei Giesecke. Sein Werk beinhaltet allerdings kein systematisches Gesamtkonzept für die politische Bildung, weil Engelhardt seine zentralen Gedanken meist nur exemplarisch an Beispielen verdeutlicht. Es ist zu vermuten, dass Engelhardts Schriften aus diesem Grund nicht die gleiche Aufmerksamkeit widerfahren ist wie Gieseckes Didaktik (vgl. Engelhardt 1964). Das Buch von Fischer, Herrmann und Mahrenholz (Fischer/Herrmann 1960;

die Zusammenführung des Konfliktansatzes mit der kategorialen Bildung eine echte *politische Didaktik* schrieb (vgl. auch Detjen 2007: 162, 167). Gieseckes Didaktik firmierte sehr schnell unter dem Schlagwort Konfliktdidaktik, und auch die Ansätze von Rudolf Engelhardt und Karl Christoph Lingelbach wurden häufig unter diesem Schlagwort zusammengefasst.[11]

In der Sekundärliteratur wurden alle Konfliktdidaktiken, vor allem aber die von Hermann Giesecke, schon bald mit Ralf Dahrendorfs Konflikttheorie in Beziehung gesetzt:

Becker/Herkommer/Bergmann schreiben bereits 1967: „Deutlich ist der Einfluss einer Soziologie, wie sie in Deutschland besonders von Dahrendorf vertreten wird, auf die jüngste pädagogische Diskussion" (Becker/Herkommer/Bergmann 1967: 19).[12]

Fischer/Herrmann/Mahrenholz 1965) und der im Zentrum stehende Einsichtenkatalog zeigen, dass deren didaktischer Konzeption eine pluralistische Haltung zugrunde liegt (vgl. Fischer/Herrmann/Mahrenholz 1965: 27, 32-33). Anders als Giesecke stellen die Autoren aber nicht politische Konflikte im Sinne von konkreten politischen Auseinandersetzungen ins Zentrum des Unterrichts, sondern eher abstrakte Fragen zur politischen Ordnung und Konfliktregelung (vgl. v.a. die Unterrichtsbeispiele, Fischer/Herrmann/Mahrenholz 1965: 150-280; vgl. auch die Kritik von Giesecke u. S. 66).

In Hilligens Didaktik geht es vorwiegend um existenzielle Probleme, und damit weder um politische Konflikte noch um Prozesse der Konfliktregelung, weshalb Hilligen nur eingeschränkt aufgrund seiner Berücksichtigung unterschiedlicher Positionen zum gleichen Problem als Vorläufer der Konfliktdidaktik bezeichnet werden kann.

11 Giesecke selbst hat sich zumindest gegen den Begriff Konfliktpädagogik vehement ausgesprochen. So kritisiert er in einer fast schon polemischen Kritik an einem Aufsatz Wolfgang Brezinkas, „dass der Begriff ‚Konfliktpädagogik' als Sammelbezeichnung für ‚die ganze Richtung' ein Produkt des konservativen Kulturkampfs ist, also in polemischer Absicht erfunden wurde und verwendet wird: Auf diese Weise werden Autoren zu einer Gruppe zusammengefasst, damit man sie als kulturpolitischen Gegner bekämpfen kann" (Giesecke 1980c: 630). Wenn ich im Folgenden trotzdem den Begriff Konfliktdidaktik verwende, geschieht dies nicht in wertender Absicht und damit wird auch nicht ein bestimmtes Gesellschaftsbild der Autoren unterstellt, sondern damit werden solche Didaktiken bezeichnet, die politischen Konflikten eine zentrale Rolle als Inhalte der politischen Bildung beimessen.

12 Das Zitat steht im Rahmen von Ausführungen über die Didaktik Engelhardts, ist aber offensichtlich in verallgemeinernder Absicht formuliert.

Hans-Günther Assel parallelisiert 1969 mehrfach Aussagen von Engelhardt, Giesecke und Lingelbach mit denen von Dahrendorf, ohne dabei allerdings eine direkte Rezeption zu unterstellen (vgl. Assel 1969: 10, 12-13, 16). 1970 heißt es dann bei Wallraven/Dietrich schon konkreter, die Konfliktpädagogik verdanke ihren „theoretischen Ansatz" der amerikanischen Politikwissenschaft, deren Konflikttheorie unter anderem von Dahrendorf an den deutschen Universitäten eingeführt worden sei (vgl. Wallraven/Dietrich 1970: 118).[13]

Auch Rolf Schmiederer schreibt 1969, der Konflikt sei seit 1965 „nicht zuletzt infolge der Popularisierung der Dahrendorf'schen Soziologie und seiner ‚Konflikttheorie'" immer stärker ins Zentrum didaktischer Überlegungen getreten. Er warnt, dass eine Orientierung an aktuellen Konflikten die Gefahr berge, dass „grundlegende Probleme der Gesellschaft unberücksichtigt bleiben, da sie im aktuellen Konflikt nicht manifest werden". Diese Gefahr werde noch verstärkt „durch die Orientierung – z.B. Gieseckes – an einer Gesellschaftstheorie à la Dahrendorf oder Lipset" (Schmiederer 1969: 450; vgl. ähnlich auch Schmiederer 1972: 109).

In der Folgezeit wurde die Verbindungslinie von Gieseckes Didaktik – zum Teil auch von anderen Konfliktdidaktiken – zu Dahrendorfs Konflikttheorie immer geradliniger gezogen.[14] Nachstehend werden einige Beispiele dafür in chronologischer Reihenfolge geschildert. Für die Festigung der allgemeinen Wahrnehmung, dass Hermann Giesecke seine Didaktik auf Dahrendorfs Konflikttheorie aufgebaut hat, dürften dabei vor allem die Darstellungen zur Geschichte der politischen Bildung zentral sein, die teilweise eine weite Verbreitung gefunden haben:

- *Karl Hüser, Wilhelm Beckers und Ferdinand Küpper* stellen der Schilderung von Gieseckes Didaktik ein achtseitiges Kapitel über Dahrendorf unter der Überschrift: „Die Grundlage: Ralf Dahrendorfs Theorie des sozialen Konflikts" voran. Diese Ausführlichkeit suggeriert eine große Wichtigkeit Dahrendorfs für Giesecke. Umso mehr verwundert es, dass in der anschließenden Erläuterung von Gieseckes Didaktik an keiner einzigen Stelle ein Bezug zur Theorie Dahrendorfs hergestellt wird: Dahrendorfs

---

13   Dabei unterstellen die Verfasser Dahrendorf einen „funktionalistischen Konfliktbegriff" und unterschlagen seine dezidierte Abgrenzung vom amerikanischen Strukturfunktionalismus (vgl. Wallraven/Dietrich 1970: 118).

14   Eine Ausnahme ist Uwe Dietrich Adam. Er stellt kurz Dahrendorfs Konflikttheorie vor und kommt anschließend unter Verweis auf Gieseckes Darstellung der Kategorie Konflikt (vgl. Giesecke 1965a: 102-103) zu dem Schluss, Giesecke übernehme aus der Dahrendorf'schen Konflikttheorie „primär den Konflikt*begriff* und dessen Begründung" (Adam 1975: 7).

Name taucht schlicht gar nicht mehr auf, und die Kapitelüberschrift bleibt als einziger Hinweis auf seine Bedeutung für Giesecke freischwebend im Raum stehen (vgl. Hüser/Beckers/Küpper 1976: 66-95).

- *Peter Massing* übernimmt in seiner Dissertation zur neo-pluralistischen Demokratietheorie in einem Nebensatz die These, dass Gieseckes Didaktik „weitgehend auf der Konflikttheorie Dahrendorfs aufbaute" (Massing 1978: 165).
- *Bernhard Sutor* bezeichnet die soziologische Konflikttheorie Dahrendorfs als „fachwissenschaftliche Basis" der Konfliktdidaktik (vgl. Sutor 1981: 45).[15]
- *Herbert Kühr* schreibt in seiner breit rezipierten Geschichte der politischen Bildung, die Wende vom Partnerschafts- zum Konfliktdenken in der politischen Bildung sei „insbesondere durch Ralf Dahrendorf und seine Auseinandersetzung mit der amerikanischen Systemsoziologie beschleunigt" worden. Für Giesecke konstatiert er sodann, Dahrendorfs Konflikttheorie sei zur „Grundlage" von dessen didaktischer Konzeption „avanciert" (Kühr 1980: 120).
  Wie schon Hüser/Beckers/Küpper stellt Kühr die Konflikttheorie Dahrendorfs in einem gesonderten kurzen Kapitel dar. Kühr zieht am Ende dieses Kapitels und damit bereits vor der Darstellung von Gieseckes Konzeption das Fazit, dass diese auf der theoretischen Grundlage Dahrendorfs beruhe.[16] Auch er erwähnt in der anschließenden Darstellung von Gieseckes Konzeption den Namen Dahrendorf nicht mehr (vgl. Kühr 1980: 123-127).
- *Hans Helmuth Knütter* erwähnt in seiner in der Schriftenreihe der Bundeszentrale für politische Bildung veröffentlichten Geschichte der politischen Bildung zunächst, dass Dahrendorf mit seinem Sammelband „Gesellschaft und Freiheit" von 1961 die in den USA längst verbreitete Auffassung rezipiert habe, dass der Konflikt eine „gesellschaftliche Grundkategorie" sei. Für die politische Bildung hätten – so Knütter weiter – „Wolfgang

---

15 Dabei merkt Sutor allerdings kritisch an, diese fachwissenschaftliche Basis sei „schmal" gewesen (Sutor 1981: 45).
16 Wörtlich schreibt Kühr:
„Diese etwas grobe Skizze der Dahrendorf'schen Konflikttheorie macht deutlich, dass die in den 60er Jahren entwickelten didaktischen Konzeptionen wie die von Fischer und Hilligen [...] auch entscheidend auf diesen theoretischen Grundlagen beruhten. In noch größerem Maße gilt dies aber für die didaktische Konzeption Hermann Gieseckes in ihrer ersten Fassung" (Kühr 1980: 123).
Schon zuvor hatte Kühr auch Engelhardt als Vorläufer Gieseckes in Bezug auf die Rezeption von Dahrendorfs Konflikttheorie bezeichnet (vgl. Kühr 1980: 118).

Hilligen und Hermann Giesecke [...] diesen Gedanken übernommen" (Knütter 1984: 13). Auch Knütter wählt die Darstellungsform, zunächst die Grundzüge von Dahrendorfs Konflikttheorie in einem gesonderten Kapitel darzustellen. Daran anschließend folgen Auszüge aus Originaltexten von Hilligen, Lingelbach sowie Giesecke, in denen es keinerlei direkten Bezug auf Dahrendorf gibt.

- *Hans-Werner Kuhn* und *Peter Massing* schließen sich in ihrer Geschichte der politischen Bildung der allgemeinen Deutung zu Gieseckes Dahrendorf-Rezeption an und schreiben über die Konzeption Gieseckes: „Vorbereitet durch die Konzeptionen der hessischen Didaktiker, erhielt sie ihre theoretische Grundlegung in der soziologischen Konflikttheorie Ralf Dahrendorfs" (Kuhn/Massing 1990: 221-222).[17] Anschließend folgt eine knappe Darstellung von Dahrendorfs Konflikttheorie, die mit dem Fazit endet:

„Dass Kampf und Auseinandersetzung wesentliche Momente der politischen Wirklichkeit und zentrale Funktionsbedingungen der Demokratie sind, vertraten schon die hessischen Didaktiker, für die Grundlegung einer Didaktik des politischen Konflikts bot sich in dieser Phase die Konflikttheorie von Ralf Dahrendorf geradezu an. Der konfliktpädagogische Ansatz vor allem in der Formulierung von Hermann Giesecke von 1965 basiert denn auch im Wesentlichen auf Ralf Dahrendorfs Theorie des sozialen Konflikts" (Kuhn/Massing 1990: 223).

In der anschießenden Erläuterung von Gieseckes didaktischer Konzeption sowie in den Auszügen aus Gieseckes Didaktik kommt Dahrendorf dann nicht mehr vor (vgl. Kuhn/Massing 1990: 223-225, 245-253).

- Etwas vorsichtiger als die meisten anderen Didaktiker sind *Wolfgang Sander* und *Walter Gagel:* Sander schreibt, Giesecke orientiere sich am liberalen Konflikt*begriff* Dahrendorfs (Sander 1999: 129), und *Gagel* lobt in seiner Geschichte der politischen Bildung, dass Giesecke die erste didaktische Konzeption verfasst habe, „die zu einer Rezeption der Sozialwissenschaften als Bezugswissenschaften der politischen Bildung verhilft, beispielsweise dadurch, dass sie selbst die Konflikttheorie Dahrendorfs aufgreift" (Gagel 2005: 167-168; vgl. zuerst Gagel 1994: 168).[18]

---

17 Die Textpassagen finden sich in der 2., erw. Auflage (Kuhn/Massing/Skuhr 1993) auf den gleichen Seiten.

18 2002 schreibt allerdings auch Gagel: „Der Kern von Gieseckes didaktischer Theorie ist die Übertragung der soziologischen Konflikttheorie Dahrendorfs in die Alltagserfahrung eines Konflikts wie die ‚Spiegel-Affäre'" (Gagel 2002: 14).

Auch in aktuellen Veröffentlichungen finden sich immer wieder Formulierungen wie „Giesecke sieht mit Dahrendorf den Konflikt als zentrale politische Kategorie" (Herdegen 2007: 124) oder „In Anlehnung an die Theorie des sozialen Konflikts von Ralf Dahrendorf stellte Giesecke politische Konflikte in den Mittelpunkt seiner didaktischen Konzeption" (Mambour 2007: 88) oder „Hermann Giesecke geht denn in seiner Didaktik der politischen Bildung in Anlehnung an die Dahrendorf'sche Konflikttheorie von der Prämisse aus, dass Politik in politischen Konflikten konkret werde" (Juchler 2011: 101).[19] Sibylle Reinhardt behauptet ausdrücklich: „Das fachdidaktische Prinzip der Konfliktorientierung mit der zugehörigen Methode der Konfliktanalyse geht auf die pädagogische Verarbeitung der soziologischen Konflikttheorie Ralf Dahrendorfs durch Hermann Giesecke zurück" (Reinhard 2005: 76). Und auch Joachim Detjen schreibt über Gieseckes Buch: „Es bezog sich insbesondere auf die soziologische Konflikttheorie Ralf Dahrendorfs (Giesecke 1965: 102)" (Detjen 2007: 162).[20]

Peter Massing relativiert demgegenüber mittlerweile die Bedeutung Dahrendorfs und darüber hinaus auch der modernen Sozialwissenschaften insgesamt für die Konzeption Hermann Gieseckes. Das zentrale Verdienst um die sozialwissenschaftliche Wende in der politischen Bildung schreibt er nun stattdessen Karl Christoph Lingelbach zu: Hermann Gieseckes Didaktik der politischen Bildung werde zwar bis heute als „repräsentativ für die ‚sozialwissenschaftliche Wende' in der Politikdidaktik gesehen", aber die

„Rezeption der Sozialwissenschaften erfolgte in seiner Konzeption bestenfalls nur punktuell [...], den Bezug zu den Sozialwissenschaften, insbesondere zur Konflikttheorie von Ralf Dahrendorf systematisch herzustellen, unternahm [...] erst Lingelbach in seinem oben zitierten Aufsatz. Erst von

---

19 Juchler fährt sogar mit einem Zitat aus Gieseckes neuer Didaktik fort, das eher dessen nun marxistischen als seinen ehedem pluralistischen Konfliktbegriff belegt: „Giesecke unterscheidet latente und manifeste Konflikte: ‚Latente Konflikte sind solche, die epochal-langfristig bestehen, den Kern des Demokratisierungs- und Emanzipationsprozesses betreffen und zeitweise auch verdeckt werden können, z.B. der Konflikt zwischen Kapital und Arbeit; manifeste Konflikte (und Widersprüche) haben ihren Grund meist in solchen latenten und bringen sie – oft verstellt und immer eigentümlich modifiziert – zum Ausdruck'" (Juchler 2001: 101); das Zitat im Zitat stammt aus Giesecke 1972: 92, bei Juchler zitiert nach der seitengleichen 9. Aufl. von 1974.

20 Hier folgen drei Absätze zu Dahrendorfs zentralen Annahmen bevor Detjen wieder auf Giesecke eingeht, ohne jedoch einen konkreten Bezug zu Dahrendorfs Annahmen herzustellen (vgl. Detjen 2007: 162-163).

diesem Zeitpunkt an lässt sich wirklich von der sozialwissenschaftlichen Wende in der politischen Bildung sprechen" (Massing 2007: 20-21).[21]

Hier ist nicht der Raum, neben Gieseckes Theorierezeption auch diejenige Lingelbachs darzustellen. Allerdings erscheint Massings Würdigung überzogen, angesichts der Tatsache, dass auch Lingelbach in seinem zweigeteilten Aufsatz lediglich zweimal kurz auf Dahrendorf verweist.[22] Demgegenüber ist Massing zuzustimmen, dass Lingelbach für sein Konzept politischer Bildung auch andere zeitgenössische sozialwissenschaftliche Literatur sehr breit rezipiert. Genau das gilt aber – wie im Folgenden gezeigt werden wird – nicht erst für Lingelbach, sondern auch schon für Giesecke.

Insgesamt gilt es in der Politikdidaktik bis heute fast als Binsenweisheit, dass Gieseckes Didaktik auf der Grundlage von Dahrendorfs Konflikttheorie beruht. Im Rahmen der folgenden Analyse der Didaktik Gieseckes soll daher geprüft werden, worin dieser Zusammenhang genau besteht und in welcher Form Giesecke Dahrendorf rezipiert. Daneben wird Gieseckes Rezeption anderer sozialwissenschaftlicher, vor allem theoretischer Literatur untersucht, um den Stellenwert Dahrendorfs für Giesecke vor diesem Gesamthintergrund zu bewerten. Dadurch kann schließlich auch der Beitrag Hermann Gieseckes zur sozialwissenschaftlichen Wende in der Politikdidaktik auf neuer Grundlage bewertet werden.

Zunächst wird aber in einem Exkurs die Konflikttheorie Dahrendorfs im Zusammenhang dargestellt. Dieser Exkurs bildet die Grundlage zur Klärung der Frage, wie weit Gieseckes Anleihen an Dahrendorfs Konflikttheorie wirklich gehen.

---

21 Massing verweist an dieser Stelle auf Lingelbach (1967a; 1967b).
22 Zum einen betont Lingelbach, es herrsche weitgehende Übereinstimmung darüber, „dass sich der politische Prozess in Konflikten vollzieht", und verweist dazu ohne genauere Seitenangabe auf Dahrendorf 1961 – angegeben als 1962 – und Dahrendorf 1965 (vgl. Lingelbach 1967a: 52). Zum anderen schreibt er, es sei ein wesentliches Kriterium der Demokratie, dass objektiv vorhandene Konflikte auch in der Gesellschaft als solche anerkannt und ausgetragen werden dürfen. Dafür beruft er sich zustimmend auf Dahrendorf: „Gegenüber allen Ideologien, die diese Struktur politischen Lebens mit dem Hinweis auf eine über den Interessen stehende neutrale, im Sinne des ‚Gemeinwohls' entscheidende Instanz verschleiern, plädiert Dahrendorf zu Recht für eine ‚rationale Haltung', die im Bewusstsein der Realität und Notwendigkeit des Konflikts, ihn jeweils mit rationalen Mitteln auszutragen trachtet. ‚Entscheidungen beruhen hier nicht auf dem präsumptiven Recht einer über den Parteien stehenden Instanz, sondern auf dem jeweiligen Ergebnis der Interessenkonkurrenz'" (Lingelbach 1967a: 53; Zitat im Zitat: Dahrendorf 1961i: 279).

2.2 Ralf Dahrendorfs Konflikttheorie – Erster Exkurs

Die Kategorie „Konflikt" ist eine der grundlegendsten Kategorien der Sozialwissenschaften, vor allem der Soziologie. Die Relevanz, die Konflikten für die gesellschaftlichen Beziehungen zugemessen wird, unterliegt aber dennoch gewissen konjunkturellen Schwankungen: Nach einer Phase großer Bedeutung des Konfliktbegriffs in der Zeit von Marx, Weber und Simmel folgte zunächst eine Phase geringen Interesses, bevor Ende der 1950er Jahre mit der „Konflikttheorie" ein neues gesellschaftstheoretisches Paradigma entwickelt wurde, durch das Konflikte mindestens bis zum Beginn der 1970er Jahre wieder in den Mittelpunkt soziologischen Denkens rückten.[23]

Dafür waren zum einen gesellschaftliche und politische Entwicklungen wie die Verhärtung der Fronten in der internationalen Politik, die Konflikte in den Entwicklungsländern, die Verschärfung innergesellschaftlicher Widersprüche sowie der politisch-ideologische Einfluss der „Neuen Linken" verantwortlich. Zum anderen entwickelte sich die konflikttheoretische Diskussion aber auch als Abgrenzung einiger jüngerer Soziologen gegen die damals vorherrschende strukturfunktionalistische Theorie sozialer Systeme: Soziologen wie C. Wright Mills, Seymour Martin Lipset, Lewis A. Coser und Ralf Dahrendorf kritisierten, dass die strukturfunktionalistische Theorie der gesellschaftlichen und politischen Wirklichkeit nicht gerecht werde.[24] Sie warfen vor allem deren Hauptvertreter Talcott Parsons vor, den Konflikt zugunsten der Integration als grundlegenderer Kategorie zu vernachlässigen, und strebten eine Neujustierung des Verhältnisses der beiden fundamentalen Kategorien Konflikt und Integration an (vgl. Massing 1978: 191-193; Messelken 1968: 81; Hartmann, H. 1973: XI, 23-27).

---

23 Bernhard Giesen spricht einer „Vorgeschichte des konflikttheoretischen Denkens" bei Theoretikern wie Machiavelli, Hobbes und auch Darwin; die „Klassische Grundlegung der Konflikttheorie" sei dann durch Marx, Weber und Simmel erfolgt (Giesen 1993: 87-90). Auch Hans Jürgen Krysmanski verortet die Grundlegung der Konflikttheorie bei dieser ersten Generation von Soziologen, die v.a. aufgrund ihrer sozialreformerischen und gesellschaftsverändernden Intentionen die positive Funktion von Konflikten hervorgehoben hätten. Anschließend seien Konflikte wieder vernachlässigt worden, bevor sie seit den 1950er Jahren wieder ins Zentrum des soziologischen Interesses rückten (vgl. Krysmanski 1971: 7-8, 126; Coser 1968: 232-233).

24 Vgl. Lipset 1962; Mills 1973. Zu Coser und Dahrendorf vgl. die folgenden Ausführungen. Einen Überblick über konflikttheoretische Ansätze bieten Krysmanski 1991 sowie Kiss 1973: 214-218.

2.2.1 Bedeutung und Entstehung der Konflikttheorie

Zur Bedeutung der Konflikttheorie
Einer der schärfsten Parsons-Kritiker und wichtigsten Begründer einer neuen, eigenständigen soziologischen Konflikttheorie war der Soziologe Ralf Dahrendorf.[25] In der Soziologie wurde er vor allem durch seine Schrift „Homo Sociologicus" bekannt, in der er – nun in Übereinstimmung mit Parsons – den von der amerikanischen Soziologie geprägten Begriff der sozialen Rolle auch in Deutschland populär machte. Daneben beeinflusste er die Soziologie maßgeblich durch seine zahlreichen bildungs- und industriesoziologischen Studien sowie durch seine hier darzustellenden Beiträge zur Konflikttheorie.

Karlheinz Messelken schreibt über Dahrendorf, niemand habe „so entschieden eine eigenständige soziologische Konflikttheorie gefordert und [...] so systematisch an ihr gearbeitet wie Ralf Dahrendorf", und keiner habe „dafür so nachdrücklich mehr als korrektive, nämlich alternative Geltung gegenüber der Systemtheorie gefordert wie er" (Messelken 1968: 81, 84). Mit seinen zahlreichen konflikttheoretischen Abhandlungen erlangte Dahrendorf über die soziologische Diskussion hinaus auch für die Demokratietheorie einige Bedeutung: mit der Begründung, dass das Vorhandensein von Konflikten auch eine Grundannahme des pluralistischen Denkens darstelle, bezeichnet Peter Massing die Konflikttheorie Dahrendorfs als eine der wichtigsten

---

[25] Dahrendorf wurde 1929 in Hamburg geboren und starb 2009 in Köln. Er promovierte 1952 mit einer Arbeit zur Kritik an Karl Marx und habilitierte sich 1957 mit der Schrift „Soziale Klassen und Klassenkonflikt". In der Bundesrepublik wurde er einer breiten Öffentlichkeit vor allem durch seine Schriften zur Bildungspolitik („Bildung ist Bürgerrecht", 1965) bekannt. Dahrendorf lehrte an verschiedenen deutschen Universitäten sowie als Gastprofessor an der Columbia University in New York. Er betätigte sich nicht nur wissenschaftlich, sondern auch politisch: Zunächst Mitglied der SPD, trat Dahrendorf 1967 in die FDP ein und war 1968 bis 1974 Mitglied des Bundesvorstandes, 1969/70 auch Bundestagsabgeordneter und parlamentarischer Staatssekretär im Auswärtigen Amt. 1970 bis 1974 ging er als Mitglied der Europäischen Kommission nach Brüssel und war dort zunächst für Außenhandel und Äußere Beziehungen der EWG, ab 1973 für Bildung, Forschung und Wissenschaft zuständig. Ab 1974 lebte Ralf Dahrendorf größtenteils in England, wo er von 1974 bis 1984 als Direktor der London School of Economics (LSE) und von 1987 bis 1997 als Rektor am St. Antony's College der Universität Oxford tätig war. 1993 wurde er von der Queen zum „Baron of Clare Market" ernannt, eine von vielen Auszeichnungen, die seine große öffentliche Anerkennung als liberaler Intellektueller und Politiker widerspiegeln (vgl. Dahrendorf 2002). Dahrendorf starb am 17. Juni 2009 in Köln.

soziologischen Pluralismuskonzeptionen in der deutschen Soziologie (vgl. Massing 1978: 194).

Neben Dahrendorf entwarf vor allem Lewis A. Coser eine einflussreiche pluralistische Konflikttheorie, die zur Renaissance des Konfliktbegriffes beitrug. Auch er grenzt sich von Parons ab, dem er vorwirft, die Rolle von Konflikten in der Gesellschaft zu vernachlässigen. Allerdings fragt Coser hauptsächlich nach den positiven Funktionen von Konflikten für die gesellschaftliche Integration. So konstatiert er beispielsweise, die Austragung von Konflikten führe zu einer Neujustierung von Normen und Machtverhältnissen entsprechend der realen gesellschaftlichen Gegebenheiten (Coser 1972: 178-181). Seine Kritiker, zu denen auch Ralf Dahrendorf gehört, werfen Coser daher vor, er bewege sich damit noch immer innerhalb des strukturfunktionalistischen Paradigmas, denn er verwende einen rein funktionalen, systemimmanenten Konfliktbegriff, mit dem der gesellschaftliche Wandel nicht zu erklären sei (vgl. Krysmanski 1971: 126-129; Kiss 1973: 229-231; Dahrendorf 1961e: 122-124; Beyme 1986: 112).

Da es vor allem Dahrendorf war, der die Konflikttheorie als *Alternative* zum Strukturfunktionalismus etabliert hat (vgl. Giesen 1993: 91), und auch weil in der politikdidaktischen Diskussion die Annahme vorherrscht, die Konfliktdidaktik stütze sich auf Dahrendorf, kann sich die folgende Darstellung auf dessen Arbeiten beschränken. Die Theorie Cosers sowie weitere konflikttheoretische Ansätze, die sich vorwiegend im Rahmen marxistischer Theorien und als formale mathematische Modelle des Konflikthandelns entwickelt haben, werden daher im Folgenden vernachlässigt.

Dahrendorfs Auseinandersetzung mit Talcott Parsons
Dahrendorfs Interesse an Konflikten galt zunächst den Klassenkonflikten: Er untersuchte sie im Rahmen seiner Habilitation, um in Auseinandersetzung mit der Theorie von Karl Marx eine eigene, weiterführende Klassentheorie zu entwickeln (Dahrendorf 1957; vgl. auch Dahrendorf 1955).

Seine verallgemeinernde Theorie zur Rolle sozialer Konflikte in der Gesellschaft entwickelte er erst im Anschluss an seine Klassentheorie, vor allem aber als grundlegende Korrektur beziehungsweise Alternative zur damals vorherrschenden strukturfunktionalistischen Theorie sozialer Systeme von Talcott Parsons. Dahrendorf kritisiert Parsons dafür, dass dieser mit seiner auf Stabilität und Integration setzenden Theorie nicht in der Lage sei, *sozialen Wandel* zu erklären – obwohl Parsons in dieser Erklärung die „Krönung" seiner Theorie gesehen und sie als „synthetische[n] Kulminationspunkt der theoretischen Struktur unserer Wissenschaft" bezeichnet habe (Dahrendorf

1961c: 73).²⁶ Er sieht das zentrale Problem der strukturfunktionalistischen Theorie darin, dass Parsons' Gesellschaftsmodell Konflikte als pathologische Ausnahme behandle, statt sie als Regelfall vorauszusetzen. Er fordert daher ein alternatives Gesellschaftsmodell, in dem „nicht Konflikt und Wandel, sondern Stabilität und Ordnung der pathologische Sonderfall des sozialen Lebens" sind (Dahrendorf 1961c: 81). Nur mit einem solchen Modell könne die „theoretische Analyse dem wesentlich prozessualen Charakter der sozialen Realität gerecht werden" (Dahrendorf 1961c: 79; vgl. auch Hartmann, H. 1973: 13-17).

Kernstück der strukturfunktionalistischen Theorie ist der Systembegriff. Parsons unterscheidet personale, soziale und kulturelle Systeme, die jeweils das Handeln auf eine bestimmte Art und Weise „organisieren":

„Der Fokus des Sozialsystems liegt in den Bedingungen der Interaktion, im Handeln von Individuen, die konkrete Kollektive mit bestimmter Mitgliedschaft bilden. Der Fokus des Kultursystems liegt dagegen in der Anordnung von Sinnelementen (‚patterns of meaning'), also Werten, Normen, organisierendem Wissen und Glauben sowie expressiven ‚Formen'".

Die Persönlichkeit ist daneben das „System, das aus den erlernten Komponenten der Organisation seines Verhaltens gebildet ist" (Parsons 1976: 165).

Gegenstand speziell der soziologischen Theoriebildung ist das „Sozialsystem". Es zeichnet sich zunächst durch eine relativ stabile „Struktur" aus, die den statischen Anteil des Systems verkörpert. Da soziale Prozesse aber offensichtlich wesentlich prozessualen Charakter haben, führt Parsons die Kategorie „Funktion" ein, um die dynamischen Prozesse innerhalb des Systems erfassen zu können: Sie sollen die systematische Anpassung im Wandel der Beziehungen zwischen System und Umwelt erfassen (Parsons 1976: 168; vgl. dazu auch Dahrendorf 1961c: 68-69).

Nach Ansicht Dahrendorfs ist nun gegen den Begriff des Systems „logisch" zunächst gar nichts einzuwenden – problematisch sei es allerdings, wenn er auf ganze Gesellschaften angewandt und zum obersten Bezugsrahmen der Analyse gemacht werde (vgl. Dahrendorf 1961d: 98).

Dahrendorf wirft der strukturfunktionalistischen Theorie vor, ihr Systemmodell der Gesellschaft sei ein rein formaler Modellplatonismus und zur Erklärung von Realität nicht brauchbar. Der Strukturfunktionalismus habe sich von den „kritischen Tatsachen der Erfahrung" abgewandt und arbeite nicht mehr problemorientiert (Dahrendorf 1961d: 104). Wie die literarischen

---

26 Dahrendorf zitiert aus: Parsons, Talcott 1948: The Position of Sociological Theory. Essays in Sociological Theory Pure and Applied, Glencoe, S. 12.

Utopien eines Aldous Huxley oder George Orwell entwürfen strukturfunktionalistische Ansätze ein realitätsfernes Gesellschaftsbild, mit Gesellschaften ohne Geschichte, isoliert in Zeit und Raum, ohne strukturbedingte Konflikte und Bewegungen, die ihren Entwurf antasteten (Dahrendorf 1961d: 91, 95, 98).[27] Dahrendorf warnt sogar, wenn eine solche Utopie tatsächlich wirklich werde, werde sie totalitär (Dahrendorf 1961e: 128), und er weist darauf hin, dass die Annahme einer vorgegebenen Struktur sozialer Systeme als Ausgangspunkt jeder Analyse zu einem impliziten Konservatismus führe – bei Parsons und allen anderen, „die mit ihm nach Utopia ausgewandert sind" (Dahrendorf 1961d: 104; vgl. auch Dahrendorf 1961c 69; Beyme 1986: 112).

Als Konsequenz aus dieser Kritik fordert Dahrendorf eine „galileische Wende des Denkens" (Dahrendorf 1961d: 108).[28] Wir müssten endlich erkennen, dass alle sozialen Einheiten sich ständig wandelten, und wir müssten Faktoren finden, die diesen normalen Wandlungsprozess erklärten. Den wichtigsten Faktor sieht Dahrendorf selbst dabei im Konflikt, und folglich legt er diesen auch seinem eigenen Gesellschaftsmodell als zentrale Kategorie zugrunde: „Die große schöpferische Kraft, die den Wandel in dem Modell, das ich hier zu beschreiben versuche, vorantreibt, und ebenso allgegenwärtig ist, ist der soziale Konflikt" (Dahrendorf 1991d: 109).

---

27 Sehr bildhaft ist auch Dahrendorfs Gleichnis mit Platons Entwurf eines idealen Staates, dessen Irrelevanz für die Realität Platon schließlich eingestanden habe – für die moderne (strukturfunktionale) Soziologie gelte dagegen: „Wir waren bislang nicht so weise" (Dahrendorf 1961d: 94).

28 Krysmanski betont, diese „galileische Wende" sei „in den bürgerlichen Sozialwissenschaften allerdings schon durch Hobbes vollzogen worden" (Krysmanski 1971: 141).

Konflikttheorie als Ergänzung oder als Alternative zum Strukturfunktionalismus?
Trotz einer von Beginn an grundlegenden Kritik am Strukturfunktionalismus wird in Dahrendorfs frühen Aufsätzen noch sein Respekt vor dem großen Soziologen Parsons deutlich. So etwa wenn er schreibt:

„Wenn daher hier die These vertreten wird, dass die strukturell-funktionale Theorie [nicht] [...] in der Lage ist, Probleme des sozialen Wandels befriedigend zu lösen, dann geschieht dies in der Absicht der Erweiterung, nicht der Widerlegung dieser Theorie" (Dahrendorf 1961c: 77).[29]

Noch hält Dahrendorf es für denkbar, die strukturfunktionale Theorie durch „ein paar Kategorien, welche die Einzelperson nicht auf die stabile Ordnung eines Systems beziehen", fruchtbar zu ergänzen (Dahrendorf 1961c: 81).

Auch in „Pfade aus Utopia", einem seiner bekanntesten Aufsätze, kritisiert Dahrendorf drei Jahre später Parsons zwar deutlich vehementer und bezichtigt ihn in eindrucksvoller Polemik des „Utopismus"; er kommt aber immer noch zu dem Ergebnis, dass Parsons' Theorie sozialer Systeme nicht zu verwerfen, sondern lediglich durch das Konfliktmodell zu ergänzen sei: Er habe nicht die Absicht, dem Fehler vieler strukturell-funktionaler Theoretiker zum Opfer zu fallen und das Konfliktmodell zu verabsolutieren – zur Erklärung soziologischer Probleme seien Konflikt- und Gleichgewichtsansatz nötig, um Wandel und Stabilität in der Gesellschaft erklären zu können (Dahrendorf 1961d: 111).[30]

Was ursprünglich von Dahrendorf nur als „Korrektiv" zur strukturfunktionalen Theorie gedacht war, wird aber schließlich doch zu dessen „Negation" (Messelken 1968: 84): Gegen Ende der 1960er Jahre fordert

---

29 Dahrendorf schrieb den Text 1954; er wurde zuerst 1955 in der KZfSS veröffentlicht (vgl. Dahrendorf 1961a: 418).
30 Diesen Text verfasste Dahrendorf 1957. Er wurde zuerst 1958 unter dem Titel „Out of Utopia: Toward a Reorientation of Sociological Analysis" im American Journal of Sociology publiziert (vgl. Dahrendorf 1961a: 428). Vgl. dazu auch die Kritik von Messelken, der meint, in diesen frühen Schriften Dahrendorfs eine „seltsame Hassliebe zu Parsons" entdecken zu können (Messelken 1968: 84). Zudem schreibt er, die Idee, beide Theorien nebeneinander auf das gleiche Phänomen anzuwenden, sei absurd: Es könne nicht zwei gegenläufige Erklärungen der Wirklichkeit geben, die den nach Orientierung suchenden Subjekten Orientierung versprächen – damit treibe Dahrendorf „das partikularistisch-subjektivistische Element des Empirismus auf die Spitze", weil sich so jeder selbst für eine ihm angenehme Theorie entscheiden müsse (Messelken 1968: 177-178).

er unmissverständlich eine umfassende und ausschließliche Geltung seiner Konflikttheorie und schreibt:

„[…] ich vertrete nicht – vielleicht nicht mehr – einen toleranten Standpunkt, der die beiden Perspektiven, die ich erörtert habe, als wesentlich gleichwertige Ansätze versteht, die entweder nebeneinander auf dieselben Probleme angewandt werden können oder je ihre eigenen Probleme haben, auf die sie sich anwenden lassen."

Die Konflikttheorie sei demgegenüber der strukturfunktionalen Theorie überlegen und könne *alle* gesellschaftlichen Probleme mindestens ebenso gut erklären wie diese (Dahrendorf 1967: 313).[31]

2.2.2 Dahrendorfs Konflikttheorie und Gesellschaftsdiagnose

Eines der gesellschaftlichen Phänomene, das eine Konflikttheorie, die umfassende Geltung beansprucht, erklären muss, ist das Problem der gesellschaftlichen Integration.

Dahrendorf befasst sich mit diesem Problem in dem immer wieder abgedruckten Aufsatz „Elemente einer Theorie des sozialen Konflikts" (Dahrendorf 1961g): Hier schreibt er, Parsons gehe von einer „Consensus-Theorie" der gesellschaftlichen Integration aus, in der Konflikte nur als pathologische Ausnahmen konzipierbar seien. Demgegenüber müsse sich eine Konflikttheorie, die Konflikte als Regelfall beschreiben wolle, auf eine „Zwangstheorie" der gesellschaftlichen Integration stützen. Parsons Consensus-Theorie beruhe auf der Annahme, Gesellschaften bildeten ein stabiles Gefüge, dessen Elemente sich miteinander im Gleichgewicht befänden und jeweils einen Beitrag zum Funktionieren der Gesellschaft leisteten. Diese Stabilität werde nach Parsons durch einen gemeinsamen *Werte-Consensus* erhalten. Demgegenüber gehe er davon aus, dass Gesellschaften sich permanent wandelten (Geschichtlichkeit). Weil alle ihre Elemente ein in sich

---

31 Später relativiert Dahrendorf die Aussage, Konflikt- und Systemansatz könnten nicht nebeneinander existieren, allerdings doch wieder. So schreibt er 1972 in der Einleitung zu seinem Sammelband „Konflikt und Freiheit":
„Das theoretische Interesse der Soziologen an Gesellschaften war durch die Geschichte der Disziplin hindurch durch zwei Orientierungen bestimmt, die sich in die Begriffe fassen lassen: System und Konflikt. Beide schließen sich nicht aus. […] Aber wie hier die Akzente gesetzt werden, sagt manches aus über die thematische Orientierung eines Soziologen, vielleicht auch über sein Verhältnis zur Praxis und zur Geschichte. Dass meine Option eindeutig ist, verraten die Arbeiten dieses Teils in nahezu jedem Satz" (Dahrendorf 1972a: 11; vgl. auch Hartmann, H. 1973: XI).

widersprüchliches und explosives Gefüge darstellten, leisteten sie einen Beitrag zur Dysfunktionalität der jeweils bestehenden Gesellschaft. Gesellschaften könnten daher – so schreibt Dahrendorf orientiert an Thomas Hobbes und in „strenger Antithetik" (Messelken 1968: 31) zu Parsons – nur durch den *Zwang der Herrschenden zusammengehalten wer*den (vgl. Dahrendorf 1961g: 207-212; Krysmanski 1971: 137; Kiss 1973: 216 und zur Kritik u. S. 42).

Der Konfliktbegriff
Im selben Grundlagenaufsatz definiert Dahrendorf dann seine zentralen Kategorie, den Konflikt, als „jede Beziehung von Elementen […], die sich durch objektive (,latente') oder subjektive (,manifeste') Gegensätzlichkeit kennzeichnen lässt". Dabei lasse sich jeder Konflikt auf eine Beziehung von nur zwei Elementen zurückführen. Ein „sozialer Konflikt" ist für Dahrendorf darüber hinaus dadurch gekennzeichnet, dass er sich „aus der Struktur sozialer Einheiten ableiten lässt, also überindividuell ist" (Dahrendorf 1961g: 201-202).

Dahrendorf klassifiziert verschiedene mögliche soziale Konflikte in einer zweidimensionalen Matrix nach dem Umfang der am Konflikt beteiligten sozialen Einheiten sowie dem Rangverhältnis der beteiligten Gruppen. Daraus ergeben sich 15 mögliche Konfliktkonstellationen (vgl. Dahrendorf 1961g: 206). Der Konflikttyp aus diesem Schema, der nach Dahrendorf zu allen Zeiten und in allen Gesellschaften auftritt, ist die politische und wirtschaftliche Auseinandersetzung zwischen über- und untergeordneten Gruppen. Er bezeichnet diesen Konflikttypus zumindest in seinen früheren Texten noch in Anlehnung an Marx als „Klassenkonflikt" (Dahrendorf 1961g: 212).

Das generelle Auftreten von Klassenkonflikten ist nun für Dahrendorf – wie bereits oben angedeutet – unabhängig vom konkret ausgebildeten Gesellschaftstypus: Klassenkonflikte seien immer vorhanden, sie seien ahistorisch. Ihre jeweilige historische Gestalt erhielten sie erst durch ein unterschiedliches Maß an Gewaltsamkeit und Intensität, das von verschiedenen Faktoren wie den Bedingungen der Organisation von Konfliktgruppen, der sozialen Mobilität, dem Ausmaß an sozialem Pluralismus und den institutionalisierten Modi der Konfliktregelung abhänge (vgl. Dahrendorf 1961g: 223-224). Weil solche Konflikte immer vorhanden seien, könnten sie auch weder dauerhaft unterdrückt noch endgültig „gelöst" werden. Gesellschaften, die nicht irgendwann durch konfliktinduzierte Revolutionen umgestürzt werden wollten, müssten die Existenz struktureller Konflikte anerkennen und angemessene Verfahren der Konfliktregelung entwickeln (Dahrendorf 1961g: 225-227).

Herrschaft, Konflikt und sozialer Wandel
Dass Dahrendorf die Analyse der Klassenkonflikte zum eigentlichen Zentrum seiner Theoriebildung macht, verweist bereits auf die entscheidende Rolle, die der Herrschaftsbegriff für ihn spielt (vgl. Dahrendorf 1961g: 207; Dahrendorf 1957: 140; Massing 1978: 203; Beyme 1986: 233, 258).

Denn die letzte Ursache von Konflikten sieht er nicht wie Marx in der Verteilung der Produktionsmittel oder – allgemeiner – in den ökonomischen Rangunterschieden zwischen den konfligierenden gesellschaftlichen Klassen. Vielmehr führt er diese Rangunterschiede selbst wiederum auf die Verteilung von Herrschaft zurück:

> „Es ist die Hauptthese des folgenden Versuches, dass wir den strukturellen Ursprung sozialer Konflikte […] in den Herrschaftsverhältnissen zu suchen haben, die innerhalb gewisser Einheiten sozialer Organisationen obwalten. Für diese Einheiten werde ich Max Webers Begriff des ‚Herrschaftsverbandes' verwenden. Die Struktur von Gesellschaften wird also zum Ausgangspunkt sozialer Konflikte, insoweit Gesellschaften (und gewisse ihrer Teile) sich als Herrschaftsverbände beschreiben lassen" (Dahrendorf 1961g: 214; vgl. auch Beyme 1986: 233; Kiss 1973:224-227).[32]

Peter Massing schlussfolgert daraus, dass bei Dahrendorf gar nicht der Konflikt-, sondern eigentlich der Herrschaftsbegriff das Zentrum der Theorie darstelle: Die Herrschaft sei der irreduzible Faktor, von dem sich sämtliche Sozialbeziehungen ableiten ließen, und stelle damit die eigentliche „Schlüsselkategorie" der Konflikttheorie Dahrendorfs dar (Massing 1978: 206). Diese Lesart lässt sich mit vielen Aussagen Dahrendorfs begründen.[33] Allerdings finden sich in Dahrendorfs Werk auch entgegengesetzte Textpassagen, sodass der Ableitungs-

---

32 Dahrendorf definiert Herrschaft sodann mit Max Weber als „Chance, für einen Befehl bestimm-ten Inhalts bei angebbaren Personen Gehorsam zu finden" (Dahrendorf 1961g: 214). Er grenzt sie von der nicht eigens definierten Kategorie Macht durch die Einschränkung ab, Herrschaft sei stets auf bestimmte Inhalte und angebbare Personen begrenzt und bedeute anders als Macht niemals absolute Kontrolle über andere (vgl. Dahrendorf 1961g: 215). Im Folgenden, wie auch in den meis-ten anderen seiner Texte, verwendet Dahrendorf die Begriffe Macht und Herrschaft jedoch größtenteils synonym und oft auch gemeinsam – dabei entspricht ihre Bedeutung vorwiegend der allgemeineren Weber'schen Definition von Macht.

33 Vgl. z.B. Dahrendorf 1967: 303: „Macht oder genauer Herrschaft ist also in diesem Zusammenhang eine zentrale Kategorie. Sie erscheint als ungleich verteilt und daher bleibende Quelle von Spannungen. […] Die Dialektik von Herrschaft und Widerstand bestimmt Rhythmus und Richtung des Wandels."

zusammenhang zwischen Herrschaft und Konflikt letztlich nicht vollständig geklärt werden kann. So erscheint beispielsweise im Text „Die Funktionen sozialer Konflikte", in dem Dahrendorf sich ebenfalls relativ ausführlich mit der Begründung seiner zentralen Kategorien beschäftigt, Herrschaft nur als eine von mehreren Ursachen für Konflikte:

> „Die Explosivität von mit widersprüchlichen Erwartungen ausgestatteten sozialen Rollen, die Unvereinbarkeit geltender Normen, regionale und konfessionelle Unterschiede, das System sozialer Ungleichheit, das wir Schichtung nennen, und die universale Schranke zwischen Herrschenden und Beherrschten sind sämtlich soziale Strukturelemente, die notwendig zu Konflikten führen" (Dahrendorf 1961e: 126).

Darüber hinaus ist es – wie schon an der Überschrift dieses Textes deutlich wird – hier gar nicht primär Dahrendorfs Absicht, die Ursachen der Konflikte aufzuschlüsseln, sondern es geht ihm darum, die „Funktionen sozialer Konflikte", und zwar ihre Funktion für den *sozialen Wandel*, zu klären. Ausdrücklich schreibt er:

> „Es ist meine These, dass die permanente Aufgabe, der Sinn und die Konsequenz sozialer Konflikte darin liegt, den Wandel globaler Gesellschaften und ihrer Teile aufrecht zu erhalten und zu fördern" (Dahrendorf 1961e: 124).

Dass er damit auch normativ über die Anerkennung des strukturellen Charakters von Konflikten in jeder Gesellschaft hinausgeht und diesen eine positive Kraft zuschreibt, wird noch deutlicher, wenn er an anderer Stelle schreibt:

> „Alles soziale Leben ist Konflikt, weil es Wandel ist. Es gibt in der menschlichen Gesellschaft nichts Beharrendes, weil es nichts Gewisses gibt. Im Konflikt liegt daher der schöpferische Kern aller Gesellschaft und die Chance der Freiheit – doch zugleich die Herausforderung zur rationalen Bewältigung der gesellschaftlichen Dinge" (Dahrendorf 1961g: 235; vgl. Messelken 1968: 87).

Allerdings erscheinen Konflikte bei Dahrendorf nicht immer als der wichtigste Motor des sozialen Wandels. Es lassen sich gegenläufige Passagen finden – etwa wenn Dahrendorf den sozialen Wandel selbst zum irreduziblen Faktor erklärt und feststellt:

> „Auch Konflikte sind nicht Ursache des sozialen Wandels; überhaupt entfällt die Frage nach den Ursachen des Wandels, wenn wir die gali-

leische Wendung vollziehen, die Bewegung zu unserer ersten Setzung zu machen" (Dahrendorf 1961e: 127).[34]

Dahrendorfs anthropologische Prämissen
Noch komplizierter wird das Bild, wenn man neben dem unklaren Ableitungszusammenhang der zentralen Dahrendorf'schen Kategorien die anthropologischen Prämissen seiner Theorie zu klären versucht. Dahrendorf selbst thematisiert diese Frage in „Die Funktion sozialer Konflikte" – die entscheidende Stelle wird hier zur Veranschaulichung ausführlich wiedergegeben:

„Ein Teil der Thesen der vorstehenden Überlegungen steht methodologisch an der Grenze zwischen soziologischer Theorie und philosophischer Theorie der Gesellschaft. Der ‚funktionale' Bezug von Konflikt und Wandel hat einerseits unmittelbare Konsequenzen für die Analyse bestimmter Probleme; er lässt sich andererseits aber auch als Hinweis auf anthropologische Strukturen verstehen. Zumindest eine mögliche Anthropologie könnte sinnvoll ihren Ausgang nehmen von der Einsicht in die Gespaltenheit und Geschichtlichkeit der menschlichen Existenz in Gesellschaft. [...] Aus dieser Ungewissheit der menschlichen Existenz in der Welt könnte man den anthropologischen Sinn des Konflikts in der Gesellschaft, aber auch im Einzelnen begründen. Weil niemand alle Antworten weiß, kann jede Antwort nur zum Teil und nur zu einem gegebenen Zeitpunkt richtig sein. Weil wir die vollkommene Gesellschaft nicht kennen können, muss menschliche Gesellschaft geschichtlich sein, d.h. ständig zu neuen Lösungen streben [...], und weil in der ungewissen Welt die Antwort des einen nicht richtiger sein kann als die des anderen, beruht aller Fortschritt auf der Vielfalt und Widersprüchlichkeit der menschlichen Gesellschaft [...]. Konflikt und Wandel, Vielfalt und Geschichte beruhen in diesem Sinne auf der konstitutionellen Ungewissheit der menschlichen Erkenntnis" (Dahrendorf 1961e: 128-130).

Eine derartige Rückführung seiner Konflikttheorie auf sein Menschenbild findet sich bei Dahrendorf aber selten, und sie bleibt auch ausgesprochen vage (vgl. auch Dahrendorf 1965: 23-24). Messelken wirft Dahrendorf daher vor, seine anthropologische Fundierung gerate „mehr zur moralischen Rechtfertigung des Konflikts als zur Ableitung seiner Notwendigkeit aus den Lebensbedingungen des Menschen als Naturwesen". Stattdessen erscheine bei Dahrendorf eher der Konflikt selbst als anthropologische Grundtatsa-

---

34 Der folgende Satz lautet dann „Konflikte sind jedoch einer der Faktoren, die Formen und Dimensionen des Wandels bestimmen" (Dahrendorf 1961e: 127).

che, und seine „Substanzialisierung" mache in der Konsequenz aus der von Dahrendorf „versprochenen empirischen Soziologie" eine „moralisierende Sozialphilosophie" (Messelken 1968: 184-185; vgl. ebd.: 87-97).[35]

Die Diagnose zu Gesellschaft und Demokratie in Deutschland
Dahrendorf wendet seine Konflikttheorie an, um die Entstehung des Nationalsozialismus in Deutschland zu erklären und um die Chancen der Demokratie in der Bundesrepublik Deutschland auszuloten. Schon in seinem Sammelband von 1961 finden sich einige Aufsätze, in denen Dahrendorf Grundzüge seiner Diagnose der bundesrepublikanischen Nachkriegsordnung herausarbeitet (Dahrendorf 1961i, 1961h, 1961j). Diese Diagnose systematisiert und erweitert er dann in seiner Monografie „Gesellschaft und Demokratie in Deutschland" von 1965.

Er fragt nun vor allem, welche unterstützenden und hemmenden Faktoren sich in der westdeutschen Nachkriegsgesellschaft entwickelt haben, die die Weiterentwicklung der liberalen Demokratie beeinflussen. Er sucht diese Faktoren dabei nicht im politischen System, sondern fast ausschließlich in den Gesellschaftsstrukturen und den Einstellungen der Mitglieder dieser Gesellschaft: „Die deutsche Frage ist [...] nicht eine politische Frage an andere, sondern eine soziale Frage an uns selbst" (Dahrendorf 1965: 480).

Dahrendorf konstatiert, dass es vier relevante Faktoren gibt, die er anschließend in vier großen Teilen mit jeweils mehreren Kapiteln abhandelt und am Ende des Buches resümiert:

---

35 Diese „Substanzialisierung" tritt in Dahrendorfs späteren Schriften z.T. noch deutlicher hervor. Dort gibt er ausdrücklich die Annahme auf, „dass der einzige [...] mögliche Ausdruck für soziale Beziehungen des Zwangs in Gruppenkonflikten zu suchen ist" (Dahrendorf 1972b: 85-86), und geht nun davon aus, dass Gruppen- oder Klassenkonflikte nur einen „Spezialfall des ‚Streites'" darstellen. Durch die Ausübung von Herrschaft entstünden zunächst lediglich unorganisierte „Quasi-Gruppen" mit gemeinsamen Interessen, die die soziale Basis des politischen Konflikts bildeten. Erst unter bestimmten Bedingungen organisierten sich diese Quasi-Gruppen dann als echte Interessengruppen und die politischen Konflikte würden manifest. Unabhängig davon aber seien Konflikte „doch immer vorhanden" (Dahrendorf 1972b: 78). Dahrendorf schreibt weiter: „Nach dem Herrschaftsvertrag ist ‚Kampf' oder ‚Streit' eines der Grundelemente der menschlichen Gesellschaft, das heißt, die Rolleninteressen von Menschen, ihre Lebenschancen zu verbessern, sind unvereinbar, sobald einige das Recht erworben haben, die Lebenschancen von anderen zu kontrollieren. [...] Es gibt eine soziale Kraft des Antagonismus (‚contest', Streit, Kampf), die Menschen gegeneinander wendet" (Dahrendorf 1972b: 85-86).

1. Entsprechend seiner Konflikttheorie geht er zum Ersten davon aus, dass *Konflikte* vorhanden seien, wo immer es menschliches Leben gebe (vgl. Dahrendorf 1965: 171), und dass die Anerkennung von Konflikten Freiheit bedeute, weil nur im Konflikt die Vielfalt und Unvereinbarkeit menschlicher Interessen und Wünsche in einer ungewissen Welt einen angemessenen Ausdruck finden könne (vgl. Dahrendorf 1965: 174). Er sieht diese Anerkennung von Konflikten vor allem in der Wirtschaft der Bundesrepublik Deutschland verwirklicht: Mit der explosiven Entwicklung dieser Wirtschaft habe sich seit 1949 die Einsicht durchgesetzt, dass Konkurrenz und damit Konflikte notwendig seien, und dass es folglich rationaler Konfliktregelungsmechanismen bedürfe. Diese Erkenntnis und die Etablierung entsprechender Modi der Konfliktaustragung hätten in Ansätzen auch in andere Institutionen wie das Militär und die Gerichtssäle Eingang gefunden. Allerdings seien autoritäre Aversionen gegen Konflikte nach wie vor weit verbreitet – sowohl in den gesellschaftlichen Institutionen als auch in den Köpfen der Menschen (vgl. Dahrendorf 1965: 468-472).

2. Der zweite für die Stabilität der Demokratie relevante Faktor ist nach Dahrendorf die Verwirklichung *gleicher Staatsbürgerrechte* für alle. Hier argumentiert er, die bürgerlichen Freiheitsrechte wie auch die politischen Teilhaberechte seien durch umfassende, einklagbare Grundrechte weitgehend verwirklicht (vgl. Dahrendorf 1965: 80-85). Er beklagt aber deutliche Defizite bei der Verwirklichung der sozialen Rechte: Die immer noch wohlfahrtsstaatlich organisierte soziale Sicherung und die ungleichen Chancen im Bildungssystem seien zwei wichtige Hemmnisse bei der Verwirklichung der Chancengleichheit (vgl. Dahrendorf 1965: 86-90, 472).

3. Den dritten wesentlichen Faktor sieht Dahrendorf in der Etablierung einer *neuen Elite*. Vor allem in der Wirtschaft gebe es neue wirtschaftliche Führungsgruppen, und deren Gewicht im Rahmen der deutschen Eliten insgesamt habe sich verstärkt. Zudem sei der Stil wirtschaftlicher Führung auch in andere Bereiche eingedrungen, wie zum Beispiel in die staatliche Verwaltung. Auch wenn die Elite damit pluralistischer geworden sei, mangele es trotzdem noch an produktiver Konkurrenz innerhalb der Eliten, und der Anteil kritischer politischer Intellektueller sei zu gering (vgl. Dahrendorf 1965: 296, 318-319, 470).

4. Den vierten Faktor sieht Dahrendorf in den *Werthaltungen* in der Bevölkerung, die er greifbar machen will, indem er geltende Rollenerwartungen betrachtet.

Dahrendorf unterscheidet dafür zunächst zwischen öffentlichen und privaten Tugenden: Während „öffentliche Tugenden" auf die reibungslose Bewältigung der Beziehungen zwischen Menschen – nicht nur im politischen

37

Bereich – zielten und ein starkes Element des Vertraglichen enthielten (z.B. Einhaltung von Regeln), setzten private Tugenden wie Ehrlichkeit und Tiefe dem Einzelnen Maßstäbe für seine persönliche Vervollkommnung (vgl. Dahrendorf 1965: 328-329).

In diesem Bereich sieht Dahrendorf einerseits die auffälligste Veränderung der Nachkriegsgeschichte: Statt Disziplin, Unterwürfigkeit und Fleiß stünden heute wirtschaftlicher Erfolg und ein hohes Einkommen sowie das Lebensglück des Einzelnen für die Westdeutschen an erster Stelle. Diese Werte würden zwar vielfach als materialistisch und unpolitisch geschmäht, stellten aber wirksame Barrieren gegen totalitäre Organisationen dar (vgl. Dahrendorf 1965: 471). Andererseits sieht Dahrendorf in der fortgesetzten Priorität der privaten gegenüber den öffentlichen Tugenden eine demokratiehemmende Kraft am Werk. Die Familie, in der vor allem private Tugenden vermittelt würden, rangiere in der Bundesrepublik Deutschland immer noch vor der Schule, die die Aufgabe habe, öffentliche Tugenden zu vermitteln und die allein in der Lage sei, jungen Menschen die *Öffentlichkeit* „einzupflanzen". Aber selbst innerhalb der Institution Schule, gelte dies als suspekt, und auch sie suche ihr Ideal vorwiegend noch „jenseits des Gesellschaftlichen" (vgl. Dahrendorf 1965: 354-356).

Dahrendorfs Diagnose der Werthaltungen in der Bundesrepublik mündet unter anderem in das bekannt gewordene Schlagwort des „unpolitischen Deutschen" (Dahrendorf 1965: 359). Dieser unpolitische Deutsche ist für Dahrendorf ein Mensch, der die privaten Tugenden über die öffentlichen stellt; der zwar wählen geht, dies aber mehr als rituellen Akt versteht, weil ihm die Politik und die demokratischen Institutionen „äußerlich, fern, letztlich gleichgültig" bleiben (Dahrendorf 1965: 360-372).[36]

Dahrendorf resümiert:

> „Der unpolitische Deutsche ist also ein durchaus kompliziertes Wesen. Wer ihn aus der Ferne beobachtet, hält ihn zunächst keineswegs für unpolitisch. Er geht seinen Bürgerpflichten getreulich nach, liest Zeitung und hört Nachrichten, unterhält sich mit seinen Kollegen über die Wiedervereinigung, die Atomrüstung und die hohen Preise, besucht gelegentlich sogar eine Wahlveranstaltung und geht jedenfalls regelmäßig zur Wahl. […] Dass der Anschein des politischen Verhaltens dennoch trügt, wird erst offenbar, wenn man ihn näher kennen lernt. Dann wird deutlich, dass

---

[36] Bemerkenswert ist auch, dass Dahrendorf diesem Menschen bescheinigt, er habe „kaum noch ein ‚Gesellschaftsbild'; vielmehr verflüchtige sich dieses in ein ‚Weltbild', eine ‚Weltanschauung'" (Dahrendorf 1965: 373).

der Deutsche die politische Aktivität in den äußeren Kranz jener Pflichten eingeflochten hat, die eher lästig, wenngleich den Umständen nach unvermeidlich sind, so wie die Kehrwoche in seinem Haus [...]. Dieser Deutsche ist unpolitisch, weil ihm das Politische zutiefst unwichtig ist; er ist autoritär,[37] weil es ihm im Grunde viel angenehmer wäre, aus der ‚Freiheit' seiner vier Wände nicht herausgezogen zu werden" (Dahrendorf 1965: 373-374).

2.2.3 Kritik und Würdigung

Der fehlende Politikbegriff
Dahrendorfs Diagnose zeigt, wie schon oben angedeutet, dass er die Bedingungen für das Funktionieren einer liberalen Demokratie in den Gesellschaftsstrukturen und den Einstellungen der Mitglieder einer Gesellschaft sucht. Er grenzt keinen spezifisch politischen Bereich ab, kein politisches System mit einer Eigenlogik, das einer gesonderten Analyse bedarf (vgl. Messelken 1978: 145). Aus politikwissenschaftlicher Sicht muss es als Defizit betrachtet werden, dass die spezifisch politischen Bedingungen, vor allem die Auswirkungen der verfassungsrechtlichen und gesetzlichen Bestimmungen auf die Verfassungspraxis der westdeutschen Demokratie bei Dahrendorf keine Rolle spielen. Auch hier wären unterstützende und hemmende Faktoren zu identifizieren, die auf die Entwicklung der Demokratie entscheidende Auswirkungen haben (vgl. bspw. Schmidt 2011: 467-468.).

Das gleiche Defizit zeigt sich schon in Dahrendorfs theoretischen Überlegungen zu den Konflikten. In diesen geht es um gesellschaftliche Konflikte im Allgemeinen; spezifische Eigenschaften politischer Konflikte – sowohl die Prozesse der Auseinandersetzung als auch die Institutionen der Konfliktregelung in politischen Systemen – geraten dabei nicht in sein Blickfeld. Angesichts der Tatsache, dass es das politische System ist, dessen genuine Aufgabe die Regelung gesellschaftlicher Konflikte darstellt, ist die Leerstelle bei Dahrendorf so gravierend wie unverständlich.

---

37 Dahrendorf spricht von einem neuen, spezifisch modernen „passiven Autoritarismus" in der Gesellschaft, bei dem sich so viele Menschen nicht für Politik interessierten, dass die politischen Klasse trotz demokratischer Strukturen letztlich doch wieder weitgehend unkontrolliert Macht ausüben könne (vgl. Dahrendorf 1965: 372-373).

Die Substanzialisierung des Konflikts
Neben diesem Kritikpunkt, der für die politische Bildung in besonderem Maße relevant ist, werden in der Sekundärliteratur zwei weitere Kritikpunkte immer wieder angesprochen.

Die bereits erläuterte „Substanzialisierung des Konflikts" ist vor allem auf der wissenschaftstheoretischen Ebene problematisch (vgl. o. S. 36): Dahrendorf beansprucht eigentlich, keine Sozialphilosophie zu betreiben, sondern eine soziologische Theorie vorzulegen, die problemorientiert und empirisch an realen Erfahrungen ansetzt, um von dort aus zu einem verallgemeinerten, ahistorischen, theoretisch integrierten und systematischen Kategoriensystem zu gelangen (vgl. Dahrendorf 1961c: 49-57).

Er fordert von der Soziologie zwar durchaus auch „moralisches Pathos" und wünscht sich Soziologen, die zugleich engagierte Moralisten sind, trennt diese gesellschaftliche Funktion der Disziplin aber – wie auch Max Weber – von der reinen Forschung. Für diese verlangt er ein ständiges Bemühen um Objektivität, für das die permanente Offenlegung der eigenen forschungsleitenden Werte eine Voraussetzung sei (Dahrendorf 1961b: 41-47; 1961d: 105).

An diesem Anspruch wird Dahrendorf von seinen Kritikern gemessen – und diesem Anspruch kann seine wissenschaftlich unzureichend begründete Substanzialisierung des Konfliktbegriffes nicht gerecht werden. So kritisiert Messelken, Konflikte würden in Dahrendorfs Konflikttheorie „im Grunde gar nicht soziologisch aus Interessenstrukturen begriffen, sondern umgekehrt jede historische Gegensätzlichkeit bestimmter materieller Interessen als Ausdruck, ja als Wirkung von Konflikt als Substanz aufgefasst". Er schlussfolgert, damit gebe sich die empirische Soziologie selbst auf (Messelken 1968: 184-185; vgl. ebd. 83-84; Kiss 1973: 239). Peter Massing schreibt ähnlich, die Dahrendorf'sche Konflikttheorie sei in dem Versuch, eine allgemeine Theorie zu konzipieren, geradezu in einen Gegensatz zur gesellschaftlichen Wirklichkeit geraten – sie sei zwar in sich „logisch", aber nicht mehr „soziologisch" (vgl. Massing 1978: 217). Hans Jürgen Krysmanski schließlich spricht gar von einer „metaphysischen Theorie sozialen Wandels" (Krysmanski 1971: 137).

Die fehlende Begründung der Ordnung
Mit dem Vorwurf einer Substanzialisierung des Konflikts eng verwandt ist die Kritik an einer mangelnden oder sogar fehlenden Begründung der gesellschaftlichen Integration und Ordnung durch Dahrendorf. Empirisch ist es evident, dass demokratische Gesellschaften sich zwar ständig wandeln, dass sich aber trotzdem Strukturen entwickeln, die über längere Zeit Bestand haben. Zu solchen Strukturen gehören etwa politische und gesellschaftliche Institutionen und geteilte Werte. Damit sie sich überhaupt entwickeln können,

bedarf es – so beispielsweise die Annahme der (politischen) Pluralismustheorie – mindestens eines Minimalkonsenses unter den Mitgliedern der Gesellschaft, der in einem gewissen Spannungsverhältnis zu den individuellen Interessen dieser Mitglieder und dem daraus resultierenden „kontroversen Sektor" einer Gesellschaft steht (vgl. Fraenkel 1991b: 246-249).

Dahrendorf stellt nun Konflikt und Wandel und damit den kontroversen Sektor so sehr ins Zentrum seiner Theorie, dass seine Kritiker ihm vorwerfen, er löse damit das Spannungsverhältnis zwischen Konsens und Konflikt einseitig zugunsten des Konflikts auf (vgl. z.B. Kiss 1973: 234; Massing 1978: 195).

Solange Dahrendorf seine Konflikttheorie noch als Ergänzung zur Systemtheorie verstanden hatte (vgl. o. S. 30), war dies nicht weiter problematisch; mit dem später von Dahrendorf formulierten Anspruch auf eine umfassende Geltung der Konflikttheorie (vgl. o. S. 30) musste diese jedoch in der Lage sein, auch Phänomene gesellschaftlicher Integration und Ordnung unter Rückgriff auf ihre eigenen Axiome zu erklären. Eine Erklärung von Konsens, Ordnung und Integration nur aus den für Dahrendorf zentralen Konflikten und Wandlungsprozessen heraus erscheint aber wie die Quadratur eines Kreises. Und Dahrendorf versuchte deshalb offensichtlich so häufig wie möglich, diesem Problem einfach auszuweichen. Messelken formuliert dazu fast schon süffisant:

> „Die sophistische Dialektik, mit der sich Dahrendorf dem Zwang entzieht, die Notwendigkeit gesellschaftlicher Ordnung für die menschliche Existenz zuzugeben, durchzieht seine ganze Theorie. [...] Eine derart anarchistische Pose gegenüber der gesellschaftlichen Ordnung, die als politische möglich sein mag, lässt sich als soziologische freilich nicht durchhalten. Die Tatsache der gesellschaftlichen Ordnung, ob sie nun ärgerlich ist oder nicht, lässt sich nicht übersehen und verlangt, wenn man sie erst problematisiert hat, nach Erklärung, d.h. nach Demonstration ihrer Möglichkeit".

Eine solche Erklärung aber – so Messelken weiter – sei mit einem Konfliktbegriff, dessen Wesen an keiner Stelle eine Regelung von Konflikten in sich berge, nicht zu bewerkstelligen:

> „Mit Konflikt, aus dessen Wirkung sich überall sozialer Wandel begründen soll, ist nicht auch gleichzeitig sozialer Ordnung beizukommen" (Messelken 1968: 100; vgl. ebd.: 101; Krysmanski 1971: 139).

In der Tat führt Dahrendorf stattdessen häufig die Konflikt*regelung* als Grundlage für Integration und Ordnung an – ohne diese allerdings konsistent im Rahmen seiner Konflikttheorie zu begründen. So argumentiert er beispielsweise, Voraussetzung für eine erfolgreiche Konfliktregelung sei die

Anerkennung von Konflikten als berechtigt und sinnvoll sowie die Einigung auf gemeinsame Spielregeln der Konfliktaustragung. Dabei verzichtet er darauf, deutlich zu machen, wie sich eine solche „Anerkennung" und „Einigung" auf den Konfliktbegriff selbst zurückführen ließe oder wie sie sonst zu begründen wäre (vgl. Dahrendorf 1961g: 227-228; Kiss 1973: 234; Massing 1978: 213-214).[38]

Der aussichtsreichste und konsistenteste Versuch Dahrendorfs, gesellschaftliche Integration und Ordnung zu begründen, setzt denn auch nicht an den Kategorien Konflikt und Wandel, sondern am Herrschaftsbegriff und der „Zwangstheorie" gesellschaftlicher Integration an (vgl. o. S. 31). Dahrendorf schreibt 1967 im „Lob des Thrasymachos", man könne den Fortbestand sozialer Gruppen immer auch als Ergebnis von Zwang und Gewalt verstehen und müsse nicht auf den Gleichgewichtsansatz zurückgreifen. Gesellschaften seien zwar – hier stimme der Zwangsansatz noch mit dem Gleichgewichtsansatz überein – moralische Einheiten, die sich durch normative Strukturen beschreiben ließen; diese Normen würden aber allein durch Herrschaft begründet und aufrechterhalten, und ihre inhaltliche Ausprägung lasse sich weitgehend auf die Interessen der Mächtigen zurückführen (vgl. Dahrendorf 1967: 304).

Selbst wenn dieses Argument auch heute noch für viele Normen gelten mag, scheint die *ausschließliche* Begründung gesellschaftlich integrierender Normen durch Herrschaftsinteressen im Falle demokratischer Verfassungsstaaten unzureichend – und sie offenbart neben den soziologischen auch die demokratietheoretischen Defizite in Dahrendorfs soziologischer Pluralismustheorie.

Würdigung
Insgesamt kommt der Konflikttheorie Dahrendorfs trotz aller Kritik das große Verdienst zu, der Soziologie neue Perspektiven aufgezeigt und darüber hinaus in den 1960er Jahren zur Veränderung des gesellschaftlichen Selbstverständnisses beigetragen zu haben.[39]

---

38   Messelken urteilt, es handle sich nur um einen scheinbaren Verzicht auf einen Gegenbegriff; in Wirklichkeit verberge sich dieser Gegenbegriff in Dahrendorfs Konfliktbegriff selbst: In Dahrendorfs explizitem positivem Konfliktbegriff, der die produktive Kraft für den sozialen Wandel darstelle, verstecke sich ein impliziter negativer Konfliktbegriff, der mit seiner Destruktivität zur Regelung und damit zur gesellschaftlichen Ordnung zwinge. Nur aus einem solchen zerstörerischen zweiten Konfliktbegriff sei Dahrendorfs Hoffnung, die Beteiligten hätten genügend Einsicht, sich auf Spielregeln zu einigen, zu begründen (vgl. Messelken 1968: 101-106).
39   Diesen Anspruch formuliert auch Dahrendorf selbst (vgl. Dahrendorf 1961: 233).

Nach einer Zeit der politischen Entmündigung der Staatsbürger und -bürgerinnen entlarvte sie Denkschablonen wie „Gemeinnutz geht vor Eigennutz" als ideologische Instrumente einer totalitären Diktatur (vgl. Messelken 1968: 169)[40] und leistete „praktische Aufklärung über die ideologische Ausbeutbarkeit einer Utopie der konfliktfreien Gesellschaft" (Massing 1978: 198). So beurteilt schließlich auch Messelken die Bedeutung der Dahrendorf'schen Konflikttheorie ausgesprochen positiv:

> „Was in der deutschen Situation nottat, war primär Aufklärung: Aufklärung über die ideologische Ausbeutbarkeit des Gemeinwohl-Glaubens; Aufklärung darüber, dass der Staat nicht unbedingt als Garant der Sittlichkeit in Erscheinung tritt [...]; Aufklärung darüber, dass durch moralische Verabscheuung des Konflikts nicht schon dessen sozioökonomische Ursachen zu beseitigen sind und daher mehr als obrigkeitsstaatliche Strenge erforderlich ist, um die Konfliktgegner zur Räson zu bringen" (Messelken 1968: 169-170).

Laut Peter Massing hat die Dahrendorf'schen Konflikttheorie zusätzliche praktische Relevanz gewonnen, indem sie durch die politische Bildung popularisiert wurde, und dazu habe vor allem Hermann Giesecke beigetragen (vgl. Massing 1978: 198). Ob dieses Lob für Giesecke berechtigt ist, sollen die folgenden Abschnitt klären.

2.3 Gieseckes didaktische Konzeption und seine Theorierezeption

Im Folgenden werden die grundlegenden Elemente von Hermann Gieseckes Didaktik in mehreren Abschnitten dargestellt. Dabei geht es vor allem darum herauszuarbeiten, wo und zu welchem Zweck Giesecke sich auf Dahrendorf und auf andere sozialwissenschaftliche Theorien bezieht. Zudem wird untersucht, ob Giesecke die entsprechenden Autoren jeweils adäquat wieder gibt.

Da Gieseckes ursprüngliche Dissertation kaum bekannt geworden ist, orientiert sich die Darstellung an seiner Didaktik von 1965. Insgesamt lässt sich aber sagen, dass nahezu alle Theoriebezüge in der gleichen Form auch

---

40 An anderer Stelle bewertet Messelken denselben Aspekt allerdings kritisch, wenn er schreibt: „Indem [die Konflikttheorie] den Begriff des Gemeinwohls als bloße Propagandafiktion enthüllt, entlastet sie die politischen Subjekte von etwaigen Skrupeln bei der Anmeldung und Durchsetzung von Sonderforderungen" (Messelken 1968: 161).

in der Dissertation vorkommen.[41] Deshalb sind im Folgenden nur da, wo Gieseckes Dissertation in Bezug auf seine Theorierezeption von seiner Didaktik abweicht, entsprechende Verweise eingefügt. Neben der Didaktik werden in diesem Kapitel auch Gieseckes zahlreiche frühe Aufsätze bis zum Jahr 1966 und in Einzelfällen auch darüber hinaus berücksichtigt. Da er in diesen keine konzeptionellen Überlegungen für die schulische politische Bildung anstellt, die über seine Didaktik hinausgehen oder in eine andere Richtung weisen, werden diese Aufsätze nicht gesondert dargestellt; Rezeptionen fachwissenschaftlicher Theoretiker in den Aufsätzen sind jeweils im Zusammenhang mit der Rezeption derselben Autoren in der Didaktik erwähnt. Spätere Aufsätze Gieseckes werden im Zusammenhang mit seiner Hinwendung zur Kritischen Theorie im dritten Kapitel behandelt.

Die Darstellung in diesem Kapitel folgt meist dem Argumentationsgang Gieseckes. Er formuliert im *ersten Teil* seiner Didaktik zunächst seinen Politikbegriff und geht auf sein Gesellschaftsbild und sein Staatsverständnis ein. Daraus zieht er erste Folgerungen für die Lerninhalte und für die Unterscheidung zwischen verschiedenen Wissensformen. Anschließend kritisiert er die Stoffauswahl in bestehenden Konzepten zur politischen Bildung und zeichnet die politikwissenschaftliche Diskussion um die Bürgerleitbilder nach, um daraus seinen eigenen Zielbegriff für die politische Bildung, die „politische Beteiligung", abzuleiten.

Zu Beginn seines *zweiten Teils* unter der Überschrift „*Didaktische Konstruktion*" unterscheidet Giesecke vier Ebenen der Lerninhalte. Aufgrund einer weitgehenden Analogie zu den Wissensformen im Teil I wird deren Darstellung hier aber vorgezogen, und sie werden im Zusammenhang mit den Wissensformen dargestellt. Anschließend erläutert Giesecke mit den elf Kategorien der Konfliktanalyse den Kern seines didaktischen Modells.

Die *Teile III und IV* zu den Aufgabenfeldern und zusätzlichen Funktionen der politischen Didaktik werden im Anschluss eher kurz dargestellt, bevor im *Fazit* dieses Kapitels zusammenfassend analysiert wird, welchen Einfluss Ralf Dahrendorf, die anderen von Giesecke rezipierten Gesellschaftstheoretiker

---

41 Giesecke hat in seiner Didaktik einige Passagen in den Text eingearbeitet – zum Teil durch kleinere Schrift vom Haupttext abgesetzt –, die er in der Dissertation nur in den Endnoten ausgeführt hat, sodass der Theoriebezug 1965 deutlicher hervortritt.
Ein Vergleich der Literaturverzeichnisse ist nur bedingt aussagekräftig, da in Gieseckes Dissertation viele Literaturhinweise im Literaturverzeichnis fehlen und nur in den Endnoten vorkommen.

sowie seine persönlichen Erfahrungen in der außerschulischen politischen Jugendbildung auf seine Konfliktdidaktik hatten.

2.3.1 Politikbegriff und Gesellschaftsbild

Der Politikbegriff
Zu Beginn seiner Didaktik erläutert Giesecke, was er unter Politik versteht. Dabei entwickelt er seinen Politikbegriff induktiv, am Beispiel der Spiegel-Affäre. Er hebt zunächst hervor, diese sei „unzweifelhaft ein politisches Ereignis" gewesen (Giesecke 1965a: 17), und indem er sie als solches näher charakterisiert, entfaltet er die beiden zentralen Komponenten seines Politikbegriffs:

„Die Spiegel-Affäre war aus mindestens zwei Gründen ein politisches Ereignis. Es handelte sich erstens um eine offene Situation, die noch nicht entschieden war und für deren Entscheidung es verschiedene Möglichkeiten gab; zweitens war der Sachverhalt selbst umstritten" (Giesecke 1965a: 18).

Giesecke geht dann zunächst auf die Bedeutung der *Offenheit einer Situation* als spezifisches Charakteristikum der Politik ein. Er verweist dafür auf Karl Mannheims Unterscheidung zwischen einem bereits geronnenen, „rationalisierten Gefüge" der Gesellschaft und einem „irrationalen Spielraum", der politisches Handeln überhaupt erst möglich mache (Giesecke 1965a: 21).[42]

---

42 Giesecke verweist auf Mannheim 1952: 95 ff. Mannheim begründete mit seinem zuerst 1929 erschienenen, einflussreichen Werk „Ideologie und Utopie" die Wissenssoziologie. Im dritten Kapitel stellt er die Frage: „Ist Politik als Wissenschaft möglich?" (Mannheim 1952: 95). Er unterscheidet hier politisches Wissen von anderen Wissensgebieten durch die Feststellung, dieses beziehe sich zwar auch auf Staat und Gesellschaft als „geschichtlich gewordene Gegenstände", politisches Handeln ziele darüber hinaus aber auf Staat und Gesellschaft, „sofern diese noch im Werden begriffen" seien (Mannheim 1952: 97). Eben dieses „Werden" sei nun herkömmlichem wissenschaftlichem Wissen nicht unmittelbar zugänglich. Mannheim bezeichnet diese beiden Bereiche der Politik als „rationalisiertes Gefüge" der Gesellschaft einerseits und als „irrationalen Spielraum" andererseits. Am Ende des Kapitels, das bei Giesecke keine Rolle mehr spielt, kommt Mannheim zu dem Schluss, Politik sei als Wissenschaft möglich, müsse aber nicht nur das geschichtliche Feld durchleuchten, sondern darüber hinaus durch ethische Selbstklärung zur Wegbereitung der politischen Tat beitragen (Mannheim 1952: 167).

Daneben konstatiert er mit Arnold Bergstraesser, das politische Denken sei auf die „res gerendae" gerichtet, also die künftigen Aufgaben, und nicht auf die „res gestae", die bereits geschehenen Dinge (Giesecke 1965a: 22).[43] Anschließend zitiert er Jürgen Habermas:

„In dem Maße, in dem Politik wissenschaftlich rationalisiert, Praxis durch technische Empfehlungen theoretisch angeleitet wird, wächst nämlich jene eigentümliche Restproblematik, angesichts derer die erfahrungswissenschaftliche Analyse ihre Inkompetenz erklären muss. Auf der Basis einer Arbeitsteilung zwischen datenverarbeitenden Wissenschaften und wissenschaftlich nicht kontrollierbarer Normsetzung wächst mit der strikten Klärung bestimmter Voraussetzungen gleichzeitig der Spielraum purer Dezision: Der genuine Bereich der Praxis entzieht sich in wachsendem Maße der Zucht methodischer Erörterungen überhaupt" (Giesecke 1965a: 22).[44]

Während Mannheim und Bergstraesser tatsächlich im Rahmen ihrer wissenschaftstheoretischen Überlegungen die Offenheit von Situationen als Charakteristikum der Politik bezeichnen und somit als Belegstellen für Gieseckes Definition des Politischen geeignet sind, geht es Habermas in diesem Zitat nicht um eine Bestimmung des Wesens der Politik. Stattdessen formuliert er eine Kritik an der modernen Sozialwissenschaft, die sich – anders als die antike praktische Philosophie – seines Erachtens von Ethik und Praxis abgewandt habe und Politik nur noch als Technik begreife.[45] Die Sozialwissenschaft habe sich, schreibt Habermas in diesem Aufsatz, ihre methodische Verwissenschaftlichung mit dem Verzicht auf die Möglichkeit erkauft, konkrete politische Entscheidungen und politisches Handelns auch normativ begründen zu können. Wenn aber Normsetzungen prinzipiell nicht

---

43 Giesecke zitiert Bergstraesser 1963: 59. Dieser grenzt mit den Begriffen res gerendae und res gestae die Gegenstände von Politik- und Geschichtswissenschaft voneinander ab. In seinen Beiträgen zur politischen Bildung überträgt Bergstraesser diese Unterscheidung später auch auf die Aufgaben von Politik- und Geschichtsunterricht (vgl. dazu auch Mommsen 1962: 366; Detjen 2007: 131-132).

44 Das Zitat stammt aus Habermas 1971b: 52; bei Giesecke zitiert nach der ersten Ausgabe 1963: 17-18.

45 Der Wandel begann nach Habermas genau genommen schon mit der Entstehung der modernen Sozialphilosophie bei Morus, Machiavelli und Hobbes. Dieser attestiert er, sie habe bereits versucht, ihre vorhandenen normativen Implikationen zu verheimlichen (vgl. Habermas 1971b: 48-51, bei Giesecke zitiert nach Habermas 1963: 13-16).

mehr als wahrheitsfähig erachtet würden, seien politische Entscheidungen aus Sicht der Wissenschaft bloß noch dezisionistisch.

Habermas Ausführungen setzen zwar eine Offenheit politischer Situationen voraus, haben jedoch eine ganz andere Stoßrichtung, als darüber die Politik zu definieren. Dass Giesecke sie an dieser Stelle zitiert, erscheint daher zunächst als Abschweifung von der Darlegung seines Politikbegriffs. Ein möglicher Grund für den Bezug auf Habermas wird erst nach dem Zitat deutlich, wenn Giesecke dessen wissenschaftstheoretische Position aufgreift. Er schreibt nun:

„Nach diesen Überlegungen ist ein politischer Unterricht, der nichts anderes als einen systematisierten Zusammenhang von Wissen bietet, schlechterdings unpolitisch. Denn das eigentlich Politische, zu dem wesentlich Parteinahme gehört, würde so auf wissenschaftliche Erkenntnis reduziert" (Giesecke 1965a: 22)[46]

– mit anderen Worten: die durch die modernen Sozialwissenschaften nicht begründbaren normativen Motive für politische Entscheidungen fielen aus dem politischen Unterricht heraus.[47]

In seiner Dissertation hatte Giesecke in diesem Zusammenhang zusätzlich hervorgehoben, dass lediglich eine „parteiliche" Gesellschaftswissenschaft, die sich selbst als politische Praxis verstehe – wie etwa die orthodox-marxistische – in einer pluralistischen Gesellschaft den notwendig irrationalen Charakter der Politik aufheben könne.[48] Auf dieses Argument verzichtet er in seiner Didaktik.

---

46 Giesecke bemerkt direkt anschließend, dass systematisches Wissen trotzdem nötig sei, und verweist auf verschiedene Stoffkataloge, u.a. bei Bergstraesser 1960: 82 (Giesecke 1965a: 22-23). Ein Stoffkatalog findet sich auch bei Sontheimer (1963: 17), dessen Aufsatz Giesecke im Literaturverzeichnis erwähnt, jedoch im Text nicht berücksichtigt.

47 Ganz konsistent ist Gieseckes Anknüpfen an Habermas trotzdem nicht, da dieser ja nicht die Analyse moralischer und ethischer Motive für politische Entscheidungen ausschließt, sondern nur deren normative Beurteilung durch die modernen Sozialwissenschaften.

48 Hier bezieht er sich auch wieder auf Mannheim und schreibt, dieser habe „den Versuch unternommen, die Soziologie zu einer solchen praktischen Wissenschaft zu machen", indem er eine Theorie einer von Interessen freien Elite aufgestellt habe. Zustimmend schreibt er dann, dieser Versuch sei von Adorno zurückgewiesen worden (Giesecke 1964a: 130, Anm. 1, 2). Giesecke führt auch das 1965 zitierte Buch „Ideologie und Utopie" (Mannheim 1952: 134 ff.) an. Außerdem nennt er „Theodor W. Adorno 1963: Das Bewusstsein der Wissenssoziologie, in: Prismen. Kulturkritik und Gesellschaft, München, S. 27-42"; dieses Buch taucht 1965 nur noch im Literaturverzeichnis und nicht mehr im Text auf.

Nach seinen Ausführungen über die grundsätzliche Offenheit politischer Situationen und die Bedeutung dieser Offenheit für das zur Urteilsbildung nötige Wissen kommt Giesecke zum zweiten Charakteristikum des Politischen: Weil politische Sachverhalte immer umstritten seien, sei „das politische Leben grundsätzlich kontrovers zu sehen, also als in *Konflikten* begriffen" (Giesecke 1965a: 24-25).

Giesecke kritisiert in diesem Zusammenhang, dass in der politischen Bildung vor allem *innenpolitische* Konflikte einen zu geringen Raum einnähmen. Dann wechselt er allerdings die Stoßrichtung, wenn er – erneut unter Berufung auf Jürgen Habermas – fordert, dass der Widerspruch „zwischen der verfassungsmäßig institutionalisierten Idee der Demokratie [...] und der tatsächlich praktizierten" nicht übersehen werden dürfe (Giesecke 1965a: 25). Habermas stellt in dem entsprechenden Text (Habermas 1961), der als theoretischer Einführungstext den Untersuchungsergebnissen der Studie „Student und Politik" (Habermas u.a. 1961) vorangestellt ist, einen substanziellen Widerspruch zwischen den Normen der Verfassung und der politischen und gesellschaftlichen Praxis in der Bundesrepublik Deutschland fest. Es geht ihm also nicht um politische *Interessenkonflikte*, sondern um das Verhältnis von Verfassungsnormen und Verfassungswirklichkeit.[49]

Überdies übt Habermas im weiteren Verlauf seines Textes eine recht fundamentale Kritik am pluralistischen politischen System der Bundesrepublik und propagiert – zumindest als Übergangslösung – eine gemeinschaftliche Kontrolle der Produktion mit dem Staat als oberster Entscheidungseinheit.[50]

---

49 Habermas sieht diesen Widerspruch vor allem darin, dass der bürgerliche Rechtsstaat noch nicht zu einem sozialen Rechtsstaat weiterentwickelt worden sei, weil über die Produktionsmittel immer noch privat verfügt werde (vgl. auch Habermas 1961: 17, 23-24). Indem einflussreiche Privatinteressen auf die Staatsorgane einwirken könnten, wachse „objektiv das alte Missverhältnis zwischen der rechtlich verbürgten Gleichheit und der tatsächlichen Ungleichheit in der Verteilung der Chancen, politisch mitzubestimmen" (Habermas 1961: 34). Die ursprüngliche Idee der Demokratie als Volksherrschaft sei noch nicht verwirklicht, weil noch immer keine Selbstbestimmung der Menschheit möglich sei, denn – so eines seiner berühmtesten Zitate – „Demokratie arbeitet an der Selbstbestimmung der Menschheit, und erst wenn diese wirklich ist, ist jene wahr" (Habermas 1961: 15).

50 Habermas schreibt wörtlich: „Unter den gegenwärtigen gesellschaftlichen Verhältnissen wäre die politische Kontrolle der Funktionen privaten Kapitaleigentums die notwendige Voraussetzung, um die gleichmäßige Verteilung der Chancen politischer Mitbestimmung sicherzustellen und die Rechtssicherheit auf alle Bezirke der Gesellschaft auszudehnen" (Habermas 1961: 44). Sodann zitiert er zustimmend Wolfgang Abendroth, der feststellt, dass es ohnehin keine

Wie im folgenden Abschnitt deutlich werden wird, weicht das von Gieseckes eigenem pluralistischem Staats- und Gesellschaftsverständnis ab (vgl. u. ab S. 52), sodass er Habermas so weit sicher nicht gefolgt wäre.

Giesecke nutzt stattdessen nur in einem sehr allgemeinen Sinn Habermas' Feststellung über den Widerspruch zwischen Verfassungsnormen und Verfassungswirklichkeit zur Ergänzung seiner Kritik an den Versäumnissen der politischen Bildung auf der Ebene der Unterrichtsinhalte. Dabei geht es auch gar nicht mehr – wie in der Abschnittüberschrift angekündigt – um „Politisches Wissen als Konflikt-Wissen" (Giesecke 1965a: 24), sondern um Fragen der Ausgestaltung des demokratischen politischen Systems.

Das wird im anschließenden Abschnitt noch deutlicher, in dem Giesecke die Frage stellt, ob sich

„aus den Verfassungsprinzipien im Einzelnen verpflichtende Weisungen für die Praxis des gesellschaftlichen Lebens ableiten lassen oder ob die abweichende Wirklichkeit des politischen Lebens selbst eine Fortentwicklung der Verfassungsbestimmungen darstelle" (Giesecke 1965a: 25).

Giesecke gibt zu dieser Frage zunächst Wolfgang Abendroths Position wieder, der in einer der großen verfassungsrechtlichen Debatten der frühen Bundesrepublik vor allem gegen den konservativen Staatsrechtler Ernst Forsthoff vehement vertreten hatte, dass die Sozialstaatsklausel aus Artikel 20 GG für das Demokratieverständnis der Bundesrepublik konstitutiv sei und dem Staat die Zuständigkeit auch für die „soziale Ordnung und die Regelung der materiellen und kulturellen Bedürfnisse des Menschen" zuweise (Abendroth 1954: 296; vgl. auch Horn 1996: 76-77).[51]

---

volle wirtschaftliche und soziale Entscheidungsfreiheit jedes Einzelnen gebe, und die „entscheidende Frage" vielmehr darin bestehe,

„ob die große Masse der Bevölkerung den Inhabern ökonomischer Machtpositionen unterworfen bleibt, die an Partikularinteressen orientiert sind, oder ob man die in der gesellschaftlichen Produktion und im gesellschaftlichen Leben notwendige und unvermeidbare Planung der Zufälligkeit der privaten Disposition kleiner Gruppen entzieht und der gemeinsamen Kontrolle aller am gemeinschaftlichen Produktionsprozess beteiligten Glieder der Gesellschaft unterstellt, deren oberste Entscheidungseinheit der Staat ist" (Habermas 1961: 44; Habermas zitiert Abendroth 1954: 295-296).

Giesecke beruft sich direkt anschließend auf denselben Text von Abendroth (vgl. u. S. 49).

51 Vgl. auch Abendroth 1954: 280, 300. Giesecke bezieht sich auf denselben Abendroth-Aufsatz, auf den sich auch Habermas in dem bei Giesecke zuvor zitierten Text stützt (vgl. die Passage zu Abendroth in Habermas 1961: 44).

Auch wenn Giesecke selbst sich zu dieser Frage nicht ausdrücklich positioniert, weist die Wiedergabe der Position Abendroths darauf hin, dass eine Weiterentwicklung der Verfassungsrealität in Richtung auf mehr ökonomische und soziale (Chancen-)Gleichheit seiner eigenen Demokratievorstellung entspricht. Gieseckes Hinweis, dass das Bundesverfassungsgericht in seinem KPD-Urteil diese Frage offen halte, legt zudem nahe, dass er darin nicht nur einen umstrittenen, sondern auch einen politisch offenen Sachverhalt sieht (vgl. Giesecke 1965a: 25-26).

Zu Gieseckes Politikverständnis lässt sich zunächst zusammenfassend wiederholen, dass er die Offenheit und den Konflikt für die beiden zentralen Charakteristika hält. Allerdings führt er später zusätzlich an, Politik könne auch als „Instrument für die immer erneute Herstellung von Ordnung angesichts immer neuer Konflikte" verstanden werden (Giesecke 1965a: 49).

Nimmt man diesen Aspekt hinzu, kann man festhalten, dass Gieseckes Politikverständnis damit weitgehend dem Politikverständnis entspricht, das sich auch in der Politikwissenschaft etabliert hat, und das auch die meisten heutigen Politikdidaktikerinnen und -didaktiker sowie außerschulischen politischen Bildnerinnen und Bildner ihren didaktischen Überlegungen zugrunde legen (vgl. Pohl 2004b: 311; Scheurich/Hufer/Pohl 2004: 349-352). Bernd Ladwig definiert Politik bündig als „die Praxis der Herbeiführung und Umsetzung kollektiv verbindlicher Entscheidungen" (Ladwig 2009: 17); ergänzen könnte man, dass die Einheit der daran beteiligten Akteure und zugrunde liegenden Regeln mittlerweile meist als „politisches System" bezeichnet wird.

Wenn dieses Politikverständnis im Folgenden als enges oder engeres Verständnis bezeichnet wird, dann deshalb, weil in der neueren Sozialwissenschaft und Didaktik das alte, ganz enge Verständnis, nach dem unter Politik nur das Regierungssystem verstanden wurde, von niemandem mehr vertreten wird. Stattdessen steht dem eher engen Verständnis, dass sich Politik im Rahmen des politischen Systems abspielt, ein sehr weiteres Verständnis gegenüber, nach dem jedes gesellschaftliche oder sogar jedes soziale Handeln Politik ist. Ein so weites Verständnis teilt Giesecke in seiner Didaktik offensichtlich nicht.

Günter Behrmann konstatiert, Gieseckes Definition von Politik, zum einen mit Hilfe der Kennzeichen Offenheit und Konflikt und zum anderen als Instrument für die Herstellung von Ordnung, sei nicht geeignet, die Politik von anderen sozialen Bereichen abzugrenzen (vgl. Behrmann 1972: 17). Die Kritik erscheint vor dem Hintergrund des heute üblichen Verständnisses so pauschal nicht gerechtfertigt. Auch die Kritik von Herbert Kühr, der es für fragwürdig hält, mit den Merkmalen Kontroversität und Offenheit nur „einen Aspekt des Politischen unter Ausklammerung aller anderen, möglicherweise noch sinnvolleren Aspekte, zum entscheidenden Politikverständnis in einer didaktischen

Konstruktion zu stilisieren" (Kühr 1980: 136), lässt sich damit entkräften, dass Gieseckes Politikverständnis sich mittlerweile weitgehend durchgesetzt hat.

Giesecke selbst hat auf die Kritik, dass seine Definition von Politik aus Sicht der politischen Philosophie und der politischen Wissenschaft nicht hinreichend sei, Defizite eingestanden. Er hat sich aber auch verteidigt, mit dem Hinweis, sein Politikbegriff erfülle den beabsichtigten Zweck, eine „unter didaktischem Aspekt, d.h. unter dem Aspekt des organisierten Lehrens und Lernens" ergiebige und sinnvoll operationalisierte Definition darzustellen, die fachwissenschaftlich tolerierbar sei (vgl. Giesecke 1968b: 216, zur Kritik Giesecke 1968a).

Ähnlich schreibt auch Walter Gagel, dass es Giesecke lediglich um eine „didaktische Theorie der Politik" gehe (Giesecke 1965a: 76). Deren Aufgabe liege nicht in einer Bestandsaufnahme des wissenschaftlichen Wissens, sondern in der Entwicklung einer Theorie der Vermittlung dieses wissenschaftlichen Wissens in das Alltagsbewusstsein. Und gerade die Hervorhebung der Politics-Dimension in Gieseckes Politikbegriff entspreche der Alltagswahrnehmung von Politik als einer Vielzahl von Auseinandersetzungen, wie sie durch die Massenmedien transportiert werde. Eine entsprechende Vereinseitigung „in pädagogischer Absicht" sei daher nicht nur zulässig, sondern auch sinnvoll (Gagel 2005: 160, 171).

Bedenkenswert bleibt allerdings die Kritik von Rolf Schmiederer, der Giesecke vorwirft, in seiner Definition von Politik die Rolle von Macht und Herrschaft zu vernachlässigen, was hier im Zusammenhang mit der Darstellung der Kategorie Macht weiter unten thematisiert wird (vgl. Schmiederer 1972: 111 und u. S. 93).

Gesellschaftsbild und Staatsverständnis
Anschließend geht Giesecke – wiederum in Form einer Auseinandersetzung mit aktuellen sozialwissenschaftlichen Theorien der Zeit – auf die Frage des *Verhältnisses* von *Politik, Staat* und *Gesellschaft* ein.

Dabei wird, wie auch schon in den vorangegangenen Ausführungen zum Politikbegriff, sehr deutlich, dass Giesecke ein pluralistisches Demokratieverständnis hat und auch die Gesellschaft als pluralistisch strukturiert begreift. Allerdings scheint ihm der Pluralismus in der Bundesrepublik Deutschland sowohl auf der empirischen als auch auf der normativen Ebene so selbstverständlich zu sein, dass er sein pluralistisches Demokratieverständnis und Gesellschaftsbild nirgendwo im Zusammenhang begründet oder gar definiert. Da sich die Hinweise darauf durch sein ganzes Buch ziehen, ist eine zusammenfassende Charakterisierung dieses Aspekts erst im Fazit sinnvoll. In diesem Abschnitt stehen daher zwei andere Aspekte seines Gesellschaftsbildes im Zentrum, die Giesecke hier ausdrücklich erläutert: die Politisierung der Gesellschaft einerseits sowie die Stellung des Staates andererseits.

Giesecke referiert zunächst kurz die Diskussion der politischen Pädagogik über das *Staatsverständnis*, die er – mit Ausnahme Theodor Wilhelms – in der Tradition Hegels verhaftet sieht. Dann geht er auf die sozialwissenschaftliche Kritik an diesen Auffassungen ein, der er sich implizit auch selbst anschließt.

Mit Kurt Sontheimer weist er darauf hin, dass auch der Staat der pluralistischen Struktur der Gesellschaft nicht enthoben sei, weil „die Parteien, die ihn tragen, und die Regierung, die die Führung innehat, sich selbst aus jener pluralistischen Gesellschaft rekrutieren und ein Teil von ihr sind" (Giesecke 1965a: 27).[52] Giesecke zitiert einen Text Sontheimers, in dem dieser vehement ein pluralistisches Staats- und Gesellschaftsverständnis vertritt. Nach einer Kritik am traditionellen deutschen Staatsverständnis, das den Staat als ursprüngliche, nicht abgeleitete Hoheitsgewalt gesehen habe, und damit antiliberal und antidemokratisch gewesen sei, verteidigt Sontheimer den gesellschaftlichen Pluralismus. Er fordert ein diesem angemessenes Staatsverständnis, das auf den „schönen Gedanken der staatlichen Einheit" und auf allgemeingültige Normen des Gemeinwohls für alle Gruppen im Staate verzichtet. Ein solches Denken sei „unangemessen", und – so Sontheimer weiter –"begünstigt nur jene, die ihre Parteiinteressen verabsolutieren und dann als Herrschaft einer einzigen Machtgruppe […] das Gemeinwohl unangefochten deklarieren wollen" (Sontheimer 1962: 76).

Anschließend stellt Giesecke erneut mit Jürgen Habermas eine „fortschreitende Politisierung der Gesellschaft" fest (vgl. Giesecke 1965a: 27).[53] Habermas argumentiert an der entsprechenden Stelle, dass es die Entwicklung zum Sozialstaat sei, die zur Politisierung der Gesellschaft führe. Dies scheint ihm zwar grundsätzlich wünschenswert, bleibe aber problematisch, solange die Chancen der politischen Mitbestimmung ungleich verteilt seien.[54] Neben Habermas beruft sich Giesecke zur Unterstützung der These

---

52 Giesecke bezieht sich auf Sontheimer 1962: 76.
53 Giesecke gibt Habermas 1961, S. 33, als Quelle an – das Zitat befindet sich tatsächlich auf S. 34. Vgl. zu Habermas 1961 auch o. S. 48, Anm. 49.
54 Habermas sieht das Problem einer politisierten Gesellschaft v. a. darin, dass gegenwärtig die Öffentlichkeit manipuliert werde (vgl. Habermas 1961: 32). Es fehle daher eine „mündige öffent-liche Meinung", die „die pluralistische Machtverteilung beurteilen und beaufsichtigen" könne (Habermas 1961: 43). Er sieht darin die „Folge eben jenes Widerspruchs einer tendenziell bereits politischen Gesellschaft zu verfassungsrechtlichen Normen, die sie als eine wesentlich von Politik, vom Staat getrennte vorstellen" (Habermas 1961: 47).

von der zunehmenden *Politisierung der Gesellschaft* auch auf einen Text von Christoph Oehler. Dieser stellt fest, das Politische erstrecke sich durch alle Bereiche gesellschaftlicher Kommunikationen, und daher sei auch die Institutionalisierung von Herrschaftsverhältnissen nur aus der Verflechtung der staatlichen Machtausübung mit der gesellschaftlichen Entwicklung im Ganzen zu verstehen (vgl. Oehler 1961: 245-246; Giesecke 1965a: 27).[55]

Folgerungen für den politischen Unterricht
Für den politischen Unterricht heiße das – so folgert Giesecke zunächst –, dass neben dem Staat auch die politisierte Gesellschaft zu seinem Gegenstand werden müsse, weil sich das Politische und das Soziale nicht „säuberlich voneinander trennen" ließen (vgl. Giesecke 1965a: 27).

Damit konterkariert er seine vorangegangenen Ausführungen zum Politikbegriff, weil sein dort enthaltenes Politikverständnis deutlich enger war und in didaktischer Hinsicht auf eine Begrenzung von Unterrichtsinhalten auf gesamtgesellschaftliche politische Auseinandersetzungen zielte. Diese Begrenzung hebt Giesecke nun scheinbar durch ein deutlich weiteres Politikverständnis wieder auf.

Allerdngs plädiert Giesecke schon auf den nächsten Seiten, auf denen er ausführlich auf die Rahmenrichtlinien der KMK zur Gemeinschaftskunde in den Klassen 12 und 13 und die Diskussion um diese Richtlinien eingeht, wieder für eine engere Eingrenzung der Unterrichtsinhalte. Er spricht jetzt ausdrücklich von *politischen* Konflikten und *politischen* Auseinandersetzungen als Ausgangspunkt des politischen Unterrichts und bescheinigt den Rahmenrichtlinien einen „Zug der Entpolitisierung" (Giesecke 1965a: 32):

> Wir bräuchten „eine didaktische und methodische Konstruktion des Unterrichts, die von der Analyse politischer Konflikte ausgeht und dabei den jeweils notwendigen Kenntnis- und Bewertungszusammenhang erarbeitet, ständig reproduziert, verändert, differenziert und präzisiert" (Giesecke 1965a: 28).

---

55 Giesecke gibt als Literaturverweis Habermas 1961: 245 f. an – die entsprechende Textstelle stammt aber aus Christoph Oehlers Text im Sammelband von Habermas u.a. 1961.
Auch wenn Giesecke den zuvor rezipierten Text von Abendroth hier nicht erneut nennt, ist er unter Umständen auch dadurch beeinflusst, dass Abendroth dort ähnlich wie Habermas vehement die Ansicht vertritt, dass die Trennung von Staat und Gesellschaft nicht mehr existiere, sondern „zur bloßen Ideologie abgesunken" sei (Abendroth 1954: 288).

Damit lasse sich auch „die Gefahr eines zwar systematisierten, aber fernab aller politischen Auseinandersetzung gewonnenen Wissens" umgehen. Noch deutlicher wird die Eingrenzung der Unterrichtsinhalte auf das politische System wenn Giesecke im Anschluss ein Argument des Historikers Hans Mommsen aus der Diskussionen um den Zuschnitt des neuen Faches Gemeinschaftskunde zitiert:

> Die „Konzentration auf das politische Entscheidungshandeln würde ersparen, die vielfältigen Aspekte der political science als jeweils selbstständige Unterrichtsabschnitte einzubeziehen und neben Geschichte, Politik (und Geografie) eine Miniatursoziologie, eine Miniaturnationalökonomie und einen fragwürdigen Abriss der Staatstheorie zu geben, womit ein positivistisches Auseinanderfallen des neuen Faches unvermeidlich wäre" (Giesecke 1965a: 28-29; Giesecke zitiert Mommsen in Roth, H. 1963: 91-92).

Giesecke wirft den Rahmenrichtlinien vor, dass sie der Forderung nach einer Thematisierung aktueller Konflikte diametral entgegen stünden. Von den dort genannten sieben Stoffbereichen nenne lediglich der Bereich sechs („Der Mensch in Gesellschaft, Wirtschaft und Staat") Probleme, die als politische bezeichnet werden könnten, in dem Sinne, dass sie in der demokratischen Gesellschaft umstritten seien.[56] Aber selbst diese Überschrift abstrahiere von den konkreten Verhältnissen und politischen Gegnerschaften der gegenwärtigen Gesellschaft, und die dort genannten Unterthemen wie „Individuum – Staat – Gesellschaft" oder „Das politische und sittliche Problem der Macht – die Menschenrechte in Geschichte und Gegenwart" seien „vollends sinnentleert" (Giesecke 1965a: 30).

Diese Rahmenrichtlinien seien daher unpolitisch und stellten überdies die gesellschaftliche, politische und wirtschaftliche Ordnung so dar, dass sie eine „einsinnige" Vergesellschaftung impliziere, die von den Schülerinnen und Schülern lediglich hingenommen werden könne (Giesecke 1965a: 31). Giesecke beruft sich in diesem Zusammenhang auf Manfred Teschner, der

---

56 Diese Stoffbereiche sind: 1. Grundlegende politische wirtschaftliche und soziale Kräfte und Bewegungen in Europa; 2. Die totalitären Ideologien und ihre Herrschaftsformen; 3. Deutschland, seine Stellung in Europa und sein Verhältnis zur Welt; 4. Europa und die Welt von heute; 5. Europäisierung – Enteuropäisierung der Erde, Entwicklungsländer; 6. Der Mensch in Gesellschaft, Wirtschaft und Staat; 7. Die Eine Welt – Wege zur Sicherung des Weltfriedens (vgl. KMK 1962: 314-316). Giesecke bezieht sich auf den Abdruck in: Klatt, Rudolf 1962: Gemeinschaftskunde und Geschichte am Gymnasium. Ein Beitrag zur Diskussion der Rahmenvereinbarung von Saarbrücken. Sonderheft der Zeitschrift GSE, Stuttgart.

ebendiese Tendenz in „allen von ihm untersuchten Bildungsplänen zur politischen Bildung" gefunden habe (Giesecke 1965a: 32).[57]

Giesecke kritisiert überdies, dass die Rahmenrichtlinien sich unmittelbar auf die Fachwissenschaften stützten. Darin sieht er vor allem deshalb ein Problem, weil das Unterrichtsfach Gemeinschaftskunde mehrere Bezugsdisziplinen habe – für eine Kombination mehrerer Fächer könnten aber die Fachwissenschaften keine ausreichenden wissenschaftlichen Kriterien angeben. Er argumentiert mit Mommsen, politische Wissenschaft und Geschichtswissenschaft stünden vor der „Schwierigkeit des Synopsisproblems", weil die Sach- und Wirkungszusammenhänge, die sie untersuchten, prinzipiell nicht begrenzt seien (Mommsen 1962: 366; vgl. Giesecke 1965a: 34). Dazu komme laut Mommsen das Problem, dass in beiden Wissenschaften der Politikbegriff nicht hinreichend geklärt sei, vor allem hinsichtlich der Frage, ob und wenn ja welche Werte dem politischen Entscheidungshandeln zugrunde gelegt werden sollten (vgl. Mommsen 1962: 359; Giesecke 1965a: 34).[58]

---

57 Giesecke zitiert einen Text von Manfred Teschner (1963a), in dem dieser die Ergebnisse seiner Studie am IfS zur politischen Bildung an hessischen Gymnasien vorstellt, die er später ausführlich in seinem Buch „Politik und Gesellschaft im Unterricht" (Teschner 1968) darstellt. Teschner konstatiert hier, dass der untersuchte politische Unterricht Konflikte meist ausklammere, und Giesecke gibt Teschners Interpretation dieses Befunds in einem ausführlichen Zitat wieder:
„Differenzen und Gegensätze zwischen politischen und sozialen Gruppen werden in den Bildungsplänen weitgehend verstanden als bloße Unterschiede in der geistigen Deutung gesellschaftlicher Erscheinungen [...]. Indem abgesehen wird vom objektiven Konflikt der Interessen, erscheint die Möglichkeit eines Kompromisses primär abhängig von der inneren Beschaffenheit der Subjekte, von deren geistiger und sittlicher Haltung [...]. In den Plänen ist die Tendenz zu beobachten, die Politik aufzuteilen in eine ‚höhere' Sphäre, die es mit dem größeren Ganzen zu tun hat, und in eine ‚niedrige', in der es um materielle Interessen geht. Die Neigung, für die politische Bildung an der Schule eine von partikularen Interessen gereinigte Ebene der Politik zu schaffen, resultiert wohl nicht allein aus der bildungshumanistischen Tradition. Vielleicht spielt dabei der Gedanke mit, auf diese Weise am ehesten parteipolitisch neutral bleiben zu können, nicht zum Fürsprecher von Zielen und Interessen besonderer gesellschaftlicher Gruppen zu werden" (Giesecke 1965a: 32-33; Zitat aus Teschner 1963a: 408-409, beide Auslassungen auch bei Giesecke).
58 Giesecke zitiert Mommsen mit dem Satz „Es ist offenbar für die geschichtliche Situation der Gegenwart bezeichnend, dass eine wertmateriale Bestimmung des Wesens der Politik nicht mehr auf allgemeine Zustimmung rechnen kann, wobei nicht nur die Erfahrung des Totalitären, sondern auch die analytischen

Im Anschluss an diese Kritik an den bestehenden Konzeptionen und Richtlinien zur politischen Bildung entwickelt Giesecke dann eigene konzeptionelle Überlegungen zu den Inhalten politischer Bildung. Auch diesen liegt, wie im Folgenden deutlich werden wird, ein eher engeres Politikverständnis zugrunde.

2.3.2 Die Auswahl der Lerninhalte

Wenn Politik immer etwas Offenes, Umstrittenes ist und politische Bildung deshalb von der Analyse politischer Konflikte ausgehen muss, dann muss auch politisches *Wissen* nach Giesecke ein spezifisches „Konfliktwissen" sein (vgl. Giesecke 1965a: 23-24). Ein solches Konfliktwissen hat nach Giesecke drei Komponenten, die er zunächst als drei „Wissensformen" einführt: Orientierungswissen, Aktionswissen und Bildungswissen (vgl. Giesecke 1965a: 35-40). Später greift er diese Wissensformen als drei von vier Ebenen der Lerninhalte wieder auf (vgl. Giesecke 1965a: 77-99).

Die Wissensformen
Zur Einschätzung konkreter Konflikte benötigt man nach Giesecke zunächst einen umfassenden und systematischen Kenntnis- und Bewertungszusammenhang des Politischen, den er *„Orientierungswissen"* nennt. Es geht ihm dabei um Faktenwissen und um die Art des Zusammenhangs dieses Wissens – in der heutigen didaktischen Diskussion hat sich dafür der Begriff Konzepte beziehungsweise konzeptuelles Wissen etabliert (vgl. Weißeno 2006: 127-131; Seel 2003: 251-257).

Methoden der Wissenschaften selbst zu einer Formalisierung des Politikbegriffes geführt" haben (Giesecke 1965a: 34; Zitat aus Mommsen 1962: 360).
Giesecke bekräftigt zudem, dass die Geisteswissenschaften insgesamt in einer methodologischen Krise steckten. Als Belege dafür nennt er erneut den Text von Hans Mommsen sowie einen Aufsatz von Waldemar Besson. Mommsen versucht in seinem Text „Zum Verhältnis von politischer Wissenschaft und Geschichtswissenschaft in Deutschland" (Mommsen 1962) einen Beitrag zur Klärung dieses methodischen Selbstverständnisses beider Disziplinen zu liefern, indem er sie gegeneinander abgrenzt. Besson stellt in seinem Text „Zur gegenwärtigen Krise der deutschen Geschichtswissenschaft" (Besson 1963) vor allem die Bedeutung von Zeit- und Sozialgeschichte bei der Neubegründung des Wissenschaftscharakters der Geschichte nach 1945 heraus (vgl. Giesecke 1965a: 33). In seiner Dissertation hatte Giesecke zusätzlich auf einen Text von Hans Maier verwiesen („Zur Lage der deutschen politischen Wissenschaft", in: Vierteljahreshefte für Zeitgeschichte, Heft 3/1962, S. 225 ff.).

Jeder Mensch hat laut Giesecke nach der Pubertät eine Gesamtvorstellung von der politischen Gegenwart, eine kognitive Struktur, mit deren Hilfe er die politische Wirklichkeit überhaupt erst wahrnehmen könne. Die Aufgabe des politischen Unterrichts bestehe nun darin, dieses Wissen nicht nur zu erweitern, sondern auch in Form von Modellen zu ordnen und zu verdichten. Als mögliche Modelle nennt er „vier Systeme kommunikativer Zusammenhänge": ein „System der Produktion und des Marktes", ein „System der Verwaltung", ein „System der politischen Herrschaft" und ein „System der internationalen Politik" (vgl. Giesecke 1965a: 86-91, 35-36).

Wie genau das Orientierungswissen aussehen muss, das im Politikunterricht gelehrt werden soll, lässt sich laut Giesecke „nur in enger Zusammenarbeit mit den Fachwissenschaften" ermitteln. Dabei komme vor allem den wissenschaftlichen *Begriffen* eine entscheidende Rolle zu: Um an der Kommunikation der politischen Öffentlichkeit teilzunehmen, brauchten Schülerinnen und Schüler einen Begriffskanon, der diesem Diskurs entstamme. Giesecke verweist hier auf entsprechende Überlegungen von Arnold Bergstraesser und Manfred Teschner.[59]

Das Orientierungswissen – so Giesecke weiter – bleibe allerdings zu allgemein, solange es sich nicht in der Anwendung auf konkrete Konflikte hin neu strukturiere: Durch diese Anwendung ändere „dieses Wissen aber zugleich auch seine subjektive Qualität, das heißt seine Bedeutsamkeit sowie Grad und Art seiner emotionalen Besetzung. Bestimmte Kenntnisse wurden gleichsam überbelichtet, weil sie gebraucht wurden, andere traten zurück" (Giesecke 1965a: 37).

Diese Form des angewandten, auf das konkrete Ereignis hin strukturierten Wissens nennt Giesecke „*Aktionswissen*". Und es ist dieses Aktionswissen, das

---

59 Bergstraesser unterstreicht in seinem Tagungsbeitrag zum „Beitrag der Politikwissenschaft zur Gemeinschaftskunde" die Wichtigkeit des Aufbaus von Begriffsnetzen, um aktuelle Probleme zu erfassen und zu einem begründeten Urteil zu kommen. Für die Aufstellung von Lehrplänen sollten für die vier Bereiche Wirtschaft, Innere Politik, Internationale Politik sowie Staats- und Sozialphilosophie jeweils typologische politikwissenschaftliche Grundbegriffe entwickelt werden (Bergstraesser 1963: 59-61).
Teschner verweist in der bei Heinrich Roth dokumentierten Schlussdiskussion derselben Tagung ebenfalls auf die große Bedeutung der (soziologischen) Begrifflichkeit für ein angemessenes Verständnis der gesellschaftlich-politischen Wirklichkeit. Zur Illustration dieser Notwendigkeit erwähnt er das „Gerede von der Gemeinschaft", das die Wirklichkeit der industriellen Gesellschaft verschleiere (Roth, H. 1963: 138-139). Zu den entsprechenden Ausführungen von Giesecke zur Problematik Gemeinschaft vs. Gesellschaft vgl. u. S. 63.

„die anderen Ebenen des politischen Wissens und Verhaltens jeweils konkret zu einer Einheit zusammenfasst" und damit auch die Vermittlung zwischen ihnen schafft (Giesecke 1965a: 99).[60] Zusätzlich verbinde sich das politische Wissen im Aktionswissen auch noch mit dem „angesichts eines Konfliktes […] zur Entscheidung drängenden Willen" (Giesecke 1965a: 37).

Bildungswissen und Kritik am Bildungsbegriff
Als dritte Wissensform nennt Giesecke das „*Bildungswissen*", zu dem er vor allem die Wertvorstellungen, Funktionsvorstellungen und anthropologischen Vorentscheidungen zählt, die als Maßstab zur Bewertung der politischen Verhältnisse dienten. Daneben gehörten dazu aber viele weitere Fähigkeiten, wie etwa die Sprache oder kulturelle Kenntnisse, die in ganz anderen Zusammenhängen und zu ganz anderen Zwecken erworben würden, und die erst die notwendige geistige Distanz von der konkreten Politik und damit eine politische Selbstständigkeit ermöglichten (vgl. Giesecke 1965a: 37-39, 77-81).

Giesecke entwickelt diesen positiven Bildungsbegriff erst nach einer dezidierten Kritik an der deutschen Bildungstradition, der er unter anderem vorwirft, ihr liege ein „harmonistisches Grundmodell vom menschlichen Leben" zugrunde. Statt sich an der Philosophie zu orientieren, um die komplexe, widersprüchliche und konflikthaltige Wirklichkeit zu erfassen, suche man nach einfachen, klaren, in sich stimmigen und möglichst eindeutigen Weltmodellen, die nicht in der Philosophie, sondern „in deren heruntergekommener Schwester, der Weltanschauung, ihren Ursprung" haben (Giesecke 1965a: 73).[61]

Dass Giesecke trotzdem am Bildungsbegriff festhält, begründet er vor allem im Anschluss an Adornos „Theorie der Halbbildung". Adorno selbst versteht hier Bildung als subjektive Seite von Kultur. Echte Bildung entstehe – im Gegensatz zur Halbbildung – nicht durch die mechanische Aneignung kul-

---

60 Damit grenzt Giesecke sich ausdrücklich von der deutschen Bildungstradition ab, die dem Bildungswissen die zentrale Funktion zuweist (Giesecke 1965a: 45).
61 Hier ist nicht der Raum, um Gieseckes Kritik am Bildungsbegriff ausführlich zu diskutieren. Der Vollständigkeit halber sollen noch kurz seine anderen zwei Vorwürfe ergänzt werden: Giesecke beanstandet zweitens, dass die Bildungsideologie in ihrer theoretischen Abstraktheit „praxis-indifferent" geworden sei, in dem Sinne, dass aus ihr „fast beliebig viele und gegenteilige Folgerungen gezogen werden können" (Giesecke 1965a: 72). Und drittens schließlich sei die deutsche Bildungsideologie eine rein individualistische Theorie und vernachlässige die Rolle sozialer Bezüge für das Lernen. Diese drei Defizite der deutschen Bildungstradition seien es, die dazu geführt hätten, dass „unsere Pädagogik an dem Phänomen ‚Politik' so offensichtlich gescheitert ist" (Giesecke 1965a: 72).

turellen Wissens, sondern nur, indem der Geist eines Menschen sich zunächst gegenüber der Gesellschaft verselbstständige. Unter den Bedingungen von Freiheit und Autonomie und „vermöge der Integrität der eigenen geistigen Gestalt" (Adorno 1959: 43) könne sich dann *echte* Bildung realisieren, die das Potenzial habe, humane Kräfte freizusetzen und zur Kultur beizutragen, die aber nicht unmittelbar an einem bestimmten Zweck zu messen sei. Giesecke plädiert dafür, nur an diese fortschrittlichen Momente der klassischen deutschen Bildungsvorstellung anzuknüpfen. Er erkennt in diesen Momenten die „Forderung nach einer geistigen und kulturellen Existenz in ausdrücklicher Distanz zu den gesellschaftlichen Funktionalisierungen der kulturellen Objekte und Subjekte" und schlägt vor, den Begriff Bildung für solche fortschrittlichen Momente zu reservieren (Giesecke 1965a: 84).[62]

---

62 Giesecke bezieht sich auf Adornos Aufsatz zur Theorie der Halbbildung in der Zeitschrift „Der Monat" (Adorno 1959: 42), nicht auf die im gleichen Jahr und unter dem gleichen Titel erschienen Monografie Adornos (Theorie der Halbbildung. Soziologische Schriften, Frankfurt/M., 1959). Adorno diagnostiziert in seinem Aufsatz, die heute immer dominanter werdende Kulturindustrie und die Popularisierung von Bildung leisteten einer zunehmenden Verdrängung von Bildung durch „Halbbildung" Vorschub. Diese führe zu einer Verdinglichung des Bewusstseins und zur kritiklosen Anpassung an die bestehenden Verhältnisse. Als „Antithese" zur Ausbreitung der Halbbildung tauge – so Adorno weiter – „nur der traditionelle Bildungsbegriff" (Adorno 1959: 34).
Giesecke zitiert Adorno im gleichen Sinne auch schon zuvor: Auf S. 48 appelliert er mit Adorno, an der „Idee des Individuums, das nicht Mittel sein darf", an der „Vorstellung einer kulturellen
Existenz vor jeder Vergesellschaftung" sowie an der „Forderung nach einem geistigen Dasein, das nicht immer gleich schon auf gesellschaftliche oder ökonomische Funktionen beschränkt wird", festzuhalten (Giesecke 1965a: 48; Adorno 1959: 42; weitere Verweise auf diesen Text finden sich bei Giesecke 1968d: 230; 1968f: 212).
Giesecke zitiert in diesem Zusammenhang zudem eine ähnliche Aussage aus Adornos musiksoziologischer Aufsatzsammlung „Dissonanzen", in der dieser bemängelt, dass auch die Musik zum bloßen Kulturgut werde. Er gibt Adornos These wieder, auch im Musikunterricht komme es darauf an, sich stets auf den „Gehalt" der Musik und nicht auf ihre „Funktion" zu beziehen, um nicht zum „Schuldzusammenhang der universalen Fungibilität" beizutragen (Giesecke 1965a: 80, Adorno 1958: 113). Das an dieser Stelle eigentümliche Zitat zum Musikunterricht scheint darauf hinzudeuten, dass sich Giesecke aufgrund seiner eigenen musikalischen Interessen speziell für Adornos Schriften zur Musiksoziologie interessiert hat (vgl. Giesecke 2000a: 63-67 und u. S. 121). Dafür spricht auch, dass er in einer langen Sammelrezension einige Beiträge zur musischen Seite der Jugendbewegung dafür kritisiert, dass ihnen nicht anzumerken sei,

Neben Adorno beruft sich Giesecke auch auf Karl Mannheim, dessen Begriff der substanziellen Rationalität Ähnlichkeiten mit Adornos Bildungsbegriff aufweist: Giesecke zitiert eine Definition Mannheims, nach der substanzielle Rationalität – im Gegensatz zu funktioneller Rationalität – die Fähigkeit ist, „in einer gegebenen Situation aufgrund eigener Einsicht in die Zusammenhänge vernünftig zu handeln" (Mannheim 1958: 68; Giesecke 1965a: 48).[63]

Mannheim schrieb die erste Fassung seines gegenwartsdiagnostischen Buches „Mensch und Gesellschaft im Zeitalter des Umbaus" in den 1930er Jahren. Er stellt hier fest, dass die Rationalität mit der Industrialisierung der Gesellschaft zugenommen habe, dass dies aber nicht zu einer Steigerung der substanziellen Rationalität geführt habe. Seine auch bei Giesecke wiedergegebene zentrale These in diesem Zusammenhang lautet:

„‚Die zunehmende Industrialisierung begünstigt [...] die funktionelle Rationalität, das heißt die Durchorganisierung der Handlungen auf bestimmte objektive Ziele hin. Sie fördert keineswegs im gleichen Maße die substanzielle Rationalität, das heißt die Fähigkeit, in einer gegebenen Situation aufgrund eigener Einsicht in die Zusammenhänge vernünftig zu handeln.' Man muss sehen, ‚dass es geradezu zum Wesen der funktionellen Rationalisierung gehört, dem Durchschnittsmenschen Denken, Einsicht und Verantwortung abzunehmen und diese Fähigkeit denjenigen Personen zu übertragen, die den Rationalisierungsvorgang leiten'" (Giesecke 1965a: 48; Zitate aus Mannheim 1958: 68, 69).

Giesecke teilt offenbar Mannheims Diagnose und plädiert in der Folge dafür, Bildung nicht ausschließlich von den politischen Problemen der Gegenwart her zu konzipieren, denn der

„totale Verzicht auf Distanz von den unmittelbaren Problemen der Gegenwart würde bedeuten, dass die Maßstäbe des Handelns aus der bloßen Zweck-Mittel-Relation nicht herauskämen und dass die Menschen, ihre Hoffnungen, Wünsche und Meinungen wechselnd zu Zwecken und

---

„dass es inzwischen eine ästhetische und politische Kritik" von Adorno und anderen gegeben habe (Giesecke 1964b: 486; ein weiterer Verweis auf Adornos musiksoziologische Schriften findet sich bei Giesecke 1967a: 94, Anm. 11).

63 Für Mannheim handelt es sich um funktionelle Rationalität, wenn „eine Reihe von Handlungen so organisiert ist, dass sie zu einem vorgeschriebenen Ziel führt" (Mannheim 1958: 63). Unter substanzieller Rationalität versteht er demgegenüber „den Denkakt, der in einer gegebenen Situation Einsicht in den Zusammenhang der Ereignisse vermittelt" (Mannheim 1958: 62).

Mitteln, gleichermaßen wertfrei ins bloße Erfolgskalkül aufgenommen würden" (Giesecke 1965a: 48-49).[64]

Das Festhalten am Bildungsbegriff und an der Notwendigkeit des Bildungswissens heißt für Giesecke aber nicht, dieses absolut zu setzen oder ihm auch nur die Priorität vor dem Orientierungs- und Aktionswissen einzuräumen. Die Schule könne sich „der politischen Wirklichkeit nur in dem Maße öffnen, wie sie die Grenzen des überlieferten Bildungsbegriffes überschreitet" (Giesecke 1965a: 49). Giesecke beruft sich nun auf Siegfried Landshut, den er mit den Worten zitiert, worauf es ankomme sei,

„die jungen Menschen in den oberen Klassen ins Vertrauen zu ziehen und ihnen zu sagen, dass wir alle in dieser Welt leben und dies die Welt ist, die uns auferlegt ist. Wenn der Lehrer sich keinen Illusionen hingibt, dann wird auch der Heranwachsende das allergrößte Vertrauen fassen,

---

64 Die Unterscheidung von funktioneller und substanzieller Rationalität taucht auch in Gieseckes Aufsätzen immer wieder auf (vgl. bspw. Giesecke 1966b: 370, Anm. 27; 1968d: 231, Anm. 18).
Giesecke erwähnt Mannheim wie Adorno (vgl. o.S. 59, Anm. 62) darüber hinaus auch in anderen Zusammenhängen und benutzt häufig Schlagworte von ihm, was darauf hindeutet, dass Mannheim ihn stark geprägt hat.
In Gieseckes Aufsätzen kommt vor allem der Begriff Fundamentaldemokratisierung recht häufig vor, mit dem Mannheim ausdrücken will, dass die „industriellen Lebensformen" dazu führen, dass zunehmend auch die „Massen" in die Politik eingreifen und ihre eigenen Interessen politisch vertreten wollen (Mannheim 1958: 52). Giesecke selbst verwendet den Begriff Fundamentaldemokratisierung allerdings ganz anders (vgl. u.S. 189; Giesecke 1965b: 255; 1968b: 212; 1968c: 227; 1968e: 281, 283).
Daneben findet sich bei Giesecke auch die vermutlich aus Mannheims Buch „Freedom, Power and Democratic Planning" (London 1951, deutsch 1970) stammende Formulierung „planning for freedom" zur Unterstützung der These, dass die Jugendarbeit einer theoretisch-konzeptionellen Planung bedürfe (vgl. Giesecke 1964c: 133). 1961 urteilt Giesecke in einer Besprechung von Raymond Arons „Opium für Intellektuelle oder die Sucht nach Weltanschauung" (Köln/Berlin 1951), dass Mannheims Deutungsversuch der Situation der Intellektuellen in der Gegenwart dem Arons überlegen sei (vgl. Giesecke 1961c: 23; vgl. demgegenüber aber Gieseckes Kritik an Mannheims Elitentheorie o. S. 47, Anm. 48). Schließlich schreibt Giesecke auch die von Ernst Bloch stammende Formulierung „Gleichzeitigkeit des Ungleichzeitigen" Karl Mannheim zu – vermutlich weil dieser sie ohne Quellenangabe im Rahmen seiner Ausführungen zur Fundamentaldemokratisierung zitiert (Mannheim 1958: 48; vgl. Giesecke 1965c: 115).

weil er sieht, dass er in eine Realität eingeführt wird [...]. Alles andere kann nur falsches Pathos sein" (Landshut 1975: 74; Giesecke 1965a: 49).[65]

Abschließend fasst Giesecke seine Ausführungen zu den drei Wissensformen folgendermaßen zusammen:

"Es geht also erstens darum, Bildungswissen zu vermitteln, das unabhängig von politischen Zwecken gewonnen wurde [...]. Zweitens geht es um ein Orientierungswissen, das gleichsam den politischen Umgang des Individuums verlängert. [...] Drittens geht es darum, Aktionswissen zu lernen, das heißt zu üben, Bildungswissen und Orientierungswissen produktiv in Beziehung zu einem konkreten politischen Ereignis zu setzen" (Giesecke 1965a: 49-50).

Die vier Ebenen der Lerninhalte
Zentral für die politische Bildung ist nach Giesecke nun, dass alle diese drei Wissensformen *explizit* zu Lern*inhalten* der politischen Bildung gemacht werden müssen. Auch das Aktionswissen entstehe nicht von selbst durch eine eigenständige Anwendung von Orientierungs- und Bildungswissen, sondern diese Anwendung müsse bewusst gelernt werden (Giesecke 1965a: 99).

Zu den drei aus den Wissensformen resultierenden Lerninhalten kommt nach Giesecke außerdem noch ein weiterer hinzu: die „politischen Verhaltensweisen". Unter politischen Verhaltensweisen versteht er diejenigen Wissensbestandteile und Fähigkeiten, die mittlerweile in Politikdidaktik und Politikwissenschaft meist als „prozedurale Kompetenzen" bezeichnet werden (vgl. bspw. Massing 1999: 43; Buchstein 1996: 302; Münkler 1997: 156).[66]

---

65 Die Auslassung erfolgt so bei Giesecke selbst. Er zitiert Landshuts Text nach der Fassung von 1957 in GSE, S. 311-315, Zitat S. 315. Giesecke geht später noch einmal ausführlicher auf die Aussagen Landshuts ein; vgl. u. S. 79.

66 Die häufig zitierte Definition bei Massing lautet:
„Unter prozeduralen Kompetenzen werden jene Voraussetzungen zusammengefasst, die gegeben sein müssen, wenn ein potenzieller politischer Akteur sich am politischen Prozess beteiligen möchte. Dazu gehören zum einen wiederum Kenntnisse, also Wissen über im Rahmen der institutionellen Ordnung vorhandene Einflussmöglichkeiten und Partizipationschancen, über politische Zuständigkeiten ebenso wie über rechtliche Verfahren. Zur prozeduralen Kompetenz zählt auch politische Urteilsfähigkeit, ‚die Fähigkeit politische Amtsinhaber nach eigenen Maßstäben zu beurteilen', aber auch Fähigkeit zur taktischen und strategischen Kooperation, um die eigenen Interessen und Ziele im politischen Willensbildungs- und Entscheidungsprozess tatsächlich einbringen zu können" (Massing 1999: 43).

Giesecke weist hier – wie an vielen anderen Stellen – besonders auf die Problematik hin, die entsteht, wenn man versucht, das Verhalten in intimen Gemeinschaften mit gesellschaftlich-politischen Verhaltensweisen gleichzusetzen und es auf Gesellschaft und Politik zu übertragen. Die spezifische Sozialkategorie der Gemeinschaft, das Vertrauen, das sich auf die Personalität des konkreten Gegenübers stütze, lasse sich nicht auf Gesellschaft und Politik übertragen, und es könne „verheerend […] sein […], mit solchen Sozialerwartungen auch der Politik gegenüberzutreten" (Giesecke 1965a: 93).[67]

Giesecke selbst unterscheidet ausdrücklich zwischen gesellschaftlichen und politischen Verhaltensweisen beziehungsweise „gesellschaftlichem" und „politischem Umgang": Beim gesellschaftlichen Umgang gehe es um den gesellschaftlichen Verkehr mit weitgehend fremden Menschen, die uns nicht vorrangig als Personen, sondern nur in ihrer „Rolle" gegenüberträten. Unter politischem Umgang versteht Giesecke den Umgang mit Menschen, die uns als Repräsentanten einer Institution begegnen. Als gebotene Verhaltensweise bezeichnet er die „kritische Loyalität". Beide Formen des Umgangs müssen nach Giesecke im Verlaufe der Erziehung eigens gelernt werden – vor allem das Beherrschen politischer Umgangsformen sei für den Erfolg der politischen Betätigung unerlässlich (Giesecke 1965a: 93-98).

Giesecke knüpft mit dem Begriff gesellschaftlicher Umgang an Josef Piepers Begriff der *Gesellschaft*, mit dem Begriff politischer Umgang an dessen Begriff der *Organisation* an, auch wenn er Piepers Schrift „Grundformen sozialer Spielregeln" nur in einem kleingedruckten Absatz eher am Rande erwähnt (vgl. Giesecke 1965: 98). Er nennt auch noch Piepers dritte Form der „Gesellung", die *Gemeinschaft*, und führt sie als „personale Ebene" ein, die durch familiäre und freundschaftliche Intimität gekennzeichnet sei. Er geht nicht näher auf diese Ebene ein, weil sie „mit unserer politischen Betrachtungsweise recht wenig zu tun" habe (Giesecke 1965a: 94).[68]

---

67 Vgl. zu dieser Problematik v.a. auch Giesecke 1965a: 51-52, 73, 123-126.
68 Pieper richtet diese frühe soziologische Schrift an die sozialpädagogisch tätigen Erzieher, sodass anzunehmen ist, dass Giesecke sie noch aus seiner Zeit in der außerschulischen Jugendbildung kannte. Pieper untersucht, inwieweit sich die „Spielregeln" in verschiedenen Arten menschlicher „Gesellungen" unterscheiden. Entscheidend scheint ihm dabei, dass in der „Gemeinschaft" das „Gemeinsame" im Vordergrund steht, in der „Gesellschaft" dagegen das Individuum, das zwar eine Verbindung zu den anderen Mitgliedern der Gesellschaft eingehe, dabei aber seine „Einzelhaftigkeit" behalte. In der „Organisation" dagegen sei das „Besondere" der Mitglieder zentral, weil sie sich hier zu einem spezifischen Zwecke zusammenschlössen (vgl. Pieper 2004: 219). Für die Spielregeln folge daraus, dass für die Gemeinschaft Selbsthingabe, Liebe, Direktheit und Unmittelbarkeit

Politische Aktualität und Stoffauswahl
Die Angabe der Ebenen der Lerninhalte sagt nach Giesecke noch nichts über die Auswahl konkreter Stoffe für die politische Bildung aus. Zentrales Auswahlkriterium hierfür sei vielmehr die politische Aktualität: Das oberste Ziel der politischen Aufklärung sei die Entscheidung in der aktuellen politischen Kontroverse, denn das Politische „als das noch nicht Entschiedene" zeige sich „in der kontroversen Aktualität am sichtbarsten" (Giesecke 1965a: 41).

Giesecke widerspricht hier ausdrücklich den Argumenten Felix Messerschmids[69] und des Deutschen Ausschusses für das Erziehungs- und Bildungswesen[70], nach denen es nicht Aufgabe der Schule sei, Schülerinnen

---

des Umgangs charakteristisch seien, für die Gesellschaft bspw. eine durch die Anerkennung des Partners eingeschränkte Betonung des Eigeninteresses, die Wahrung der Intimsphäre, Distanz und Indirektheit und für die Organisation schließlich das einander Gegenübertreten als Funktionsträger (vgl. Pieper 2004: 305-306, 245, 272, 279). Den Pädagogen, „die der Jugendbewegung entstammen oder ihr nahestehen" (Pieper 2004: 233), macht Pieper immer wieder den Vorwurf, die Gemeinschaft und die dort üblichen Verhaltensweisen als das dem Menschen allein wesensgemäße Ideal zu betrachten, und die Spielregeln der anderen Gesellungen nicht gleichberechtigt zu vermitteln (vgl. Pieper 2004: 306). Auf Piepers Unterscheidung verschiedener sozialer Spielregeln hat sich in einem ähnlichen Zusammenhang bereits Wolfgang Hilligen bezogen (vgl. Hilligen 1955: 114-115).

69 Messerschmidt schreibt, der politischen Bildung gehe es um die politischen Grundeinsichten und folgert daraus, die Tagespolitik sollte
„nur mit einer gewissen Zurückhaltung in den Unterricht der Schule hereingezogen werden. Solche Ereignisse sollen benützt werden, um die darin wirkenden Kräfte und Fragen auf die wesentlichen politischen Grundverhalte zurückzuführen, nicht um Stellungnahmen zu erzeugen. Was schon im nächsten Jahr vergessen sein wird, hat keinen Raum in der Schule. Politische Bildung zielt auf die allgemeinen Klärungen, regt politische Besinnung an und bereitet auf diese Weise die politischen Grundentscheidungen des Einzelnen vor, fixiert sie aber im Einzelnen nicht vorweg" (Messerschmid 1960: 24).

70 Im Gutachten des Deutschen Ausschusses heißt es:
„In der Schule, die auf politische Mitverantwortung vorbereiten soll, hat Propaganda keinen Platz. Der Plan und Gang politischer Bildung darf auch nicht vom Lauf des aktuellen Geschehens abhängig sein. Die Schüler stehen noch nicht im Ernst der politischen Kämpfe, Risiken und Entscheidungen. Die politische Bildungsarbeit der Schulen braucht deshalb Distanz von den Tagesereignissen" (Zitat nach Giesecke 1965a: 43. Giesecke zitiert hier: Deutscher Ausschuss für das Erziehungs- und Bildungswesen: Gutachten zur politischen Bildung und Erziehung, in: Empfehlungen und Gutachten des Deutschen Ausschusses, Folge 1, Stuttgart 1955).

und Schüler zu Entscheidungen über tagespolitische Fragen zu animieren. Er wirft ihnen eine „anthropologische Fehleinschätzung" vor, weil sie davon ausgingen, Jugendliche seien von solchen tagespolitischen Fragen noch nicht betroffen.

Wie schon bei der Charakterisierung der Politik als offene Situation beruft Giesecke sich auf Arnold Bergstraesser und Karl Mannheim (vgl. o.S. 45). Bergstraesser schreibt an der entsprechenden Stelle, „das Erziehungsziel des mündigen, politisch-urteilsfähigen Zeitgenossen verlangt, dass er das aktuelle Problem selbstständig beurteilen [...] kann" (Bergstraesser 1960: 80).[71]

Bei Mannheim knüpft Giesecke an dessen wissenssoziologische Überlegungen an, um die *gesellschaftliche* Bedeutung der Behandlung aktueller politischer Fragen herauszustellen. Giesecke schreibt zunächst, ob das eigene politische Wissen im politischen Ernstfall auch wirklich zur Verfügung stehe und praktisch umgesetzt werde, entscheide sich an der Einstellung zur politischen Aktualität. Daraus folgert er:

> „Alle politischen, geschichtlichen und soziologischen Kenntnisse nutzen dem politischen Gemeinwesen nicht und bleiben bloß formal, wenn sie sich nicht an einer Kontroverse wie der Spiegel-Affäre konkret, vernünftig und produktiv realisieren können" (Giesecke 1965a: 45).

Als Beleg zitiert er Karl Mannheim mit dem Satz:

> „Gelingt es nicht, für eine Wissensintegration geeignete Methoden zu schaffen, gelingt es nicht, einen Gelehrtentyp zu produzieren, der schnell zu denken und doch wesentlich zu sein imstande ist, der einen Blick für Details hat und doch nicht an ihnen haften bleibt, so kann es geschehen, dass das menschliche Wissen über den Menschen hinauswächst, dass Wissbarkeit zwar potenziell vorhanden ist, dass sie aber nicht in einer konkreten Situation zur Lösung der konkreten Schwierigkeiten des Lebens zur Verfügung steht" (Giesecke 1965a: 46).[72]

---

71 Bergstraesser fordert wie auch 1963, dass Schülerinnen und Schüler lernen, aktuelle politische Aktivitäten in einem Netz von Vorstellungen und Begriffen zu interpretieren (vgl. o.S. 57).

72 Giesecke zitiert Mannheim 1932: 53. In dieser, auf einen Tagungsbeitrag zurückgehenden Schrift präsentiert Mannheim einen Vorschlag, welche Inhalte der Soziologie in welcher „pädagogisch-didaktischen Gestalt" den Studierenden an der Universität dargeboten werden sollten (Mannheim 1932: 1). Einen Teil seiner Schrift widmet er der Frage, welche Prinzipien die Stoff-auswahl zu bestimmen hätten. Er plädiert hier unter anderem für eine situationsorientierte Integration der Gehalte mehrerer Wissenschaften durch die Überschreitung der

Für Giesecke bedeutet Aktualität aber nicht, dass die politische Pädagogik sich auf die „bloße Reaktion auf das von den Massenkommunikationsmitteln Vermittelte" beschränken muss. Vielmehr könne und müsse sie selbst Politik aktualisieren, indem sie politische Sachverhalte in den „Fragehorizont" der Jugendlichen bringe. Eine solche „pädagogische Aktualisierung" sei aber nur dann zu vertreten, wenn sie „in einen richtigen Zusammenhang mit den tatsächlichen politischen Konflikten" gebracht werden könne (Giesecke 1965a: 47).

Kritik an der Stoffauswahl in bestehenden Konzepten und Lehrplänen
Der bisherigen politischen Bildung wirft Giesecke vor allem vor, dass sie die innenpolitischen Probleme aus dem Blick verloren habe. Er kritisiert dezidiert Kurt Gerhard Fischer, Karl Herrmann und Hans Mahrenholz dafür, dass deren didaktische Konzeption die realen politischen Sachverhalte und Kontroversen auf „bloßes Material" zur Erlangung individueller Einsichten reduziere. Nur so könnten die Autoren zu dem vielzitierten Schluss kommen: „Die Stoffe sind auswechselbar. Sie sind Mittel zum Zweck". Dass diese Konzeption unpolitisch sei, zeige sich nicht zuletzt auch an den Unterrichtsbeispielen, die sich ausnahmslos auf Gegenstände bezögen, die der aktuellen Auseinandersetzung entzogen seien (vgl. Giesecke 1965a: 45, 68).[73]

Giesecke bemängelt auch am bestehenden Politikunterricht, dass dessen Lehrinhalte so weit von der politischen Wirklichkeit entfernt seien, „dass das Politische gar nicht als bedeutsam erscheinen" könne (Giesecke 1965a: 51). Er beruft sich auf die empirischen Ergebnisse der Untersuchung „Student und Politik" (Habermas u.a. 1961),[74] um zu fragen, ob nicht eine solche politische Bildung unter Umständen sogar zum politischen Desinteresse der Schülerinnen und Schüler beigetragen habe.[75] Giesecke kritisiert daneben auch die Dominanz der

---

Grenzen der Einzeldisziplinen. In diesem Zusammenhang steht auch das bei Giesecke wiedergegebene Zitat zur Wis-sensintegration (vgl. Mannheim 1932: 52-53).
73 Giesecke bezieht sich hier auf S. 84 (Zitat) und S. 122-180 (Unterrichtsbeispiele) der ersten Auflage des Buches von 1960, die von Fischer und Herrmann unter Mitarbeit von Mahrenholz veröffentlicht wurde; vgl. Fischer/Herrmann 1960.
74 Giesecke bezieht sich mehrfach auf die Ergebnisse dieser Studie wie auch auf Manfred Teschners Studie über hessische Gymnasiasten (vgl. o.S. 55, Anm. 57). In seiner Artikelserie für das Sonntagsblatt aus dem Jahr 1965 fasst Giesecke die Ergebnisse mehrerer empirischer Studien für eine breitere Öffentlichkeit zusammen (vgl. Giesecke 1965d, Artikel 2: „Zwei Prozent für Diktatur").
75 In seiner Dissertation hatte Giesecke seine Überlegungen zu den Problemen bisheriger Lehrinhalte mit einem Zitat von Walter Benjamin eingeleitet, in dem

Inhalte „unbewältigte Vergangenheit" sowie „Kommunismus" in den Stoffplänen als unpolitisch. Er fragt rhetorisch, ob man „auf diese Weise nicht von vornherein zu einem unpraktischen, deklamatorischen und abstrakt moralisierenden Denken" erziehe (Giesecke 1965a: 67).[76] Mit René König kritisiert er schließlich didaktische Ansätze, die versucht hätten, Grundelemente des Politischen aus den Erfahrungen in der Familie oder der Gemeinde zu entwickeln – König habe nachgewiesen, dass dabei die politischen Zusammenhänge in der Gemeinde falsch gedeutet würden (Giesecke 1965a: 51-52).[77]

Giesecke hält all diesen Ansätzen abschließend mit Adorno entgegen, dass die politische Welt mittlerweile gar nicht mehr so unüberschaubar sei, dass man sie den Schülerinnen und Schülern nicht als Unterrichtsinhalt zumuten könne:

Benjamin kritisiert, dass Wissen allein noch nicht ausreiche, um die Verhältnisse zu ändern. Solange es „keinerlei Anweisungen auf seine Verbreitungsmöglichkeiten" enthalte, helfe es wenig und sei daher „in Wahrheit überhaupt kein Wissen". Das Zitat wie auch die Literaturangabe zu Benjamin hat Giesecke 1965 komplett gestrichen. 1964 zitiert er aus: Benjamin, Walter 1955: Privilegiertes Denken, in: Schriften, Hrsg. von Th. W. Adorno und Gretel Adorno, Bd. II, Frankfurt/M., S. 315 ff., hier S. 319-20 (vgl. Giesecke 1964a: 163 und 163, Anm. 1).

76 Charakteristisch ist nach Giesecke die Konzeption von Fischer, Herrmann und Mahrenholz. Diese schreiben 1960: „Die politisch-existenzielle Alternative der Epoche lautet Demokratie oder Diktatur. Wir haben keine andere Wahl" (Fischer/Herrmann 1960: 93). Bemerkenswert ist, dass in der zweiten Auflage von 1965 dann genau diese Aussage fehlt!

Giesecke erwähnt in diesem Zusammenhang auch, dass Martin Greiffenhagen davor gewarnt habe, Nationalsozialismus und Kommunismus unter dem Begriff des Totalitarismus im politischen Unterricht gleichzusetzen. Er gibt Greiffenhagens zentrales Argument wieder, dass eine Auseinandersetzung mit den Kommunisten möglich sei, weil diese nicht auf rationale Argumentation verzichteten, während „der voraufklärerische politische Irrationalismus der Nationalsozialisten nur eine Aufarbeitung zulasse" (Giesecke 1965a: 69). Giesecke bezieht sich hier auf Greifenhagen 1963.

77 König sieht in der Gemeinde ein intermediäres Sozialgebilde zwischen Familie und Gesellschaft, in der die Sozialisierung des Menschen aus dem kleinen Raum der Familie in weitere und strukturell deutlich stärker differenzierte Räume fortgeführt werde (vgl. König 1958: 179-180). Neben diesem Buch hat Giesecke sich offenbar auch mit dem von René König und Günther Lüschen geschriebenen Werk „Jugend in der Familie" (München 1965) auseinandergesetzt, das er als eine der Grundlagen zweier Artikel in seiner Serie „Jungsein in Deutschland" nennt (Giesecke 1965d, Artikel 3: „Nachsichtig mit den Eltern" und Artikel 6: „Kann man nicht schneller reif werden?").

„In vieler Hinsicht ist die Gesellschaft durch den Wegfall ungezählter, auf den Markt zurückweisender Mechanismen, durch die Beseitigung des blinden Kräftespiels in breiten Sektoren, durchsichtiger als je zuvor. Hinge Erkenntnis von nichts anderem ab, als der funktionellen Beschaffenheit der Gesellschaft, so könnte wahrscheinlich heute die berühmte Putzfrau recht wohl das Getriebe verstehen. Objektiv produziert ist vielmehr die subjektive Beschaffenheit, welche die objektiv mögliche Einsicht unmöglich macht" (Adorno 1959: 41; vgl. Giesecke 1965a: 52).[78]

Resümierend kann man über Gieseckes Ausführungen zu den Inhalten der politischen Bildung festhalten, dass er sich hier weitgehend auf politische Konflikte im engeren Sinne, mithin auf das politische System beschränkt. Darüber hinausgehende gesellschaftliche Inhalte greift er trotz seiner These von der politisierten Gesellschaft an dieser Stelle nicht mehr auf. Und von Ideen, auch Erfahrungen aus dem sozialen Nahraum wie der Familie zum Thema politischer Bildung zu machen, grenzt sich Giesecke nun sogar ausdrücklich ab (vgl. o.S. 63, S. 67).

2.3.3 Zielsetzung und Bürgerleitbild

Die Thematisierung der Lerninhalte im Zusammenhang mit Gieseckes Erläuterungen zu den Wissensformen und zur Stoffauswahl war bereits ein Vorgriff auf den zweiten Teil von Gieseckes Didaktik, in dem er sich stärker auf die Darstellung seiner eigenen didaktischen Konzeption konzentriert. Bevor deren zentrales Element, das Kategorienensemble, erläutert wird, müssen aber noch Gieseckes Wiedergabe der Diskussion um die Bürgerleitbilder sowie die Schlussfolgerungen, die er daraus für die Ziele der politischen Bildung zieht, analysiert werden. Dies lässt auch weitere Rückschlüsse auf seine Demokratievorstellungen zu.

---

78 Zu Adornos Theorie der Halbbildung vgl. o.S. 58. Auf die Bedeutung der „subjektiven Beschaffenheit" für das Verständnis der politischen Wirklichkeit geht Giesecke etwas weiter unten erneut unter Bezug auf Adorno genauer ein (vgl. u. S. 69).
Giesecke hatte dieselbe Textstelle auch schon 1960 zitiert, in einem Aufsatz, in dem er dafür plädiert, nicht nur kommunistische Systeme, sondern auch die eigenen politischen und gesellschaftlichen Strukturen rational zu analysieren. Es komme darauf an, dem Heranwachsenden die nicht mehr unmittelbar erfahrbare Welt durch angemessene Kategorien „heranzuholen" – die Behauptung, „dafür sei die Welt zu ‚kompliziert' geworden", sei „reine Denkfaulheit" schreibt er direkt vor dem Adorno-Zitat (Giesecke 1960a: 257).

Giesecke stellt zunächst in didaktischer Absicht die Frage: „Will unsere Gesellschaft kritische Bürger?" (Giesecke 1965a: 53).

Unter Berufung auf Jürgen Habermas konstatiert er sodann, die Bürgerinnen und Bürger hätten nur geringe Einflussmöglichkeiten, und zitiert Habermas' bekannten Ausspruch: „Öffentlichkeit wird hergestellt. Es gibt sie nicht mehr" (Giesecke 1965a: 53).[79]

Mit Hilfe eines Zitats von Theodor W. Adorno verweist er auf die psychologischen Rückwirkungen, die entstünden, wenn Menschen sich gesellschaftlichen Gegebenheiten so weit ausgeliefert fühlten, dass sie das Gefühl hätten, nichts mehr ändern zu können. Adorno schreibt dazu,

> „dass die Menschen, je mehr sie objektiven Konstellationen ausgeliefert sind, über die sie nichts vermögen oder über die sie nichts zu vermögen glauben, desto mehr dieses Unvermögen subjektivieren. Nach der Phrase, es käme allein auf den Menschen an, schreiben sie alles den Menschen zu, was an den Verhältnissen liegt, wodurch dann wieder die Verhältnisse unbehelligt bleiben" (Adorno 1971b: 16).[80]

Aus diesen Problemen, die in Adornos Ausführungen zunächst vor allem psychologischer Natur zu sein scheinen, begründet Giesecke im Anschluss

---

79 Giesecke zitiert Habermas 1961: 32. Zu Habermas vgl. o. S. 52, Anm. 53; S. 53, Anm. 55. 1964 hatte Giesecke aus demselben Text zusätzlich Habermas' Wiedergabe des Kaiser Joseph II. zugeschriebenen prägnanten Diktums „alles für das Volk, aber nichts durch das Volk" zitiert (Giesecke 1964a: 166; Habermas 1961: 46).

80 Giesecke zitiert aus Adornos für die politische Bildung folgenreichem Aufsatz „Was bedeutet: Aufarbeitung der Vergangenheit?" (Adorno 1971b; bei Giesecke zitiert nach dem Abdruck in GSE, Heft 1, 1960, S. 3-14, Zitat S. 7; vgl. auch u. S. 180). Adorno schreibt an dieser Stelle, dass es die politischen Verhältnisse seien, die der Mündigkeit der Subjekte Grenzen setzten. Er nennt dazu vor allem die Bedrohung durch den totalitären Osten, die bestehende ökonomische Ordnung, in der die Mehrheit der Bevölkerung abhängig sei, sowie einen durch die Kulturindustrie geschaffenen „Verblendungszusammenhang" (Adorno 1971b: 15, 16-17, 22). Er plädiert aber trotz dieser objektiven Probleme für die Aufklärung der Subjekte über die Vergangenheit, um das Vergessen und die Rechtfertigung der NS-Verbrechen zu verhindern (Adorno 1971b: 24). Dafür müssten den Menschen vorrangig ihre eigenen Vorurteile und die Mechanismen, die zu diesen Vorurteilen geführt haben, bewusst gemacht werden. „Aufarbeitung der Vergangenheit" sei – so Adorno – „wesentlich solche Wendung aufs Subjekt" (Adorno 1971b: 27).

in einem Dreischritt eine dezidiert gesellschaftskritische Funktion der politischen Bildung:

Politische Bildung schaffe „subjektive Unglücksgefühle", wenn sie Staatsbürger produziere, die in den meisten Bereichen des gesellschaftlichen Lebens gar nicht verlangt würden. Solche „gesellschaftlichen Frustrationen" könnten – dies zeige die Antisemitismusforschung – leicht zu affektiven, der Bildung nicht mehr zugänglichen Vorurteilen führen. Deshalb müsse politische Didaktik

> „nicht nur Aufklärung über die Triebkräfte politischen Handelns fordern, wie sie neuerdings von einer politischen Psychologie postuliert wird, sondern auch die Änderung all jener änderbaren gesellschaftlichen Verhältnisse, die Vorurteilshaltungen verursachen". Sie dürfe „die bestehenden Schul- und gesellschaftlichen Verhältnisse nicht einfach voraussetzen […]. Täte sie dies, so wäre sie selbst nichts mehr als eine Schaltstelle im blinden und bewusstlosen Funktionsablauf der Gesellschaft. Kritik der Schule und Kritik der Gesellschaft sind die unausweichlichen Konsequenzen, wenn sie das Problem der politischen Lehrinhalte untersucht" (Giesecke 1965a: 55).

Giesecke zitiert in diesem Zusammenhang nicht nur Adorno, sondern verweist auch auf Schriften der Psychoanalytiker Alexander Mitscherlich[81],

---

81 Giesecke verweist hier auf zwei Veröffentlichungen, auf die er aber im Text an keiner Stelle eingeht: Einen Aufsatz Mitscherlichs mit dem Titel „Revision der Vorurteile" (Mitscherlich 1962) und Mitscherlichs bekanntes Buch „Auf dem Weg zur vaterlosen Gesellschaft" von 1963.
Zu Mitscherlichs „Vaterloser Gesellschaft" hatte Giesecke in seiner Dissertation noch ausgeführt, dass dieser in seinem Buch die Zusammenhänge zwischen Rollenverhalten, Individualität, Urteilskraft und Einfühlung darstelle. Giesecke untermauert damit seinen Appell, Jugendlichen auf Tagungen zur politischen Jugendbildung neue Denk- und Verhaltenserfahrungen zu ermöglichen, indem man sie nicht ständig zu rollenkonformem Verhalten zwingt (vgl. Giesecke 1964a: 234-235).
Giesecke verweist auch 1967 und 1968 auf die „Vaterlose Gesellschaft" – einmal im Zusammenhang mit der These, dass wiederholte Angriffe auf das Selbstbewusstsein eines Menschen eine Disposition für affektive Vorurteile verursachen könnten (Giesecke 1967a: 95), und einmal, um zu belegen, dass Menschen angesichts einer nachlassenden Steuerung des Verhaltens durch Traditionen heute mehr Autonomie und Selbstbewusstsein benötigten als früher (Giesecke 1968f: 218). In der neuen Didaktik erwähnt Giesecke Mitscherlichs „Vaterlose Gesellschaft" lediglich am Rande (Giesecke 1972a: 38; vgl. u. S. 235), und 1981 geht er kurz auf den potenziellen Zusammenhang von Solidarität in Gruppen

Wolfgang Hochheimer und Eva G. Reichmann[82] sowie auf die zu dieser Zeit von Mitscherlich und Hochheimer herausgegebene psychoanalytische Zeitschrift „Psyche". Hier bezieht er sich speziell auf das Heft 5/1962, in dem die Beiträge eines Symposiums zum Thema „Die psychologischen und sozialen Voraussetzungen des Antisemitismus – Analyse der Psychodynamik eines Vorurteils" dokumentiert sind. Daneben nennt Giesecke einen Aufsatz des politischen Psychologen und politischen Bildners Walter Jacobsen, in dem dieser fordert, dass die politische Bildung stärker auf „psychologische Komponenten des politischen Verhaltens", besonders auch auf tiefenpsychologische eingehen solle (Jacobsen 1962: 567). Schließlich erwähnt er einen Text von Hanna Schlette in der Zeitschrift GSE (1963), in dem diese die Texte von Jacobsen und Hochheimer (1962) kritisch im Hinblick auf die Umsetzbarkeit von deren Forderungen in der Schule rezensiert.

Hier zeigt sich, dass Giesecke schon sehr früh Schriften zur politischen Psychologie und Psychoanalyse zu Kenntnis genommen hat, deren Relevanz er auch später noch mehrfach betont.[83]

Zudem ist der gesellschaftskritische Impetus dieser Passage bemerkenswert, denn im Vergleich zu Gieseckes sonstigen Ausführungen fällt er durchaus aus dem Rahmen. Noch bemerkenswerter ist allerdings, dass Giesecke seine

---

mit der gesellschaftlichen Demontage des Vaters ein (Giesecke 1981b: 261). In seinem Aufsatz von 1968, in dem er das Bildungswesen kritisiert, verweist er zudem auf Mitscherlichs Aufsatz „Pubertät und Tradition" in Friedeburg 1971 (Giesecke verweist auf die Erstauflage von 1965; vgl. Giesecke 1968f: 217).

82 Giesecke hatte das angegebene Buch von Eva G. Reichmann (Flucht in den Hass. Die Ursachen der deutschen Judenkatastrophe, Frankfurt, o. J.) schon 1960 im Rahmen einer Sammelrezension zur Geschichte des Antisemitismus positiv gewürdigt, weil es dazu beitrage, die soziologische
Analyse sinnvoll in die Geschichtswissenschaft zu integrieren und die Ursachen der Barbarei des Nationalsozialismus zu erforschen. Gemeinsam mit Reichmanns Buch rezensierte Giesecke hier auch Hannah Arendts „Elemente und Ursprünge totaler Herrschaft" (Frankfurt/M., 2. Aufl. 1957) (vgl. Giesecke 1960b: 431-433).

83 Giesecke nennt dieselben Texte von Reichmann und Mitscherlich auch 1967 im Zusammenhang mit der Rolle von Vorurteilen im Rahmen der sozialpädagogischen Arbeit (vgl. Giesecke 1967a: 96, Anm. 13). Walter Jacobsen erwähnt er erneut in seiner Replik auf seine Kritiker 1968, wo er ihm bescheinigt, seine Texte seien wichtige Beiträge für die politische Bildung (vgl. Giesecke 1968b: 224). 1972 hebt Giesecke in seiner neuen Didaktik die Bedeutung von Adorno, Mitscherlich und Freud für die politische Bildung hervor, verzichtet allerdings hier wieder darauf, deren Erkenntnisse inhaltlich für seine eigene didaktische Konzeption fruchtbar zu machen (vgl. u. S. 243, S. 361).

Kritik in seiner Dissertation noch deutlich radikaler formuliert hatte. Die entsprechende Stelle lautet dort:

„Wenn solche von der gesellschaftlichen Wirklichkeit her errichteten Erkenntnis-Barrieren wirklich vorhanden sind, dann kann die politische Didaktik sie weder ignorieren noch ins Subjektive umfälschen. Sie muss sie vielmehr als eine Bedingung ihrer selbst verstehen. Dies aber heißt, dass sie ihren eigenen *politischen* Standort in der gegenwärtigen Gesellschaft zu ermitteln gezwungen ist, dass sie sich darüber klar wird, dass politischer Unterricht immer *auch* Parteinahme gegen die vorgegebene politisch-gesellschaftliche Wirklichkeit in ihrer Gesamtheit ist. Wir haben oben gesehen, dass politischer Unterricht, indem er sich mit den tatsächlichen politischen Konflikten einlässt, sich nolens volens auf die Seite irgendeiner der beteiligten politischen Partikularitäten schlägt, weil das Bewusstsein, sofern es dem Konflikt Bedeutung beimisst, einfach nicht bei dem Aufzählen möglicher Entscheidungen stehen bleiben kann. Auf dieser neuen Ebene des Problems nun tritt politischer Unterricht der politisch-gesellschaftlichen Wirklichkeit in ihrer Gesamtheit gegenüber, insofern sie nämlich jenseits aller konkreten gesellschaftlichen Machtträger gegen die von der Gesellschaft produzierten Erkenntnis- und Aktivitäts-Barrieren auftritt, die die Entfaltung des Individuums behindern. Das Bemühen, den ihr anvertrauten Individuen zu maximaler politischer Mündigkeit zu verhelfen, schlägt angesichts der gesellschaftlichen Verhältnisse um in politische Aktion. Politische Bildung muss, um dieses pädagogische Ziel zu verwirklichen, sich gewissermaßen die politischen Bedingungen dieser pädagogischen Möglichkeit selbst schaffen. Damit entwickelt die politische Didaktik selbst auch eine eigentümliche politische Philosophie, die praktische Philosophie ist, indem sie auf die Möglichkeit der Verwirklichung ihres eigenen erzieherischen Anliegens reflektiert" (Giesecke 1964a: 169-170).

Insgesamt legen Gieseckes Ausführungen zu der Frage „Will unsere Gesellschaft kritische Bürger?" den Schluss nahe, dass er zwar der Gesellschaft attestiert, eher keine kritischen Bürger zu wollen, dass er *selbst* aber nicht nur kritische Bürger will, sondern auch eine Gesellschaft und ein politisches System, die diese kritischen Bürger fördern, und die von ihnen mitgestaltet werden können. Gieseckes Demokratievorstellung schließt als normatives Ideal also offenbar nicht nur soziale und ökonomische Chancengleichheit ein (vgl. o.S. 50), sondern daneben auch deutlich mehr Partizipationsmöglichkeiten.

Bürgerleitbilder in der Diskussion über die politische Bildung
Anschließend setzt Giesecke sich ausführlich mit der Diskussion um ein angemessenes Bürgerleitbild auseinander. Sie war unter anderem von einer Tagung der Hessischen Landeszentrale für Heimatdienst zu „Problemen der politischen Bildung und Erziehung innerhalb der Gesellschaftswandlungen der Gegenwart" ausgelöst worden, und viele Politikwissenschaftler haben sich an ihr beteiligt (Minssen 1957: 308). Die Zeitschrift GSE hat die Tagungsbeiträge in einem Heft zusammengefasst; darunter war der auch heute noch vielzitierte Aufsatz von Wilhelm Hennis „Das Modell des Bürgers" (1957). Giesecke rezipiert aus diesem Heft die Beiträge von Hennis und Siegfried Landshut (1957), daneben spätere Aufsätze zum Thema von Kurt Sontheimer (1962; 1975[84]), Arnold Bergstraesser (1960) und Waldemar Besson (1958) sowie eine kritische Replik des Pädagogen Andreas Flitner (1957) auf Wilhelm Hennis.

Giesecke diagnostiziert zunächst mit Kurt Sontheimer, dass die Ziele der politischen Bildungsarbeit in der Regel sehr hoch gesteckt seien:

> „[S]ie richten sich auf einen Staatsbürger, der die politische Klugheit des erfahrenen Staatsmannes und Politikers verbindet mit der Weisheit des Philosophen und den Erkenntnissen des modernen Gesellschaftswissenschaftlers" (Sontheimer 1962: 82; Giesecke 1965a: 56-57).

Sontheimer kritisiert diese hochgesteckten Ziele in seinem Text, weil sie der Erfahrung vieler Menschen widersprächen: Politik werde vielfach wahrgenommen als etwas, „was oben getrieben werde und worauf man keinen Einfluss habe". Da aber andererseits häufig eine „primitive Auffassung von Demokratie" im Sinne unmittelbarer Volksherrschaft vorherrsche, fühlten sich viele Menschen ohnmächtig. Politische Bildungsarbeit müsse hier aufklärend wirken, bewirke

aber stattdessen durch ihre „üblichen Appelle zum Mittun" eher zusätzliche Schwierigkeiten (Sontheimer 1962: 82).[85]

---

84 Dieser Text Sontheimers wurde zuerst 1963 veröffentlicht.
85 Wie schon ausgeführt (vgl. o.S. 52), plädiert Sontheimer in diesem Text (1962) konsequent für den Pluralismus und kritisiert die Vorstellung eines allgemeingültigen Gemeinwohls, das die machthabende Gruppe im Sinne ihrer persönlichen Parteiinteressen definieren könne. Er vertritt die Position, die moderne Demokratie sei ohne die Parteien, durch die allein die Bürger ihren Willen artikulieren könnten, nicht denkbar. Ein Staatsbewusstsein, das einem demokratischen Parteienstaat angemessen sei, müsse daher „die Parteien als integrierende Bestandteile der staatlichen Macht anerkennen und durch solche Anerkenntnis dem Parteienstaat, der sich bei uns heute in leidlich günstiger Form entwickelt hat, Autorität zukommen lassen" (Sontheimer 1962: 75-76).

[Handschriftliche Notiz oben: Politik nicht abgeschlossen / nicht entschieden — Pol. Bildung für beide Seiten elementar!]

Als beispielhaft für die hochgesteckten Ziele der politischen Bildung zitiert Giesecke anschließend Arnold Bergstraesser, der schreibt, wollten wir einen „urteilsfähigen politischen Zeitgenossen" erziehen, dann müsse dieser „imstande sein, mit anderen Staatsbürgern und gleichsam für den handelnden Staatsmann die Entscheidung auf die Zukunft hin vorauszudenken" (Bergstraesser 1960: 78; vgl. Giesecke 1965a: 57).[86]

[Randnotiz: Ziel ↓ Zukunft]

Dieser Text beruht auf einem Vortrag Bergstraessers vor dem Bayerischen Landtag anlässlich der Aussprache über die Gründung einer politischen Akademie. Bergstraesser argumentiert hier, die Politik müsse auf die Zukunft hin orientiert sein, die nicht nur für den Staatsmann, sondern auch für jeden Bürger der wichtigste Aspekt politischen Wissens sei. In diesem Zusammenhang steht auch der bei Giesecke zitierte Satz zur Urteilsfähigkeit der Staatsbürger.

Auch wenn Bergstraesser in diesem Text tatsächlich hohe Anforderungen an das *Urteil* der Bürger stellt, kann man daraus nicht ableiten, dass er diesen auch viel Verantwortung für die Politik übertragen möchte. Für den konservativen Politikwissenschaftler Arnold Bergstraesser ist die Politik eine „Staatskunst", und die Aufgabe der Bürger im repräsentativen System besteht lediglich darin, über Politik „nachzudenken" und in den Wahlen Vertrauen auszusprechen oder zu entziehen (vgl. dazu z.B. Bergstraesser 1961: 273, 276).

In seiner Dissertation hatte Giesecke anschließend noch konstatiert, die Diskussion der Zielsetzung spitze sich „immer wieder zu auf das Problem der politischen Aktivität", und sie ziele „letztlich auch immer auf eine gesellschaftskritische Einstellung" (Giesecke 1964a: 171). 1965 schreibt er nur noch, es herrsche Übereinstimmung, „dass die politische Bildung den Staatsbürger zu einer vernünftigen und verantwortungsvollen politischen Aktivität befähigen müsse" (Giesecke 1965a: 57) – von einer gesellschaftskritischen Einstellung der Bürgerinnen und Bürger ist nun nicht mehr die Rede.

[Randnotiz: Giesecke]

Diese Feststellung eines Konsenses über eine „vernünftige und verantwortungsvolle politische Aktivität" des Bürgers als Ziel der politischen Bildung dient Giesecke offensichtlich auch als Zwischenfazit in didaktischer Absicht, denn anschließend stellt er die Frage: „Aber was heißt ‚politische Aktivität'?". Genau um diese Frage geht es im nächsten Abschnitt, in dem Giesecke eine Kontroverse zwischen Wilhelm Hennis und Andreas Flitner darstellt, weil diese „exemplarisch ein Licht auf diese Schwierigkeit" werfe (Giesecke 1965a: 57).

---

86 Zum politischen Urteil des Staatsbürgers schreibt Bergstraesser unmittelbar zuvor: „Es ist also ein Abbild des politischen Urteils, welches auch dem verantwortlichen Staatsmann die notwendige Voraussetzung seiner Entscheidung bedeutet" (Bergstraesser 1960: 78).

[Handschriftliche Notiz unten: ein Schritt weg vom faktischen pol. Bildung: über die Abgabe von einer Stimme hinaus]

Die Kontroverse zwischen Wilhelm Hennis und Andreas Flitner
Auch Hennis hatte kritisiert, dass die zeitgenössische politische Pädagogik vielfach unrealistische Vorstellungen über die Mitwirkungsmöglichkeiten der Bürger im modernen Staat zum Ausgangspunkt ihrer Überlegungen zur politischen Bildung mache (Hennis 1957: 332). Er sieht den Grund aber weniger in einem unrealistischen Menschenbild und einer Überschätzung der Kompetenzen der Bürger als vielmehr in einer Fehleinschätzung des repräsentativen politischen Systems der Bundesrepublik.

Als „Hauptthese" bezeichnet Giesecke Hennis' Diagnose, der Bürger trete heute unvermittelt der politischen Herrschaft gegenüber, da auch Parteien, Verbände und Kommunen in ihrer neuen Gestalt nicht mehr als „vermittelnde Zwischengewalten" zu verstehen seien. Daher sei die „Bewältigung des unvermittelten Gegenübertretens von Einzelnen und Herrschaft [...] sowohl verfassungspolitisch wie pädagogisch eine der dringendsten Aufgaben der Zeit" (Hennis 1957: 333; vgl. Giesecke 1965a: 58). Hennis meint hier offenbar, dass auch Parteien, Verbände und Kommunen den einzelnen Bürgerinnen und Bürgern nur wenig Möglichkeiten echter politischer Mitbestimmung böten, weil selbst die dort engagierten Mitglieder die Entscheidungen der jeweils herrschenden Vorstände oder hauptamtlichen Funktionäre passiv hinnehmen müssten (vgl. entsprechend Sontheimer 1975: 214; Pross 1963: 449). Hennis' Schlussfolgerung daraus, die Giesecke ebenfalls zitiert, lautet: „Die Aufgabe des Lehrers in der Schule ist nicht unmittelbar Erziehung zur Aktion, sondern zur rechten Reaktion" (Hennis 1957: 338; Giesecke 1965a: 58).[87]

Giesecke beruft sich in diesem Zusammenhang zusätzlich auf ähnliche Argumente bei Kurt Sontheimer und Waldemar Besson (1958).

Sontheimer fragt in seinem 1963 veröffentlichten Text „Politische Bildung zwischen Utopie und Verfassungswirklichkeit", den Giesecke ohne konkrete

---

[87] Hennis entwickelt in diesem Text auch das in der aktuellen politikdidaktischen Diskussion um die Bürgerleitbilder vielzitierte Bild des Bürgers als „Zuschauer" (vgl. Pohl 2004b: 319-320), auf das Giesecke allerdings nicht direkt Bezug nimmt. Hennis argumentiert hier, um das unvermittelte Gegenübertreten von Einzelnen und Herrschaft zu bewältigen, müsse ein Modell des Bürgers entworfen werden, „das als Leitbild der politischen Erziehung dienen könnte". Dieses Bürgermodell versteht er ausdrücklich als „politische Anthropologie" (Hennis 1957: 334). Als Analogie für sein Bürgermodell wählt Hennis sodann ein Bild aus dem Sport – den Zuschauer eines Fußballspiels: Dieser kenne idealerweise die Regeln, wisse, wie man den Ball spielen müsse, um zu gewinnen, könne gutes von schlechtem Spiel und auch gute von schlechten Spielern unterscheiden. Darüber hinaus müsse er die Fähigkeit zum emotionalen Engagement, zur „Leidenschaft" besitzen (Hennis 1957: 336).

Seitenangabe anführt, ob die politische Bildung tatsächlich für den Bestand der Demokratie von so herausragender Bedeutung sei, dass die hohen Erwartungen, die gemeinhin an sie gestellt würden, berechtigt seien (Sontheimer 1975: 203).[88] Er kritisiert die Beteiligungschancen, auf die hin politische Bildung ausgerichtet sei, als utopisch und macht dafür ungenaue und unzureichende Vorstellungen über die Struktur der politischen Ordnung sowie ein oberflächliches Verständnis von Demokratie als unmittelbarer Volksherrschaft bei den maßgeblichen Pädagogen verantwortlich. Den hohen Ansprüchen an die „politische Beteiligung" – als Inbegriff aktiver Mitverantwortung für das Gemeinwesen –, stehe eine „weitgehende Unwissenheit gegenüber, auf welche Weise und mit welchen Mitteln sich der heutige Staatsbürger sinnvoll an der Demokratie beteiligen" könne (Sontheimer 1975: 213; vgl. ebd.: 205, 210). Sontheimer beschließt seine Argumentation mit dem Fazit, durch die Verkennung der realen Möglichkeiten zur politischen Beteiligung drohe die Gefahr, dass Illusionen geschürt würden, die sich dann erst recht negativ auf das Verhältnis der Schülerinnen und Schüler zur Politik auswirkten (vgl. Sontheimer 1975: 216).[89]

Bessons zentraler Kritikpunkt am Bürgerbild der politischen Bildung ist nach Giesecke, dass der Bürger sich nicht wirklich als Einzelner, sondern nur als Glied einer Gruppe, die ihm Solidarität gewährt, politisch beteiligen könne. In der Forderung nach der „politisch-mündigen Persönlichkeit" sieht Besson ein „tiefes Missverständnis", denn sie trifft heute „auf keinen entsprechend erziehbaren Menschen mehr" und sie „verharmlost die tatsächliche dämonische Bindung des Menschen an die technische Welt und erweckt in den also Betrogenen falsche Hoffnungen" (Giesecke 1965a: 58-59; Besson 1958: 304).

Bessons Position erscheint hier widersprüchlich, weil er zunächst eine Möglichkeit zur politischen Beteiligung in Gruppen zu sehen scheint, dann aber die Chance, den Menschen zu einer „politisch-mündigen Persönlichkeit" zu erziehen, doch ganz grundsätzlich in Frage stellt. Dieser scheinbare Widerspruch innerhalb der Argumentation Bessons löst sich auf, wenn man neben dessen kulturpessimistischer Grundhaltung, die auch Giesecke andeutet,

---

88 Ähnliche Bedenken finden sich auch in einem anderen Aufsatz Sontheimers, den Giesecke im Literaturverzeichnis erwähnt, im Text jedoch nicht berücksichtigt (vgl. Sontheimer 1963: 19-20).

89 Eine Partei- oder Verbandszugehörigkeit hält Sontheimer zwar für sinnvoll, sie könne aber nicht als Ausfluss staatsbürgerlicher Verantwortung betrachtet werden. Er begründet dies wie auch Hennis damit, dass die große Mehrzahl der Mitglieder auch hier die Entscheidungen der hauptamtlichen Funktionäre passiv hinnehmen müsse (vgl. Sontheimer 1975: 214-215).

die bei Giesecke nicht erwähnte antipluralistische Stoßrichtung seines Textes berücksichtigt: Besson diagnostiziert, dass erst die Angst der Menschen vor Isolierung und sozialem Abstieg angesichts der Wandlungen der Produktionsverhältnisse zur Bildung der Interessenverbände geführt habe, die die Individuen als zentrale politische Akteure abgelöst hätten. Die „dämonische Bindung des Menschen an die technische Welt" schließt also für Besson auch die Bindung an die Interessengruppen ein. Staatsbürgerliche Bildung habe in dieser Situation die Aufgabe, im Menschen eine kritische Distanz zu seinem Interessendenken aufzubauen und sein Denken so zu „versittlichen". Dabei müssten wir versuchen,

> „gerade da, wo wir über Spezialkenntnisse verfügen und gerade da, wo wir Interessenten sind, in den überschaubaren Bereichen also, die politische Relevanz unserer Perspektive zu erweisen. Die uralte Forderung, dass man vom Kleinen ausgehend sich zum Großen bildet, behält ihren Wert auch in der modernen Welt" (Besson 1958: 309; vgl. auch 302-307).

Giesecke übersieht offenbar den von Besson unterstellten Antagonismus von individuellen Interessen und gemeinwohlorientierter Politik und scheint Besson stattdessen dahingehend zu interpretieren, dass dieser die Bedeutung von Gruppen für die Möglichkeit zur politischen Beteiligung hervorheben wollte.[90]

Giesecke schlussfolgert nach seiner Wiedergabe von Besson und Hennis, keiner von beiden glaube „an eine stufenweise Mitwirkung des Bürgers, die sich von einfachen zu komplizierten Verbänden und schließlich auf das Staatsganze hin erstreckt" (Giesecke 1965a: 59). Dies trifft, wie die genauere Darstellung der Thesen Bessons gezeigt hat, für diesen nur bedingt zu. Auf jeden Fall bemerkt Giesecke aber für Hennis und auch für Sontheimer zu Recht, dass diese die Chancen für eine aktive politische Beteiligung im repräsentativen System der Bundesrepublik Deutschland für geringer halten, als dies die Erziehungsziele vieler politischer Pädagogen suggerieren.

---

90 In seiner Dissertation hatte Giesecke sogar eine entsprechende Passage Bessons zitiert, ohne kritisch darauf einzugehen: „Folgerichtig erscheint Besson denn auch politische Bildung als ‚kritische Distanzierung von der eigenen Gruppe und ihrer Perspektive'. Sie entsteht ‚erst, wenn man in gewisser Weise der eigenen Interessennatur sich entfremden lernt'" (Giesecke 1964a: 173; Zitate aus Besson 1958: 308).
Giesecke scheint Waldemar Besson generell zu schätzen. Er hebt an anderer Stelle auch ausdrücklich dessen Beitrag zu einer Schallplattenausgabe mit zeitgeschichtlichen Tondokumenten lobend hervor (vgl. Giesecke 1961a: 507, 510).

Anschließend stellt Giesecke der politikwissenschaftlichen Kritik an den Zielvorstellungen der politischen Bildung Andreas Flitners Position gegenüber. Flitners Aufsatz in der GSE stellt eine direkte Replik auf Hennis' Ausführungen zum Bürgermodell dar. Er widerspricht Hennis' These von den geringen Beteiligungsmöglichkeiten der Bürgerinnen und Bürger angesichts der Eigengesetzlichkeit der politischen Machtstrukturen mit dem Hinweis auf „die demokratische Lehre vom ‚plébiscite de tous les jours'" (Flitner 1957: 449).[91]

Hennis Abgrenzung einer „eigentlichen" Staatspolitik von der Lokal- und Gesellschaftspolitik werde – so Flitner – einer politischen Wirklichkeit nicht gerecht, in der „die allgemeine Politisierung der sozialen Kräfte sich als geradezu charakteristisch" erweise und „jeder größere Interessen- und Berufsverband seine Stimme bei ungezählten politischen Entscheidungen in die Waagschale" werfe. Auch die „hohe Politik" geschehe im „Wechselgespräch mit der öffentlichen Meinung" und speise sich aus „einem Kanalsystem der Interessen- und Meinungsbildung" (Flitner 1957: 449-450).[92]

Für die Bedeutung der politischen Aktivität einzelner Bürgerinnen und Bürger folgert Flitner daraus, der Einzelne, der sich in Verbänden engagiere, könne Außerordentliches erreichen und viel Verantwortung übernehmen. Er beschließt seine Argumentation mit dem bei Giesecke wiedergegeben Satz:

> „Wir können nicht wissen, was aus den gegenwärtigen Tendenzen und was vielleicht aus einem erzieherischen Gegenstreben wird. Wir müssen vielmehr festhalten an dem, was wir erzieherisch und in unserem politisch-öffentlichen Leben erreichen wollen" (Flitner 1957: 451; Giesecke 1965a: 59).

Giesecke eigene Position scheint deutlich zu werden, wenn er anschließend Flitners Kritik an Hennis zurückweist. Er schreibt, mit der Möglichkeit des Engagements in Verbänden

> „hat Flitner das entscheidende Argument von Hennis nicht getroffen. Hennis hält diese pädagogische Forderung ja gerade deshalb für unrealistisch, weil selbst in den kleinsten gesellschaftlichen Verbänden, auf deren Hilfe der Einzelne für seine politische Beteiligung angewiesen ist,

---

91 Vermutlich spielt der Ausdruck auf die von Ernest Renan 1882 in der Universität Sorbonne gehalten Rede zum Begriff der Nation an, die er durch deren gemeinschaftliche Identität im Sinne eines „plébiscite de tous les jours" charakterisierte.

92 Flitner bemüht dieses Bild erneut, wenn er davon spricht, die gesamte, komplexe politische Wirklichkeit speise sich „aus einer Fülle von Rinnsalen und Bächen" (Flitner 1957: 450).

der Bürger schon unvermittelt einer Form von Herrschaft gegenübersteht. Diesen Einwand konnte Flitner nicht widerlegen. Stattdessen zieht er sich auf das subjektive Ethos des Erziehers zurück" (Giesecke 1965a: 59).[93] Wenn aber die Vorstellungen von der gesellschaftlichen Wirklichkeit, die die Erzieher repräsentierten, nicht zu verwirklichen seien, werde politische Pädagogik unrealistisch und – hier zitiert Giesecke erneut Siegfried Landshut – „[w]enn dann [...] der Jugendliche merkt, dass diese Darstellung gar nicht mit der Realität übereinstimmt, so hat die Pädagogik das Schlimmste angerichtet, was sie anrichten kann" (Landshut 1975: 73; Giesecke 1965a: 60).[94]

Giesecke setzt das Zitat von Landshut fort, in dem dieser noch auf zwei aus der unrealistischen Darstellung der Wirklichkeit resultierende konkrete Gefahren hinweist:

„Einmal die, dass der Jugendliche gerade durch diese Darstellung dazu verleitet wird, sich abseits zu stellen mit der Bemerkung, dass ja alles Schwindel sei. Zum anderen die Gefahr, die uns in der Vergangenheit eigentlich alles gekostet hat, dass die Vorstellung entsteht, diese Welt könne durch einen bisher noch nicht entdeckten Trick geändert werden und es gäbe etwas, durch das man alles verbessern kann. [...] Es ist die Aufgabe, pädagogisch zu erreichen, dass das Bewusstsein nicht mit solchen Gedanken spielt" (Landshut 1975: 73-74; Giesecke 1965a: 60; Auslassung bei Giesecke).

---

93 Vgl. demgegenüber Gieseckes Zustimmung zu Flitner in der ursprünglichen Fassung seiner Dissertation, Giesecke 1964a: 169-170; vgl. auch o. S. 72.

94 Giesecke zitiert Landshut nach der Fassung seines Aufsatzes von 1957 in GSE, S. 311-315, Zitat S. 315; Auslassung K. P. Landshut geht es in seinem Text „Die Schwierigkeiten der politischen Erziehung in der egalitären Massengesellschaft" um einen Ausweg aus dieser Situation. Wie die Überschrift andeutet, diagnostiziert er zunächst große gesellschaftliche Umwälzungen, die zur Entstehung einer Massengesellschaft geführt hätten. Daraus folge, dass mittlerweile zentrale Prinzipien der Verfassung wie die Gleichheit, das freie Mandat der Abgeordneten und der demokratische Aufbau der Parteien nicht mehr in allen Fällen mit den Bedingungen des politischen Alltags übereinstimmten (vgl. Landshut 1975: 69-72). Die politische Erziehung, die die Jugend an die politische Ordnung heranführen müsse, reagiere auf die fehlende Überstimmung der Realität mit den Verfassungsprinzipien häufig unbewusst damit, „dass sie über diese Widersprüche ein Tuch des Stillschweigens breitet und die Ordnung wie ein Paradies darstellt" (Landshut 1975: 73). Es folgt die bei Giesecke zitierte Passage über die Gefahren dieser unrealistischen Darstellung. Landshuts eigener Ausweg, die Schule für die politische Wirklichkeit zu öffnen, war von Giesecke bereits an anderer Stelle zitiert worden (vgl. o. S. 61).

Nach diesem Plädoyer für eine realistische Bildung relativiert Giesecke diese Forderung allerdings dahingehend, dass er die Mitbestimmung zumindest als *Norm* nicht ganz preisgeben will. Hierfür zitiert er erneut den bereits zuvor rezipierten Text von Wilhelm Hennis (vgl. o.S. 75). Er schreibt zustimmend:

„Das Dilemma […] ist auch Hennis bewusst geworden: ‚Alle politische Erziehung muss auf lange Sicht scheitern, wenn die Realität unseres Verfassungslebens [dem Bürger] nicht eine reale Möglichkeit der Mitbestimmung zuweist'. Der dafür gegebene Rahmen beschränke sich auf die politische Wahl. Korrekturen der Verfassungswirklichkeit vorzunehmen, sei nicht Aufgabe des politischen Unterrichts. ‚Diese Forderung lebendig zu machen, sollte man ihm allerdings nicht verwehren'" (Giesecke 1965a: 60-61; Zit. aus Hennis 1957: 339; Auslassung u. Erg. K. P.).

Giesecke übertreibt an dieser Stelle vermutlich die kritischen Anstöße, die von Hennis Schlusssatz ausgehen, vor dem Hintergrund seiner eigenen Vorstellungen zur Mitbestimmung. Hennis hatte direkt vor der bei Giesecke zitierten Passage das „undurchsichtige Vierparteiensystem" in Deutschland kritisiert und anschließend konstatiert, dass die „völlige Bedeutungslosigkeit des Wählers für die politische Willensbildung, insofern es um das eigentlich Entscheidende, nämlich die Regierungsbildung geht", zur politischen Gleichgültigkeit führen müsse (Hennis 1957: 339). Direkt darauf bezieht sich dann Hennis' Aussage, dem politischen Unterricht solle die Forderung nach „Korrekturen unserer Verfassungswirklichkeit" nicht verwehrt werden. Bei Giesecke entsteht demgegenüber der Eindruck, dass Hennis dem politischen Unterricht eine gesellschaftskritische Funktion in Bezug auf eine generelle Erweiterung der politischen Beteiligungsmöglichkeiten der Bürgerinnen und Bürger zuweist.

In seiner Dissertation hatte Gieseckes Hennis noch konservativer gedeutet und ihm auch nicht zugestimmt. Stattdessen hatte er kritisch angemerkt, Hennis argumentiere am Ende seines Aufsatzes „schließlich gegen seinen eigenen Ansatz" und nähere sich damit „wieder weitgehend an Flitner an". Bei Hennis sei die Frage offen geblieben, „nach welchen Maßstäben eigentlich der Bürger etwa in der Wahl reagieren soll" (Giesecke 1964a: 175-176). Giesecke selbst bemerkt dazu gegen Hennis gewandt:

„Ohne Zweifel ist [der Maßstab] nicht aus der Analyse der politischen Gegenwart selbst zu gewinnen; dies käme einem blinden Reagieren auf eine ebenso blinde Dynamik gleich. […] Offensichtlich muss das Vermögen hinzukommen, das gegebene Wirkliche auf das Mögliche hin zu transzendieren. Dies könnte man das utopische Moment der politischen Bildung nennen" (Giesecke 1964a: 176-177).

Gieseckes geänderte Lesart von Hennis' Kritik an der politischen Pädagogik kommt auch in den Schlussfolgerungen zum Ausdruck, die er im Anschluss aus der politikwissenschaftlichen Kritik an den Zielvorstellungen der politischen Pädagogik zieht: Während er 1964 noch schrieb: „Die hier zitierten Stellungnahmen politischer Wissenschaftler müssen von der politischen Pädagogik sorgfältig geprüft, dürfen aber nicht einfach übernommen werden" (Giesecke 1964a: 177), heißt es 1965: „Die hier zitierten Stellungnahmen politischer Wissenschaftler zeigen, wie sorgsam die politische Pädagogik über ihre Zielvorstellung nachdenken muss" (Giesecke 1965a: 61).

Gieseckes eigenes Bürgerleitbild und sein Demokratieverständnis
Nachdem Gieseckes eigene Position in seiner Erörterung der politikwissenschaftlichen Kritik an den Zielvorstellungen der politischen Pädagogik eher indirekt zum Ausdruck gekommen war, stellt er sie im folgenden Abschnitt unter der Überschrift „Politische und pädagogische Bedeutung der politischen Aktivität" (Giesecke 1965a: 61) explizit in vier Punkten dar.

Er kommt *erstens* zu dem Ergebnis, dass der Vorwurf, nicht realisierbare Erziehungsziele aufzustellen, bedacht werden müsse, ohne dabei das Wünschbare ganz aus dem Unterricht zu verbannen. Allerdings müsse „mit Unterstützung der politischen Wissenschaften immer sorgfältig geprüft werden, was tatsächlich veränderbar" sei (Giesecke 1965a: 61). So sei das „unvermittelte Gegenübertreten von Einzelnem und Herrschaft [...] offensichtlich nicht zu ändern" (Giesecke 1965a: 61-62). Die Mitwirkung in Parteien oder Interessenverbänden sieht er mit Hennis und Sontheimer „unter dem Aspekt der politischen Wirksamkeit" kritisch und hält sie nur unter dem Gesichtspunkt des sozialen Lernens für pädagogisch sinnvoll. In diesem Zusammenhang fällt der häufig kritisierte Satz, die Beteiligung in der Ortsgruppe einer Partei öffne den Blick dafür, „warum es so und nicht anders zugeht" (Giesecke 1965a: 62).

Karl Christoph Lingelbach spricht hier von einer „politische[n] und pädagogische[n] Resignation" Gieseckes vor der allmählichen „Erstarrung der Gesellschaftsstruktur in zwei unvermittelt einander gegenüberstehende Gruppen der gesellschaftlichen Machtträger auf der einen und der Masse der beherrschten Bürger auf der anderen Seite" (Lingelbach 1967a: 49). Mehrere andere Autoren kritisieren Gieseckes Äußerung mit einem ähnlichen Tenor.[95]

---

95 Vgl. auch die Kritik von Rolf und Ingrid Schmiederer sowie von Helmut Dahmer, beide wiedergegeben in Gieseckes „Dokumentation der Kritik"

Auffällig ist, dass Giesecke gerade in diesem Punkt seine Position gegenüber seiner Dissertation besonders deutlich verändert hat. Dort hatte er an dieser Stelle noch geschrieben:

„Dass heute die Chancen eines politischen Einflusses der Vielen denkbar gering sind, sagt nichts gegen die Vernünftigkeit des Postulats, diese schlechte Wirklichkeit zu verbessern, weil die politische Wissenschaft wohl die Tatsächlichkeit, nicht aber die Unveränderbarkeit der gegenwärtigen Lage belegen kann. Die zitierten Einwände können für die politische Bildung nur die Folge haben, dass sie die politischen Bedingungen ihrer eigenen Zielsetzung in ihre Überlegungen einbezieht, dass sie sich bewusst wird, dass sie auch zur Gesellschaftskritik gezwungen wird, wenn sie ihre Zielsetzung aufrecht erhält" (Giesecke 1964a: 177-178).

Zweitens resümiert Giesecke, die politische Pädagogik habe „keinerlei Legitimation, zu *bestimmten* politischen Aktivitäten zu ermuntern, weil es ihr um Lernen geht und nicht um Wirksamkeit" (Giesecke 1965a: 62, Hervorh. K. P.). Allerdings lege sie „unter Umständen Loyalität zu bestimmten gesellschaftlichen Gruppen nahe", wie etwa von Lehrlingen zu den Gewerkschaften. Giesecke begründet dies damit, dass eine Analyse des Zusammenhangs zwischen subjektiver Situation und objektiven Gegebenheiten zeige, bei welchen gesellschaftlichen Gruppen etwa die Lehrlinge Solidarität für ihre eigenen Interessen erwarten könnten. Er fügt ausdrücklich hinzu: „Eine falsch verstandene Unparteilichkeit des politischen Unterrichts ist in Wahrheit parteilich für diejenigen, die ohnehin an der Macht sind" (Giesecke 1965a: 63).

Unter *drittens* plädiert Giesecke in Bezug auf Appelle zur Aktivität generell für „äußerste Zurückhaltung". Das Üben des politischen Urteils an Ernstfragen des öffentlichen Lebens weise bereits einen hohen Aktivitätsgrad auf, wie die Auseinandersetzung breiter Massen mit der Spiegel-Affäre und das damit gewonnene Bewusstsein zeigten. Ein differenziertes politisches Bewusstsein werde „zu einer Art ‚passiver Aktivität', insofern es sich nichts vormachen lässt und die politischen Akteure zwingt, bestimmte Dinge nicht zu tun" (Giesecke 1965a: 63). Der Vorschlag von Wilhelm Hennis, den *R*eaktionen ein größeres Gewicht beizumessen, sei daher realistisch.

Schließlich stellt Giesecke *viertens* fest, dass die gesellschaftliche Arbeitsteilung auch vor der Politik nicht Halt mache. Sie sei mittlerweile „über weite Strecken ein Geschäft, das nur noch von Fachleuten wirklich geleitet werden kann". Allerdings komme es darauf an,

---

(Giesecke 1968a: 205-206, 201).

„zwischen den routinemäßigen und relativ belanglosen politischen Maßnahmen und Konflikten und den wirklich wichtigen unterscheiden zu lernen. Man sollte die jungen Bürger von Anfang an ermuntern, ihr politisches Engagement auf solche wichtigen Probleme zu konzentrieren und dieses nicht in Aktivitäten zu investieren, die sie nur unentwegt frustrieren müssen und bei denen es genau gesehen auch um nichts Wichtiges geht" (Giesecke 1965a: 64).

Auch in diesem vierten Punkt zeigt sich eine entscheidende Veränderung zwischen Gieseckes Didaktik und seiner Dissertation. Während er es in seiner Didaktik als sinnvoll erachtet, die Jugendlichen in der Schule in geordneter Weise mitwirken zu lassen und ihnen so „in den von der Gesellschaft dafür freigelassenen Räumen Möglichkeiten der Mitbestimmung und der Selbstverwaltung einzuräumen" (Giesecke 1965a: 64),[96] hatte er 1964 genau dies sehr kritisch betrachtet. Dort heißt es, Habermas habe gegen die Reduktion auf solche „Aktivitätsreservate" den Vorwurf der Ideologie erhoben und kritisiert, dass dadurch die tatsächliche Einflusslosigkeit der Bürgerinnen und Bürger nur bestätigt werde (Giesecke 1964a: 180).[97]

Überdies folgt in Giesecke Dissertation noch ein *fünfter* zusammenfassender Punkt zur politikwissenschaftlichen Kritik der Zielvorstellungen der politischen Pädagogik. Giesecke wirft den politikwissenschaftlichen Kritikern einen „nahezu vollständige[n] Mangel an utopischem Bewusstsein" vor und betont, angesichts der Offenheit von Politik brauchten die Staatsbürger politische Utopien, die eine bessere Möglichkeit als die Wirklichkeit antizipierten. Er verweist in diesem Zusammenhang auf einen Text von Eugen Lemberg, in dem dieser die positive Funktion von Utopien für die politische Bildung

---

96 Giesecke plädiert an dieser Stelle dafür, den Jugendlichen in der Schule „Möglichkeiten der Mitbestimmung und der Selbstverwaltung einzuräumen", weil sie hier lernen könnten, ihre eigenen Bedürfnisse und Interessen zu erkennen und zu artikulieren, selbstständig zu urteilen, Vorgefundenes zu kritisieren und Vorschläge zur Gestaltung ihrer alltäglichen Umgebung zu entwickeln. Allerdings dürfe man ihnen nicht „einreden, in der Schülermitverwaltung oder in einer freien Jugendgruppe würde gleichsam exemplarisch Politik gelernt und dieses Modell sei auf die politische Gesellschaft übertragbar" (Giesecke 1965a: 64-65).

97 Die Textstelle, auf die Giesecke sich bezieht, stammt eigentlich aus dem Text von Christoph Oehler, in Habermas u.a. 1961. Oehler verurteilt hier die auch in Gieseckes Didaktik an vielen Stellen kritisierte „Reduktion des Politischen auf den überschaubaren Bereich des täglichen Zusammenlebens" (Oehler 1961: 244; vgl. auch o. S. 64).

herausstellt, und der 1965 nur noch im Literaturverzeichnis auftaucht (vgl. Giesecke 1964a: 181-182; Lemberg 1958).[98]

Gieseckes Überlegungen zu den Zielen politischer Bildung in seiner Didaktik lassen sich folgendermaßen zusammenfassen: Er sieht die zentrale Aufgabe der politischen Bildung in der Befähigung der Schülerinnen und Schüler zur politischen Urteilsbildung und zur Kontrolle der politischen Akteure. Darüber hinaus sollten sie aber auch ihre eigenen Interessen und Bedürfnisse erkennen und wissen, welche gesellschaftlichen Gruppen sich für diese Interessen einsetzen. Sie sollten in der Lage sein, sich gezielt immer dann zu engagieren, wenn es sich um wichtige politische Probleme handelt. Bei all dem sollten sie lernen – so die gegenüber 1964 deutlich relativierte gesellschaftskritische Perspektive – die Chancen für eine weitergehende Demokratisierung von Politik und Gesellschaft realistisch einzuschätzen, aber dennoch im Auge zu behalten.

In diese Zielvorstellungen Gieseckes sind vielfältige Überlegungen aus der Bürgerbilddiskussion in politischer Bildung und Politikwissenschaft eingegangen. Giesecke hat sich zumindest in seiner Didaktik die Kritik aus der Politikwissenschaft an den unrealistischen Zielvorstellungen der politischen Pädagogik zu eigen gemacht – sowohl in Bezug auf ein realistischeres Menschenbild als auch in Bezug auf die Beteiligungsmöglichkeiten, die das politische System der Bundesrepublik Deutschland bietet.

In diesen Abschnitten seiner Didaktik scheint sein Bürgerleitbild dem zu entsprechen, was in der aktuellen politikdidaktischen Diskussion meist als „interventionsfähiger Bürger" bezeichnet wird.[99] Nicht nur Gieseckes

---

98 Lemberg stellt in seinem Text fest, dass eine negative, auf die Überwindung vergangener Irrtümer ausgerichtete Zielvorstellung für eine erfolgreiche politische Bildung nicht ausreiche, sondern dass es darüber hinaus einer Utopie oder Ideologie von einer zu erkämpfenden Zukunft bedürfe (vgl. Lemberg 1958: 57). Dass er später die Erziehung zur Nation zu seiner Ideologie machen würde, deutet sich in dem Text an, wird aber von ihm noch nicht direkt ausgesprochen (vgl. Lemberg 1964 und u. S. 99, Anm. 114).

99 Eine knappe zusammenfassende Darstellung dieses Bürgerbildes findet sich bei Peter Massing (2001: 44):
„Über das Wissen und die Fähigkeiten des informierten Zuschauers hinaus, kennzeichnen den interventionsfähigen Bürger Kenntnisse über die tatsächlich vorhandenen Einflusschancen und Beteiligungsmöglichkeiten am politischen Willensbildungs- und Entscheidungsprozess, die Fähigkeit zu einer rationalen politischen Urteilsbildung und eine prinzipielle Handlungsbereitschaft aufgrund von kommunikativen, aber auch strategischen und taktischen Fertigkeiten. Hinzu kommen soziales Vertrauen zu anderen Menschen, Selbstvertrauen und Selbstachtung, um die mit politischer Aktivität verbundenen Belastungen auf sich zu nehmen sowie Glauben an den eigenen Einfluss".

empirische Beschreibung der Demokratie, sondern auch seine normative Demokratievorstellung scheint hier in der Nähe der repräsentativdemokratischen Vorstellungen von Hennis, Sontheimer oder Bergstraesser zu liegen. Seine gesellschaftskritischen Ausführungen, seine Ideale von mehr sozialer und ökonomischer Chancengleichheit sowie mehr Partizipationsmöglichkeiten für die Bürgerinnen und Bürger, die er vor allem in seiner Dissertation, aber auch in den vorherigen Kapiteln seiner Didaktik unter anderem in Anlehnung an Habermas und Abendroth formuliert hatte (vgl. o.S. 50, 72), geraten demgegenüber aus dem Blick.

„Politische Beteiligung" als Zielbegriff
Giesecke lässt seine Überlegungen in den Begriff politische Beteiligung als Zielbegriff für die politische Bildung münden. Er begründet dies mit der Übereinstimmung dieses Ziels mit dem Grundgesetz, das jedem Bürger das Recht auf Beteiligung verleihe. Er verwirft zudem ausdrücklich die Begriffe politische Bildung und politische Mündigkeit: An beiden kritisiert er – unter Verweis auf Besson (vgl. o.S. 76) – die „Grundannahme vom isolierbaren Individuum" (Giesecke 1965a: 65). Den Begriff politische Mündigkeit lehnt er überdies ab, weil er häufig als „politisch-ideologischer Kampfbegriff gegen bestimmte gesellschaftliche Teilgruppen" gedient habe (Giesecke 1965a: 66). Giesecke relativiert die gesellschaftskritische Stoßrichtung der politischen Bildung noch einmal, wenn er schreibt, der Begriff Mündigkeit habe zwar eine gewisse Berechtigung, weil der Demokratisierungsprozess nicht abgeschlossen sei, für die politische Didaktik solle man aber trotzdem lieber einen Zielbegriff wählen, „der von den Grundlagen unserer Verfassung ausgeht und nicht primär von den Kampfprozessen, die zu dieser Verfassung geführt haben" (Giesecke 1965a: 66).

Am Zielbegriff politische Beteiligung irritiert aber nicht nur, dass Giesecke damit seine zuvor geäußerte Gesellschaftskritik relativiert, sondern auch, dass er damit einen in seiner Abstraktheit letztlich weitgehend nichtssagenden Begriff ans Ende seiner Überlegungen stellt. Seine vorangegangenen, differenzierten

---

Zur neueren Diskussion um die Bürgerleitbilder und zum interventionsfähigen Bürger vgl. auch Ackermann 1998: 18-20; Massing 1999: 48-50.
Peter Massing selbst schreibt Giesecke allerdings in Anlehnung an Lingelbach das Bürgerleitbild eines reflektierten Zuschauers zu. Dabei geht er allerdings nur von Gieseckes Zielbegriff „politische Beteiligung" und seiner Forderung nach „passiver Aktivität" aus, die – wie im nächsten Abschnitt deutlich wird – in der Tat am ehesten auf dieses Bürgerleitbild hindeuten, und berücksichtigt nicht Gieseckes weitere gesellschaftstheoretische Ausführungen (vgl. Massing 2007: 23).

politikwissenschaftlichen Ausführungen kann dieser Begriff jedenfalls nicht adäquat repräsentieren.

Ohne eine Präzisierung dieses Begriffs, etwa durch eine inhaltliche Analyse und Darstellung der im Grundgesetz vorgesehenen Beteiligungsmöglichkeiten, sagt der Begriff der politischen Beteiligung nichts darüber aus, wo im weiten Spektrum möglicher Bürgerleitbilder sich Gieseckes Zielvorstellungen bewegen. Soll er als reflektierter Zuschauer im Sinne von Hennis lediglich die Spielregeln der Politik kennen und das „Spiel" beurteilen, während sich seine eigene Beteiligung auf die Wahlen beschränkt, oder soll er sich als Aktivbürger dauerhaft aktiv an der Politik beteiligen, indem er sämtliche Einflusschancen nutzt, die ihm zur Verfügung stehen?[100] Und darüber hinaus: Soll er sich überhaupt auf bestehende Einflussmöglichkeiten beschränken oder gar weitere erkämpfen, um die Demokratisierung voran zu treiben – und auf welchem Wege?

Kritik an Gieseckes Zielbegriff und Zwischenfazit
Angesichts der Vagheit des Begriffs politische Beteiligung kann es kaum verwundern, dass diese Zielbestimmung die vehementeste Kritik ausgelöst hat, der Giesecke sich nach dem Erscheinen seiner Didaktik ausgesetzt sah. So schreiben Rolf und Ingrid Schmiederer, was Giesecke mit „politischer Beteiligung" meine, bleibe „schleierhaft"; er verzichte „auf den fruchtbaren Konflikt zwischen dem Bestehenden und dem Wünschenswerten zugunsten der Anpassung an den Status quo" und bei der zentralen Frage nach dem Bildungsziel verlasse er „seinen kritischen Ansatz" und hypostasiere die bestehenden Herrschaftsverhältnisse (Schmiederer/Schmiederer 1966: 407-409).[101] Für Rolf Schmiederer folgt daraus, dass Gieseckes „Demokratisierungspostulat leer laufen" müsse (Schmiederer 1972: 115).

Damit bringen die Schmiederers einen Widerspruch auf den Punkt, der sich nicht nur durch Gieseckes Didaktik, sondern durch viele seiner Schriften zieht: den Unterschied zwischen den oft stark gesellschaftskritischen Argumenten Gieseckes im Zusammenhang mit seinen eher gesellschaftstheoretischen Ausführungen einerseits und der deutlichen Abschwächung des gesellschaftskritischen Impetus, wenn es dann um die Praxis der politischen Bildung geht, andererseits.

---

100 Zu den Bürgerleitbildern des „reflektierten Zuschauers" und des „Aktivbürgers" vgl. die bereits genannten Texte von Ackermann (1998: 14-16) sowie Massing (1999: 44-48, 50-54).
101 Ein Teil der Kritik ist auch abgedruckt in Giesecke 1968a: 205-206. Vgl. überdies die Kritik von Helmut Dahmer (in Giesecke 1968a: 200-201) sowie die bereits zitierte Kritik von Lingelbach (vgl. Lingelbach 1967a: 49; o. S. 81).

Giesecke hat sich gegen diese Einwände vehement verteidigt. Seine Didaktik ziele „mit ihrem Begriff der ‚politischen Beteiligung' und den Kategorien ‚Interesse', ‚Solidarität' und ‚Mitbestimmung' auf ‚Aktion' im weitesten Sinne". Politische Aktivität könne gar nicht „konkret und unmittelbar intendiert werden, weil die Situationen politischen Handelns nicht hinreichend prognostizierbar" seien. Zudem müsse „eindringlich betont werden, dass Pädagogik nur die subjektive Seite des Demokratisierungsprozesses fördern kann – im Sinne etwa der ‚Herstellung eines richtigen Bewusstseins' (Adorno), während der reale Fortschritt an Demokratisierung eine Sache des politischen Handelns ist". Diese Unterscheidung werde „nicht zuletzt auch deshalb getroffen, um die Notwendigkeit politischer Aktionen deutlich ins Bewusstsein zu heben!" (Giesecke 1968b: 228-229).

Vielleicht klingt in dieser Begründung eine der Ursachen für den von den Schmiederers benannten Widerspruch an:

Gieseckes gesellschaftstheoretische Ausführungen, bei denen er sich häufig auf sozialwissenschaftliche Theorien beruft, offenbaren seine eigene Gesellschaftstheorie. Sie enthalten seine demokratietheoretischen Vorstellungen über Gesellschaft und Politik, die sich durch deutliche Kritik an der bestehenden Gesellschaft auszeichnen. Sie lassen ein normatives Ideal erkennen, nach dem eine Gesellschaft deutlich mehr soziale und ökonomische Chancengleichheit, sowie größere Partizipationsmöglichkeiten aufweisen sollte. Und nicht zuletzt zeigen sie, dass Giesecke prinzipiell die Aufgabe der politischen Bildung auch darin sieht, an der Verwirklichung dieses Ideals mitzuwirken (vgl. o. S. 50, S. 70, 72).

Diese Ausführungen sollen wohl die Funktion erfüllen, eine gesellschaftstheoretische Grundlegung für seine didaktischen Ausführungen zu bieten. Welche Rolle diese dann bei der Legitimation konkreter Ziele und Inhalte der politischen Bildung eigentlich spielt, bleibt unklar. Giesecke reflektiert nirgendwo ihre genaue Funktion für seine Didaktik – stattdessen relativiert er seine kritischen Auffassungen, wenn es ihm um die Praxis der politischen Bildung geht: Er schließt sich der Kritik vieler Politikwissenschaftler an den unrealistischen Zielvorstellungen der politischen Pädagogen weitgehend an und reduziert die Ziele der politischen Bildung auf eine „politische Beteiligung", die sich im Rahmen der bestehenden Partizipationsmöglichkeiten bewegt. Für die darüber hinausgehenden gesellschaftlichen Veränderungen sei allein die Politik selbst zuständig; politische Bildung könne diese Veränderungen nicht erreichen und solle sie daher auch nicht anstreben (vgl. o. S. 85). So lesen sich Gieseckes didaktische Vorschläge in der Tat wie eine Kapitulation vor der Macht des Faktischen.

Ähnliches gilt auch für Gieseckes Politikverständnis: Während er auf der einen Seite im Einklang mit Habermas und anderen sozialwissenschaftlichen

Theoretikern eine Politisierung der Gesellschaft und damit eine Ausweitung der Politik konstatiert (vgl. o. S. 53), wird sein Verständnis von Politik wieder enger, wenn er etwa andere didaktische Konzepte oder Rahmenpläne kritisiert (vgl. o.S. 66, S. 53) oder eigene Vorschläge für Inhalte der politischen Bildung unterbreitet (vgl. o.S. 56).

Dem widerspricht auch nicht, dass seine ausdrückliche Definition der Politik, die er an den Anfang seiner Didaktik stellt, eher eng ist (vgl. o.S. 50): Diese Definition leitet Giesecke nicht aus gesellschaftstheoretischen Überlegungen ab, sondern er entwickelt sie induktiv, am Beispiel der Spiegel-Kontroverse. Diesen politischen Konflikt hatte er in seinen Lehrgängen in der außerschulischen Bildung häufig zum Thema der Seminare gemacht (vgl. o. S. 45, u. S. 124) – der hieran entwickelte Begriff von Politik ist also ein in der Praxis für die Praxis entwickelter und eben deshalb ein enger Politikbegriff.

2.3.4 Das kategoriale didaktische Modell

Nach der gesellschaftstheoretischen Grundlegung und den Ausführungen zu Zielen und Inhalten der politischen Bildung entwickelt Giesecke sein politikdidaktisches Kategorienmodell. Als Fazit seiner Überlegungen zu den verschiedenen Wissensformen schreibt er zunächst:

> „Alles, was wir stofflich lehren können, ist nur potenziell auch politisches Wissen, insofern es nämlich politische Implikationen enthält. Ob diese Implikationen im Bewusstsein realisiert werden oder nicht, hängt davon ab, ob sie angesichts eines Konfliktes sich zum Aktionswissen strukturieren" (Giesecke 1965a: 101).

Um die politischen Implikationen „von Fall zu Fall mit inhaltlichem Leben [zu] füllen" (Giesecke 1965a: 101), schlägt er elf politische Kategorien vor.[102]

---

102 In seiner Dissertation hatte Giesecke demgegenüber noch neun Haupt- und drei Unterkategorien genannt. Bei der Reihenfolge der Kategorien fällt auf, dass die Kategorie Konflikt erst an vierter Stelle stand, während Giesecke sie 1965 an die erste Stelle vorgezogen hat. Die 1964 zuerst angeführte Kategorie Situation hat er 1965 in Konkretheit umbenannt. Die Kategorie Integration stand 1964 als Überbegriff für Interesse, Mitbestimmung und Solidarität, weil alle drei nach Giesecke „unmittelbar die Art und Weise des Einbezogenseins der Menschen in die apparathaften Zusammenhänge der modernen Gesellschaft zum Inhalt" haben (Giesecke 1964a: 199). Sie ist 1965 ganz entfallen, und die drei ihr untergeordneten Kategorien Interesse, Mitbestimmung und Solidarität stehen nun jeweils für sich.
Die inhaltlichen Ausführungen zu den einzelnen Kategorien sind 1965 fast vollständig gleich geblieben. Im Einzelnen sahen die Kategorien und ihre

Erst die kategoriale Durchdringung der politischen Stoffe leiste – so Giesecke im Anschluss an die Darstellung der Kategorien – „eine Versöhnung zwischen der prinzipiellen Offenheit und Unstrukturiertheit des Gegenstandes, den zur Verfügung stehenden wissenschaftlichen Erkenntnissen und der subjektiven Befindlichkeit der Jugendlichen" (Giesecke 1965a: 128).

Diese elf Kategorien sollen im Folgenden dargestellt werden, wobei der Schwerpunkt der Darstellung wiederum auf Gieseckes Bezügen zu den sozialwissenschaftlichen Theorien liegt.

Die elf Kategorien
(1) Konflikt: Die Kategorie Konflikt bringt nach Giesecke auf den Begriff, was seiner „stofflichen Entscheidung bereits zugrunde lag". Konflikte sind für ihn allgemeiner Natur und realisieren sich jeweils in politischen Auseinandersetzungen (vgl. Giesecke 1965a: 102).

Er bezieht sich explizit auf Ralf Dahrendorf, wenn er Konflikte sehr weit als „objektiv" vorgegebene Tatsachen definiert, die unabhängig von ihrer konkreten Manifestation und auch unabhängig davon, ob die Menschen sich ihrer bewusst sind, existieren. Er verweist dabei auf Dahrendorfs grundlegenden theoretischen Text „Elemente einer Theorie des sozialen Konflikts". An der entsprechenden Stelle grenzt Dahrendorf Konflikte von Auseinandersetzungen ab, indem er neben subjektiven oder manifesten auch objektive oder latente Konflikte in seine Definition einbezieht (vgl. Dahrendorf 1961g: 201; vgl. o.S. 31).

Indem Giesecke sich in seiner Konfliktdefinition dem weiten Konfliktbegriff Dahrendorfs anschließt, verzichtet er wie auch Dahrendorf selbst darauf, politische von sozialen Konflikten abzugrenzen (vgl. o.S. 39).[103] Hier gibt es

---

Anordnung 1964 folgendermaßen aus (vgl. Giesecke 1964a: 192-208):
1. Situation, 2. Macht, 3. Recht, 4. Konflikt, 5. Funktionszusammenhang, 6. Integration (a. Interesse, b. Mitbestimmung, c. Solidarität), 7. Ideologie, 8. Geschichtlichkeit und 9. Menschenwürde.

103 Einen ähnlich weiten und damit unpolitischen Konfliktbegriff vertritt Giesecke auch in einer Kritik an einem Aufsatz Wolfgang Brezinkas, dem er vorwirft, den Begriff Konflikt einzuengen, indem er ihn mit „Streit" assoziiere. Giesecke schreibt wörtlich: „Konflikte durch ‚Streit' auszutragen, ist nämlich nur eine Möglichkeit, eine andere ist z.B. das Leiden. (Ein Mädchen, das einen Jungen liebt, aber Jungfrau bleiben will, muss deshalb nicht streiten, es kann auch leiden.)" (Giesecke 1980c: 630). Weiter unten im selben Text betont er – ähnlich weit von einem politischen Konfliktbegriff entfernt: „Das eigentliche Problem, das hinter der pädagogischen Diskussion zum Thema ‚Konflikt' steckt, ist, ob und wie die Pädagogik denen, die subjektiv sich in Konflikten befinden, helfen kann, indem sie Lernhilfen anbietet" (Giesecke 1980c: 632).
Vgl. dazu auch die Kritik von Karl Christoph Lingelbach (1957b: 129-130),

Parallelen zu Gieseckes an einigen Stellen weitem Politikverständnis, das er unter anderem aus Habermas' These einer weitgehenden Politisierung der Gesellschaft abgeleitet hatte (vgl. o.S. 52). Gleichzeitig impliziert er damit, dass im Unterricht neben manifesten Konflikte auch latente, neben politischen Konflikte auch soziale thematisiert werden können. Deren Aktualität müsste dann, wie Giesecke weiter oben ausgeführt hatte, pädagogisch hergestellt werden (vgl. o.S. 66).

Giesecke verweist anschließend erneut auf Dahrendorfs Konflikttheorie zum Beleg für seine Feststellung, dass es nicht möglich sei, die verschiedenen Formen gesellschaftlicher Konflikte zu einer einheitlichen Theorie zusammen zu fassen. Hier nennt er Dahrendorfs Text „Bürger und Proletarier. Die Klassen und ihr Schicksal" (Dahrendorf 1961g). In diesem Text erörtert Dahrendorf, ob es noch Klassen gibt und wie diese aussehen, und diskutiert drei unterschiedliche Theorieansätze zu dieser Frage.[104] Da es Dahrendorf im gesamten Text um Klassentheorien geht, Giesecke aber um Konflikttheorien – die Dahrendorf in anderen Texten dezidierter und ausführlicher abhandelt (vgl. vor allem Dahrendorf 1961g; vgl. o.S. 31) –, erscheint dieser Verweis an dieser Stelle unpassend.

Danach betont Giesecke, dass die politische Bildung sich heute auf den Konfliktcharakter des politischen Lebens stützen könne, „ohne den Zusammenhalt der Gesellschaft zu sprengen". Erneut mit Dahrendorf führt er das darauf zurück, „dass sich die Gegensätze der Klassengesellschaft so vermindert hätten, dass ihre ‚Institutionalisierung' und damit eine Regelhaftigkeit ihres Austrages möglich geworden sei" (Giesecke 1965a: 102).

Dahrendorf thematisiert die Frage der Institutionalisierung der Konfliktregelung ebenfalls in seinem theoretischen Aufsatz „Elemente einer Theorie des sozialen Konflikts", und zwar im Zusammenhang mit der Frage der unterschiedlichen Manifestation von Konflikten, die von diversen historischen Bedingungen abhänge (vgl. Dahrendorf 1961g: 223-224; vgl. o. S. 32). Giesecke verweist hier aber nicht auf diesen Text – stattdessen schließt er ein Zitat aus Dahrendorfs Text: „Die Funktion sozialer Konflikte" an, das eine ganz andere Stoßrichtung hat:

---

der Giesecke vorhält, eine so weite Auslegung des Konfliktbegriffes sei für die Didaktik bedenklich, weil sie keine hinreichenden Auswahlkriterien für die Bildungsinhalte biete.

104 Die drei Varianten sind nach Dahrendorf, erstens, dass es noch immer noch zwei Klassen gibt – allerdings bei geänderten Konfliktlinien –, zweitens, dass eine Vielzahl von Klassen und Schichten existieren und drittens, dass es gar keine Klassen mehr gibt (vgl. Dahrendorf 1961f: 134-135).

„Wer eine Gesellschaft ohne Konflikte herbeiführen will, muss dies mit Terror und Polizeigewalt tun; denn schon der Gedanke einer konfliktlosen Gesellschaft ist ein Gewaltakt an der menschlichen Natur" (Dahrendorf 1961e: 128-129; Giesecke 1965a: 102-103).

In dem zitierten Text geht es um den Zusammenhang von Konflikten und sozialem Wandel. An der konkreten Stelle kritisiert Dahrendorf zunächst das strukturfunktionale Gesellschaftsmodell, dessen implizite Utopie der Konfliktfreiheit er für totalitär hält (vgl. o.S. 29). Anschließend verweist er auf die Ungewissheit der menschlichen Existenz, in der er die anthropologische Voraussetzung der permanenten Konflikte und des sozialen Wandels sieht (Dahrendorf 1961e: 129-130; vgl. o.S. 35). Auf diese Thesen Dahrendorfs zur anthropologischen Begründung von Konflikten sowie zur Unmöglichkeit einer konfliktfreien Gesellschaft geht Giesecke an dieser Stelle aber nicht näher ein.

Insgesamt zeugen diese Bezüge Gieseckes auf Dahrendorf, mit denen er die Kategorie Konflikt fundieren will, nicht von einer intensiven Auseinandersetzung mit dessen Schriften. Überdies sind sie die einzigen expliziten Verweise auf Dahrendorf in Gieseckes Didaktik der politischen Bildung.[105]

Da in der Sekundärliteratur trotzdem fast durchgehend eine große Bedeutung von Dahrendorfs Konflikttheorie für Giesecke behauptet wird (vgl. o.S. 19), soll an dieser Stelle noch kurz geprüft werden, ob Giesecke sich in seinen anderen Schriften zur Begründung seines Konfliktbegriffs oder anderer Elemente seiner politikdidaktischen Theorie eindeutiger auf Dahrendorf bezieht.

In Gieseckes Dissertation sind die Ausführungen zur Kategorie Konflikt identisch mit denen von 1965 und Dahrendorf kommt hier namentlich – wie auch in seiner Didaktik – an keiner anderen Stelle vor.[106]

In Gieseckes Aufsätzen taucht der Name Dahrendorf vor 1966 überhaupt nicht auf. Als Giesecke sich 1966 erstmals in seinem Aufsatz „Entwurf einer Didaktik der Berufsfähigkeit" auf Dahrendorf bezieht, rezipiert er nicht

---

105 In Gieseckes Literaturverzeichnis taucht außer Dahrendorfs Sammelband „Gesellschaft und Freiheit" von 1961 noch dessen Aufsatz „Demokratie und Sozialstruktur in Deutschland" aus der Zeitschrift „Offene Welt" auf (Heft 71, 1961, S. 92 ff.), der allerdings ebenfalls in „Gesellschaft und Freiheit" abgedruckt ist. Dieser Aufsatz Dahrendorfs wird von Giesecke im Text jedoch nicht erwähnt.

106 Entsprechend fehlt in Gieseckes zweiter, aus der Dissertation hervorgegangenen Monografie „Politische Bildung in der Jugendarbeit" (Giesecke 1966a) jeder Hinweis auf Dahrendorf.

dessen Konflikttheorie, sondern das Buch „Bildung ist Bürgerrecht" (Hamburg 1965).[107]

Erst 1967 bezieht sich Giesecke in seinem Aufsatz „Didaktik der politischen Bildung im außerschulischen Bereich" am Rande auf Dahrendorfs Konflikttheorie. Er beruft sich ohne genauere Literaturangabe auf Dahrendorf, um zu begründen, warum Konflikte in einer Demokratie der Normalfall seien. Daraus leitet er die Notwendigkeit der außerschulischen politischen Bildung ab: „Nur weil es Konflikte gibt, brauchen wir überhaupt eine politische Bildung der Bürger" (Giesecke 1967b: 64).

Insgesamt kann man daher feststellen, dass Giesecke für seine didaktische Konzeption das Potenzial von Dahrendorfs Konflikttheorie zur Begründung der zentralen Bedeutung der Kategorie des Konflikts bei weitem nicht ausschöpft.

Das gilt umso mehr für die Fundierung seines Politikbegriffs und seines Demokratieverständnisses. Für beide hätte es – wie der Exkurs zu Dahrendorf gezeigt hat – in dessen Schriften ebenfalls zahlreiche Anknüpfungspunkte gegeben. Dazu gehören beispielsweise Dahrendorfs Ausführungen zur schöpferischen Kraft sozialer Konflikte beim sozialen Wandel und zum Zusammenhang von Konflikten und Freiheit (vgl. o.S. 34, S. 37), zur Bedeutung von Herrschaft und zur Rolle des Zwangs bei der gesellschaftlichen Integration (vgl. o.S. 31, S. 33), zum Zusammenhang von Konflikttheorie und Ungewissheit der menschlichen Existenz (vgl. o.S. 35) sowie vor allem zu den gesellschaftlichen und politischen Faktoren, von denen die konkrete historische Gestalt von Konflikten abhängt (vgl. o.S. 32).

Dass Giesecke alle diese Anknüpfungspunkte für die gesellschaftstheoretische Grundlegung seiner Didaktik nicht genutzt hat – weder zur Stützung

---

107 Giesecke fordert hier eine „Didaktik der Berufsfähigkeit", die sich als Planungstheorie versteht und sich als solche „auf den funktionalisierten Aspekt der beruflichen Tätigkeiten beschränkt und aufhört, die Arbeitswelt nach ‚Bildungswerten' abzusuchen" (Giesecke 1966b: 369). Diese müsse durch eine „Didaktik der politischen Beteiligung" ergänzt werden, die beispielsweise Fragen der „Demokratisierung und Kontrolle wirtschaftlicher Macht […] aus einem ganz anderen Horizont als aus dem der Wirtschaftswelt" betrachte (Giesecke 1966b: 370). Man müsse klar zwischen beruflichen und politischen Tugenden unterscheiden, und jeder Mensch habe ein Recht, sich an Produktion und Reproduktion von politischer Macht zu beteiligen und an der Kultur mit Sachkunde zu partizipieren. Dies seien, so Giesecke weiter, „allgemeine ‚Bürgerrechte auf Bildung' (Dahrendorf), die sich nicht aus wirtschaftlichen Begründungen ableiten lassen, sondern aus den geschichtlichen Forderungen der ‚Fundamentaldemokratisierung' erwachsen" (Giesecke 1966b: 370; vgl. auch u. S. 109, Anm. 127).

seiner Argumentation durch die Berufung auf Dahrendorf, noch zur Präzisierung durch eine Abgrenzung von Dahrendorf – zeigt, dass Dahrendorfs Konflikttheorie für ihn keine sehr große Rolle gespielt haben kann.

(2) Konkretheit: Giesecke verweist hier auf seine vorangegangenen Erläuterungen zur Bedeutung der Aktualität, bei denen er schon ausgeführt habe, dass politische Entscheidungen immer konkrete und einmalige Entscheidungen seien. Objektive Konflikte würden immer nur als konkrete manifest, und auch der Unterricht müsse die jeweiligen Details konkreter Konflikte einbeziehen. Nimmt man Giesecke beim Wort, dann ist durch die Kategorie Konkretheit die Möglichkeit einer „pädagogischen Aktualisierung" (vgl. o.S. 66) von latenten Konflikten deutlich eingeschränkt. Wenn er anschließend noch schreibt, dass historische Analysen die Thematisierung ungelöster Gegenwartssituationen nicht ersetzten könnten – selbst dann nicht, wenn man das genetische Prinzip anwende –, bleiben als sinnvolle Unterrichtsinhalte im Sinne Gieseckes eigentlich nur aktuelle politische Konflikte übrig (vgl. Giesecke 1965a: 103-104). Dass Giesecke hier diese Einschränkungen macht, nachdem er sich direkt davor noch der weiten Konfliktdefinition Dahrendorfs angeschlossen hatte, erscheint inkonsequent.

Dieser Widerspruch lässt sich zwar nicht auflösen, aber doch vielleicht aufhellen, wenn man beachtet, in welchem Zusammenhang Giesecke jeweils welchen Konfliktbegriff benutzt: Dann zeigt sich nämlich wie schon beim Politikbegriff (vgl. o.S. 87), dass Giesecke immer, wenn es um didaktische Fragen im engeren Sinne geht, von seinem weiten, an Dahrendorf angelehnten Konfliktbegriff Abstand nimmt und auf ein deutlich engeres Verständnis zurückgreift.

(3) Macht: Giesecke betont, dass Macht nicht ausschließlich als ein an den Staat gekoppeltes Phänomen betrachtet werden dürfe, weil sie ein „totaler Faktor des politisch-gesellschaftlichen Lebens" geworden sei. Noch nicht einmal ein moralischer Vorrang staatlicher Macht sei in jedem Fall selbstverständlich. Als Beispiele für Machtansprüche jenseits staatlicher Macht nennt er das „Trommelfeuer der Wirtschaftsreklame", die „öffentliche Meinung" sowie die „Macht alltäglicher Rollenerwartungen" (Giesecke 1965a: 104). Während diese Ausführungen zur Kategorie Macht Gieseckes weitem Politikverständnis entsprechen, das er ausgehend von der Politisierungsthese bei Habermas, Oehler und Abendroth entwickelt (vgl. o.S. 52)[108], deutet seine Verwendung

---

108 1964 hatte er in einer Anmerkung auch noch ausdrücklich auf Habermas verwiesen. Dabei handelte es sich erneut eigentlich um einen Hinweis auf den

des Machtbegriffs an anderen Stellen jedoch auf einen engeren Begriff im Sinne staatlicher *Herrschaft* hin. So schreibt Giesecke beispielsweise im Absatz „Die Umwandlung der Kategorien in Grundeinsichten" zur Kategorie Macht:

> „Jedes politische Handeln hat es mit Macht zu tun, das heißt mit der Möglichkeit, für eine politische Entscheidung Gehorsam von anderen Menschen zu erhalten. Ohne Macht ist die Ordnung des Zusammenlebens nicht aufrecht zu erhalten. Ohne Macht ist auch eine Besserung menschlichen Zusammenlebens nicht zu erreichen" (Giesecke 1965a: 123).[109]

Günther C. Behrmann kritisiert Giesecke dafür, dass dieser zwischen Macht und Herrschaft nicht eindeutig unterscheide (Behrmann 1972: 29, 123). Diese begriffliche Unschärfe ist in der Tat problematisch, vor allem weil Giesecke damit darauf verzichtet, Begriffe zu formulieren, die ihm eine klare Abgrenzung zwischen politischem und sozialem Handeln ermöglichen würden. Sie deutet zudem darauf hin, dass Giesecke – wie Rolf Schmiederer kritisiert – die Rolle von Macht und Herrschaft insgesamt zu wenig reflektiert, weil er ihr zu wenig Bedeutung beimisst (vgl. Schmiederer 1972: 111).

(4) Recht: Ein ähnliches Problem tritt auch bei der nächsten Kategorie auf: Recht sollte nach Giesecke in der politischen Bildung nicht nur als Rahmen politischer Entscheidungen, sondern auch als politisch änderbare Situation thematisiert werden. Zudem subsumiert Giesecke unter den Begriff Recht nicht nur positive Rechtsnormen, sondern auch moralische Normen, oder, wie er schreibt, „normative Selbstverständlichkeiten". Beide müssten sich im Konfliktfall der rationalen Überprüfung stellen (vgl. Giesecke 1965a: 104).

Behrmann spricht hier davon, dass das Recht die einzige der elf Kategorien Gieseckes sei, die sich auf institutionelle Regelungen beziehe, während alle anderen auf eine allgemeine Handlungsorientierung bezogen seien. Er leitet daraus die Kritik ab, dass Gieseckes Institutionenbezug für eine Politikdidaktik zu schwach sei (vgl. Behrmann 1972: 123, 166-167). Schaut man sich Gieseckes Definition des Rechts genauer an, zeigt sich, dass Behrmanns Kritik sogar noch zu kurz greift: Selbst die Kategorie Recht wird bei Giesecke durch die Art ihrer Definition von einer institutionellen Kategorie zu einer Kategorie, die primär handlungsbezogen ist. Und indem

---

Text von Oehler (vgl. Oehler 1961: 245; Giesecke 1964a: 194, Anm. 2).

109 Auf Seite 116 (Giesecke 1965a) heißt es ähnlich, Macht sei „nicht nur notwendiges Übel zur Aufrechterhaltung der öffentlichen Ordnung, sondern auch das wesentliche Instrument dafür, dass menschliche Verhältnisse verbessert werden können".

er denselben Begriff auch auf moralische Normen anwendet, gilt wie bei der Macht, dass politisches und soziales Handeln mit Hilfe dieser Kategorie kaum noch unterscheidbar sind.

(5) Funktionszusammenhang: Giesecke argumentiert, da es keine isolierten politisch-gesellschaftlichen Entscheidungen mehr gebe, komme mit dieser Kategorie zunächst sachlich und ethisch „das Ganze" in den Blick. Mit Bergstraesser bekräftigt er:

> „Politische Bildung verlangt Klarheit über den dynamischen Zusammenhang des Ganzen der Politik [...]. Erkennen zu können, was wichtiger ist, darauf kommt es an" (Bergstraesser 1957: 557[110]; Giesecke 1965a: 106).

Dazu gehört nach Giesecke auch der Blick auf das Gemeinwohl. Gemeinwohl versteht er aber ausdrücklich als Produkt des politischen Prozesses, das sich „in ständigem Dialog von Meinungen, Interessen und Ideen" verwirkliche. Diese Definition erinnert stark an Ernst Fraenkels „Gemeinwohl a posteriori" (vgl. Fraenkel 1991c: 271-273; 1991d: 297-302), auf das er sich hier aber nicht bezieht.[111] Stattdessen beruft er sich bei dieser Definition auf den Didaktiker Heinrich Schneider (1962: 214), der jedoch selbst an dieser Stelle

---

110 Bergstraesser antwortet in diesem Text auf die eingangs in didaktischer Absicht gestellte Frage: „Warum ist politische Bildung nötig?". Er proklamiert, dass wir „vor dem Welthorizont der Gegenwart" eine neue politische Bildung bräuchten, für die alle Bildungsinstitutionen und auch die Publizistik zusammenarbeiten müssten (Bergstraesser 1957: 556).

111 Dass Giesecke Ernst Fraenkel kannte, geht daraus hervor, dass er bereits vier Jahre zuvor zwei seiner Bücher rezensiert hat. 1959 erschien eine Rezension zu Fraenkels „Amerika im Spiegel des deutschen politischen Denkens" (Köln/Opladen 1959), in der Giesecke Fraenkels Kritik an einem aus Ignoranz zu negativen Amerikabild deutscher Staatsmänner zustimmt (vgl. Giesecke 1959). 1961 lobt Giesecke Fraenkels „Demokratie in Amerika" dafür, dass es deutschen Leserinnen und Lesern helfe, Fehldeutungen über die USA zu vermeiden und die eigene Verfassungswirklichkeit im Vergleich mit der US-amerikanischen besser zu verstehen (vgl. Giesecke 1961d).
Detjen schreibt über Gieseckes Didaktik zutreffend, sie „harmonierte [...] mit der politikwissenschaftlichen Pluralismustheorie, in der die Verfolgung von Interessen als legitim und die Regelung interessenbehafteter Konflikte als Aufgabe der Politik betrachtet wurde" (Detjen 2007: 162). Dass Giesecke Fraenkel im Zusammenhang mit seinem Politik-, Gesellschafts- und Demokratieverständnis nicht rezipiert hat, erscheint aber nur aus heutiger Perspektive erstaunlich, weil Fraenkel außerhalb der Politikwissenschaft in der Mitte der 1960er Jahre weniger bekannt war als man im Nachhinein vermuten könnte (vgl. dazu u. S. 136, Anm. 160).

keine Bezüge zu Fraenkel oder anderen Pluralismustheoretikern herstellt (vgl. Giesecke 1965a: 105-106). Trotzdem wird hier erneut deutlich, dass Giesecke eine pluralistische Demokratievorstellung hat.

(6) Interesse: Diese pluralistische Demokratievorstellung zeigt sich auch in Gieseckes Definition der Kategorie Interesse: Er verweist hier zunächst auf die Schwierigkeiten, die die politische Bildung mit dem subjektiven Interesse habe, und auf die er im Rahmen seiner gesellschaftstheoretischen Ausführungen schon mehrfach eingegangen war. Er bezieht sich dabei wiederum auf Kurt Sontheimer und zitiert dessen oben bereits wiedergegebene Äußerung, ein Denken, das von den konkreten Interessen abstrahiere, „begünstigt nur jene, die ihre Parteiinteressen verabsolutieren und dann als Herrschaft einer einzigen Machtgruppe [...] das Gemeinwohl unangefochten deklarieren wollen" (Sontheimer 1962: 76; Giesecke 1965a: 107, Auslassung bei Giesecke; vgl. auch o. S. 52).

Sodann schreibt Giesecke, auch Adorno fordere „von der politischen Pädagogik den einleuchtenden Verweis auf die unmittelbaren Interessen des Bürgers" (Giesecke 1965a: 107). Adorno bezeichnet es an dieser Stelle als Erfolgsbedingung für die Aufklärung über den Nationalsozialismus, den Menschen zu verdeutlichen, dass sie von den Gefahren einer erneuten faschistischen Diktatur auch unmittelbar in ihren persönlichen Interessen betroffen seien.[112] Gieseckes flüchtiger Bezug auf Adorno erweckt demgegenüber den Eindruck, auch dieser verwende den Begriff Interesse im Sinne eines pluralistischen Demokratieverständnisses (vgl. Giesecke 1965a: 107).

Im Anschluss daran betont Giesecke selbst, Interessen seien die „subjektive Seite von Politik" und politische Beteiligung verstehe sich als das Recht, diese subjektiven – materiellen und immateriellen – Interessen in die Politik einzubringen. Ausdrücklich fordert er, die politische Pädagogik solle die Jugendlichen ermuntern, „ihre eigenen Interessen zu ermitteln und sich nach den Chancen der Verwirklichung umzusehen" (Giesecke 1965a: 107).

---

112 Giesecke bezieht sich auf Adorno 1971b: 27. Er verweist auf den älteren Abdruck des Aufsatzes in der Zeitschrift GSE, Heft 1, 1960, S. 3-14, Zitat S. 14. Adorno schreibt hier, wenn man der objektiven Gefahr objektiv etwas entgegensetzen wolle, genüge die Idee von Freiheit und Humanität nicht. Vielmehr müsse man die Menschen an Krieg und Bombennächte, Stalingrad und ihre eigene Leiden erinnern und auf die Gefahr einer russischen Vorherrschaft über Europa als Folge einer erneuten faschistischen Herrschaft in Deutschland hinweisen. Dieser Hinweis auf ihre „unmittelbaren Interessen" werde sie tiefer beeindrucken, als ein Verweis auf Ideale oder auf das Leiden anderer (Adorno 1971b: 27-28; vgl. auch Kapitel 3.1, u. S. 181).

Abschließend betont Giesecke noch, der Einwand, Jugendliche hätten noch keine eigenen Interessen, greife zu kurz, weil diese sich durchaus die politischen und sozialen Interessen ihrer Familie oder sozialen Schicht zu eigen machten. Und gerade dann, wenn Jugendliche ihre Interessen verkennen würden, etwa weil sie objektive Zwangslagen personalisierten, beispielsweise indem sie ihre Vorgesetzten persönlich für strukturelle Konflikte am Arbeitsplatz verantwortlich machten, sei es Aufgabe der politischen Bildung, solche Trugschlüsse aufzuhellen (vgl. Giesecke 1965a: 108). An dieser Stelle scheint deutlich Gieseckes Auseinandersetzung mit den gesellschaftskritischen Schriften von Adorno und aus der politischen Psychologie durch. Er greift implizit die Frage des Verhältnisses von „subjektiven" und „objektiven" Interessen auf, ohne hier jedoch weiter darauf einzugehen. Damit nimmt er eine Diskussion vorweg, die kurze Zeit später zu einem zentralen Thema der politischen Bildung werden sollte und die Gieseckes 1972 erschienene Neuausgabe seiner Didaktik prägt (vgl. u. S. 230).

Zudem fällt auf, dass der gesellschaftskritische Akzent Gieseckes hier gegenüber seinen Ausführungen zu den Bürgerleitbildern und Zielvorstellungen der politischen Bildung wieder stärker ist. 1964 schloss Gieseckes seine Ausführungen zur Kategorie Interesse allerdings noch mit einem weitergehenden Absatz, der 1965 fehlt. Dort heißt es:

> „Wir hatten bei der Betrachtung der Rahmenvereinbarung kritisiert, dass dort wie in allen Bildungsplänen immer nur abstrakt von der ‚Aufgabe Demokratie' gesprochen wird und die autonome Urteilsbildung immer gleich auf dieses Abstraktum hin ausgerichtet werden soll. Wenn aber damit nicht immer auch die autonome Beurteilung des je individuellen Interesses gemeint ist, dann bleibt jene Autonomie eine Forderung, die sich letztlich auch wieder nur gegen die Interessen des Einzelnen und damit für andere einsetzt" (Giesecke 1964a: 201).

(7) Mitbestimmung: „Die Mitbestimmung ist Grundsatz des Grundgesetzes", beginnt Giesecke seine knappen Ausführungen zu dieser Kategorie. Er versteht darunter die Durchsetzung von Interessen, die man selbst bewusst vertrete – nicht nur in der Politik, sondern in allen Bereichen politisch-gesellschaftlichen Lebens. Die Kategorie ermögliche die Unterscheidung zwischen illusionären und realistischen Möglichkeiten und lege damit „auch gesellschaftskritische Aspekte frei, insofern die Gesellschaft Möglichkeiten der Mitbestimmung vorenthält, die sie im Grundgesetz wenigstens dem Sinne nach verspricht" (Giesecke 1965a: 109). Auch wenn hier erneut der Begriff der Mitbestimmung sehr allgemein bleibt,

wird doch seine Tönung durch die Gesellschaftskritik von Habermas und Abendroth deutlich. Zum anderen zeigt sich Gieseckes pluralistische Demokratievorstellung, da er nun offenbar eine politische Interessenvertretung nicht nur für legitim, sondern auch für effektiv hält, wie auch die folgende Kategorie Solidarität zeigt.

(8) Solidarität: Giesecke knüpft hier an seine Ausführungen zur Bedeutung von Gruppen für die politische Durchsetzung der eigenen Interessen an und schreibt, er wolle diesem Sachverhalt durch den Begriff Solidarität einen positiven Akzent verleihen (vgl. Giesecke 1965a: 109). Wie bei der Kategorie Mitbestimmung macht er nun die Chancen politischer Mitwirkung durch die Beteiligung an einer Interessengruppe deutlich stärker als weiter oben, wo er diese unter Berufung auf Hennis und Sontheimer noch kritisch beurteilt hatte, und in einer entsprechenden Mitwirkung in einer Partei oder Interessengruppe eher die Möglichkeit des sozialen Lernens sah (vgl. Giesecke 1965a: 62; o. S. 81).

Er beruft sich dann erneut auf Waldemar Besson, den er in diesem Zusammenhang bereits zuvor zitiert hatte (vgl. o.S. 76). Er hatte Besson dort verkürzt so interpretiert, dass dieser die Beteiligung an Interessengruppen als sinnvolle Möglichkeit zur politischen Mitwirkung – und damit zur Durchsetzung eigener Interessen – betrachte. Nun geht er ausdrücklich auf die von mir oben bereits wiedergegebene Textstelle Bessons ein, in der dieser schreibt:

„In dieser Urangst des technischen Menschen liegt der psychologische und soziologische Ursprung der Interessenverbände. Sie sind die politische Manifestation der Solidarität der an den verschiedenen Orten der technischen Welt an ihr Leidenden" (Besson 1958: 303; Giesecke 1965a).

In dieser Aussage sieht Giesecke allerdings nicht vorrangig eine kulturpessimistische Deutung der Moderne durch Besson, in der der Solidarität eine sehr ambivalente Bedeutung zukommt, sondern er wendet den Begriff Solidarität ungebrochen ins Positive:

„Wenn aber die gesellschaftlichen Gruppen nicht nur deshalb nötig sind, weil sie die politische Beteiligung der Einzelnen vermitteln, sondern darüber hinaus jene moralische Bedeutung haben, von der Besson spricht, dann können sie umgekehrt auch ein gewisses Maß an Loyalität beanspruchen. Der einzelne Bürger muss […] sich auch mit denjenigen Gruppen *identifizieren*, denen er jeweils seine Interessen anvertrauen kann" (Giesecke 1965a: 110, Hervorh. K. P.).

Giesecke fügt noch hinzu, dass die Solidarität angesichts der Nivellierung der Klassengesellschaft[113] nicht mehr ein für alle Mal festgelegt sei, sondern mehreren und wechselnden Gruppen gelten könne. Gerade in diesem Wechsel der Solidarität liege mittlerweile vielleicht „die wirksamste Form politischer Beteiligung" (Giesecke 1965a: 110).[114]

(9) Ideologie: Für Giesecke ist eine Ideologie eine notwendige Ordnungsvorstellung, die für eine Begründung des politischen Handeln grundlegend ist. Er geht davon aus, dass sich auch in pluralistischen Gesellschaften solche Ordnungsvorstellungen auf die Gesamtheit der Gesellschaft erstrecken. Er betont aber auch, dass Ideologien von bestimmten sozialen Gruppen ausgingen und damit partikulare Interessen verdeckten. Er spricht daher von einer „Doppelbödigkeit des Ideologiebegriffs" (Giesecke 1965a: 111). In dieser Definition ist bereits die Notwendigkeit einer Ideologiekritik angelegt. So schreibt Giesecke denn auch, dass der Staatsbürger sich der Erkenntnisse der Ideologiekritik bedienen solle, „um seine Interessen wie seine erfolgreiche Interessenvertretung jeweils neu ermitteln zu können" (Giesecke 1965a: 112).

---

113 Die Formulierung erinnert an Helmut Schelskys „nivellierte Mittelstandsgesellschaft", auf die Giesecke an dieser Stelle aber nicht verweist (vgl. zu Schelsky auch u. S. 110, Anm. 129).

114 Anschießend kritisiert Giesecke Eugen Lemberg: Er wirft ihm vor, dass er für das Zukunftsbild einer „integrierten Großgesellschaft" plädiere, die die gesamte Menschheit an ein für alle gültiges Normsystem binde und dies als Entwurf eines großgesellschaftlichen „Über-Ichs" bezeichne (Giesecke 1965a: 111; 1964a: 204, Anm. 16). In dieser Kritik zeigen sich nochmals Gieseckes pluralistisches Demokratieverständnis sowie seine Auseinandersetzung mit der politischen Psychologie (Giesecke bezieht sich auf Lemberg, Eugen 1964: Nationalismus. Band II. Soziologie und politische Pädagogik, Reinbek).
Giesecke hat diese Kritik 1965 gegenüber seiner Dissertation noch einmal deutlich erweitert – vermutlich aufgrund der zunehmenden Kontroverse in der Politikdidaktik zwischen den Befürwortern einer nationalen Orientierung und denen einer Konfliktorientierung. Ursula und Rolf Schmiederer sprechen in diesem Zusammenhang von einem „neuen Nationalismus in der Politischen Bildung", den es seit der Mitte der 1960er Jahre gebe (Schmiederer/Schmiederer 1970; vgl. auch Sutor 1981: 45; Knütter 1984: 63; Schmiederer 1972: 79). Neben Lemberg selbst plädierten weitere Politikdidaktiker, die sich positiv auf Lemberg bezogen, für die Notwendigkeit einer Nationalerziehung. Dazu gehörten vor allem Klaus Hornung („Politik und Zeitgeschichte in der Schule", Villingen 1966) und Rudolf Raasch („Zeitgeschichte und Nationalbewusstsein", Neuwied 1964). Giesecke kritisiert Lemberg später auch noch für seine „fremdbestimmte Indiensnahme emotionaler Dispositionen" (Giesecke 1970a: 44, Anm. 3).

Auch wenn Giesecke in seinem Literaturverzeichnis mehrere fachwissenschaftliche Texte nennt, die sich mit der Frage beschäftigen, was Ideologien sind und welche Rolle sie in der politischen Bildung spielen und spielen sollten (vgl. Lenk 1962; Mannheim 1952, Lemberg 1958 sowie zu Lemberg auch o. S. 84, Anm. 98), geht er an dieser Stelle auf keinen dieser Autoren ein. Er erwähnt im Text lediglich einen aktuellen Aufsatz von Hans Jürgen Rathert, in dem dieser fordert, Ideologiekritik als methodisch-didaktisches Prinzip im Politikunterricht zu verwirklichen und dieses nicht nur auf totalitäre Systeme, sondern auch auf die eigene Gesellschaft anzuwenden, um Schülerinnen und Schüler prinzipiell zu einem kritischen Bewusstsein zu erziehen (vgl. Rathert 1964a; Giesecke 1965a: 111-112).

(10) Geschichtlichkeit: Bei der „*politischen* Kategorie der Geschichtlichkeit" geht es Giesecke um ein „Zurückfragen" von der Gegenwart her in die Geschichte, um „die Bereitstellung des historisch Gewussten unter einem spezifischen Aspekt" für ein aktuelles Thema, und ausdrücklich nicht um einen systematischen Geschichtsunterricht (Giesecke 1965a: 112, 113). Das Ziel bestehe darin, historische Kontinuitäten zu erkennen, ohne die ein politisches Urteil grundsätzlich nicht möglich sei. Vor allem sei die Erinnerung daran, wie eine freiheitliche Gesellschaft in eine Diktatur hatte umschlagen können, eine notwendige Voraussetzung der Möglichkeit, diktatorische Tendenzen in der Gegenwart frühzeitig zu erkennen. Giesecke weist der Kategorie Geschichtlichkeit einen besonderen Stellenwert zu, da sie auf alle anderen Kategorien angewandt werden könne.

(11) Menschenwürde: Die Kategorie der Menschenwürde dient Giesecke schließlich als zusammenfassender Überbegriff für alle Grundrechte.[115] Mit Hilfe dieser Grundrechte sollte seines Erachtens die konkrete Politik beurteilt werden, indem politische Aktionen und Situationen daraufhin befragt werden, „in welcher Weise sie auf die davon betroffenen Menschen einwirken" (Giesecke 1965a: 114).

Die Kategorien als Grundlage des didaktischen Modells
Diese elf Kategorien, so betont Giesecke im Anschluss an ihre Darstellung, sollten als „didaktische Maßstäbe" dienen, die es erlauben, „einigermaßen zuverlässig zwischen Wichtigem und Unwichtigem zu unterscheiden" (Giesecke 1965a: 157). Mithin bringen die Kategorien Gieseckes zentrale Auswahlkriterien für die Inhalte politischer Bildung, die er teilweise bereits

---

115 Giesecke schreibt dies nicht explizit, aber seine Ausführungen legen nahe, dass
    er die im Grundgesetz garantierten Grundrechte meint.

im Zusammenhang mit seinen gesellschaftstheoretischen Ausführungen entwickelt hatte, auf den Punkt. Um dies zu leisten, muss die Kategoriensammlung laut Giesecke drei Bedingungen erfüllen: Alle Kategorien müssen sich in Leitfragen umwandeln lassen, es müssen jeweils alle Kategorien in einem Konflikt enthalten sein, und die in diesen Kategorien „beschlossenen Werteinstellungen" sollen einen „Konsensus der ganzen Gesellschaft" darstellen (Giesecke 1965a: 114-117).

→ Konflikte nach diesem Schema analysieren

Dass Gieseckes Kategorien sich in Leitfragen umwandeln lassen, ist meines Wissens nie bestritten worden. Giesecke demonstriert die Möglichkeit der Umwandlung auch selbst, indem er zu allen Kategorien Fragen formuliert, die im Folgenden wiedergegeben sind (Giesecke 1965a:

Konflikt	Worin besteht bei einer politischen Situation oder Aktion die Gegnerschaft?	Mitbestimmung	Wie kann ich angesichts einer Situation oder Aktion meinen Einfluss geltend machen?
Konkretheit	Worum geht es im Einzelnen bei dieser Auseinandersetzung?	Interesse	Welchen Vorteil habe ich von einer Situation oder Aktion?
Macht	Welcher Zwang kann zur Aufrechterhaltung einer Situation und zur Durchsetzung einer Aktion angewandt werden?	Solidarität	Welcher Gruppe nützt eine politische Situation oder Aktion?
		Ideologie	Welche Ordnungsvorstellungen liegen einer Situation oder Aktion zugrunde?
Recht	Welche Rechtsbestimmungen werden durch eine politische Situation oder Aktion verletzt?	Geschichtlichkeit	Welche geschichtlichen Auseinandersetzungen kommen in einer Situation oder Aktion zum Ausdruck?
Funktionszusammenhang	Wie wirkt eine Situation oder Aktion auf andere Situationen oder Aktionen ein?	Menschenwürde	Wie wirkt eine Situation oder Aktion auf die davon unmittelbar oder mittelbar betroffenen Menschen?

Kontext nur dann per Konflikt, wenn diese 11 Kategorien anzuwenden sind.

z.B. Bürgerkrieg in Syrien

Die Anforderung, dass in jedem Konflikt alle Kategorien enthalten seinen müssen, ist schon problematischer (vgl. Giesecke 1965a: 114-115). Damit ist die Frage der Auswahl der elf Kategorien angesprochen. Giesecke selbst betont weiter unten, der „Kategorienzusammenhang" sei „keineswegs vollständig; man könnte ihn ergänzen, kaum aber reduzieren", und seine Kategorien

101

ließen sich nicht weiter in einen systematischen Zusammenhang bringen, sie seien zwar interdependent, aber gegeneinander autonom.[116] Außerdem bildeten sie auch „kein systematisches, sondern ein operatives Denkmodell" (Giesecke 1965a: 118-119; vgl. auch Giesecke 1998b: 7).[117] 1978 schreibt er prägnant: „Die Kategorien sind nicht die Wirklichkeit, sie sind der Zugang zur Wirklichkeit" (Giesecke 1978b: 377). Dort – wie auch in seiner Didaktik – nennt er als Argument gegen die Erweiterung der Kategorienzahl einzig die mangelnde Praktikabilität einer zu umfangreichen Menge an Kategorien.

---

116 Damit unterscheidet sich Gieseckes Anspruch von dem der Autoren neuerer Kategorienmodelle, wie etwa den drei Dimensionen oder dem Politikzyklus. Dort werden die Kategorien ausdrücklich in einen Zusammenhang gestellt, sodass sie ein Modell bilden (vgl. bspw. Massing 1995). Giesecke selbst wendet in seiner „Kritik der Kritik" gegen eine systematische Verbindung der Kategorien untereinander ein, dass dies eine politisch-philosophische Begründung erfordert hätte, die die Geltung seines didaktischen Modells von der Geltung dieser zusätzlichen Prämissen abhängig gemacht hätte. Eine solche Begründung hält er zwar für möglich, aber nicht für erforderlich, da dies primär die Aufgabe der politischen Philosophie sei und die Didaktik die Philosophie nicht ersetzen müsse. An dieser Stelle wird erneut deutlich, dass Giesecke sich über die Rolle seiner eigenen gesellschaftstheoretischen Ausführungen für seine didaktische Konzeption nicht ausreichend Rechenschaft abgelegt hat. Er erkennt offenbar weder deren Einfluss auf die Auswahl noch auf die Erläuterung seiner Kategorien (vgl. dazu u. S. 103)
Giesecke beendet seine Verteidigung mit einem Angriff auf die Pädagogik: „Nicht zuletzt dadurch aber, dass die Pädagogik zu viel auf einmal erklären will, ruiniert sie ihren wissenschaftlichen Ruf. Man kann ihr dann nicht zu Unrecht eine ‚Sucht nach Weltanschauung' vorwerfen" (Giesecke 1968b: 215). Diese Antwort widerspricht allerdings seiner am Ende der Didaktik aufgestellten Forderung, die politische Didaktik müsse zugleich „pädagogische Theorie des Politischen" wie auch „politische Theorie des Pädagogischen" sein (vgl. Giesecke 1965a: 174-176; u. S. 115).
117 In der neueren Diskussion um die kategoriale politische Bildung hat Wolfgang Sander eingewandt, dass es bisher noch keine allgemein akzeptierte Kategoriensystematik gebe und dass Kategoriensysteme nur dann theoretisch konsistent sein könnten, wenn sie sich an einer fachwissenschaftlichen Theorie orientierten, womit aber die Pluralität an bestehenden Theorien für die Didaktik abgeschnitten würde (vgl. Sander 2001: 59-63). Die meisten anderen Autoren sehen demgegenüber wie Giesecke keinen Ableitungszusammenhang zwischen einer einzelnen fachwissenschaftlichen Theorie und einem Kategorienmodell und betonen den didaktischen Status der Kategorien sowie den Charakter von Kategoriensystemen als Arbeitsbegriffe des Politischen (vgl. bspw. Grammes 1986: 129 und den Überblick bei Pohl 2004b: 311-313, 326-327).

Sowohl die Auswahl der Kategorien als auch die Art, wie Giesecke sie in Leitfragen umwandelt, ist sicher unter politikwissenschaftlichen wie auch unter politikdidaktischen Gesichtspunkten kritikwürdig. So fällt zum Beispiel auf, dass in der Kategoriensammlung die Institutionen fehlen, und als Leitfrage zur Kategorie Recht nur nach der Verletzung von Rechtsbestimmungen zu fragen, erscheint unzureichend (vgl. dazu o. S. 94). Da Giesecke in seiner Kategoriensammlung aber offensichtlich lediglich ein Arbeitsmodell für den Politikunterricht sieht, das er überdies in späteren Auflagen seiner Didaktik mehrfach modifiziert hat,[118] soll diese Anforderung an die Kategoriensammlung hier nicht weitergehend problematisiert werden.

Stattdessen wird Gieseckes wohl am stärksten umstrittene Anforderung, „dass die in diesen Kategorien beschlossenen Werteinstellungen als solche eines Konsensus der ganzen Gesellschaft angesehen werden können" (Giesecke 1965a: 115), ausführlicher diskutiert, da sie unmittelbar mit Gieseckes Rezeption sozialwissenschaftlicher Theorien in Zusammenhang steht.

Schaut man sich die *Leitfragen* an, die Giesecke selbst zu seinen Kategorien formuliert, kann man ihm sicher recht geben, dass sie allesamt sinnvolle *mögliche* Erschließungsfragen zur Analyse und Beurteilung politischer Probleme darstellen, deren Berechtigung oder besser Nützlichkeit unumstritten sein dürfte.[119]

Das Gleiche gilt jedoch nicht für die *Kategorien* selbst.[120] Diese beinhalten zumindest Versatzstücke von Gieseckes gesellschaftstheoretischem Fundament und transportieren daher auch sein in Auseinandersetzung mit den damals aktuellen sozialwissenschaftlichen Theorien gewonnenes Demokratie- und

---

118 Vgl. dazu u. S. 407. Weiterhin verändert Giesecke das Kategorienensemble für sein Schulbuch „Einführung in die Politik", in dem er in einem Einleitungskapitel den Leserinnen und Lesern – interessanterweise unter Wolfgang Hilligens Leitfrage „Worauf kommt es an?" als Überschrift – einige Schlüsselfragen vorstellt, die an seine Kategorien erinnern, diese aber nicht eins zu eins abbilden (vgl. Giesecke 1979: 14-15).

119 Ein Rest von Normativität liegt sicher in der Auswahl der Fragen, wie beispielsweise die oben diskutierte Frage zur Kategorie Recht zeigt.

120 Giesecke selbst hat später Kategorien und Leitfragen in Bezug auf die Konsensfähigkeit ausdrücklich gleichgesetzt. 1978 sagt er in einem Gespräch mit Gerd Koch:
„Die Kategorien sind insbesondere deshalb nach meiner Meinung konsensfähig, weil sie nichts anderes als legitime Fragen ausdrücken. Es geht also darum: Ist es legitim, dass Schüler solche Fragen stellen bzw. umgekehrt, dass sie angeleitet werden dazu, solche Fragen zu stellen?" (Giesecke 1978b: 378).
Diese Gleichsetzung der Kategorien mit den Analysefragen verschleiert jedoch den gesellschaftstheoretischen Gehalt der Kategorien.

Politikverständnis sowie sein Gesellschafts- und Menschenbild. Peter Massing schreibt über Kategorien:

„Unterschiedliche theoretische, auch wissenschaftstheoretische Orientierungen führen zu unterschiedlichen Akzentsetzungen. Erst die theoretischen Ansätze und das entsprechende wissenschaftliche Deutungswissen, auf die die Kategorien bezogen werden, erschließen ihren Sinn" (Massing 1997: 224).

Ohne diesen Zusammenhang stellen Kategorien nach Massing „isolierte Begriffsinseln" dar, die „willkürlich", „zusammenhanglos" und „additiv" bleiben (Massing 1997: 224).

Gerade weil Gieseckes Kategorien *keine* isolierten Begriffsinseln sind, sondern seine Gesellschaftstheorie widerspiegeln – wie bruchstückhaft und widersprüchlich auch immer –, können sie nicht, wie von Giesecke behauptet, konsensfähig sein.

Schon als Einzelne transportieren sie dafür viel zu weitreichende normative Prämissen: Sicherlich ist es nicht umstritten, dass gesellschaftliche *Konflikte* existieren und geregelt werden müssen, aber dass „das politische Leben grundsätzlich kontrovers [...], also als in Konflikten begriffen" zu sehen sei (Giesecke 1965a: 24-25)sei (Giesecke 1965a: 23-24)[121] und dass eine konfliktlose Gesellschaft der menschlichen Natur widerspräche, weil Menschen unterschiedliche Interessen haben, die sie durchsetzen wollen, ist Ausdruck eines spezifisch pluralistischen Demokratieverständnisses und Menschenbildes. Auch dass Individuen unterschiedliche *Interessen* haben, ist unumstritten, aber die Auffassung, dass es legitim sei, diese in politischen Auseinandersetzungen zur Geltung zu bringen, entspringt ebenfalls einem pluralistischen Demokratieverständnis. Ein solches zeigt sich auch darin, dass der Begriff *Mitbestimmung* bei Giesecke für die selbstbewusste Durchsetzung der eigenen Interessen steht und nicht zum Beispiel für die „Versittlichung" des individuellen Denkens (vgl. entsprechend Besson, o. S. 76) und die Mitarbeit an einer gemeinsamen, konsensuellen Ordnung. Dass schließlich alle politischen Entscheidungen in einem dynamischen *Funktionszusammenhang* stehen, ist eine fast schon banale Aussage, die jedoch eine sehr deutliche normative Implikation im Sinne eines pluralistischen Demokratieverständnisses erhält, wenn man wie

---

121 Genau das bestreitet z.B. Hans Tietgens, der darin einen unzulässig verabsolutierenden „Vorgriff auf eine bestimmte Gesellschaftsstruktur" sieht und argumentiert, die politische Bildung könne auf ein Ordnungsmoment nicht verzichten (Tietgens in Giesecke 1968a: 206-207).

Giesecke implizit ein Gemeinwohl im Sinne eines Gemeinwohls a posteriori zum Ziel dieses dynamischen politischen Prozesses erklärt.

Während in diesen Definitionen vor allem Gieseckes pluralistisches Demokratieverständnis zum Tragen kommt, zeigt seine Definition von *Macht* als „totalem Faktor des politisch-gesellschaftlichen Lebens" sein Bild einer politisierten Gesellschaft und sein weites Politikverständnis. Und wenn Giesecke bei der Erläuterung der Kategorie *Interesse* betont, politische Bildung müsse Jugendlichen helfen, objektive Zwangslagen zu durchschauen, um Trugschlüsse über ihre Interessen aufzuhellen, wird dabei deutlich, dass seinem Interessenbegriff nicht nur eine pluralistische Demokratievorstellung, sondern darüber hinaus ein gesellschaftskritisches, emanzipatorisches Demokratieideal zugrunde liegt.

Entsprechende Ausführungen zum normativen Gehalt der Kategorien – abgeleitet aus Gieseckes bisheriger Darstellung der Kategorien und seinen gesellschaftstheoretischen Grundannahmen – ließen sich auch für fast alle anderen einzelnen Kategorien machen.[122]

Giesecke selbst hat im Zusammenhang mit seiner Behauptung der Konsensfähigkeit der Werteinstellungen, die in seinen Kategorien beschlossen lägen, diese Werteinstellungen zwei Mal hintereinander kurz zusammengefasst. Einmal spricht er dabei von Werthaltungen und einmal von Grundeinsichten (vgl. Giesecke 1965a: 115-116, 120-123). Diese Zusammenfassungen erscheinen dabei in der Tat konsensfähiger als die inhaltlichen Ausführungen zu den einzelnen Kategorien zuvor. Allerdings sind die Erläuterungen an dieser

---

122 Lingelbach erkennt dieses Problem, wenn er schreibt:
„Die entscheidende Schwäche von Gieseckes Modell ist jedoch die mangelnde Unterscheidung der Akte des ‚Erkennens' und des ‚Wertens', die er mit der didaktischen Theorie von Fischer/Herrmann/Mahrenholz teilt. Auch Gieseckes ‚Grundeinsichten' verbinden unreflektiert kategoriale ‚Analyse' und ‚Einsicht' in die Wertvoraussetzungen politischen Lebens".
Lingelbachs eigener Lösungsversuch lautet:
„Man kann aus ihnen [den Kategorien] Leitfragen für den Unterricht entwickeln, die zu strukturellen Einsichten des Schülers führen. […] Da solche Einsichten trotz ihres formalen Charakters ihre besondere Färbung vom jeweiligen Inhalte empfangen, scheint es sinnvoll, hier lediglich die Leitfragen zu formulieren und die jeweils angesprochene Kategorie in Klammern dahinter zu setzen" (Lingelbach 1967b: 130).
Damit verkennt er allerdings, dass auch „Leitfragen" nur dann für die Schülerinnen und Schüler sinnvolle Analyseinstrumentarien darstellen können, wenn die entsprechenden Kategorien für sie mehr als „isolierte Begriffsinseln" darstellen – und damit dann eben auch Wertbezüge beinhalten.

Stelle in ihrer Kürze auch deutlich formaler, sodass hier die Kategorien als bloße Begriffe im Sinne „isolierter Begriffsinseln" erscheinen (vgl. o.S. 104).[123] Wenn Giesecke selbst diese „formale Allgemeinheit" der Kategorien hier positiv wendet, indem er konstatiert, durch die Allgemeinheit seien sie konsensfähig, und im Anschluss schreibt, „kategoriale Übereinstimmung über die normativen Grundsätze unseres politischen Lebens schließt Kontroversen bei der konkreten Anwendung nicht aus, sondern ein" (Giesecke 1965a: 117-118), dann löst er damit de facto sein Kategorienensemble von seiner vorherigen gesellschaftstheoretischen Grundlegung ab. Angesichts des Aufwandes, den er zuvor zur gesellschaftstheoretischen Fundierung seiner Politikdidaktik betrieben hat, erscheint dieser Preis hoch – vor allem, da die Formalität der einzelnen Kategorien diese höchstens als Einzelne konsensfähiger machen kann. Das Problem, dass auch die Zusammenstellung genau dieser elf Kategorien nicht konsensfähig sein dürfte, wird damit kaum reduziert.

Insbesondere diese Zusammenstellung zeigt nämlich, dass Giesecke von einem pluralistischen Demokratieverständnis ausgeht und dies zur Prämisse der politischen Bildung macht: Nur so ist es zu erklären, dass eine Kategorie Interesse vorkommt aber keine Kategorie Gemeinwohl, dass der Konflikt vorkommt, aber nicht der Konsens, der Kompromiss oder die Ordnung.[124]

Und selbst scheinbar wertneutrale, rein didaktische Kategorien wie die „Konkretheit" erhalten schließlich im Rahmen von Gieseckes didaktischem Gesamtmodell einen deutlich normativen Charakter: Die Konkretheit als zentrales Auswahlkriterium für die Inhalte des Politikunterrichts erhält ihr Begründung erst dadurch, dass man sie vor dem Hintergrund von Gieseckes Politikbegriff und seinem Leitbild des interventionsfähigen Bürgers betrachtet.

---

123 Zudem setzt Giesecke bei einigen dieser Erläuterungen nun auch andere Akzente, als er dies bei seinen vorherigen Ausführungen zu den Kategorien getan hatte. So schreibt er beispielsweise bei der „Werthaltung" hinter der Kategorie Recht: „Die Respektierung rechtlicher Festsetzungen dient auch dann dem öffentlichen Frieden, wenn sie im Einzelnen ungerecht sind und auf dem dafür vorgesehenen Weg geändert werden sollten" (Giesecke 1965a: 116; vgl. ähnlich auch die Grundeinsicht zur Kategorie Recht ebd.: 122).

124 Vgl. dazu beispielsweise die „dialektischen" Gegenüberstellungen von Kategorien bei Sutor 1984: 85-153. Dieser beanstandet auch in einer Kritik an den emanzipatorischen Konzepten politischer Bildung, die sich aber auf Gieseckes bereits 1965 entwickeltes und 1972 nicht verändertes Kategorienensemble übertragen lässt, dass hier Traditionen, Ordnung, Institutionen und Herrschaft zu kurz kämen, weil deren Bedeutung für die Sinnstiftung und für eine geregelte Konfliktaustragung in einer Gesellschaft von Giesecke übersehen würden (vgl. Sutor 1973: 334).

Will man Schülerinnen und Schüler zu interventionsfähigen Bürgerinnen und Bürgern erziehen, müssen sie in der Lage sein, konkrete aktuelle Konflikte zu beurteilen und sich gegebenenfalls zu engagieren. Vor allem deshalb müssen konkrete Konflikte im Zentrum des Politikunterrichts stehen – die scheinbar neutrale Kategorie Konkretheit offenbart also in ihrer Funktion als Auswahlkriterium für die Inhalte des Politikunterrichts eine normative Implikation, die letztlich auch sie zu einer umstrittenen Kategorie macht.[125]

Die Schlussfolgerung daraus kann nur sein, Gieseckes These von der Konsensfähigkeit seiner Kategorien zurückzuweisen – ein pluralistisches Demokratieverständnis war gerade 1965 keineswegs konsensfähig.[126]

Didaktische und methodische Implikationen der Kategorien
Nach der Darstellung der Kategorien und ihrer normativen Implikationen geht Giesecke zunächst darauf ein, wie die politischen Kategorien „gefunden" werden können. Hier geht es ihm allerdings nicht um die erkenntnistheoretische Frage der Begründung einer Kategorienauswahl, sondern um die Frage, wann Kategorien explizit politische Kategorien darstellen: „*Politische* Kategorien können [...] nur durch eine Analyse *politischer* Zusammenhänge gefunden werden" (Giesecke 1965a: 125), weil sich Erfahrungen aus der Lebenswelt nicht ohne weiteres auf die Politik übertragen ließen. Er kritisiert sehr ausführlich unterschiedliche lebensweltliche Ansätze, vor allem Sprangers Idee einer „elementarisierenden Betrachtung der unmittelbaren menschlichen Zusammenhänge" (Giesecke 1965a: 123), und plädiert dann im Unterschied zu Spranger eindringlich dafür, in der politischen Bildung politische Konflikte „in direktem Zugriff" zu analysieren (Giesecke 1965a: 126; vgl. zu dieser Problematik auch o. S. 64).

Für den *didaktischen* Aufbau einer Unterrichtseinheit folgert er daraus, Dreh- und Angelpunkt des Unterrichts müsse eine „tatsächliche politische Kontroverse" sein, die schon im Einstieg durch ihre Vielschichtigkeit und Offenheit zu Fragen führe. Die Beantwortung dieser Fragen müsse dann die Unterrichtseinheit strukturieren und zum Schluss solle die Kontroverse differenziert bewertet werden. Dieser Aufbau gewährleiste, dass die Jugendlichen motiviert würden und ihre eigenen Erfahrungen nicht nur einbringen, sondern durch die „kategoriale Durchdringung der Stoffe" auch strukturieren und

---

125 Dies zeigt durchaus auch schon die zeitgenössische Kritik an Gieseckes Forderung, konkrete aktuelle Konflikte ins Zentrum der politischen Bildung zu stellen, wie etwa die von Joachim Rohlfes, der eine Vernachlässigung von „Urphänomenen" des Politischen befürchtet (vgl. Rohlfes in Giesecke 1968a: 206).
126 Vgl. dazu neben der bereits erwähnten konservativen Kritik am Pluralismus auch die zeitgenössische linke Kritik z.B. bei Pross 1963.

objektivieren könnten. Durch die Anwendung der Kategorien würden die verschiedenen Wissensformen integriert, die Jugendlichen würden urteilsfähig und in die Lage versetzt, über die Art ihrer politischen Aktivitäten selbst zu entscheiden (vgl. Giesecke 1965a: 126-129).

In Bezug auf den *methodischen* Aufbau des Unterrichts betont er, sein didaktisches Modell liefere kein Rezept, lege aber die Bevorzugung der Projektmethode nahe. In diesem Zusammenhang kritisiert er erneut die systematischen Stoffpläne für die politische Bildung, weil diese eine Organisation der Stoffe von den politischen Konflikten her nicht zuließen (vgl. Giesecke 1965a: 129-132).

Zwischenfazit zum Kategorienmodell
Insgesamt lässt sich sagen, dass Giesecke mit der Darstellung und Erläuterung seines Kategorienensembles im Zusammenhang mit der herausgehobenen Bedeutung der Konfliktanalyse den Kern seiner didaktischen Konzeption expliziert hat.

Bei der Darstellung seiner Kategorien schwankt er wie schon beim Politikbegriff zwischen einem weiten Konfliktbegriff, den er von Dahrendorf übernimmt, und einem deutlich engeren Verständnis von Konflikten, wenn er im Hinblick auf die Praxis der politischen Bildung begründet, welche konkreten Konflikte dort im Mittelpunkt stehen sollten (vgl. o.S. 93). Auch sein Machtbegriff ist teilweise weit – analog zur These der Politisierung der Gesellschaft –, an anderen Stellen aber wieder eng (vgl. o.S. 93).

Die Darstellung seines Kategorienmodells offenbart an den meisten Stellen ein pluralistisches Verständnis von Gesellschaft, nach dem Individuen ihre jeweils individuellen Interessen durch solidarische Unterstützung einer Interessengruppe in den politischen Willensbildungsprozess einbringen sollten, weil das letztlich zu einer legitimen und effektiven Ermittlung eines Gemeinwohls a posteriori führe (vgl. o.S. 96). Dabei muss allerdings festgehalten werden, dass Giesecke die Rolle der Institutionen in diesem Willensbildungs- und Entscheidungsprozess vernachlässigt (vgl. o.S. 94) und dass oftmals auch idealistische Einstellungen, die über sein pluralistisches Verständnis hinaus gehen, zum Vorschein kommen (vgl. o.S. 105).

Gieseckes Kategorien lassen sich – wie von ihm selbst gefordert – in Leitfragen umwandeln, und so bildet das Kategorienensemble ein praktikables Analyseinstrument zur Erschließung politischer Inhalte im Politikunterricht, auch wenn Gieseckes Begründung der Auswahl genau dieser Kategorien diskussionswürdig bleibt (vgl. o.S. 100).

Problematisch ist vor allem Gieseckes Behauptung, die seinen Kategorien zugrunde liegenden Werteinstellungen seien konsensfähig (vgl. o.S. 103), denn immer da, wo er seine Kategorien so ausführlich begründet, dass sie mehr als bloße „Begriffsinseln" sind, und wo darüber hinaus deutlich wird, für welche Konzepte sie stehen, transportieren sie Gieseckes gesellschaftstheoretische Vorstellungen, für die er keinen Konsens reklamieren kann. Überdies finden sich dadurch in den Erläuterungen der Kategorien, der in ihnen beschlossenen „Werthaltungen" und der mit ihrer Hilfe möglichen „Grundeinsichten" auch die Widersprüche wieder, die oben herausgearbeitet wurden: zwischen dem einmal engen und dann wieder weiten Verständnis von Politik und Konflikt sowie zwischen Gieseckes pluralistischer, am bestehenden politischen System orientierter Demokratievorstellung und seinem gesellschaftskritischen Demokratieideal.

2.3.5 Aufgabenfelder und Funktionen der politischen Didaktik

Lehrsituationen und Lernsituationen
Im dritten Teil seines Buches geht Giesecke zunächst auf die Bedeutung verschiedener „Lehrsituationen und Lernsituationen" für die politische Bildung ein. Er diskutiert den Beitrag des Arbeitsplatzes[127], des Freizeit-

---

[127] Im Zusammenhang mit dem Arbeitsplatz erwähnt Giesecke erneut Mannheims Unterscheidung von funktioneller und substanzieller Rationalität und kritisiert, dass mit der zunehmenden Rationalisierung und Technisierung am Arbeitsplatz fast nur noch funktionelle Rationalität gefragt sei (vgl. Giesecke 1965a: 140; o. S. 60).
In seiner Dissertation hatte er demgegenüber noch geschrieben, während man mit Oberschülern den Versuch wagen könne, die politische Wirklichkeit „substanziell rational" zu betrachten, müsse sich die politische Bildungsarbeit mit Lehrlingen „vor allem mit einer ‚funktionell rationalen' Betrachtung des Politischen begnügen" (Giesecke 1964a: 101). Davon ist aber weder in seiner Didaktik noch in der 1966 unter dem Titel „Politische Bildung in der Jugendarbeit" als Monografie veröffentlichten Überarbeitung des ersten Teils seiner Dissertation die Rede. 1966 schreibt Giesecke sogar ausdrücklich das Gegenteil:
„Dass es keinen prinzipiellen Unterschied zwischen einer ‚politischen Bildung für Oberschüler' und einer ‚politischen Bildung für Lehrlinge' geben darf, versteht sich in einer demokratischen Gesellschaft von selbst. [...] Wenn man mit Lehrlingen politischen Unterricht betreibt, ohne zugleich ihre allgemeinen geistigen Fähigkeiten und Fertigkeiten zu steigern, führt das zu einem scheinbar sehr einleuchtenden positivistischen Zirkel: Lehrlinge sind an Politik nicht interessiert – politische Bildung ist daher zwecklos – Lehrlinge sind offenbar für andere, unpolitische ‚Bildungsgüter' empfänglicher – sie werden mit unpolitischen Bildungsgütern befasst – Lehrlinge sind an Politik nicht interessiert" (Giesecke 1966a: 145).

systems[128], der Bezugsgruppe, des Massenkommunikationssystems, der Jugendarbeit sowie der Schule zu den verschiedenen Wissensformen und zu den gesellschaftlichen und politischen Verhaltensweisen (vgl. Giesecke 1965a: 137-158 sowie o. S. 63). Hier sollen lediglich kurz seine Ausführungen zur Schule analysiert werden.

Giesecke geht davon aus, dass der Politikunterricht immer weniger die Aufgabe habe, neues Wissen in den Vorstellungshorizont der Jugendlichen zu bringen, als vielmehr „die bereits vorhandene Fülle und Diffusität der Vorstellungen […] zu ordnen". Er müsse daher bewusst „aufs Ganze des realen politisch-sozialen Zusammenhangs" zielen und dieses systematisieren. Dabei müssten im Rahmen des Bildungswissens Kategorien erworben werden, die dazu dienten, eine „Distanz von der Unmittelbarkeit des Daseins" aufzubauen (Giesecke 1965a: 149).

Giesecke schließt an diese Ausführungen eine bildungspolitische Kritik an: Er bemängelt, dass die Schule als Institution gar nicht so beschaffen sei, dass das, was sie lehren wolle, auch gelernt werden könne: zum einen weil durch ihre Funktion als „soziale Verteilerstelle" – zu diesem Begriff nennt Giesecke ohne genaueren Literaturhinweis Helmut Schelsky[129] – die

---

Kurze Zeit später unterscheidet Giesecke dann konsequent zwischen einer „Didaktik der Berufsfähigkeit" und einer „Didaktik der politischen Beteiligung", die beide im Rahmen der Berufsausbildung notwendig seien, aber völlig unterschiedliche Funktionen hätten (Giesecke 1966b: 370; vgl. auch o. S. 90, Anm. 107).

128 Im Zusammenhang mit dem Freizeitsystem greift Giesecke erneut Adornos Begriff der Halbbildung auf und betont, diese reiche aus, um sich im Freizeitsystem souverän und anerkannt bewegen zu können (vgl. Giesecke 1965a: 143).

129 Im Literaturverzeichnis finden sich zwei Monografien von Helmut Schelsky: „Schule und Erziehung in der industriellen Gesellschaft" (Würzburg 1957), sowie „Anpassung oder Widerstand? Soziologische Bedenken zur Schulreform" (2. Aufl., Heidelberg 1961). Beide Bücher werden von Giesecke nicht direkt zitiert. Im Text fällt lediglich einmal der Begriff „Nivellierung der Klassengesellschaft", der an Schelskys „nivellierte Mittelstandsgesellschaft" erinnert (vgl. o.S. 99).
In seiner Autobiografie schreibt Gieseckes, dass Schelskys Schriften für die politische Bildung einer der wichtigsten fachwissenschaftlichen Bezugspunkte gewesen sei (vgl. Giesecke 2000a: 147). Er selbst geht in einigen Aufsätzen ausführlicher auf Schelsky ein als in seiner Didaktik. In seiner „Kritik der Jugendarbeit" fasst er beispielsweise die Diagnose, dass Jugendliche, nachdem sie der „trauten Umgebung der Familie und des Freundeskreises entwachsen" seien, mit Anforderungen konfrontiert würden, die „prinzipiell

Schülerinnen und Schüler primär für die Zeugnisse lernten; zum anderen weil die Schule nur wenig Möglichkeiten der Mitbestimmung für sie bereit halte. In Bezug auf den zweiten Punkt knüpft Giesecke an die Diskussion der Bürgerleitbilder an, indem er daraus folgert,
„dass die Forderung nach dem kritischen Staatsbürger schon dort, wo sie gelernt werden soll, unwahr ist – oder man muss bekennen, dass man mit dieser Forderung eigentlich nur den disponiblen und funktionsfähigen Staatsbürger meint" (Giesecke 1965a: 155).

Die allgemeindidaktische Theorie
Im vierten und letzten Teil seines Buches greift Giesecke unter der Überschrift „Politische Didaktik als pädagogische Theorie des Politischen" auf seine Ausführungen zum gesellschaftstheoretischen Hintergrund sowie zur Kategoriensammlung zurück und will, wie er selbst schreibt, seine dort implizit schon enthaltenen Vorstellungen zur *Didaktik* ausdrücklich zu einer didaktischen *Theorie* bündeln und deren leitende Gesichtspunkte herausarbeiten (vgl. Giesecke 1965a: 157-158). Auch in diesem Teil werden sein pluralistisches Demokratieverständnis, seine darüber hinausgehenden Demokratieideale sowie sein Gesellschaftsbild wieder deutlich.

Allerdings ist die Aussage, dass Giesecke hier seine „didaktische Theorie" formuliert, irreführend: Seine didaktische Theorie im engeren Sinne bildet sein Kategorienensemble im Zusammenhang mit der herausgehobenen Bedeutung der Konfliktanalyse (vgl. o. S. 108). Die gesellschaftstheoretische Grundlegung für dieses didaktische Modell hatte Giesecke bereits zuvor in

---

in diesen menschlichen Bereichen nicht mehr geübt werden können", mit Schelskys Begriff der „Statusunsicherheit" zusammen (Giesecke 1963a: 63). Im Aufsatz „Jugend und Gesellschaft" berichtet Giesecke über Tendenzen der Forschung und öffentlichen Diskussion zum Verhältnis von Jugend und Gesellschaft. Er verteidigt hier Schelskys Buch „Die Skeptische Generation" (Düsseldorf 1957) einerseits gegen Einwände von Andreas Flitner, kritisiert es aber andererseits selbst vehement. Er bezeichnet die Schrift als Wendepunkt der Diskussion zum Verhältnis von Jugend und Gesellschaft, insofern sie „die erste von einer größeren Öffentlichkeit mit Bewusstsein aufgenommene soziologische Schrift [war], in der die ‚Vernünftigkeit' der tatsächlichen gesellschaftlichen Verhältnisse nicht mehr in Frage gestellt wurde". Vor dem Hintergrund von Gieseckes eigener gesellschaftskritischer Einstellung folgerichtig ist die anschließende Bemerkung, Schelskys Buch verdanke seine Wirkung seiner Veröffentlichung auf dem „Höhepunkt der westdeutschen Restauration", und mit ihm beginne „eine Phase der gesellschaftsunkritischen Sozialforschung" (Giesecke 1964b: 480-481; vgl. auch ebd.: 488, 498, 504-506).

Auseinandersetzung mit zeitgenössischen sozialwissenschaftlichen Theorien formuliert (vgl. o.S. 87). Die Überlegungen, die er schließlich am Ende seines Buches formuliert, stellen demgegenüber eher zusätzliche Aufgabenformulierungen für eine politische Didaktik dar.

Zunächst geht Giesecke dafür auf die allgemeine didaktische Diskussion ein und stellt die grundsätzliche Frage, warum die Bestimmung der Lehrinhalte so problematisch sei. Er beantwortet sie, indem er eine dreifache Unbestimmbarkeit der Inhalte konstatiert:

Er stellt als Erstes fest, die Lehrinhalte seien *politisch unbestimmbar*, weil sie in einer pluralistischen Gesellschaft umstritten seien, und alle gesellschaftlichen Gruppen an ihrer Festsetzung beteiligt werden müssten. Angesichts seiner pluralistischen Demokratievorstellung verwundert es, dass Giesecke aus der Kontroverse über die Inhalte ihre *politische* Unbestimmbarkeit ableitet – vermutlich meint er hier lediglich, dass Lehrinhalte nicht ein für alle Mal von einer über der Gesellschaft stehenden staatlichen Instanz festgelegt werden können.

Zweitens hält Giesecke die Lehrinhalte für *wissenschaftlich unbestimmbar*, weil durch das Aufkommen der positiven Wissenschaften die Einheit von Theorie und Praxis zerfalle. Daraus folgt nach Giesecke, dass sich „der Zusammenhang einer Vorstellungswelt nicht mehr von selbst aus dem Erkenntniszusammenhang der Wissenschaften" ergebe, sondern erst in einer eigens im Unterricht veranstalteten Handlungssituation hergestellt werden müsse. Giesecke nimmt damit inhaltlich erneut auf die oben dargestellten Ausführungen von Jürgen Habermas Bezug (vgl. o. S. 46). Wenn er anschließend von einem „Strukturproblem aller gegenwärtigen Wissenschaft" spricht, das darin bestehe, dass „die Integration der fächerübergreifenden Wissenschaftserkenntnisse eigener methodischer Kontrollen" bedürfe (Giesecke 1965a: 162), knüpft er an seine Kritik an den Rahmenrichtlinien der KMK, sowie an die referierten Ausführungen Mommsens über die „Schwierigkeit des Synopsisproblems" an (vgl. o. S. 55). Giesecke hält die Lehrinhalte drittens *pädagogisch* für *unbestimmbar*, weil die „pädagogische Autonomievorstellung", nach der Fragen der Lehrinhalte pädagogische Fachfragen seien, sich als Illusion erwiesen habe. Er kritisiert in diesem Zusammenhang ausdrücklich Wolfgang Klafki, dem er vorwirft, er setzte fälschlich voraus, „dass über ‚den (!) Sinn' des jugendlichen Daseins und über die ‚Mündigkeit' des Erwachsenen in unserer Gesellschaft hinreichende Einigkeit besteht oder wenigstens bestehen könnte". Mit dem Terminus „pädagogische Verantwortung" täusche Klafki eine Aufklärung des pädagogischen Handelns nur vor, während er es „in Wahrheit nur weiter verdunkelt" (Giesecke 1965a: 163).[130]

Gieseckes gesellschaftskritischer Impetus wird deutlich, wenn er anschließend sogar warnt, mit dem „Pathos solcher Begriffe" wie Verantwortung und Mündigkeit werde „die pädagogische Reflexion zu einem Alibi für möglicherweise jugendfeindliche gesellschaftliche Verhältnisse und zu einer unentwegten Täuschung für alle am Erziehungsprozess Beteiligten" (Giesecke 1995a: 165).[131]

Die kritische Funktion der politikdidaktischen Theorie
Gieseckes Schlussfolgerung aus der politischen, wissenschaftlichen und pädagogischen Unbestimmbarkeit der Lehrinhalte lautet zunächst, dass die politische Didaktik eine aufklärende und „kritische Funktion" habe. Giesecke nennt und erläutert sodann fünf verschiedene Felder der Kritik (vgl. Giesecke 1965a: 168-173):

Als *Kritik der politischen Entscheidung* müsse sie die politischen Verfahren von Lehr- und Stoffplanentscheidungen kritisch überprüfen. Als ein Maßstab dienten dabei die Erkenntnisse der Wissenschaft, denen diese Entscheidungen nicht widersprechen dürften. Er selbst habe mit der Kritik der Rahmenrichtlinien der KMK diese Anforderung an eine didaktische Theorie erfüllt (vgl. o.S. 53).

Als *Kritik der Lehrinstitutionen* müsse die politische Didaktik die Rahmenbedingungen der politischen Bildung in den verschiedenen Bildungsinstitutionen analysieren und prüfen, ob diese ihrem jeweiligen Auftrag und ihren eigenen Ansprüchen gerecht würden.[132]

---

130 Giesecke bezieht sich hier auf Klafki, Wolfgang 1964: Studien zur Bildungstheorie und Didaktik, Weinheim, S. 101. Implizit an seinen zuvor formulierten Bildungsbegriff anknüpfend (vgl. o.S. 58), setzt er Klafki entgegen: „Wenn heute noch in einem ernstzunehmenden Sinne von ‚pädagogischer Autonomie' gesprochen wird, dann ist damit die einfache Wahrheit gemeint, dass alle kritische Reflexion einer gewissen Unabhängigkeit vom Kritisierten bedarf" (Giesecke 1965a: 163).

131 Auch die Bestimmung der Lehrinhalte mit Hilfe von Begriffen wie das Fundamentale, das Elementare oder das Exemplarische hält Giesecke nicht für möglich, da es sich dabei gar nicht um didaktische Begriffe handle, „weil sie nämlich voraussetzen, für was etwas ‚fundamental', ‚elementar' und ‚exemplarisch' sein soll" (Giesecke 1965a: 165; vgl. auch schon ebd.: 71).

132 Wenn Giesecke ergänzt, die politische Didaktik müsse auch prüfen, was die verschiedenen Schultypen unter politischer Beteiligung verstehen, knüpft er damit an seine vorangegangene Kritik an der „volkstümlichen Bildung" und am „heimatkundlichen Prinzip" an, denen er vorgeworfen hatte, die „entschei-

Dazu gehöre auch die Kritik der Vorstellungen der Lehrerinnen und Lehrer. Giesecke verweist hier auf die Kontroverse zwischen Hennis und Flitner über die sehr unterschiedliche Einschätzung der Chancen und der Notwendigkeit einer aktiven politischen Beteiligung im repräsentativen System der Bundesrepublik Deutschland (vgl. o. ab S. 75). Seines Erachtens hat diese Kontroverse „den grundsätzlichen Ideologieverdacht gegen die politische Weltvorstellung der Lehrer schon aufgeworfen". Er erwähnt zudem ohne Literaturangabe, dass inzwischen bekannt sei, „dass die Lehrer einer bestimmten Schulart ein charakteristisches Gruppenbewusstsein über ihre politisch-pädagogische Aufgabe haben" (Giesecke 1965a: 170).[133]

Unter einer *Kritik der anthropologischen Grundlagen* versteht Giesecke sehr weit gefasst nicht nur die Kontrolle, ob die Annahmen über Fähigkeiten und Interessen der Jugendlichen richtig seien, sondern auch, ob der Jugendliche das, „was ihm in der politischen Bildung angesonnen wird, in seiner Umwelt auch wirklich praktizieren" könne. Er vermischt hier offensichtlich die Kritik der anthropologischen Grundlagen mit einer Ideologiekritik des Gesellschafts- und Politikbildes sowie der bisherigen didaktischen Ansätze. Er verweist zudem ausdrücklich auf die Notwendigkeit, auch Erkenntnisse der Jugendforschung über die Bedeutung soziokultureller Faktoren für die Entwicklung in die Überlegungen zur Unterrichtsgestaltung einzubeziehen. Schließlich solle die politische Didaktik prüfen, ob didaktische Prinzipien und Unterrichtsmethoden den Schülerinnen und Schülern tatsächlich das Lernen erleichterten, und den Blick über die Schule hinaus auch auf andere Lernsituationen richten.

Als *Kritik der wissenschaftlichen Zuverlässigkeit der Lehrinhalte* hat die politische Didaktik nach Giesecke die Aufgabe, unter Berücksichtigung neuer fachwissenschaftlicher Forschungsergebnisse die Lehrinhalte zu kontrollieren.

Schließlich müsse die Didaktik als *Kritik des Vermittlungsprozesses* den Unterrichtsprozess im engeren Sinne ins Blickfeld nehmen.[134]

---

denden Dimensionen des Politischen" nicht zu treffen, indem sie es vorrangig in der Familie oder der Gemeinde suchten (vgl. Giesecke 1965a: 51-52, 70; vgl. o. S. 64). Eine ausführliche Kritik zu diesen Prinzipien findet sich bei Giesecke 1980a: 521-524.

133 Vermutlich denkt Giesecke dabei an die Studie von Kob, Janpeter: Das soziale Berufsbewusstsein des Lehrers der höheren Schule. Eine soziologische Leitstudie, Würzburg 1958.

134 Für die Analyse des Vermittlungsprozesses verweist Giesecke auf Paul Heimann, der dafür ein überzeugendes Faktorenmodell erarbeitet habe: Heimann, Paul 1962: Didaktik als Theorie und Lehre, in: Die deutsche Schule, S. 407 ff.

Die konstruktive Funktion der politikdidaktischen Theorie
Die politische Didaktik darf sich aber nach Giesecke nicht auf diese kritische, aufklärende Funktion gegenüber „einer immer schon vorhandenen und vorgegebenen Erziehungswirklichkeit" beschränken, sondern habe darüber hinaus auch eine „konstruktive Funktion". Allerdings müsse sie bei positiven Vorschlägen „ausgesprochen vorsichtig operieren", da sie kein politisches Entscheidungsmonopol habe, wie in der DDR, und auch nicht nachweisen könne, „dass aus der wissenschaftlichen Reflexion eindeutige Lehrinhalte zu folgern wären" (Giesecke 1965a: 173-174). Die politische Didaktik habe vielmehr die Aufgabe, den Spielraum, der sich aus der Unterschiedlichkeit der Vorschläge aus Politik, Lehrinstitutionen, Pädagogik und Fachwissenschaft zu den Lehrinhalten ergebe, zu nutzen und konstruktive Vermittlungsvorschläge zu machen. Auch für seine eigene Konzeption erhebt Giesecke nicht den Anspruch, eine zwingende Vorgabe zu liefern, selbst er präsentiere lediglich einen möglichen Vorschlag operativen und fragmentarischen Charakters (vgl. Giesecke 1965a: 174).

Ausdrücklich als Zusammenfassung seiner Überlegungen zur politikdidaktischen Theorie schreibt Giesecke dann, die politische Didaktik müsse „eine eigentümliche Theorie des Politischen entwickeln [...], die auf den sogenannten Normal- oder Durchschnittsbürger zugeschnitten ist", und die man als *„pädagogische Theorie des Politischen"* bezeichnen könne. Politische Didaktik sei aber auch *„politische Theorie des Pädagogischen"*. Als solche müsse sie zum Beispiel den herkömmlichen pädagogischen Tugendkatalog relativieren und die politische Kritik zum konstitutiven Moment der Pädagogik machen (vgl. Giesecke 1965a: 174-176).

Das Verhältnis von allgemeiner und politischer Didaktik
Für die allgemeine Didaktik fordert Giesecke schließlich am Ende seines Buches, dass sie didaktische Einzelentscheidungen im Hinblick auf „das wünschenswerte Gesamtergebnis des Erziehungs- und Bildungsprozesses hin" bedenken solle.[135] Dies sei heute nur möglich, „wenn man den Gesamtzusammenhang von Erziehung und Gesellschaft in den Blick" nehme. Wie die politische Didaktik eine pädagogische Theorie des Politischen entwerfen solle, müsse die allgemeine Didaktik eine „pädagogische Theorie der industriellen Gesellschaft" entwerfen (Giesecke 1965a: 176-177).

Als zentrale Aufgabe der Didaktik bezeichnet Giesecke die möglichst konkrete Beschreibung von Lernaufgaben, die am Anfang jedes Lernprozesses

---

135 Giesecke verweist hier erneut auf Klafki, Wolfgang 1964: Studien zur Bildungstheorie und Didaktik, Weinheim.

stünden. Die von ihm beschriebene Aufgabe sei die „politische Beteiligung". Er präferiere daher den Begriff „Aufgabendidaktik" statt des Begriffs Fachdidaktik. Dies ist einerseits eine Schlussfolgerung, die sich konsequent aus Gieseckes didaktischem Ansatz ergibt, nach dem immer konkrete politische Konflikte im Zentrum stehen und den Lernprozess als Aufgabe strukturieren. Andererseits würde zu Ende gedacht aus ihr folgen, dass sowohl das Fachprinzip als auch die Stundenstruktur in der Schule abgeschafft und stattdessen projektorientiert und interdisziplinär Probleme bearbeitet werden müssten. Das geht so weit über die von Giesecke in seinem Buch präsentierten institutionellen Änderungsvorschläge für die politische Bildung hinaus,[136] dass diese Forderung nach einer Aufgabendidaktik überraschend wirkt.[137]

Giesecke warnt dann erneut davor, alle Bildungsgehalte zu politisieren.[138] Sein in Anlehnung an Adorno und Mannheim entwickeltes Bildungsverständnis wird nochmals deutlich, wenn er schreibt:

„[G]erade aus einer gründlichen Interpretation der politischen Beteiligung folgt, was konservative Gruppen bei uns mit Recht, aber oft mit falschen Begründungen fordern: das Bestehen auf der ‚Sache' in Distanz zu jeder gesellschaftlichen und politischen Nützlichkeit und Brauchbarkeit" (Giesecke 1965a: 180).

Trotzdem betont Giesecke die zentrale Bedeutung der politischen Bildung für die Bildung überhaupt und mutmaßt, es werde sich vielleicht herausstellen, dass die politische Didaktik heute die einzig mögliche Form einer allgemeinen Didaktik sei:

---

136 Giesecke hatte zuvor ausdrücklich pragmatische organisatorische Kompromisse vorschlagen, bspw. ein Nebeneinander von systematischem Fachunterricht und politischen Arbeitsgemeinschaften, in denen problemorientiert Projekte bearbeitet werden (vgl. Giesecke 1965a: 131-132).

137 Zumal Giesecke hier auch in keiner Form die vielfältigen inhaltlichen Probleme, die sich jenseits der schulorganisatorischen Schwierigkeiten daraus ergäben, reflektiert (vgl. Giesecke 1965a: 177). Ausführungen zu diesen Problemen fächerverbindenden Unterrichts finden sich beispielsweise bei Röll 2007: 30-36 und Huber 1998: 18.

138 In seiner Dissertation hatte Giesecke schon an früherer Stelle im Zusammenhang mit seinen Ausführungen zum Bildungswissen Jürgen Habermas ebendies unterstellt. Allerdings bezog er sich dort auf den Text von Oehler 1961 in Habermas u.a. 1961, S. 240. Oehler kritisiert hier Erich Weniger dafür, dass dieser von der politischen Bildung verlange, auf eine Vorrangstellung politischer Inhalte und Ziele vor anderen Bildungsinhalten und -zielen zu verzichten (vgl. Giesecke 1964a: 158, Anm. 16).

„Die Staatsbürgerrolle ist die einzige allgemeine und zugleich konkrete Erwartung der Gesellschaft; sie ist allgemein, weil sie für jeden vollmündigen Bürger ohne Rücksicht auf seinen sonstigen sozialen Status gilt; sie ist konkret, weil sie sich angesichts der gegenwärtigen politischen Welt und ihrer heute absehbaren Entwicklungstendenzen relativ genau inhaltlich bestimmen lässt. Wir wissen weder, welchen Beruf der spätere Erwachsene ausüben und wie oft er ihn wechseln wird, noch, in welcher sozialen Umgebung er sich bewegen wird. Aber wir wissen, dass er bei den zu erwartenden politischen und gesellschaftlichen Änderungen soweit wie möglich Subjekt und so wenig wie nötig Objekt sein soll" (Giesecke 1965a: 179).

Zwischenfazit zu den Aufgabenfeldern und Funktionen der politischen Didaktik
Ähnlich wie der Zielbegriff „politische Beteiligung" ist die Formulierung Gieseckes, die politische Didaktik müsse auf den „Normal- oder Durchschnittsbürger" zugeschnitten werden, erbittert kritisiert worden. Karl Christoph Lingelbach schreibt, damit werde dem Jugendlichen „von vornherein eine Rolle zukünftiger politischer Lebensbewältigung angesonnen, die dem politischen Verhalten des gegenwärtigen Durchschnittsbürgers entspricht". Damit lasse Gieseckes Didaktik „wenig Spielraum für solche Perspektiven politischen Handelns [...], die geeignet wären, dem keineswegs unbedenklichen Stabilisierungsprozess gesellschaftlicher Machtpositionen entgegenzuwirken" (Lingelbach 1971a: 50; vgl. auch o. S. 81).

Giesecke hat dagegen vorgebracht, er habe versucht, „ein didaktisches Minimalprogramm" zu entwerfen, „das für alle bildungsfähigen Menschen zu gelten hat". Wenn man darüber hinaus – zum Beispiel in der Oberstufe der Gymnasien – mehr tun könne, solle man sich freuen (Giesecke 1968b: 220).

Diese Antwort offenbart einmal mehr die Kluft zwischen Gieseckes gesellschaftskritischer theoretischer Grundlegung und seinen auf die Praxis zielenden didaktischen Ausführungen. Dass seine Vorschläge zu den fünf kritischen Funktionen der politischen Didaktik einen anderen, deutlich gesellschaftskritischeren Tenor haben, könnte dadurch zu erklären sein, dass es hier nicht um didaktische Aufgaben im engeren Sinne geht, sondern eher um *politische* Funktionen, die Giesecke der Didaktik vor dem Hintergrund seine gesellschaftstheoretischen Vorstellungen zusätzlich zuschreibt.

117

2.4 Woher kommt Gieseckes „Konfliktdidaktik"? – Erklärungsansätze

Wie die vorangegangenen Ausführungen zeigen, hat Giesecke in seiner Didaktik zahlreiche, vorwiegend theoretische sozialwissenschaftliche Schriften verarbeitet. Die Aussagen der Sekundärliteratur über die Bedeutung Dahrendorfs für Hermann Giesecke müssen also auf jeden Fall relativiert werden. Bevor allerdings eine abschließende Bewertung der Relevanz sozialwissenschaftlicher Theorien für Giesecke insgesamt vorgenommen werden kann, muss noch eine andere Entstehungsbedingung von Gieseckes Didaktik beleuchtet werden: seine Erfahrungen in der außerschulischen politischen Jugendarbeit.

Die Bedeutung der politischen Jugendarbeit für Gieseckes Didaktik

Hermann Giesecke kam schon während seines Studiums zur außerschulischen politischen Jugendbildung. In seiner Autobiografie, auf die sich die folgende Darstellung im Wesentlichen stützt, wird deutlich, wie prägend diese Arbeit für seinen wissenschaftlichen Werdegang war.

Giesecke kam Mitte der 1950er Jahre in Kontakt mit dem Verein „Stätte der Begegnung", der Jugendarbeit vor allem in Form von Tagungen organisierte. Der Verein koordinierte seine Arbeit vom Jugendhof Vlotho aus, einem von mehreren in der britischen Besatzungszone entstandenen „Jugendhöfen".

Im Nachhinein urteilt Giesecke ausgesprochen kritisch über die damals übliche politische Jugendarbeit: Es habe ein großes Harmoniebedürfnis gegeben, und in allen Konflikten sei nach dem Gemeinsamen gesucht worden. Inhaltlich habe die als negativ empfundene Erfahrung der innenpolitischen Polarisierung der Weimarer Republik stark nachgewirkt, und die Frage, woran diese zugrunde gegangen sei, habe lange im Zentrum gestanden. Vor allem die noch durch die Jugendbewegung der Weimarer Republik geprägten älteren politischen Bildner hätten einen „Jargon der Eigentlichkeit" (Adorno) praktiziert und unter politischer Bildung „Begegnung" in einem ganzheitlichen Sinne verstanden, wobei vor allem das gemeinsame Musizieren einen großen Stellenwert eingenommen habe. Eine intellektuelle Bearbeitung politischer, vor allem kontroverser Themen, die sich die jüngeren Teilnehmer wie er selbst gewünscht hätten, habe dagegen kaum stattgefunden. Helmut Schelsky, der einer der „Starredner" bei solchen Veranstaltungen gewesen sei, schreibt Giesecke die sarkastische Bemerkung zu, „man tage zwar ständig, aber es dämmere nicht einmal" (Giesecke 2000a: 97).

Giesecke konstatiert, auch die Jugendhöfe Vlotho und seine spätere Wirkungsstätte Steinkimmen hätten sich dem Zeitgeist entsprechend vorwiegend als Stätten der Begegnung verstanden. Damit seien sie aber immerhin – so relativiert er seine Kritik – „Oasen einer ‚Demokratie als Lebensform'" im

Umfeld „einer nach wie vor autoritär strukturierten Gesamtgesellschaft" gewesen (Giesecke 2000a: 100).

Giesecke selbst hat sich am Jugendhof Vlotho vor allem im Rahmen von Begegnungen zwischen west- und ostdeutschen Jugendlichen und jungen Erwachsenen engagiert. Es waren diese Treffen, die ihn nach eigenen Angaben veranlasst haben, sich näher mit dem aktuellen Ost-West-Konflikt und darüber hinaus auch mit der Theorie des Marxismus auseinanderzusetzen.[139]

Gemeinsam mit anderen Studierenden gründete er zu diesem Zweck den Studienkreis „West-Ost-Fragen", dessen Arbeit schnell so intensiv wurde, dass Giesecke schreibt, sie sei „zu einer Art von Nebenstudium" geworden, „das mehr Konzentration abverlangte als das eigentliche Studium" (Giesecke 2000a: 102). Der Studienkreis gab die Zeitschrift „West-Ost-Berichte" heraus, in der Giesecke zwischen 1958 und 1961 regelmäßig über verschiedene Aspekte des Ost-West-Konflikts, über den Nationalsozialismus und seine Aufarbeitung, über politische Bildung und auch über demokratietheoretische Fragen publizierte.[140]

Viele Mitglieder dieses Studienkreises wurden später bekannte Sozialwissenschaftler, so etwa die Historiker Jürgen Kocka und Reinhard Rürup, die Politikwissenschaftler Ekkehard Krippendorf und Wilhelm Bleek und der Erziehungswissenschaftler Achim Leschinsky. Dass die Mitglieder des Studienkreises so unterschiedliche Fächer studierten, habe – so Giesecke – zu einer großen kulturellen Offenheit geführt (Giesecke 2000a: 113).

Die Mitglieder des Studienkreises begannen 1956 im Auftrag des Jugendhofes Vlotho, Schülerlehrgänge zur politischen Bildung durchzuführen. Die Themen reichten dabei von Marxismus und zeitgenössischer Philosophie über Zeitgeschichte und moderne Sozialwissenschaft bis zur Psychoanalyse. Die Studienkreismitglieder traten dabei laut Giesecke durchaus in Distanz zum damaligen konservativen Zeitgeist, und der politische Grundtenor war – wie

---

139 Vgl. Giesecke 2000a: 102. Dass diese Themen im Studienkreis diskutiert wurden, bestätigt auch Jürgen Kocka in einem Interview; vgl. Kocka 1999. Angesichts dessen erstaunt es, dass Gieseckes Rezeption der marxistischen Theorie erst in der Neuauflage seiner Didaktik von 1972 wiederzufinden ist (vgl. u. S. 356), nicht aber in seiner Didaktik von 1965.

140 Zu Gieseckes Veröffentlichungen in den West-Ost-Berichten vgl. Band 1 von Gieseckes „Gesammelten Schriften" auf seiner Homepage (www.hermann-giesecke.de/werke1.htm). Die Zeitschrift vereinigte sich 1961 mit anderen Zeitschriften zur Zeitschrift „Europäische Begegnung", in der Giesecke nur noch 1962 einen Literaturbericht unter dem Titel „Zur Geschichte des jüdischen Schicksals" (Heft 7, S. 46-51) veröffentlichte; vgl. www.hermann-giesecke.de/werke2.htm (download: 14.05.2008).

auch an den Themen unschwer zu erkennen – links bis liberal (Giesecke 2000a: 110-111).[141]

Zur didaktischen und methodischen Umsetzung schreibt Giesecke: „In didaktisch-methodischer Hinsicht waren wir auf uns selbst verwiesen, für die politische Bildung gab es noch keine ausformulierten Konzepte, an die wir uns hätten anlehnen können; pädagogisch gesehen waren unsere Lehrgänge Neuland" (Giesecke 2000a: 113).[142]

Giesecke setzte seine Jugendarbeit nach seinem Staatsexamen in Geschichte und Latein im Jahr 1960 als Jugendsekretär im Jugendhof Steinkimmen fort. Er holte auch die Schülerlehrgänge von Vlotho nach Steinkimmen, sodass er weiterhin mit den Mitgliedern des Studienkreises gemeinsam arbeiten konnte.

Zunächst führten die „angeblich einseitige Intellektualität" dieser Lehrgänge und die „intellektuell-rationalen, anti-musischen und anti-gemeinschaftlichen Vorstellungen" der Studienkreismitglieder zu Schwierigkeiten, da auch in Steinkimmen das pädagogische Leitmotiv der „Begegnung" galt, die in ganzheitlicher Form – also neben der inhaltlichen Arbeit durch gemeinsames Spielen, Tanzen, Singen und Werken – stattfinden sollte (vgl. Giesecke 2000a: 119-122).

In einem programmatischen Vortrag angesichts seiner Ernennung zum Leiter des Jugendhofes, den er in seiner Autobiografie in langen Auszügen wiedergibt, formuliert Giesecke 1961 zwei Einsichten, die er in seiner praktischen Arbeit gewonnen habe:

Zum einen schreibt er, auch wenn das *politische* Interesse gegenwärtig darin bestehe, die Bundesrepublik ideologisch gegenüber dem Osten abzusichern, könne das *erzieherische* Interesse „nur darin bestehen, die Ostthematik lediglich so weit mit einzubeziehen, wie es für die Durchleuchtung der demokratischen Wirklichkeit und Werte unserer Gesellschaft sinnvoll ist". Ein demokratisches Bewusstsein dürfe nicht als selbstverständlich vorausgesetzt werden, und eine „oberflächliche Phraseologie von Freiheit und Rechtsstaatlichkeit" könne eine „gründliche Erarbeitung demokratischer Werte und Wirklichkeiten" nicht ersetzen. Politische Probleme dürften nicht auf „abstrakte Moralität" reduziert

---

141 Vgl. dazu auch das veröffentlichte ausführliche Gespräch Gieseckes mit Gerd Koch (Giesecke 1978b: 358).

142 Ein Charakteristikum der Lehrgänge, das Giesecke besonders hervorhebt, war, dass es ausschließlich um eine kognitive Auseinandersetzung mit den Inhalten ging. Über die später aufgekommenen psychologisierenden Konzepte in der Bildungsarbeit schreibt er noch im Nachhinein ausgesprochen abfällig: „Der Wunsch, überall menschliche ‚Ganzheit' ins Spiel bringen zu dürfen, kommt von den geistig Mittelmäßigen" (Giesecke 2000a: 112).

werden, und vor allem müsse der herrschende Kulturpessimismus überwunden werden, der für das bisherige Scheitern der politischen Bildung wesentlich mitverantwortlich sei. Bei der Arbeit im Jugendhof müssten daher aktuelle Stoffe „unserer eigenen Gesellschaft mit ihren historischen Dimensionen" den Inhalt der Lehrgänge bilden (Giesecke 2000a: 124-126).

Zum anderen argumentiert Giesecke in seinem Antrittsvortrag, die politischen Strukturen seien so durchsichtig und überschaubar wie nie zuvor und sie könnten so erklärt werden, dass jeder sich erfolgreich und mit geistiger Selbstständigkeit in ihnen bewegen könne. Der junge Mensch müsse lernen, dass politische Bildung dazu diene, „ihn mündig, selbstständig und frei zu machen gegenüber seiner Umwelt" (Giesecke 2000a: 124). Das Gleiche gelte auch für die musische Bildung, die in Steinkimmen in die politische Bildungsarbeit mit hineingenommen werden müsse, denn

> „die Unfähigkeit des jungen Menschen, in eine fruchtbare Distanz zu Film und Fernsehen zu kommen – und gerade diese fruchtbare Distanz wäre als ein gebildetes Verhältnis zu bezeichnen – ist dieselbe Unfähigkeit, die ihn verständnislos in das politische Getriebe blicken lässt. [...] Hier wie dort scheinen die großmächtigen gesellschaftlichen Apparate („Superstrukturen') von bedrückender Überlegenheit" (Giesecke 2000a: 123).

Gieseckes Begründung zeigt deutlich, dass er sich zu diesem Zeitpunkt schon mit Adornos Bildungsbegriff und seiner Musiksoziologie[143] und daneben auch mit Arnold Gehlens Zivilisationskritik[144] auseinandergesetzt haben muss.

---

143 Zur „Halbbildung" vgl. o.S. 58. In Bezug auf die Musiksoziologie erwähnt Giesecke selbst, dass er Adornos „Kritik des Musikanten" (in Adorno 1958) gelesen habe. Mit seinen Ausführungen zur Bedeutung der Musik will er sich vermutlich auch gegenüber seinen Kritikern rechtfertigen, die die rückläufigen Anteile musischer Bildung in Steinkimmen beklagt hatten (vgl. Giesecke 2000a: 126).

144 Der konservative Kulturkritiker Arnold Gehlen sieht den Menschen in der industriellen Gesellschaft den technischen Sachzwängen so weitgehend ausgesetzt, dass er seine eigene Wirklichkeit gar nicht mehr im eigenen Kopf integrieren könne. Eine autonome geistige, moralische und affektive Orientierung des Einzelnen sei damit nicht mehr möglich. Autonomie und Mündigkeit einzelner Subjekte seien aber auch gar nicht mehr nötig, weil die Integration der Wirklichkeit jetzt über gesellschaftliche Institutionen erfolge. Diese Institutionen bilden laut Gehlen eine „Superstruktur der menschlichen Zivilisation" (Gehlen 1949: 7) und werden zu einer „Zweiten Natur" des einzelnen Menschen. Während Gehlen – so zumindest seine Kritiker Jürgen Habermas und Rolf Wiggershaus – mit dieser „instrumentellen und verächtlichen Einstellung gegenüber der Spätkultur bzw. der Industriekultur überhaupt" eine antidemokratische Gegenaufklärung

Bevor Giesecke die Auszüge aus seinem Vortrag wiedergibt, schreibt er ausdrücklich, seine Dissertation sei zu diesem Zeitpunkt „noch keineswegs in Sicht" gewesen. Unterstellt man, dass diese nachträgliche Erinnerung richtig ist, dann wird hier zweierlei deutlich:

Zum einen formuliert er in diesem Vortrag direkt oder indirekt mehrere didaktische Überzeugungen, die später zu den zentralen Grundbausteinen seiner ausformulierten didaktischen Konzeption werden sollten: Er sieht schon hier die demokratische Wirklichkeit als zentralen Inhalt der politischen Bildung und will die realen, aktuellen politischen Probleme der Bundesrepublik Deutschland in ihrer jeweiligen historischen Dimension zum Thema machen.

Zum anderen hat Giesecke sich offenbar schon früh aus privatem und/oder beruflichem Interesse vor allem mit theoretischer sozialwissenschaftlicher Literatur auseinandergesetzt und nicht erst, als es darum ging, seiner Dissertation einen gesellschaftstheoretischen Rahmen zu geben. Sein Gesellschaftsbild war also vermutlich wie auch sein Bildungsbegriff schon vorher unter anderem von Adorno beeinflusst.

Im Laufe seiner Tätigkeit in Vlotho und Steinkimmen gewann Giesecke neben didaktischen auch methodische Erkenntnisse, die sich offenbar im Wechsel zwischen praktischer Arbeit und gemeinsamer Reflexion mit den anderen Studienkreismitgliedern nach und nach herausgeschält und zu methodischen Prinzipien verdichtet haben. So erwies es sich bei den Lehrgängen für Lehrlinge, die die Studienkreismitglieder ab 1960 zusätzlich zu den Schülerlehrgängen durchführten, offensichtlich als erfolgreich, in Gruppenarbeit Produkte zu erstellen; Projektarbeit und Handlungsorientierung wurden als fruchtbare methodisch-didaktische Zugangsweisen entdeckt und weiter entwickelt (Giesecke 2000a: 134).[145]

---

vertritt (Wiggershaus 1991: 648; vgl. Habermas 1984: 101, 107), deutet sich in Gieseckes Rede an, dass er die Autonomie der Jugendlichen gegenüber diesen „Superstrukturen" stärken will, denn er schreibt ausdrücklich, die Superstrukturen „scheinen [...] von berückender Überlegenheit" (Giesecke 2000a: 123). Auch Hilligen verweist bereits auf Gehlens Zivilisationskritik – genau wie Giesecke scheint er dessen Diagnose von den „Superstrukturen" zu übernehmen, ohne jedoch wie Gehlen den Anspruch auf Autonomie preiszugeben (vgl. Hilligen 1955: 104).

145 Bereits 1980 hatte Giesecke zudem geschrieben, dass die „spezifischen Bedingungen" der außerschulischen Bildungsstätten einen sehr großen Spielraum für Experimente geboten hätten, sodass er und die anderen Mitglieder des Studienkreises dort auch didaktische Entwürfe hätten produzieren konnten, die in der Schule so nicht zu realisieren gewesen wären (vgl. Giesecke 1980a: 532).

Im Sommersemester 1963 verließ Hermann Giesecke den Jugendhof Steinkimmen und ging als Assistent zu Theodor Wilhelm an die Universität Kiel. Dort schrieb er nach eigenen Angaben innerhalb eines Jahres seine Dissertation zu Ende, die er in Steinkimmen bereits begonnen hatte (Giesecke 2000a: 141). Über seine Dissertation schreibt er:

„Um meine Arbeit einordnen zu können, musste ich erst einmal definieren, was als Didaktik im Hinblick auf mein Thema gelten sollten. Dass mir dies gelang, wäre ohne die intensiven Reflexionen im Studienkreis nicht möglich gewesen. Insofern sind meine damaligen Kommilitonen […] auch geheime Mitautoren meiner Arbeit. Diese vielfältigen und in ihrer Summe eher verwirrenden, weil nie systematisierten, sondern immer wieder spontan entstandenen Reflexionen fügten sich nun in meinem Kopf zu einem System zusammen" (Giesecke 2000a: 142).

Über die Spiegel-Affäre, die er zum Ausgangspunkt seiner Reflexionen gemacht hat, habe er in Steinkimmen mit seinen Kolleginnen und Kollegen leidenschaftlich diskutiert, und nun habe er versucht, sich zu erinnern, wie sie in ihren Debatten eigentlich vorgegangen seien:

„Wie waren wir zu unserem Urteil gekommen? Da war ein öffentlicher Konflikt aufgebrochen, der uns überrascht hatte, und wir versuchten, dadurch Stellung zu beziehen, dass wir das, was wir schon wussten, auf diesen Konflikt hin mobilisierten. Diesen Zusammenhang konnte man auch umkehren: Wir stellen Fragen an diesen Konflikt und suchten nach Antworten: Wie sieht die Rechtslage aus? Wie sieht die Balance von Macht und Gegenmacht aus?" (Giesecke 2000a: 143-144).

Daraus habe er geschlossen, dass diese Fragen zugleich auch Kategorien darstellten, die wiederum auf andere Konflikte anwendbar seien. Wenn man solche Kategorien zum Kern politischer Bildung machte, bekämen die unermesslichen Stoffe dadurch ein Zentrum.

Das praktische Vorgehen, kategoriale Fragen an aktuelle Konflikte zu stellen, hatte nach Giesecke nicht nur den eigenen politischen Diskussionen der Studienkreismitglieder zugrunde gelegen, sondern sich bei den Lehrgängen etabliert. Dabei sei diese Vorgehensweise aber nie didaktisch auf den Begriff gebracht worden. Die „didaktische Konstruktion" seiner Konfliktdidaktik sei damit also „gleichsam aus dem hohlen Bauch entstanden, durch Selbstreflexion, sie stütze sich nicht auf erziehungswissenschaftliche Traditionen […]" (Giesecke 2000a: 144; vgl. Giesecke 1978b: 359).

Genau so stellt Giesecke die Entstehung seiner Didaktik auch in einem Interview dar: Ausdrücklich gefragt, welchen Einfluss Dahrendorfs Theorie des sozialen Konflikts und die Pluralismustheorie Fraenkels auf die Zusammenstellung seiner Kategorien gehabt haben, antwortet er, beide hätten

„auf die Entstehung des Kategorienmodells keinen direkten Einfluss gehabt. Das Modell wurde in ganz anderen Zusammenhängen entwickelt und diskutiert, nämlich in den studentischen Teams, in denen wir die politische Bildungsarbeit in den Jugendhöfen Vlotho und Steinkimmen gemacht haben. Erst später habe ich dann v.a. von Dahrendorf gelesen und fand dabei eine interessante Bestätigung dessen, was wir schon im Rahmen unserer pädagogischen Praxis herausgefunden hatten" (Giesecke 1998b: 7).[146]

Als Fazit zur Bedeutung der praktischen Jugendarbeit für die Entwicklung von Gieseckes Konzeption lässt sich damit abschließend Folgendes feststellen:

Giesecke hat sowohl seinen kategorialen didaktischen Ansatz als auch die Konzentration auf politische Konflikte als Zentrum der politischen Bildung ganz überwiegend gemeinsam mit den anderen Mitgliedern des Studienkreises aus der Reflexion seiner praktischen Arbeit entwickelt.

Auch für die Systematisierung beider Aspekte im Rahmen seiner Dissertation bezieht er, wie im Laufe dieses Kapitels deutlich geworden ist, nur in geringem Ausmaß theoretische wissenschaftliche Literatur mit ein – das gilt offenbar nicht nur für die erziehungswissenschaftliche Literatur, sondern auch für konflikttheoretische Ansätze.[147]

Anders verhält es sich aber mit Gieseckes darüber hinausgehenden Ausführungen zum Gesellschaftsbild und zum Demokratieverständnis. Hier macht die Darstellung seines Werdegangs deutlich, dass er sich schon früh,

---

146 Nach einer mündlichen Information von Gotthard Breit hat er gemeinsam mit einer Kollegin das Interview geführt. Aus dem Abdruck des Interviews bei Giesecke geht dies leider nicht mehr hervor.

147 Auch Gagel schreibt, Gieseckes Didaktik sei das Ergebnis seiner Tätigkeit in der freien Jugendarbeit; dies sei seine „Grunderfahrung", aus der heraus er den Konflikt zum „organisierende[n] Prinzip eines didaktischen Modells" gemacht habe (vgl. Gagel 2005: 158). Gagel geht aber so weit zu sagen, der Begriff Konflikt enthalte bei Giesecke „keine Aussage über die Theorie der Gesellschaft wie bei Dahrendorf" (Gagel 2005: 159).

Auch wenn Giesecke die didaktische Kategorie des „Konflikts" tatsächlich aus der praktischen Erfahrung entwickelt hat, erscheint Gagels Deutung doch überzogen, weil der Konflikt bei Giesecke eben nicht nur eine didaktische Kategorie ist, sondern auch ein zentrales Charakteristikum seines Politik- und Demokratieverständnisses, das er, wie im Folgenden argumentiert wird, im Rahmen seiner Didaktik durchaus zur politischen Theorie ausbaut.

vor allem im Rahmen der Diskussionen und der Bildungsarbeit im Studienkreis, mit sozialwissenschaftlicher Literatur auseinandergesetzt und dabei durchaus unterschiedliche Autoren zur Kenntnis genommen hat. Sein Zitat zur „didaktischen Konstruktion" seiner Konfliktdidaktik endet daher auch nicht mit der Feststellung, diese stütze sich „nicht auf erziehungswissenschaftliche Traditionen", sondern geht weiter mit dem Halbsatz „[...] sondern auf politik- und sozialwissenschaftliche Grundlagen" (Giesecke 2000a: 144).

Dabei legt Gieseckes Darstellung seiner Arbeit im Studienkreis nahe, dass er dort bereits grundlegende Vorstellungen über Demokratie, Politik und Gesellschaft entwickelt hat, die man am treffendsten vielleicht als sozialwissenschaftlich angereicherte Alltagstheorie bezeichnen kann. Diese hat er dann für seine Dissertation durch die Einarbeitung sozialwissenschaftlicher Literatur erweitert und systematisiert, sodass man von seiner Didaktik durchaus sagen kann, dass sie auch eine Gesellschaftstheorie enthält.

Ähnlich fasst Giesecke auch selbst in dem schon zitierten Interview die Entwicklung seiner Didaktik zusammen:

„Ich habe mich angesichts eines politischen Konfliktes [...] gefragt, was ich eigentlich selbst tue, wenn ich darüber nachdenke, was da abläuft. Ich bin darauf gekommen, dass ich Fragen stelle an die Sachverhalte, und dann habe ich aus der Selbsterfahrung versucht, die Sache zu systematisieren: Welche Fragen sind eher zufällig, welche sind kategorial in dem Sinne, dass sie für das Politische grundsätzlich, also immer gelten? Dazu musste ich natürlich auch die politische Philosophie und die Politikwissenschaft befragen – mit welchen Fragen arbeiten die eigentlich? Auf diese Weise ist das Kategorien-Ensemble dann entstanden" (Giesecke 1998b: 6-7).

Welche sozialwissenschaftlichen Einflüsse dabei im Einzelnen für Gieseckes Politikverständnis, sein Gesellschaftsbild und sein Demokratieverständnis wie prägend waren, ist nun die Frage des folgenden Abschnitts.

Die Einflüsse der sozialwissenschaftlichen Theorien auf Gieseckes Didaktik
Eine zusammenfassende Bewertung der Einflüsse der sozialwissenschaftlichen Theorien auf die Politikdidaktik und vor allem auf seine eigene Konzeption formuliert Giesecke selbst in seinem Überblicksaufsatz zur „Entwicklung der Didaktik des Politischen Unterrichts" (Giesecke 1980a). Hier schreibt er:

„Nach 1945 war in der Bundesrepublik die wissenschaftliche Tradition zunächst abgebrochen. [...] Für die Frage, welche *Kenntnisse* im politischen Unterricht zu lernen waren, gab es im nachkriegsdeutschen Westen praktisch keine [...] wissenschaftlich begründbaren Antworten.

[...] Das änderte sich erst mit dem Eintritt der jungen Politikwissenschaft in die Diskussion; die besondere Bedeutung der Freiburger Schule ist bereits erwähnt worden.[148] [...] Ähnliches gilt für die sich ebenfalls neu etablierende deutsche Soziologie. Allerdings mangelte damals auch der politischen Didaktik ihrerseits das Sensorium für die Rezeption relevanter politik- und sozialwissenschaftlicher Forschungsergebnisse sowie Denkmuster weitgehend. Erst die Arbeiten von Dahrendorf vom Anfang der sechziger Jahre erzielten einen breiteren Durchbruch; vor allem sie brachten in die didaktische Diskussion die aus den USA adaptierten Rollen- und Konflikttheorien ein (Dahrendorf, 1961). Etwa zur selben Zeit wurden die Arbeiten der Frankfurter Schule bekannt; am Beginn standen etwa Adornos Vortrag: ‚Was bedeutet: Aufarbeitung der Vergangenheit?' (Adorno, 1960 und 1969) und die Untersuchung des Instituts für Sozialforschung über ‚Student und Politik' (Habermas u.a., 1961 und 1963). Der erste umfassende Versuch, diese sozialwissenschaftlichen Einflüsse zu einer didaktischen Theorie zu integrieren, war Gieseckes ‚Didaktik der politischen Bildung' (1965)" (Giesecke 1980a: 536).[149]

---

148 Giesecke nennt für die „junge Politikwissenschaft" in einer Anmerkung Beiträge von Hennis, Landshut, Besson, Greiffenhagen und Sontheimer zur Kritik der politischen Bildung.
Zur Freiburger Schule hatte Giesecke vorab geschrieben:
„Die Bedeutung der sogenannten ‚Freiburger Schule' Bergstraessers bestand vor allem darin, dass sie politikwissenschaftlich die sogenannten ‚ordnungspolitischen' Vorstellungen vertrat, die zu einem wesentlichen Fundament der konservativen politischen Theorie in der Bundesrepublik wurden und noch in der von vier CDU-Kultusministern initiierten Schrift ‚Politische Bildung' (1976) deutlich zu erkennen sind [...]. Aus dem erheblichen personellen und ideellen Potenzial der ‚Freiburger Schule' erwuchs dann auch seit Anfang der siebziger Jahre eine didaktische Gegenbewegung gegen die – zumindest an den Hochschulen, wohl kaum an den Schulen – vorherrschend gewordenen konflikt- und emanzipationsorientierten Ansätze" (Giesecke 1980a: 532-533).
149 Wenn Giesecke an anderer Stelle demgegenüber schreibt, er sei anfänglich vor allem durch Helmut Schelsky und seine Schüler beeinflusst worden (Giesecke 2004; vgl. auch Massing 2007: 21), scheint sich das vor allem auf seine Arbeiten zur außerschulischen Jugendbildung und auf bildungssoziologische Fragen zu beziehen und weniger auf seine Didaktik. Vgl. dazu o. S. 110, Anm. 129. Mit Habermas 1963 meint Giesecke die Erstausgabe von „Theorie und Praxis" (Neuwied).

In diesem Zitat nennt Giesecke fast alle Autoren, deren Rezeption die bisherige Analyse in diesem Kapitel bestätigt hat.[150] Um abschließend deren Relevanz für Giesecke vergleichend zu bewerten, werden im Folgenden diejenigen Inhalte aus Gieseckes Didaktik, zu denen er direkt auf sozialwissenschaftliche Theorien verweist oder bei denen der Einfluss seiner Auseinandersetzung mit solchen Theorien deutlich erkennbar ist, nochmals zusammengefasst. Dabei handelt es sich um Gieseckes Politikbegriff, sein Gesellschaftsbild und sein Demokratieverständnis.

Politik definiert Giesecke durch die Offenheit von Entscheidungssituationen und durch Konflikte. Unter *Offenheit* versteht er mit Karl Mannheim, Jürgen Habermas und Arnold Bergstraesser, dass politische Entscheidungen nicht vollständig wissenschaftlich begründbar sind (vgl. o. ab S. 45).[151] *Konflikte* sieht Giesecke mit Ralf Dahrendorf als allgemeine Tatsachen jeder Gesellschaft, die sich jeweils in politischen Auseinandersetzungen realisieren und deren Institutionalisierung eine Regelhaftigkeit ihres Austrages ermöglicht (vgl. o. ab S. 48 und ab S. 89).

Jenseits dieser beiden Charakteristika, die er ausdrücklich zur Definition von Politik heranzieht, schwankt Giesecke zwischen einem engeren und einem weiten Politikverständnis:

Das weite Politikverständnis Gieseckes scheint dabei aus seinem Bild einer politisierten Gesellschaft zu entspringen, das er im Einklang mit Habermas und Oehler entwickelt (vgl. o.S. 52). Das enge Politikverständnis dagegen, nach dem Politik die verbindliche Regelung gemeinsamer gesellschaftlicher Angelegenheiten darstellt, entwickelt Giesecke zunächst induktiv, am Beispiel der Spiegel-Kontroverse (vgl. o.S. 45, S. 50). Es taucht dann später wieder auf, wenn es um die Praxis der politischen Bildung geht, wie etwa im Rahmen von Gieseckes Vorschlägen für die Inhalte der politischen Bildung (vgl. o.S. 56) oder bei seiner Kritik an anderen didaktischen Konzepten oder Rahmenplänen (vgl. o.S. 66, S. 53).

---

150 Diese Autoren nennt er auch an einigen anderen Stellen als relevant für seine Arbeit oder die Politikdidaktik der 1960er Jahre im Allgemeinen. So z.B. 1970, als er schreibt:
„Erst Arbeiten der ‚Frankfurter Schule' (Adorno, Habermas) haben die Diskussion aus dieser Sackgasse [der Kontroverse Oetinger/Litt/Weniger] wieder herausgeführt (vgl. vor allem Habermas u.a.: Student und Politik. Neuwied 1961, vor allem das 1. Kapitel: Reflexionen über den Begriff der politischen Beteiligung)" (Giesecke 1970a: 44, Anm. 1, Ergänz. K. P.).

151 Giesecke beruft sich zudem direkt auf Bergstraesser und Mannheim, wenn er aus der Offenheit von Politik folgert, dass als Prinzip der Stoffauswahl auch die Aktualität eine wichtige Rolle spielen sollte (vgl. o.S. 64).

Der gleiche Widerspruch zwischen einem engen und einem weiten Verständnis zeigt sich in Bezug auf den Begriff Konflikt: Auch hier scheint Giesecke Konflikte immer dann, wenn es um die Praxis politischer Bildung geht, deutlich enger zu fassen, als sein mit Dahrendorf formulierter Konfliktbegriff erwarten lässt (vgl. die Ausführungen zur Kategorie Konkretheit, o. S. 93).

Gieseckes mehrdeutiges und zum Teil widersprüchliches Politik- und Konfliktverständnis zieht sich dabei durch seine gesamten Ausführungen, wobei man zusammenfassend festhalten kann, dass Gieseckes gesellschaftstheoretischen Überlegungen meist ein weiteres, seinen didaktischen Überlegungen – mit Ausnahme der eher lapidaren und nirgendwo konkretisierten Feststellung, dass neben dem Staat auch die politisierte Gesellschaft zum Gegenstand der politischen Bildung werden müsse (vgl. Giesecke 1965a: 27; o. S. 53) – ein engeres Verständnis von Politik und Konflikten zugrunde liegt.

Beiden Verständnissen ist gemeinsam, dass Institutionen für Giesecke kaum eine Rolle spielen und dass die Begriffe Macht und Herrschaft unscharf bleiben (vgl. o.S. 93, S. 95).

Die *Gesellschaft* begreift Giesecke analog zu seinem weiten Politikverständnis als weitgehend politisierte – das Politische erstrecke sich, so Giesecke mit Christoph Oehler, durch alle Bereiche gesellschaftlicher Kommunikationen (vgl. o.S. 52), und Macht sei ein „totaler Faktor des politisch-gesellschaftlichen Lebens" (vgl. o.S. 93). Giesecke beruft sich für diese Diagnosen neben Oehler auch auf Jürgen Habermas sowie auf Karl Mannheims These von der Fundamentaldemokratisierung (vgl. o.S. 61).

Gieseckes *Demokratieverständnis* ist pluralistisch. Vor allem im zweiten Teil seiner Didaktik betont er mehrfach, besonders im Zusammenhang mit der Erläuterung seiner Kategorien, die Bedeutung von individuellen Interessen sowie die zentrale Rolle von Gruppen für die politische Durchsetzung dieser Interessen (vgl. die Kategorien Funktionszusammenhang, Interesse, Mitbestimmung und Solidarität, o. S. 96). Bei seinen Ausführungen zur Kategorie Ideologie bezeichnet Giesecke überdies in einem Nebensatz wie selbstverständlich die deutsche Gesellschaft als pluralistische (vgl. o.S. 99).

Giesecke schließt sich in diesem Zusammenhang mehrfach Kurt Sontheimer an, der nicht nur den gesellschaftlichen Pluralismus verteidigt, sondern auch ein entsprechendes Staatsverständnis fordert, nach dem der Staat nicht mehr als der Gesellschaft übergeordnet betrachtet werden dürfe (vgl. o.S. 52).[152] Zur

---

152 Giesecke rezipiert Sontheimer nicht nur in seiner Didaktik: In seinem Aufsatz „Braucht die deutsche Jugend Nationalgefühl?" (Giesecke 1966c), den er in seiner Autobiografie nachträglich als wichtige politische Äußerung beschreibt (vgl. Giesecke 2000a: 157-160), erwähnt er gleich zu Beginn zustimmend

Bedeutung der individuellen Interessen verweist Giesecke zudem auf Manfred Teschner und – fälschlicherweise – auf Theodor W. Adorno (vgl. o.S. 96). Giesecke geht auch davon aus, dass das Gemeinwohl nur a posteriori bestimmt werden könne (vgl. o.s. 96) und kritisiert die Rahmenrichtlinien der KMK dafür, dass sie die gesellschaftliche, politische und wirtschaftliche Ordnung als eine konsensuelle darstellten (vgl. o.S. 53). Schließlich konstatiert er eine aufgrund der pluralistischen Interessenstruktur der Gesellschaft politische und pädagogische Unbestimmtheit der Lehrinhalte (vgl. o.S. 112).

Jenseits seines pluralistischen Grundverständnisses von Demokratie gibt es bei Giesecke allerdings zwei sehr unterschiedliche Demokratievorstellungen:

Im mittleren Teil seines Buches bewegt er sich vorwiegend auf der Ebene der bestehenden Verfassungswirklichkeit und beschreibt die bestehenden Einflussmöglichkeiten innerhalb der pluralistischen Demokratie als marginal. An dieser Stelle legt er der politischen Bildung nahe, sich an einer solchen realistischen Beschreibung zu orientieren. Seinen Ausführungen davor und danach liegt demgegenüber eine durchaus idealistische Demokratievorstellung zugrunde, nach der die Demokratisierung weiter gehen müsse und die politische Bildung an diesem Prozess mitzuwirken habe.

Auf der empirischen Ebene sieht Giesecke unter Berufung auf Jürgen Habermas, Wilhelm Hennis, Kurt Sontheimer und Waldemar Besson nur geringe Einflussmöglichkeiten für Bürgerinnen und Bürger. Dabei schließt er ausdrücklich auch die Möglichkeiten zum Engagement in Parteien oder Interessengruppen ein, über die er sich unter Berufung auf Kurt Sontheimer und Wilhelm Hennis skeptisch äußert (vgl. Giesecke 1965a: 62; vgl. o.S. 81). Giesecke kritisiert, dass die hohen Ziele der politischen Pädagogik dieser politischen Wirklichkeit widersprächen und wirft ihr ein unrealistisches Menschenbild, die Überschätzung der Kompetenzen der Bürgerinnen und Bürger, Fehleinschätzungen des repräsentativen politischen Systems der Bundesrepublik und Unwissenheit über die tatsächlichen Beteiligungsmöglichkeiten in der repräsentativen Demokratie vor (vgl. o.S. 69-76). Als Folge dieser unrealistischen Zielvorstellungen sieht Giesecke – erneut mit

---

Sontheimers Kritik an dem zunehmenden „Ruf nach der Wiedererweckung des Nationalen" in dem von Sontheimer u.a. verfassten Buch „Sehnsucht nach der Nation? Drei Plädoyers" (München 1966).

Giesecke selbst appelliert in seinem, nach eigenen Angaben ersten dezidiert politischen öffentlichen Vortrag an die Vertreter des Deutschen Bundesjugendrings, sich nicht für das „Nationalgefühl", sondern für ein „Staatsbewusstsein" als Erziehungsziel einzusetzen. Im Nachhinein spricht Giesecke davon, hier für einen „Verfassungspatriotismus" als Erziehungsziel eingetreten zu sein (Giesecke 1966c: 547; 2000a: 159).

Kurt Sontheimer sowie mit Waldemar Besson und Siegfried Landshut – die Gefahr, dass Illusionen geschürt würden, die Politikverdrossenheit entstehen ließen (vgl. o.S. 76, S. 79).

Ausgehend von diesen empirischen Beobachtungen, scheint Giesecke dann durchaus das Faktische zur Norm zu erheben, indem er der politischen Bildung eine Orientierung an einer solchermaßen „*realistischen*", *repräsentativen Demokratievorstellung* nahelegt. So plädiert er für Zurückhaltung in Bezug auf Appelle zur Aktivität und schlägt mit Hennis vor, den *Re*aktionen ein größeres Gewicht beizumessen (vgl. o.S. 82). Er vertritt das Leitbild eines interventionsfähigen Bürgers, der sich nur bei für ihn wichtigen Fragen politisch einmischt, und wählt als Zielbegriff den wenig aussagekräftigen Begriff der politischen Beteiligung (vgl. o.S. 85).

Daneben lässt sich bei Giesecke an vielen anderen Stellen aber auch eine Demokratievorstellung finden, die man als idealistisch bezeichnen kann. Diese *idealistische Demokratievorstellung* kommt vor allem in Gieseckes Dissertation, daneben aber auch in seiner Didaktik zum Vorschein: Vorwiegend bei der Formulierung seines Politikbegriffs und bei der Erläuterung seines Gesellschaftsbildes, teilweise auch im Rahmen seiner Ausführungen zu den Kategorien und zur Aufgabe der didaktischen Theorie schreibt Giesecke an mehreren Stellen der politischen Bildung ausdrücklich eine gesellschaftskritische Funktion zu. Dort wird deutlich, dass er den Demokratisierungsprozess für nicht abgeschlossen hält – sowohl im Hinblick auf die politischen Beteiligungsrechte als auch im Hinblick auf die soziale und ökonomische Chancengleichheit der Menschen (vgl. o.S. 72, S. 50). Wie die folgenden Beispiele zeigen, bezieht Giesecke sein idealistisches, gesellschaftskritisches Demokratieverständnis vor allem von Jürgen Habermas, Wolfgang Abendroth, Karl Mannheim, Theodor W. Adorno und aus den Schriften zur politischen Psychologie.[153]

Im Einzelnen verweist er beispielsweise darauf,
- dass die Verfassung in Übereinstimmung mit Habermas und Abendroth als normativer Maßstab zur weiteren Demokratisierung gelten könne (vgl. o.S. 49, S. 48, S. 98);
- dass die politische Bildung angesichts der von der politischen Psychologie aufgezeigten Gefahren von „Vorurteilen" auf die Veränderung von solchen

---

153 In seinem Grundlagenaufsatz „Entwicklung der Didaktik des Politischen Unterrichts" schreibt Giesecke gar, bereits in dieser ersten Fassung seiner Didaktik habe sich „erkennbar" die Kritische Theorie niedergeschlagen, da diese von den studentischen Mitarbeitern in außerschulischen Jugendbildungsstätten diskutiert worden sei (Giesecke 1980a: 533).

gesellschaftlichen Verhältnissen dringe müsse, die Vorurteilshaltungen verursachen, und nicht zu einer „Schaltstelle im blinden und bewusstlosen Funktionsablauf der Gesellschaft" werden dürfe (Giesecke 1965a: 54; vgl. o.S. 70);
- dass es nötig sei, durch echte Bildung den von Adorno und Mannheim genannten Gefahren entgegenzutreten, die durch die zunehmende Ausbreitung funktionaler Rationalität auf immer mehr Lebensbereiche entstünden, weil es sonst zu einer Verdinglichung des Bewusstseins und zur kritiklosen Anpassung an die bestehenden Verhältnisse komme (vgl. o. S. 58, S. 60); – dass Didaktik als „politische Theorie des Pädagogischen" die politische Kritik zum konstitutiven Moment der Pädagogik machen müsse (vgl. o.S. 115);
- dass der Staatsbürger sich der Erkenntnisse der Ideologiekritik bedienen sollte, „um seine Interessen wie seine erfolgreiche Interessenvertretung jeweils neu ermitteln zu können" (Giesecke 1965a: 112; vgl. o.S. 99) und
- dass die politische Didaktik die Aufgabe habe, eine Ideologiekritik des Gesellschafts- und Politikbildes sowie der didaktischen Ansätze bisheriger politischer Bildung zu leisten (vgl. o.S. 114).

In seiner Dissertation von 1964 hatte er darüber hinaus festgestellt,
- dass die politische Bildung ein „utopisches Moment" brauche und immer auch das gegebene Wirkliche auf das Mögliche hin transzendieren müsse (vgl. o.S. 81, S. 83);[154]
- dass die politische Bildung – wie es Flitner fordert – ihren eigenen politischen Standort in der gegenwärtigen Gesellschaft ermitteln und sich darüber klar werden müsse, dass politischer Unterricht immer auch Parteinahme gegen die vorgegebene politisch-gesellschaftliche Wirklichkeit in ihrer Gesamtheit sei (vgl. o.S. 72) und
- dass die Tatsache, dass die Chancen eines politischen Einflusses heute gering seien, „nichts gegen die Vernünftigkeit des Postulats, diese schlechte Wirklichkeit zu verbessern", aussage, und dies im Gegenteil dazu führen müsse, dass die politische Bildung „sich bewusst wird, dass sie auch zur Gesellschaftskritik gezwungen wird, wenn sie ihre Zielsetzung aufrecht erhält" (Giesecke 1964a: 177-178; vgl. o.S. 82).

---

154 Hier hatte Giesecke auf Eugen Lemberg verwiesen, auf dessen problematische nationalistische Konnotation der Utopie er aber an dieser Stelle nicht eingegangen war (vgl. o.S. 84, Anm. 98).

Ein weiterer sehr deutlicher Hinweis auf Gieseckes idealistische Demokratievorstellung findet sich in seiner „Kritik der Kritik", wo er angesichts der heftigen linken Kritik, die vor allem seinen Zielbegriff „politische Beteiligung", seine Orientierung am „Normal- oder Durchschnittsbürger" und seine Kritik am Ziel der politischen Aktivität traf (vgl. o.S. 81, S. 86, S. 117), ausdrücklich auf seine gesellschaftskritischen Absichten insistiert:

> „‚Demokratisierung' wird in diesem Buch als ein historischer Prozess verstanden, als das fundamentale Generalthema der neueren Geschichte überhaupt. [...] Unsere gegenwärtige Gesellschaft ist also keineswegs das Ende des Demokratisierungsprozesses. Ihre Realität ist viel mehr eine ständige Herausforderung, die jeweils konkreten Möglichkeiten weiterer Demokratisierung als Aufgabe zu thematisieren und praktisch in Angriff zu nehmen. Dabei geht es nicht nur um die Erhaltung formaler Rechte (wie Wahlrecht, Koalitionsrecht usw.), sondern um das, was Karl Mannheim ‚Fundamentaldemokratisierung' nannte: um den Abbau überflüssiger Herrschaft von Menschen über Menschen und die allgemeine Kontrolle der notwendigen Herrschaft, und dies nicht nur im Hinblick auf die Rechte und Machtbefugnisse des Staates, sondern im Rahmen *aller* gesellschaftlichen Beziehungen, nicht zuletzt auch der pädagogischen" (Giesecke 1968b: 211-212).

Wenn man berücksichtigt, dass Giesecke seine Gesellschaftskritik in der Didaktik gegenüber der Dissertation stark abgeschwächt hat, wird seine sichtbare Enttäuschung darüber, dass die linken Kritiker seiner Didaktik auch die noch verbliebenen Momente der Gesellschaftskritik absprechen, durchaus verständlich. Aber auch mit diesen Ausführungen – die überdies erst drei Jahre nach der Didaktik geschrieben wurden und in denen die Veränderungen, die dann 1972 Gieseckes neue Didaktik prägen werden, schon spürbar sind – kann Giesecke nicht wegdiskutieren, dass er in weiten Teilen seiner Didaktik den Eindruck erweckt, vor der Normativität des Faktischen zu kapitulieren. Hier existiert ein Widerspruch, oder doch zumindest ein Spannungsverhältnis, zwischen zwei unterschiedlichen Demokratievorstellungen, das Kritikern aller politischen Richtungen eine Angriffsfläche bietet.[155]

---

[155] Wie es in seiner Didaktik zu den Abstrichen gegenüber seiner Dissertation gekommen ist, lässt sich aus dem Text selbst nicht erkennen. Eine mögliche Vermutung wäre, dass Gieseckes eher konservativer Doktorvater Theodor Wilhelm für die Veröffentlichung der Arbeit entsprechende inhaltliche Auflagen gemacht hat, was damals nicht unüblich war.

Dieses Spannungsverhältnis erschwert auch die abschließende Einschätzung darüber, welche Relevanz die rezipierten sozialwissenschaftlichen Theoretiker für Giesecke im Einzelnen haben.

Einerseits gibt es in Bezug auf das Bürgerleitbild und die repräsentativdemokratische Demokratievorstellung bei Giesecke starke Anleihen vor allem bei Kurt Sontheimer, daneben auch bei Wilhelm Hennis sowie zum Teil bei Waldemar Besson und Siegfried Landshut.[156] Für seine idealistische, gesellschaftskritische Demokratievorstellung sowie für die These von der zunehmenden Politisierung der Gesellschaft beruft sich Giesecke vor allem auf Jürgen Habermas und daneben auf Wolfgang Abendroth, Christoph Oehler, und Manfred Teschner.

Bei Habermas, Oehler und Teschner zieht er über deren gesellschaftstheoretische Ausführungen hinaus auch die Ergebnisse ihrer empirischen Studien zur politischen Bildung am Frankfurter Institut für Sozialforschung heran. Giesecke nutzt Habermas außerdem gemeinsam mit Karl Mannheim für Anleihen zu seinem Wissenschaftsbegriff sowie zur Begründung der Offenheit als zentrales Charakteristikum der Politik. Mannheim zieht er gemeinsam mit Theodor W. Adorno auch zur Begründung seines Bildungsverständnisses heran, aus dem er ebenfalls gesellschaftskritische Implikationen ableitet. Adornos zweite Funktion wiederum liegt in seinen Schriften zur politischen Psychologie, die Giesecke ebenfalls zur Begründung einer gesellschaftskritischen politischen Bildung nutzt.[157]

Von Ralf Dahrendorf übernimmt Giesecke die zentrale Rolle von Konflikten in der Gesellschaft, ohne allerdings auf die für Dahrendorf substanzielle Bedeutung der Herrschaft (vgl. o.S. 33) einzugehen. Giesecke definiert Konflikte mit Ralf Dahrendorf als allgemeine Tatsachen jeder Gesellschaft, die sich jeweils in politischen Auseinandersetzungen realisieren (vgl. o. ab S. 48 und ab S. 89). Obwohl Giesecke sich ausdrücklich auf den weiten Konfliktbegriff

---

156 Dagegen bezieht sich Giesecke nicht auf die konservative politische Theorie Arnold Bergstraessers, sondern beruft sich auf diesen primär zur Untermauerung der Definition von Politik als offene Situation und der Notwendigkeit, aktuelle Probleme ins Zentrum politischer Bildung zu stellen (vgl. o.S. 46, S. 65).

157 Dass Adorno für Giesecke ein prägender Autor war, zeigt sich auch daran, dass sich neben den häufigen Verweisen auf gesellschaftskritische, psychologische und musiksoziologische Argumente Adornos in Gieseckes Didaktik und auch in seinen anderen Büchern und Aufsätzen zahlreiche prägnante Aussprüche Adornos finden. Als Beispiele seien hier das Verkommen der Bildung zum „Geschwätz des Verkäufers" (Giesecke 1963: 68), der „Tiefsinn aus zweiter Hand" (Giesecke 1965a: 82) sowie der „Jargon der Eigentlichkeit" (Giesecke 1968f: 211; Giesecke 2000a: 97) genannt.

Dahrendorfs beruft, liegt seinen didaktischen Vorschlägen dann aber ein engeres Konfliktverständnis zugrunde: Für Giesecke sind im Rahmen der Konfliktdidaktik nur *manifeste* und im engeren Sinne *politische* Konflikte von Interesse, denn nur diese macht er zum Auswahlkriterium für die Inhalte des Politikunterrichts.[158]

Insgesamt lässt sich auf jeden Fall feststellen, dass Dahrendorfs Bedeutung für Giesecke im Gegensatz zur gängigen Auffassung in der Politikdidaktik letztlich nicht sehr tief geht. Auch wenn er sich in Bezug auf seine zentrale Kategorie Konflikt auf ihn beruft, hat Giesecke ein anderes Konfliktverständnis als Dahrendorf selbst; überdies nutzt er weitere mögliche Anknüpfungspunkte in Dahrendorfs Theorie an keiner Stelle für seine gesellschaftstheoretischen oder didaktischen Überlegungen (vgl. o.S. 90).

Ohnehin spielt die *gesellschaftstheoretische Begründung* der Bedeutung von Konflikten in Gieseckes Didaktik kaum eine Rolle, obwohl er politische Konflikte zum Ausgangspunkt der Unterrichtsgestaltung macht. Die Ursache dafür dürfte, wie oben schon ausgeführt (vgl. S. 124) darin liegen, dass sich für Giesecke die zentrale Rolle von Konflikten schon im Rahmen der Diskussionen des Studienkreises bei der Konzeption der Bildungsveranstaltungen herausgeschält hat, auch ohne dass dort soziologische Konflikttheorien oder pluralistische Ansätze aus der Politikwissenschaft diskutiert wurden.

Und das wiederum dürfte nicht zuletzt mit dem „Wandel des historisch-politischen Hintergrundes" und den „realpolitischen Entwicklungen in der Bundesrepublik in der ersten Hälfte der sechziger Jahre" zusammenhängen, die, wie auch Herbert Kühr schreibt, nicht nur bei Hermann Giesecke, sondern in weiten Teilen der politischen Didaktik eine „Wende vom Partnerschafts- zum Konfliktdenken" ausgelöst haben (Kühr 1980: 118).

---

158 In einem späteren Aufsatz thematisiert Giesecke das Problem mit unterschiedlichen, auch unterschiedlich weiten Konfliktbegriffen selbst und unterscheidet begrifflich subjektive, innere, persönliche, gesellschaftliche, objektive, lebensweltliche und andere Konflikte. Genaue Abgrenzungen, systematische Beziehungen zwischen diesen verschiedenen Konflikten oder Möglichkeiten des didaktischen Umgangs mit diesen verschiedenen Konflikten formuliert er nicht und konstatiert stattdessen ausdrücklich, dass die mit konfliktorientierten didaktischen Ansätzen „verbundenen theoretischen und empirischen Aufgaben noch weitgehend ungelöst" seien. Dabei verweist er v.a. auf das Problem der Klassifizierung politisch-gesellschaftlicher Konflikte, die nötig sei, damit sie als Auswahlkriterien für Unterrichtsinhalte dienen könnten, und auf den ungeklärten Zusammenhang zwischen subjektiven und objektiven Konflikten (Giesecke 1978a: 500).

Überdies wäre Giesecke in Bezug auf die Bedeutung von Konflikten in politischen Prozessen, um die es ihm vornehmlich geht, bei Dahrendorf auch gar nicht fündig geworden, weil dieser zwischen gesellschaftlichen und politischen Konflikten nicht hinreichend unterscheidet und folglich die Bedeutung politischer Konflikte vernachlässigt (vgl. o.S. 43). Politische Konflikte spielen eher in pluralistischen Demokratiekonzeptionen aus der Politikwissenschaft eine wichtige Rolle. Gieseckes dortige Anleihen, vor allem bei Kurt Sontheimer, beziehen sich aber eher auf die Bedeutung von individuellen Interessen als auf den Konfliktbegriff selbst. Generell lässt sich dazu sagen, dass Gieseckes auch der gesellschaftstheoretischen Begründung seiner pluralistischen Demokratievorstellung wenig Bedeutung beimisst. Wie die zentrale Rolle der Konflikte scheint er auch den Pluralismus einfach als selbstverständlich vorauszusetzen: In seiner Didaktik schwingt sein pluralistisches Demokratieverständnis an vielen Stellen am Rande mit und wird gelegentlich auch angesprochen, aber an keiner Stelle ausdrücklich und im Zusammenhang begründet.

Stattdessen widmet Giesecke den größten Anteil seiner Theorierezeption demokratietheoretischen Ausführungen zu den empirisch gegebenen und den normativ gewünschten Mitwirkungsmöglichkeiten im zeitgenössischen demokratischen System. Daraus leitet er dann ab, wie die politische Bildung auf die zur gegebenen Zeit geringen Mitwirkungsmöglichkeiten reagieren sollte, welche Fehler hier bisher gemacht wurden und welche Aufgaben der politischen Bildung im Prozess der weiteren Demokratisierung zukommen. Für diese Fragen bezieht Giesecke sich mit Jürgen Habermas, Theodor W. Adorno, Karl Mannheim, Kurt Sontheimer, Wilhelm Hennis und anderen auf viele prägende Politikwissenschaftler und Soziologen der frühen 1960er Jahre. Ralf Dahrendorf ist in diesem Zusammenhang einer von mehreren und mit Sicherheit nicht der wichtigste sozialwissenschaftliche Theoretiker für Giesecke gewesen.

Würdigung: Gieseckes Beitrag zur politikdidaktischen Wende
Man kann Hermann Giesecke nicht vorwerfen, dass Dahrendorfs Konflikttheorie für ihn eine weit geringere Rolle gespielt hat, als dies in der Politikdidaktik üblicherweise angenommen wurde. An dieser Stelle muss die Sekundärliteratur dafür verantwortlich gemacht werden, dass offenbar ohne genaue Prüfung immer wieder die gleiche, deutlich zu pauschale Behauptung einer Dahrendorf-Rezeption in Gieseckes Konfliktdidaktik übernommen wurde.

Die Bedeutung Dahrendorfs für Giesecke zu relativieren, bedeutet auch keineswegs, seiner Didaktik ihre Verdienste für die Verwissenschaftlichung der

Politikdidaktik abzusprechen. Mit Walter Gagel kann man dabei von einer Verwissenschaftlichung im doppelten Sinn sprechen: Zum einen wurde die Didaktik zur eigenen Wissenschaft, als sie als sich als Theorie der Bildungsinhalte etablierte (vgl. Gagel 2005: 133-135, 152); diese didaktische Wende begann bereits mit den Schriften von Hilligen sowie Fischer, Herrmann und Mahrenholz, wurde aber von Giesecke durch die Fokussierung auf die Konfliktanalyse einen entscheidenden Schritt vorangebracht.

Zum anderen liegt die Verwissenschaftlichung der Politikdidaktik nach Gagel in einer Rezeption der Sozialwissenschaften durch die politische Didaktik – und für diese sozialwissenschaftliche Wende steht Hermann Giesecke (vgl. Gagel 2005: 152, 158; Massing 2007: 20): Dieses Kapitel hat gezeigt, dass Giesecke in der Tat zahlreiche Sozialwissenschaftler rezipiert hat. Seine Rezeption erfolgte dabei zwar teilweise eklektisch, häufig jedoch sehr gründlich und in dem Bemühen, die einzelnen Argumente in ihrem jeweiligen Theoriezusammenhang nachzuvollziehen.

Den Eindruck eines stellenweise auftretenden Eklektizismus in Gieseckes Didaktik muss man zudem auch vor dem zeithistorischen Hintergrund ihrer Entstehung relativieren: Die moderne deutsche Politikwissenschaft hat sich nach dem Zweiten Weltkrieg nur langsam entwickelt.[159] In der neu entstehenden Disziplin dominierten zunächst die Auseinandersetzung mit der deutschen Zeitgeschichte sowie die theoretische Abgrenzung der Demokratie von der Diktatur, die ja auch in den Lehrplänen zur politischen Bildung einen breiten Raum einnahm.

Schriften zur Begründung der Demokratie und konkret zum Verfassungsrecht und zur Verfassungswirklichkeit der Bundesrepublik Deutschland entstanden erst nach und nach. Führend wurde hier bald Ernst Fraenkel, der zwischen 1958 und 1964 einige wichtige Aufsätze schrieb, dessen politikwissenschaftliche Programmatik aber erst später deutlich wurde.[160] Zuvor waren

---

159 Auch Giesecke selbst nennt die späte Entwicklung der Politikwissenschaft einen wichtigen Grund für die verzögerte Entwicklung der Politikdidaktik nach dem Zweiten Weltkrieg (vgl. Giesecke 1978b: 375). Vgl. zur Entwicklung der Politikwissenschaft Bleek 2001, Arendes 2005, Buchstein 1992.
160 Fraenkel wurde selbst von Politikwissenschaftlern wie Kurt Sontheimer, die z.T. ähnliche Positionen vertraten, zunächst vornehmlich als Amerikaspezialist wahrgenommen, weil er anfänglich vor allem über die USA publizierte (vgl. o. S. 95, Anm. 111). Erst mit Beginn der 1960er Jahre spricht Fraenkel in Bezug auf seine eigene Demokratievorstellung vom „Neopluralismus", während er in der ersten Auflage seines mit Karl-Dietrich Bracher herausgegebenen Wörterbuchs „Staat und Politik" den Begriff Pluralismus noch als „Sammelnamen" für sehr unterschiedliche englische und französische Theorieansätze charakterisiert

die Schriften zum politischen System eher historisch angelegt, wie etwa Carl Joachim Friedrichs „Verfassungsstaat der Neuzeit" von 1953, in dem es um die historische Ausbildung der Demokratie ging, oder sie beschäftigten sich mit bereits gefestigten demokratischen Systemen anderer Staaten, wie Karl Löwensteins vergleichende „Verfassungslehre" von 1959 und Ernst Fraenkels „Das amerikanische Regierungssystem" von 1960. Lediglich Theodor Eschenburg legte 1956 einen Überblick über „Staat und Gesellschaft in Deutschland" vor, folgte aber in der Darstellung der Verfassungswirklichkeit noch sehr stark einem verfassungsrechtlichen Raster. Erst 15 Jahre nach dem Entstehen der Bundesrepublik lieferte Thomas Ellwein 1963 mit dem „Regierungssystem der Bundesrepublik Deutschland" eine politikwissenschaftliche Gesamtdarstellung zur Verfassungspraxis des neuen Staates.

Wilhelm Bleek erklärt die Verzögerung damit,

„dass sich zunächst sowohl in der politischen Praxis der Bundesrepublik die Konturen der zweiten Deutschen Demokratie herausbilden mussten als auch die einzelnen Akteure und Mechanismen des demokratischen Prozesses durch die junge Politikwissenschaft zu erforschen waren, bevor man sich an eine Gesamtdarstellung wagen durfte" (Bleek 2001: 297-298).

Frühere Analysen der Verfassungspraxis fanden sich nur in Dissertationen und Aufsätzen und wurden daher außerhalb der neu entstehenden Disziplin kaum wahrgenommen.

Dazu kam noch, dass fast alle Gründungsväter der westdeutschen Politikwissenschaft – anders als die Mehrheit der Erziehungswissenschaftler – schon während der NS-Zeit Gegner der nationalsozialistischen Diktatur gewesen waren. Viele waren emigriert und kehrten ab 1945 erst nach und nach in die westdeutschen Besatzungszonen und die Bundesrepublik zurück, wo sie nicht nur als Vertreter eines neuen (Konkurrenz-)Faches, sondern auch als Gegner des Nationalsozialismus auf Widerstände aus den Reihen etablierter Kollegen anderer Disziplinen stießen (vgl. Buchstein 1999: 205).

---

hatte (vgl. Fraenkel 1957: 234). Fraenkels Aufsätze zur Theorie des (Neo-) Pluralismus und zum pluralistischen politischen System der Bundesrepublik Deutschland erschienen zudem zunächst vereinzelt, und die Programmatik seines Pluralismuskonzepts wurde erst durch den Sammelband von 1964 langsam erkennbar. Fraenkel erhielt jedoch seine nachhaltige Bedeutung als einer der wichtigsten deutschen Demokratietheoretiker endgültig erst durch die nachträgliche Rezeption seiner Schriften – vor allem durch seinen Schüler Winfried Steffani, daneben auch durch die Arbeiten von Peter Massing (1979) und Hans Kremendahl (Pluralismustheorie in Deutschland. Entstehung, Kritik, Perspektiven, Leverkusen 1977).

Die ersten Sozialwissenschaftler, die als Intellektuelle auch einer breiteren Öffentlichkeit bekannt wurden, waren dann auch Soziologen und keine Politikwissenschaftler: Nach Helmut Schelsky, der 1953 durch seine These von der „nivellierten Mittelstandsgesellschaft" und dann 1957 mit seinem Buch über die „skeptische Generation" bekannt wurde, prägte in den 1960er Jahren vor allem Ralf Dahrendorf mit seinen Ausführungen zur Bildungspolitik, zur Rollentheorie und zu den gesellschaftlichen Konflikten die öffentliche Debatte.[161]

Aus diesen Gründen ist es verständlich, dass Hermann Giesecke aus der Politikwissenschaft vor allem diejenigen Beiträge zu Kenntnis genommen hat, die in den Fachzeitschriften zur politischen Bildung publiziert wurden.[162] Dazu zählten die Texte von Kurt Sontheimer, Wilhelm Hennis, Waldemar Besson, Eugen Lemberg, Hans Maier oder Kurt Lenk. Und es verwundert nicht, dass er sich darüber hinaus vorwiegend mit Autoren aus der Soziologie wie Habermas, Adorno oder Mannheim auseinandergesetzt hat. Auch dass Giesecke Dahrendorfs Konfliktbegriff im Zusammenhang mit der Darstellung der Kategorie Konflikt erwähnt und offenbar nachträglich zur Legitimation seines Konfliktbegriffs auf ihn zurückgreift (vgl. o.S. 124), lässt sich aus der Situation heraus erklären: Dahrendorfs steigende Bedeutung als öffentlicher Intellektueller in den 1960er Jahren machte ihn zu einem guten Gewährsmann für die Betonung der zentralen Rolle der Konflikte in der politischen Bildung.

Viele der Defizite in Gieseckes Theorierezeption sind also zeitbedingt. Und wenn man berücksichtigt, dass sich neben Giesecke zu dieser Zeit kein anderer Didaktiker so intensiv mit der sozialwissenschaftlichen Diskussion auseinandergesetzt hat, erscheint es gerechtfertigt, Gieseckes Didaktik ein großes, wenn nicht gar das entscheidende Verdienst an der „sozialwissenschaftlichen Wende" der Politikdidaktik zuzusprechen. Walter Gagel schreibt, Giesecke nutze die sozialwissenschaftlichen Theorien zur „Darlegung eines konsistenten Zusammenhangs von Zielen und Inhalten für den politischen Unterricht" und er bekräftigt fast schon enthusiastisch „Worin die und Beziehung zwischen Fachwissenschaft und Fachdidaktik besteht – auf diese Frage findet man in diesem Buch eine Antwort" (Gagel 2005: 158, vgl. auch S. 166-167).

---

161 Zur Bedeutung von Dahrendorf vgl. z.B. Winkler 2004: 247-248; Wolfrum 2007: 148, 242; Nolte 2000: 277.
162 Zu nennen sind hier v.a. die Zeitschriften APuZ, GSE und „Der Bürger im Staat".

Auch wenn die Konsistenz dieses Zusammenhangs an einigen Stellen beispielsweise durch Inkonsistenzen beim Politik- und Konfliktverständnis sowie bei den Demokratievorstellungen leidet, lässt sich trotzdem festhalten, dass Giesecke auf der Grundlage der sozialwissenschaftlichen Theorien ein Gesellschaftsbild und ein Demokratieverständnis formuliert, die beide auch in seine Zielvorstellungen politischer Bildung Eingang finden. Zudem macht er deutlich, dass und wie auf der Inhaltsebene Erkenntnisse aus den verschiedenen Bezugswissenschaften des Unterrichtsfaches Politische Bildung integriert werden können, indem sie bei einer Analyse konkreter Konflikte zur Beantwortung kategorialer Fragen herangezogen werden, um Orientierungswissen zu erwerben. Giesecke geht damit über Stoffpläne wie den der Vereinigten Kommission, in dem die Wissensbestände der Bezugsdisziplinen lediglich additiv aneinander gereiht wurden, weit hinaus.[163] Durch die Einführung des kategorialen Lernens in die politische Bildung setzt er zudem auf die Vermittlung von Analyseinstrumenten statt auf zu lernende Einsichten, sodass der Lernprozess selbst offen gestaltet werden kann. Auch der didaktische Ansatz steht damit im Einklang mit dem dargelegten pluralistischen Demokratieverständnis.

Auch wenn Walter Gagel schon für Hilligen sowie Fischer, Herrmann und Mahrenholz von einer „Konstituierung der politischen Bildung als *Fach*didaktik" spricht (Gagel 2005: 135, Hervorh. K. P.), stellt sich die Frage, ob der Begriff Fachdidaktik respektive Politikdidaktik nicht für eine Wissenschaft

---

163 Die „Berliner Konferenz über die Stellung der Sozialwissenschaften in der Gemeinschaftskunde", die 1963 auf Anregung der Zeitschrift GSE am Otto-Suhr-Institut der Freien Universität Berlin stattfand, war einer der wichtigsten Meilensteine in der Entwicklung der Politikdidaktik: Einer Initiative von Arnold Bergstraesser, Otto Heinrich von der Gablentz und Felix Messerschmid folgend, trafen sich 55 Vertreter aus Soziologie, politischer Wissenschaft, Nationalökonomie und Rechtswissenschaft sowie Pädagogen und Beamte der Schulverwaltung. Sie forderten eine gesonderte Fakultas für das Fach Sozialkunde sowie die Einführung von Sozialkundeunterricht auch in der Mittelstufe und setzten eine Kommission ein, die Vorschläge für Lehrplangehalte und für das Universitätsstudium der Sozialkundelehrerinnen und -lehrer ausarbeiten sollte.
Die Ergebnisse dieser „Vereinigten Kommission der Deutschen Gesellschaft für Soziologie (DGS) und der Deutschen Vereinigung für Politische Wissenschaft (DVPW) zur Frage der Sozialkunde im Rahmen der Gemeinschaftskunde" wurden im darauffolgenden Jahr auf einer Tagung in Tutzing der pädagogischen Öffentlichkeit vorgestellt und 1965 in der GSE veröffentlicht (vgl. Messerschmid 1965; Bolte 1965; Maier 1965; Vereinigte Kommission 1965; Schlussresolution 1965).

reserviert werden sollte, die nicht nur eine didaktische, sondern auch eine sozialwissenschaftliche Wende vollzogen hat. Bei einem solchen engeren Begriff von Politikdidaktik ist erst mit Hermann Gieseckes Didaktik aus der politischen Pädagogik eine echte Politikdidaktik geworden.

3. Gieseckes neue Didaktik: Politische Didaktik im Zeichen der Kritischen Theorie?

3.1 Einführung

Sieben Jahre nach dem Erscheinen seiner überaus erfolgreichen Didaktik, die zwischenzeitlich sechs Auflagen erreicht hatte, legte Giesecke unter demselben Titel „Didaktik der politischen Bildung" eine „Neue Ausgabe" vor. In dieser neuen Didaktik bekennt er sich ausdrücklich zur Kritischen Theorie als Bezugstheorie (vgl. Giesecke 1972a: 119-120; u. S. 208), und sie steht sehr deutlich unter dem Zeichen der politischen und pädagogischen Auseinandersetzungen der späten 1960er und frühen 1970er Jahre.

Aber nicht erst diese neue Didaktik spiegelt die politischen Entwicklungen und Diskussionen wieder, sondern auch die zahlreichen Aufsätze, die Giesecke ab etwa 1967/1968 zur politischen Bildung geschrieben hat, belegen den sukzessiven Einzug marxistischer Kategorien in Gieseckes gesellschaftstheoretische und didaktische Überlegungen und bereiten die Veränderungen in der neuen Didaktik vor.

Das Urteil der Sekundärliteratur über Gieseckes neue Didaktik und seine vorangegangenen Aufsätze stimmt mit Gieseckes eigener Aussage überein und lautet zumeist, dass Giesecke sich nun auf die Kritische Theorie beziehungsweise auf marxistische Theorieansätze stütze. Diese Auffassung trifft Gieseckes Theorierezeption deutlich besser als die Behauptung der Dahrendorf-Rezeption für seine erste Didaktik. Zudem findet sich in der Sekundärliteratur eine detailliertere Auseinandersetzung mit dieser Rezeption, als das für Gieseckes erste Didaktik der Fall war.

Das hat für die Darstellung in diesem Kapitel die Konsequenz, dass die Sekundärliteratur zu Gieseckes Theorierezeption erst im Anschluss an die Analyse seiner Didaktik sinnvoll dargestellt und analysiert werden kann. Das Kapitel beginnt daher, anders als das vorangegangene, mit den Veränderungen in Gieseckes Aufsätzen. Es folgt die Analyse der Theorierezeption in Gieseckes neuer Didaktik, in die Aussagen aus der Sekundärliteratur teilweise einbezogen werden. Im Rahmen des Fazits zu diesem Kapitel findet dann eine ausführliche Auseinandersetzung mit der Bewertung der neuen Didaktik in der Sekundärliteratur statt, bevor abschließend kurz nach der Bedeutung der historischen Situation für Gieseckes veränderte Didaktik und seine veränderte Theorierezeption gefragt wird.

Bevor Gieseckes Aufsätze und seine neue Didaktik analysiert werden, soll aber wieder ein Exkurs zu den Gesellschaftstheoretikern, auf die Giesecke sich nun stützt, die Grundlage für eine fundierte Analyse und Bewertung seine Theorierezeption legen.

3.2 Marx und die Kritische Theorie – Zweiter Exkurs

„Die Kritische Theorie um Adorno, Horkheimer, Marcuse und andere ist eine empirisch, philosophisch und sozialpsychologisch orientierte Weiterführung des Marx'schen Ansatzes", schreiben Hartmuth Rosa und seine Mitautoren in ihrem kürzlich erschienenen Buch zur soziologischen Theorie (Rosa/Strecker/ Kottmann 2007: 45). Das zeigt sich schon auf den ersten Blick vor allem daran, dass die Kritischen Theoretiker sehr viele der Marx'schen Begriffe übernommen und zum Teil weiterentwickelt haben. Auch in Gieseckes neuer Didaktik spielen viele ursprünglich von Marx stammenden Begriffe eine zentrale Rolle. In diesem Exkurs wird daher neben der Kritischen Theorie auch Karl Marx berücksichtigt.

Dies erfordert vorab eine Erläuterung der Verwendungsweise der Begriffe Marxismus und marxistisch:

Während das Substantiv Marxismus hier nur für *Marx' Theorie* gebraucht wird, schließt das Adjektiv marxistisch im Folgenden *auch neo-marxistische Gesellschaftstheorien* wie die Kritische Theorie ein. Als Adjektiv verweist marxistisch daher auf gemeinsame Grundannahmen von Marxismus und Kritischer Theorie wie beispielsweise einen Herrschaftsbegriff, der sich auf Politik und Gesellschaft bezieht; die normative Grundannahme, dass überflüssige Herrschaft in beiden Bereichen abgebaut werden soll; die Diagnose einer fortschreitenden Entfremdung sowie einen Emanzipationsbegriff, der sich auf politische Emanzipation von Gruppen und auf und individuelle Emanzipation der Menschen bezieht.

Als neo-marxistisch werden alle *Gesellschaftstheorien im Anschluss an Marx* bezeichnet, die diese Grundannahmen mit ihm teilen, also auch die Kritische Theorie. Anders als bei Giesecke sind damit also nicht nur die orthodoxen neo-marxistischen Theorien gemeint, und der Begriff ist keineswegs pejorativ zu verstehen.

142

3.2.1 Karl Marx

Karl Marx[164] war vermutlich der weltweit *einflussreichste sozialwissenschaftliche Theoretiker*, den es je gegeben hat. Seine Schriften hatten eine gewaltige politische Wirkung – nicht nur auf die staatssozialistischen politischen Systeme in Osteuropa und einigen anderen Teilen der Welt, sondern auch auf Entstehung sozialdemokratischer und kommunistischer Parteien und Gewerkschaften in den kapitalistischen politischen Systemen weltweit. Die von Marx entwickelten theoretischen Kategorien stellen heute noch einen zentralen theoretischen Ausgangspunkt für viele Sozialwissenschaftler dar (vgl. Kallscheuer 1986: 515; Rosa/Strecker/Kottmann 2007: 30, 45; Habermas 1971c: 279-288).

Im Zentrum stehen in diesem Exkurs die zwei wichtigsten Frühschriften Marx': das „Manifest der Kommunistischen Partei" von 1848 (zitiert als Marx/Engels 1980 nach MEW Bd. 4) sowie die „Ökonomisch-philosophischen Manuskripte" („Pariser Manuskripte") von 1844 (zitiert als Marx 1985 nach MEW Bd. 40). Es sind vor allem diese Schriften, in denen Marx die Kategorien entwickelt, die in der Kritischen Theorie und auch später in der Politikdidaktik aufgegriffen wurden.

---

164 Karl Marx wurde 1818 in Trier geboren. Er studierte von 1835 bis 1841 Jura, Philosophie und Geschichte in Bonn und Berlin und promovierte 1841 mit einer Arbeit über die antike Naturphilosophie. Bereits in seiner Dissertation bestimmt er seinen eigenen Standpunkt vor allem aus der Kritik an anderen philosophischen Positionen. Ab 1842 arbeitete Marx als Redakteur für die Rheinische Zeitung in Bonn und wurde dadurch für die soziale Lage der Arbeiter in der Frühzeit der Industrialisierung sensibilisiert. Als die Zeitung 1843 verboten wurde, ging Marx ins Exil und lebte bis 1845 in Paris und dann bis 1848 in Brüssel.
Dort freundete er sich mit Friedrich Engels an. Beide verfassten 1848 gemeinsam das „Manifest der Kommunistischen Partei". In der Sekundärliteratur wird ihre Beziehung als „intellektuelle Symbiose" (Kruse 2008: 52) beschrieben, in der Marx die entscheidenden Gedanken entwickelte und Engels diese in „griffige und populär wirksame Formulierungen fasste" (Rosa/Strecker/Kottmann 2007: 31).
Nachdem Marx für ein Jahr nach Deutschland zurückgekehrt war, wurde er 1849 ausgewiesen und ging nach London, wo er bis zu seinem Tod im Jahr 1883 lebte. Seine Londoner Jahre galten vor allem der theoretischen wissenschaftlichen Arbeit, u.a. an seinem Hauptwerk „Das Kapital". (Zur Biografie von Marx vgl. neben den genannten Texten auch Marx 1981a: 7-11; Göhler/Klein 1991: 509-510; Raddatz 1987.)

Durch die breite *Rezeption* und durch die zahlreichen Weiterentwicklungen wurden Marx' Gedanken aber nicht nur bekannt, sondern auch verändert. Otto Kallscheuer hat die Marx-Rezeption in seinem Aufsatz für Pipers Handbuch der politischen Ideen aufgearbeitet. Er betont dort, schon Marx' Freund und Weggefährte Friedrich Engels habe durch eine einseitige Selektion und Aktualisierung von Theorieelementen dessen theoretische Ideen entscheidend abgewandelt.[165] Ihre Gestalt als eine geschlossene und systematische Theorie habe der Marxismus – so Kallscheuer in demselben Text – erst im Kommunikationsprozess der Arbeiterbewegung erfahren. Indem er deren kulturelle Identität entscheidend mitgeprägt habe, sei er darüber hinaus von einer wissenschaftlichen Theorie zur Weltanschauung geworden. Der Preis dieser Verwandlung habe dabei nicht nur in einer Reduktion der Komplexität, sondern vor allem in einer Ausblendung der Widersprüche in Marx' Aussagen bestanden (vgl. Kallscheuer 1986: 521, 515).

Neben der Vereinheitlichung zur Weltanschauung brachte die breite Marx-Rezeption aber auch eine Aufspaltung der Marx'schen Theorie in „zahlreiche untereinander verfeindete Marxismen, die gegeneinander in wahrem [...] oder [...] politischem Zorn eifern und in ‚Schulen' gruppiert, um nicht zu sagen ‚verschlossen' sind" (Kallscheuer 1986: 515).

Die Marx-Rezeption kann in dieser Arbeit nicht im Einzelnen analysiert werden, und es ist auch nicht der Raum, Otto Kallscheuers Aufarbeitung genauer darzustellen oder gar zu bewerten. Die wiedergegebenen Aussagen zeigen aber, dass man auf jeden Fall zwischen Marx und dem Marxismus unterscheiden muss.[166] Die folgenden Abschnitte werden sich deshalb weitgehend auf die Darstellung von Marx' eigener Theorie beschränken und versuchen, seinem eigenen Verständnis der wichtigsten theoretischen Kategorien gerecht zu werden, auch wenn diese im Rahmen dieser Arbeit vielfach mit Hilfe der (interpretierenden) Sekundärliteratur erschlossen werden müssen.

---

165 So habe beispielsweise erst Engels „den Begriff der ‚Materie' zur ontologischen Grundkategorie aller sinnvollen Aussagen über die Wirklichkeit" gemacht. Erst dadurch habe die materialistische Dialektik, zitiert er aus Engels „Anti-Dühring", zur „Wissenschaft von den allgemeinen Bewegungs- und Entwicklungsgesetzen der Natur, der Menschengesellschaft und des Denkens" avancieren können (Engels 1983: 131; vgl. Kallscheuer 1986: 526-527 und ähnlich Göhler 1994: 81; Weiß 2002b: 145).

166 Als Beleg dafür wird häufig auch der vermeintliche Ausspruch von Marx „Ich bin kein Marxist" angeführt. Er ist allerdings nur dadurch nachgewiesen, dass Friedrich Engels mehrfach den französischen Ausspruch „Je ne suis pas Marxiste" Marx zugeschrieben hat (vgl. bspw. Engels 1967: 388; Kallscheuer 1986: 515).

Karl Marx' Gesellschaftstheorie

Der Schwerpunkt von Marx' Theorie ist die ökonomische und soziologische Analyse und Diagnose der bestehenden europäischen Industriegesellschaften in der Mitte des neunzehnten Jahrhunderts. Sein Kernbegriff dabei ist die *Arbeit*. Durch die Arbeit transformiert der Mensch laut Marx die Natur, er formt die Gesellschaft und schließlich auch sich selbst. Deshalb erfordere eine ökonomische und soziologische Analyse einer Gesellschaft vor allem eine „Analyse der Arbeits- bzw. Produktionsverhältnisse" (Rosa/Strecker/Kottmann 2007: 33).

Unter „Produktionsverhältnissen" versteht Marx die „gesellschaftliche Organisation der Produktion, Verteilung von Konsumption und Gütern" (Rosa/Strecker/

Kottmann 2007: 34) – letztlich also „sämtliche gesellschaftliche Verhältnisse" (Marx/Engels 1980: 465). Dabei lauten nach Marx die entscheidenden Fragen: Wer verfügt über die „Produktionsmittel", also die Instrumente, die für Produktion dieser Güter im industriellen Zeitalter notwendig sind und wer ist darauf angewiesen, seine Arbeitskraft zu verkaufen, weil er selbst keine Produktionsmittel besitzt.

Produktionsmittel und Arbeitskraft zusammen bilden nach Marx schließlich die „Produktivkräfte" einer Gesellschaft. Er geht von einem ständigen Wachstum dieser Produktivkräfte aus. Dies sei jedoch nur möglich, weil die Arbeiter permanent *ausgebeutet* würden: Der Unternehmer kaufe die Arbeitszeit und -kraft seiner Arbeiter, lasse sie jedoch länger arbeiten als dies nötig wäre, um die Güterproduktion konstant zu halten. Für den so erwirtschafteten Mehrwert würden die Arbeiter aber nicht zusätzlich entlohnt – er werde zum Profit der Unternehmer. Es komme dann zwar durch die Mehrarbeit zu einem Wachstum der Produktivkräfte und zu einer massiven Ausweitung der Güterproduktion, das kapitalistische System sei aber nicht in der Lage, diese Güter angemessen zu verteilen. In der Konsequenz führe dies deshalb notwendigerweise zu einer Krise und schließlich sogar zu einer politisch-sozialen Revolution.

Marx verallgemeinert dieses Szenario in Form einer *Aufwärtsspirale*: Es habe in der Geschichte – von den Sklavenhaltergesellschaften, über die mittelalterlich-ständischen Feudalordnungen bis zur bürgerlich-kapitalistischen Ordnung – immer ein *dialektisches* Verhältnis von Produktivkräften und Produktionsverhältnisse gegeben: Die Produktionsverhältnisse hätten zunächst jeweils das Wachstum der Produktivkräfte gefördert, bis diese über die starren Produktionsverhältnisse hinausgewachsen seien und ihre weitere Entwicklung von den bestehenden Produktionsverhältnissen gehemmt worden sei. In diesem Stadium mussten nach Marx die Produktionsverhältnisse umgewälzt werden

145

– es kam zu einer Revolution, in deren Folge neue Produktionsverhältnisse etabliert wurden. Diese konnten dann für eine gewisse Zeit ein erneutes Wachstum der Produktivkräfte bewirken, bis die nächste Krise eintrat, und so fort (vgl. Marx/Engels 1980: 462-486; Marx 1981a: 8-9; Rosa/Strecker/Kottmann 2007: 34-35, 39).

Dieses Bild einer Aufwärtsspirale offenbart Marx' geschichtsphilosophisches Denken. Göhler/Klein sprechen sogar von einem „Evolutionismus des Geschichtsprozesses" der aus einigen Marx'schen Formulierungen herauslesbar sei (Göhler/Klein 1991: 524, vgl. ebd.: 507, 523-527).

Auch wenn Marx an vielen Stellen den Gang der Geschichte als durch die Entwicklung der Produktivkräfte weitgehend determiniert beschreibt, hat er auf der anderen Seite aber immer wieder betont, dass Revolutionen *gemacht* werden müssen – und zwar von den unterdrückten Klassen (vgl. Rosa/Strecker/Kottmann 2007: 37).

Marx definiert Klassen „durch ihre Stellung im Produktionsprozess, für die vor allem die Frage nach Besitz und Kontrolle der Produktionsmittel entscheidend ist" (vgl. Rosa/Strecker/Kottmann 2007: 37). Im Geschichtsprozess hätten schon immer besitzende, herrschende und besitzlose, unterdrückte Klassen um die Kontrolle der Produktionsmittel gekämpft – in Marx eigenen Worten: „Die Geschichte aller bisherigen Gesellschaft ist die Geschichte von Klassenkämpfen" (Marx/Engels 1980: 462).

Um nun als politisches Subjekt agieren zu können, das die proletarische Revolution auslöst, müsse die Klasse der besitzlosen Arbeiter aber erst von einer bloßen Masse von Menschen mit ähnlichen Merkmalen – von einer „Klasse an sich" – zu einer Gruppe von Menschen mit einem gemeinsamen Bewusstsein – einer „Klasse für sich" – werden.[167] Erst dann kann sie nach Marx die notwendigen revolutionären Veränderungen herbeiführen.[168]

---

167 Die entsprechende Textstelle, aus der die vereinfachten aber prägnanten Formulierungen „Klasse an sich" und „Klasse für sich" abgeleitet wurden, stammt aus dem Text „Das Elend der Philosophie". Die genaue Formulierung lautet: „Die ökonomischen Verhältnisse haben zuerst die Masse der Bevölkerung in Arbeiter verwandelt. Die Herrschaft des Kapitals hat für diese Masse eine gemeinsame Situation, gemeinsame Interessen geschaffen. So ist diese Masse bereits eine Klasse gegenüber dem Kapital, aber noch nicht für sich selbst. In dem Kampf, den wir nur in einigen Phasen gekennzeichnet haben, findet sich diese Masse zusammen, konstituiert sie sich als Klasse für sich selbst. Die Interessen, welche sie verteidigt, werden Klasseninteressen. Aber der Kampf von Klasse gegen Klasse ist ein politischer Kampf" (Marx 1980: 180-181).

168 Göhler/Klein sprechen zunächst von einem „Zwiespalt" in der Marx'schen Theorie: Die Arbeiterschaft sei zum einen als „selbstbewusster politisch agierender

Für seine Gegenwart diagnostiziert Marx nun eine Vereinfachung und Polarisierung der Klassenlage:

„Unsere Epoche, die Epoche der Bourgeoisie, zeichnet sich jedoch dadurch aus, dass sie die Klassengegensätze vereinfacht hat. Die ganze Gesellschaft spaltet sich mehr und mehr in zwei große feindliche Lager, in zwei große, einander direkt gegenüberstehende Klassen: Bourgeoisie und Proletariat" (Marx/Engels 1980: 463).

Diese zwei Klassen unterscheiden sich laut Marx nur noch dadurch, dass die einen Produktionsmittel besitzen und die anderen ihre Arbeitskraft verkaufen müssen (vgl. Rosa/Strecker/Kottmann 2007: 38).

In dieser historischen Situation habe das Proletariat die Chance, eine Revolution herbeizuführen, durch die der zuvor beschriebene historische Kreislauf zu einem Ende gelange: Diese letzte revolutionäre Umwälzung führe zunächst zu einer vorübergehenden „Klassendiktatur des Proletariats" (Marx 1971: 89). In dieser werde das Proletariat „seine politische Herrschaft dazu benutzen, der Bourgeoisie nach und nach alles Kapital zu entreißen, alle Produktionsinstrumente in den Händen des Staats, d.h. des als herrschende Klasse organisierten Proletariats, zu zentralisieren" (Marx/Engels 1980: 481).

Wenn durch die Abschaffung des Privateigentums an Produktionsmitteln und die Konzentration aller Produktion „in den Händen der assoziierten Individuen" die Klassenunterschiede erst verschwunden seien, verliere aber die öffentliche Gewalt den politischen Charakter, das heißt, Herrschaft werde überflüssig:

„Die politische Gewalt im eigentlichen Sinne ist die organisierte Gewalt einer Klasse zur Unterdrückung einer andern. Wenn das Proletariat im Kampfe gegen die Bourgeoisie sich notwendig zur Klasse vereint, durch eine Revolution sich zur herrschenden Klasse macht und als herrschende Klasse gewaltsam die alten Produktionsverhältnisse aufhebt, so hebt es mit diesen Produktionsverhältnissen die Existenzbedingungen des Klassengegensatzes, die Klassen überhaupt, und damit seine eigene Herrschaft als Klasse auf. An die Stelle der alten bürgerlichen Gesellschaft mit ihren

---

Kollektivakteur" konzipiert, zum anderen „als bloß ausführendes Organ einer eigendynamischen geschichtlichen Entwicklung" (Göhler/Klein 1991: 526). Sie kritisieren später, die Entwicklung von der „Klasse an sich" zur „Klasse für sich" lasse sich „nicht umstandslos aus einer Sozialpsychologie der Verelendung oder aus einer deterministischen Sicht des Geschichtsprozesses begründen" (Göhler/Klein 1991: 534).

Klassen und Klassengegensätzen tritt eine Assoziation, worin die freie Entwicklung eines jeden die Bedingung für die freie Entwicklung aller ist" (Marx/Engels 1980: 482).

Diese geschichtsteleologische Vision einer nicht nur klassenlosen, sondern schließlich auch herrschaftsfreien, kommunistischen Gesellschaft taucht zwar immer wieder auf, der Endzustand wird von Marx aber nur sehr flüchtig skizziert und nie wirklich ausgearbeitet. Seine eigentliche wissenschaftliche Arbeit richtete sich nicht auf die Utopie des Kommunismus, sondern auf die „Analyse der Funktions- und Entfaltungslogik des Kapitalismus" (Rosa/Strecker/Kottmann 2007: 43; Raddatz 1987: 68-69).

Menschenbild, Pathologiediagnose und Utopie bei Marx
Hinter Marx' Gesellschaftstheorie steht ein Bild vom Menschen als einem bewusst handelnden Subjekt. Nach Marx ist es der Mensch selbst, der durch seine Arbeit die Natur, die Gesellschaft und schließlich auch sich selbst formt (vgl. o.S. 145).

Marx grenzt den Menschen ausdrücklich vom Tier ab, indem er ihm attestiert:

> Er macht „seine Lebenstätigkeit selbst zum Gegenstand seines Wollens und seines Bewusstseins. Er hat bewusste Lebenstätigkeit. Es ist nicht eine Bestimmtheit, mit der er unmittelbar zusammenfließt. Die bewusste Lebenstätigkeit unterscheidet den Menschen unmittelbar von der tierischen Lebenstätigkeit. Eben nur dadurch ist er ein Gattungswesen" (Marx 1985: 516).

Etwas später heißt es noch:

> „Das praktische Erzeugen einer *gegenständlichen Welt*, die *Bearbeitung* der unorganischen Natur ist die Bewährung des Menschen als eines bewussten Gattungswesens, d.h. eines Wesens, das sich zu der Gattung als seinem eignen Wesen oder zu sich als Gattungswesen verhält" (Marx 1985: 516-517).

Hier zeigt sich erneut, dass Marx in der Arbeit weit mehr sieht, als nur ein Mittel zur Erhaltung der physischen Existenz – in „der Art der Lebenstätigkeit" liegt für Marx „der ganze Charakter einer species, ihr Gattungscharakter" und nur die „freie bewusste Tätigkeit ist der Gattungscharakter des Menschen" (Marx 1985: 516). Göhler und Klein schreiben sogar, der Arbeitsbegriff werde „zur anthropologischen Grundlage der Gattungsentwicklung" (Göhler/Klein 1991: 517) und auch Rosa u.a. sprechen ausdrücklich von einem anthropologischen Ansatz bei Marx, der „den Menschen als Naturwesen" bestimme,

„das sich im Austausch bzw. Stoffwechsel mit der Natur und in der Arbeit an ihr" entwickle (Rosa/Strecker/Kottmann 2007: 33, 43).[169]

Deshalb konstatiert Marx auch, dass der Mensch unter den Bedingungen der kapitalistischen Produktion und Ausbeutung seinen Gattungscharakter nicht verwirklichen könne. Erst im Kommunismus, in dem es keine Herrschaft von Menschen über Menschen mehr gäbe, könne der Mensch zur vollen Verwirklichung seiner Möglichkeiten und damit seines Gattungswesens gelangen (vgl. Rosa/Strecker/Kottmann 2007: 43).

In dieser Feststellung verbirgt sich neben der Marx'schen Utopie auch die zentrale Pathologiediagnose des jungen Marx in Bezug auf seine kapitalistische Gegenwart. Er bezeichnet sie mit einem Schlagwort, das bis heute in der Gesellschaftskritik eine maßgebliche Rolle spielt: „Entfremdung". Vor allem in den Pariser Manuskripten von 1844 widmet er sich ausführlich den unterschiedlichen Formen der Entfremdung, unter denen die Menschen in der kapitalistischen Gegenwart seines Erachtens leiden. Er diagnostiziert zunächst eine fundamentale Entfremdung des Menschen von den Produkten seiner Arbeit und vom Produktionsprozess – mittelbar führe diese Entfremdung dann auch zu einer Entfremdung des Menschen von sich selbst und von seinen Mitmenschen:[170]

Zum Ersten produziere der Mensch unter der Bedingung kapitalistischer Produktionsprozesse nicht für sich selbst: Sein Produkt gehöre ihm gar nicht, und er könne darin nichts Persönliches zum Ausdruck bringen. Er sei deshalb

---

169 Habermas hatte demgegenüber – ähnlich wie schon Kallscheuer (vgl. o. Anm. 165, S. 144) – kritisiert, dass es in der Marx-Rezeption zu einer Ontologisierung der Marx'schen Kategorien, speziell des Menschenbildes des jungen Marx, komme: Dass der Mensch sich erst durch die Arbeit selbst hervorbringe, sei in der Rezeption vielfach umgedeutet worden, in dem Sinne, dass Marx von einem „gegenständliche[n] Wesen" des Menschen ausgegangen sei, das er „anthropologisch oder gar fundamentalontologisch als konstant gedeutet" habe. Marx selbst habe sein Menschenbild dagegen lediglich aus der Analyse der aktuellen Lage der arbeitenden Klasse, die durch die Dialektik von Lohnarbeit und Kapital geprägt gewesen sei, quasi empirisch gewonnen (Habermas 1971c: 233-234). Die zitierten Textstellen von Marx und aus der Sekundärliteratur legen allerdings nahe, dass zumindest der Marx'sche Begriff des Gattungswesens des Menschen, das sich erst im Geschichtsverlauf verwirklichen könne, eine anthropologische Kategorie darstellt.

170 Vgl. zur Entfremdung insgesamt auch Rosa/Strecker/Kottmann 2007: 44. Dort wird die Entfremdung des Menschen von der Natur als zusätzlicher Punkt angeführt, mit der Begründung, dass die kapitalistische Produktionsweise auch die Zerstörung der Natur einschließe.

von seinem *Produkt* entfremdet; es trete ihm sogar als „ein fremdes Wesen, als eine von dem Produzenten unabhängige Macht gegenüber" (Marx 1985: 511). Weil der Arbeiter keine Kontrolle über die Produktionsmittel habe und die Ziele seine Arbeit fremdbestimmt seien, sei er aber nicht nur vom Produkt, sondern zweitens auch vom *Produktionsprozess* entfremdet: Seine Tätigkeit bleibe ihm äußerlich und erscheine ihm nicht als Ausdruck seines eigenen Wesens. Er kann sich nach Marx in seiner Arbeit nicht selbst bejahen, sodass er auch „keine freie physische und geistige Energie entwickelt, sondern seine Physis abkasteit und seinen Geist ruiniert" (Marx 1985: 514).

Da Marx den Arbeitsprozess als konstitutiv für die Identität des Menschen betrachtet, folgt für ihn aus der Entfremdung des Menschen von Produkt und Produktion schließlich drittens auch eine Entfremdung des Menschen *von sich selbst*. Sein ganzes Wesen wird nach Marx zum bloßen Mittel der Existenz; er muss seinen Lebensentwurf an das Profitgesetz verkaufen und dadurch wird all seine „Tätigkeit" zum „Leiden", seine „Kraft" zur „Ohnmacht", seine „Zeugung" zur „Entmannung" (Marx 1985: 515; vgl. Rosa/Strecker/Kottmann 2007: 44).

Darüber hinaus entfremdet diese Art der Arbeit laut Marx den Menschen viertens auch von seiner eigenen *Gattung*; sie macht das „Gattungswesen des Menschen […] zu einem ihm fremden Wesen, zum Mittel seiner individuellen Existenz". Noch dramatischer formuliert er anschließend: „Indem daher die entfremdete Arbeit dem Menschen den Gegenstand seiner Produktion entreißt, entreißt sie ihm sein *Gattungsleben,* seine wirkliche Gattungsgegenständlichkeit und verwandelt seinen Vorzug vor dem Tier in den Nachteil, dass sein unorganischer Leib, die Natur, ihm entzogen wird". Und indem dem Menschen sein Gattungswesen fremd wird, werden ihm schließlich auch seine Mitmenschen fremd: Es kommt zur „*Entfremdung des Menschen* von dem *Menschen*" (Marx 1985: 517). Marx schreibt:

> „Wenn der Mensch sich selbst gegenübersteht, so steht ihm der *andre* Mensch gegenüber. Was von dem Verhältnis des Menschen zu seiner Arbeit, zum Produkt seiner Arbeit und zu sich selbst, das gilt von dem Verhältnis des Menschen zum andren Menschen, wie zu der Arbeit und dem Gegenstand der Arbeit des andren Menschen. Überhaupt, der Satz, dass der Mensch seinem Gattungswesen entfremdet ist, heißt, dass ein Mensch dem andren, wie jeder von ihnen dem menschlichen Wesen entfremdet ist" (Marx 1985: 517-518).[171]

---

171 Aus der Entfremdung folge schließlich auch, dass soziale Beziehungen zu Handelsbeziehungen degenerierten und einen warenförmigen Charakter annähmen. Wenn aber die Menschen zu Objekten würden, schreibt Marx später im „Kapital",

Aufgrund der Entfremdung steht schließlich auch die subjektive Wahrnehmung der Menschen nicht mehr mit den objektiven Verhältnissen in Einklang. Es kommt zu einer Dichotomie zwischen einem wahrem und einem falschem Bewusstsein, die erst überwunden werden muss – vor allem damit wieder ein richtiges, nämlich marxistisches Klassenbewusstsein entstehen kann, damit aus der „Klasse an sich" eine „Klasse für sich" werden kann (vgl. o.S. 147), die dann in der Lage ist, eine revolutionären Umwälzung der Verhältnisse herbeizuführen.[172]

Denn eine Aufhebung der Entfremdung ist nach Marx erst im Kommunismus möglich: Erst durch die Abschaffung des Privateigentums kann die Entfremdung überwunden werden, ist eine „vollständige Emanzipation aller menschlichen Sinne und Eigenschaften" möglich, „weil die ganze menschliche Knechtschaft in dem Verhältnis des Arbeiters zur Produktion involviert ist und alle Knechtschaftsverhältnisse nur Modifikationen und Konsequenzen dieses Verhältnisses sind" (Marx 1985: 540, 521).

Der Begriff Emanzipation bildet bei Marx einen Gegenbegriff zur Entfremdung. Dem komplexen Entfremdungsbegriff entsprechend ist bei ihm auch der Emanzipationsbegriff komplex: Zur „vollständigen Emanzipation" gehören im Verständnis von Marx zwei verschiedene Aspekte, die er schon in seinem bekannten frühen Text „Zur Judenfrage" unterscheidet: zum einen die „politische Emanzipation", im Sinne einer Gleichberechtigung aller Bevölkerungsgruppen als Staatsbürger im bestehenden Staat, und zum anderen die „menschliche Emanzipation", die er als Verwirklichung des Gattungswesens fasst (Marx 1981b: 369).[173] Kallscheuer spricht deshalb

---

erschienen stattdessen die materiellen Waren als das eigentlich Wertvolle, und er prägt das berühmt gewordene Schlagwort vom „Fetischcharakter der Ware" (Marx 1988: 85; vgl. Rosa/Strecker/Kottmann 2007: 44).

172 Auch das Ziel der Wissenschaft – namentlich der dialektischen Wissenschaft – bestehe darin, hinter dem Bestehenden das „Wesen" aufzuspüren, wie beispielsweise die Sinnzusammenhänge realer gesellschaftlicher Interessen und Machtstrukturen (vgl. u.S. 154).

173 Marx schreibt:
„Alle Emanzipation ist Zurückführung der menschlichen Welt, der Verhältnisse, auf den Menschen selbst. Die politische Emanzipation ist die Reduktion des Menschen, einerseits auf das Mitglied der bürgerlichen Gesellschaft, auf das egoistische unabhängige Individuum, andererseits auf den Staatsbürger, auf die moralische Person. Erst wenn der wirkliche individuelle Mensch den abstrakten Staatsbürger in sich zurücknimmt und als individueller Mensch in seinem empirischen Leben, in seiner individuellen Arbeit, in seinen individuellen Verhältnissen, Gattungswesen geworden ist, erst wenn der Mensch seine ‚forces

151

von einem „utopischen Gehalt der Emanzipationsauffassung" bei Marx (Kallscheuer 1986: 536), und Göhler/Klein attestieren ihm sogar, dass er den Prozess der gesellschaftlichen Emanzipation mit der Idee eines linearen geschichtlichen Fortschritts verknüpfe, womit sich ein Widerspruch zu Marx' These von einer dialektischen Entwicklung der Gesellschaft ergebe (Göhler/Klein 1991: 507).

Dialektik als gesellschaftliche „Entwicklungsformel"
und methodische Vorgehensweise
Der Begriff Dialektik ist so vielfältig, dass er nur schwer zu fassen ist. Häufig wird er in einem ausgesprochen banalen Sinne gebraucht: Dialektik bedeutet dann nur, dass es bei jedem Sachverhalt sowohl ein Einerseits wie ein Andererseits gibt, dass alles mit allem irgendwie zusammenhängt oder dass alles in Bewegung ist. Dass der Begriff Dialektik trotzdem so verbreitet ist, erklärt Wolf-Dieter Narr fast schon süffisant damit, dass er häufig zu einer Art „Selbsterklärung" herhalten müsse: „Die Behauptung, etwas sei ein dialektischer Sachverhalt, lässt weiteres Fragen überflüssig erscheinen" (Narr 1972: 69, vgl. ebd.: 68).[174]

Hier soll ausdrücklich zwischen zwei verschiedenen Bedeutungen des Begriffs bei Marx unterschieden werden. In Marx' Beschreibung der historischen Entwicklung der Gesellschaft als Aufwärtsspirale (vgl. o.S. 145) wird schon eine dieser beiden Bedeutungen erkennbar: Er deutet den Gang der Geschichte als Spirale, in der jeweils die Produktionsverhältnisse das Wachstum der Produktivkräfte so lange befördern, bis diese über die starren Produktionsverhältnisse hinausgewachsen sind. Anschließend werden durch eine revolutionäre Umwälzung neue Produktionsverhältnisse etabliert, und die nächste Windung der Spirale beginnt. Marx begreift also die Entwicklung der Gesellschaft als dialektischen Dreischritt: die bestehenden Verhältnisse (These) erzeugen Widersprüche (Antithese), die schließlich zu einer Umwälzung und zu neuen Verhältnissen führen, in denen die alten Widersprüche

---

propres' als gesellschaftliche Kräfte erkannt und organisiert hat und daher die gesellschaftliche Kraft nicht mehr in der Gestalt der politischen Kraft von sich trennt, erst dann ist die menschliche Emanzipation vollbracht" (Marx 1981b: 369; vgl. auch Göhler/Klein 1991: 535).

174 Anspruchsvoller, aber auch nicht mehr im vollständigen Sinne dialektisch ist die Reduktion der Dialektik auf das Postulat, dass Wissenschaft sich in einer ständig die wissenschaftliche Arbeit begleitenden Reflexion immer ihrer Voraussetzungen und Zielvorstellungen versichern müsse (vgl. Göhler 1994: 84).

aufgehoben sind (Synthese).[175] Dialektik in diesem Sinne ist also eine bestimmte, sehr voraussetzungsvolle, geschichtsphilosophische Deutung der geschichtlichen Bewegung als Fortschreiten durch die Entwicklung und anschließende Aufhebung von Widersprüchen auf höherer Stufe (vgl. Rosa/Strecker/Kottmann 2007: 36; Böhret/Jann/Kronenwett 1988: 413-414). Es handelt sich geradezu um eine „gesellschaftliche *Entwicklungsformel*" (Narr 1972: 71, Hervorh. K. P.), und in diese Formel gehen eine Vielzahl von Grundannahmen unbefragt ein.

Daneben wird der Begriff Dialektik aber auch zur Kennzeichnung von Marx' *methodischer Vorgehensweise* verwendet. Göhler spricht von subjektiver, darstellender Dialektik im Gegensatz zur objektiven, realen Dialektik der historischen Entwicklung, von einer Darstellung der Wirklichkeit einerseits und einer Sicht der Wirklichkeit andererseits (Göhler 1994: 81).

Was genau die dialektische Methode ausmacht, wird bei Marx nicht ausdrücklich im Sinne einer formalen wissenschaftlichen Methode beschrieben. Auch in der Sekundärliteratur ist die Beschreibung der methodischen Vorgehensweise Marx' meist vermischt mit der Darstellung seiner Deutung der Gesellschaftsentwicklung. Gerhard Göhler stellt fest, in der Regel werde versucht, die Art der methodischen Vorgehensweise aus den konkreten Analysen von Marx und Engels abzuleiten (vgl. Göhler 1994: 83). Wolf-Dieter Narr behauptet sogar, dass beides gar nicht zu trennen sei: Weil Marx die Kritik der Gesellschaft zur Hauptaufgabe der Theorie erkläre, könne sich die Theorie erst in der Anwendung auf die historische Gesellschaft ausweisen, und daher sei die Methode allein im inhaltlich-praktischen Vollzug der Gesellschaftsanalyse darstellbar (vgl. Narr 1972: 66).

Trotzdem kritisiert Narr, dass Marx für seine Methode keine inhaltlich beschriebenen Kriterien und Begriffe vorlege, und stellt fest, dass diese daher weder lern- noch lehrbar sei und ihre Ergebnisse unkontrollierbar bleiben müssten (vgl. Narr 1972: 81). Auch Göhler kritisiert: „Eine für die sozialwissenschaftliche Analyse unmittelbar anwendbare Methode ist sie nicht" (Göhler 1994: 84; vgl. Böhret/Jann/Kronenwett 1988: 418).

In der Marx-Rezeption war die Frage der Dialektik als methodische Vorgehensweise von Anfang an umstritten. Die unterschiedlichen Positionen und zahlreichen Auseinandersetzungen können im Rahmen dieser Arbeit nicht dargestellt werden. An dieser Stelle wird daher nur festgehalten, dass es Marx darum geht, durch die gezielte Anwendung der dialektischen Grundkategorien

---

175 Wegen der von Marx postulierten Notwendigkeit einer Revolution zur Einleitung der Synthese wird seine Dialektik auch als „revolutionäre Dialektik" bezeichnet (Weiß 2002a: 144).

These, Antithese und Synthese zu einem deutenden Nachvollzug der historischen Entwicklung zu gelangen und deren roten Faden zu rekonstruieren. Dadurch soll hinter dem Bestehenden das „Wesen" aufgespürt werden, wie beispielsweise die Sinnzusammenhänge realer gesellschaftlicher Interessen und Machtstrukturen, die ihren behaupteten Sinn verfehlen (vgl. Böhret/Jann/Kronenwett 1988: 418; Göhler 1994: 82).[176]

Neben den Grundkategorien der Dialektik kommen dabei weitere Kategorien zur Anwendung, die ebenfalls in Form unbefragter Grundpostulate in die Geschichtsdeutung eingehen.

Geschichtlichkeit – Materialismus – Totalität: Grundpostulate der Marx'schen Gesellschaftstheorie
Marx betont immer wieder ausdrücklich die *Geschichtlichkeit* aller Gesellschaft. Für ihn ist eine bestehende Gesellschaft immer auch durch ihre historisch produzierte, jeweils spezifische Art der Organisation der gesellschaftlichen Arbeit und Herrschaft gekennzeichnet. Die Analyse der geschichtlichen Entwicklung stellt daher für ihn eine zentrale Voraussetzung für das Verstehen der gegenwärtigen Gesellschaft dar: Man kann das Resultat nur durch die Betrachtung seiner Genese verstehen (vgl. Narr 1972: 68; 1969: 29; Rosa/Strecker/Kottmann 2007: 36).

Als zentralen Motor der historischen Entwicklung der Gesellschaft betrachtet Marx die antagonistischen gesellschaftlichen Widersprüche: vor allem die Widersprüche zwischen den Produktivkräften und den Produktionsverhältnissen, aber auch Widersprüche zwischen dem gesellschaftlichen System und seiner Umwelt sowie zwischen den faktischen Herrschaftsverhältnissen und ihrer ideologischen Legitimation.

Diese Widersprüche bilden nicht nur das „Strukturprinzip der bestehenden Gesellschaft" (Göhler 1994: 82), sondern erzeugen auch aus sich selbst heraus die historische Entwicklung. Narr postuliert, es sei diese Bewegung, die den „Nerv" der dialektischen Theorie bilde (Narr 1972: 68). Solange antagonistische Widersprüche bestehen, kann die historische Entwicklung

---

176 Dabei sind die Anhänger dialektischer Positionen überzeugt, dass die Entsprechung zwischen der dialektischen Darstellung der Wirklichkeit und ihrer tatsächlichen dialektischen Struktur die Überlegenheit der dialektischen Position in der Wissenschaft begründet (vgl. Göhler 1994: 81). Sie sprechen von der Dialektik als einer „gegenstandsadäquaten" Methode. Kritisch lässt sich natürlich einwenden, dass die dialektische Methode nur dann als gegenstandsadäquat gelten kann, wenn die Prämisse einer dialektischen Entwicklung der Wirklichkeit auch zutrifft. Diese Annahmen über die Wirklichkeit stehen aber in den meisten dialektischen Theorien nicht zur Disposition (vgl. Narr 1972: 69).

der Gesellschaft laut Marx daher nicht abgeschlossen sein. Erst wenn es in der kommunistischen Gesellschaft zur Synthese aller Widersprüche gekommen sei, wenn gesellschaftliche Gleichheit, menschliche Emanzipation und freie Praxis erreicht seien, habe die historische Gesellschaftsentwicklung ein Ende (vgl. Narr 1972: 77; Böhret/Jann/Kronenwett 1988: 414).

Die antagonistischen Widersprüche in der Gesellschaft beruhen – wie oben ausgeführt – nicht auf menschlichen Ideen, sondern auf realen Tatsachen. Marx und Engels bezeichnen ihre Geschichtsauffassung daher gegen den Idealismus Hegels gewendet als *materialistisch:* Nach ihnen sind es die realen ökonomischen Verhältnisse, die die Grundlage oder Basis alles Sozialen und Kulturellen darstellen[177] – oder, in Marx eigenen Worten: „Was die Individuen also sind, das hängt ab von den materiellen Bedingungen ihrer Produktion" (Marx/Engels 1981: 21; vgl. Göhler/Klein 1991: 521; Rosa/Strecker/Kottmann 2007: 36; Kruse 2008: 56).

Marx hat dafür später die Begriffe Basis und Überbau geprägt, die heute zu den bekanntesten Schlagworten der Marx'schen Theorie gehören:

> „Die Gesamtheit dieser Produktionsverhältnisse bildet die ökonomische Struktur der Gesellschaft, die reale Basis, worauf sich ein juristischer und politischer Überbau erhebt, und welcher bestimmte gesellschaftliche Bewusstseinsformen entsprechen. Die Produktionsweise des materiellen Lebens bedingt den sozialen, politischen und geistigen Lebensprozess überhaupt. Es ist nicht das Bewusstsein der Menschen, das ihr Sein, sondern umgekehrt ihr gesellschaftliches Sein, das ihr Bewusstsein bestimmt" (Marx 1981a: 8-9; vgl. Kruse 2008: 59-60).[178]

Trotz dieser Unterscheidung proklamiert Marx, der analytischen Trennung ökonomischer und sozialer Aspekte seien enge Grenzen gesetzt (vgl. Habermas 1971c: 237-238). Er geht von der *Totalität* der Gesellschaft aus, das heißt, die bestehende Gesellschaft kann nur als Ganzes begriffen werden. Jede einzelne Erscheinung des gesellschaftlichen Lebens steht in einem gesamtgesellschaftlichen Kontext, und das „meint nicht nur trivial, dass alles mit allem irgendwie zusammenhängt, sondern dass jede Erkenntnis falsch wird, die den Gesamtzusammenhang nicht berücksichtigt und thematisiert" (Göhler 1994: 82; vgl. Narr 1972: 72; 1969: 30).[179]

---

177 Zum erkenntnistheoretischen Status des Begriffs Materie vgl. o. S. 145, Anm. 165.
178 Das Zitat stammt aus der Vorrede der Schrift „Zur Kritik der politischen Ökonomie" (Marx 1981a). Diese Vorrede wurde berühmt, weil Marx in ihr seine Grundpostulate treffend zusammengefasst hat (vgl. Göhler/Klein 1991: 523).
179 Adorno definiert im Rahmen des sogenannten Positivismusstreits Totalität

155

Marx' Intention: Kritik, die auf Praxis zielt
Es geht Marx aber nicht nur um das Erkennen der Gesellschaft, sondern auch um deren Veränderung. „Die Philosophen habe die Welt nur verschieden interpretiert, es kömmt aber darauf an, sie zu verändern", lautet ein vielfach gebrauchtes Zitat aus Marx' Thesen über Feuerbach (Marx 1981c: 7). Auch Habermas attestiert, Marx habe eine „Geschichtsphilosophie in praktischer Absicht" entworfen, „eine in praktischer Absicht entworfene Theorie mit dem Ziel der Überwindung der Krise" (Habermas 1971c: 237, 250; vgl. Roth, K. 2002: 977). Dialektische Wissenschaft verfolgt dabei nach Gerhard Göhler zunächst das Ziel „Wesen und Erscheinung" der Gesellschaft zu unterscheiden, „den der Gesellschaft immanenten [...] Sinn" freizulegen und die bestehenden Strukturen daran zu messen. Das bilde die Grundlage dafür, anschließend den so freigelegten Sinn der Gesellschaft „in Negation des Bestehenden" (Göhler 1994: 82) zu befördern.

Anders formuliert, zielt die Marx'sche dialektische Theorie also auf die Veränderung der Praxis, indem sie die bestehende Gesellschaft mit dem Bild „einer gelungenen Gesellschaft in realer Utopie" konfrontiert. Das Reale an dieser Utopie besteht dabei darin, dass es die *vorhandenen* gesellschaftlichen Mittel sind, deren andere Verteilung eine „größere Freisetzung des Menschen, eine andere Form der Herrschaft, ja Herrschaftsabbau insgesamt erlauben" (Narr 1972: 73). An dieser Stelle geht auch die dialektische Methode über die Erfassung der Wirklichkeit hinaus: Es wird es zum konstitutiven Bestandteil einer normativen dialektischen Wissenschaft, Realität mit realer Utopie zu kontrastieren, um dadurch zur Überwindung der Realität beizutragen. Erst so gewinnt die Theorie – so Wolf-Dieter Narr – „Distanz von der Aktualität [...] dadurch, dass die Wirklichkeit im Widerspruch mit sich selbst ist, und dass die Theorie zugunsten der Potenz votiert, die den aktuellen Zustand geschichtlich ablöst" (Narr 1972: 69).

Für Marx war die Analyse der antagonistischen gesellschaftlichen Widersprüche dabei „mehr oder minder unmittelbar mit der Aussicht auf *Praxis*" (Narr 1972: 75) und der Entwicklung des Proletariats zum Träger der histo-

---

folgendermaßen:
„Die gesellschaftliche Totalität führt kein Eigenleben oberhalb des von ihr Zusammengefassten, aus dem sie selbst besteht. Sie produziert und reproduziert sich durch ihre einzelnen Elemente hindurch. [...] Sowenig jenes Ganze vom Leben, von der Kooperation und dem Antagonismus seiner Elemente abzusondern ist, so wenig kann irgendein Element auch bloß in seinem Funktionieren verstanden werden ohne Einsicht in das Ganze, das an der Bewegung des Einzelnen selbst ein Leben hat. System und Einzelheit sind reziprok und nur in ihrer Reziprozität zu erkennen" (Adorno 1993: 127).

rischen Aktion verbunden: Er hatte die Hoffnung, dass seine Theorie und die reale geschichtliche Bewegung durch die Entstehung einer „Klasse für sich" aus der „Klasse für sich" und durch deren revolutionäre Erhebung gegen die überholten Produktionsverhältnisse schließlich zur Deckung gelangen würden. Im Kommunisten Manifest vertrat er ausdrücklich die Prognose, langfristig würden die theoretischen Sätze der Kommunisten der faktischen Interessenlage der Arbeiterklasse mehr und mehr entsprechen und mit dem politischen Selbstverständnis der Arbeiterbewegung zusammen fallen (vgl. Kallscheuer 1986: 531; vgl. Göhler/Klein 1991: 525). Nach Marx ergibt sich die „Notwendigkeit des vom Proletariat zu beschreitenden Weges [...] aus den Widersprüchen der kapitalistischen Welt von selbst und muss nur noch bewusst werden" (Narr 1972: 75).[180]

Marx' politische Theorie

Eine im engeren Sinne *politische Theorie* in Bezug auf die Überwindung von Herrschaft oder auch zur Analyse der bestehenden Herrschaftsverhältnisse entwickelt Marx nicht. So schreibt Kallscheuer:

> „Bis heute ist umstritten, ob es überhaupt bei Karl Marx eine politische Theorie gibt und ob sich die Marx'schen Ausführungen zur systematischen Abhängigkeit der rechtlichen und institutionellen Formen entwickelter bürgerlicher Gesellschaften von den Formen und Bedingungen der Kapitalverwertung und zur politischen Soziologie der zeitgenössischen Revolutionen und Klassenauseinandersetzungen [...] zu einem widerspruchsfreien theoretischen Gebäude zusammenfügen lassen" (Kallscheuer 1986: 536).

Und Göhler/Klein stellen fest, Marx „radikal-demokratische Kritik an einer bloß ‚formalen' Demokratie kann nicht mehr bis zu den politisch-institutionellen Voraussetzungen durchstoßen, die die Grundlage einer umfassenderen Demokratisierung darstellen" (Göhler/Klein 1991: 507-508).

Die zentralen gesellschaftlichen und politischen Akteure stellen für Marx die Klassen dar. Auch Herrschaft ist für Marx vor allem Klassenherrschaft,[181] und Kallscheuer schreibt: „Marx war der Meinung, durch seine sozio-ökonomische Diagnose der Existenzweise und Interessenlage des Klassenantagonismus

---

180 Zur Kritik daran vgl. S. 147, Anm. 168.
181 Vgl. z.B. den häufigen Gebrauch von Begriffen wie herrschende Klasse, Herrschaft der Bourgeoisie und Herrschaft des Proletariats im Kommunistischen Manifest (Marx/Engels 1980). In den ökonomisch-politischen Manuskripten spricht Marx dagegen hauptsächlich im übertragenen Sinne von einer Herrschaft von Dingen wie Herrschaft des Privateigentums, Herrschaft des Kapitals etc. (Marx 1985).

alle relevanten kollektiven Akteure in modernen Gesellschaften direkt oder indirekt erklären zu können" (Kallscheuer 1986: 531).

Auch eine ausdrückliche *Theorie des Staates* gibt es bei Marx nicht.[182] Seine übrigen Schriften zeigen aber deutlich die Tendenz, „den Staat als eine von der ökonomischen Grundstruktur der Gesellschaft und ihren Klassenverhältnissen abhängige Struktur aufzufassen" (Kallscheuer 1986: 536). Zudem ist eindeutig, dass Marx – anders als etwa Hobbes – im Staat keine echte Überwindung des Naturzustandes sieht. Er sei ganz im Gegenteil dessen „historische Fortsetzung mit anderen Mitteln, da er über rechtliche Regelungen und das Monopol der Zwangsgewalt nur das Recht des Stärkeren (d. i. der herrschenden Klasse) perfektioniert und befestigt"; er stelle lediglich ein „zur Aufrechterhaltung der Klassenherrschaft notwendiges Gewaltinstrument" dar (Kallscheuer 1986: 537). Entsprechend werde der Staat auch mit dem Ende der Klassenherrschaft überflüssig und verschwinde wie alles Politische: „Nach der Beseitigung der Klassen könne an die Stelle von Herrschaftsbeziehungen der freie Austausch der vergesellschafteten Individuen ohne gesonderte staatliche Zwangsgewalt treten" (Kallscheuer 1986: 537; vgl. Göhler/Klein 1991: 514-515, 536).

Die Kritik an Marx' politischen Vorstellungen entzündet sich vor allem daran, dass Marx mit seiner herrschafts- und ideologiekritischen Entlarvung der bürgerlichen Demokratie als bloß „scheinegalitär" zu weit gehe. Damit lade er sich nämlich – so Göhler/Klein – eine schwerwiegende theoretische Hypothek für seine politische Theorie auf: Da bei Marx sämtliche Formen der politischen Institutionalisierung von Freiheit und Gleichheit unter einen pauschalen Ideologieverdacht gerieten, weil sie die kapitalistische Ausbeutung erst möglich machten, komme es in der Konsequenz zu einer demokratietheoretischen Leerstelle bezüglich der politisch-institutionellen Erfordernisse der Zukunftsgesellschaft (vgl. Göhler/Klein 1991: 536).

Auch die politische Macht erhalte durch Marx' Kritik an der bürgerlichen Demokratie eine einseitige Konnotation: Sie diene in seinen Augen immer der Unterdrückung einer Klasse durch eine andere und erscheine daher bloß noch als Mittel zur Revolutionierung der Gesellschaft legitim (Göhler/Klein 1991: 536). Marx bleibe insofern Schüler Rousseaus und seiner Idee der volonté générale, und weil er einem Bild einer konfliktlos-harmonischen kommunistischen Gesellschaft anhänge, habe er offensichtlich die Auseinandersetzung mit politischen Formen der Konfliktregelung, liberalen Menschen- und Bürgerrechtsgarantien und den Erfordernissen einer demokratischen

---

182 Marx hat seine Idee, im Rahmen seiner umfassenden Kritik der politischen Ökonomie, die mit dem „Kapital" beginnt, auch eine Theorie des Staates vorzulegen, nie verwirklicht (vgl. Kallscheuer 1986: 536; Göhler/Klein 1991: 535).

Meinungs- und Willensbildung in den Hintergrund gedrängt (vgl. Göhler/ Klein 1991: 540).

Vor allem kritisieren Göhler/Klein in diesem Zusammenhang Marx' Vorstellungen von der „Diktatur des Proletariats" als Übergangsphase zum Kommunismus. Hier liege die „eigentliche Brisanz der von Marx und Engels vertretenen politischen Konzeption", weil damit eine Herrschaftsform legitimiert werde, die bereit sei, „die demokratisch-rechtsstaatlichen Errungenschaften der bürgerlichen Demokratie zur Disposition zu stellen" (Göhler/Klein 1991: 540), und weil diese Konzeption damit nicht zuletzt in ausgesprochen problematischer Weise Anknüpfungspunkte zur Legitimation der sozialistischen Staaten gegeben habe (vgl. Göhler/Klein 1991: 541).

3.2.2 Die Kritische Theorie – Einführung

Als Leitfrage der Kritischen Theorie wird meist die von Max Horkheimer und Theodor W. Adorno 1944 in der Vorrede zur „Dialektik der Aufklärung" formulierte verzweifelte Frage zitiert, „warum die Menschheit, anstatt in einen wahrhaft menschlichen Zustand einzutreten, in eine neue Art von Barbarei versinkt" (Horkheimer/Adorno 1995: 1).

Schon damit wird deutlich, dass die Kritische Theorie ihren Ausgangspunkt in der Theorie von Karl Marx nimmt: Horkheimer und Adorno fragen hier, warum Marx' Prognose einer proletarischen Revolution nicht eingetreten sei, und geben damit zugleich zu erkennen, dass sie selbst von dieser Prognose, nach der alle Geschichte notwendig auf die proletarische Revolution und daran anschließend auf die kommunistische Gesellschaft zustrebe, Abstand nehmen. Türcke/Bolte schreiben dazu: „Die historische Differenz zwischen Marx'scher Analyse und jener Sozialforschung, die Horkheimer in Gang setzte, ist durch nichts deutlicher zu bezeichnen als durch den Verzicht auf diese Prognose" (Türcke/Bolte 1994: 11).

Die Kritische Theorie versucht also Antworten auf die Frage zu finden, welche Faktoren und Entwicklungen verhindern, dass die ausgebeutete Klasse sich erhebt, um – wie Marx und Engels in ihrer „Deutschen Ideologie" schreiben – „sich den ganzen alten Dreck vom Halse zu schaffen und zu einer neuen Begründung der Gesellschaft befähigt zu werden" (Marx/Engels 1981: 70; vgl. Kottmann 2007: 111-112).

Begriff und Programm

Die Bezeichnung „kritische Theorie" stammt von Max Horkheimer[183], der 1937 im US-amerikanischen Exil in einem langen Aufsatz „Traditionelle und

---

183 Max Horkheimer wurde 1895 in Stuttgart als Sohn eines Fabrikanten geboren.

kritische Theorie" voneinander abgrenzt (Horkheimer 1992b). Er liefert mit diesem Text zum ersten Mal – so Axel Honneth – eine erkenntnistheoretische, philosophische Begründung der besonderen Absichten und Grundannahmen der Kritischen Theorie (vgl. Honneth 2006: 229).

Horkheimer kritisiert in diesem berühmt gewordenen und immer wieder abgedruckten Aufsatz ein „traditionelles" Verständnis von Theorie, nach dem Wissenschaft als reines, von gesellschaftlichen Interessen vollkommen losgelöstes Unternehmen erscheine. Ein solches Verständnis müsse die tatsächliche Involviertheit jeder Forschung und vor allem jeder Sozialforschung in den gegenwärtigen arbeitsteiligen Produktionsprozess und ihre eigene stabilisierende Rolle in diesem Prozess übersehen (vgl. Horkheimer 1992b: 233, 214).

Diesem Theorieverständnis setzt er eine „kritische" Theorie entgegen, als „eine Form der Wissenschaft [...], die sich sowohl ihren sozialen Entstehungskontext als auch ihren praktischen Verwendungszusammenhang ständig bewusst hält" (Honneth 2006: 231). Kritische Theorie ist für Horkheimer ein „Moment einer auf neue gesellschaftliche Formen abzielenden Praxis", sie stellt die „intellektuelle Seite" des historischen Emanzipationsprozesses dar (Horkheimer 1992b: 233, 232).

Geschichtsphilosophisch steckt dahinter vor allem die an Marx angelehnte Annahme, dass mit der Produktivkraftentwicklung sowohl die materiellen Möglichkeiten als auch das Vernunftpotenzial in der Gesellschaft wachsen,

---

1911 lernte er den ein Jahr älteren Friedrich Pollock kennen. Beide absolvierten gemeinsam Abitur und Studium (vgl. Wiggershaus 1991: 56). Horkheimer promovierte 1922 und habilitierte sich 1926 bei dem Philosophen Hans Cornelius. 1930 wurde Horkheimer zum Ordinarius für Sozialphilosophie berufen und übernahm die Stelle des Direktors des Instituts für Sozialforschung (IfS) in Frankfurt am Main (vgl. Horkheimer 1970: 7-11).

Er emigrierte 1933 nach Genf, dann nach Paris und schließlich 1934 nach New York. Von dort ging er 1941 nach Kalifornien, arbeitete allerdings weiterhin am New Yorker Institut mit. Während seiner Zeit in den USA erschienen die zentralen theoretischen Werke „Dialektik der Aufklärung" (erste Fassung 1944, endgütige Fassung 1947; vgl. Horkheimer/Adorno 1995) und „Zur Kritik der instrumentellen Vernunft" (Horkheimer 1947; vgl. 1967).

1949 kehrte Horkheimer nach Frankfurt am Main zurück und wurde Ordinarius für Sozialphilosophie; ab 1950 leitete er das neu gegründete IfS. Neben seiner Lehre und der wissenschaftsorganisatorischen Tätigkeit hielt Horkheimer zahlreiche Vorträge, schrieb aber nur noch „Notizen" und „Aphorismen" (Türcke/Bolte 1994: 71). Nach seiner Emeritierung 1959 kehrte er in die Schweiz zurück, wo er 1973 starb. Zur Biografie vgl. vor allem Horkheimer 1970: 7-16; 1968b: 362; Wiggershaus 1991: 655-667.

sodass eine Emanzipation der Menschheit möglich wird (vgl. Honneth 2006: 231).[184]

Zusammenfassend lässt sich festhalten, dass Kritische Theorie erstens kritisch ist, indem sie ihre eigene Involviertheit in das gesellschaftliche Ganze und ihren Beitrag zu diesem gesellschaftlichen Ganzen aufdeckt und permanent mitdenkt. Zweitens ist sie auch deshalb kritisch, weil sie sich ihre Zwecke anders als die traditionelle Theorie nicht durch die bestehende Wirklichkeit vorgeben lässt, sondern diese Wirklichkeit mit den in ihr selbst liegenden Möglichkeiten des Besseren konfrontiert (vgl. Türcke/Bolte 1994: 39).[185]

Das *Programm* einer Kritischen Theorie hatte Horkheimer schon benannt, bevor er diesen Begriff prägte – in seinen programmatischen Aussagen zu den Aufgaben des Instituts für Sozialforschung (IfS) und der Zeitschrift für Sozialforschung (ZfS) am Anfang der 1930er Jahre.

In seinem Vorwort zur ersten Ausgabe der ZfS im Jahr 1932 erklärt Horkheimer, Sozialforschung dürfe weder bloße Tatsachenbeschreibung noch empiriefreie Konstruktion sein, und die ZfS wolle einer Sozialforschung dienen, die eine Theorie der gegenwärtigen Gesellschaft im Sinne einer „Erkenntnis des gesamtgesellschaftlichen Verlaufs" anstrebe. Zentral dafür sei zum gegenwärtigen

---

184 Gmünder erwähnt, Horkheimer selbst verweise darauf, dass er den Begriff kritisch im Sinne der Marx'schen Kritik der politischen Ökonomie verstehe. Er schlussfolgert daraus, dieser habe bei der Begriffswahl kritisch statt marxistisch weniger eine inhaltliche Abgrenzung gegenüber Marx im Sinn gehabt, als vielmehr aus strategischen Gründen einen neuen Begriff gewählt, um zu vermeiden, dass in den USA Anstoß an den Arbeiten des IfS genommen werde (Gmünder 1985: 19-20).
Zu den geschichtsphilosophischen Tendenzen bei Horkheimer vgl. Honneth 2006: 231.
185 Eine prägnante, zusammenfassende Definition dessen, was er selbst unter traditioneller und kritischer Theorie versteht, gibt Horkheimer in einem Interview mit Otmar Hersche:
„Die traditionelle Theorie ist die sinnvolle, richtige und brauchbarste Zusammenfassung der Erfahrungen, die auf einem bestimmten Gebiet gemacht worden sind, sodass sie jederzeit in vernünftiger Weise aus den obersten Begriffen deduziert werden können. Die kritische Theorie, die zu jeder traditionellen Theorie hinzuzutreten hat, ist erstens die Besinnung auf die Gründe, warum gerade diese für ein bestimmtes Gebiet wichtigen Erfahrungen gemacht und diese Erfahrungen geordnet worden sind, und zweitens zugleich die Kritik daran, dass sich die Gesellschaft auf diese Erfahrungen wesentlich beschränkt und sie fördert, anstatt eine den Bedürfnissen der Menschen entsprechendere Weise der Kenntnis herbeizuführen. Damit werden Wissenschaft und Gesellschaft zugleich kritisiert" (Horkheimer 1970: 23-24).

Zeitpunkt die Aufklärung „des Zusammenhangs zwischen den einzelnen Kulturgebieten, ihrer Abhängigkeit voneinander [und] der Gesetzmäßigkeit ihrer Veränderung". Eine der wichtigsten Aufgaben zur Lösung dieser Fragen sei dabei die „Ausbildung einer den Bedürfnissen der Geschichte entgegenkommenden Sozialpsychologie" (Horkheimer 1988c: 37; vgl. Gmünder 1985: 16).

In seiner Antrittsrede anlässlich der Übernahme der Leitung des IfS unter dem Titel „Die gegenwärtige Lage der Sozialphilosophie" schreibt er, es gehe um „die Frage nach dem Zusammenhang zwischen dem wirtschaftlichen Leben der Gesellschaft, der psychischen Entwicklung der Individuen und den Veränderungen auf den Kulturgebieten" (Horkheimer 1988b: 32). Es komme darauf an dazu „Untersuchungen zu organisieren, zu denen Philosophen, Soziologen, Nationalökonomen, Historiker, Psychologen in dauernder Arbeitsgemeinschaft sich vereinigen" (Horkheimer 1988b: 29). Dabei weist Horkheimer einen einseitigen Materialismus wie einen einseitigen Idealismus gleichermaßen zurück und fordert, die „problematische Scheidung Geist und Wirklichkeit" müsse „dialektisch aufgehoben" werden (Horkheimer 1988b: 32).

Horkheimer verstand die Kritische Theorie also von Beginn an als echte interdisziplinäre Aufgabe, die Psychologie wurde bereits einbezogen, und die materialistische Engführung des traditionellen Marxismus sollte am IfS und in der ZfS von Anfang an aufgebrochen werden. Wie Marx ging es ihm um die Erfassung der Gesellschaft in ihrer Totalität – in den Worten von Rosa u.a. strebte Horkheimer nicht weniger als eine marxistisch inspirierte, interdisziplinäre, umfassende Theorie des fortgeschrittenen Kapitalismus an (vgl. Rosa/Strecker/Kottmann 2007: 109).

Das Institut für Sozialforschung und seine Mitarbeiter
Der Versuch, dieses Programm umzusetzen, war vor allem durch die sehr wechselvolle Geschichte des IfS geprägt.[186] Das Institut war 1923 in Frankfurt am Main vor allem auf Betreiben von Friedrich Pollock und Felix Weil gegründet worden; finanziert wurde es von Felix Weils Vater, dem Kaufmann Hermann Weil. 1930 wurde Max Horkheimer zweiter Direktor, und unter ihm kamen auch Theodor W. Adorno[187] und Leo Löwenthal ans Institut,

---

186 Informationen zur Geschichte des IfS sowie zu den Biografien der Kritischen Theoretiker finden sich bspw. in: Horkheimer 1970; Wiggershaus 1991; Gmünder 1985; Türcke/Bolte 1994; Friedeburg o. J.; Rosa/Strecker/Kottmann 2007: 109-128; Kruse 2008: 275-292.

187 Theodor Wiesengrund Adorno wurde 1903 in Frankfurt am Main geboren. Er studierte ab 1921 Philosophie, Musikwissenschaft, Psychologie und Soziologie und promovierte 1924 über Husserl – wie Max Horkheimer bei dem Philosophen Hans Cornelius. 1933 habilitierte er sich bei dem protestantischen Theologen

sowie ein Kreis von Psychoanalytikern, darunter Erich Fromm. Als Organ des Instituts gaben sie ab 1932 die „Zeitschrift für Sozialforschung" (ZfS) heraus. Horkheimer gründete schon ab 1931 aufgrund des heraufziehenden Nationalsozialismus Zweigstellen des Instituts im Ausland, erst in Genf, später an der École normale supérieure in Paris und schließlich 1934 an der Columbia Universität in New York. Er und die meisten anderen Mitarbeiter des Instituts emigrierten gleich zu Beginn der NS-Herrschaft noch im Jahr 1933. Das nationalsozialistische Regime schloss bereits am 13. März 1933 das Gebäude des Instituts für Sozialforschung in Frankfurt am Main, und am 14. Juli 1933 verkündete die Gestapo in einem Brief an das Institut, dass es aufgrund „staatsfeindlicher Bestrebungen" aufgelöst werde (vgl. Wiggershaus 1986: 148).

Horkheimer selbst arbeitete nach kurzen Zwischenstationen in Genf und Paris schließlich ab 1934 in New York. Dorthin folgten ihm unter anderem Herbert Marcuse, Erich Fromm, Franz Neumann, Otto Kirchheimer und 1938 schließlich Theodor W. Adorno (vgl. Horkheimer 1970: 15).

---

und Religionsphilosophen Paul Tillich über Kierkegaard (vgl. Wiggershaus 1991: 83-87).
Noch im selben Jahr wurde Adorno Privatdozent für Philosophie in Frankfurt; dem IfS hatte er bereits Ende der 1920er Jahre informell als Mitarbeiter angehört. 1933 wurde ihm die Lehrbefugnis „wegen nicht-arischer Abstammung entzogen" (Rosa/Strecker/Kottmann 2007: 110), und er ging von 1934 bis 1938 als Postgraduate Student an das Merton College in Oxford, bevor er 1938 in New York erneut zum IfS stieß. Dort veröffentlichte er gemeinsam mit Max Horkheimer die „Dialektik der Aufklärung". Anschließend war Adorno an den großangelegten „Studies in Prejudice" beteiligt (vgl. Adorno u.a. 1950; Adorno 1973a; Gmünder 1985: 93).
Adorno kehrte 1949 nach Frankfurt zurück und beteiligte sich dort am Wiederaufbau des IfS, das er von Horkheimers Emeritierung 1959 bis zu seinem frühen Tod 1969 leitete. Er schrieb nach seiner Remigration noch zahlreiche Essays und seine großen Spätwerke: 1966 erschien die „Negative Dialektik" (Adorno 1973b) und 1970 die posthum veröffentlichte „Ästhetische Theorie" (Adorno 1970).
Zudem hielt Adorno zahlreiche Vorträge und wurde einer der einflussreichsten Intellektuellen der 1950er und 1960er Jahre. Er engagierte sich für die politische Bildung und wurde vor allem durch seine Radiovorträge zur Aufarbeitung der Vergangenheit berühmt (1971b; vgl. 1971a). Sein Diktum, den Menschen sei aufgegeben, „ihr Denken und Handeln so einzurichten, dass Auschwitz sich nicht wiederhole, nichts Ähnliches geschehe", wird noch heute vielfach zitiert, und er selbst bezeichnet es in seiner Negativen Dialektik als „neuen kategorischen Imperativ" (Adorno 1973b: 358).

Nach dem Krieg wurde das IfS 1950 in Frankfurt am Main neu gegründet, und Horkheimer, Pollock und Adorno kehrten zurück, um hier die gemeinsame Arbeit fortzusetzen. Das Institut wurde zunächst bis zu dessen Emeritierung 1959 von Max Horkheimer geleitete, danach bis 1969 von Theodor W. Adorno (zur weiteren Geschichte vgl. Friedeburg o. J.: 14-15).

Auch wenn Herbert Marcuse[188] nach dem Krieg nicht wieder nach Deutschland zurückkehrte, wurde er neben den beiden Hauptpersonen Horkheimer und Adorno zum wichtigsten Theoretiker der Kritischen Theorie. Er erlangte zudem größeren Einfluss in der Öffentlichkeit, weil seine Gesellschaftsdiagnose von den Studierenden im Rahmen der Studentenbewegung aufgegriffen und popularisiert wurde.

Neben diesen drei Mitarbeitern des IfS wurde vor allem Jürgen Habermas[189], der erst 1956 zum IfS stieß, als Kritischer Theoretiker berühmt, weil er zumindest mit seinen frühen Schriften die Kritische Theorie weiter entwickelte.

Durch die vielen beteiligten Wissenschaftler, die schon jeder für sich mehrfach ihre theoretischen Positionen und praktischen Intentionen veränderten, ist es schwierig, *die* Kritische Theorie darzustellen.

Im Folgenden werden aus den Hauptwerken der vier wichtigsten Autoren vor allem die Grundannahmen herausgearbeitet, die für die politische Bildung bedeutsam wurden. Dabei werden nicht nur alle anderen Kritischen Theoretiker jenseits der vier genannten ausgespart, sondern auch Phasen und Bereiche im jeweiligen Werk dieser vier Personen: So werden Horkheimers frühe Schriften mit Ausnahme der bereits dargestellten Aufsätze nicht berücksichtigt. Das Gleiche gilt für Adornos Schriften zu Musik und Ästhetik, seine großen späten Werke „Negative Dialektik" (Adorno 1973b) und „Ästhetische Theorie" (Adorno 1970) sowie seine Ausführungen zum Begriff der Halbbildung, die bereits im Zusammenhang mit Gieseckes erster Didaktik dargestellt wurden (vgl. o.S. 61).

Zudem werden Marcuses politisch-radikale Spätwerke und Habermas' Schriften ab der kommunikationstheoretischen Wende hier nicht einbezogen. Auch die zahlreichen empirischen Ergebnisse, die im Rahmen von Forschungen des IfS entstanden, bleiben hier weitgehend außen vor. Verwiesen sei hierfür auf die bereits oben genannten einführende Sekundärliteratur (vgl. S. 152, Anm. 186).

Die empirischen Ergebnisse der Studien zum politischen Bewusstsein von Schülerinnen und Schülern und von Lehrerinnen und Lehrern, die in den 1960er Jahren am IfS entstanden, und die damit in Zusammenhang stehenden

---

188 Zur Biografie Marcuses vgl. u.S. 182, Anm. 216.
189 Zur Biografie Habermas' vgl. u.S. 192, Anm. 227.

theoretischen Ausführungen von Christoph Oehler, Manfred Teschner und Jürgen Habermas wurden zum Teil bereits 1965 von Giesecke rezipiert und sind im vorangegangenen Kapitel dargestellt.[190]

Auf spätere Veröffentlichungen von Manfred Teschner wie auch von Egon Becker, Sebastian Herkommer und Joachim Bergmann verweist Giesecke erst in seinen Aufsätzen ab 1970 und in seiner neuen Didaktik. Da er sich dort – anders als noch 1965 – ausschließlich auf deren empirische Ergebnisse bezieht, und nicht auf ihre gesellschaftstheoretischen Ausführungen eingeht, werden diese Ergebnisse ebenfalls nur im Rahmen der Analyse von Gieseckes Schriften weiter unten dargestellt.[191]

3.2.3 Die Diagnose der spätkapitalistischen Gesellschaft bei Horkheimer und Adorno

Der Meilenstein auf dem Weg zu einer erneuerten marxistischen Gesellschaftstheorie war die zuerst 1944 von Horkheimer und Adorno publizierte „Dialektik der Aufklärung", die auch heute noch als eins der wichtigsten, wenn nicht das wichtigste Buch der Kritischen Theorie gilt.[192] Auch Horkheimer selbst stellte hohe Ansprüche an dieses Werk – in einem Brief an Löwenthal 1941 schrieb er:

> „Unsere Aufgabe im Leben ist theoretische Arbeit [...]. Jetzt ist die Zeit, in der die Erfahrungen und Gespräche des letzten Jahrzehnts Früchte tragen sollen [...]. Aus dem, was da zustande kommt, soll rückwirkend der Sinn unserer früheren Arbeit, ja unserer Existenz erst deutlich werden" (zit. n. Wiggershaus 1991: 383).

„Dialektik der Aufklärung" und instrumentelle Rationalität
Horkheimer und Adorno beginnen ihre Ausführungen zur Dialektik der Aufklärung in der Vorrede mit folgenden Worten: „Seit je hat Aufklärung im umfassendsten Sinn fortschreitenden Denkens das Ziel verfolgt, von den

---

190 Zu Oehler vgl. o.S. 45; 83, Anm. S. 83; S. 116, Anm. S. 116. Zu Teschner vgl. o.S. S. 55, Anm. S. 55; S. 57, Anm. 59. Zu Habermas vgl. o.S. 48, S. 52, S. 66).
191 Vgl. vor allem die ausführliche Darstellung u. S. 251, daneben S. 198, S. 231).
192 1944 erschienen zunächst 500 mimeografierte Exemplare unter dem Titel „Philosophische Fragmente". Dieser Titel bildete dann in der ersten gedruckten Auflage, die 1947 beim Amsterdamer Emigrantenverlag Querido erschien, den Untertitel zum neuen Haupttitel „Dialektik der Aufklärung". Das Werk war lange vergriffen und kursierte nur als Raubdruck, bevor es 1969 neu aufgelegt wurde (vgl. Jaeggi 2006a: 249). Hier wird es nach der Auflage von 1995 zitiert.

Menschen die Furcht zu nehmen und sie als Herren einzusetzen" (Horkheimer/ Adorno 1995: 9). Aufklärung ist für sie demnach nicht nur eine historische Epoche im 18. Jahrhundert, sondern ein konstitutives Bewegungsgesetz der menschlichen Denkentwicklung, ein gesellschaftlicher Prozess, in dem sich der menschliche Geist in Institutionen und technischen Errungenschaften, aber auch in philosophischen Gedanken und in Kunstwerken objektiviert. Vor dem Hintergrund des durch den Faschismus in Europa heraufbeschworenen Zweiten Weltkrieges gehen Horkheimer und Adorno in der „Dialektik der Aufklärung" vor allem den negativen Auswirkungen dieses Prozesses nach und versuchen, „das Versagen der Aufklärung in seiner ganzen Tiefe zu ermitteln" (Türcke/Bolte 1994: 60).[193]

Im ersten Teil ihres Buches (Horkheimer/Adorno 1995: 9-49) erklären sie zunächst die Angst vor der Natur zum eigentlichen Motor des Aufklärungsprozesses: Sie konstatieren, die Natur sei den Menschen ursprünglich chaotisch, übermächtig und bedrohlich erschienen, und weil sie sich vor ihr fürchteten, wollten sie sie kontrollieren und bändigen. Also machten sie sich nach und nach immer mehr zu Herren der Natur. Sie begannen dabei auch, diese als Material für ihre eigene Bedürfnisbefriedigung zu nutzen (vgl. Horkheimer/ Adorno 1995: 9-11; Rosa/Strecker/Kottmann 2007: 118).

Während Marx vor allem die kapitalistische Arbeitsorganisation und die Steigerung der Produktivkräfte als Mittel der Naturbeherrschung untersuchte (vgl. o. S. 145), setzen Horkheimer und Adorno also noch einen Schritt „tiefer" an: Sie kritisieren nicht nur die Logik des kapitalistischen Produktionsprozesses, sondern fragen, wie der viel weiter zurückreichende Prozess einer immer perfekteren Naturbeherrschung insgesamt auf den Menschen und die Gesellschaft zurückgewirkt hat und noch immer wirkt.[194]

---

193 Horkheimer hatte diese Deutung bereits in seinem bekannten Aufsatz „The End of Reason" von 1941 vertreten (vgl. Horkheimer 1992c) und hat sie auch später immer wieder aufgegriffen, z.B. in seiner „Kritik der instrumentellen Vernunft", die auf englisch zuerst 1947 erschien (vgl. Horkheimer 1967). Anders als in der „Dialektik der Aufklärung" unterscheidet Horkheimer 1947 ausdrücklich zwischen der instrumentellen oder subjektiven Vernunft als negativer und der objektiven Vernunft als positiver Seite der Aufklärung (vgl. Wiggershaus 1991: 384-385; Gmünder 1985: 48).

194 In diesem Sinne betrachteten Horkheimer und Adorno selbst Mythen schon als Versuch einer Aufklärung, weil die Menschen auch mit Hilfe von Mythen bereits versucht hätten, der Natur durch eine anthropozentrische, zweckgerichtete Erklärung Gewalt anzutun. Eine der Grundthesen der „Dialektik der Aufklärung" lautet daher: „Aber die Mythen, die [später] der Aufklärung zum Opfer fallen, waren selbst schon deren eigenes Produkt" (Horkheimer/Adorno

Dabei diagnostizieren sie, dass die Menschen die Natur zunehmend als bloßen Stoff auffassen und die Welt nach exakt bestimmen Einheiten kategorisieren. Durch den zweckgerichteten Umgang mit der Natur werde das gesamte Denken der Menschen, ihr gesamter Weltbezug immer mehr „verdinglicht" – es entwickele sich eine rein instrumentelle Rationalität, die sich über den Umgang mit der Natur hinaus auf alle anderen Bereiche des menschlichen Lebens ausdehne.[195]

Instrumentelle Rationalität lässt sich definieren als „das Vermögen, den effizienten Einsatz von Mitteln zur Erreichung von Zielen zu bestimmen" (Rosa/Strecker/

Kottmann 2007: 119). Dabei bleibe die normative Frage, welche Ziele denn überhaupt verfolgt werden sollten, offen.

Instrumentelle Rationalität ähnelt damit Max Webers Begriff der Zweckrationalität (Weber 1980: 12) – der Begriff impliziert aber darüber hinaus, dass „Steigerung und Effizienz um ihrer selbst und nicht eines bestimmten Zieles oder Interesses willen angestrebt werden" (Rosa/Strecker/Kottmann 2007: 119). So wird die Effizienz der Mittel schließlich zum Selbstzweck, zu einem neuen Wert.[196]

Der gesamte erste Teil der „Dialektik der Aufklärung" dient Horkheimer und Adorno dazu, die „Geschichte der Menschheit" als „Geschichte der Entfaltung einer quantifizierenden, d.h. rechnenden Rationalität" zu rekonstruieren (Rosa/Strecker/Kottmann 2007: 115;[197] vgl. Wiggershaus 1991: 366). Allerdings

---

1995: 14; vgl. Gmünder 1985: 62).
195 Vgl. dazu Horkheimer/Adorno 1995: 31, 48, 176; Gmünder 1985: 53, 61; Rosa/Strecker/Kottmann 2007: 118-119, 123.
In der Sekundärliteratur wird meist der einprägsame, aber eigentlich erst bei Horkheimer (1967) verwendete Begriff instrumentelle Vernunft (oder synonym instrumentelle Rationalität) gebraucht, um die Diagnose in der „Dialektik der Aufklärung" zu charakterisieren (vgl. o.S. 166, Anm. 193). Dort wird die entsprechende Entwicklung allerdings mit anderen, wechselnden Begriffen charakterisiert, wie etwa „Nützlichkeit" (Horkheimer/Adorno 1995: 12), „Versachlichung" (ebd.: 34), „zweckgerichtete" oder „kalkulierende Vernunft" (ebd.: 36, 38), „verdinglichte Gestalt" des Denkens (ebd.: 47-48), „technische Rationalität" (ebd.: 128), „technologische Vernunft" (ebd.: 146) oder „kapitalistische Vernunft" (ebd.: 151).
196 Ähnlich äußerte sich Horkheimer selbst 1941 in „The End of Reason". Für die Vernunft gilt demnach: „Ihre Bestimmungen, in eine zusammengefasst, sind die optimale Anpassung der Mittel an den Zweck, das Denken als arbeitssparende Funktion. Sie ist ein Instrument, hat den Vorteil im Auge, Kälte und Nüchternheit als Tugenden" (zit. n. d. dt. Übers., Horkheimer 1992c: 274).
197 Rosa u.a. sprechen auch von „Webermarxismus", weil Horkheimer und Adorno

167

handelt es sich bei diesem ersten Kapitel lediglich um eine „Exposition von Thesen" (Wiggershaus 1991: 367), die eher durch den „sprachlichen Gestus", die „Emphase" und den „moralischen Rigorismus" (Müller-Doohm 1997: 1) sowie durch die „Intensität der Sprache, die Dichte der Bilder und der Argumente und die Bewusstheit, mit der sie gewählt sind" (Beck 1997: 1), bestechen als durch wissenschaftliche Begründungen.

Erst in den Folgekapiteln versuchen Horkheimer und Adorno, ihre Thesen zu untermauern, durch – so Wiggershaus – „die Interpretation von wenigen, vor allem literarischen Werken auf den Stand der von ihnen [...] für entscheidend gehaltenen Komponenten der zivilisatorischen Entwicklung hin" (Wiggershaus 1991: 367-368).[198]

Um die Auswirkungen der instrumentellen Rationalität auf die menschliche Natur zu verdeutlichen, greifen Horkheimer und Adorno dabei vor allem auf das homerische Epos der Odyssee zurück: Gerade Odysseus Verhalten versinnbildlicht demnach die instrumentelle Rationalität, weil er auf seiner Reise allen Versuchungen widersteht, um sein vorab gesetztes Ziel zu erreichen. Das Leiden an den selbstgewählten Versagungen, das Odysseus dabei auf sich nimmt, machen Horkheimer und Adorno immer wieder eindrucksvoll deutlich – so auch an seiner Begegnung mit den Sirenen:

Odysseus kennt „nur zwei Möglichkeiten des Entrinnens", schreiben Horkheimer und Adorno: Seinen Ruderern verstopft er die Ohren und befiehlt ihnen, nach Leibeskräften zu rudern – gemäß heutigen Arbeitern müssen sie ihre Triebe, die zur Ablenkung drängen, durch zusätzliche Anstrengung sublimieren. Die zweite Möglichkeit wählt Odysseus für sich selbst, gemäß seiner besonderen Rolle, die Adorno und Horkheimer mit der des Grundherrn vergleichen, „der die anderen für sich arbeiten lässt": Er, als Einziger, verschließt seine Ohren nicht vor dem Gesang:

---

die Pathologiediagnosen von Weber und Marx kombinieren, indem sie Webers Entzauberungsthese übernehmen und sie unter materialistische Vorzeichen stellen (vgl. Rosa/Strecker/Kottmann 2007: 122). Wie Wiggershaus registriert, erwähnen Horkheimer und Adorno allerdings Max Weber nicht als Grundlage ihrer Diagnose – Horkheimer verzichtet selbst bei seinen Ausführungen zum Zusammenhang von Protestantismus und Rationalität darauf, Max Weber zu erwähnen (vgl. Wiggershaus 1991: 366; Horkheimer 1992c: 282).

198 Wiggershaus stellt fest, für ihre „geschichts-philosphische Deutung von Kunstwerken" wählten Horkheimer und Adorno Werke „des Zerfalls": Homers Odyssee als Beispiel für das Brüchigwerden von Mythen sowie de Sades Justine und Juliette als Beispiel für das Obsoletwerden von Religion, Metaphysik und Moral (Wiggershaus 1991: 368).

„Er hört, aber ohnmächtig, an den Mast gebunden, und je größer die Lockung wird, umso stärker lässt er sich fesseln, so wie nachmals die Bürger auch sich selbst das Glück umso hartnäckiger verweigerten, je näher es ihnen mit dem Anwachsen der eigenen Macht rückte. Das Gehörte bleibt für ihn folgenlos, nur mit dem Haupt vermag er zu winken, ihn loszubinden, aber es ist zu spät, die Gefährten, die selbst nicht hören, wissen nur von der Gefahr des Lieds, nicht von seiner Schönheit, und lassen ihn am Mast, um ihn und sich zu retten. Sie reproduzieren das Leben des Unterdrückers in eines mit dem eigenen" (Horkheimer/Adorno 1995: 40-41).

Weil diese metaphorische Darstellung den genauen Weg von der „Versachlichung der äußeren Natur [...] zur Versachlichung der menschlichen Natur" (Rosa/Strecker/Kottmann 2007: 123) mehr andeutet als erklärt,[199] werden in der interpretierenden Sekundärliteratur unterschiedliche Facetten dieses Zusammenhangs hervorgehoben:

Rosa u.a. erläutern etwa, dass die Menschen laut Horkheimer und Adorno für die zunehmende Naturbeherrschung den Preis zahlen, ihre Erfahrungsfähigkeit zu beschneiden, indem sie sie auf einen instrumentellen Naturbezug reduzieren: „Das Subjekt lernt die Natur zu beherrschen, indem es sich selbst verstümmelt, d.h. erfahrungsunfähig macht" (Rosa/Strecker/Kottmann 2007: 123).[200]

Kruse schreibt, um die Natur zu beherrschen, müssten die Menschen ihre Gesetze erfassen, um ihr Wissen anzuwenden, bräuchten sie immer ausgefeiltere Produktionsmittel und eine immer bessere Verwaltung. Dadurch entstehe ein

---

199 Gmünder kritisiert daher, der Zusammenhang von Naturbeherrschung und Beherrschung der Menschen werde in der „Dialektik der Aufklärung" lediglich behauptet, nicht aber erklärt oder hergeleitet, und es sei noch nicht einmal deutlich, ob damit eine logische Notwendigkeit oder der faktische Geschichtsverlauf gemeint seien (vgl. Gmünder 1985: 62). Allerdings konstruiert er an mehreren Stellen seines Buches selbst einen solchen Zusammenhang aus der Darstellung von Horkheimer und Adorno, vgl. u.S. 170 sowie bspw. Gmünder 1985: 64.

200 Bei Horkheimer und Adorno selbst heißt es in diesem Sinne: „Die Gleichung von Geist und Welt geht am Ende auf, aber nur so, dass ihre beiden Seiten gegeneinander gekürzt werden" (Horkheimer/Adorno 1995: 33). Und Horkheimer hatte bereits 1941 geschrieben:
„Das Individuum hat sich Gewalt anzutun. [...] Aus vernünftiger Einsicht soll es die widerstrebenden Gefühle und Instinkte meistern. Erst die Hemmung der Triebe ermögliche menschliche Zusammenarbeit. Die Hemmung, die ursprünglich von außen kommt, soll vom eigenen Bewusstsein gesetzt werden" (Horkheimer 1992c: 276).

"Mittelapparat", der sich schließlich zwischen die Menschen und die Natur schiebe. Letztlich verliere der Mensch seine Freiheit und Souveränität an diesen Apparat; der Sinn für die eigenen Bedürfnisse komme ihm zunehmend abhanden, und er werde zu einem Rädchen in dem Getriebe, das er selbst geschaffen habe (vgl. Kruse 2008: 285-286).[201]

Gmünder schließlich erklärt, der Grundgedanke der „Dialektik der Aufklärung" sei, dass die Welt durch die formale Vernunft derart radikal entmythologisiert werde, dass die formale Vernunft selbst zu einem Mythos werde. Diesem neuen Mythos stünden dann die innere und äußere Natur des Menschen bloß noch als abstraktes Material gegenüber, sodass sich das Subjekt letztendlich „der von ihm geschaffenen gesellschaftlichen Wirklichkeit als zweiter (da undurchschauten und unbeherrschten) ‚Natur'" völlig unterwerfe und angleiche (Gmünder 1985: 84).

Hier klingen vor allem die negativen Folgen der Selbstentfremdung durch die Beschränkung auf eine rein instrumentelle Vernunft an. Horkheimer und Adorno selbst konstatierten aber durchaus auch die Unabdingbarkeit dieser Selbstentfremdung für die Selbstkonstruktion: Bei ihnen blieb Odysseus selbst gegenüber den Lotophagen im Recht, weil deren Glück ein bloßer Schein war, in dem sie dumpf dahinvegetierten. Odysseus dagegen verfolgte ein Ziel: Sein Glück – so Horkheimer und Adorno – sei Resultat seiner Arbeit, es entfalte sich erst im aufgehobenen Leid und enthalte gerade deshalb Wahrheit in sich (Horkheimer/Adorno 1995: 70). In den gradlinigeren Worten von Wiggershaus heißt das, Odysseus „opfert das Lebendige in sich, um sich als verhärtetes Selbst zu retten" (Wiggershaus 1991: 368; vgl. Gmünder 1985: 65-66).

Die Rolle der Kulturindustrie
Im zweiten Teil der „Dialektik der Aufklärung" fügen Horkheimer und Adorno der Diskussion um die Frage, welche Faktoren den Bestand des Kapitalismus sichern, einen ganz neuen Akzent hinzu: Sie reflektieren die Bedeutung der „Kulturindustrie" für die zunehmende Entfremdung der Menschen. Unter Kulturindustrie verstehen Horkheimer und Adorno das System der industrialisierten Produktion von Kulturgütern unter der Herrschaft instrumenteller Rationalität (vgl. Rosa/Strecker/Kottmann 2007: 121-122, 125).[202] Dieses System machen sie nun mit dafür verantwortlich, dass die Menschen blind

---

201 Ähnlich bei Horkheimer und Adorno selbst: „Denken verdinglicht sich zu einem selbsttätig ablaufenden, automatischen Prozess, der Maschine nacheifernd, die er selbst hervorbringt, damit sie ihn schließlich ersetzen kann" (Horkheimer/Adorno 1995: 31).
202 Vgl. Gmünder 1985: 58-60. Gmünder betont, dass vor allem die Erfahrungen der deutschen Emigranten in den USA zu diesen Erkenntnissen geführt hätten.

werden für ihre eigene Situation und dass sie nicht erkennen, wie sich ihre Gesellschaft zunehmend zur Despotie entwickelt:

Die Kulturindustrie übersetzt nach Horkheimer und Adorno alles Kulturelle in ein Schema der „mechanischen Reproduzierbarkeit". Sie ebne dadurch sämtliche Unterschiede zwischen den verschiedenen Sparten der Kultur ein – es bleibe ein einheitlicher „stählerner Rhythmus", ein „Stahlbad" des „Funs" (Horkheimer/Adorno 1995: 128, 149, vgl. ebd.: 135).

Damit werde die Kultur „jedes Gehaltes entleert, der nicht auf die Reproduktion des Bestehenden bezogen ist" (Rosa/Strecker/Kottmann 2007: 122). Kultur werde zum Mittel der Bedürfnisbefriedigung, zum bloßen Konsumgut, zur Ware. Dadurch betrüge sie die Menschen gerade um das, was Kultur eigentlich ausmache: die Befreiung vom Prinzip der Nützlichkeit. Wie bei jeder Ware werde der Gebrauchswert der Kultur durch ihren Tauschwert ersetzt: Statt des Genusses seien nun nur noch das „Dabei-Sein" und das „Bescheid-Wissen" wichtig, der Prestigegewinn werde wichtiger als die Kennerschaft (vgl. Horkheimer/Adorno 1995: 167). Die einzige Anforderung, die die Kulturindustrie noch an die Konsumenten stelle, sei die der „Fixigkeit" (Horkheimer/Adorno 1995: 147). Damit aber verlängere sie nur die Anforderungen der Arbeitswelt in die Freizeit hinein und verhindere jegliche Reflexion (vgl. Gmünder 1985: 60). Rosa u.a. schreiben entsprechend: „Kulturgenuss reduziert sich in der entwickelten Moderne auf das Amüsement in der Freizeit und dient der Regeneration der Arbeitsfähigkeit. Damit schließt sich das System" (Rosa/Strecker/Kottmann 2007: 122).

Horkheimer und Adorno beenden das Kapitel zur Kulturindustrie mit einer erschreckenden Vision:

„Die intimsten Reaktionen der Menschen sind ihnen selbst gegenüber so vollkommen verdinglicht, dass die Idee des ihnen Eigentümlichen nur in äußerster Abstraktheit noch fortbesteht: personality bedeutet ihnen kaum mehr etwas anderes als blendend weiße Zähne und Freiheit von Achselschweiß und Emotionen. Das ist der Triumph der Reklame in der Kulturindustrie, die zwanghafte Mimesis des Konsumenten an die [...] Kulturwaren" (Horkheimer/Adorno 1995: 176; vgl. Gmünder 1985: 61).

Indem die Kulturindustrie den Massen nicht nur einzelne Kulturgüter, sondern zugleich ein komplettes Weltbild liefere, sei sie schließlich in der Lage, eine „totale Ideologisierung" herzustellen (Gmünder 1985: 59; vgl. Horkheimer/ Adorno 1995: 132). Außerdem lenke sie nicht nur das Streben der Menschen in den Konsum um, sondern produziere zugleich diese nun erstrebten, auf ihren Warencharakter reduzierten kulturellen Erzeugnisse auch noch selbst. Indem sie solchermaßen Bedürfnisse und zugleich Mittel der Bedürfnisbefrie-

171

digung herzustellen vermöge, verstärke die Kulturindustrie den Glauben der Menschen daran, „dass die Gesellschaft genau so ist, wie sie eben sein muss". Sie bewirke, dass die Menschen in der entwickelten Moderne total, also auch mit ihrem Bewusstsein, „in den gesellschaftlichen Reproduktionsprozess, d.h. den Prozess der Aufrechterhaltung sozialer Ordnung im zeitlichen Wandel, integriert" seien (Rosa/Strecker/Kottmann 2007: 112). Die Menschen entwickelten gar keine Ansprüche mehr, die sich innerhalb der sozialen Ordnung nicht befriedigen ließen, und dadurch schwinde auch ihr Bedürfnis, diese soziale Ordnung umzugestalten. Mit Hilfe der Kulturindustrie reproduziere sich die „Gesellschaft als System [...] durch die Individuen hindurch" und leiste damit einen zentralen Beitrag zur totalen Herrschaft über die Menschen (Rosa/Strecker/Kottmann 2007: 125).

Die spätkapitalistische Gesellschaft hat mit der Kulturindustrie in den Augen von Horkheimer und Adorno also ein neues Instrument totaler Herrschaft hervorgebracht: Die Anpassung der Menschen an das Bestehende erfolge zwar nicht mehr mittels gewaltsamer Unterdrückung durch die Herrschenden wie im Faschismus, sie sei aber genauso wirksam, indem sie die Menschen „auf viel subtilere und wirksamere Weise versklave" (Jay 1976: 257; vgl. Gmünder 1985: 8). Zwischen faschistische Barbarei und einen neuen Anfang der Geschichte schiebt sich damit in den Augen der Kritischen Theoretiker eine dritte mögliche Alternative zum künftigen Lauf der Geschichte: Eine Perpetuierung des gegenwärtigen Zustands der spätkapitalistischen Gesellschaft.

In der Sekundärliteratur kommen die Ausführungen Horkheimers und Adornos zur Kulturindustrie häufig nur am Rande (vgl. Wiggershaus 1991: 376; Jay 1976: 256-257; Rosa/Strecker/Kottmann 2006: 121-122) oder sogar gar nicht vor (vgl. Türcke/Bolte 1994).

Gmünder, der die Argumentation von Horkheimer und Adorno zur Kulturindustrie relativ ausführlich nachzeichnet, kritisiert sie anschließend massiv als Zirkelschluss: Die Argumentation sei schwach, das Kapitel zur Kulturindustrie komme „über ein Bei-Herspielen oder eine Juxtaposition höchst beliebiger Phänomene nicht hinaus". Da die Grundthese einer „totalen Ideologisierung" als Prämisse feststehe, könne alles als Beispiel für diese Ideologie dienen, sodass die „Dialektik der Aufklärung" den Beitrag der Kulturindustrie zur Ideologisierung auch nicht wirklich erklären könne (Gmünder 1985: 61).[203] Martin Jay betont zwar den bedeutenden Einfluss

---

203 Gmünder zitiert aus dem Kapitel zur Kulturindustrie den aufschlussreichen Satz: „Je nachdem, welcher Aspekt gerade maßgebend ist, wird in der Ideologie Plan oder Zufall, Technik oder Leben, Zivilisation oder Natur betont" (Gmünder 1985: 61; Horkheimer/Adorno 1995: 155).

gerade dieses Kapitels für die nachfolgende Kulturkritik linker amerikanischer Autoren, auch er schreibt aber kritisch – konkret in Bezug auf Adornos Abneigung gegenüber dem Jazz, der im Kulturindustriekapitel immer wieder als Negativbeispiel dient, – von einem „a priori vorhandenem Mangel an Sensitivität" und einer „absoluten Unempfänglichkeit für die spontanen Elemente der amerikanischen Massenkultur" (Jay 1976: 256).

Die Rolle der Psychologie: Faschismus und autoritärer Charakter
Die psychologische Komponente der Herrschaft spielt in den frühen Schriften Horkheimers und auch noch in den Ausführungen Horkheimers und Adornos zur Kulturindustrie nur eine untergeordnete Rolle. Mit Adornos Beitrag zu den „Studien zum autoritären Charakter" rücken diese psychologischen Aspekte dann aber stärker ins Zentrum der Aufmerksamkeit.

Die Studien erschienen 1950 unter dem Titel „The Authoritarian Personality" (Adorno u.a. 1950) als einer von fünf Teilbänden der großangelegten Gesamtstudie „Studies in Prejudice".[204] Im Vorwort der deutschen Teilübersetzung, die unter dem Titel „Studien zum autoritären Charakter" allein unter Adornos Namen erschien und sich im Wesentlichen auf die Beiträge Adornos beschränkte, schreibt der Herausgeber Ludwig von Friedeburg: „Ihre Intention war es, jenes Potenzial in der Bevölkerung der Vereinigten Staaten zu ermitteln, das in Krisenzeiten einer ähnlichen Bewegung [wie dem Nationalsozialismus] als aktive Anhänger oder doch als Mitläufer zur Verfügung stehen würde" (Friedeburg 1973: X-XI).

Hier wird deutlich, dass es den Autoren in dieser Studie nicht um die politischen, gesellschaftlichen und wirtschaftlichen Entstehungsbedingungen des

---

Als besonders absurdes Beispiel mag in diesem Zusammenhang die Kritik am Film „Der große Diktator" dienen, in der es heißt: „Die wogenden Ährenfelder am Ende von Chaplins Hitlerfilm desavouieren die antifaschistische Freiheitsrede. Sie gleichen der blinden Haarsträhne des deutschen Mädels, dessen Lagerleben im Sommerwind von der UFA fotografiert wird" (Horkheimer/Adorno 1995: 157).

204 Gesamtherausgeber waren Max Horkheimer und Samuel H. Flowerman. Neben Mitgliedern der Frankfurter Schule waren daran v.a. Psychologen beteiligt, die die Ausrichtung der Studie prägten (vgl. Adorno 1973a; Gmünder 1985: 92). Die Theorie der „Autoritären Persönlichkeit" baut auf den „Studien über Autorität und Familie" auf, die 1936 vom IfS veröffentlicht worden waren. Dort ging es um die Bedeutung des Autoritätsglaubens für die Aufrechterhaltung der Machtstrukturen in der Gesellschaft und die besondere Rolle der Familie bei der Entstehung dieses Autoritätsglaubens. In seinem theoretischen Beitrag zur Veröffentlichung prägte Horkheimer den Begriff des autoritären Charakters (vgl. Maiwald 2006: 254; Wiggershaus 1991: 173; Gmünder 1985: 91).

Faschismus geht, sondern um die psychologischen. Entsprechend heißt es in der Einleitung der Studie: „Um die Aussichten eines faschistischen Sieges in den USA zu beurteilen, muss man offensichtlich das Potenzial im Charakter der Menschen einkalkulieren" (Adorno u.a. 1973: 14).[205]

Das nachhaltigste Ergebnis der Studien waren nicht die erhobenen, quantitativen und qualitativen empirischen Daten, sondern die Entwicklung einer Skala, die als Forschungsinstrument geeignet erschien, „zwischen autoritätsgebundenen und innerlich freien Menschen verbindlich, unabhängig von privaten Vorlieben und Neigungen des Betrachters zu unterscheiden" (Horkheimer/Adorno 1981: 89).

Diese sogenannte „F-Skala" („fascism-scale") enthält neun Variablen, mit deren Hilfe eingeschätzt wird, ob eine autoritäre Persönlichkeit vorliegt.[206] Die Variablen der Skala ergänzen sich nach Aussage der Autorin und der Autoren so, „dass sie ein einziges Syndrom, eine mehr oder weniger dauerhafte Struktur im Individuum bilden könnten, die es für antidemokratische Propaganda anfällig macht" (Sanford u.a. 1973: 46, vgl. ebd.: 101-102).

Als wichtigste Eigenschaften des für den Faschismus anfälligen, „autoritären" oder „totalitären" Charakters halten Horkheimer und Adorno in der ersten auf deutsch veröffentlichten Zusammenfassung von 1952 fest:

> „Der totalitäre Charaktertyp erweist sich insgesamt als relativ starre, unveränderliche, immer wieder auftretende und überall gleiche Struktur, auch wenn die politischen Ideologien noch so verschieden sind [...]. Die Gesamtstruktur des totalitären Charakters – der ‚Rahmen', innerhalb dessen die verschiedenen Typen von ‚Gefolgsmenschen' vorkommen –

---

205 Horkheimer und Adorno schreiben dazu: „Im Mittelpunkt der Untersuchungen stand der Zusammenhang politischer Ideologien mit einer bestimmten psychologischen Beschaffenheit derer, die sie hegen" (Horkheimer/Adorno 1981: 82). Dabei gehen die Studien allerdings nicht von einer von den gesellschaftlichen Bedingungen losgelösten Persönlichkeitsstruktur aus, sondern von einer Wechselwirkung beider:
„Die Strukturwandlungen der Gesellschaft als eines Ganzen verwirklichen sich nicht bloß in einer eigenen Dynamik, die verhältnismäßig unabhängig von den Einzelnen ist, sondern auch durch die Einzelnen selber hindurch. Diesem Kräftespiel zwischen Gesellschaft und Einzelmensch gilt die Aufmerksamkeit der sozialpsychologischen Studien, von denen hier die Rede ist" (Horkheimer/Adorno 1981: 83).
206 Diese Variablen sind im Einzelnen: Konventionalismus, autoritäre Unterwürfigkeit, autoritäre Aggression, Anti-Intrazeption, Aberglaube und Stereotypie, Machtdenken und „Kraftmeierei", Destruktivität und Zynismus, Projektivität, Sexualität (vgl. Sanford u.a. 1973: 45).

ist wesentlich gekennzeichnet durch Autoritätsgebundenheit [...]. Diese Autoritätsgebundenheit bedeutet in einer Zeit, in der die alten feudalreligiösen Autoritäten geschwächt sind, die bedingungslose Anerkennung dessen, was ist und Macht hat, und den irrationalen Nachdruck auf konventionelle Werte [...]. Die Veräußerlichung seines Lebensgefühls, die in der Anerkennung jeglicher gegebenen Ordnung liegt, wenn sie nur mit drastischen Machtmitteln zu verfahren weiß, verbindet sich mit tiefer Schwäche des eigenen Ichs, das sich den Anforderungen der Selbstbestimmung angesichts der übermächtigen sozialen Kräfte und Einrichtungen nicht mehr gewachsen fühlt. [...] Unter all dem liegt das tiefe ‚Unbehagen in der Kultur' und, trotz dem unablässig positiven, offiziell optimistischen und weltbejahenden Gerede, trotz dem zur Schau getragenen Konservatismus, der unbewusste Wunsch nach Zerstörung selbst der eigenen Person" (Horkheimer/Adorno 1981: 87-88).

Da die Studien zum autoritären Charakter nicht im nationalsozialistischen Deutschland durchgeführt wurden, sondern in den USA, beweisen sie nach Adorno die Möglichkeit der Entstehung von Charakterstrukturen, die den Faschismus befördern, in allen spätkapitalistischen, bürgerlichen Gesellschaften. Die Ergebnisse der Studie unterstützen damit die Grundannahme der Kritischen Theorie, der zufolge der Kapitalismus mit der in ihm vorherrschenden instrumentellen Rationalität dem Faschismus den Boden bereitet – nicht nur durch die Hervorbringung bestimmter politischer und kultureller Strukturen, sondern auch durch die Erzeugung psychischer Dispositionen bei den Menschen, die in den kapitalistischen Gesellschaften leben (vgl. Türcke/Bolte 1994: 34-36).

Diagnose für die Bundesrepublik Deutschland: Totalitäre Gesellschaft im demokratischen Staat?
Nach der Rückkehr in die Bundesrepublik stellte sich für Horkheimer und Adorno die Frage, inwieweit auch hier das neu entstandene politische System und die neue Gesellschaft des westdeutschen Teilstaates, in dem sie jetzt lebten, totalitäre Tendenzen aufwiesen und damit der Gefahr ausgesetzt waren, einen erneuten Faschismus heraufzubeschwören.

Insgesamt lässt sich feststellen, dass beide Kritischen Theoretiker nach wie vor deutliche totalitäre Tendenzen in der *Gesellschaft* erkannten, auch wenn sie den bundesrepublikanischen Nachkriegs*staat* nicht als manifest totalitär betrachteten.

Dabei glaubte Adorno stärker an totalitäre Tendenzen in der bundesrepublikanischen Gesellschaft als Horkheimer und hegte weiterhin die Befürchtung, dass der Faschismus wieder an die Macht kommen könnte, solange das staatskapitalistische System weiter bestehe. Er betrachtete die Bürokratien aller entwickelten Nationalstaaten eher als Kontrollinstrumente der in den kapitalistischen Verwertungszusammenhang integrierten Menschen denn als Mittel für die Gestaltung menschenwürdiger Verhältnisse. Auch die Nachkriegsgesellschaften der westlichen Welt galten ihm mithin als totalitär – deren liberaldemokratische Institutionen seien „nur die Fassade einer ‚total verwalteten Welt'" (Rosa/Strecker/Kottmann 2007: 126). Unter diesen Bedingungen, so Rosa u.a. weiter, sei für Adorno „der Versuch, ein gelingendes Leben zu führen, zum Scheitern verurteilt: ‚Es gibt kein richtiges Leben im falschen.' (Adorno [...])" (Rosa/Strecker/Kottmann 2007: 126).[207]

Auch bei Horkheimer gibt es ähnliche Töne, wenn auch nicht so stark ausgeprägt wie bei Adorno. So antwortete er in einem Interview, das 1970 unter dem Buchtitel „Verwaltete Welt?" veröffentlicht wurde, auf die Frage, ob ihm die Marx'sche Prognose heute zu optimistisch erscheine:

„Zu optimistisch insofern, als der Anspruch fortfällt, zu dem, was er das ‚Reich der Freiheit' genannt hat. Ich habe in der Tat die Vorstellung, dass der Gang der Gesellschaft, wie ich es des Öfteren schon betonte, nicht etwa zum Reich der Freiheit führt, sondern zur ‚verwalteten Welt', das heißt zu einer Welt, in der alles so gut geregelt ist, dass der einzelne Mensch sehr viel weniger Phantasie und Geist entfalten muss, um sich durchzusetzen, als es im Liberalismus bei den Bürgern noch der Fall war" (Horkheimer 1970: 19-20).

Trotz ihrer Kritik betätigten sich Horkheimer und Adorno aber konstruktiv als öffentliche Intellektuelle innerhalb des neuen politischen und gesellschaftlichen Systems. Bei Kruse scheint durchaus Missbilligung mitzuschwingen, wenn er schreibt, sie „waren peinlich darauf bedacht, jegliche revolutionäre Attitüde zu vermeiden und gaben sich als liberale Bildungsbürger" (Kruse 2008: 288). Beide hielten unzählige Vorträge im Radio und absolvierten zahlreiche Fernsehauftritte, in denen es meist um die Vergangenheitsbewältigung und die Möglichkeiten zu einer demokratischen Umerziehung des deutschen Volkes ging.

Max Horkheimer betätigte sich sehr stark wissenschaftsorganisatorisch als Institutsdirektor des IfS, Rektor der Universität Frankfurt und Vorsitzender der Deutschen Gesellschaft für Soziologie und baute enge Beziehungen zum hessischen Kultusministerium auf (vgl. o.S. 160, Anm. 183; Kruse 2008:

---

207 Rosa u.a. zitieren aus Adorno 1951: 43 (vgl. Rosa/Strecker/Kottmann 2007: 126).

288). Vor allem seine zahlreichen Vorträge und Reden zeigen, dass er trotz seiner Kritik zu schätzen wusste, welch „schützenswertes Gut" die liberale Demokratie darstellt (Kruse 2008: 287).

So führt er beispielsweise im bereits zitierten Interview aus, dass „die Verelendung, die zunächst furchtbare Wirklichkeit war, nicht fortschreitet [...], sodass die Arbeiter heute im Allgemeinen ein menschliches Dasein führen können, wenigstens in den westlichen Staaten", und folgert daraus unter anderem:

> „Ich glaube, es kommt mindestens so sehr darauf an, etwas von dem, was war, zu bewahren, als bestimmte neue Momente der Ordnung herbeizuführen. Die Freiheit, die es im Bürgertum gegeben hat, muss bewahrt und ausgebreitet werden, auch dann, wenn es weniger Elend gibt" (Horkheimer 1970: 19, 20).[208]

Neben dem Interview zeigt vor allem Horkheimers kurze Einführung zur Neuauflage seiner wichtigsten Aufsätze aus den 1930er Jahren seine veränderte Einstellung zur spätkapitalistischen Gesellschaft. Hier grenzt er sich zunächst ausdrücklich von Marx und Engels ab und spricht von einer „neuen Phase" der Gesellschaft (Horkheimer 1968c: X, vgl. ebd.: XIII).[209] Er distanziert sich deutlich von seinen früheren Schriften, deren Neupublikation er nur zögernd und „mit Bedenken" zugestimmt habe (Horkheimer 1968c: IX).

Am deutlichsten wird seine veränderte Einstellung, wenn er anschließend schreibt:

> „Die sogenannte freie Welt an ihrem eigenen Begriff zu messen, kritisch zu ihr sich zu verhalten und dennoch zu ihren Ideen zu stehen, sie gegen Faschismus Hitlerscher, Stalinscher oder anderer Varianz zu verteidigen, ist Recht und Pflicht jedes Denkenden. Trotz dem verhängnisvollen Potenzial, trotz allem Unrecht im Inneren wie im Äußeren, bildet sie im Augenblick noch eine Insel, räumlich und zeitlich, deren Ende im Ozean der Gewaltherrschaft auch das Ende der Kultur bezeichnen würde, der die kritische Theorie noch zugehört" (Horkheimer 1968c: XIII).

---

208 Horkheimer spricht sich deshalb an mehreren Stellen dieses Interviews – das vor dem Hintergrund der Studentenproteste geführt wurde – ausdrücklich gegen eine Revolution aus (vgl. Horkheimer 1970: 26-27, 28, 33-34, 38-39).

209 Er verweist vor allem darauf, dass „die materielle Situation der Abhängigen [...] politische und psychologische Tendenzen, verschieden von den ehemals proletarischen" bewirke und dass nun „Einzelner wie Klasse [...] integriert" würden (Horkheimer 1968c: XIII).

Ein ebenfalls zentraler Satz dieser Einführung, der immer wieder zitiert wird, lautet:

> „Offen zu sagen, die fragwürdige Demokratie sei bei allen Mängeln immer noch besser als die Diktatur, die ein Umsturz heute bewirken müsste, scheint mir jedoch um der Wahrheit willen notwendig zu sein" (Horkheimer 1968c: XII).[210]

Theodor W. Adorno hat sich noch viel häufiger als Max Horkheimer kritisch zur Nachkriegsdemokratie in der Bundesrepublik Deutschland geäußert. In zahlreichen Aufsätzen und Büchern hat er seine Gegenwartsdiagnosen aus der „Dialektik der Aufklärung" und den Studien zum autoritären Charakter auf die Nachkriegsgesellschaft übertragen.

Er geht auch hier davon aus, dass autoritätsgebundene Charaktere existieren, die für totalitäre Staatsformen, vor allem für den Faschismus anfällig seien (vgl. Adorno 1971b: 17; 1971c: 92). Zudem bescheinigt er der bundesdeutschen Gesellschaft, „universal unter dem Gesetz des Tauschs" zu stehen (Adorno 1971b: 13). Die Folge seien weit fortgeschrittene „Zerfallstendenzen [...] dicht unter der Oberfläche des geordneten, zivilisatorischen Lebens":

> „Der Druck des herrschenden Allgemeinen auf alles Besondere, die einzelnen Menschen und die einzelnen Institutionen, hat eine Tendenz, das Besondere und Einzelne samt seiner Widerstandskraft zu zertrümmern" (Adorno 1971c: 91).

Damit schreitet nach Adorno die Verdinglichung aller Lebensbereiche immer weiter fort, sodass Autonomie kaum noch möglich ist. Und nicht nur die Möglichkeit „zur gesellschaftlichen und individuellen Selbstbestimmung schwindet, sondern sogar der Wille und das Bedürfnis danach, sodass schließlich das Faktum der Verdinglichung und damit der Heteronomie gar nicht mehr wahrgenommen wird" (Rosa 2006: 50-51; vgl. Adorno 1971b: 22-23).

---

[210] Auch in diesem Text gibt es allerdings pessimistische Aussagen Horkheimers, die zu seiner Hervorhebung der Errungenschaften der westlichen Demokratien im Widerspruch zu stehen scheinen. So schreibt er: „Die Epoche tendiert zur Liquidation alles dessen, was mit der, wenn auch relativen, Autonomie des Einzelnen zusammenhing" (Horkheimer 1968c: XI).
Gmünder sieht in dieser pessimistischen Aussage sogar den „Grundton" des späten Horkheimer, der sich gegenüber dem früheren, realistischen, durchsetze: Der späte Horkheimer sehe keine Möglichkeiten mehr, den Gang der Weltgeschichte noch zu verändern, weil in der „verwalteten Welt" die Individuen nicht mehr über einen freien Willen verfügten (Gmünder 1985: 43, 44).

Verantwortlich dafür macht Adorno noch immer insbesondere eine „zur Totalität aufgeblähte Kulturindustrie" (Adorno 1971b: 22; vgl. Fabel-Lamla 2006: 85) – nicht zuletzt, weil diese „zur Unentrinnbarkeit von Halbbildung und ihrer gleichsam totalitären Wirkungen" führe (Schumm 2006: 47).[211] Und nach wie vor gilt nach Adorno auch, dass es die Zivilisation selbst ist, die „ihrerseits das Antizivilisatorische hervorbringt" (Adorno 1971c: 88).

Hartmut Rosa schreibt über Adorno: Die „radikale Negativität seiner Argumentation scheint indessen nur die Welthaltung der Resignation zuzulassen" (Rosa 2006: 51).[212] Trotzdem gibt es in dessen Spätwerk auch zahlreiche Beispiele für die Anerkennung der Leistungen der Demokratie sowie für eigene konstruktive Bemühungen um die Demokratie.

So beschließt Adorno seine oben mehrfach zitierten kritischen Ausführungen zur „Aufarbeitung der Vergangenheit" mit dem Hinweis, er habe „das Düstere übertrieben, der Maxime folgend, dass heute überhaupt nur Übertreibung das Medium von Wahrheit" sei, und fährt fort:

> „Missverstehen Sie meine fragmentarischen und vielfach rhapsodischen Anmerkungen nicht als Spenglerei: die macht selber mit dem Unheil gemeinsame Sache. Meine Absicht war, eine von der glatten Fassade des Alltags verdeckte Tendenz zu bezeichnen, ehe sie die institutionellen Dämme überspült, die ihr einstweilen gesetzt sind. Die Gefahr ist objektiv; nicht primär in den Menschen gelegen. Wie gesagt, vieles spricht dafür, dass Demokratie samt allem, was mit ihr gesetzt ist, die Menschen tiefer ergreift als in der Weimarer Zeit. Indem ich das nicht so Offenbare hervorhob, habe ich vernachlässigt, was doch Besonnenheit mitdenken muss: dass innerhalb der deutschen Demokratie nach 1945 bis heute das materielle Leben der Gesellschaft reicher sich reproduzierte als seit Menschengedenken, und das ist denn auch sozialpsychologisch relevant" (Adorno 1971b: 23).[213]

---

211 Zu Adornos Begriff der Halbbildung vgl. die Ausführungen im Kapitel zu Gieseckes erster Didaktik, o. S. 96.

212 Diese Aussage bezieht sich konkret auf Adornos Aufsatzsammlung „Eingriffe. Neun kritische Modelle" (Adorno 1964).

213 Ebenfalls in diesem Vortrag hatte er ausdrücklich gesagt, man dürfe „mutmaßen, dass die Demokratie tiefer eingedrungen ist als nach dem Ersten Weltkrieg [...]; zum ersten Mal ist so etwas wie ein homogen bürgerlicher Zustand hergestellt". Allerdings relativiert er dies gleich wieder, indem er konstatiert, Demokratie werde in Deutschland nur als „Arbeitshypothese" akzeptiert, habe sich aber nicht so eingebürgert, dass die Menschen sie als ihre eigene Sache erführen und

Adornos eigene Bemühungen um die Demokratie zeigen sich vor allem in seinen Beiträgen zur Erziehung. Seine in der Pädagogik und Bildungsarbeit ausgesprochen einflussreichen Vorträge und Gespräche, die zwischen 1960 und 1969 im Hessischen Rundfunk gesendet, und 1970 unter dem Titel „Erziehung zur Mündigkeit" als Sammelband herausgegeben wurden (Adorno 1971a), stehen mittlerweile sogar als Hörbuch zur Verfügung (Adorno 1999).[214] Die Schlüsselfrage, um die sich alle Beiträge ranken, ist die Frage, inwieweit sich durch die Erziehung eine Wiederholung von Auschwitz verhindern lässt (vgl. Fabel-Lamla 2006: 85): „Die Forderung, dass Auschwitz nicht noch einmal sei, ist die allererste an Erziehung", so beginnt Adorno seinen Vortrag „Erziehung nach Auschwitz" von 1966 (Adorno 1971c: 88). Vor allem dieser Aufsatz, sowie sein stärker theoretisch orientierter erster Beitrag des Bandes unter dem Titel „Was bedeutet: Aufarbeitung der Vergangenheit" von 1959 (Adorno 1971b) haben die historisch-politische Bildungsarbeit über ihre Zeit hinaus nachhaltig beeinflusst. In der außerschulischen politischen Bildung ist Adornos Sammelband noch immer eines der am häufigsten empfohlenen Bücher, und Adorno gilt hier als einer der wichtigsten Theoretiker (vgl. Hufer/Pohl/Scheurich 2004: 393; Scheurich/Pohl/Hufer 2004: 348).

Bezeichnend ist, dass Adorno in seinen pädagogischen Texten die einzelnen Subjekte in den Vordergrund stellt. Ausdrücklich schreibt er: „Aufarbeitung der Vergangenheit ist wesentlich solche Wendung aufs Subjekt" (Adorno 1971b: 27). An anderer Stelle führt er dazu konkretisierend aus:

> „Man muss die Mechanismen erkennen, die die Menschen so machen, dass sie solcher Taten fähig werden, muss ihnen selbst diese Mechanismen aufzeigen und zu verhindern trachten, dass sie abermals so werden, indem man ein allgemeines Bewusstsein jener Mechanismen erweckt" (Adorno 1971c: 90).

Die zentralen Fähigkeiten, die Menschen dafür erlernen müssen, sind nach Adorno „kritische Selbstreflexion" (Adorno 1971c: 90) und Autonomie – in Adornos Worten heißt es:

---

sich selbst als Subjekte der politischen Prozesse sähen: „Sie wird als ein System unter anderen empfunden" (Adorno 1971b: 15).

214 Auch Albrecht weist auf die Bedeutung der Aufsatzsammlung hin. Sie gehöre zu den meistverkauften Büchern Adornos und zeige, wie unermüdlich Adorno auf die Bedeutung der Erziehung hinweise (vgl. Albrecht 1999b: 388).

„Die einzig wahrhafte Kraft gegen das Prinzip von Auschwitz wäre Autonomie, wenn ich den Kantischen Ausdruck verwenden darf; die Kraft zur Reflexion, zur Selbstbestimmung, zum Nicht-Mitmachen" (Adorno 1971c: 93; vgl. Fabel-Lamla 2006: 86-87).

Allerdings empfiehlt er den politischen Erzieherinnen und Erziehern auch, auf die Eigeninteressen der Menschen zu verweisen, denn „schlechterdings jeder Mensch, der nicht gerade zu der verfolgenden Gruppe dazugehört, kann ereilt werden; es gibt also ein drastisches egoistisches Interesse, an das sich appellieren ließe" (Adorno 1971c: 104).[215]

Neben diesen eher psychologischen Aspekten sind nach Adorno für die Aufklärung aber durchaus auch Einsichten in gesellschaftliche und politische Zusammenhänge notwendig. So lautet eine der am häufigsten zitierten Passagen aus seinem Vortrag „Erziehung nach Auschwitz":

„Aller politische Unterricht endlich sollte zentriert sein darin, dass Auschwitz nicht sich wiederhole. Das wäre möglich nur, wenn zumal er ohne Angst, bei irgendwelchen Mächten anzustoßen, offen mit diesem Allerwichtigsten sich beschäftigt. Dazu müsste er in Soziologie sich verwandeln, also über das gesellschaftliche Kräftespiel belehren, das hinter der Oberfläche der politischen Formen seinen Ort hat" (Adorno 1971c: 104; vgl. George 2004: 78).

Laut Fabel-Lamla kommt in Adornos „Wendung aufs Subjekt" eine „erziehungsoptimistische Haltung" zum Ausdruck, die ihn für Pädagogik und Bildung anschlussfähig macht (Fabel-Lamla 2006: 88). Gerade weil die politische Bildung tatsächlich häufig genau hier anschließt, muss aber abschließend darauf verwiesen werden, dass Adorno selbst die mögliche Wirksamkeit der Erziehung der Subjekte mehrfach relativiert hat: So schreibt er, er halte die subjektive Aufklärung, auch wenn sie mit mehr Intensität betrieben werde, angesichts der objektiven Situation nicht für ausreichend (Adorno 1971b: 27). An anderer Stelle heißt es sogar:

„Ich möchte aber nachdrücklich betonen, dass die Wiederkehr oder Nichtwiederkehr des Faschismus im Entscheidenden keine psychologische, sondern eine gesellschaftliche Frage ist. Vom Psychologischen rede ich nur deshalb soviel, weil die anderen, wesentlicheren Momente dem Willen gerade der Erziehung weitgehend entrückt sind, wenn nicht dem Eingriff der Einzelnen überhaupt" (Adorno 1971c: 92; vgl. ebd.: 89-90).

---

215 Zu Adornos Verweis auf die „unmittelbaren Interessen" vgl. auch schon die Ausführungen im Kapitel zu Gieseckes erster Didaktik, o. S. 94.

3.2.4 Herbert Marcuse: Eine psychoanalytisch erweiterte Dialektik der Aufklärung

Neben Horkheimer und Adorno war Herbert Marcuse[216] nach dem Zweiten Weltkrieg einer der wichtigsten „Träger" der Kritischen Theorie. Sein theoretisches Hauptwerk, das Wiggershaus als Marcuses „Dialektik der Aufklärung" bezeichnet (Wiggershaus 1991: 554), erschien erstmals 1955 unter dem Titel „Eros and Civilization", die deutsche Ausgabe folgte 1957 unter dem Titel „Eros und Kultur". Ab 1965 erschien das Buch dann unter dem neuen Titel „Triebstruktur und Gesellschaft" (vgl. Marcuse 1973). Wie schon der Untertitel „Ein philosophischer Beitrag zu Sigmund Freud" zeigt, handelt es sich um eine Auseinandersetzung und kritische Revision der Theorie – genauer der Triebtheorie – Sigmund Freuds. Nicht selten hat Marcuse daher sein Buch auch als sein „Freud-Buch" bezeichnet (vgl. Wiggershaus 1991: 555).

Gmünder sieht in Marcuses Buch eine „Synthese von Marx und Freud" und erkennt in genau dieser Synthese Marcuses „innovative Leistung" für die Kritische Theorie (Gmünder 1985: 103).[217] Auch Wiggershaus beurteilt

---

216 Herbert Marcuse wurde 1898 in Berlin geboren, sein jüdischer Vater war Teilhaber einer Textilfabrik. Er studierte nach dem Ersten Weltkrieg in Berlin, später in Freiburg neuere deutsche Literaturgeschichte, Philosophie und Nationalökonomie und promovierte 1922 über den deutschen Künstlerroman. Anschließend ging er zurück nach Berlin, wo er einen linken literarischen Salon unterhielt. 1928 wurde er Assistent bei Heidegger in Freiburg (vgl. Wiggershaus 1991: 114). Dort entdeckte er die Schriften von Karl Marx, vor allem die ökonomisch-philosophischen Manuskripte, die 1932 zum ersten Mal veröffentlicht wurden (Wiggershaus 1991: 120). Da er als Jude und Marxist keinen Sinn in einer Habilitation in Deutschland sah, gab er entsprechende Pläne auf und stieß auf Empfehlung von Leo Löwenthal in Genf zum IfS. 1934 ging er mit Horkheimer und anderen Institutsmitarbeitern in die USA. Er wurde 1940 US-Bürger und arbeitete von 1942 bis 1951 für die US-Spionageabwehr, bevor er 1954 Professor an der Brandeis University in Massachusetts und schließlich 1965 Professor an der University of California in San Diego wurde. Marcuse wurde vor allem durch seine zwei Werke „Eros und Kultur", später unter dem Titel „Triebstruktur und Gesellschaft" erneut veröffentlicht (USA 1955, Deutschland 1957), sowie „Der eindimensionale Mensch" (USA 1964, Deutschland 1967) zum Vorbild der amerikanischen und später auch der deutschen Studentenbewegung. Marcuse wurde 1965 Honorarprofessor an der FU Berlin und hielt auf seinen Reisen nach Deutschland vor allem auf Einladung der protestierenden Studierenden zahlreiche Vorträge. Er starb 1979 auf einer Deutschlandreise in Starnberg.
217 Dabei finden sich die Marx'schen Kategorien zum Teil nur versteckt bei Marcuse

„Triebstruktur und Gesellschaft" als das Buch der 1950er Jahre, das „am ehesten als *Weiterarbeit* an der kritischen Theorie erschien" (Wiggershaus 1991: 555, Hervorh. K. P.). Marcuse habe damit „eine Art triebdynamische Fundierung der kritischen Theorie" geliefert und so „das alte Projekt [...], die Psychoanalyse für die kritische Theorie fruchtbar zu machen", fortgesetzt (Wiggershaus 1991: 556; Reiche 2006a: 344).

Rekonstruktion und Modifikation der Freud'schen Triebtheorie
Marcuse rekonstruiert im ersten Teil von „Triebstruktur und Gesellschaft" die Freud'sche Theorie zum Gegensatz von Lustprinzip und Realitätsprinzip. Er stellt heraus, dass nach Freud keine Zivilisation ohne Triebverzicht und -unterdrückung, ohne eine Eindämmung des Lustprinzips durch das Realitätsprinzip denkbar sei (vgl. Wiggershaus 1991: 556).[218] Ohne Freuds Theorie grundsätzlich abzulehnen, versucht er dennoch, diese zu relativieren, indem er sie historisiert: Marcuse bestreitet, dass der von Freud behauptete Gegensatz zwischen Lustprinzip und Realitätsprinzip wirklich ein generelles Prinzip *jeder* Kultur darstellt, und versucht nachzuweisen, dass er in dieser Form nur die historische Epoche charakterisiert, in der Freud seine Theorie entwickelt hat (vgl. Marcuse 1973: 10-11).

Marcuse setzt dabei vor allem an den Begriffen Freuds an: Er kritisiert, dass in Freuds scheinbar ahistorisch konzipierte und daher universelle Geltung beanspruchende Begriffe „die Arbeits-, Herrschafts- und Rationalitätsvorstellungen der bürgerlichen Kultur und der industriellen Produktionsweise Eingang gefunden haben" (Reiche 2006a: 346). Wenn Freud davon ausgehe, dass das Realitätsprinzip, das zur Reproduktion der Gesellschaft nötig sei, sich durch mühevolle Arbeit, lange Arbeitszeiten, aufgeschobene Befriedigung und Lustenthaltung auszeichne, fasse er es als „Leistungsprinzip". Eine solche Konzeption sei aber nicht allgemeingültig, sondern historisch bedingt, und

---

wieder. So spricht er von Unterdrückung statt von Ausbeutung, von Befreiung statt von Revolution und von Herrschaft ohne das Kapital zu erwähnen. Reimut Reiche interpretiert dies als Zurückhaltung im Angesicht des „extremen Antikommunismus in den USA der frühen 1950er Jahre" (Reiche 2006a: 346).

218 Den metapsychologischen Hintergrund bei Freud erläutert Reimut Reiche sehr knapp und treffend in folgendem Absatz:
„Der Mensch wird von Freud als ‚ursprünglich' rein lustsuchend und triebbestimmt konzipiert. Die Kultur muss im Ganzen, in der Phylogenese, das leisten, was die psychogenetische Entwicklung im Einzelnen leistet: das Lustprinzip unter dem Eindruck der Lebensnot durch das Realitätsprinzip ersetzen. Im Zuge dieser Ersetzung bilden sich Ich und Über-Ich aus der ursprünglich ‚ungeschiedenen' Ich-Es-Matrix aus" (Reiche 2006a: 345).

ob die Reproduktion der Gesellschaft überhaupt eine Unterdrückung des Lustprinzips voraussetze, hänge vor allem vom Stand der Produktivkräfte ab (vgl. Gmünder 1985: 105).

Mit dieser Historisierung Freuds will Marcuse zeigen, „dass Unterdrückung, Repression, nicht das letzte Wort sein muss" – er versucht hinter Freuds Deutung „die utopische Spur eines ‚befreiten Eros' zu gewinnen" (Reiche 2006a: 344-345).[219] Zudem schafft Marcuse mit der Historisierung Freuds die Voraussetzung dafür, seine eigene Gegenwart mit Hilfe psychoanalytischer Kategorien zu kritisieren: Er argumentiert, beim heutigen Stand der Produktivkräfte könne das noch immer herrschende Leistungsprinzip nicht mehr mit seiner Notwendigkeit für die Reproduktion der Gesellschaft legitimiert werden. Vielmehr liege der Grund dafür, dass den Menschen weiterhin lange Arbeitszeiten und eine mühevolle Arbeit abverlangt würden, in den spezifischen Herrschaftsverhältnissen der Gegenwart, die zu einer mangelhaften Verteilung der produzierten Mittel führten (vgl. Marcuse 1973: 40-41).

Zusammenfassend schreibt Marcuse zu Beginn seines zweiten Teils:

> „Gerade der Fortschritt der Kultur und Zivilisation unter dem Leistungsprinzip hat einen Stand der Produktivität mit sich gebracht, angesichts dessen die Ansprüche der Gesellschaft auf Verausgabung von Triebenergie in entfremdeter Arbeit um ein Beträchtliches vermindert werden könnten. Infolgedessen erscheint die fortgesetzte unterdrückende Organisation der Triebe weniger durch den ‚Kampf ums Dasein' erzwungen als durch ein Interesse an der Verlängerung dieses Kampfes – ein Interesse der Herrschaft" (Marcuse 1973: 129).

In diesem Zitat klingt neben der Kritik am Leistungsprinzip auch an, dass Marcuse diesem ein großes historisches Verdienst zuschreibt: So wie Horkheimer und

Adorno neben den negativen auch die positiven Seiten der instrumentellen Rationalität erkennen (vgl. o.S. 170), betrachtet Marcuse die vorübergehende Herrschaft des Leistungsprinzips geradezu als Voraussetzung für eine Befreiung der Menschen von den Mühen permanenter Arbeit zum Zwecke der Selbsterhaltung:

> „Die Ideologie unserer Zeit besteht darin, dass Produktion und Konsum die Beherrschung des Menschen durch den Menschen rechtfertigen und ihr Dauer verleihen. Ihr ideologischer Charakter ändert aber nichts an

---

219 Begrifflich knüpft Marcuse an den späten Freud an, bei dem der Eros für den Lebenstrieb steht und – in Marcuses Worten – „eine quantitative und qualitative Erweiterung der Sexualität" beinhaltet (Marcuse 1973: 203).

der Tatsache, dass ihre Vorteile reale sind. Dass das Ganze zu einer immer stärkeren Unterdrückung führt, liegt in erster Linie an seinem guten Funktionieren, seiner tatsächlichen Wirksamkeit: Es erweitert den Rahmen der materiellen Kultur, erleichtert die Beschaffung der Lebensnotwendigkeiten, verbilligt Bequemlichkeit und Luxus, bezieht weitere Gebiete in den Einflussbereich der Industrie ein" (Marcuse 1973: 101-102).

Die Ambivalenz der bisherigen Entwicklung und die existenzielle Situation, in der sie kulminiert, wird in Marcuses Fortsetzung dieser Passage deutlich: Die Ideologie von der Notwendigkeit des Leistungsprinzips

„unterstützt zu gleicher Zeit das System mühseliger Arbeit und Zerstörung. Der Einzelne zahlt dafür mit dem Opfer seiner Zeit, seines eigenen Bewusstseins, seiner Träume; die Kultur zahlt dafür mit der Preisgabe ihrer eigenen Versprechungen von Freiheit, Gerechtigkeit und Frieden für alle. Die Diskrepanz zwischen möglich gewordener Befreiung und tatsächlicher Unterdrückung ist zur vollen Reife gelangt: sie durchdringt alle Lebenssphären auf der gesamten Erde" (Marcuse 1973: 102, vgl. ebd.: 10-11).

Den zweiten Teil von „Triebstruktur und Gesellschaft" stellt Marcuse unter die Überschrift „Jenseits des Realitätsprinzips" – besser träfe allerdings die Überschrift „Jenseits des Leistungsprinzips" seine Zukunftsvision.

Marcuse macht sich hier auf die Suche nach einem neuen Realitätsprinzip. Seine Antwort, die er vor allem in diesem Teil entfaltet, lautet in seinen eigenen Worten zusammengefasst:

„Gleichgültig wie gerecht und rationell die materielle Produktion auch gestaltet wird, ein Gebiet der Freiheit und Befriedigung kann sie nie sein. Aber sie kann Zeit und Energie für das freie Spiel menschlicher Möglichkeiten *außerhalb* der entfremdeten Arbeitsbereiche freisetzen" (Marcuse 1973: 155, Hervorh. K. P.).

Erst jenseits dieses „Bereichs der Notwendigkeit" erhebt sich nach Marcuse „die Vision eines Reiches der Freiheit: Freiheit ist nicht innerhalb, sondern außerhalb des ‚Kampfes ums Dasein'. Besitz und Beschaffung des Lebensnotwendigen sind Vorbedingungen, nicht Inhalt einer freien Gesellschaft" (Marcuse 1973: 194).

Bei seinen Ausführungen dazu, wie dieses „Reich der Freiheit" aussähe, bleibt Marcuse relativ allgemein. Sein Schwerpunkt liegt auf der Darstellung der Auswirkungen der gewonnenen freien Zeit auf die Triebstruktur der Menschen, vor allem auf die neuen Möglichkeiten zur Wiederbelebung des eingeschränkten und unterdrückten Lustprinzips: Weil nun nur noch wenig Triebenergie auf die Arbeit verwandt werden müsse, entfalle „ein weites Gebiet repressiver Zwänge

185

und Modifikationen". Infolgedessen verschiebe sich „die antagonistische Beziehung zwischen Lust- und Realitätsprinzip zugunsten des ersteren" und „Eros, die Lebenstriebe, würden in einem nie da gewesenen Maße freigesetzt werden" (Marcuse 1973: 152-153).

Das hat nach Marcuse auch Konsequenzen für die Sexualität selbst: Während er für seine Gegenwart eine Entfremdung des Menschen diagnostiziert, die so weit geht, dass selbst seine Sexualität entfremdet ist, weil mittlerweile ein „genitales Supremat" herrscht, das die eigentliche, „prägenitale polymorphe Sexualität" unterdrückt, könnte diese nach der Überwindung des Leistungsprinzips wiederentdeckt werden: Sobald der Körper „nicht mehr ganztägig als Arbeitsinstrument zur Verfügung stehen müsste" könne er „resexualisiert" werden (Marcuse 1973: 198-199; vgl. Reiche 2006a: 347).[220]

Zu den realen Möglichkeiten der Verwirklichung seiner Utopie oder gar zu den Akteuren, die daran mitwirken könnten, sagt Marcuse in „Triebstruktur und Gesellschaft" noch fast gar nichts. Das mag mit der stark theoretischen Ausrichtung des „Freud-Buches" zusammenhängen, das eher die gesellschaftstheoretische und psychoanalytische Grundlage für Marcuses spätere, gesellschaftskritische Werke legt.

Marcuses Kritik der fortgeschrittenen Industriegesellschaften
Mit seinem zweiten über das akademische Fachpublikum hinaus bekannt gewordenen Werk „One-Dimensional Man" hat Marcuse dann eine systematische Kritik der konkreten Realität der modernen, „fortgeschrittenen Industriegesellschaften"[221] vorgelegt. Das Buch gilt deshalb ebenfalls als wichtiger Beitrag zur Kritischen Theorie; es erschien erstmals 1964 auf englisch und 1967 unter dem Titel „Der eindimensionale Mensch" auf deutsch (Wiggershaus 1991: 556; vgl. Marcuse 1974).

---

220 Eine detaillierte Darstellung der Uminterpretation der Freud'schen Trieblehre durch Marcuse und seiner Annahmen einer Umwandlung der Libido von bloßer Sexualität zu einem erweiterten Eros würde den Rahmen dieser Arbeit überschreiten. Vgl. dazu sowie zur Kritik an Marcuses Triebtheorie Wiggershaus 1991: 557-562; Gmünder 1985: 104-111; Reiche 2006a: 347; Marcuse 1973, v.a. S. 195-233.)
221 Mit „fortgeschrittener Industriegesellschaft" meint Marcuse laut Reimut Reiche „primär die kapitalistischen Gesellschaften des Westens, die er, ähnlich wie Adorno und Horkheimer, nicht mehr bei diesem ihrem alten Namen nennt". Daneben seien damit aber „auch die Entwicklungstendenzen der damaligen staatssozialistischen Gesellschaften" gemeint; dahinter stehe die „nicht weiter ausgeführte Hintergrundannahme [...] [einer] ,totalitäre[n] Konvergenz' der beiden großen ökonomischen Systeme" (Reiche 2006b: 352).

Ausdrücklich setzt Marcuse sich zum Ziel, die geschichtlichen Alternativen der bestehenden „höchstentwickelten Gesellschaften" „im Licht ihrer genutzten und ungenutzten oder missbrauchten Kapazitäten zur Verbesserung der menschlichen Lage" zu analysieren (Marcuse 1974: 19, 12). Dabei lebt sein gesamtes Buch, wie Reiche treffend analysiert, von „vier sich gegenseitig stützenden Denkfiguren und den ihnen entsprechenden Hauptmetaphern: Einebnung der Differenz; eindimensional; wahre und falsche Bedürfnisse; repressive Entsublimierung" (Reiche 2006b: 353).

Der namengebende *eindimensionale* Mensch in Marcuses Buch zeichnet sich dadurch aus, dass sich sein Denken ausschließlich im Rahmen der bestehenden gesellschaftlichen Verhältnisse bewegt und dass er nicht imstande ist, eine andere und bessere Gesellschaft zu denken. Er ist eine Erscheinung ohne schöpferische und utopische Kraft – und Marcuse hält diesen eindimensionalen Menschen für typisch für die Industriegesellschaften der Nachkriegszeit (vgl. Kruse 2008: 290).

Nach Gmünder ist Marcuses Kritik an diesem eindimensionalen Menschen vorwiegend eine Bedürfniskritik: Er mache vor allem die falschen Bedürfnisse dafür verantwortlich, dass kein sozialer Wandel mehr stattfinde, „und sich deshalb wiederum die falschen Bedürfnisse perpetuieren" (Gmünder 1985: 54). Sehr viel Raum und Energie verwendet Marcuse im „eindimensionalen Menschen" daher auch auf die Unterscheidung von *wahren und falschen Bedürfnissen* und die Konsequenzen des Vorherrschens falscher Bedürfnisse in seiner Gegenwart.

Bereits im ersten Kapitel bietet er eine ausdrückliche Definition dessen, was er unter falschen Bedürfnissen versteht: Falsch sind demnach alle Bedürfnisse „die dem Individuum durch partikuläre gesellschaftliche Mächte, die an seiner Unterdrückung interessiert sind, auferlegt werden" und die „harte Arbeit, Aggressivität, Elend und Ungerechtigkeit verewigen". Dabei sei nicht entscheidend, ob die Befriedigung dieser Bedürfnisse dem Individuum Glück verschaffe, denn solange dadurch grundlegende Umwälzungen verhindert würden, handle es sich dabei höchstens um „Euphorie im Unglück". Als Beispiele nennt Marcuse die Bedürfnisse, „sich im Einklang mit der Reklame zu entspannen, zu vergnügen, zu benehmen" und „zu konsumieren, zu hassen und zu lieben, was andere hassen und lieben". Diese Bedürfnisse hätten eine „gesellschaftliche Funktion", sie seien „durch äußere Mächte determiniert" und daher „heteronom" (Marcuse 1974: 25). Zwei Seiten weiter unten fügt Marcuse als weitere Beispiele für falsche Bedürfnisse hinzu,

„das Bedürfnis nach abstumpfender Arbeit, wo sie nicht mehr wirklich notwendig ist; das Bedürfnis nach Arten der Entspannung, die diese

187

Abstumpfung mildern und verlängern; das Bedürfnis, solche trügerischen Freiheiten wie freien Wettbewerb bei verordneten Preisen zu erhalten, eine freie Presse, die sich selbst zensiert, freie Auswahl zwischen gleichwertigen Marken und nichtigem Zubehör bei grundsätzlichem Konsumzwang" (Marcuse 1974: 27).

Dagegen sind wahre Bedürfnisse für Marcuse nur solche Bedürfnisse, die auf eine optimale Entwicklung des Individuums sowie eine optimale Ausnutzung aller materiellen und geistigen Ressourcen zielen, über die der Mensch verfügt (vgl. Marcuse 1974: 26; vgl. Gmünder 1985: 54-55).

Eng mit dem Gegensatzpaar wahre und falsche Bedürfnisse ist der Begriff des *falschen Bewusstseins* verbunden.[222] Darunter versteht Marcuse „verordnete Einstellungen und Gewohnheiten", die aus der Manipulation der Menschen mittels der Erzeugnisse des Produktionsapparates hervorgehen (Marcuse 1974: 31-32; vgl. ebd.: 16; Gmünder 1985: 56).[223]

Das falsche Bewusstsein und die falschen Bedürfnisse haben sich nun nach Marcuse bis in die Triebstruktur des Menschen hinein festgesetzt, indem die produzierten Waren zur Befriedigung der falschen Bedürfnisse von den Individuen libidinös besetzt wurden: „Die Menschen erkennen sich in ihren Waren wieder; sie finden ihre Seele in ihrem Auto, ihrem Hi-Fi-Empfänger, ihrem Küchengerät" (Marcuse 1974: 29; vgl. Gmünder 1985: 55).

Wie schon in „Triebstruktur und Gesellschaft" geht Marcuse zudem davon aus, dass das falsche Bewusstsein und die falschen Bedürfnisse Instrumente der sozialen Kontrolle darstellen – die Fortschritte in der Befriedigung materieller Bedürfnisse und bei der Aufweichung alter repressiver Zwänge bringen ihm zufolge auch neue Formen der Unterdrückung hervor. Er schreibt:

> „Der Mechanismus selbst, der das Individuum an seine Gesellschaft fesselt, hat sich geändert, und die soziale Kontrolle ist in den neuen Bedürfnissen verankert, die sie hervorgebracht hat" (Marcuse 1974: 29; vgl. Reiche 2006b: 352; Gmünder 1985: 55, 84).

---

222 Reiche verweist darauf, dass das „Differenzpaar" wahre und falsche Bedürfnisse seine Dignität erst von der Kategorie des falschen Bewusstseins bei Marx beziehe. Er merkt dazu kritisch an, das verleihe „dem ganzen Werk etwas unausgesprochen, aber immer anwesend Autoritäres". Auch wenn Marcuse noch mit der spätmarxistischen Rhetorik von „Unterdrückung" und „Unterwerfung" operiere, sei bei ihm aber „ein ganz verschwommener Antagonismus von ‚die Menschen' und ‚etablierter Gesellschaft'" an die Stelle des früheren Klassenantagonismus getreten (Reiche 2006b: 353).

223 Zu den psychoanalytischen Aspekten von Marcuses Ausführungen zum Bewusstsein vgl. Gmünder 1985: 55-56; Reiche 2006b: 355.

Für diese neue Art sozialer Kontrolle steht bei Marcuse der Begriff *repressive Entsublimierung*. Darunter versteht er eine neue Stufe der Entfremdung, die so weit geht, dass sie für den Menschen gar nicht mehr spürbar ist. Er kann vollständig glücklich sein, weil er gar nicht mehr um seine Entfremdung weiß: Nicht nur seine (falschen) materiellen Bedürfnisse werden befriedigt, sondern auch die Reduktion der erotischen auf die sexuellen Bedürfnisse ist so vollständig, dass das Sexuelle in Arbeit und Werbung eingegliedert und so ebenfalls einer kontrollierten Befriedigung zugänglich gemacht werden kann. Weil diese Entsublimierung aber gänzlich innerhalb der Grenzen des Bestehenden verbleibt, wird die Gewalt der bestehenden Realität dabei nur noch verstärkt (vgl. Marcuse 1974: 92-94; Gmünder 1985: 56; Kraushaar 2001: 23).

Dem Prozess der repressiven Entsublimierung fallen nach Marcuse auch die oppositionellen und transzendierenden Elemente in der höheren Kultur zum Opfer, in denen zuvor noch „Hoffnung" und „Wahrheit" verborgen waren. Literatur und Kunst verlieren ihre Distanz zum Bestehenden und werden „der etablierten Ordnung unterschiedslos einverleibt" (Marcuse 1974: 76, 77).[224] Hier wird zum einen deutlich, wie eng sich Marcuse an den Gedanken der Kulturindustrie aus der „Dialektik der Aufklärung" anlehnt. Zum anderen zeigt sich Marcuses vierte zentrale Denkfigur, die Reiche als *Einebnung der Differenz* bezeichnet. Denn so wie sich die Kunst als kritisches Gegenüber der Gesellschaft auflöst, lösen sich nach Marcuse auch andere Differenzen auf: die Möglichkeit der Unterscheidung von Sein und Sollen im Denken; von Ich, Es und Über-Ich in der Seele; von technologischem und politischem Apparat in der materiellen Ökonomie sowie schließlich von Realität und Utopie in der Kultur (vgl. Reiche 2006b: 352). Und in der Politik schließlich wahrt nach Marcuse das Zwei-Parteien-System nur den Schein der Differenz, hinter dem in Wirklichkeit ein Niedergang des Pluralismus sowie ein betrügerisches Einverständnis von Kapital und Arbeiterschaft stehen (vgl. Marcuse 1974: 14, 24; Gmünder 1985: 82; Kruse 2008: 290-291).[225]

---

224 Vgl. zur Rolle der Kunst auch Marcuse 1973: 52 sowie Gmünder 1985: 58; Jay 1976: 257.
225 Weitere Phänomene der Einebnung von Differenzen im politisch-wirtschaftlichen Bereich beschreibt Marcuse weiter unten:
„Die Haupttendenzen sind bekannt: Konzentration der Volkswirtschaft auf die Bedürfnisse der großen Konzerne, wobei die Regierung sich als anregende, unterstützende und manchmal sogar kontrollierende Kraft betätigt; Verflechtung dieser Wirtschaft mit einem weltweiten System von militärischen Bündnissen, monetären Übereinkünften, technischer Hilfe und Entwicklungsplänen; allmähliche Angleichung der Arbeiter- an die Angestelltenbevölkerung, der

Alle vier Denkfiguren Marcuses im „Eindimensionalen Menschen" scheinen auf eines hinzudeuten: Sie lassen einen radikalen Wandel innerhalb der fortgeschrittenen Industriegesellschaft nahezu unmöglich erscheinen. Auch wenn Marcuse hinsichtlich der Möglichkeit eines solchen Wandels tatsächlich immer skeptisch war, hielt er umso entschiedener an seiner Notwendigkeit fest, und Überlegungen dazu, wie er realisierbar wäre, nehmen nicht nur im „Eindimensionalen Menschen", sondern vor allem in seinen späteren Büchern viel Raum ein (vgl. Gmünder 1985: 102).[226] Dabei schreibt er selbst, dass er zwischen zwei einander widersprechenden Hypothesen schwanke: zum einen, dass die fortgeschrittene Industriegesellschaft selbst jede grundlegende Änderung der Verhältnisse unterbinden könne und zum anderen, dass noch immer Kräfte und Tendenzen vorhanden seien, die die bestehende Gesellschaft sprengen könnten (vgl. Marcuse 1974: 17).

Nach Marcuse ist ein „Bruch" nötig, ein „Umschlag von Quantität in Qualität" – das Wort Revolution kommt ihm, wie Reiche schreibt, „nur noch metaphorisch über die Lippen", obwohl er sich nach wie vor auf das marxistische Paradigma des „revolutionären Umschlags von Quantität in Qualität" bezieht (Marcuse 1974: 242; Reiche 2006b: 355).

Dafür komme es vor allem darauf an, das falsche Bewusstsein zu überwinden und die falschen Bedürfnisse durch wahre zu ersetzen. Weil letztlich aber nur die Individuen selbst dies leisten könnten, bestehe eine fast ausweglose Situation: Wie können Individuen, die bis jetzt „das Objekt wirksamer und produktiver Herrschaft gewesen sind" und deshalb falsche Bedürfnisse verspüren, ihre wahren Bedürfnisse entdecken? Wie können sie, die ihr bisheriges Leben in Unfreiheit verbracht haben und so eindimensional geworden sind, dass sie gar nicht wissen, was Freiheit bedeutet, „von sich aus die Bedingungen der Freiheit herbeiführen" (Marcuse 1974: 26)?

Führungstypen bei den Unternehmer-, und Arbeitnehmerorganisationen, der Freizeitbeschäftigungen und Wünsche der verschiedenen sozialen Klassen; Förderung einer prästabilierten Harmonie zwischen Wissenschaft und nationalem Anliegen" (Marcuse 1974: 39).

226 Marcuse formuliert v.a. in „Repressive Toleranz", „Versuch über die Befreiung" und „Konterrevolution und Revolte" seine Vorstellungen zum Bruch mit den bestehenden gesellschaftlichen Verhältnissen genauer. Allerdings ist er nun auch in seiner Diagnose radikaler als in „Triebstruktur und Gesellschaft" oder „Der eindimensionale Mensch", sodass man von einem Wandel seines Gesamtkonzepts sprechen kann. Deshalb sollen diese Vorschläge, die bei Giesecke keine Rolle spielen, hier auch nicht berücksichtigt werden (vgl. Gmünder 1985: 50-51; Forst 2006; Jaeggi 2006b).

Marcuse thematisiert dieses Dilemma an mehreren Stellen seines Buches und bemerkt gegen Ende, hierbei handle es sich um einen „circulus vitiosus" (Marcuse 1974: 234, vgl. ebd.: 61; Gmünder 1985: 55).
Trotzdem entwickelt er auf den anschließenden Seiten doch eine Vision zur Überwindung der gegenwärtigen Verhältnisse: Es sind Außenseiter und gesellschaftliche Randgruppen, denen er die Umwälzung zutraut: die rassisch Verfolgten, die Arbeitslosen sowie die arbeitenden Klassen in rückständigen kapitalistischen Ländern. Geradezu beschwörend heißt es auf der vorletzten Seite:

> „Unter der konservativen Volksbasis befindet sich jedoch das Substrat der Geächteten und Außenseiter: die Ausgebeuteten und Verfolgten anderer Rassen und anderer Farben, die Arbeitslosen und die Arbeitsunfähigen. Sie existieren außerhalb des demokratischen Prozesses; ihr Leben bedarf am unmittelbarsten und realsten der Abschaffung unerträglicher Verhältnisse und Institutionen. Damit ist ihre Opposition revolutionär, wenn auch nicht ihr Bewusstsein. Ihre Opposition trifft das System von außen und wird deshalb nicht durch das System abgelenkt; sie ist eine elementare Kraft, die die Regeln des Spiels verletzt und es damit als ein aufgetakeltes Spiel enthüllt. Wenn sie sich zusammenrotten und auf die Straße gehen, ohne Waffen, ohne Schutz, um die primitivsten Bürgerrechte zu fordern, wissen sie, dass sie Hunden, Steinen und Bomben, dem Gefängnis, Konzentrationslagern, selbst dem Tod gegenüberstehen. Ihre Kraft steht hinter jeder politischen Demonstration für die Opfer von Gesetz und Ordnung. Die Tatsache, dass sie anfangen, sich zu weigern, das Spiel mitzuspielen, kann die Tatsache sein, die den Beginn des Endes einer Periode markiert" (Marcuse 1974: 267; vgl. Kruse 2008: 291-292; Gmünder 1985: 82).

3.2.5 Jürgen Habermas' Beitrag zur Kritischen Theorie

Gesellschaft und Politik
Während sich Marcuse zur Beantwortung der Frage, warum der Kapitalismus entgegen der Prognose von Marx noch immer Bestand hat, vor allem dessen Auswirkungen auf die Psyche der Menschen zuwendet, und Horkheimer und Adorno die Antwort in der Rolle der instrumentellen Rationalität und der Kulturindustrie suchen, fragt Jürgen Habermas[227] in seinen frühen

---

227 Jürgen Habermas wurde 1929 in Düsseldorf geboren. Er studierte in Göttingen, Zürich und Bonn Deutsche Literatur, Ökonomie, Psychologie, Geschichte und Philosophie und promovierte 1954 in Bonn mit einer Arbeit über Schelling.

Schriften, welche Veränderungen im Verhältnis von Gesellschaft und Politik dazu beigetragen haben, den Kapitalismus zu stabilisieren.

Marx' Ausgangspunkt war materialistisch – er sah in den ökonomischen Verhältnissen die Basis der gesellschaftlichen Entwicklung. Alles Politische, Soziale und Kulturelle erschien ihm lediglich als Überbau dieser ökonomischen Basis (vgl. o.S. 155). Weil nicht nur die Kultur, sondern auch der Staat nach Marx von der Ökonomie abhängig war, sah er für diesen keine Möglichkeit, substanziell in die ökonomische Entwicklung einzugreifen.

Mehr als hundert Jahre später diagnostiziert Habermas, die Realität habe diesen Aspekt der Marx'schen Theorie überholt:

> Die „‚Trennung' von Staat und Gesellschaft ist [...] zugunsten einer wechselseitigen Verschränkung aufgehoben. Der Bereich des Warenverkehrs und der gesellschaftlichen Arbeit bedarf der zentralen Gestaltung und Verwaltung so sehr, dass die einst den Privatleuten nach Regeln des freien Marktes überlassene bürgerliche Gesellschaft in vielen Sparten ihren Verkehr bereits politisch vermitteln lassen muss" (Habermas 1971c: 228).

Habermas analysiert die Möglichkeiten staatlicher Eingriffe in die Ökonomie und ihre Folgen besonders prägnant in seiner Habilitationsschrift „Strukturwandel der Öffentlichkeit" von 1962 (Habermas 1993), in dem zuerst 1963

1956 bis1959 war er Stipendiat und Forschungsassistent am IfS und dort an der Studie zur politischen Einstellung von Studierenden beteiligt, die 1961 unter dem Titel „Student und Politik" veröffentlicht wurde (Habermas u.a. 1961). Wegen Unstimmigkeiten mit Max Horkheimer ging Habermas dann zu Wolfgang Abendroth nach Marburg und habilitierte sich dort 1961 mit seiner Arbeit zum „Strukturwandel der Öffentlichkeit". Von 1961 bis 1964 war er Professor für Philosophie in Heidelberg, 1964 wurde er Nachfolger Horkheimers auf dessen Lehrstuhl für Philosophie und Soziologie in Frankfurt/M. Dort war er von 1964 bis 1971 und von 1982 bis zu seiner Emeritierung 1994 tätig – zwischendurch arbeitete er von 1971 bis1981 als Direktor des Max-Planck-Instituts zur Erforschung der Lebensbedingungen der technisch-wissenschaftlichen Welt in Starnberg. Habermas war und ist ein öffentlicher Intellektueller, der sich an allen großen gesellschaftlichen, politischen und theoretischen Debatten der Bundesrepublik beteiligt. Während seine Nähe zur Kritischen Theorie in seinen frühen Schriften und vor allem im sogenannten Positivismusstreit sehr deutlich war, ging er später zunehmend eigene theoretische Wege. Mit seinem Hauptwerk „Theorie des kommunikativen Handelns" (Habermas 1981) schloss er seine „kommunikationstheoretische Wende" ab, mit der er die Geltungsansprüche im Rahmen der menschlichen Kommunikation zur neuen normativen Grundlage seiner Theorie machte.

erschienen Aufsatz „Zwischen Philosophie und Wissenschaft: Marxismus als Kritik" (Habermas 1971c) sowie in der in der politischen Bildung immer wieder zitierten Einleitung zu „Student und Politik" (Habermas 1961). 1961 fokussiert Habermas dabei besonders auf die Entwicklung zum Interventions- und Sozialstaat und die daraus folgende „Politisierung der Gesellschaft". Da Hermann Giesecke sich schon in der ersten Ausgabe seiner Didaktik maßgeblich auf diese Diagnose Habermas' bezog, wurde sie bereits in Zusammenhang mit seiner ersten Didaktik dargestellt und soll hier nicht wiederholt werden (vgl. o.S. 48, S. 52).

1962 diskutiert Habermas dann weitere Aspekte einer gewachsenen Staatstätigkeit wie die quantitative Zunahme der Staatshaushalte, die Beeinflussung der privaten und die Regelung der öffentlichen Investitionstätigkeit, die Konjunkturpolitik sowie die Ausweitung öffentlicher Dienstleistungen und die Schaffung von Rahmenbedingungen für private Dienstleistungen. Insgesamt konstatiert Habermas, dass neben die klassischen Ordnungsfunktionen des Staates immer mehr Gestaltungsfunktionen träten, und dass der Staat nunmehr für die „Kontrolle und Balancierung des gesamtwirtschaftlichen Kreislaufs" zuständig sei (Habermas 1993: 232; vgl. ebd.: 230-233). Indem der Staat sich auf diese Weise in den Markt einmische – so folgert Habermas – sei das klassische Abhängigkeitsverhältnis der Politik von der Ökonomie gesprengt worden; es sei zu einem weitreichenden Strukturwandel im Verhältnis von Ökonomie und Politik gekommen (vgl. Habermas 1971c: 265; Rosa/Strecker/Kottmann 2007: 110; Hartmann, M. 2006: 170).

Eine zentrale Ursache für diesen Strukturwandel sieht Habermas darin, dass der Staat seit dem letzten Viertel des 19. Jahrhunderts zunehmend rechtliche Mittel bereitstelle, mit deren Hilfe sich schwächere Marktteilnehmer gegen stärkere zur Wehr setzen könnten, und die diese zur Wahrung ihrer Interessen auch in Anspruch nähmen. Überdies hätten die breiten Massen ihre neuen Möglichkeiten zur Mitbestimmung in der Politik auch genutzt, um auf politischem Wege einen Ausgleich für ihre ökonomischen Benachteiligungen zu erreichen. Ursprünglich ökonomische Antagonismen seien auf diesem Wege zu politischen Interessenkonflikten gemacht worden, die nun innerhalb der politischen Institutionen bearbeitet werden könnten. Dadurch erst entstehe ein stabiles Systemgleichgewicht, das der freie Markt allein nie hätte gewährleisten können (vgl. Habermas 1993: 230; Habermas 1971c: 265).

Dass gleichzeitig immer mehr staatliche Aufgaben an gesellschaftliche Akteure übertragen werden, führt nach Habermas insgesamt zu einer „Dialektik einer mit fortschreitender Verstaatlichung der Gesellschaft sich gleichzeitig durchsetzenden Vergesellschaftung des Staates" (Habermas 1993: 226). Schließlich schlössen sich die staatlichen und gesellschaftlichen Institutionen

193

zu einem einzigen, nicht mehr nach den Kriterien von privat und öffentlich zu differenzierenden Funktionszusammenhang zusammen (vgl. Habermas 1993: 234).

So resümiert Habermas schließlich im Gegensatz zu Marx:

„Die erzwungene Kontrolle über weite gesellschaftliche Bereiche hat […] Organisationsformen der Sicherung sozialer Stellungen und des Ausgleichs sozialer Entschädigungen, hat eine Art institutionalisierter Dauerreform hervorgebracht, sodass eine Selbstregulierung des Kapitalismus durch Kräfte der ‚Selbstdisziplin' als möglich erscheint" (Habermas 1971c: 230).[228]

Wenn Habermas zudem mit Marx annehmen kann, dass aus der stattfindenden Produktivitätssteigerung per se „Wert" entspringt, dann scheint auf dieser neuen Stufe des regulierten Kapitalismus die Möglichkeit auf, durch geeignete Maßnahmen der politischen Regulierung eine gleichzeitige Steigerung der Profitrate und der Reallöhne zu erreichen. Damit aber muss – so bringt Habermas die zentrale Wende der Kritischen Theorie gegenüber Marx noch einmal auf den Punkt – der Klassenkonflikt seine revolutionäre Gestalt verlieren, und eine Demokratisierung erscheint nun auch innerhalb des Kapitalismus möglich (Habermas 1971c: 260-262).

Diese Neujustierung des Verhältnisses von Gesellschaft und Staat, die hier zwar unter Berufung auf Habermas dargestellt wurde, die aber auch schon in der frühen Kritischen Theorie, vor allem von Friedrich Pollock festgestellt wurde,[229] legitimiert erneut die zentrale Verschiebung des Erkenntnisinteresses der Kritischen Theorie gegenüber dem Marx'schen Materialismus: Weil die Ökonomie ihren herausgehobenen Platz als unabhängige Variable, als Basis

---

228 Habermas stellt später ausdrücklich fest, Marx habe noch nicht erkannt, dass politische Kräfte entstehen würden, die dem System innewohnende Krisentendenzen abfangen könnten (vgl. Habermas 1971c: 266).

229 Friedrich Pollock postuliert in seiner Theorie vom Staatskapitalismus, dass der Kapitalismus mehrere Phasen durchlaufe und nach der konkurrenzkapitalistischen und der monopolkapitalistischen schließlich in die staatskapitalistische Phase münde. In dieser Phase werde die Wirtschaft durch den Staat so gesteuert, dass der von Marx proklamierte Widerspruch von Produktivkräften und Produktionsverhältnissen prinzipiell aufgehoben werden könne. Pollock schreibt: „Was zu Ende geht, ist nicht der Kapitalismus, sondern nur seine liberale Phase" (zit. n. Türcke/Bolte 1994: 13) und erklärt damit, dass der Kapitalismus längerfristiger Bestand haben konnte, als Marx dies prognostiziert hatte. Pollocks Theorie kann hier nicht im Einzelnen diskutiert werden; vgl. dazu und auch zu den Einwänden Franz Neumanns gegen Pollock u.a. Wiggershaus 1991: 316-327; Türcke/Bolte 1994: 46-49; Rosa/Strecker/Kottmann 2007: 120.

aller anderen gesellschaftlichen Entwicklungen verloren hat, konnten die Kritischen Theoretiker nun ihr Augenmerk auf den Staat, die Kultur und die Psyche der Menschen legen.

Habermas bringt das in seinem Aufsatz „Zwischen Philosophie und Wissenschaft: Marxismus als Kritik" treffend auf den Punkt:

> „Wenn sie [die Gesellschaft] sich aber nicht mehr als die dem Staat voraus- und zugrunde liegende Sphäre autonom konstituiert, stehen Staat und Gesellschaft nicht länger in dem klassischen Verhältnis von Überbau und Basis. Eine Betrachtungsweise, die die ökonomischen Bewegungsgesetze der Gesellschaft methodisch zunächst einmal isoliert, kann nur so lange beanspruchen, schlechthin den Lebenszusammenhang der Gesellschaft in seinen wesentlichen Kategorien zu erfassen, als Politik von der ökonomischen Basis abhängig ist, und diese nicht umgekehrt auch schon als eine Funktion der mit politischem Selbstbewusstsein ausgetragenen Konflikte begriffen werden muss" (Habermas 1971c: 228).

Im Gegensatz zu den theoretischen Anstrengungen von Marx darf sich die Sozialforschung im zwanzigsten Jahrhundert nach Ansicht der Kritischen Theoretiker also nicht mehr auf die Sphäre der unmittelbaren ökonomischen Reproduktion des gesellschaftlichen Lebens beschränken. Sie muss darüber hinaus nicht nur nach dem Staat, sondern auch nach weiteren Phänomenen fragen, die Marx nur zum Überbau gerechnet hatte (vgl. Habermas 1971c: 234).

Auch Habermas betont in „Zwischen Philosophie und Wissenschaft", dabei gelte es vor allem, neue, raffiniertere Formen der Entfremdung, aufzudecken (vgl. Habermas 1971c: 234). Entsprechend müsse auch die Ideologiekritik modifiziert werden, und in Anbetracht der weitgehenden Befriedigung der „basic needs" sei die „Kritik an versagten oder verstellten Bedürfnisbefriedigungen" von der Ökonomie auf die „Sphäre der ‚Kultur'" zu verschieben. Mit anderen Worten: Die repressiven Kräfte müssen statt in den ökonomischen Mechanismen des Arbeitsmarktes in den sozialpsychologischen Mechanismen des Freizeitmarktes gesucht werden, denn, so wiederum Habermas: „Der manipulierte Kulturkonsum bestätigt vielleicht nur ein altes Gewaltverhältnis in neuer, gewiss annehmlicherer Form" (Habermas 1971c: 235).

Bereits zu Beginn dieses Aufsatzes beschreibt Habermas mit ähnlicher Sprachgewalt wie Horkheimer und Adorno in der „Dialektik der Aufklärung", welche Veränderungen in den Mechanismen der Entfremdung und den Erfordernissen der Emanzipation deshalb mittlerweile festzustellen seien:

„Ferner ist in den fortgeschrittenen kapitalistischen Ländern der Lebensstandard, auch in den breiten Schichten der Bevölkerung, so weit immerhin gestiegen, dass sich das Interesse an der Emanzipation der Gesellschaft nicht mehr unmittelbar in ökonomischen Ausdrücken artikulieren kann. ‚Entfremdung' hat ihre ökonomisch sinnfällige Gestalt des Elends eingebüßt. Der Pauperismus der entfremdeten Arbeit findet seinen entfernten Reflex allenfalls in einem der entfremdeten Freizeit – Skorbut und Rachitis erhalten in psychosomatischen Störungen, Hunger und Mühsal in der Öde fremdgesteuerter Ermunterung, in der Befriedigung von Bedürfnissen, die nicht die ‚eigenen' sind, ihre sublimere und nicht einmal klassenspezifische Form. Die ‚Versagungen' sind heimlicher geworden, wenn auch vielleicht zehrend wie je. Ebenso hat Herrschaft, als die Kehrseite der Entfremdung, den unverhüllten Ausdruck eines im Lohnarbeitsvertrag fixierten Gewaltverhältnisses abgestreift. In dem Maße, in dem der ökonomische wie politische Status der ‚Diensttuenden' gesichert wird, treten Verhältnisse persönlicher Herrschaft hinter dem anonymen Zwang indirekter Steuerung zurück – in wachsenden Bereichen des gesellschaftlichen Lebens verlieren Anweisungen ihre Befehlsform und werden auf dem Wege sozialtechnischer Manipulation derart übersetzt, dass die zum Gehorsam Gehaltenen, gut integriert, im Bewusstsein der Freiheit tun können, was sie tun sollen" (Habermas 1971c: 228-229).

Emanzipation als Erkenntnisinteresse
Habermas nutzt den Begriff Emanzipation nicht nur im Rahmen seiner Gesellschaftstheorie, sondern auch für seine wissenschaftstheoretische Grundlegung, indem er ein „emanzipatorisches Erkenntnisinteresse" als unüberschreitbare „transzendentale Grenze möglicher Weltauffassung" postuliert (Habermas 1969a: 159-160).

Mit seiner Frankfurter Antrittsvorlesung vom 28. Juni 1965, die unter dem Titel „Erkenntnis und Interesse" veröffentlicht wurde (Habermas 1969a), und die Habermas später zur gleichnamigen Monografie ausgebaut hat (Habermas 1968a), führt er den Begriff emanzipatorisches Erkenntnisinteresse zunächst in die wissenschaftstheoretische Diskussion ein – er entwickelt aber sehr schnell ein Eigenleben. Der Begriff Erkenntnisinteresse und die Habermas'sche Wissenschaftstrias haben die Gesellschaftstheorien, die Didaktik und die öffentlichen gesellschaftspolitischen Diskurse am Ende der 1960er und in den 1970er Jahren stark geprägt – selbst dann noch, als Habermas längst die wissenschaftstheoretische Fundierung seiner Gesellschaftstheorie zugunsten einer kommunikationstheoretischen aufgegeben hatte, die schließlich in die „Theorie des kommunikativen Handelns" (Habermas 1981) mündete.

Habermas konstatiert in „Erkenntnis und Interesse" einen für die unterschiedlichen Wissenschaftsrichtungen jeweils spezifischen Zusammenhang von Zielen, Methoden und primären, erkenntnisleitenden Interessen: Die empirisch-analytischen Wissenschaften verfolgen laut Habermas vor allem ein „technisches" Erkenntnisinteresse, weil sie durch Beobachtungen und Experimente die technische Verfügungsgewalt der Menschen über die Welt vergrößern wollen. Das erkenntnisleitende Interesse der historisch-hermeneutischen Wissenschaften nennt Habermas ein „praktisches", weil diese durch hermeneutische Auslegung von Texten Intersubjektivität herstellen wollten, um so eine handlungsorientierende Verständigung der Menschen zu ermöglichen.

Von diesen traditionellen Theoriebildungen unterscheidet Habermas – ausdrücklich unter Bezug auf Horkheimers Unterscheidung traditioneller und kritischer Theorie – die kritische Theoriebildung (vgl. Habermas 1969a: 147; o. S. 159). Er bescheinigt den kritischen (Sozial-)Wissenschaften ein emanzipatorisches Erkenntnisinteresse, weil sie den Anspruch hätten zu prüfen, wann theoretische Aussagen tatsächlich invariante Gesetzmäßigkeiten des menschlichen Handelns erfassten und wann sie bloße Ideologien seien. Als Beispiele für entsprechende kritische Wissenschaften nennt Habermas die Ideologiekritik und die Psychoanalyse: Er glaubt, dass beide dazu beitragen können, dass die jeweils Betroffenen durch Selbstreflexion die Stufe des unreflektierten Bewusstseins überwinden und sich so aus der Abhängigkeit von hypostasierten Gewalten lösen und Autonomie erlangen können (vgl. Habermas 1969a: 155-159).

In einem zweiten Schritt hebt Habermas hervor, dass alle drei Wissenschaftsrichtungen sich ihre erkenntnisleitenden Interessen bei ihrer Theoriebildung nicht eingestünden. Indem sie den Zusammenhang von Interessen und Erkenntnis leugneten, versuchten sie, sich den Schein „reiner Theorie" zu geben. Dabei ignorierten sie, dass diese drei Interessen unüberschreitbare transzendentale Grenzen der Weltauffassung darstellten, die objektive Erkenntnisse nicht verhinderten, sondern im Gegenteil erst möglich machten (vgl. Habermas 1969a: 159-160).

Nun kann aber laut Habermas die Selbstreflexion – anders als die anderen Methoden der Erkenntnis – das ihr zugrunde liegende Interesse an Emanzipation oder Mündigkeit[230] einholen, auch wenn sie es nicht aufheben kann:

---

230 Habermas scheint beide Begriff an dieser Stelle synonym zu gebrauchen (vgl. Habermas 1969a: 164).

> „In der Selbstreflexion gelangt eine Erkenntnis um der Erkenntnis willen mit dem Interesse an der Mündigkeit zur Deckung. Das emanzipatorische Erkenntnisinteresse zielt auf den Vollzug der Reflexion als solchen. [...] In der Kraft der Selbstreflexion sind Erkenntnis und Interesse eins" (Habermas 1969a: 164).

Damit hebt Habermas die Kritische Theorie schließlich doch aus den traditionellen Wissenschaften heraus[231] und bescheinigt ihr letztlich auch, sie allein sei in der Lage, mit Hilfe der Selbstreflexion die Entfremdungsmechanismen aufzudecken, und damit den ersten Schritt zur Emanzipation der Menschen zu gehen.

3.2.6 Entfremdung und Emanzipation – der rote Faden der marxistischen Theorien

Karl Marx diagnostiziert in frühen Schriften eine zunehmende Entfremdung als zentrale gesellschaftliche Pathologie seiner Zeit: Der Mensch sei entfremdet von den Produkten seiner Arbeit, vom Produktionsprozess, von den Mitmenschen und von sich selbst, schreibt Marx in seinen Pariser Manuskripten (vgl. o.S. 149). Die Folge ist nach Marx ein falsches Bewusstsein, da die subjektive Wahrnehmung der Menschen mit den objektiven Verhältnissen nicht mehr in Einklang stehe (vgl. o.S. 151).

Marx' Utopie sowie auch das praktische Ziel, das er mit seiner Gesellschaftstheorie anstrebt, ist eine klassenlose und herrschaftsfreie kommunistische Gesellschaft in der diese Entfremdung überwunden wird (vgl. o.S. 147, S. 156). Erst hier nämlich kann der Mensch sich vollständig emanzipieren (vgl. o.S. 151), was bei Marx bedeutet, dass er *politisch* emanzipiert ist, weil es keine politische Herrschaft mehr gibt, und *als Mensch*, weil er nun sein „Gattungswesen" verwirklichen kann (vgl. o.S. 148).

Marx' Argumentation ist geschichtsphilosophisch, denn er glaubt, dass die Welt sich in einem dialektischen Prozess in Richtung seiner Utopie bewegt (vgl. o.S. 153). Dabei denkt er materialistisch, denn die zentrale Antriebskraft für die beschriebene gesellschaftliche Entwicklung erkennt er in den Produktionsverhältnissen und deren Wandel (vgl. o.S. 145). Weitere zentrale Postulate, die seine Theorie prägen, sind seine Annahmen von der Geschichtlichkeit

---

231 Nichtsdestotrotz trägt er der Kritischen Theorie aber im letzten Teil seines Aufsatzes wie auch den traditionellen Wissenschaften erneut ausdrücklich auf, sich ihr spezifisches Erkenntnisinteresse einzugestehen, und den objektivistischen Schein reiner Theorie endgültig aufzugeben (Habermas 1969a: 166-167).

aller Gesellschaft (vgl. o.S. 159) sowie von der Notwendigkeit, die Gesellschaft immer in ihrer Totalität theoretisch zu erfassen (vgl. o.S. 155).

Auch wenn *Max Horkheimer* und *Theodor W. Adorno* zur Beschreibung der gesellschaftlichen Entwicklung sehr viele verschiedene Begrifflichkeiten benutzten,[232] zeigt die vorangegangene Darstellung, dass auch ihre gesellschaftstheoretischen Überlegungen wie die von Marx von der Diagnose einer zunehmenden Entfremdung und einer Dichotomie zwischen wahrem und falschem Bewusstsein geprägt sind.[233]

So lassen sich die Auswirkungen der instrumentellen Rationalität auf die Menschen – versinnbildlicht in der Reise Odysseus' und von Horkheimer und Adorno vor allem als Versachlichung der menschlichen Natur auf Kosten der wahren Erfahrungsfähigkeit bezeichnet – auch als Entfremdung und Entwicklung eines falschen Bewusstseins charakterisieren (vgl. Rosa/Strecker/Kottmann 2007: 123; o. S. 169). Und auch die der Kulturindustrie zugeschriebene Konsequenz, dass sie die Menschen für ihre eigene Situation blind mache und sie nicht mehr erkennen lasse, wie sich ihre Gesellschaft zunehmend zur Despotie entwickelt, steht für ein falsches Bewusstsein der Menschen (vgl. o.S. 170). Weil die Kulturindustrie künstliche, also falsche Bedürfnisse erzeuge, die sie zugleich auch befriedige, würden die Menschen in der Folge „total", also auch mit ihrem Bewusstsein, „in den gesellschaftlichen Reproduktionsprozess [...] integriert" und könnten keinerlei Ansprüche mehr entwickeln, die sich außerhalb der sozialen Ordnung bewegen (Rosa/Strecker/Kottmann 2007: 112; vgl. o. S. 172). Auch die Diagnosen von Adorno und Horkheimer zur bundesrepublikanischen Nachkriegsgesellschaft sind von der Dichotomie wahrer und falscher Bedürfnisse durchzogen: Es gebe, so konstatiert beispielsweise Adorno, in einer total verwalteten Welt „kein richtiges Leben im falschen", und die Verdinglichung aller Lebensbereiche

---

232 Vgl. zu den unterschiedlichen Begrifflichkeiten in der „Dialektik der Aufklärung" o. S. 167, Anm. 195. Der Begriff Entfremdung im Marx'schen Sinne fällt bspw. auf S. 34: „Nicht bloß mit der Entfremdung der Menschen von den beherrschten Objekten wird für die Herrschaft bezahlt: mit der Versachlichung des Geistes wurden die Beziehungen der Menschen selber verhext, auch die jedes Einzelnen zu sich" (Horkheimer/Adorno 1995: 34).

233 Horkheimer schrieb bereits 1932, dass Menschen ökonomische Verhältnisse nicht umwälzten, liege daran, dass ihr Handeln nicht „durch die Erkenntnis, sondern durch eine das Bewusstsein verfälschende Triebmotorik" bestimmt sei, die jeweils spezifisch die psychische Gesamtstruktur der vorhandenen großen sozialen Schichten präge und im ökonomischen Prozess fortwährend erneuert werde. Die Passage findet sich in Horkheimer, Max 1932: Geschichte und Psychologie, ZfS, Jg. 1, S. 135; hier zit. n. Türcke/Bolte 1994: 24.

bringe schließlich sogar den Willen und das Bedürfnis nach individueller Selbstbestimmung zum Schwinden (vgl. o.S. 176, S. 178).

Und Horkheimer charakterisiert 1970 in einem Interview die Kritische Theorie als Gewinnung von Erkenntnissen, die den „Bedürfnissen der Menschen" besser entsprächen als die herkömmlicher Wissenschaft – mithin ihre wahren Bedürfnisse zum Ausgangspunkt nähmen (Horkheimer 1970: 23-24 sowie o.S. 159).

Wie schon bei Marx lässt sich das Ziel von Horkheimer und Adorno als Überwindung dieser Entfremdung, als *Emanzipation* im doppelten Sinne einer politischen und individuellen Emanzipation bezeichnen (vgl. o.S. 151).[234]

Durch die Berücksichtigung kultureller und psychologischer Kategorien bekommen die Begriffe Entfremdung und Emanzipation in der Kritischen Theorie aber eine über Marx hinausgehende, neue Konnotation: Nun muss nicht mehr nur die Entfremdung aufgrund der materiellen und politischen Verhältnisse überwunden werden, sondern es kommt erschwerend hinzu, dass die gesellschaftlichen Verblendungszusammenhänge, wie sie etwa durch die Kulturindustrie geschaffen werden, noch viel tiefer in das Bewusstsein der Menschen eingedrungen sind als Marx dies angenommen hatte (vgl. Horkheimer/Adorno 1995: 48 sowie o. S. 170).

Auf die Spitze getrieben wird die Entfremdungsdiagnose dann von *Herbert Marcuse*, der durch die psychoanalytische Fundierung seiner Gesellschaftstheorie (vgl. o.S. 183) der Entfremdung bis in die Triebstruktur des Menschen hinein nachspürt. Die Dichotomie von wahren und falschen Bedürfnissen stellt eine zentrale Denkfigur in seinem „Eindimensionalen Menschen" dar,

---

234 In der „Dialektik der Aufklärung" spielt der Begriff Emanzipation keine große Rolle, wird allerdings gelegentlich doch im Sinne des Marx'schen doppelten Begriffs als politische und individuelle Emanzipation verwendet. Vgl. dazu bspw. die folgende Passage aus dem Kapitel „Elemente des Antisemitismus": „In der Befreiung des Gedankens von der Herrschaft, in der Abschaffung der Gewalt, könnte sich erst die Idee verwirklichen, die bislang unwahr blieb, dass der Jude ein Mensch sei. Es wäre der Schritt aus der antisemitischen Gesellschaft, die den Juden wie die andern in die Krankheit treibt, zur menschlichen. […] Mit der Überwindung der Krankheit des Geistes, […] würde die Menschheit aus der allgemeinen Gegenrasse zu der Gattung, die als Natur doch mehr ist als bloße Natur, indem sie ihres eigenen Bildes innewird. Die individuelle und gesellschaftliche Emanzipation von Herrschaft ist die Gegenbewegung zur falschen Projektion, und kein Jude, der diese je in sich zu beschwichtigen wüsste, wäre noch dem Unheil ähnlich, das über ihn, wie über alle Verfolgten, Tiere und Menschen, sinnlos hereinbricht" (Horkheimer/Adorno 1995: 209; vgl. auch Horkheimer 1992b: 232; Kruse 2008: 282; Honneth 2006: 231).

und eines von Marcuses wichtigsten Anliegen in diesem Buch ist die Kritik an den falschen Bedürfnissen der Menschen (vgl. o.S. 187).

Die falschen Bedürfnisse haben sich nach Marcuse – wie auch das falsche Bewusstsein, das nur noch aus „verordneten Einstellungen und Gewohnheiten" bestehe – bis in die sexuellen Bedürfnisse des Menschen hinein festgesetzt (vgl. o.S. 186) und dienen zudem den Herrschenden als Instrumente der sozialen Kontrolle und Repression (vgl. o.S. 188). Insgesamt sieht Marcuse eine neue Stufe der Entfremdung erreicht, weil der Mensch die Entfremdung nun nicht mehr erkennen könne: Er halte alle seine falschen materiellen und auch sexuellen Bedürfnisse für wahre Bedürfnisse und sei glücklich darüber, dass diese befriedigt würden (vgl. o.S. 174).

Jürgen Habermas fragt in seinen frühen Schriften vor allem danach, durch welche Veränderungen im Verhältnis von Gesellschaft und Politik der Kapitalismus bis heute überleben konnte, und macht dafür vor allem den Strukturwandel in Form einer zunehmende Verschränkung von Politik und Gesellschaft verantwortlich (vgl. o.S. 192). Als Konsequenz fordert auch er, heutige Gesellschaftstheoretiker dürften sich nicht mehr auf die Analyse ökonomischer Abhängigkeiten beschränken, sondern müssten auch neue, raffiniertere Formen der Entfremdung und sozialtechnische Manipulationen aufdecken (vgl. o.S. 195). Eine solche Gesellschaftsanalyse kann laut Habermas einzig eine kritische Theorie leisten, die allein in der Lage ist, mit Hilfe der Selbstreflexion entsprechende Ideologien zu entlarven (vgl. o.S. 196).

Mit der Diagnose neuer Formen der Entfremdung, die noch tiefer in das menschliche Bewusstsein eindringen, ist durch die Kritische Theorie auf der Ebene der Gesellschaftstheorie das Problem gewachsen, wer bestimmen kann, was überhaupt das richtige Bewusstsein ausmacht und was die wahren Bedürfnisse des Menschen sind, die ja offenbar weiterhin den normativen Maßstab für eine gelingende historische Entwicklung darstellen. Hubertus Buchstein schreibt dazu, um Verzerrungen bei den subjektiven Präferenzen von Akteuren kritisieren zu können, habe die Kritische Theorie deren Interessen objektivistisch bestimmen müssen. Kritisch fährt er fort, dabei sei es ihr nicht überzeugend gelungen, Geltungsgründe für solche theoretisch gesetzten, „objektiven Interessen" anzugeben, denn der Selbstanspruch der Advokaten der Kritischen Theorie, diese im Kontext einer umfassenden Theorie der Gesellschaft als rational auszuweisen, sei letztlich nicht eingelöst worden (Buchstein 2009: 36).

Zum anderen lassen die resignativen gesellschaftstheoretischen Ausführungen der Kritischen Theoretiker die Schwierigkeiten der Menschen, in der *Praxis* ihre „wahren" Bedürfnisse und Interessen jemals zu erkennen und für sie zu kämpfen, noch viel unüberwindlicher erscheinen, als dies in der

Marx'schen Gesellschaftstheorie der Fall war, die mit der Revolution einen Ausweg aufgezeigt hatte, an den die meisten Kritischen Theoretiker dann aber nicht mehr glauben (vgl. o.S. 159).

Dementsprechend widersprüchlich wirkt es auch, wenn vor allem Horkheimer und Adorno in ihren Stellungnahmen im Rahmen öffentlicher Diskussionen den Pessimismus ihrer theoretischen Ausführungen scheinbar ad acta legen und nun ihren Hoffnungen auf die „Insel [...] im Ozean der Gewaltherrschaft" (Horkheimer, vgl. o.S. 177), eine Demokratie, die nun die Menschen „tiefer ergreift" als früher (Adorno, vgl. o.S. 180) sowie auf „mündige", „autonome" und der „kritischen Selbstreflexion" fähige Individuen (Adorno, vgl. o.S. 180) Ausdruck verleihen.

Und fast noch erstaunlicher ist, dass so viele politische Bildner sich einerseits auf marxistische Gesellschaftstheorien stützen, aber andererseits wie Adorno an ihrem Erziehungsoptimismus festhalten (vgl. o.S. 181), ohne den darin liegenden Widerspruch in den Blick zu nehmen.

3.3 Die Emanzipation hält Einzug in Gieseckes didaktische Konzeption

Der Emanzipationsbegriff gewinnt an Bedeutung und ändert seinen Inhalt
Eine der zentralen Veränderungen bei Giesecke ist die zunehmende Wichtigkeit des Begriffs Emanzipation und die parallel stattfindenden Verschiebungen in der Bedeutung des Emanzipationsbegriffs. Hüser/Beckers/Küpper schreiben, der Begriff Emanzipation tauche bei Giesecke erstmals 1968 in seiner Auseinandersetzung mit den Kritikern seiner Didaktik auf und spiele in der Neuen Ausgabe von 1972 eine zentrale Rolle (Hüser/Beckers/Küpper 1976: 97).
   Giesecke benutzt diesen Begriff aber auch schon in seinen *frühen Schriften*. Hier schreibt er vor allem über die Emanzipation gesellschaftlicher Gruppen wie der Juden (vgl. Giesecke 1960b; 1962a) und stellt historische Bewegungen als Emanzipationsbewegungen dar, wie vor allem die Jugendbewegung (vgl. Giesecke 1964c: 144). In diesem Sinne bezeichnet er auch in seiner ersten Didaktik die Kodifizierung der Grundrechte im Grundgesetzes „als einen gewissen Abschluss des Klassenkampfes und der Emanzipation" (Giesecke 1965a: 107).
   Schon mit seiner Dissertation beginnt Giesecke allerdings, den Emanzipationsbegriff in seiner Bedeutung langsam zu verbreitern: Nun spricht er sich dafür aus, in allen Schultypen das gleiche Orientierungswissen zu vermitteln, weil nur so „die politische und gesellschaftliche Emanzipation" aller Schülerinnen und Schüler zu erreichen sei (Giesecke 1964a: 145). Kurze Zeit später benutzt er den Emanzipationsbegriff für Bildungsinstitutionen und spricht davon, dass sich die Jugendarbeit „von ihren unmittelbaren historischen Ursprüngen", das Schulwesen „von den Ansprüchen der einzelnen gesellschaftlichen Gruppen" und die Pädagogik von der politischen Theorie emanzipieren müssten (Giesecke 1965b: 255, 256; 1966d: 386).
   Der Begriff Emanzipation taucht zudem auch schon gelegentlich im Zusammenhang mit dem einzelnen Individuum auf: Dann bedeutet Emanzipation für Giesecke die Entwicklung eines von Vorgaben und Autoritäten unabhängigen Bewusstseins und Verhaltens (vgl. bspw. Giesecke 1967a: 93); in diesem Sinne ist auch seine Diagnose von der „touristischen Emanzipation" Jugendlicher im Rahmen seiner Ausführungen zum Jugendtourismus zu verstehen (z.B. Giesecke 1965c: 120).[235]

---

235 In seiner Dissertation heißt es zudem an einer Stelle über eine Lehrlingstagung: „Die Jüngeren hingegen – 15- bis 16-Jährige – wollten sich offenbar durch besondere ‚Trinkfestigkeit' in der Gruppe emanzipieren" (Giesecke 1964a: 93).

2. Die *erste ausdrückliche Auseinandersetzung* mit dem Begriff der Emanzipation leistet Giesecke in seinem Aufsatz „Didaktik der politischen Bildung im außerschulischen Bereich" (Giesecke 1967b). Hier macht er deutlich, dass er Emanzipation als Ziel der Erziehung betrachtet – er spricht von „dem auf Emanzipation gerichteten Lernen" und vom „Maßstab der Emanzipation" beim Lernen (Giesecke 1967b: 415, 417).

Giesecke benutzt den Begriff Emanzipation selbst hier aber nicht direkt für einzelne Individuen – er spricht stattdessen noch vom „mündigen Menschen" –, sondern bezeichnet mit ihm nur die politisch-gesellschaftlichen Prozesse, die diesen mündigen Menschen einerseits voraussetzen und andererseits bedingen:[236]

> „Die seit der Aufklärung sich durchsetzende Leitvorstellung von Erziehung versteht sich nämlich im Zusammenhang der politisch-gesellschaftlichen Emanzipationsvorgänge. Sie fragt sich, inwieweit die objektiven politischen Vorgänge der Emanzipation subjektiv eine bestimmte Erziehung zur Voraussetzung haben. Anders formuliert: Die moderne Pädagogik hat zum Gegenstand die politisch-gesellschaftlichen Emanzipationsprozesse, insofern diese je subjektives Lernen zur Voraussetzung haben. Damit ist aber zum Ausdruck gebracht, dass der moderne pädagogische Begriff vom mündigen Menschen eine politische Theorie der mündigen Gesellschaft impliziert und folgerichtig die jeweils bestehende Gesellschaft überall dort kritisieren muss, wo sie an sich mögliche Chancen des mündigen Lebens aus Herrschaftsinteressen oder anderen Gründen verweigert" (Giesecke 1967b: 413).[237]

---

236 Einschränkend muss man aber anmerken, dass auch in diesem Text an einigen Stellen zumindest unklar ist, ob sich der Emanzipationsbegriff nicht doch schon auf die Individuen selbst bezieht, so etwa wenn Giesecke schreibt: „Das Geschäft einer demokratischen, dem Prozess der Emanzipation verpflichteten Pädagogik ist Ich-Stärkung der Individuen, Vermehrung ihrer Erfahrungen, Orientierungshilfe für die Lebensaufgaben" (Giesecke 1967b: 414).

237 Sehr ähnlich heißt es auch ein Jahr später:
„Die politische Beteiligung aller an der Produktion und Reproduktion politischer und gesellschaftlicher Herrschaft – keineswegs nur an der Wahl – besteht demnach aus zwei miteinander korrespondierenden Prozessen: aus den objektiven politischen Prozessen der Emanzipation – einschließlich der Widerstände dagegen – und den subjektiven Prozessen des je individuellen politischen Lernens" (Giesecke 1968b: 213).

Für den Begriff der *Demokratisierung*, den Giesecke häufig synonym mit dem Emanzipationsbegriff benutzt, gilt das zu diesem Zeitpunkt schon nicht mehr.[238]
In seiner Replik auf die Kritiker seiner ersten Didaktik erklärt Giesecke die Demokratisierung zum „Generalthema der neueren Geschichte". Er schreibt:

> „‚Demokratisierung' wird in diesem Buch als ein historischer Prozess verstanden, als das fundamentale Generalthema der neueren Geschichte überhaupt. [...] Dabei geht es nicht nur um die Erhaltung formaler Rechte (wie Wahlrecht, Koalitionsrecht usw.), sondern um das, was Karl Mannheim ‚Fundamentaldemokratisierung' nannte: um den Abbau überflüssiger Herrschaft von Menschen über Menschen und die allgemeine Kontrolle der notwendigen Herrschaft, und dies nicht nur im Hinblick auf die Rechte und Machtbefugnisse des Staates, sondern im Rahmen aller gesellschaftlichen Beziehungen, nicht zuletzt auch der pädagogischen" (Giesecke 1968b: 211-212).[239]

Das Zitat zeigt deutlich, dass für Giesecke Demokratisierung weit mehr als eine Veränderung politisch-gesellschaftlicher Prozesse bedeutet – auch wenn seine Berufung auf Karl Mannheims Begriff der Fundamentaldemokratisierung gerade diese weitreichende Begriffsbestimmung und ihre positive Konnotation nicht stützen kann.[240]

---

238 Giesecke hatte in seinen frühen Schriften dem Demokratisierungsbegriff gegenüber dem Emanzipationsbegriff meist den Vorzug gegeben. Nun verwendet er beide immer häufiger synonym. Vgl. dazu z.B. auch Giesecke 1968f: 210.
239 Vgl. auch o. S. 132 sowie zu der hier deutlich werdenden Geschichtsphilosophie Gieseckes u. S. 208.
240 Mannheim wollte mit dem Begriff der Fundamentaldemokratisierung ausdrücken, dass immer mehr soziale Schichten ihre eigenen Interessen politisch vertreten wollen. Er hat das durchaus nicht nur positiv bewertet, weil er das Problem sah, dass es den Massen gegenwärtig an „geistiger Bildung", „politischer Erfahrung" sowie „verstandesmäßiger Einsicht und sittlicher Kraft" mangle (Mannheim 1958: 52, 51; vgl. o.S. 61, Anm. 64). In einem anderen Aufsatz Gieseckes wird deutlich, dass er diese Einschätzung Mannheims durchaus kennt (vgl. Giesecke 1968e: 283 sowie Gieseckes zustimmenden Hinweis auf Adornos Kritik an Mannheims Elitentheorie: Giesecke 1964a: 130, Anm. 1, 2 sowie o. S. 47, Anm. 48). Trotzdem nutzt Giesecke den Begriff Fundamentaldemokratisierung durchgehend als eindeutig positives Schlagwort und dehnt ihn zudem über die bei Mannheim gemeinte politische Teilhabe der Menschen hinaus auf die gesellschaftliche Demokratisierung aus. Vgl. dazu z.B. auch Gieseckes Text zur Geschichtsdidaktik, in dem er Erich Weniger vorwirft, er verwende einen konservativ reduzierten Demokratiebegriff, „der das, was man ‚Fundamentaldemokratisierung' nennt

Giesecke unterscheidet weiter unten auch noch ausdrücklich zwischen einer „subjektiven Seite des Demokratisierungsprozesses" und dem durch politisches Handeln erzielten Fortschritt an Demokratisierung (Giesecke 1968b: 229; vgl. o. S. 87, Giesecke 1968g: 50). Den Begriff Emanzipation benutzt er dagegen auch in diesem Text eher zur Charakterisierung politisch-gesellschaftlicher Prozesse und noch nicht für die persönliche Entwicklung der Individuen – es findet sich wie ein Jahr zuvor lediglich die Forderung nach individuellem Lernen mit dem Ziel der Emanzipation (vgl. Giesecke 1968b: 213).

Es dürfte auch mit Gieseckes eingeschränkter Begriffsverwendung zusammenhängen, dass der Begriff der Emanzipation zu dieser Zeit noch keinen allzu prominenten Stellenwert im Rahmen seines Denkens einnimmt. Das zeigt sich auch daran, dass er in einem seiner radikalsten Texte, „Politische Bildung – Rechenschaft und Ausblick", in dem er die Politische Bildung ausdrücklich zur kritischen Institution erklärt und offen für ihre Parteilichkeit plädiert, völlig ohne den Begriff der Emanzipation auskommt (vgl. Giesecke 1968e: 284).[241]

Noch im gleichen Jahr rückt der Begriff der Emanzipation allerdings immer mehr in den Mittelpunkt von Gieseckes didaktischer Konzeption. Er taucht immer selbstverständlicher ohne ausdrückliche Erläuterung auf

---

und was sich zum Beispiel in den Auseinandersetzungen um die Mitbestimmung in der Wirtschaft äußert, nicht mit einschloss" (Giesecke 1975b: 91).
Das Schlagwort „Fundamentaldemokratisierung" und Gieseckes Bezug auf Karl Mannheim wird auch in der Sekundärliteratur gelegentlich erwähnt, ohne dass die von Mannheim abweichende Begriffsverwendung bei Giesecke thematisiert wird (vgl. bspw. Hüser/Beckers/Küpper 1976: 97). Gagel weist allerdings in einer späteren Schrift auf Gieseckes abweichende Interpretation hin (vgl. Gagel 2005: 202).

241 Zur Parteilichkeit schreibt Giesecke hier:
„Es muss bei Politikern wie bei Pädagogen die Einsicht Fuß fassen, dass Politische Bildung eine kritische Institution ist, und zwar kritisch gegenüber allem, was Herrschaft ist. [...] Es ist ein Beweis für die mangelnde funktionale Vorstellungskraft in unserem Lande, dass man die funktional notwendige Parteilichkeit kritischer Institutionen wie des Journalismus und der Politischen Bildung so schwer verständlich machen kann. Dabei liegt es doch auf der Hand, dass die so oft geforderte ‚Objektivität' tatsächlich nur den etablierten Mächten zugutekommt. Erst wenn die Chancen der Mitbestimmung für alle gleich wären – was im Ernst heute niemand behaupten kann –, hätte jene ‚Objektivität' einen funktionalen Sinn" (Giesecke 1968e: 284).
Der Text wurde 1968 veröffentlicht, geht aber zurück auf einen Vortrag, den Giesecke im Oktober 1967 bei einer Tagung der DVPB in Göttingen gehalten hatte. Zur Parteilichkeit vgl. auch u. S. 273.

und wird immer selbstverständlicher zur *zentralen Zielsetzung der politischen Bildung* erklärt.

Dabei weitet Giesecke den Begriff auch aus und nähert sich deutlich dem Begriff von Karl Marx an: Dieser versteht Emanzipation im doppelten Sinne als politische Emanzipation aller Bevölkerungsgruppen und als menschliche Emanzipation im Sinne einer vollständigen Verwirklichung des Gattungswesens (vgl. o.S. 151, S. 148). Überdies verbindet er den Emanzipationsbegriff mit einer Geschichtsteleologie, in der die zunehmende Emanzipation das zentrale Ziel und die zentrale Antriebskraft der historischen Entwicklung ist und nur durch die Überwindung von Herrschaft erreicht werden kann (vgl. o.S. 147).

Am deutlichsten ist die Übereinstimmung mit Marx in Gieseckes Aufsatz „Didaktische Probleme der Freizeiterziehung", wie im folgenden, ausführlichen Zitat zu erkennen ist:

> „Das Generalthema der neueren Geschichte heißt ‚Emanzipation'. Unter diesem Leitbegriff ließe sich die neuere Geschichte sinnvoll schreiben und erzählen: als die Geschichte der Emanzipation des 3. Standes, des 4. Standes, der Frauen, der Kinder und Jugendlichen, der armen Kolonialvölker usw. [...] Mit diesem Leitbegriff ist nicht nur die im engeren Sinne politische Emanzipation gemeint, der Kampf um das gleiche Wahlrecht zum Beispiel. Der Anspruch auf Emanzipation ist seinem Sinne nach vielmehr ein totaler, der sich gegen *alle* Herrschaftsansprüche wendet und auf ‚Fundamentaldemokratisierung' (Karl Mannheim) hinzielt. Emanzipation fordern heißt, maximale Befreiung von den Naturnotwendigkeiten und von jeder Form von Herrschaft über Menschen zu fordern. Dies bedeutet nicht notwendig auch, die Utopie herrschaftsloser politischer Verhältnisse ins Auge zu fassen, sondern nur, jede jeweils reale Form von Herrschaft auf ihre *Notwendigkeit* zu befragen" (Giesecke 1968c: 227).[242]

Auch wenn Giesecke erneut Karl Mannheim nennt (vgl. o.S. 205), verweisen seine Ausführungen eher auf Marx, mit dem er sich nach eigenen Angaben ja zu diesem Zeitpunkt bereits ausführlich beschäftigt hatte (vgl. o.S. 119). Das gilt nicht zuletzt für den letzten Satz des Zitats, der sich wie eine ausdrückliche Abgrenzung von Marx' kommunistischer Utopie (vgl. o.S. 147) als Ziel

---

242 Ähnlich schreibt Giesecke im gleichen Jahr:
„Dass der Mensch lernen solle, sich von der Herrschaft von Menschen über Menschen sowie von der Herrschaft durch die Natur soweit wie möglich zu emanzipieren – dies ist die pädagogische Begleitmusik zu den politischen Vorgängen der Emanzipation in der neueren Geschichte" (Giesecke 1968g: 50).

der Emanzipationsprozesse liest.[243] In der Fortführung dieses Gedankens verwahrt Giesecke sich ausdrücklich dagegen, ihm zu unterstellen, dass er eine unrealisierbare Utopie verfolge. Er betont, der Begriff der Emanzipation sei auch als ‚Freiheit wovon' theoretisch konsistent zu fassen, und auf einen „Entwurf vollkommen emanzipierter Zustände" könne verzichtet werden.[244] Diese indirekte Abgrenzung gegen den Marxismus lässt es geboten erscheinen, bei Giesecke den Begriff Geschichtsteleologie, der für den frühen Marx sicher treffend ist, nicht zu verwenden, sondern etwas vorsichtiger von einer Geschichtsphilosophie zu sprechen.[245]

---

243 An dieser Stelle könnte man ergänzen, dass Gieseckes Abgrenzung vom Marxismus so pauschal gar nicht nötig wäre, wenn er berücksichtigen würde, dass auch Marx' zentrales Augenmerk nicht auf dem Entwurf einer Utopie, sondern auf einer Analyse der bestehenden Gesellschaft liegt (vgl. o. S. 148), und dass er – zumindest in der Lesart von Wolf-Dieter Narr – keine unrealisierbare, sondern eine „reale Utopie" propagiert, die den wünschenswerten Zustand immer ausgehend von den bereits vorhandenen gesellschaftlichen Mitteln entwirft (vgl. Narr 1972: 73, o. S. 156).

244 Das vollständige Zitat lautet:
„Der Begriff der Emanzipation impliziert nämlich nicht notwendig auch den Entwurf vollkommen emanzipierter Zustände. Zwar haben Autoren, die Emanzipation propagiert haben, derartige Utopien meist auch entworfen, aber die Forderung, das Bestreben nach Emanzipation in diesem Sinne teleologisch zu Ende zu denken, ist in gewisser Weise eine geschickte Maßnahme der konservativen Ideologie, konkrete Emanzipationen zurückzuweisen; denn alle Entwürfe von ‚vollkommenen Zuständen' können leicht unter Anrufen des ‚gesunden Menschenverstandes' als Phantastereien denunziert werden. Emanzipation im Sinne eines geschichtlichen Prozesses kann sich also durchaus mit einer ‚Freiheit wovon' begnügen und auf den ständigen Hinweis auf die ‚Freiheit wozu' verzichten, ohne damit theoretisch defizient zu werden. Man kann z.B. unter dem Leitgedanken der Emanzipation die Prügelstrafe abschaffen, weil sie eine für das Lernen junger Menschen unnötige Herrschaftsform ist, ohne dass es zwingend wäre, diese Maßnahme teleologisch auf einen Zustand allgemeiner Mündigkeit hin zu projizieren und von daher zu rechtfertigen. Unter diesem Aspekt der fortschreitenden Emanzipation der Menschen von unnötiger, d.h. real überwindbar gewordener Herrschaft durch die Natur bzw. durch andere Menschen lassen sich nun Freizeit und Konsum näher befragen" (Giesecke 1968c: 227-228).
Als Beispiel für eine konservative Kritik an Utopien vgl. das Zitat von Bernhard Sutor, u. S. 320, Anm. 397. Dieser nimmt allerdings Giesecke ausdrücklich von seinem Vorwurf aus.

245 Zum Begriff Geschichtsphilosophie vgl. Jordan 2009: 23. Auch Günter Behrmann, Peter Kühn, Herbert Kühr und Walter Gagel attestieren Giesecke

Dass Giesecke sich mit dem Emanzipationsbegriff bei Marx auseinandergesetzt hat, zeigt sich auch in dem später entstandenen Aufsatz „Jugendarbeit und Emanzipation", in dem Giesecke Marx und Engels ausdrücklich erwähnt:

> „Marx und Engels haben diesen historischen Prozess [der zunehmenden Emanzipation] auf den Grundwiderspruch von Kapital und Arbeit beziehungsweise von Produktionsmitteln und Produktionsverhältnissen inhaltlich zurückgeführt. Danach ist, wenn nicht der einzige, so doch der dominante Gegner eines jeden Emanzipationsprozesses diejenige Klasse, die über die Produktionsmittel verfügt" (Giesecke 1971a: 218).

Im Folgenden kritisiert Giesecke diese Lesart des Emanzipationsprozesses als „‚politik-ökonomische' Reduktion", die sich bisher für die Anwendung auf „Phänomene und Probleme der Sozialisation und Erziehung [...] als wenig ergiebig erwiesen" habe (Giesecke 1971a: 218). Obwohl er in diesem Text sogar Herbert Marcuse erwähnt, von dem er sagt, er habe die große Bedeutung des Widerspruchs „zwischen Triebbedürfnis und Befriedigung" nachgewiesen (Giesecke 1971a: 224), geht Giesecke an keiner Stelle auf die Überwindung der „‚politik-ökonomischen' Reduktion" des Marxismus durch die Kritische Theorie und die entsprechende Erweiterung des Emanzipationsbegriffes ein.

Schon ein Jahr, nachdem er begonnen hat, den Emanzipationsbegriff zunehmend in den Mittelpunkt seiner didaktischen Konzeption zu rücken und ihn ausdrücklich auf die umfassende Befreiung jedes einzelnen Menschen auszuweiten, beginnt Giesecke zugleich, sich *kritisch* mit ihm auseinanderzusetzen.

In seinem Text „Emanzipation – ein neues pädagogisches Schlagwort?" kritisiert er, Emanzipation drohe zu einer neuen „Leerformel" oder einem bloßen „Schlagwort" zu werden, so wie es mit den Begriffen Mündigkeit oder Bildung auch geschehen sei – diese seien „längst zu einer Art von ‚affirmativer Sonntagssprache' heruntergekommen, und selbst der reaktionärste und autoritärste Zeitgenosse benutzt sie, wenn er sich über pädagogische Fragen äußert" (Giesecke 1969a: 540).

Giesecke konstatiert, der Begriff Emanzipation sei aus der historisch-politischen Sphäre in die pädagogische übertragen worden, ohne eine dadurch nötig gewordene neue Definition zu formulieren. Er selbst postuliert dann, *„pädagogische Emanzipation"* ergebe sich nicht automatisch durch die Nutzung der durch politische Emanzipation entstandenen politischen Beteiligungsmöglichkeiten, beispielsweise in der Schülermitbestimmung, sondern erst,

---

geschichtsphilosophisches Denken, vgl. u. S. 331. Zur Geschichtsphilosophie bzw. -teleologie bei Marx, vgl. o.S. 145, S. 153.

wenn bei dieser Beteiligung auch gelernt werde, und zwar „im Sinne einer Zunahme an Selbstständigkeit und Ich-Stärke und im Sinne eines Abbaus von verinnerlichten Autoritätsängsten, von Konformismus usw." (Giesecke 1969a: 541). Er fordert, man müsse sich darüber klar sein, „dass die ‚Lernreichweite' eines bestimmten Menschen in einem bestimmten Punkte seiner Biografie deutliche Grenzen hat". Emanzipatorische Lernschritte seien daher häufig äußerst klein, und es gebe „keine ‚revolutionären Sprünge', jedenfalls keine organisierbaren" (Giesecke 1969a: 542, 543).[246]

Giesecke spricht in diesem Aufsatz erstmals auch ausdrücklich von einer *„subjektiven Dimension" der Emanzipation*, so wie er zuvor von einer subjektiven Seite der Demokratisierung gesprochen hatte (Giesecke 1969a: 542; vgl. o.S. 206). Die Unterscheidung zwischen diesen beiden Dimensionen behält Giesecke auch später bei. Dabei erscheint sein meistens gebrauchter Begriff subjektive Dimension problematisch, weil es ihm keinesfalls um einen Gegensatz zwischen einer bloß subjektiven empfundenen und einer objektiven gegebenen Emanzipation geht. Treffender für das, was Giesecke damit meint, ist der Begriff individuelle Emanzipation, der daher im Folgenden für diese zweite Dimension neben der politisch-gesellschaftlichen Emanzipation meist verwendet wird.

In seinem langen, konzeptionellen Beitrag „Didaktische Probleme des Lernens im Rahmen von politischen Aktionen" bringt Giesecke die Unterscheidung zwischen beiden Dimensionen der Emanzipation und deren Konsequenzen treffend auf den Punkt. Er schreibt:

„Politik zielt auf die objektive Seite von Emanzipation, ‚Didaktik' im Sinne von Lernorganisation auf die subjektive Seite. Um Veränderungen eines individuellen Bewusstseins zu ermöglichen, bedarf es anderer Maßstäbe und Maßnahmen als zur Veränderung gesellschaftlicher Institutionen" (Giesecke 1970a: 20).

---

246 Giesecke schreibt:
„Dann muss man den Menschen neue Identifizierungen anbieten, die eben gerade nicht die bisherige Sozialisationsgeschichte ‚revolutionär' zu liquidieren trachten, sondern dem anderen erlauben, im Kontinuum seiner bisherigen Lebensgeschichte einen Schritt weiter zu tun: ein Stück Angst vor dem Ungehorsam abzubauen, ein Stück an Selbstbewusstsein und Selbstbestimmung dazu zu gewinnen; einem Stück eigener Erfahrung mehr zu trauen als den bisher erlernten Disziplinierungsregeln; ein bisschen Misserfolg ohne Aggression zugeben zu können; wenigstens experimentell einen Teil seines Verhaltens zu ändern und auszuprobieren, ob man dies unter den Bedingungen des Alltags wird durchhalten können" (Giesecke 1969a: 542).

Mit der Wandlung des Emanzipationsbegriffs entsteht zusätzlich zur umstrittenen Geschichtsphilosophie ein neues Problem, das in diesem Zitat bereits anklingt: Giesecke muss nun zwischen einem gegebenen, aber möglicherweise *falschen Bewusstsein* und einem *richtigen*, weil emanzipierten Bewusstsein unterscheiden; um die individuelle Emanzipation als Überwindung von Entfremdung begreifen zu können, braucht er eine Unterscheidung zwischen subjektiven und objektiven Bedürfnissen und subjektiven und objektiven Interessen.

Giesecke selbst argumentiert, dass Bildung und Erziehung per se auf Bewusstseinsveränderung zielten, dass Lernen immer das Ziel habe, „bestehende Bewusstseinsinhalte, Verhaltensweisen und Einstellungen zu ändern" (Giesecke 1970a: 8). Indem er aber zur theoretischen Fundierung seiner Didaktik auch eine bestimmte Gesellschaftstheorie zugrunde legt, wie nicht nur in seinem Emanzipationsbegriff deutlich wird, kommen notwendig zusätzliche normative Setzungen ins Spiel, die über die pädagogisch notwendigen Festlegungen von Erziehungszielen in einer pluralistischen Gesellschaft mit einem pluralistischen Wissenschaftsverständnis hinausgehen.[247]

Und weil die Gesellschaftstheorie, auf die Giesecke sich nun mehr und mehr festlegt, eine Theorie marxistischer Provenienz ist, handelt er sich damit nicht nur eine bestimmte Interpretation und Bewertung objektiver Sachverhalte ein, sondern darüber hinaus die Notwendigkeit einer objektivistischen Setzung individueller Interessen und Bedürfnisse: Indem marxistische Theorien mit der Entfremdungsthese die subjektive Wahrnehmung eigener Befindlichkeiten für falsch erklären und sie darüber hinaus dem Individuum auch kaum eine Chance geben, die eigene Verblendung zu durchschauen, müssen sie die im Rahmen ihrer Theorie vorgegebenen objektiven Interessen und Bedürfnisse benennen (vgl. o.S. 201).

Emanzipation als Ziel politischer Bildung müsste dann heißen, die eigenen objektiven Interessen und Bedürfnisse zu erkennen – entgegen allen Hemmnissen, die zu einer umfassenden Entfremdung aller Menschen führen (vgl. o.S. 149, S. 170, S. 186, S. 189, S. 195).

---

247 Giesecke selbst hat diese Differenz im Zusammenhang mit seiner Kritik an der orthodoxen neo-marxistischen Pädagogik später angedeutet. Er spricht hier mit Nyssen von einer „Ohnmacht von Kindern gegenüber Erwachsenen" als „Konstante aller Erziehung" und wichtiges pädagogisches Phänomen, das die marxistische Theorie aus strukturellen Gründen nicht erklären könne, weil es ein „kapitalismusunabhängiges Phänomen" sei (Giesecke 1973e: 47). Auch diese Überlegungen haben jedoch nicht dazu geführt, dass Giesecke das prinzipielle Problem der objektivistischen Bestimmung von Interessen und Bedürfnissen auf der erkenntnistheoretischen Ebene problematisiert.

Aufschluss darüber, wie Giesecke mit diesem Problem umgeht, gibt seine Verwendung von Begriffen wie subjektive und objektive Interessen und Bedürfnisse sowie wahres und falsches Bewusstsein.

Giesecke changiert zwischen subjektiven und objektiven Interessen zur Legitimation seiner Didaktik

Wenn Hermann Giesecke über Bedürfnisse und Interessen spricht, meint er in der Regel *subjektive Bedürfnisse und Interessen*.[248] Deren Legitimität scheint für ihn prinzipiell außer Frage zu stehen und sie stellen den wichtigsten Ansatzpunkt der politischen Bildung dar. Häufig spricht Giesecke statt von subjektiven auch von tatsächlichen Interessen, Problemen oder Wünschen (vgl. bspw. Giesecke 1968c: 233; 1970a: 15).[249] 1968 kritisiert er ausdrücklich: „Die Legitimität des je subjektiven Interesses in eine allgemeine politisch-pädagogische Kategorie zu fassen, ist in unserem Lande immer noch inopportun" (Giesecke 1968b: 230).

Auch wenn er vom Bewusstsein spricht, meint Giesecke meist das tatsächlich gegebene Bewusstsein der Menschen. Bereits 1960 hatte er in einem Artikel zur „Ostthematik in der politischen Bildung" betont, die für die Erhaltung der demokratischen Gesellschaft zuständigen Behörden müssten bei der Abwehr der ideologischen Infiltration „mit dem tatsächlichen, nicht einem wünschbaren Bewusstsein der Bevölkerung rechnen" (Giesecke 1960a: 256).[250]

---

248 Giesecke benutzt die Begriffe subjektiv und objektiv teilweise auch ohne besondere gesellschaftstheoretische Konnotation und meint mit subjektiv auf ein einzelnes Subjekt bezogene Tatsachen oder Vorgänge, mit objektiv dagegen gegebene Tatbestände oder Strukturen (vgl. bspw. Giesecke 1960a: 257; 1967b: 413, 417). Meist bedeutet für ihn aber subjektiv, dass etwas vom Menschen her legitimiert wird, objektiv dagegen, dass es von der Sache her legitimiert ist. So bezeichnet er es als „'objektivistische' Bestimmung der politischen Bildung", dass die Jugendlichen lernen sollen, die Demokratie zu stabilisieren und die deutsche Vergangenheit zu bewältigen, und stellt diese Bestimmung ausdrücklich in einen Gegensatz zur Orientierung der politischen Bildung an den „Lebensinteressen des Heranwachsenden" (Giesecke 1962b: 270-271).

249 In der Einleitung zu seiner Didaktik schreibt Giesecke allerdings, die verschiedenen Schularten dürften sich heute bei der Bestimmung der Aufgaben der politischen Bildung nicht mehr einfach an ihrer angenommenen schulartspezifischen Bildungsaufgabe orientieren, weil dann die Gefahr bestehe, dass sie sich über die „ihre objektive gesellschaftliche Position oder über die tatsächlichen Bedürfnisse ihrer jugendlichen Partner" täuschen. Hier könnte er mit den „tatsächlichen" auch die objektiven Bedürfnisse der Jugendlichen meinen (Giesecke 1965a: 14-15).

250 Später spricht er einmal noch deutlicher von der „Differenz zwischen dem

Auch in Gieseckes erster Didaktik wird deutlich, dass die subjektiven oder tatsächlichen Interessen und Bedürfnisse der Jugendlichen für Giesecke den Ausgangspunkt jeder politischen Bildung darstellen. Er fordert von den Pädagogen ausdrücklich das Eingeständnis, dass Jugendliche „bestimmte Bedürfnisse, Wünsche und Interessen haben, die nicht mit denen der Pädagogen übereinstimmen und auf deren Berücksichtigung sie gleichwohl einen Anspruch haben" (Giesecke 1965a: 64).

Besonders in den Ausführungen zum Interesse als Kategorie der politischen Bildung plädiert Giesecke unter Verweis auf Sontheimer und die politikwissenschaftliche und soziologische Kritik an der politischen Bildung dafür, die „Kategorie des subjektiven Interesses" ins Zentrum zu stellen: Die Jugendlichen sollen laut Giesecke von der politischen Pädagogik „dazu ermuntert werden", ihre eigenen Interessen zu verwirklichen, denn es könne „keinen Zweifel daran geben, dass politische Beteiligung und Verantwortung nur dort sinnvoll übernommen werden kann, wo dem ein subjektives Interesse zugrunde liegt". Ausdrücklich fasst Giesecke den Interessenbegriff dabei sehr weit, im Sinne aller, nicht nur der materiellen persönlichen Wünsche. Und er grenzt diese subjektiven Interessen von den objektiven Interessen ab, indem er schreibt:

> „Unsere Kategorie des Interesses bezieht sich also nicht bereits auf die gesellschaftliche Objektivierung – diese äußert sich unter anderem in den Konflikten –, sondern auf das je einzelne Individuum" (Giesecke 1965a: 107-108).[251]

---

objektiv möglichen historischen Bewusstsein einerseits und dem tatsächlichen Bewusstsein der Bürger andererseits", was zeigt, dass für ihn das tatsächliche Bewusstsein – zumindest an dieser Stelle – das gegebene, subjektiv vom Individuum wahrgenommene Bewusstsein ist (vgl. Giesecke 1975b: 92).

251 Ähnlich schreibt Giesecke auch im selben Jahr im Text „Tourismus als neues Problem der Erziehungswissenschaft":
„Die scheinbare äußere Uniformität des sogenannten ‚Massentourismus' darf uns nicht darüber täuschen, dass subjektiv jeder Einzelne diese Erfahrungen mit seiner Bedeutung versieht und dass das, was objektiv als ‚Vermassung' erscheint, subjektiv durchaus ein Fortschritt von Erkenntnissen, Erfahrungen und Urteilen sein kann" (Giesecke 1965c: 108).
Vgl. auch Gieseckes Text im „Sonntagsblatt" über das „Jungsein in Deutschland":
„Kann man also heute schon von einer ‚Konsum-Gesellschaft' oder gar von einer jugendlichen ‚Freizeitkultur' sprechen? Viele Soziologen meinen, die Industrie würde bestimmen, was die Menschen in ihrer freien Zeit tun, und nennen das ‚Fremd-Bestimmung'. Aber junge Leute empfinden zu Recht gerade die Freizeit als den Lebensbereich, wo ‚Fremde' am wenigsten ‚bestimmen' können, was sie tun sollen. Das Gegenteil ist eher richtig: Gerade zwischen 15 und 18 Jahren

An dieser Stelle, wie auch in seiner Replik auf die Kritik an seiner ersten Didaktik (vgl. Giesecke 1968b: 230), wird Gieseckes pluralistisches Gesellschaftsbild hinter seiner Konzeption deutlich, nach dem individuelle Interessen nicht per se als verfälscht gelten und das politische Engagement für diese Interessen vollkommen legitim ist. Gieseckes Verteidigung dieser subjektiven Interessen richtet sich damals noch gegen seine konservativen Kritiker und gegen eine politische Pädagogik, die von Jugendlichen erwartet, sich an den vorgegeben politischen und gesellschaftlichen Strukturen und am Gemeinwohl zu orientieren. Erst später wendet Giesecke seine Argumente für die subjektiven Interessen gegen die radikale linke Pädagogik, der er vorwirft, sie zugunsten vermeintlich objektiver Interessen und Bedürfnisse zu desavouieren.

Dass er selbst trotzdem auch *objektive Interessen und Bedürfnisse* als Ziel der politischen Bildung im Blick hat – und zwar erstaunlicherweise bereits ganz im Sinne der Kritischen Theorie –, zeigt sich bei Giesecke schon sehr früh. In einer kritischen Stellungnahme zu einer sozialwissenschaftlichen Untersuchung über junge Arbeiter und Angestellte[252] kritisiert er bereits 1963:

„Der wiederholte Hinweis, die Jugendlichen orientierten sich lieber an einer unmittelbar einsichtigen Berufsfortbildung als an einer Allgemeinbildung oder gar politischen Bildung, wird nicht etwa kritisch vermerkt oder wenigstens reflektiert, sondern als Maxime übernommen. ‚Die subjektiven Bildungsbedürfnisse und Interessen der jungen Menschen liegen nicht in ideologischen politisch-historischen Bereichen (sic!), sondern im beruflichen Raum' (S. 72). Warum das politische Interesse fehlt, wird nicht mehr gefragt. Vielleicht fehlt es u.a. deshalb, weil die zu frühe Berufsarbeit die jugendlichen Energien so absorbiert, dass sie nur noch zur simpelsten Entspannung ausreichen, für die die Vergnügungsindustrie unermüdlich sorgt?" (Giesecke 1963b: 424-425).[253]

---

hat man soviel Sorgen mit seiner Berufs- und Schulausbildung, dass für eine Besinnung über richtiges und falsches Freizeitverhalten überhaupt kein Raum mehr bleiben kann" (Giesecke 1965d).

252 Giesecke rezensiert hier: Arlt, Fritz/Wilms, Dorothee 1960: Junge Arbeiter antworten. Junge Arbeiter und Angestellte äußern sich zu Beruf und Arbeit, Gesellschaft und Bildung. Ein Beitrag zur Jugendsozialarbeit innerhalb und außerhalb des Betriebes. Auswertung einer Enquete des Deutschen Industrieinstitutes in Zusammenarbeit mit Verbänden der Jugendsozialarbeit, Braunschweig.

253 Giesecke spricht im selben Jahr in seinem Text „Die Misere der geplanten Jugendlichkeit" von einer „Antinomie von gesellschaftlicher Wirklichkeit und gesellschaftlichem Bewusstsein" bzw. einer „Antinomie von gesellschaftlichem

In seiner ersten Didaktik setzt Giesecke sich an einer Stelle auch schon explizit mit der Frage von Objektivität und Subjektivität auseinander, wobei er seinen Anspruch, bloße Subjektivität zu überwinden, um objektive Erkenntnisse zu erlangen, klar ausspricht – damals allerdings nicht die objektivistische Setzung von Interessen und Bedürfnissen im marxistischen Sinne im Kopf hat:

> „Jede didaktische Theorie, die sich nicht von vornherein an eine Begegnung mit der Objektivität kultureller Ansprüche wagt, […], muss wissen, was sie damit sagt: dass die überwiegende Mehrheit des Volkes prinzipiell keine geistige Distanz und damit eben auch keine politische Selbstständigkeit gewinnen könne. Sicher sind ‚Objektivität' und ‚Subjektivität' sehr problematische philosophische Begriffe geworden. Wollten wir daraus allerdings in der Pädagogik den Schluss ziehen, die Lehrgegenstände seien nur das, was man – mehr oder weniger zufällig – davon versteht, dann gäbe es keine neuen geistigen Erfahrungen mehr, sondern nur noch immer erneute Information zur Fütterung des ein für alle Mal festgelegten Interpretationssystems. Die Schwierigkeit, im einzelnen Falle an die Objektivität eines kulturellen Sachverhaltes heranzukommen – ihn also seiner Subjektivität und seiner gesellschaftlichen Funktionalisierung zu entkleiden –, kann die Richtigkeit des Anspruchs nicht in Frage stellen" (Giesecke 1965a: 81).

Erst in den Aufsätzen nach seiner ersten Didaktik orientiert sich Giesecke bei seinem Verweis auf die Objektivität von Erkenntnissen dann wieder an der *Kritischen Theorie*. So fordert er 1968 von der Pädagogik die „‚Herstellung eines richtigen Bewusstseins' (Adorno)" (Giesecke 1968b: 229) und zwei Jahre später konstatiert er unter Anspielung auf die empirischen Untersuchungen am IfS:

> „Die bisherigen ideologiekritischen Untersuchungen zur politischen Bildung haben immer wieder festgestellt, dass diese falsches Bewusstsein produziere; im Zusammenhang unseres Gedankenganges muss man diese

---

Sein und Bewusstsein" (Giesecke 1963a: 62, 71). Außerdem plädiert er dafür, die „Bedingungen und Konsequenzen der Kulturindustrie, von der man selbst ein Teil ist, in die Helle des Bewusstseins zu setzen" (Giesecke 1963a: 65). Vgl. zusätzlich Gieseckes Text „Was ist Jugendarbeit?" von 1964. Hier heißt es: „Oder die anwesenden Jugendlichen behaupten zum Beispiel, sie wollten nur tanzen und nichts anderes, aber das liegt vielleicht nur daran, dass sie sich andere Bedürfnisse noch gar nicht klar gemacht haben und sich diese Klärung gerade insgeheim von dem Erwachsenen erwarten" (Giesecke 1964c: 121-122).

215

Auskunft so deuten: Wenn das Bewusstsein deformiert ist, so zeigt dies, dass das Handlungsfeld deformiert ist" (Giesecke 1970a: 20).[254]

Giesecke kritisiert die radikale linke Pädagogik und die Kritische Theorie
Auch wenn Giesecke selbst einfordert, dass Jugendliche ihre objektiven Interessen und Bedürfnisse erkennen und ein richtiges Bewusstsein entwickeln sollen, wächst im Laufe der Zeit seine *Kritik an den radikalen linken Pädagogen*, die diese ins Zentrum ihrer pädagogischen Ansätze stellen und alles Subjektive als verfälscht betrachten. Mit radikalen linken Theorien sind im Folgenden die beiden pädagogischen beziehungsweise didaktischen Theorietypen gemeint, die Giesecke auch als neo-marxistisch orthodoxe und als antiautoritäre Theorien aus der Pädagogik bezeichnet. Diese werden damit von links-liberalen pädagogischen und didaktischen Ansätzen, wie beispielsweise der von Giesecke selbst formulierten ersten Fassung seiner eigenen Didaktik, abgegrenzt.

Bereits in seiner Replik auf die linken Kritiker der ersten Didaktik verteidigt Giesecke 1968 zwar die objektiven Interessen und das richtige Bewusstsein, wehrt sich aber dagegen, diese durch Indoktrination erreichen zu wollen und die von ihm vorgeschlagenen „kleinen Schritte" als konservativ zu verdammen:

„Indoktrination entscheidet sich nicht daran, ob ‚richtige' oder ‚falsche' Vorstellungen den Individuen injiziert werden, sondern daran, ob das Individuum die tatsächliche Chance erhält, ihm nahegelegte Vorstellungen als die seinen zu adaptieren bzw. zurückzuweisen. […] Pädagogik gerät leicht in den Verdacht des ‚Konservativ-Restaurativen'. Sie kann sich die Menschen, mit denen sie zu tun hat, ebenso wenig aussuchen wie die Verhältnisse, unter denen sie leben. Die Aufgabe, trotz dieser Bedingungen das je einzelne Bewusstsein und die je einzelne Vorstellungskraft ein kleines Stück zu verbessern, ist ein unpathetisches Alltagsgeschäft, das nicht dadurch gewinnt, dass man politische und pädagogische Wunschbilder

---

254 Auch 1972 wird Gieseckes Orientierung am Marxismus und an der Kritischen Theorie in Bezug auf die Problematik wahrer und falscher Bedürfnisse deutlich, als er anlässlich der Verleihung des Friedenspreis des Börsenvereins des deutschen Buchhandels über den im Warschauer Getto ermordeten polnischen Pädagogen Janusz Korczak schreibt: „Die Kinder selbst scheinen Korczak die Schriften diktiert zu haben, als wären sie durch sein Medium hindurch zum sprachlichen Bewusstsein ihrer Misere und ihrer wirklichen Bedürfnisse gekommen" (Giesecke 1972b: 402). Vgl. in einem ähnlichen Sinne auch Giesecke 1968e: 284; 1969b; 1971a: 227-228; 1973d: 146-147.

entwirft, deren Vollkommenheit des allgemeinen Beifalls sicher sein kann" (Giesecke 1968b: 229).

Vor allem utopische Ziele oder Zuschreibungen von Bedürfnissen, die seines Erachtens den tatsächlichen, subjektiven Bedürfnissen zuwiderlaufen, kritisiert Giesecke immer wieder (vgl. o.S. 208). In einer Antwort auf die Kritiker seiner „Einführung in die Pädagogik" (Giesecke 1969c) warnt er 1970 eindringlich:

„Pädagogische Utopien, die der vorhandenen Realität eine ganz andere entgegensetzen, mögen langfristig für die Zieldiskussion unentbehrlich sein, für die konkreten Emanzipationsbedürfnisse konkreter Menschen werfen sie nicht viel mehr ab als allgemeine Gesichtspunkte der Korrektur. Das Äußerste, was einer emanzipierenden Pädagogik möglich ist, ist dies: das Maß an tatsächlicher (nicht nur eingebildeter) Selbstbestimmung überall dort bis an die Grenze des Möglichen vorzutreiben, wo sich dies aufgrund der wandelnden politischen Bedingungen anbietet; den Unzufriedenen (Arbeitern, Schülern, Lehrlingen, Studenten, Hausfrauen usw.) Lernhilfen für eine effektivere Durchsetzung ihrer Interessen anzubieten. Pädagogik kann – mit anderen Worten – bereits vorliegende Bedürfnisse artikulieren und auf diese Weise durchsetzen helfen, aber sie kann sie nicht herstellen" (Giesecke 1970d: 414-415).[255]

Giesecke kritisiert aber nicht nur die radikale linke Pädagogik, sondern darüber hinaus auch die Kritische Theorie selbst dafür, dass auch sie die Vermittlung zwischen subjektiven und objektiven Bedürfnissen und Interessen nicht leiste. Weil sie keinen Weg vom falschen zum richtigen Bewusstsein aufzeige, müssten ihre Emanzipationsansprüche auf der Ebene des Individuums bloße Theorie bleiben, die nicht praktisch wirksam werden könne:

In seinem konzeptionellen Aufsatz „Didaktische Probleme des Lernens im Rahmen von politischen Aktionen" bescheinigt Giesecke der Kritischen Theorie, sie sei „pädagogisch defätistisch" und nur weil ihr selbst jede pädagogische Strategie fehle, könne sie alle von anderen formulierten pädagogischen

---

255 Entsprechend heißt es auch im selben Jahr in einem Aufsatz über „Das Dilemma der Jugendkriminologie": „Ahnungsloser im Hinblick auf die Bedingungen des Lebens in Unterschichten kann man kaum noch argumentieren! Dem widerspricht nur scheinbar, wenn in diesem Zusammenhang von den ‚Interessen und Bedürfnissen der Gefangenen' gesprochen wird, von denen die pädagogische Arbeit auszugehen habe. Bei genauerem Hinsehen sind damit nicht gemeint die real vorliegenden Interessen und Bedürfnisse, sondern eher deren ‚Idealität', wie sie sich der autonomen pädagogischen Reflexion darbieten" (Giesecke 1970c: 578).

Ziele und Methoden als politisch „systemkonform" denunzieren (Giesecke 1970a: 34).[256]

Er selbst nimmt die institutionalisierte Erziehung ausdrücklich gegen diesen pädagogischen Defätismus der Kritischen Theorie in Schutz und fasst das in dem programmatischen Satz zusammen: „Pädagogik (insbesondere politische Pädagogik) wird dann zu einer Form kritischer politischer Aktion, wenn sie die zu einem gegebenen Zeitpunkt einer Lebensgeschichte durch Lernen mögliche Emanzipation tatsächlich realisiert" (Giesecke 1970a: 40).

Giesecke merkt hier wie bereits zuvor an, dass die Lernreichweite eines Individuums durch seine Lebensgeschichte begrenzt sei. Er führt aus, dass Menschen im Interesse ihrer eigenen Ich-Stärke in einigen Punkten an Gehorsam und autoritären Fixierungen festhalten müssten, um sich an anderen, einzelnen Punkten davon lösen zu können. Offenbar traut er der Psychoanalyse zu, hierfür einen Beitrag zu liefern, denn er kritisiert, im Gespräch zwischen Kritischer Theorie und Psychoanalyse beziehe die Kritische Theorie zwar aus der Psychoanalyse „die kritische Munition für den Kampf gegen das ‚politische System'", sie öffne sich jedoch nicht für die „Problematik des individuellen Lernens" (Giesecke 1970a: 37).[257]

Giesecke sucht die Gründe für diese Defizite im theoretischen Ansatz der Kritischen Theorie selbst: Er bescheinigt ihr und auch der marxistischen Tradition insgesamt – darunter ausdrücklich auch Habermas' Einleitung in „Student und Politik" – nicht nur das Fehlen einer „pädagogischen Strategie", sondern viel grundsätzlicher das Fehlen eines „theoretischen Ortes" für pädagogische Überlegungen. Dies begründet er damit, dass es sich um

---

256 Giesecke überprüft im Hauptteil dieses Textes die aus der APO stammenden politisch-pädagogischen Vorstellungen von der „Aktion als Aufklärung" und von der „Selbstbefreiung durch Provokation" (Giesecke 1970a: 16). Er verwirft sie beide als didaktisch unhaltbar, weil Lernen organisiert werden müsse und weil Provokationen allein nicht ausreichten, um sich von seiner lebensgeschichtlich geprägten Persönlichkeit zu emanzipieren (vgl. Giesecke 1970a: 23, 30). Die Gründe dafür, dass die pädagogischen Forderungen der APO bloße Postulate ohne theoretische pädagogische Begründung geblieben seien, sucht Giesecke im letzten Teil des Textes mit der Überschrift „‚Kritische Theorie' und politische Pädagogik" im theoretischen Ansatz der Kritischen Theorie (Giesecke 1970a: 34).

257 Giesecke schreibt an dieser Stelle außerdem, in der internen Diskussion der Linken werde der Psychoanalyse sogar vorgeworfen, sie „subjektiviere" die gesellschaftlichen Widersprüche und spiele damit gesellschaftliche Konflikte zu „persönlichen Anpassungsdefiziten" herunter – „ein Vorwurf übrigens", so Giesecke weiter, „der die Pädagogik ja leicht im Ganzen trifft" (Giesecke 1970a: 37).

„Theorien über die gesellschaftliche Totalität" handle, während das Lernen immer nur bei den einzelnen Individuen, „im Kontinuum einer je einzelnen Lebensgeschichte" erfolgen könne (Giesecke 1970a: 34, 37; vgl. u. S. 225).[258] Giesecke verteidigt diese Kritik dann gegen den möglichen Einwand, dass die Kritische Theorie gar keinen pädagogischen Anspruch habe, an dem sie gemessen werden könnte, indem er deren implizite „Theorie des Lernens" rekonstruiert: Die Kritische Theorie gehe davon aus, dass die Menschen in der Regel ein falsches Bewusstsein erworben hätten. Was sie gelernt hätten, werde „unmittelbar oder mittelbar" aus den gesellschaftlichen Verhältnissen abgeleitet, sodass Lernen als bloßes „Produkt der gesellschaftlichen Reproduktion in den Formen der Erziehung und Sozialisation" erscheine. Auch für die Zukunft gelte, dass Individuen nur das lernen könnten, „was das gesellschaftliche Interesse in der Form des ihnen eingeredeten individuellen Interesses erheischt". Lernziele seien daher nur noch Ableitungen aus gesellschaftlichen Zielen und man könne sie nur ändern, wenn man zuerst die gesellschaftlichen Ziele ändere (Giesecke 1970a: 38).[259]

Giesecke setzt dem entgegen, dass trotz aller Eingrenzung möglicher Lernziele durch die gesellschaftlichen Herrschaftsverhältnisse und ihre Reproduktion diese Lernziele nie eindeutig determiniert seien. Es gebe immer

---

258 Zur Totalität bei Marx und in der Kritischen Theorie vgl. o. S. 155, S. 162. Giesecke schreibt, schon Marx selbst habe der Pädagogik lediglich die Funktion zugedacht, im Bewusstsein die Revolution vorzubereiten und nach der Revolution die neue gesellschaftliche Realität im Bewusstsein zu verankern. Dabei sei es ihm immer nur um die Entwicklung der Gattung gegangen, nie um die Entwicklung des einzelnen Individuums „im Rahmen seiner je eigenen Lebensgeschichte" (Giesecke 1970a: 34; vgl. ebd.: 49). Auch 1973 heißt es: „Marx selbst hat nicht einmal in Andeutungen eine Sozialisationstheorie hinterlassen, also eine Theorie über die Prozesse des individuellen Heranwachsens"(Giesecke 1973: 48; vgl. zu diesem Text auch u. S. 239, Anm. 290). Während Giesecke sich zu Beginn seiner Auseinandersetzung mit dem Emanzipationsbegriff erkennbar an Marx' Emanzipationsbegriff orientiert und sich lediglich von dessen kommunistischer Utopie abgrenzt (vgl. o. S. 207), wird nun sehr deutlich, wie sich seine Vorstellungen über die pädagogisch anzustrebende individuelle Emanzipation von Marx' Idee der Emanzipation der menschlichen Gattung (vgl. o. S. 148, S. 151) unterscheiden.
259 Von dieser Kritik nimmt Giesecke Marx auf der nächsten Seite ausdrücklich aus – mit der Begründung, dass „dessen ‚Genfer Instruktionen' mit der Verbindung von Schule und Arbeit eine Ausnutzung des damals möglichen gesellschaftlichen Spielraumes anstrebten". Allerdings – so Giesecke weiter – konnte das nicht verhindern, „dass spätere Dogmatiker die ‚polytechnische Bildung' aus diesem historischen Zusammenhang heraus dogmatisierten" (Giesecke 1970a: 39).

219

Spielräume und genau diese seien in der Kritischen Theorie bisher außen vor geblieben (vgl. Giesecke 1970a: 38-39).[260] Für wie gravierend er dieses Defizit hält, wird deutlich, wenn er anschließend schreibt, für die politische Pädagogik sei

„die möglichst genaue Bestimmung dieses gesellschaftlich zugelassenen Spielraumes – und der Kampf um seine ständige Erweiterung – von entscheidender Bedeutung; denn nur, wenn sie diesen Spielraum richtig erkennt und in der richtigen – nämlich auf subjektiven Zuwachs an Emanzipation gerichteten – Richtung ausnutzt, kann sie ihren bescheidenen Beitrag zur fortschreitenden Emanzipation der Menschen leisten" (Giesecke 1970a: 39).[261]

Giesecke erkennt offenbar in seiner Kritik der Kritischen Theorie ein zentrales Problem – aber er erkennt es nicht in seiner ganzen Tragweite: Seine Rolle als Pädagoge wie auch seine pluralistische Grundhaltung lassen ihn den Glauben an die Autonomie der Individuen und die Unabhängigkeit ihrer subjektiven Interessen nie ganz aufgeben.

Wenn er der Kritischen Theorie vorwirft, keinen Weg von den subjektiven zu den objektiven Interessen aufzuzeigen, hat er einerseits recht; andererseits vernachlässigt er, dass die Kritische Theorie, die über Marx hinausgehend die „Verdinglichung aller Lebensbereiche", eine „total verwalte Welt" und eine vollständige, bis in die Triebe des Menschen hineingehende Entfremdung diagnostiziert (vgl. o.S. 178,S. 176,S. 186), anders als er selbst gar nicht bei diesen individuellen Interessen ansetzen kann und will, weil diesen aufgrund der vollständigen Entfremdung jegliche Authentizität und damit Legitimität fehlt.

---

260 Giesecke begründet das Vorhandensein von Spielräumen auch gesellschaftstheoretisch, mit dem Hinweis auf eine Autonomisierung der Sphäre der Erziehung, in der er Parallelen zu der von Habermas konstatierten Autonomie der Politik gegenüber der Ökonomie erkennt: Weil das „herrschende System" immer weniger in der Lage sei, „für die Reproduktion seiner Funktionen eindeutige Lernziele anzugeben", wachse „die Macht der Erziehungs- und Bildungsinstitutionen, diesen Spielraum inhaltlich selbst zu füllen" (Giesecke 1970a: 40-41; vgl. Habermas 1961: 50).

261 Im Folgenden führt Giesecke noch aus, inwiefern individuell-lebensgeschichtliche wie auch schichtenspezifisch-historische Unterschiede bei Sozialisationszwängen zu unterschiedlichen Antworten einer auf Emanzipation gerichteten politischen Bildung führen sollten. Er verweist in diesem Zusammenhang auch auf Oskar Negts Buch „Soziologische Phantasie und exemplarisches Lernen" (Negt 1968), geht aber nicht inhaltlich darauf ein (vgl. Giesecke 1970a: 42-43).

Giesecke deutet schon vor 1972 didaktische Lösungen für das Problem an
Giesecke rückt die Frage, wie man von subjektiven Bedürfnissen und Interessen ausgehend zu den objektiven vordringen kann, wie man also eine individuelle Emanzipation als Überwindung von Entfremdung erreichen kann, immer mehr ins Zentrum seiner eigenen didaktischen Überlegungen.

Einen Lösungsweg sieht er in der *kategorialen Bildung*. Diese leiste, so schreibt er bereits 1965 in seiner Didaktik, „eine Versöhnung zwischen [...] den zur Verfügung stehenden wissenschaftlichen Erkenntnissen und der subjektiven Befindlichkeit der Jugendlichen".[262] Vorsichtig fährt er sodann fort: „Der hierbei zustande gekommene Kompromiss kann angesichts der politischen Wirklichkeit zwar nicht als ‚richtig', wohl aber als ‚angemessen' bezeichnet werden" (Giesecke 1965a: 128).

Ein weiterer, ergänzender Lösungsansatz deutet sich in seiner Replik auf die Auseinandersetzung um das von ihm mit herausgegebene Buch „Was ist Jugendarbeit?" (Giesecke 1964c) an, die er 1965 unter dem Titel „Gegen eine positivistisch verstandene ‚Erziehungswirklichkeit'" veröffentlicht hat (Giesecke 1965e).[263] Dort schreibt Giesecke:

> „Man kann ein individuelles Bedürfnis oder verschiedene Probleme als *Widerspiegelung eines objektiven Problems* verstehen. [...] Wenn ein 16-Jähriger politisch desinteressiert ist, so spiegelt das die Tatsache wider, dass es die Gesellschaft ja auch ist und so weiter. Indem ich also einem Jugendlichen bei der Lösung seines individuellen Problems helfen will, muss ich es ihm zunächst erklären; verzichte ich dabei auf die Bezeichnung des objektiven gesellschaftlichen Konfliktes, der sein Problem wesentlich konstituiert, so erhält er von mir im Grunde auch keine Hilfe, sondern allenfalls kostenlose moralische Ratschläge. Auf diese Weise käme man also zu einer ganz anderen Struktur des Verhältnisses von jugendlichen Bedürfnissen und objektiven Stoffen" (Dieser Lösungsansatz gewinnt in

---

262 Vgl. entsprechend auch Gieseckes indirekte Bestimmung des „richtigen Bewusstseins" als „sozialwissenschaftlich orientiertes Bewusstsein" (Giesecke 1965a: 36).

263 Giesecke kritisiert Walter Hornsteins Text „Die Schwierigkeit, eine Theorie der Jugendarbeit zu entwerfen" (in dj, Heft 5/1965, S. 219-227). Dieser könne sich „die Struktur der Beziehungen von jugendlichen Bedürfnissen und vorgegebenen Inhalten offenbar nur so vorstellen, dass man entweder das eine auf Kosten des anderen ignoriert oder aber die jugendlichen Bedürfnisse zum bloßen Vehikel für von außen festgelegte Inhalte macht". Giesecke setzt dieser Dichotomie seinen eigenen Ansatz einer Vermittlung zwischen beiden entgegen (Giesecke 1965e: 471).

Gieseckes Texten im Laufe der Zeit immer mehr an Gestalt und prägt vor allem seinen Aufsatz „Jugendarbeit und Emanzipation" (Giesecke 1971a). Hier lautet die zentrale These, die Pädagogik müsse davon ausgehen, „dass der charakterisierte Widerspruch von bisheriger Erziehung und gesellschaftlichem Selbstanspruch nach zunehmender Demokratisierung gesellschaftliche Widersprüche erzeugt, die ihrerseits in den Individuen zu Konflikten führen". Emanzipation sei unter dieser Bedingung – und nur unter dieser Bedingung – didaktisch organisierbar „als der Versuch, derartige Konflikte zu ermitteln und solche Möglichkeiten der Bearbeitung zu schaffen, die zugleich Handlungsspielraum und Lernspielraum zu erweitern vermögen" (Giesecke 1971a: 221-222).

Giesecke versucht anschließend, einige für das Jugendalter typische Konflikte inhaltlich zu bestimmen, sodass sich die Situation jedes einzelnen Jugendlichen als „individuelle Kombination solcher allgemeinen Konflikte beschreiben" lässt. Er nennt beispielsweise die Widersprüche zwischen der Vielzahl von Pflichten und den stark eingeschränkten Rechten für Jugendliche, zwischen Triebbedürfnis und -befriedigung, zwischen ideologischer und realer Lebensperspektive, zwischen Bedürfnissen und ökonomischen Chancen sowie zwischen Mitbestimmung und Herrschaft (Giesecke 1971a: 223). In seinem diesen Aufsatz integrierenden Buch „Die Jugendarbeit"[264] ergänzt er ausdrücklich: „Die Interessen und Bedürfnisse des Jugendlichen in den Mittelpunkt zu stellen heißt nicht, sie positivistisch als das zu nehmen, als was sie sich artikulieren, sondern die in ihnen beschlossenen Konflikte transparent zu machen" (Giesecke 1971b: 160). Er fügt hinzu, dass er die zentrale Aufgabe der Jugendarbeit darin sehe, den Jugendlichen „planmäßige Lernhilfen für die erfolgreiche Bearbeitung solcher Konflikte im Sinne der Emanzipation anzubieten" (Giesecke 1971b: 154; vgl. ebd.: 161).

Giesecke verwendet weitere marxistische Kategorien und ist von der Kritischen Theorie beeinflusst
Der weitere Verlauf des Aufsatzes „Jugendarbeit und Emanzipation" und der entsprechenden Kapitel in der Monografie „Die Jugendarbeit" ist nicht nur im Hinblick auf Gieseckes didaktischen Vorschlag, wie man eine Emanzipation der Individuen im politischen Unterricht erreichen kann, ein wichtiger kon-

---

264 Gieseckes Buch „Die Jugendarbeit" enthält zwei Abschnitte mit den Überschriften „Zum Begriff der Emanzipation" und „Die Jugendarbeit im Sozialisationssystem", die im Wesentlichen seinem Aufsatz „Jugendarbeit und Emanzipation" (Giesecke 1971a) aus demselben Jahr entsprechen, an einigen Stellen jedoch etwas ausführlicher sind (vgl. Giesecke 1971b: 145-168).

zeptioneller Beitrag zu seiner didaktischen Theorie. Er zeigt darüber hinaus, wie stark mittlerweile auch andere marxistische Kategorien in seine eigene Gesellschaftstheorie eingeflossen sind. So spricht Giesecke in der thesenartigen Zusammenfassung seines Textes vom „historisch-*dialektischen* Charakter der gesellschaftlichen Realitäten und Prozesse" (Giesecke 1971a: 230)[265] und offenbart damit erneut eine geschichtsphilosophische Vorstellung der historischen Entwicklung.[266] Zwar geht er hier nicht wie Marx von einer spiralförmigen Entwicklung mit ständigem Wechsel zwischen einem Wachstum der Produktivkräfte und einer

---

265 Das vollständige Zitat lautet:
„Emanzipation ist ein historisch-dynamischer Begriff. Er produziert keine abstrakten und utopischen didaktischen Konstrukte, die geschichtslos der vorhandenen Realität gegenübergestellt würden. Vielmehr geht er aus vom historisch-dialektischen Charakter der gesellschaftlichen Realitäten und Prozesse und ihrer pädagogischen Korrelate, indem er deren – im Sinne der Emanzipation – fortschrittliche Momente zu analysieren und real weiterzutreiben trachtet" (Giesecke 1971a: 230).

266 Der Begriff Dialektik taucht bei Giesecke schon ab 1963 mehrfach auf, wird allerdings meist unspezifisch verwendet i. S. eines Widerspruchs, eines Spannungsverhältnisses oder noch allgemeiner, wie häufig in der Umgangssprache, mit der Bedeutung von „sowohl als auch" oder „alles hängt mit allem irgendwie zusammen" (zur Begriffsverwendung vgl. auch o. S. 152). So spricht Giesecke bereits 1963 von einer „Dialektik von Anpassung und Widerstand" (Giesecke 1963: 64), und in seiner ersten Didaktik schreibt er über die bisherigen Beiträge zur didaktischen Diskussion: „Man erinnerte an den Ambivalenzcharakter der Macht, an die Dialektik zum Recht" (Giesecke 1965a: 104). Im Aufsatz „Was ist Jugendarbeit?" heißt es 1964:
„Im Theorie-Praxis-Schema ist Didaktik die Art und Weise der Aneignung von Theorie – und zwar in dem schon beschriebenen dialektischen Sinne: als Verstehen theoretischer Erwägungen einerseits und als Überprüfung und Veränderung solcher Erwägungen andererseits" (Giesecke 1964c: 161).
Daneben benutzt er den Begriff Dialektik häufig in seinen zahlreichen Texten über das Bildungssystem der DDR – und hier meist, um diesem vorzuwerfen, es sei „undialektisch". Exemplarisch sei eine Stelle aus Gieseckes Aufsatz „Das Gymnasium im Bildungssystem der DDR" von 1966 wiedergegeben. Dort schreibt er:
„Wo immer heute versucht wird, den Bildungshorizont unter eine einzige geschlossene Idee zu bringen, wo immer die Pluralität der Lebensmöglichkeiten, -ziele und -formen unter irgendeine undialektische Identität gebracht wird, da handelt es sich auch nicht um ‚Fortschritt', sondern um den verzweifelten Versuch, Bildungsprobleme des 20. Jahrhunderts mit den Mitteln des 18. und 19. zu lösen" (Giesecke 1966e: 74).

revolutionären Umwälzung der Produktionsverhältnisse aus (vgl. o. S. 145), die Art und Weise der Verwendung des Dialektikbegriffs lässt aber vermuten, dass Giesecke die formale Vorstellung Marx' von einer historischen Entwicklung der Gesellschaft in Form von These, Antithese und Synthese durchaus teilt (vgl. o.S. 154).

Diese These lässt sich auch durch andere Textstellen stützen.[267] So fordert Giesecke weiter oben, „die realen gesellschaftlichen Prozesse dialektisch zu begreifen, d.h. diejenigen ihrer Aspekte herauszufinden, die für einen Fortschritt an Emanzipation nutzbar gemacht werden können". Und er stellt fest, es komme darauf an, „in der gegenwärtigen Gesellschaft die diesem Ziel [der Emanzipation] nützlichen dialektischen Momente so lange zu verstärken, bis die viel zitierte Quantität in die neue Qualität umschlagen kann" (Giesecke 1971a: 221).[268]

Eine Seite später betont er, dass Emanzipation nicht nur als Ablösung aus pädagogischen Abhängigkeiten wie zum Beispiel von der Familie verstanden werden dürfe, sondern für die Ablösung „aus *allen* gesellschaftlich verursachten Abhängigkeiten" stehe. Eine der wichtigsten Lernaufgaben sei es daher, „die Verursachungszusammenhänge des ‚Übels' gesamtgesellschaftlich zu reflektieren, weil es so in der Regel nicht erlebt wird" (Giesecke 1971a: 222-223). Auch wenn der Begriff nicht fällt, deutet diese Forderung nach einer gesamtgesellschaftlichen Reflexion darauf hin, dass Giesecke Gesellschafts-

---

267 Vgl. außerdem den bereits mehrfach zitierten Aufsatz „Didaktische Probleme des Lernens im Rahmen von politischen Aktionen", in dem Giesecke von einer „Dialektik von Aufklärung und Aktion" spricht (Giesecke 1970a: 6; vgl. ebd.: 26).

268 Das vollständige Zitat, in dem erneut deutlich wird, wie gut Giesecke Marx kennt, lautet:

„Wo immer also einseitig reale gesellschaftliche Entwicklungen, wie etwa das Freizeitsystem oder die Technisierung der Lernprozesse, politisch und pädagogisch denunziert werden, wird die emanzipatorische Strategie ihrer wichtigsten methodischen Grundlage beraubt. Das gilt gerade auch dann, wenn man letztlich nur auf revolutionärem Wege Emanzipation für möglich hält. Auch in diesem Falle kommt es darauf an, in der gegenwärtigen Gesellschaft die diesem Ziel nützlichen dialektischen Momente so lange zu verstärken, bis die viel zitierte Quantität in die neue Qualität umschlagen kann. Derartige Analysen sind deshalb so wichtig, weil ohne die (möglicherweise nur zeitweilige) Unterstützung durch möglichst mächtige Trends der pädagogische Gedanke der Emanzipation keine Realisierungschance haben könnte" (Giesecke 1971a: 221).

Das Diktum „Umschlag von Qualität in Quantität" stammt aus Friedrich Engels' „Dialektik der Natur" in MEW Bd. 20 (1962), S. 509-520, hier S. 518.

theorie gemäß der marxistischen Tradition als Theorie von der *Totalität* der Gesellschaft begreift (vgl. o.S. 155, S. 162).

Ausdrücklich gebraucht er den Begriff Totalität im selben Zusammenhang in zwei vorangegangenen Aufsätzen. Vor allem in seinem theoretischen Grundlagentext „Didaktische Probleme des Lernens im Rahmen von politischen Aktionen" wird dabei deutlich, dass die Totalität im Rahmen seiner eigenen Gesellschaftstheorie eine zentrale Kategorie darstellt. Hier kritisiert er: „Die politische Bildung war jedem rationalen Zugriff auf die gesellschaftliche Totalität feindlich gesinnt; sie war in diesem Sinne theoriefeindlich. Alle Versuche in dieser Richtung wurden als ‚ideologisch' denunziert" (Giesecke 1970a: 13).[269] Dabei erstaunt, dass Giesecke wie selbstverständlich davon ausgeht, die Gesellschaft sei theoretisch nur in ihrer Totalität zu erfassen. Denn wissenschaftstheoretisch ist es höchst problematisch zu behaupten, dass einzelne Aussagen über gesellschaftliche Tatbestände immer nur im Zusammenhang mit einer Theorie oder zumindest Anschauung von der Gesamtgesellschaft sinnvoll oder gar wahr sein können.

Giesecke reflektiert diese wissenschaftstheoretische Bedeutung des Begriffs allerdings nicht, sondern beschäftigt sich stattdessen lediglich wieder mit dem didaktischen oder pädagogischen Problem, wie die Vermittlung zwischen der Totalität einer gesellschaftstheoretischen Erklärung und dem Verstand eines einzelnen Individuums geleistet werden könne. Ohne darauf eine abschließende Antwort zu geben, kommt er zu dem Schluss, für eine pädagogische Theorie reichten der Marxismus und die Kritische Theorie, die von der Totalität der Gesellschaft ausgingen, allein nicht aus. Eine marxistische Pädagogik bedürfe der Ergänzung durch die Psychoanalyse,

---

269 Zudem fordert Giesecke hier wie selbstverständlich den „Autonomisierungsprozess [der Sphäre der Erziehung] auf die Totalität der gesellschaftlichen Prozesse hin zu reflektieren" (Giesecke 1970a: 41). Und bereits 1969 schreibt er zustimmend, die studentische Linke fordere, dass an der Hochschule ein kritisches Bewusstsein erlernt werden müsse, und dass sich dieses „nur bei der Reflexion auf die Totalität gesellschaftlicher Prozesse einstellen könne" (Giesecke 1969b).

Der Begriff Totalität taucht bereits vor 1970 einige Male auf, Giesecke nutzt ihn allerdings nicht im marxistischen Sinne, sondern unspezifisch. So spricht er in seiner Didaktik von der „Totalität der Lehrerrolle" (Giesecke 1965a: 152), im Aufsatz „Tourismus als neues Problem der Erziehungswissenschaft" von der „Totalität der Berufsrolle" und der „Totalität der touristischen Rolle" (Giesecke 1965c: 110, 116).

um zu bewirken, dass „die individuelle Lebensgeschichte nicht mehr nur unter Begriffe der gesellschaftlichen Totalität subsumiert" werde (Giesecke 1970a: 34-35; vgl. o.S. 219).[270]

In seinem Aufsatz „Jugendarbeit und Emanzipation" (Giesecke 1971a) scheint dann ein marxistisches Verständnis von *Entfremdung* bei Giesecke auf. In diesem Text unterscheidet er zunächst ausdrücklich zwischen Emanzipation und Mündigkeit: Während er diese beiden Begriffe zuvor oft synonym gebraucht hatte (vgl. o.S. 205), differenziert er hier zwischen ihnen und spricht sich gegen Mündigkeit als Zielbegriff für die politische Bildung aus. Anders als in seiner ersten Didaktik, wo er Mündigkeit als Zielbegriff für die politische Bildung noch abgelehnt hatte, weil sie ihm über die Verfassung hinaus zu gehen schien (vgl. o.S. 85; Giesecke 1965a: 66), ist ihm Mündigkeit nun zu konservativ: Mündigkeit als Ziel des Erziehungsprozesses habe lediglich auf „individuelle Selbstständigkeit" gezielt, sich aber an einem „statischen Gesellschaftsverständnis" orientiert: „Man wurde ‚mündig' zu dem Zweck, in der Gesellschaft, so wie sie war, seinen Platz einzunehmen" (Giesecke 1971a: 219-220). Die Pädagogik habe damals noch keinen Grund gesehen, „die Forderung nach gesellschaftlicher Veränderung bereits in den Erziehungsprozess einzuprogrammieren" – für diese Absicht stehe heute der neue pädagogische Zielbegriff der Emanzipation. Dieser nehme die Intentionen des Begriffs Mündigkeit in sich auf, weite sie aber zugleich entscheidend aus (Giesecke 1971a: 220).

Zu diesem Wandel in den pädagogischen Zielvorstellungen kam es nach Giesecke, als man durch die Ergebnisse insbesondere psychoanalytischer Forschungen „erkennen musste, dass der ‚mündige' Mensch keineswegs, wie erhofft, auch der für Veränderungen disponible Mensch war, dass vielmehr gerade die Erziehung und die Sozialisation im Ganzen bis dahin ihm den Wunsch, Machtverhältnisse zu verändern, mehr oder weniger gründlich ausgetrieben hatten" (Giesecke 1971a: 220). Dadurch sei man vor die Alternative gestellt worden, „entweder zuzulassen, dass gesellschaftlicher Selbstanspruch (= fortschreitende Demokratisierung) und realer Sozialisationsprozess sich weiterhin ausschließen, oder aber zu versuchen, den Wunsch nach politischer Emanzipation so früh wie möglich in den Sozialisationsprozess selbst mit einzuprogrammieren" (Giesecke 1971a: 220).[271]

---

270 Vgl. zur entsprechenden Kritik Gieseckes am pädagogischen Defizit der marxistischen Theorien auch o. S. 219. Vgl. auch Giesecke 1970d: 413.
271 Auch wenn Giesecke an dieser Stelle im Sinne der Kritischen Theorie argumentiert, beruft er sich hier nicht auf diese, sondern auf den Erziehungswissenschaftler Friedhelm Nyssen. Als Quelle nennt Giesecke: Nyssen, Friedhelm 1970:

Zwischenfazit zu Gieseckes Aufsätzen bis 1971
Insgesamt lässt sich konstatieren, dass sich Gieseckes didaktische Konzeption im Laufe des ersten Jahrzehnts seines wissenschaftlichen Schaffens deutlich verändert hat. Der Emanzipationsbegriff hat stark an Bedeutung zugenommen und bezieht sich wie auch der Demokratisierungsbegriff und analog zum marxistischen Emanzipationsbegriff nun nicht mehr nur auf die politische Gleichberechtigung von Gruppen, sondern auch auf die individuelle Befreiung jedes einzelnen Individuums aus der Abhängigkeit von überflüssiger Herrschaft (vgl. o.S. 207). Damit scheint sich auch Gieseckes Verständnis von Politik verbreitert zu haben – zumindest spielt das enge Politikverständnis, das in seiner ersten Didaktik bei der Bestimmung von Unterrichtszielen und -inhalten Pate gestanden hatte, in den späteren Aufsätzen keine Rolle mehr. Die zentrale Rolle der Emanzipation im doppelten Sinne legt nahe, dass Giesecke nicht nur die Ziele, sondern auch die Inhalte der politischen Bildung – auch der schulischen – nun sehr viel breiter bestimmen würde.

Da es Giesecke primär um Bildung geht, setzt er mit seiner Didaktik nach wie vor beim Individuum an. Die Bedeutung, die die individuellen Interessen nach wie vor für ihn haben, scheint aber auch Ausdruck einer pluralistischen Grundüberzeugung zu sein, die immer wieder zum Vorschein kommt. In der weiterhin großen Relevanz dieser individuellen Interessen liegt auf jeden Fall die zentrale Kontinuität in Gieseckes Verständnis von politischer Bildung. Und hier zeigt sich auch, dass er zwar den Emanzipationsbegriff als Gegenbegriff zur Entfremdung aus den marxistischen Theorien übernimmt, aber offenbar nicht erkennt, dass eine so weitreichende Entfremdungsthese im Widerspruch zum Festhalten an den individuellen Interessen als Ansatzpunkt der politischen Bildung steht (vgl. o.S. 220).

Trotz seines Festhaltens an den individuellen Interessen sind Gieseckes gesellschaftstheoretischen Vorstellungen aber auch jenseits der Entfremdungsthese zunehmend deutlicher von Marx und der Kritischen Theorie beeinflusst: Politische Bildung hat für Giesecke nun auch das Ziel, das Individuum zur Überwindung eines falschen Bewusstseins, zur Entdeckung seiner wahren Interessen und Bedürfnisse zu befähigen. Für die nun notwendig erscheinende didaktische Vermittlung zwischen subjektiven und objektiven Interessen, subjektivem und objektivem Bewusstsein reicht Gieseckes didaktischer Ansatz, wie er ihn in der ersten Didaktik formuliert, nicht mehr aus. Um seine in seinen Aufsätzen bereits anklingenden neuen didaktischen Ideen gemeinsam mit seiner veränderten Gesellschaftstheorie zu einer neuen geschlossenen

---

Kinder und Politik. Überlegungen und empirische Ergebnisse zum Problem der politischen Sozialisation, in: betrifft: erziehung, Heft 1.

Konzeption zu formen, braucht Giesecke am Beginn der 1970er Jahre also dringend eine *neue* Didaktik. Diese erscheint 1972 unter dem alten Titel „Didaktik der politischen Bildung" mit dem Zusatz „Neue Ausgabe". So unscheinbar die Veränderung im Titel ist, um so offenkundiger sind die weitreichenden Veränderungen im Inhalt.

3.4 Die neue Didaktik – Einführung

In dieser neuen Didaktik wird der Begriff Emanzipation endgültig zu Gieseckes zentralem Begriff und die Kritische Theorie avanciert ausdrücklich zur entscheidenden Bezugstheorie. Den ersten langen Abschnitt der Darstellung seiner eigenen Konzeption im Teil zwei des Buches widmet Giesecke einer „politisch-historischen Ortsbestimmung" und er schreibt wörtlich, dass ihm dabei die „Überlegungen der Autoren der ‚Frankfurter Schule' [...] als Grundlage dienen" (Giesecke 1972a: 119) und dass er die Kritische Theorie dazu nutze, „die Rolle und Aufgabe der politischen Bildung in einem *inhaltlich* verstandenen Demokratisierungsprozess näher zu bestimmen" (Giesecke 1972a: 120).

Bereits im Vorwort bekräftigt Giesecke, sein Entschluss zur Neuauflage resultiere „aus dem ‚erkenntnisleitenden Interesse' an zunehmender Emanzipation und Demokratisierung" (Giesecke 1972a: 9). Er verweist aber zugleich auf den *historisch-dialektischen* Charakter seiner Konzeption (vgl. o. S. 223) und stellt klar, er selbst wolle fortschrittliche Momenten der gegenwärtigen Kontroversen von rückschrittlichen trennen und sich mit den fortschrittlichen verbünden. Damit wendet er eine marxistische Maxime indirekt gegen die radikalen linken Theorien aus der Pädagogik, von denen er sich so gleich zu Beginn der Didaktik implizit abgrenzt. Seinen Spagat zwischen den Anleihen bei marxistischen Theorien und einer Kritik radikaler marxistischer Ansätze, der sich auch schon in den Aufsätzen der letzten Jahre gezeigt hatte (vgl. o. S. 216), setzt er in seiner Didaktik also fort.

Mit ebendieser Maxime einer historisch-dialektischen Sichtweise begründet Giesecke auch die umfassende Neubearbeitung seiner Didaktik: Während die Orientierung an den „wenigen wichtigen großen Konflikten" in der alten Didaktik vor dem Hintergrund des „betulichen Umgangs" der politischen Bildung mit Problemen in den frühen 1960er Jahren noch fortschrittlich gewesen sei, sei sie heute rückschrittlich. An den breiten Politik- und Konfliktbegriff aus seinen Aufsätzen anknüpfend schlussfolgert er, eine Konzentration der politischen Bildung auf die „großen Konflikte" würde heute „die ‚Politisierung der Basis' denunzieren" (Giesecke 1972a: 10).[272]

---

[272] Giesecke fährt fort, konfliktorientierte Vorstellungen hätten sich überdies weit-

Als weiteres entscheidendes Argument führt Giesecke in seinem Vorwort noch an, dass er den Fortschritt der wissenschaftlichen Diskussion in Gesellschaftstheorie, Sozialisationstheorie und psychologischen sowie psychoanalytischen Theorien aufnehmen müsse (Giesecke 1972a: 11).

Die Begriffe Emanzipation und Demokratisierung benutzt Giesecke – wie in seinen früheren Aufsätzen –, in seinem Vorwort und im weiteren Verlauf der neuen Didaktik meist synonym.[273] Beide betrachtet er weiterhin als Antrieb und Ziel der neueren Geschichte, die er mit geschichtsphilosophischem Pathos und unter Verwendung zahlreicher Marx'scher Kategorien nacherzählt, in ähnlichen Worten wie schon 1968:

> „Demnach ist die neuere Geschichte – setzt man einmal die Französische Revolution als ihr Anfangsdatum – vornehmlich als ein Prozess zu verstehen, in dem Klassen und Gruppen um ihre politische Emanzipation, also um Freiheit von denjenigen, die über ihr Schicksal einseitig verfügen können, gegen andere Klassen und Gruppen kämpfen" (Giesecke 1972a: 120; vgl. 1968c: 227; o. S. 207).

Der Emanzipationsbegriff hat bei Giesecke auch in der neuen Auflage der Didaktik nicht nur die Bedeutung einer politischen Emanzipation von Gruppen, sondern meint auch und vor allem die individuelle Emanzipation der Menschen. So schreibt er beispielsweise, erst seit Habermas' Beitrag zur politischen Bildung werde die Demokratie inhaltlich bestimmt und erst seitdem seien „Begriffe wie ‚Selbstbestimmung', ‚Selbstdefinition', ‚Emanzipation' in der politisch-pädagogischen Literatur häufiger aufgetaucht". Darin drücke sich auch

> „eine Kehrtwendung im Hinblick auf die Zielsetzung der politischen Bildung aus: Wurde der Staatsbürger vorher fast ausschließlich als *Objekt* der Demokratie betrachtet (er müsse ‚verantwortlich' sein, *damit* die Demokratie funktionieren könne), so wurde er jetzt nachdrücklich auch zum *Subjekt* erklärt; Demokratie ist demnach eine politische Verfassung, deren wichtigster Zweck es ist, die Mündigkeit, Emanzipation und Aufklärung der wirklichen Menschen weiterzutreiben. Wenn dies nicht geschieht, widerspricht Demokratie ihrem eigenen Sinn" (Giesecke 1972a: 43; vgl. o.S. 207).

---

gehend durchgesetzt, und die Spiegel-Affäre als Beispiel sei daher nicht nur inhaltlich veraltet, sondern auch didaktisch nicht mehr adäquat (vgl. Giesecke 1972a: 10).
273 Zum häufig synonymen Gebrauch von Demokratisierung und Emanzipation vgl. auch o. S. 205 sowie Giesecke 1972a: 129, 164.

Das Problem einer didaktischen Theorie, die auf individuelle Emanzipation im Sinne einer Überwindung der Entfremdung zielt und dafür einerseits eine Bildungstheorie benötigt, die beim Individuum und dessen subjektiven Interessen und Bedürfnissen ansetzt, aber andererseits auf eine Gesellschaftstheorie setzt, die subjektive Interessen und Bedürfnisse als manipuliert begreift und sie stattdessen objektivistisch bestimmen will, wird nun zur zentralen Herausforderung. An ihr arbeitet sich Giesecke durch das gesamte Buch hindurch unermüdlich ab. Er selbst stellt das am Ende seiner Didaktik ausdrücklich fest, wenn er zur Bestimmung der Aufgaben einer didaktischen Theorie schreibt:

> „Unter der Voraussetzung also, dass ‚richtiges' politisches Bewusstsein […] vom jeweils empirisch vorfindbaren ‚falschen' aus angesteuert werden soll, thematisiert didaktische Theorie eben diesen Vermittlungsprozess" (Giesecke 1972a: 212-213).

Gieseckes neue Didaktik lässt sich in weiten Teilen als Versuch lesen, eine Antwort auf diese Herausforderung zu finden. Das beginnt bereits mit der ausführlichen, mehr als hundertseitigen geschichtlichen Abhandlung unter dem Titel „Zur Entwicklung der politischen Bildung in der Bundesrepublik", die am Anfang des Buches steht.[274] Wie die folgende Darstellung zeigen wird, sind die Auswahl der Konzeptionen wie auch die Auswahl der Themen dieses Teils nur vor dem Hintergrund dieser Herausforderung zu verstehen.

Die Analyse des ersten, historischen Teils von Gieseckes neuer Didaktik steht am Anfang dieses Kapitels. Anders als bei Gieseckes erster Didaktik folgt sie nicht durchgehend schrittweise dem Buch, sondern geht teilweise auch systematisch vor. Das bietet sich an, um die Darstellung zu konzentrieren, erweist sich aber auch deshalb als hilfreich, weil sich nur so der „heimliche rote Faden" in Gieseckes neuer Didaktik freilegen lässt.

---

274 In seinem Vorwort erläutert er dazu, er wolle dadurch den Lesern die Möglichkeit bieten, über sein eigenes Konzept hinaus systematisch in die politische Didaktik und ihre Probleme einzudringen. Aus diesem Grunde habe er die seiner Ansicht nach „wichtigsten Beiträge zum Thema" vorgestellt (Giesecke 1972a: 11). Weiter unten spricht Giesecke von einer „exemplarischen" Auswahl, die „typische Verdichtungen bestimmter Strömungen und Prozesse" widerspiegele (Giesecke 1972a: 16). Einige Jahre später erklärt er dann in einem Gespräch mit Gerd Koch, der lange Geschichtsteil sei seiner Hochschullehrerpraxis geschuldet: Die neue Didaktik sei für Studenten geschrieben, während die alte eher „die Kollegen in den Bildungsstätten" im Blick gehabt habe (Giesecke 1978b: 362).

3.5 Die Darstellung der Geschichte der politischen Bildung

In Gieseckes chronologischer Darstellung von konzeptionellen Beiträgen zur politischen Bildung in der Bundesrepublik spielen von den bereits 1965 rezipierten Soziologen weiterhin Theodor W. Adorno sowie vor allem Jürgen Habermas eine große Rolle, und er bezieht sich auf die empirischen Ergebnisse von Manfred Teschner, Egon Becker, Sebastian Herkommer und Joachim Bergmann. Zudem rezipiert Giesecke nun Karl Marx und vor allem Oskar Negt, am Rande auch Herbert Marcuse und Sigmund Freud. Die Politikwissenschaftler Kurt Sontheimer, Wilhelm Hennis, Arnold Bergstraesser und Siegfried Landshut, deren Beiträge zur politischen Bildung für Gieseckes erste Auflage eine große Bedeutung hatten, werden teilweise gar nicht mehr, teilweise nur noch am Rande erwähnt.[275] Dadurch ergibt sich schon auf den ersten Blick eine starke Verschiebung in Richtung auf Autoren, die aus der Soziologie kommen und der Kritischen Theorie nahestehen.

Daneben geht Giesecke nun aber auch auf Beiträge aus der politischen Pädagogik und Didaktik ein, die er – wie bei genauerem Hinsehen deutlich wird – wie schon die zuvor genannten Beiträge aus der Soziologie vor allem unter dem Gesichtspunkt analysiert, inwieweit sie seinem Anspruch genügen, eine konzeptionelle Begründung einer politischen Bildung zu leisten, der es vor allem um die Emanzipation geht.

Giesecke beginnt mit der *„Ausgangssituation 1945"* (Giesecke 1972a: 16). Er sieht in den allgemeinen Vorstellungen über die Aufgabe der Schule eine schwere Hypothek für die politische Bildung, weil die Schule als politisch exterritoriale Institution gegolten habe, in der nur traditionelle Bildung, nicht aber Politik etwas zu suchen hatte.[276] Dass diese Vorstellungen das Bewusstsein der Lehrerinnen und Lehrer für etliche Jahre geprägt hätten, stützt er mit einem Hinweis auf die am IfS entstandenen empirischen Studien von

---

[275] Giesecke fasst die Kontroverse um ein realistisches Bild der Politik in einem einzigen Absatz zusammen (vgl. u. S. 234 inkl. Anm. 281; Giesecke 1972a: 37). Zur Begründung schreibt er bereits im Vorwort, die alte Auflage enthalte viele Passagen, die auf die damals aktuelle pädagogische Auseinandersetzung und „grundsätzliche Kontroversen" bezogen seien und die heute „missverständlich" oder „nicht mehr nachvollziehbar" seien (Giesecke 1972a: 10).

[276] Als weitere Probleme nennt Giesecke, dass nach dem Krieg in Deutschland keine unbelastete deutsche Sozialwissenschaft mehr existiert habe, dass „politisch-theoretische Möglichkeiten zur Bearbeitung der barbarischen Vergangenheit" gefehlt hätten und dass die Lehrerschaft durch eine autoritäre Erziehung und die NS-Zeit geprägt gewesen sei (vgl. Giesecke 1972a: 16-20).

Manfred Teschner sowie Egon Becker, Sebastian Herkommer und Joachim Bergmann.[277]

Den damaligen traditionellen Bildungsbegriff bezeichnet Giesecke unter Hinweis auf Herbert Marcuse als „affirmativ"[278] und führt dazu kritisch aus: Bildung in diesem Sinne „pfuscht den Mächten dieser Welt nicht ins Handwerk und bestätigt sie gerade dadurch; die Humanität erstrahlt in der Innerlichkeit des reinen Geistes" (Giesecke 1972a: 18).

Anschließend setzt sich Giesecke über zehn Seiten kritisch mit seinem Doktorvater *Theodor Wilhelm* auseinander, den er in seiner ersten, aus der Dissertation hervorgegangenen Didaktik von kritischen Kommentaren noch weitgehend verschont hatte. In seine Analyse der Schriften Wilhelms – Giesecke benutzt dessen Pseudonym Friedrich Oetinger – fließen unausgesprochen zahlreiche marxistische Kategorien ein, die Giesecke aber wie neutrale sozialwissenschaftliche Begriffe verwendet:

Zunächst lobt Giesecke Theodor Wilhelm erst einmal – unter anderem für seine radikale „Kritik der überlieferten politischen Erziehung in Deutschland und der deutschen Bildungstheorie". Diese müsste allerdings inzwischen,

---

277 Vgl. Teschner 1968; Becker/Herkommer/Bergmann 1967. Giesecke hatte Manfred Teschner, der einen Teil seiner Ergebnisse bereits in zwei Aufsätzen im Jahr 1963 publiziert hatte, auch in der ersten Ausgabe seiner Didaktik mehrfach zitiert. Hier war er vor allem auf Teschners Kritik einge-gangen, dass die Rahmenrichtlinien der KMK zur Gemeinschaftskunde in den Klassen 12 und 13 Konflikte um partikulare Interessen ausklammerten, und hatte mit Teschner auf die große Bedeu-tung der (soziologischen) Begrifflichkeiten für ein angemessenes Verständnis der gesellschaftlich-politischen Wirklichkeit hingewiesen (vgl. o. S. 55, S. 57).

278 Giesecke nennt hier nur Marcuses Namen, ohne eine genaue Quelle anzugeben (vgl. Giesecke 1972a: 18).

Er verweist aber bereits 1968 im gleichen Zusammenhang zweimal auf Marcuse und gibt dort dessen Text „Über den affirmativen Charakter der Kultur" an (Marcuse 1965; vgl. Giesecke 1968d: 230, Anm. 16; 1968f: 212, Anm. 5). Marcuse hatte diesen Text zuerst 1937 in der ZfS veröffentlicht. Es geht ihm darin gar nicht um Bildung, wie Gieseckes Verweis impliziert, sondern um Kultur. Marcuse konstatiert, Kultur werde als ideelle, „geistig-seelische Welt" verstanden, die als „selbstständiges Wertreich" von der materiellen „Zivilisation" abgelöst sei. Diesen Kulturbegriff erklärt er für affirmativ, weil er die Behaup-tung impliziere, jedes Individuum könne die Kultur ohne jede Veränderung der materiellen Welt „von innen her" für sich selbst realisieren. Daraus folge, dass die Kultur die neuen gesellschaftlichen Lebensbedingungen „bejaht und verdeckt" (Marcuse 1965: 62-64). Diesen Vorwurf der Innerlichkeit überträgt Giesecke nun offenbar vom Kulturbegriff auf den Bildungsbegriff.

so Giesecke weiter, „mit verfeinerten Methoden und mit den dialektischen Ansätzen der sogenannten ‚kritischen Theorie' präzisiert werden" (Giesecke 1972a: 26). Was er mit den „dialektischen Ansätzen" genau meint, bleibt dabei ungeklärt.

Dann kritisiert Giesecke Wilhelm vor allem dafür, dass er die objektive Realität der gesellschaftlichen Machtverhältnisse unterschätze. Der „Abbau der herrschaftlichen Beziehungen" sei für ihn in erster Linie ein Abbau individueller und persönlicher Herrschaftsbeziehungen, und die spezifische Form der Herrschaft anonymer Systeme in modernen Gesellschaften gerate dabei gar nicht in seinen Blick. Auch die – vor allem ökonomisch – meist ungleichen Startchancen der „Partner" vernachlässige Wilhelm, was den häufig gegen ihn erhobenen Vorwurf einer reaktionären Ideologie erkläre (Giesecke 1972a: 29).[279]

Giesecke bemängelt zudem, dass Wilhelm die „Bedeutung eines theoretischen Bewusstseins für eine demokratische politische Erziehung" unterbewerte. Damit würden „alle Versuche, das Ganze unserer politisch-gesellschaftlichen Realität ins Bewusstsein zu nehmen, um auf diese Weise die Menschen zu Herren ihrer gesellschaftlichen Verhältnisse im Ganzen zu machen, implizit als politisch wie pädagogisch unwichtig angesehen" (Giesecke 1972a: 28).

Nach der Auseinandersetzung mit Wilhelm stellt Giesecke etwas kürzer aber ebenfalls ausgesprochen kritisch die Konzeption Theodor Litts dar, dem er vor allem vorwirft, er bestimme Begriffe wie Macht und Ordnung rein formal und „ohne jede nähere inhaltliche Kennzeichnung", sodass „die *Inhaltlichkeit* dessen, was Demokratie sein könnte und müsste, gar nicht erst in den Blick" gerate.[280]

Anschließend handelt er die für seine erste Didaktik prägende politikwissenschaftliche Diskussion um die Zielvorstellungen der politischen Bildung auf einer halben Seite ab,[281] bevor er sich den Autoren der Kritischen Theorie zuwendet, die im weiteren Textverlauf im Vordergrund stehen.

---

279 Andererseits hält Giesecke Wilhelm zugute, dass dieser die Trennung von Politik und Gesellschaft aufgehoben und auf die „Politisierung des ganzen menschlichen Lebens" hingewiesen habe (Giesecke 1972a: 26).

280 Die Kontroverse zwischen Wilhelm und Litt bezeichnet Giesecke am Ende dieser Ausführungen im Hinblick auf die folgende didaktische Wende in der politischen Bildung als „Ende dessen, was die akademische Fachpädagogik zum Problem der politischen Bildung grundsätzlich zu sagen hatte" (Giesecke 1972a: 35).

281 Zu dieser Diskussion schreibt Giesecke nun nur noch, die „neu etablierte politische Wissenschaft" habe sich seit Mitte der 1950er Jahre in die Diskussion eingeschaltet, indem sie versuchte, mit Hilfe politikwissenschaftlicher

Er beginnt mit der Diskussion um die Hakenkreuzschmierereien Ende der 1950er Jahre, die erstmals „die Grenzen einer auf bloß rationale Einsicht gegründeten politischen Bildung, die die Dimensionen des Kollektiv-Unbewussten außer Acht ließ", aufgezeigt habe (Giesecke 1972a: 37-38). Hier erwähnt er Adornos Text „Was heißt: Aufarbeitung der Vergangenheit?" (Adorno 1971b), in dem dieser – so Giesecke – „geschult an der Lehre S. Freuds – eben diese Dimensionen des Unbewussten zur Debatte [stellt], die der rationalen Einsicht weitgehend unzugänglich sind". Es geht Giesecke im Folgenden aber gar nicht um Adornos Ausführungen zum irrationalen Umgang mit der Vergangenheit und zur deren Verdrängung,[282] sondern er scheint Adorno hier eher als Aufhänger zu nutzen, um anschließend Grundsätzliches zur „*Frankfurter Schule*" und zu deren Bedeutung für die politische Bildung zu schreiben:

„Mit diesem Aufsatz von Adorno griff zum ersten Mal die sogenannte ‚Frankfurter Schule' mit ihrer wissenschaftlichen Position der ‚kritischen Theorie' in die unmittelbare Diskussion der politischen Bildung ein. Charakteristisch für diese Position war und ist, dass sie die Tradition der marxistischen Arbeiterbewegung, der marxistischen Gesellschaftskritik, über die Zeit des Nationalsozialismus hinweg rettete und auf eigentümliche Weise mit ande-

---

Verständnismodelle die politische Bildung von der Dominanz der Geschichtswissenschaft und der herkömmlichen politischen Philosophie zu befreien. Er erwähnt dann in einem einzigen Satz die Autoren Arnold Bergstraesser, der „die Spezifität des Politischen" auch für den Unterricht habe durchsetzen wollen; Kurt Sontheimer, der der politischen Bildung „illusionäre Zielerwartungen" vorgeworfen habe; Martin Greiffenhagen, der dafür plädiert habe, „die falsche Gleichsetzung von Kommunismus und Nationalsozialismus im Begriff des ‚Totalitarismus' aufzugeben; sowie Hans Mommsen und Waldemar Besson, die „die bürgerliche Geschichtswissenschaft und deren Folgen für das politische Bewusstsein" kritisiert hätten (Giesecke 1972a: 37).
Die Beiträge der Politikwissenschaftler zum Bürgerleitbild erwähnt Giesecke in diesem Zusammenhang gar nicht mehr – so tauchen die Namen Wilhelm Hennis und Siegfried Landshut in der neuen Ausgabe seiner Didaktik überhaupt nicht mehr auf (vgl. o.S. 73, S. 81).

282 Giesecke pflichtet lediglich noch – wie auch schon 1965 – Adornos in einem ganz anderen Zusammenhang stehenden Rat an die politische Bildung bei, „an die unmittelbaren Interessen der Individuen anzuknüpfen, weil dabei noch am ehesten rationales Verhalten zu erwarten sei" (Giesecke 1972a: 38). Adorno hatte – anders als Giesecke suggeriert – damit aber gemeint, der Appell an die eigenen Interessen sei zur Abwehr einer erneuten faschistischen Herrschaft wirksamer als ein bloß moralischer Appell an die Idee von Freiheit und Humanität (vgl. o.S. 96).

ren theoretischen Ansätzen integrierte. Zu diesen anderen Ansätzen gehörte neben den Traditionen der klassischen bürgerlichen Philosophie vor allem auch die Lehre Sigmund Freuds, also die Lehre von den unbewussten Anteilen des menschlichen Verhaltens. Ende der sechziger Jahre, im Zusammenhang mit den Studentenunruhen, sollte die Position der ‚kritischen Theorie' noch eine bedeutende praktische Rolle spielen. Zunächst jedoch waren es eher die psychoanalytischen Theorie-Anteile, die der Prinzipien-Diskussion der politischen Bildung nun hinzugefügt und später vor allem von A. Mitscherlich (1963)[283] weiterentwickelt wurden" (Giesecke 1972a: 38).

In diesem Zitat wird nicht nur die große Bedeutung klar, die Giesecke der Kritischen Theorie für die politische Bildung beimisst, sondern es deutet sich auch an, dass er offenbar zwischen den erziehungsoptimistischen Beiträgen Adornos zur politischen Bildung und der resignativen Gesellschaftstheorie der Kritischen Theorie nicht unterscheidet (vgl. o.S. 202).

Bevor nun Gieseckes Darstellungen der Autoren der Kritischen Theorie sowie der linken politischen Pädagogik ausführlich analysiert werden, wird noch kurz seine spätere Darstellung der Konzeptionen der anderen Pädagogen und politischen Bildner behandelt.

Giesecke stellt im zweiten Teil seines historischen Überblicks nach der „politisch-pädagogischen" die „politisch-didaktische" Diskussion dar, in der es in seinen Worten nun stärker „um das ‚Was' und ‚Warum' politischen Lernens" gehe (Giesecke 1972a: 70).[284] In der Einführung zu diesem Teil will Giesecke zunächst das Problem benennen, um das es der politischen Didaktik in Abgrenzung zur politischen Pädagogik gehe, und hier zeigt sich erneut, welche Bedeutung die Vermittlung zwischen subjektiven und objektiven Interessen für ihn hat: Das Problem – schreibt Giesecke –

---

283 Gieseckes Angabe zu Mitscherlich verweist auf Mitscherlichs „Auf dem Weg zur vaterlosen Gesellschaft" (1963). Auffällig ist, dass Giesecke Mitscherlich trotz der großen Bedeutung, die er ihm an dieser Stelle zuspricht, im weiteren Verlauf der neuen Didaktik nicht mehr erwähnt. Zur Rezeption Mitscherlichs in Giesecke erster Didaktik und seinen Aufsätzen vgl. o.S. 70.

284 Giesecke merkt an, dass die didaktische Diskussion in der politischen Bildung erst sehr viel später eingesetzt habe, als die politisch-pädagogische Grundsatzdiskussion. Als zentralen Grund dafür sieht er, dass das traditionelle Selbstverständnis lange den Unterricht getragen habe, und erst in dem Maße, in dem „das überlieferte Selbstverständnis des Schulehaltens vor allem hinsichtlich der drei Faktoren Lernziele, Rolle der Lernenden und Rolle der Lehrenden zerfiel, musste die Didaktik als methodisch überprüfbare wissenschaftliche Theorie an diese Stelle treten" (Giesecke 1972a: 72-73; vgl. Giesecke 1978b: 363-364).

„besteht kurz gesagt darin, dass zwischen dem, was die politisch-gesellschaftliche Theorie an ‚richtigen' Einsichten und Erkenntnissen anbietet, und dem, was bestimmte Menschen lernen können oder wollen, ein Widerspruch besteht. Sei es, dass diese Erkenntnisse und Einsichten zu schwer sind (z.B. für Kinder), sei es, dass sich Menschen nur für *bestimmte* Einsichten interessieren, weil diese für ihre tatsächlichen Lebensprobleme von Nutzen sind oder scheinen, für andere jedoch nicht" (Giesecke 1972a: 69).

Giesecke beginnt seine Darstellung der politischen Didaktik mit einer Kritik an *Eduard Spranger*. Dieser gehe von der Frage aus, „wie die der jugendlichen Existenz – und damit deren Bildungsinteresse – fernliegende Organisation des Staates vermittelt werden könne mit denjenigen Sozialerfahrungen, die dem Jugendlichen bereits zur Verfügung stehen" (Giesecke 1972a: 74). Sprangers Ansatz, nach Urphänomenen zu suchen, die in den Sozialerfahrungen der Jugendlichen enthaltenen sind und diese zum Gegenstand des Unterrichts zu machen, verwirft Giesecke. Er kritisiert ihn für „das Fehlen jeglicher realgeschichtlicher und gesellschaftlich-objektiver Dimensionen" und für seine „Anerkennung des gesellschaftlichen Status quo". Ergebnis solcher Lernprozesse sei meist „nicht mehr als ein durch affirmative Einsichten verdoppelter Status quo, Einsicht in die Notwendigkeit der vorgefundenen gesellschaftlichen Verhältnisse", was besonders angesichts der Tatsache, dass Spranger seine Konzeption vor allem für Volks- und Berufsschulen entwickelt habe, problematisch sei (Giesecke 1972a: 78, 79, 80).

Anschließend kritisiert Giesecke mit den neun „Einsichten" den Kernpunkt der didaktischen Konzeption von *Kurt Gerhard Fischer, Karl Herrmann und Hans Mahrenholz*. Er beanstandet, dass der erkenntnistheoretische Status der Einsichten inkonsistent sei und dass ihnen keine historisch-politische Analysen vorausgingen. So werde das Konzept des „Meinungspluralismus" nicht „mit realen gesellschaftlichen Interessenantagonismen konfrontiert", mit der Folge, dass häufig auch die ideologische Funktion von Meinungen im Dunkeln bleibe (Giesecke 1972a: 84-85, 86). Zudem wirft er den Autoren vor, dass die politischen Stoffe unterbewertet würden, weil sie auf ihre Funktion zur Gewinnung der Einsichten reduziert würden (vgl. Giesecke 1972a: 87).

Schließlich kritisiert er, dass die drei Autoren die Interessen der Schülerinnen und Schüler als gegeben hinnähmen, „ohne Berücksichtigung der Tatsache, dass diese Interessen doch irgendwie produzierte sind, den Schülern ‚anerzogene' oder ‚eingeredete'" (Giesecke 1972a: 87). Er fordert: „Der Unterricht müsste wohl auch noch nicht bewusste Interessen freilegen bzw. ermöglichen. Gerade dies, nämlich die Entdeckung von Interessen und die politische und private Identifizierung mit ihnen dürfte zu den vordringlichen Teilaufgaben der politischen Bildung gehören" (Giesecke 1972a: 87). Eine Seite später bemängelt er allerdings: „Auch in diesem Modell spielen die konkreten sozialen Bezüge der Schüler, ihre schichtspezifischen Sozialisationsprozesse und ‚Lern-Reichweiten' und die daraus resultierenden Interessen kaum eine Rolle" (Giesecke 1972a: 87). Auch wenn die Passage nicht ganz eindeutig ist, scheint es Giesecke dabei wieder um die Vernachlässigung der tatsächlichen, subjektiven Interessen der Schülerinnen und Schüler zu gehen.

Anschließend geht Giesecke auf *Jürgen Henningsens* „Plädoyer zur politischen Bildung" von 1966 ein.[285] Henningsen gehe es nicht um Einsichten in eine vorgegebene politische Wirklichkeit, sondern darum, diese intellektuell zu hinterfragen (Giesecke 1972a: 94): „Lernziele sind für ihn überhaupt nicht irgendwelche kognitiven Inhalte, Einsichten und Urteile, sondern die *Methoden der* intellektuellen Bearbeitung der politischen Wirklichkeit selbst" (Giesecke 1972a: 92). Giesecke würdigt, dass Henningsen – anders als die zuvor kritisierten Konzeptionen – das Subjekt in den Mittelpunkt rücke. Für die Emanzipation der Lernenden sei dies ein deutlicher Fortschritt, denn „Pädagogik hat es nun einmal mit lernenden *Individuen* zu tun und bleibt deshalb notwendigerweise eine mehr oder weniger subjektivistische Angelegenheit". Giesecke fährt fort, es sei „vor allem diese radikale Neudefinition des pädagogischen Bezugs, die verhindern soll, dass das Kind mit seinen politischen Denkfähigkeiten unter irgendwelche vorgegebene Objektivationen subsumiert, für irgendetwas einfach in Dienst genommen werden soll" (Giesecke 1972a: 94).

Andererseits wirft er Henningsen aber auch vor, sein Ansatz sei subjektivistisch: Der Leitgedanke, „die bisherige moralische Lösung durch die intellektuelle Lösung [zu] ersetzen" (Giesecke 1972a: 90), reduziere das Politische auf das Anthropologische, „als multipliziertes Potenzial [der] grundsätzlichen Stärke und Schwäche des Individuums" (Giesecke 1972a: 93).

Giesecke konstatiert, diese Verengung sei problematisch, „weil sich die ‚Systeme' der politisch-gesellschaftlichen Macht – auch der über das Bewusstsein, also der ‚Lügen-Industrie' oder ‚Bewusstseins-Industrie' – nicht derart personalistisch erklären lassen", und fordert, Henningsens Ansatz mit gesamtgesellschaftlichen Theorien zu konfrontieren, die dessen subjektivistische Momente „korrigieren und relativieren" könnten. (Giesecke 1972a: 93).

Ähnlich wie schon Fischer/Herrmann/Mahrenholz wirft er Henningsen vor, auf die „historisch-gesellschaftliche Konkretisierung seines Ansatzes"

---

285 Henningsen, Jürgen 1966: Lüge und Freiheit. Plädoyer zur politischen Bildung, Wuppertal-Barmen.

– vor allem auf „schicht- und klassenspezifische Analysen" – sowie auf Ideologiekritik bei der Analyse politischer Äußerungen zu verzichten (Giesecke 1972a: 95-96). Nicht nur die Art dieser Darstellung, sondern auch die Auswahl Henningsens – während Autoren wie etwa Wolfgang Hilligen, Rudolf Engelhardt, Karl Christoph Lingelbach und Bernhard Sutor außen vor bleiben[286] –, verweisen erneut darauf, dass die Frage der Vermittlung zwischen subjektiven und objektiven Interessen den zentralen Fokus der neuen Konzeption Gieseckes darstellt.

Kritik an radikalen linken pädagogischen Theorien
Noch deutlicher wird die Relevanz dieses Problems für Gieseckes neue Didaktik in seiner Rezeption der radikalen linken Ansätze aus der Pädagogik. Unter der Überschrift „Anti-Kapitalismus" kritisiert er jetzt – wie schon in seinen Aufsätzen – „aus der Studentenbewegung stammende neo-marxistische Autoren", die sich an der „pädagogisch-theoretischen Bearbeitung" der Einsichten aus der Kritischen Theorie versucht hätten (Giesecke 1972a: 48; vgl. o.S. 216). Dabei richtet er seine Vorwürfe nun gegen konkrete Schriften und Autoren: den Sammelband „Erziehung in der Klassengesellschaft" von einer Gruppe Erziehungswissenschaftler der Universität Frankfurt (vgl. Beck u.a. 1970) sowie den Band „Politische Pädagogik. Aus dem Vokabular der Anpassung" von Klaus Wallraven und Eckart Dietrich (1970).[287]

Giesecke kritisiert, in beiden Werken gehe es um einen Entwurf eines „richtigen Bewusstseins" – wie dies didaktisch-methodisch zu erreichen sei, werde jedoch kaum problematisiert. Die politisch-theoretischen Aspekte dominierten hier gegenüber den pädagogischen; im Zentrum stünden Überlegungen aus der politischen Ökonomie (Giesecke 1972a: 48).[288]

---

286 Giesecke nennt lediglich die Namen der drei hier zuletzt genannten Autoren und verweist auf ihre Hauptwerke (vgl. Giesecke 1972a: 73).

287 In seinem Grundlagenaufsatz „Entwicklung der Didaktik des Politischen Unterrichts" (Giesecke 1980a) wiederholt Giesecke diese Kritik und richtet sie zusätzlich gegen Rolf Schmiederer, konkret gegen dessen erste Didaktik und gegen seine Darstellung der Geschichte der politischen Bildung (Schmiederer 1971; 1972), auf die er aber nicht genauer eingeht (vgl. Giesecke 1980a: 508, 505).

288 Diese Vorwürfe Gieseckes treffen in der Tat zu, auch wenn er selbst sie hier nicht an den konkreten Texten belegt (vgl. bspw. Wallraven/Dietrich 1970: 16; Beck u.a. 1970: 9). Weiter unten behauptet Giesecke außerdem, die neo-marxistische Fundierung der Ausführungen habe zur Legitimierung und Aufrechterhaltung der Status-Privilegierung des bürgerlichen Nachwuchses dienen sollen. Die-

Weil die marxistische Theorie über keine pädagogische Theorie verfüge, müssten von den Autoren „zusätzlich sozialisationstheoretische (z.b. psychoanalytische) Theorieansätze *von außen* hereingeholt werden", was ihnen aber nicht gelinge.[289] Und da sie außerdem „das differenzierte marxistische Methoden-Instrumentarium um den ‚historischen Materialismus' verkürzten", sei es ihnen noch nicht einmal mehr möglich, „bei der Analyse konkreter pädagogischer Maßnahmen und Erscheinungen die jeweils ‚fortschrittlichen' von den ‚rückschrittlichen' Momenten zu unterscheiden". Giesecke schlussfolgert, dass diese „neo-marxistischen orthodoxen Beiträge" die politisch-pädagogische Diskussion nicht weiter bringen konnten und sogar hinter Habermas zurückgefallen seien (Giesecke 1972a: 49-50).[290]

Giesecke formuliert seine Kritik an Beck u.a. sowie an Wallraven/Dietrich in diesem Abschnitt recht polemisch. So schreibt er, was bei Habermas nur

---

sen Vorwurf erhebt er später auch gegen die Habermas-Rezipienten aus der Studentenbewegung (vgl. u. S. 250). Hier wie dort bleibt er den Nachweis dafür allerdings schuldig.

289 Giesecke ergänzt, dass einige Autoren „offenbar mit Erfolg" daran arbeiteten, und nennt Helmut Dahmers Text „Psychoanalyse und historischer Materialismus" (Giesecke 1970a: 35; vgl. entsprechend auch Giesecke 1973e: 48, dort nennt er zusätzlich Wilhelm Reich).
Anders als Giesecke behauptet, rekonstruiert Dahmer in seinem Text aber nur die Entwicklung des Verhältnisses von Psychoanalyse und historischem Materialismus – Erfolg versprechende Integrationsversuche, eigene Ansatzpunkte oder gar eine eigene Theorie zur Integration liefert er nicht. Als erste Versuche einer Integration beider Ansätze nennt Dahmer wie auch schon Giesecke 1970 die Schriften von Wilhelm Reich und Siegfried Bernfeld aus den 1920er Jahren (vgl. Dahmer 1971: 68 sowie u. S. 360, Anm. 449).

290 Eine grundlegende Auseinandersetzung mit der neo-marxistischen Pädagogik am Beispiel dreier anderer Bücher legt Giesecke ein Jahr später in seinem Aufsatz „Erziehung gegen den Kapitalismus? Neomarxistische Pädagogik in der Bundesrepublik" vor. Hier argumentiert er in Bezug auf die Frage, ob marxistische Theorien als Grundlage für eine politische Pädagogik geeignet seien, die meist rezipierten drei wichtigsten Marx'schen Theoreme, die er als „Basis-Überbau-Theorem", „Theorem der Kapitalverwertung" und „Revolutions-Theorem" bezeichnet, eigneten sich zur Kritik der bestehenden Gesellschaft, reichten aber für eine pädagogische Theorie nicht aus, da sie „die gesellschaftlichen Zusammenhänge nicht so vollständig erklären können, dass sich daraus eindeutige Handlungsanweisungen ableiten ließen" (Giesecke 1973e: 45; vgl. ebd.: 43). Auch hier lautet seine Schlussfolgerung, dass in der Pädagogik ein wissenschaftlicher Pluralismus notwendig sei, „d.h. die konsequente Nutzung der ‚bürgerlichen' Einzelwissenschaften im Rahmen des eigenen Erkenntnisinteresses" (Giesecke 1973e: 47).

239

offen geblieben sei, sei nun „undialektisch kurzgeschlossen" worden. Indem alle gesellschaftlichen und pädagogischen Erscheinungen undifferenziert zu bloßen „Variationen des immer gleichen Kapitalismus" erklärt worden seien, habe in der Folge jeder pädagogische Ansatz, der sich nicht ausdrücklich als anti-kapitalistisch verstand und sich „der Vernichtung des ‚kapitalistischen Systems' verschrieb", als „eine bloße Magd dieses Systems" gegolten (Giesecke 1972a: 49).

Die Schärfe dieser Formulierungen könnte auch damit zu tun haben, dass Giesecke in beiden Büchern selbst angegriffen wird:[291] Wallraven/Dietrich sehen die Konfliktorientierung bei Giesecke und anderen Autoren zwar als Fortschritt der politischen Bildung, gelangen jedoch, da sie offenbar im Gegensatz zu diesem die Entfremdungsthese der Kritischen Theorie in ihrer gesamten Tragweite für das Bewusstsein der Menschen übernehmen, zu einem insgesamt negativen Ergebnis: Sie betonen, die bisherige Erziehung zum Konflikt habe keine Aussicht auf Erfolg gehabt, denn „in aller Regel blieb ‚Kritik' eine Leerformel, die dem präformierten Bewusstsein des Konsumbürgers den beruhigenden Glauben schenkte, es könne sich ein ‚selbstständiges Urteil' bilden" (Wallraven/Dietrich 1970: 114). Im Sammelband von Beck u.a. geht vor allem Franz Heinisch in seinem Text „Politische Bildung – Integration oder Emanzipation?" hart mit Giesecke ins Gericht, indem er ihm vorwirft, zur „Entpolitisierung" beizutragen und „im Dienste der Anpassung" zu stehen (Heinisch 1970: 168).[292]

Nachdem Giesecke Wallraven/Dietrich sowie Beck u.a. als „orthodoxe" Ansätze stark kritisiert hat, grenzt er eine frühere, „vor-orthodoxe" Phase von der späteren, „orthodoxen" Phase der linken Pädagogik seiner Zeit ab. Er würdigt die vor-orthodoxen Ansätze, die er auch als „antiautoritär" bezeichnet, als wichtige „Beiträge zur ‚Kritik der politischen Sozialisation'" (Giesecke 1972a: 50). Er geht dabei allerdings gar nicht auf konkrete Konzepte zur politischen Bildung ein, sondern erwähnt lediglich zwei Texte von Hartwig Heine[293]

---

291 1978 wirkt Giesecke schon viel abgeklärter, wenn er in einem Gespräch mit Gerd Koch in Bezug auf dieselben Autoren sagt, er könne mit der „linken Ideologiekritik, die immer nach der reinen Wahrheit strebt", wenig anfangen. Man müsse die dort angesprochenen kritischen Gesichtspunkte ernst nehmen, aber sie verfehlten die didaktische Problematik und seien daher für ihn „nicht sehr interessant" (Giesecke 1978b: 372).

292 Vgl. auch Wallraven/Dietrich 1970: 12, 57 sowie zur Kritik von Wallraven/Dietrich und Heinisch an Giesecke Roloff 1972: 40, 42; Kühr 1980: 128.

293 In diesem Text über „Tabuverletzung als Mittel politischer Veränderung" konstatiert Hartwig Heine vor allem, die „deformierte Psyche" sei eine „Stütze der bestehenden Gesellschaftsordnung" (Heine 1965: 28).

und Peter Brückner.[294] Im Zusammenhang mit der Rezeption dieser beiden Autoren präsentiert Giesecke die Diagnose, dass „das bekämpfte politische ‚System'" sich „auf dem Wege der Sozialisation in die Psyche der einzelnen Individuen eingenistet" habe und sich nun „viel stärker vom ‚Innen' der Person her reproduzieren" könne, ohne dabei „äußere Zwänge anwenden zu müssen" (Giesecke 1972a: 50). An dieser Stelle scheint auch er die Entfremdungsthese der Kritischen Theorie, die sich in den Texten von Heine und Brückner findet, zu übernehmen.

Mit einem der beiden Autoren, Peter Brückner, hatte Giesecke sich in seinem Aufsatz „Die Krise der politischen Bildung. Ein Literaturbericht" ausführlich auseinandergesetzt. Er bezeichnet den Band „Die Transformation der Demokratie" von Johannes Agnoli und Peter Brückner (Agnoli/Brückner 1967) als „Standardwerk der ‚außerparlamentarischen Opposition'" (Giesecke 1970b: 36) und rühmt Brückners darin veröffentlichten, einflussreichen Text, „Die Transformation des demokratischen Bewusstseins" (Brückner 1967). Giesecke lobt: „Von allem, was ich aus der ‚linken' Literatur in letzter Zeit gelesen habe, hat Brückners Analyse auf mich den größten Eindruck hinterlassen – trotz vieler Einwände im Einzelnen" (Giesecke 1970b: 37).[295] Brückners Ziel sei es, „unter Anwendung psychoanalytischer Methoden" die Hintergründe für den „blinden kollektiven Hass" der Öffentlichkeit gegenüber der Studentenbewegung aufzuzeigen. Diese Analyse müsse „jeder politische Erzieher heute gelesen haben". Auch wenn man Brückner nicht zustimme, enthalte dessen Text „so viele bisher unerkannt gebliebene pädagogisch relevante Details, dass schon deshalb die Lektüre in jedem Falle lohnt". Giesecke listet dann additiv einiger dieser „Details" auf, bevor er allerdings auch in Bezug auf Brückner zu dem kritischen Fazit kommt:

---

294 Giesecke gibt als Literaturangabe Brückner in Agnoli/Brückner 1968 an, ohne genaue Seitenangabe. Im Folgenden wird Brückner nach der Auflage von 1967 zitiert. Giesecke nennt im Literaturverzeichnis zusätzlich Brückners Band „Zur Sozialpsychologie des Kapitalismus. Sozialpsychologie der antiautoritären Bewegung I" (Frankfurt/M. 1972), geht darauf aber im Text seiner neuen Didaktik nicht ein.

295 Dass Giesecke Brückner vermutlich besser kannte, lässt sich auch aus der gemeinsamen Mitwirkung am Sammelband „Politische Aktion und politisches Lernen" schließen (Giesecke u.a. 1970). Hier hatte Giesecke Brückners Ausführungen zur „Provokation als organisierte Selbstbefreiung" – so dessen Aufsatztitel – kritisiert (vgl. Brückner 1970; Giesecke 1970a). Zudem hatte Giesecke bereits 1968 die große Bedeutung von Brückners Texten für die politische Bildung betont (vgl. Giesecke 1968b: 224). Trotzdem spielt Brückner in späteren Veröffentlichungen Gieseckes keine Rolle mehr.

„Er beschreibt, was ist, und erklärt, warum es so ist, aber er gibt keine – oder höchstens nur allgemeine – Hinweise darauf, was Pädagogik heute und morgen praktisch zu tun habe" (Giesecke 1970b: 37).²⁹⁶

Giesecke setzt sich im selben Aufsatz auch mit Johannes Agnoli auseinander. Er referiert zunächst, dass dessen „kritische Analyse unserer gesellschaftlich-politischen Wirklichkeit" ihn zur Diagnose eines Entdemokratisierungsprozesses geführt habe. Als Lösung schlage Agnoli eine „Demokratisierung von unten" vor, indem das Volk durch Aktionen oder kollektive Verweigerungen „gegen die machtlos gewordene Volksvertretung" opponiere. Giesecke fährt fort:

> „Zu diesen Grundthesen ließe sich sehr viel sagen, und in der Diskussion der letzten Jahre ist auch bereits viel dazu gesagt worden; hier ist aber nicht der Ort, im Einzelnen darauf einzugehen. Nur die *pädagogische* Folgerung sei hier wieder angedeutet: Wenn das zutrifft, stellen sich für die politische Bildung ganz andere Ziele als bisher, und auf jeden Fall muss diese Position im theoretischen Selbstverständnis der politischen Bildung gründlich reflektiert werden" (Giesecke 1970b: 37-38).

An dieser Stelle zeigt sich erstmals ein Muster, das bei Giesecke später noch öfter auftaucht: Er referiert eine gesellschaftstheoretische Aussage, ohne sich zu dieser selbst zu positionieren, und formuliert anschließend trotzdem eine pädagogische oder didaktische Schlussfolgerung. Da diese Schlussfolgerung bloß hypothetischen Charakter hat, lässt er seine Leserinnen und Leser im Unklaren, ob er selbst diese für legitim oder gar wünschenswert hält.

In seiner Didaktik würdigt Giesecke im Anschluss an die Erwähnung Brückners, dass die politische Bildung von der antiautoritären Pädagogik vor allem durch die nun einsetzende „'Selbstthematisierung' autoritärer Charakterstrukturen" in der bürgerlichen Jugend bereichert worden sei (Giesecke 1972a: 50-51).²⁹⁷

---

296 Auf Brückners Ausweg, dass die protestierenden Studentinnen und Studenten in der Lage seien, „ihren inneren Zwängen […] ein Stück weit entrinnen" zu können (Brückner 1967: 122), dass „das authentische Individuum", „das Bewusstsein von Freiheit und Rationalität der bürgerlichen Revolution" in ihnen „zum Bewusstsein seiner selbst" komme und sie mithin in der Lage seien, „substitutionalistisch für uns alle" zu handeln, geht Giesecke nicht ein (Brückner 1967: 107). Es ist allerdings zu vermuten, dass seine „Einwände im Einzelnen" sich unter anderem darauf beziehen, weil er die Rolle der Studierenden als Elite der Veränderung an anderen Stellen zurückweist oder zumindest die Brisanz dieser Argumentation andeutet (vgl. u. S. 249, S. 244 Anm. 301).

297 An dieser Stelle kritisiert Giesecke auch erneut die „orthodoxe neo-marxistische bzw. antikapi-talistische Phase", die nach der kurzen antiautoritären Phase

Giesecke hebt zunächst die Rezeption der *Psychoanalyse* hervor und dokumentiert auch damit, dass er wie die Kritischen Theoretiker von einer weitreichenden Entfremdung ausgeht (Giesecke 1972a: 51): Er erwähnt ausdrücklich Adorno, Horkheimer und Fromm, die schon in den 1930er Jahren vor allem mit ihrer Erklärung des autoritär-faschistischen Charakters psychoanalytische Erkenntnisse auf politische Sachverhalte übertragen hätten.[298] Allerdings seien psychoanalytische Einsichten erst durch die „antiautoritäre Bewegung" weiter verbreitet worden (Giesecke 1972a: 51).

Giesecke referiert zunächst Freuds „Drei-Instanzen-Modell" der Psyche und geht auf den phasenhaften Verlauf der Triebentwicklung ein, bevor er die Leistungen der „Bewegung der ‚antiautoritären Erziehung'" hervorhebt: Diese habe an die Psychoanalyse angeknüpft, indem sie gefragt habe, welche gesellschaftlichen Strukturen oder Herrschaftsinteressen dafür verantwortlich seien, wenn frühkindliche Sozialisationsprozesse keine optimale Ausbildung des „Ichs" beim Durchlaufen der verschiedenen Entwicklungsphasen erlaubten.[299]

Als Beispiel dafür, wie die Gesellschaft die optimale Ausprägung der Ich-Stärke verhindern könne, nennt Giesecke den „sogenannten ‚analen Zwangscharakter', auch ‚autoritärer Charakter' genannt". Er erläutert dessen Entstehung mit einem langen Zitat von Sigmund Freund, in dem allerdings nur Sozialisationsdefizite beschrieben werden, für die die Familie verantwortlich ist; worin genau der Einfluss der Gesellschaft besteht, bleibt offen (Giesecke 1972a: 53).[300] Die „politische Bedeutung einer gesellschaftlich

---

eingesetzt habe: Er erhebt den Vorwurf, die psychischen Defizite würden nun auf „das ‚kapitalistische System' projiziert", sodass sie nicht mehr in der eigenen Person bearbeitbar seien (Giesecke 1972a: 51).

298 Giesecke meint vermutlich die „Studien über Autorität und Familie", die 1936 vom IfS veröffentlicht wurden und auf denen später auch Adornos Arbeiten zur „Autoritären Persönlichkeit" aufbauten (vgl. o.S. 173). Die Notwendigkeit, Kritische Theorie als interdisziplinäre Aufgabe zu betreiben und auch die Psychologie einzubeziehen, hat Max Horkheimer bereits zu Beginn der 1930er Jahre formuliert (vgl. Horkheimer 1988b: 32; 1988c: 37; o. S. 161).

299 Als weitere positive Folge der Rezeption der Psychoanalyse erwähnt Giesecke noch, dass diese im Zusammenhang mit der bildungspolitischen Diskussion dazu geführt habe, Unterschiede in der Sozialisation bei Mittel- und Unterschicht zu thematisieren (vgl. Giesecke 1972a: 55).

300 Giesecke zitiert Freud nicht im Original, sondern nach dem Band „Sozialisationsforschung. Materialien, Probleme, Kritik" von Wilfried Gottschalch, Marina Neumann-Schönwetter und Günther Soukup (Frankfurt/M. 1971) (vgl. Giesecke 1972a: 53). Freud wird bei Giesecke meines Wissens auch an keiner anderen Stelle im Original zitiert oder als Referenz angegeben. Lediglich in der Methodik (Giesecke 1973a) taucht im Literaturverzeichnis Freuds „Abriss der

restringierten Sozialisation" sieht Giesecke, wie er anschließend schreibt, beispielsweise darin, dass im Nationalsozialismus massenhaft entsprechende „charakterliche Dispositionen […] zur Vernichtung von Minderheiten (z.b. der Juden) politisch in den Dienst genommen werden konnten" (Giesecke 1972a: 53-54).

Nach der positiven Darstellung der Psychoanalyse problematisiert Giesecke kurz das psychoanalytische Phasenmodel im Hinblick auf die Frage, ob seine Aussagen „übergeschichtlich-anthropologische oder nur geschichtlich-relative" seien. Er hält das für relevant, weil es für die politische Bildung entscheidend sei, ob die „Phasen und Gesetze der seelischen Entwicklung" naturgesetzlich determiniert und damit dem politischen und pädagogischen Zugriff entzogen oder selbst politisch und pädagogisch veränderbar seien. Ohne diese Frage zu beantworten, konstatiert er verallgemeinernd, dass die politische Bildung prinzipiell die „Frage nach der menschlichen Lernreichweite" stellen müsse und dafür auch Theorien der „politischen Psychologie" zu Rate ziehen sollte (Giesecke 1972a: 54-55).

Rezeption der Kritischen Theorie: Marcuse, Habermas und die empirischen Studien am IfS
In diesem Zusammenhang geht Giesecke als nächstes auf Herbert Marcuse ein. Laut Giesecke war er der Gesellschaftstheoretiker, der die antiautoritäre Bewegung am stärksten beeinflusst hat. Giesecke referiert zunächst dessen zentrale These aus „Triebstruktur und Gesellschaft": Marcuse stelle fest, im Gegensatz zur Theorie Freuds sei eine Triebunterdrückung der Menschen zur „Sublimierung der Triebe auf kulturelle Leistungen" nicht mehr in gleichem Maße nötig, weil heute „die Produktivkräfte zur Befriedigung der materiellen Bedürfnisse bei vernünftiger Verteilung der Produkte ausreichten". Deshalb, so referiert Giesecke weiter, könne dem Lustprinzip gegenüber dem Leistungsprinzip heute ein größerer Spielraum gewährt werden (Giesecke 1972a: 56; vgl. o.S. 183, S. 186).[301]

Psychoanalyse/Das Unbehagen in der Kultur" (Frankfurt/M. 1953) auf.
301 Giesecke schreibt außerdem: „Im Unterschied zu dem orthodoxen Teil der Studentenbewegung hält Marcuse folgerichtig nicht die ‚Arbeiterklasse' für die entscheidende Kraft eines solchen Fortschritts, sondern die Gruppe der Intellektuellen, der ‚funktionellen Eliten' (Habermas), was unter anderem zum Gegenstand einer Kontroverse wurde (vgl. Habermas 1968)" (Giesecke 1972a: 57). Giesecke verweist auf den von Habermas zum 70. Geburtstag Marcuses herausgegeben Sammelband „Antworten auf Marcuse", in dem sich jüngere, durch Marcuses Schriften geprägte Autoren kritisch mit diesem auseinandersetzen (vgl. Habermas 1968c).

Infolgedessen sei es heute auch pädagogisch vertretbar, „schon in der frühen Sozialisation ‚antiautoritär' zu verfahren, d.h. den realen kindlichen Lustbedürfnissen stärkere Geltung zu verschaffen". Nur dadurch könnten Kinder in die Lage versetzt werden, später „ihre eigenen Bedürfnisse gegen die obsolet gewordenen fremdbestimmten Leistungen zu behaupten". Aus diesen Überlegungen habe Marcuse schließlich auch abgeleitet, „dass die Durchbrechung der sexuellen Tabus unmittelbar auch der Korrektur der politischen Sozialisation zugutekomme" (Giesecke 1972a: 56-57).

Auch wenn Giesecke Marcuses gesellschaftstheoretische Überlegungen aus „Triebstruktur und Gesellschaft" treffend zusammenfasst, ist es erstaunlich, dass er nur auf dieses Buch eingeht und die deutliche pessimistischere Diagnose aus dem „Eindimensionalen Menschen" (vgl. o.S. 187), den er im Literaturverzeichnis ebenfalls anführt, nicht erwähnt.

Zudem lässt Giesecke wie schon bei Agnoli die Aussagen Marcuses unkommentiert. Er schreibt abschließend lediglich etwas sibyllinisch im Konjunktiv:

„Träfe Marcuses Analyse zu, die wir als solche hier nicht diskutieren können, so ergäbe sich ein Begründungszusammenhang für eine Änderung der üblichen politischen Sozialisation, der nur noch didaktisch und methodisch operationalisiert werden müsste" (Giesecke 1972a: 57).

Ein für Giesecke selbst wichtigerer Repräsentant der Frankfurter Schule als Herbert Marcuse ist *Jürgen Habermas*. Dessen theoretischem Einleitungstext zur Studie „Student und Politik" widmet Giesecke ein zehnseitiges Kapitel seiner neuen Didaktik (Habermas 1961; vgl. Giesecke 1972a: 39-48).[302] Giesecke schreibt, obwohl der Text gar nicht als konzeptioneller theoretischer Beitrag zur politischen Bildung verfasst worden sei, kämen dort „die neuen Ansätze wohl am deutlichsten zur Geltung", und lobt den Text für die „längst überfällige Innovation der politisch-pädagogischen Theorie" (Giesecke 1972a: 39).

Zunächst referiert er ausführlich Habermas' historische Analyse zur Entwicklung des Sozialstaats, die darin münde, die klassische Trennung von Staat und Gesellschaft für „überholt" zu erklären.[303] Anschließend stellt Giesecke zusammenfassend drei für die politische Bildung wichtig gewordene Gesichtspunkte heraus, von denen er sagt, sie seien alle erst von den rebellierenden

---

[302] Giesecke hatte sich auch schon in seiner ersten Didaktik an mehreren Stellen mit Habermas auseinandergesetzt. Er beruft sich dort vor allem für seine These von der „fortschreitenden Politisierung der Gesellschaft" sowie für die Feststellung, dass Bürgerinnen und Bürger heute nur geringe politische Einflussmöglichkeiten hätten, auf Habermas (vgl. o.S. 52, S. 69).

[303] Vgl. Giesecke 1972a: 40-42 und dazu auch die Darstellung Habermas' im Zusammenhang mit Gieseckes erster Didaktik, o. S. 48.

Studenten einer breiteren Öffentlichkeit bekannt gemacht geworden (vgl. Giesecke 1972a: 42):

Zum Ersten habe Habermas die Inhaltlichkeit demokratischer Institutionen und Prozesse in den Mittelpunkt gerückt. Demokratie sei „nicht irgendeine historisch zufällige und beliebige, sondern diejenige politisch-gesellschaftliche Verfassung, die die Selbstbestimmung der Menschen weiterzutreiben hat". Erst seit Erscheinen dieses Textes seien „Begriffe wie ‚Selbstbestimmung', ‚Selbstdefinition', ‚Emanzipation' in der politisch-pädagogischen Literatur häufiger aufgetaucht" (Giesecke 1972a: 42-43; vgl. o.S. 229).

Zum Zweiten betont Giesecke, Habermas bestehe darauf, „dass die Inhaltlichkeit demokratischen Handelns nur im Kontext einer geschichtlichen Reflexion ermittelt werden kann" (Giesecke 1972a: 40). Erst durch Habermas sei die Notwendigkeit einer „historisch-kritischen Perspektive" deutlich geworden; die Vergangenheit werde heute nicht mehr bloß als faktischer historischer Prozess betrachtet, sondern es werde gefragt, was „die Geschichte zur Steigerung des Potenzials an Emanzipation beigetragen" habe und welche hierbei „die fördernden, welche die hemmenden Kräfte" gewesen seien und noch immer seien (Giesecke 1972a: 43).

Der Begriff historisch-kritische Perspektive verweist auf das marxistische Postulat der Geschichtlichkeit aller Gesellschaft und den daraus zu gewinnenden Maßstab zur Bewertung der Gegenwart (vgl. o. S. 154). Giesecke hatte schon vor der Veröffentlichung seiner neuen Didaktik die Bedeutung einer kritischen historischen Analyse als Grundlage jeder Gesellschaftstheorie und damit auch jeder didaktischen Theorie betont.[304] Die dahinterstehende Vorstellung hat nicht zuletzt auch seinen Emanzipationsbegriff und seinen Demokratisierungsbegriff geprägt. In der neuen Didaktik betont Giesecke auch später immer wieder die zentrale Bedeutung historisch-kritischer Analysen und kritisiert deren Fehlen etwa bei Fischer/Herrmann/Mahrenholz und Henningsen.[305]

---

304 In der Didaktik von 1965 kommt der Begriff bzw. das Konzept einer historisch-kritischen Perspektive selbst nicht vor. Die Kategorie Geschichtlichkeit als eine der elf Kategorien ist zwar zentral, wird aber von Giesecke nicht ausdrücklich als kritische Kategorie gefasst. Der Begriff historisch-kritisch taucht in den Aufsätzen ab 1968 vermehrt auf – hier ohne Verweis auf Habermas und meist in der Verbindung „historisch-kritische Reflexion" als Anforderung an die Pädagogik oder als Beschreibung der von Giesecke im jeweiligen Aufsatz selbst angewandten Methode (vgl. Giesecke 1968c: 219, 230, 240; 1968f: 213).

305 Vgl. zu Fischer/Herrmann/Mahrenholz und Henningsen Giesecke 1972a: 86 sowie o. S. 236, S. 238 und zur Bedeutung der historisch-kritischen Perspektive für Gieseckes Wissenschaftsverständnis Giesecke 1972a: 103, 123 sowie u. S. 257, S. 221.

Und es ist auch dieser Anspruch einer historisch-kritischen Perspektive, der – gemeinsam mit der Inhaltlichkeit des Demokratiebegriffs – Giesecke den Weg ebnet für diejenige Veränderung in seiner Didaktik, die ihm von konservativer Seite am vehementesten vorgeworfen wurde: die ausdrückliche Forderung nach einer Parteilichkeit der politischen Bildung. Giesecke schreibt noch in seinem Habermas-Kapitel, die historische Perspektive erlaube „Urteile darüber, welche Gruppen ein ‚mehr' oder ‚weniger' demokratisches Potenzial zur Verfügung haben" (Giesecke 1972a: 44). Für eine der Emanzipation verpflichtete politische Bildung folge daraus, „dass sie sich der formalen Un-Parteilichkeit oder Über-Parteilichkeit zu begeben hat; sie ist nun durchaus legitimiert, Partei gegen diejenigen Gruppen oder Parteien zu ergreifen, die aufgrund ihrer objektiven Interessen Fortschritte an Demokratisierung zu verhindern trachten" (Giesecke 1972a: 44).

Giesecke führt weiter aus, dabei rücke das jeweilige demokratische Potenzial gesellschaftlicher Interessen und Gruppen in den Blick, denn anders als „der Begriff der ‚pluralistischen Gesellschaft' glauben machen wollte", sei dieses durchaus nicht bei allen Gruppen gleich (Giesecke 1972a: 44). Damit übernimmt Giesecke jetzt Habermas' Kritik am Pluralismus, die in der ersten Ausgabe seiner Didaktik noch unter den Tisch gefallen war – vermutlich nicht zuletzt, weil Giesecke sie damals gar nicht geteilt hatte (vgl. o.S. 147). Und es ist diese neue, oder doch zumindest grundlegendere Pluralismuskritik Gieseckes, die seine eindeutige Forderung nach Parteilichkeit erst möglich macht.[306]

Als dritten wichtigen Einfluss Habermas' erwähnt Giesecke schließlich noch kurz, dieser habe erstmals Kriterien für eine Kritik von Zielen wie „Mitmachen", „Mitverantwortung" oder „Beteiligung" geliefert (Giesecke 1972a: 44).

Nach dieser ausgesprochen positiven Würdigung der Wirkungen des Textes kritisiert Giesecke aber auch negative Folgen für die Diskussionen um die politische Bildung. Er führt diese vor allem darauf zurück, dass Habermas seine „implizierten politisch-pädagogischen Aspekte" nicht weiter ausgeführt habe – ein Vorwurf, den er zuvor bereits der gesamten Kritischen Theorie gemacht hatte, der er zur Last legte, trotz einer impliziten Theorie des Lernens keine pädagogische Strategie formuliert zu haben (vgl. o. S. 219). Habermas' negative Wirkungen ergeben sich laut Giesecke vor allem aus seiner Skepsis gegen die Möglichkeit einer „Aufklärung des Wahlvolkes" sowie aus seiner Hoffnung auf das politische Bewusstsein der „funktionalen Eliten" (Giesecke 1972a: 44).

Zu den Folgen der Aufklärungsskepsis schreibt Giesecke zweierlei: Zunächst weist er darauf hin, dass die Pädagogik im Anschluss an Habermas häufig eine

---

306 Zur Parteilichkeit in Gieseckes neuer Didaktik vgl. u. S. 273.

weitreichende Gesellschaftsveränderung oder gar Systemüberwindung angestrebt habe. Bescheidenere pädagogische Bemühungen, die darauf zielten, dass Menschen innerhalb des bestehenden Systems ihre Situation reflektieren und die vorhandenen rechtlichen und politischen Möglichkeiten ausnutzen, seien demgegenüber unter Ideologieverdacht geraten. Mit Habermas konnten – so Giesecke weiter –

> „die empirisch feststellbaren Interessen und Bedürfnisse der Menschen zwar als durch gesellschaftliche Zwänge manipulierte erkannt, aber eben auch unter Hinweis darauf denunziert werden. Wer diese Bedürfnisse und Interessen (z.B. die optimale Teilnahme am Konsum) so ernst nahm, wie die Betroffenen es selbst meinten, besorgte nur die Erhaltung des bestehenden politischen Systems. Allenfalls als ‚Einstieg' erschienen die empirisch feststellbaren Interessen legitim, um wenigstens den Anschein aufrechtzuerhalten, als ginge es um eine Vermittlung zwischen dem Sosein der Interessen und Bedürfnisse einerseits und ihrer idealen, künftig zu realisierenden Substanz andererseits" (Giesecke 1972a: 45).

Stattdessen seien Lernziele nun ohne Ansehen der Adressaten „aus den Antizipationen einer besseren Gesellschaft" deduziert worden, ohne sie „mit der je individuellen bzw. schichtspezifischen ‚Lernreichweite' der Individuen zu vermitteln", denn bei Habermas habe es so scheinen können, „als sei die biografische Dimension für die Erkenntnis entbehrlich bzw. unter die historischgesellschaftliche subsumierbar, so, als erkläre die allgemeine Ideologiekritik hinreichend die Beschränktheiten des je individuellen Bewusstseins" (Giesecke 1972a: 45, 46).

Giesecke selbst fordert demgegenüber, bei aller Gesellschaftskritik das spezifisch pädagogische Moment der politischen Bildung nicht zu vergessen: Wie alle Bildung könne auch politische Bildung immer nur beim Individuum ansetzen. Glaube sie nicht an dessen Änderbarkeit, „so wäre Pädagogik überhaupt entbehrlich" (Giesecke 1972a: 46) und Veränderungen im Bewusstsein könnten letztlich nur indirekt, durch gesellschaftliche Veränderungen, erreicht werden.

Gieseckes Kritik an Habermas und an dessen Wirkungen liest sich wie eine Verteidigung seiner eigenen, ursprünglichen didaktischen Konzeption, in der auch er mit dem Zielbegriff politische Beteiligung an den realen politischen Möglichkeiten der Individuen angesetzt und sich damit vorwiegend innerhalb der Grenzen des Bestehenden bewegt hatte (vgl. Giesecke 1965a: 65; o. S. 86).

Zudem wird hier erneut deutlich, was sich auch schon in Gieseckes Kritik an der Kritischen Theorie insgesamt, die er in seinen Aufsätzen äußert, gezeigt hatte (vgl. o.S. 220): Giesecke problematisiert Habermas' Skepsis gegen die Möglichkeit einer „Aufklärung des Wahlvolkes", erkennt aber nicht, dass die dahinterstehende Entfremdungsthese der marxistischen Theorien kaum einen pädagogischen Optimismus zulässt. In der Tat macht sie, wenn man sie in ihrer ganzen Radikalität ernst nimmt, die Pädagogik „entbehrlich" – und eben deshalb ist sie als gesellschaftstheoretische Grundlegung für eine didaktische Konzeption problematisch.

Weil Giesecke den pädagogischen Anspruch und den Glauben an das Subjekt als Ansatzpunkt der politischen Bildung nicht aufgeben will, die Unvereinbarkeit mit der marxistischen Entfremdungsthese aber nicht erkennt, muss er die elitären Schlussfolgerungen, die Habermas' Diskussionsbeitrag seines Erachten nahe legt,[307] scharf kritisieren: Weil Habermas es für aussichtslos gehalten habe, die „gesellschaftlich reproduzierte Verschleierung" bei der Masse der Bürger zu durchbrechen, und ihm das grundsätzlich nur bei den funktionalen Eliten möglich schien, sei in der Pädagogik eine problematische Hierarchie eingeführt worden (vgl. Giesecke 1972a: 46).[308]

So sei Habermas' politische Theorie der Demokratisierung im Zuge der Aneignung durch die Studentenbewegung in eine Theorie „antidemokratischer

---

[307] Als mögliche pädagogische Schlussfolgerungen nennt Giesecke erstens, dass politische Bildung nur für Eliten sinnvoll sei, was die weitere Privilegierung der Oberschüler und Studenten rechtfertige; zweitens, dass die „funktionalen Eliten" die Aufgabe hätten, die Massen in ihrem Sinne zu bilden, und drittens, dass die Massen direkt zum Kampf geführt werden müssten, da Aufklärung bei ihnen zwecklos sei. In Anspielung auf die Studentenbewegung, aber ohne diese ausdrücklich zu erwähnen, konstatiert Giesecke sodann, diese Schlussfolgerungen seien alle „in den mannigfachen Kombinationen" bereits gezogen worden (Giesecke 1972a: 46-47).

[308] Giesecke formuliert diesen Vorwurf schon in seinem Aufsatz „Didaktische Probleme des Lernens im Rahmen von politischen Aktionen". Hier wirft er Habermas vor, indem er die Aufklärung des Wahlvolkes im Ganzen für unwahrscheinlich erkläre und nur noch auf die Aktivität außerparlamentarischer Gruppen sowie das politische Bewusstsein der funktionalen Eliten vertraue, setze er jede politische Bildung, die andere Zielgruppen anspreche und deren Lernreichweite als gegeben akzeptiere, dem Ideologieverdacht aus (vgl. Giesecke 1970a: 37). Deshalb sei es auch nur folgerichtig, dass die linken Studierenden sich nur noch darauf konzentriert hätten, „das politische Bewusstsein der Studenten zu verbessern bzw. gesellschaftliche Gruppen wie die Gewerkschaften zu außerparlamentarischen Aktionen zu bringen" (Giesecke 1970a: 38). Giesecke selbst betont dagegen: „Emanzipation im Sinne des Sich-Distanzierens von den Determinanten der bisherigen Sozialisation und von den jeweils aktuellen gesellschaftlichen Determinanten mit dem Ziel der optimalen Selbstbestimmung" sei eine sinnvolle Zielvorstellung für alle Bürgerinnen und Bürger der Gesellschaft und nicht nur für die „funktionalen Eliten" (Giesecke 1970a: 41).

Pädagogik" umgeschlagen: „Das auf der noch unbeschriebenen pädagogischen Seite der ‚gesamtgesellschaftlichen Theorie' gleichwohl schon enthaltene autoritäre pädagogische Potenzial ging durch die Hände ‚sozialistischer' Studentengruppen in seine Verwirklichung über" – allerdings, so fügt Giesecke hinzu, „zum Glück mit nicht sehr dauerhaftem Erfolg" (Giesecke 1972a: 47).

Giesecke schließt sein Kapitel zu Habermas mit der Bemerkung: „Und was Habermas als Aufgabe verstanden wissen wollte, wurde zur Rechtfertigung für die Vertretung partikularer mittelständischer Interessen. Gegen solche Missverständnisse hat sich Habermas selbst ausdrücklich zur Wehr gesetzt (1969)" (Giesecke 1972a: 47-48).[309]

Als Beleg führt er an, dass die Studentinnen und Studenten im Rahmen der Hochschulreform, als ihre eigene gesellschaftliche Privilegierung zur Debatte gestanden habe, sich nicht weniger für ihr partielles Interesse eingesetzt hätten als andere Gruppen auch. Hier sei die Idee eines Gemeinwohls, das auf besserer Einsicht basiere, „zur blanken Usurpation" geworden (Giesecke 1972a: 47). Giesecke bezieht sich dabei ohne genauere Verweise auf Habermas' Sammelband „Protestbewegung und Hochschulreform".[310] Dort kritisiert dieser zwar tatsächlich die Herkunft der Studierenden aus der Mittelschicht und die daraus folgenden Probleme für ihren Anspruch, auch für die Arbeiterklasse zu sprechen, er wirft ihnen aber nicht vor – wie Giesecke suggeriert – nur ihre eigenen, partikularen mittelständischen Interessen zu vertreten (vgl. Habermas 1969: 174-177, 194-201).[311]

---

309 Giesecke nennt im gleichen Satz anschließend noch Adorno, der ebenfalls „gegen den Versuch, Theorie und Praxis ‚kurzzuschließen', sein Veto eingelegt" habe (Giesecke 1972a: 48). Er bezieht sich dabei auf Adornos Text „Marginalien zu Theorie und Praxis" (Adorno 1969), in dem dieser zwar auch die Studentenbewegung kritisiert, allerdings mit einer ganz anderen Stoßrichtung: Er stellt in seinem Text vor allem grundsätzliche philosophische Überlegungen zum Verhältnis von Theorie und Praxis an und wendet sich gegen ein Primat der Praxis gegenüber der Theorie, weil letztlich nur die Theorie Freiheit und Autonomie garantieren könne. Seine teilweise durchaus massive Kritik an der Studentenbewegung streut Adorno an verschiedenen Stellen immer wieder in seine Grundsatzüberlegungen ein – sie richtet sich aber vorwiegend gegen deren Theoriefeindschaft, nicht gegen elitäre Überlegungen oder die Vertretung mittelständischer Interessen.
310 Habermas versammelt in diesem Band Texte, mit denen er nach eigenen Worten „in den letzten Jahren auf die Protestbewegung der Studierenden und auf die unbewegliche Hochschulreform Einfluss zu nehmen versucht habe" (Habermas 1969b: 7). Seine zentrale Kritik richtet sich ähnlich wie die Adornos gegen den Aktionismus und die Theorieferne der Studierenden.
311 Eventuell hat Giesecke hier erneut Habermas' Einleitung zu „Student und

Insgesamt fällt in diesem Kapitel zu Habermas auf, dass Giesecke seine Kritik gegenüber dem zwei Jahre zuvor gegen Habermas und die Kritische Theorie gerichteten Vorwurf noch einmal verschärft hat: In seinem Text „Didaktische Probleme des Lernens im Rahmen von politischen Aktionen" von 1970 hatte er diesen lediglich das Fehlen eines theoretischen Ortes für pädagogische Überlegungen vorgehalten (vgl. Giesecke 1970a: 37, 34; o. S. 219). Nun schreibt er über Habermas:

> „Obwohl diese Schlüsse nicht unmittelbar dem Autor zur Last gelegt werden können, treffen sie seine Theorie doch insofern, als sie eben *möglich* waren, und auch hier – wie bei der ‚Partnerschaft' – muss darauf gesehen werden, welche *Wirkung* die Theorie hatte" (Giesecke 1972a: 45).

Zur Frage, ob und in welchem Umfang die bisher beschriebene Diskussion überhaupt in die Schule und das Bewusstsein der Lehrerinnen und Lehrer eingedrungen sei, verweist Giesecke auf die *empirischen Studien* von Egon Becker, Sebastian Herkommer und Joachim Bergmann sowie Manfred Teschner.[312] Er geht vor allem auf ein Kapitel von Becker/Herkommer/Bergmann ein, in dem diese ihre Ergebnisse zu den Vorstellungen der Lehrer über Politik und Gesellschaft darstellen, und referiert diese Ergebnisse ausführlich und zutreffend über sechs Seiten (vgl. Giesecke 1972a: 62-68; Becker/Herkommer/Bergmann 1967: 151-165).

Giesecke stellt hier fest, die Frankfurter Autoren hätten typische Merkmale eines mittelständischen Bewusstseins bei Lehrern gefunden, wie die Ablehnung des politischen Kampfes organisierter Interessen und die Forderung, dass

---

Politik" im Kopf, in der er mit Abendroth argumentiert, die funktionellen Eliten glaubten häufig, in Verhandlungen mit Trägern wirtschaftlicher Macht das Gemeinwohl zu vertreten; sie verträten aber eigentlich doch nur ihre Gruppeninteressen, nämlich die Aufrechterhaltung sozialer Privilegien in der restaurativen Ordnung (vgl. Habermas 1961: 53).

312 Der Band von Becker/Herkommer/Bergmann geht zurück auf den ersten Teil der Studien der Max-Träger-Stiftung von 1966. Der Bericht wurde 1967 in gekürzter und überarbeiteter Form unter dem Titel „Erziehung zur Anpassung" einem breiten Publikum zugänglich gemacht und wird bis heute häufig zitiert, um den affirmativen Charakter der politischen Bildung mindestens bis zur Mitte der 1960 Jahre zu belegen. Egon Becker, Sebastian Herkommer und Joachim Bergmann haben für ihre Studie Abgangsklassen von Volks-, Mittel- und Berufsschulen untersucht, während Manfred Teschners Studie, an der Becker und Herkommer ebenfalls beteiligt waren, sich auf die Oberprimen höherer Schulen beschränkt (vgl. Teschner 1963a: 402; Becker/Herkommer/Bergmann 1967: 7).

251

Politik sich am Gemeinwohl zu orientieren und die vorhandene Gliederung der Gesellschaft nicht in Frage zu stellen habe. Die Lehrer interpretierten politische Verhältnisse personalisiert und analog zu den unmittelbaren menschlichen Beziehungen; in der Folge ziele politische Bildung vor allem auf politische Tugenden und politische Gesinnung, während objektivstrukturelle politische Konflikte aus dem Blick gerieten. Die gerade für Lehrer offensichtliche Bildungsbenachteiligung von Unterschichtkindern werde nicht auf historisch-gesellschaftliche Ursachen befragt, sondern als Naturkonstante hingenommen. Schließlich sähen Lehrer durch die Nivellierung der traditionellen gesellschaftlichen Unterschiede sowie durch die mächtigen Interessengruppen wie zum Beispiel Gewerkschaften ihre Stellung in der sozialen Hierarchie bedroht (vgl. Giesecke 1972a: 63-65).

Giesecke kritisiert auch die spezifischen „schulpädagogischen' Attitüden" im Bewusstsein der Lehrerinnen und Lehrer, die durch die traditionelle Festlegung der Schule und mit ihr der Lehrer auf politische Neutralität entstünden. Mit diesen Attitüden erklärt Giesecke „die ebenfalls durchweg im Material erkennbare Meinung der Lehrer, die Existenz von Kindern und Jugendlichen habe keine politische Dimension, Kinder und Jugendliche hätten demzufolge auch keine politischen Interessen und der politische Unterricht könne deshalb nur vorbereitenden Charakter haben" (Giesecke 1972a: 66). Gieseckes Formulierungen wirken hier, als gebe er damit ebenfalls Ansichten oder Erkenntnisse der Autoren der empirischen Studien wieder, aber im Gegensatz zum vorherigen Abschnitt zum mittelständischen Bewusstsein finden sich entsprechende Aussagen weder bei Becker/Herkommer/Bergmann noch bei Teschner.[313]

Als Fazit betont Giesecke, dass sowohl Becker/Herkommer/Bergmann als auch Teschner die Situation sehr kritisch bewerteten: Bei den meisten Lehrerinnen und Lehrern könne von einem „strukturierten Bewusstsein, das der konsequenten und konsistenten Argumentation fähig ist", kaum gesprochen werden und für den politischen Unterricht gelte, dass er „auf eine blinde Akzeptierung der bestehenden gesellschaftlichen Machtverhältnisse hinausläuft, dass er ganz im Dienst des gesellschaftlichen Status quo steht"

---

313 Ein von Giesecke an anderer Stelle rezipierter Autor, der die Tradition der „politischen Exterritorialität" der deutschen Schulpädagogik nachzeichnet, ist Christoph Oehler (vgl. Oehler 1961). Giesecke selbst hat sich mit diesem Thema später ausführlich in einem langen Aufsatz unter dem Titel „Entwicklung der Didaktik des Politischen Unterrichts" auseinandergesetzt. Die Namen Becker/Herkommer/Bergmann und Teschner fallen in diesem Zusammenhang nicht (vgl. Giesecke 1980a: 514-517).

(Giesecke 1972a: 67; Becker/Herkommer/Bergmann 1967: 155; Teschner 1968: 133[314]).

Erst danach konzediert Giesecke, dass die referierten Untersuchungen vom Beginn der 1960er Jahre stammten und mithin die kritische Wende in der politisch-pädagogischen Grundsatzdiskussion durch die Beiträge von Autoren der Kritischen Theorie hier noch nicht zu spüren sein könne.

Ohne Erklärung, aber mit einem Hinweis auf eine weitere empirische Studie mit neueren Daten,[315] ergänzt Giesecke noch, es könne auch nicht klar beantwortet werden, ob seitdem Elemente aus der Kritischen Theorie – etwa vermittelt über die Studentenbewegung – in das Bewusstsein der Lehrer eingedrungen seien (Giesecke 1972a: 67-68).

Er selbst ist jedoch skeptisch, weil er das mittelständische Bewusstsein für „zählebig" und „anpassungsfähig" hält. Das gilt in Gieseckes Augen besonders in Bezug auf die Ablehnung des Pluralismus, den er selbst trotz seiner vorherigen Kritik (vgl. o.S. 247) nicht grundsätzlich in Frage stellt, wie auch hier wieder deutlich wird. Giesecke behauptet nun:

> „Selbst in weiten Teilen der ‚linken' Lehrerbewegung sind die Kernstücke der mittelständischen Ideologie offenbar nur ausgetauscht worden: An die Stelle des den Status garantierenden Staates ist die ‚Solidarität mit der Arbeiterklasse' getreten, und die Abschaffung des kapitalistischen Systems soll ein neues ‚Gemeinwohl' kreieren, das die partikularen materiellen Interessen dann endlich wieder unter seine Fuchtel nehmen wird" (Giesecke 1972a: 68).

Oskar Negt als wichtigster Autor
Giesecke beendet sein Kapitel zur Geschichte der politischen Bildung mit einem ausführlichen, 17-seitigen Kapitel zu dem für ihn vermutlich wichtigsten Referenzautor in seiner neuen Didaktik: Oskar Negt (vgl. Giesecke

---

314 Zu Teschner, den Giesecke im Rahmen dieses Abschnitts nur am Ende wiedergibt, vgl. auch o. S. 232, Anm. 277.
315 Giesecke verweist auf eine Studie von Gerwin Schefer zum Gesellschaftsbild von Gymnasiallehrern (Schefer 1969). Schefer hat seine qualitativen und quantitativen Daten 1968 erhoben. Sie zeigen zwar, dass jüngere Lehrerinnen und Lehrer im Schnitt progressiver sind als ältere (vgl. ebd.: 166-171) – die für die Skalen herangezogenen Items berücksichtigen jedoch nicht deren Rezeption von Gesellschaftstheorien (vgl. ebd.: 229-241), sodass Giesecke tatsächlich auch hier keinen Ansatzpunkt zur Beantwortung seiner Frage finden kann, ob die Kritische Theorie die praktische politische Bildung beeinflusst hat.

1972: 97-113).³¹⁶ Er bezieht sich dabei auf die stark überarbeitete Neuausgabe von Negts Werk „Soziologische Phantasie und exemplarisches Lernen – Zur Theorie der Arbeiterbildung" von 1971.

Weil Gieseckes Rezeption Negts für seine Didaktik von zentraler Bedeutung ist, wird sie hier dem Text folgend ausführlich dargestellt. Dabei wird zum einen Negts marxistische Gesellschaftstheorie deutlich, mit der Giesecke in vielen Punkten übereinstimmt, zum anderen lassen sich Parallelen von Negts didaktischem Ansatz des „exemplarischen Prinzips" und der „soziologische Denkweise" mit Gieseckes didaktischen Vorschlägen aufzeigen.

Giesecke gibt an, Negt aus drei Gründen ausführlich darzustellen: Zum Ersten, weil er „zu den führenden Vertretern der ‚Frankfurter Schule' der Soziologie" gehöre, sodass man von ihm erwarten könne, dass er einige der „bei Habermas fehlenden pädagogisch-didaktischen Aspekte der ‚kritischen Theorie'" beisteuern werde; zum Zweiten, weil er als erster eine „spezifische didaktische Konzeption für die politische Emanzipation der Arbeiterschaft" vorgelegt habe; und zum Dritten, weil eine Auseinandersetzung mit Negt für die Entwicklung seiner eigenen didaktischen Konzeption besonders ergiebig sei (Giesecke 1972a: 97).

---

316 Oskar Negt, geb. 1934, gilt vor allem in der außerschulischen politischen Bildung noch immer als wichtiger Theoretiker. Er promovierte 1962 bei Adorno, arbeitete dann als Assistent von Jürgen Habermas und war von 1970 bis 2002 Professor für Soziologie in Hannover. Während der 1960er Jahre galt er als einer der zentralen Theoretiker des SDS.
Sein für die politische Bildung wichtigstes Buch „Soziologische Phantasie und exemplarisches Lernen", zuerst 1968 erschienen und ab 1971 in einer überarbeiten Neuausgabe erneut in zahlreichen Auflagen veröffentlicht, beschäftigt sich mit den Möglichkeiten der Arbeiterbildung in den 1960er Jahren. Negts zentrale Forderung lautet, dass das „exemplarische Prinzip" in den Sozialwissenschaften darin bestehen müsse, relevante einzelne soziale Tatbestände immer auf die „Totalität der Gesellschaft in historischer Dimension" zu beziehen. Um dies leisten zu können, müsse politische Bildung zu einer soziologischen Denkweise im Sinne C. Wright Mills' erziehen. Negt spricht meist von „soziologischer Phantasie", was dem englischen Originalterminus bei Mills, „Sociological Imagination", näher kommt als die üblichen deutschen Übersetzungen „soziologische Denkweise" oder „soziologisches Denkvermögen". Mills meint damit die Fähigkeit, „das Ineinanderspiel von Mensch und Gesellschaft, von Biografie und Geschichte, des Selbst und der Welt zu erfassen" (Mills 1963: 40). Mills „Kritik der soziologischen Denkweise" selbst steht bei Giesecke zwar im Literaturverzeichnis, kommt aber im Text nicht vor und wird auch in den sonstigen Schriften Gieseckes meines Wissens nur einmal als Quelle für das Schlagwort „soziologische Phantasie" erwähnt (vgl. Giesecke 1980d: 851).

Giesecke referiert zunächst Negts Theorie: Das Ziel der Bildungsarbeit sei für ihn die Bildung von Klassenbewusstsein, worunter er ein Bewusstsein verstehe, „das theoretisch wie praktisch [...] die Aufhebung der ‚Arbeiterexistenz als soziales Gesamtphänomen' in Angriff nehmen kann" (Giesecke 1972a: 103).

Ausgangspunkt dafür sei seine Erkenntnis, dass der Klassenkampf heute im Gegensatz zu früher nicht mehr sinnlich erfahren werden könne und dass die Arbeiter mit dem marxistischen Denken nicht mehr vertraut seien.[317] Deshalb bedürfe die Arbeiterbildung spezifischer Methoden, um einen Erziehungsprozess in Gang zu setzen. Die geeignete Methode – Giesecke merkt zu Recht an, dass es sich eigentlich eher um eine didaktische Konzeption, als um eine bloße Methode handle – sehe Negt im „exemplarischen Prinzip" (Giesecke 1972a: 99).

Anders als die bürgerliche Pädagogik, für die nach Negt Exemplarität bloß die Reduktion des Lehrstoffs bedeute, deute er das exemplarische Prinzip soziologisch und verstehe darunter die „Zuordnungsmöglichkeit von ‚Ganzem' und ‚Einzelnem' im Rahmen einer gesamtgesellschaftlichen Theorie". Das „Ganze" sei dabei für ihn „die arbeitsteilig organisierte Totalität des Produktions- und Reproduktionsprozesses einer Gesellschaft in historischer Dimension", das Einzelne „der für das Leben der Gesellschaft, der Klassen und der Individuen relevante soziologische Tatbestand" (Giesecke 1972a: 99-100; Negt 1971: 27).

Anschließend referiert Giesecke Negts Diagnose zur gegenwärtigen Situation des „Arbeiterdaseins". Den Ansatzpunkt für eine emanzipatorische Arbeiterbildung sehe Negt nicht mehr bei den rückläufigen kollektiven gewerkschaftlichen Kampfmaßnahmen, sondern bei den subjektiven, in der konkreten „Arbeiterexistenz" erfahrbaren Konflikten. Die Arbeiterbildung müsse darauf setzen, so zitiert Giesecke Negt, „die grundlegenden, oft verdrängten oder verzerrt wahrgenommenen Konflikte des Individuums als strukturelle Widersprüche der Gesellschaft zu erklären" (Giesecke 1972a: 101; Negt 1971: 43).

---

317 Giesecke zitiert Negt mit dem Satz: „Eine unmittelbare, selbstverständliche Verbindung zwischen den emanzipativen Zielsetzungen der Arbeiterbewegung und einer Theorie, die sie wissenschaftlich begründen könnte, ist in der traditionellen Weise nicht mehr vorauszusetzen" (Giesecke 1972a: 98; Negt 1971: 18; vgl. dazu die Prognose von Marx, o. S. 157).
1973 bringt Giesecke das in seinem Aufsatz „Erziehung gegen den Kapitalismus? Neomarxistische Pädagogik in der Bundesrepublik" noch einmal in anderer Form auf den Punkt: Hier schreibt er, ebenfalls auf Negt verweisend, dass „die verschwundene historische Kontinuität durch Lehre ersetzt werden müsse" (Giesecke 1973e: 52, Anm. 8).

Bei der Interpretation solcher Konflikte müssten drei Ebenen miteinander vermittelt werden: Die „manifesten Interessen, Vorstellungen, Gesellschaftsbilder" der Arbeiter, ihre „objektiven ökonomischen und sozialen Lebensbedingungen" sowie die „psychischen und kognitiven Entfremdungsmechanismen" (Giesecke 1972a: 101; Negt 1971: 44-45). Das Problem bestehe dabei vor allem darin, dass empirisch vorfindbare Interessen meist „Ausdruck der Entfremdung" seien. Sie könnten deshalb „der Ermittlung der davon unter Umständen substanziell abweichenden objektiven Interessen im Wege stehen" (Giesecke 1972a: 101).

Negts Schlussfolgerung daraus, die Giesecke ausführlich wiedergibt, lautet:

„Erst wenn der Sinn der Arbeiterbildung in der doppelten Aufgabe gesehen wird: durch Erziehung zu soziologischem Denken den Arbeitern das Bewusstsein ihrer eigenen Konflikte und Handlungen zu vermitteln und gleichzeitig ‚aus den eigenen Formen der existierenden Wirklichkeit die wahre Wirklichkeit als ihr Sollen und ihren Endzweck (zu) entwickeln' (Marx), besteht die Möglichkeit, illusionäre oder auf entfremdeten Interessen beruhende Vorstellungen und Handlungen, die Erbteil der bestehenden Klassengesellschaft sind, von denjenigen zu unterscheiden, die mit der historischen Entwicklungstendenz objektiv übereinstimmen, dem Einzelnen aber nur durch Antizipation eines freien und gerechten Gesellschaftszustandes verständlich zu machen sind" (Giesecke 1972a: 101-102, Negt 1971: 84).[318]

Nach dieser ausführlichen und treffenden Darstellung der Konzeption Negts würdigt Giesecke dessen „implizierte und explizierte politische Theorie" (Giesecke 1972a: 103). Giesecke schätzt Negt vermutlich auch deshalb, weil in dessen Konzeption viele der marxistischen Kategorien auftauchen, die auch Gieseckes Gesellschaftsbild seit seinen Aufsätzen ab dem Ende der 1960er Jahre prägen, ohne dass Giesecke sich dort schon auf Negt bezieht.[319]

---

318 Giesecke erwähnt noch, dass Negt als besonders geeignete Themenkomplexe das Recht und die Technik vorschlage, weil sich in ihnen der Zusammenhang zwischen Interessen und gesamtgesellschaftlichen Vorgängen gut systematisieren lasse. Er zitiert Negt mit dem Satz: Eine „soziologische Interpretation des Rechts und der Technik würde nicht nur zu einer Konkretisierung des Widerspruchs zwischen Produktivkräften und Produktionsverhältnissen führen, sondern den Arbeitern auch bewusst machen, dass die rechtlich normierten Machtverhältnisse ebenso wie die Entwicklungsrichtung der Produktivkräfte durch Klasseninteressen bestimmt sind" (Giesecke 1972a: 102; Negt 1971: 98).

319 Giesecke verweist erstmals in seinem Aufsatz „Didaktische Probleme des Lernens im Rahmen von politischen Aktionen" auf Oskar Negts Buch „Soziologische

Giesecke hebt aber auch positiv hervor, dass Negt bei seiner Reflexion der „Totalität der gesellschaftlichen Prozesse" die objektiven gesellschaftlichen Interessen der Lernenden wie auch ihre konkreten sozialen Kontexte berücksichtige. Er schreibt, dass Negt – anders als andere Didaktiker – nicht den „abstrakt gedachten ‚Staatsbürger'" im Blick habe, sondern den konkreten Arbeiter in seiner realen „Arbeiterexistenz" (Giesecke 1972a: 101).[320]

Gieseckes Darstellung und seine Würdigung zeigen treffend, dass Negt als politischer Bildner tatsächlich differenzierter als die anderen marxistischen Theoretiker das Problem erkennt, dass eine Bildungstheorie beim Individuum ansetzen muss und dass es einer ausdrücklichen Vermittlung von Bildungstheorie und marxistischer Entfremdungsthese bedarf. Zudem zeigen Giesecke Ausführungen, dass Negt sich um eben diese Vermittlung bemüht und nicht zuletzt das dürfte seine didaktische Konzeption für Giesecke interessant machen.[321]

Die zahlreichen Übereinstimmungen mit Negt lassen Gieseckes schlussfolgern, er wolle zu Negts *Theorie* nur einen einzigen Aspekt kritisch anmerken: Sie müsse weiterhin offen für Revisionen bleiben, weil gesellschaftliche Veränderungen und Veränderungen des historisch-kritischen Denkens eine permanente Überprüfung und Verbesserung jeder Theorie nötig machten. Damit knüpft Giesecke an seine prinzipielle Forderung nach einer historisch-kritischen Perspektive an (vgl. o.S. 246; Giesecke 1972a: 43), und wie später deutlich werden wird, greift er diesen Aspekt auch in den wissenschaftstheoretischen Erläuterungen zu seiner eigenen Theorie wieder auf (vgl. Giesecke 1972a: 103, 123; u. S. 271).[322]

Phantasie und exemplarisches Lernen – damals noch die erste Auflage von 1968 (Negt 1968). Er geht aber nicht näher auf Negt ein (vgl. Giesecke 1970a: 45).

320 Diesen Aspekt hebt er bereits in seinem Aufsatz „Didaktische Probleme des Lernens im Rahmen von politischen Aktionen" hervor. In einer Anmerkung verweist er dazu auch auf Oskar Negt (vgl. Giesecke 1970a: 45, Anm. 7).

321 So findet auch Negts Konzept der „soziologischen Phantasie" eine Entsprechung in dem didaktischen Lösungsansatz, den Giesecke in seinen Aufsätzen präsentiert, wo er vorschlägt, in der politischen Bildung solche individuellen Probleme zu bearbeiten, die objektive Probleme und Konflikte widerspiegeln (vgl. o.S. 221).

322 Wenn man Gieseckes Biografie kennt, liegt es nahe, sein Interesse an Negt zudem auf seine eigenen praktischen Erfahrungen in der außerschulischen politischen Bildung, und hier vor allem seine Lehrgänge für Lehrlinge, zurückzuführen (vgl. o.S. 122). Dazu beigetragen haben überdies sicher auch sein Aufwachsen in einer Arbeiterfamilie und seine Tätigkeit in der Industrie, mit der sich das „Startkapital" für sein Studium verdiente und über die er in seiner Autobi-

Anschließend kündigt Giesecke ausdrücklich an, er wolle sich im Folgenden auf Probleme beschränken, die sich aus der didaktischen Umsetzung Negts ergäben.

Als erstes verneint er die Möglichkeit, Negts Konzept einer klassenspezifischen Bildung von der außerschulischen Bildung auf die allgemeinbildende Schule zu übertragen: Ohne den Klassencharakter des Negt'schen Konzepts prinzipiell in Frage zu stellen, fordert er für die Schule eine politische Didaktik mit einem „allgemeinen" Bezugspunkt, der nicht klassenspezifisch sei, wohl aber „klassenspezifische Interpretationen" zulasse (Giesecke 1972a: 104; vgl. ebd.: 193-196; u. S. 311).

Die gesamte folgende *Kritik an Negt* kreist um das Grundsatzproblem, wie das Spannungsverhältnis zwischen subjektivem Erleben und objektiver Realität didaktisch aufgelöst werden könnte. Giesecke hält Negt zwar wie er oben ausgeführt zugute, dass er sich – anders als die zuvor kritisierten, orthodoxen neo-marxistischen Theoretiker – überhaupt Gedanken um das didaktische Problem der Vermittlung zwischen beidem mache, wirft ihm aber vor, dass auch er dieses Problem letztlich nicht löse.

Gieseckes Analyse zeigt, dass er in der Tat versucht, alle Probleme des Negt'schen Ansatzes als didaktische Probleme zu deuten. Obwohl er an verschiedenen Stellen ganz offensichtlich wahrnimmt, dass die marxistische Entfremdungsthese und die dadurch notwendige objektivistische Bestimmung dessen, was ein richtiges Bewusstsein ausmacht, schon auf der Ebene der didaktischen Theorie Probleme mit sich bringt, die Negt an keiner Stelle grundsätzlich reflektiert, macht Giesecke das nicht zum Thema.

Seine Analyse wird dadurch unklar und widersprüchlich. Wie im folgenden, ausführlichen Zitat deutlich wird, scheint er anfänglich in Frage zu stellen, dass sich überhaupt Aussagen über die Gesellschaft in ihrer Totalität treffen lassen, die im Lernprozess von den Lernenden als „richtig" anerkannt werden sollen. Dann weicht er aber doch schnell wieder auf die Kritik am fehlenden didaktischen Weg zum Erkennen dieser Wahrheiten und zur Entwicklung des richtigen Bewusstseins aus:

„Was immer die Klassen oder Individuen als relevant erleben mögen – ‚objektiv' ist das alles immer schon vorweginterpretiert und wird so abgewertet zu einem ‚Fall von ...' oder ‚Beispiel für ...'. So wie Negt das exemplarische Prinzip hier entwickelt hat, ist das ‚Einzelne' eigentlich nur ein

---

ografie schreibt: „Ich begriff, dass damals Arbeiterexistenz mehr war als nur eine Lohngruppe, dass sie vielmehr das ganze Leben prägte, die Einstellungen zur Politik ebenso wie die Normen und Verhaltensstile des privaten Alltags" (Giesecke 2000: 83).

leider hinzunehmendes Hindernis, um das ‚Ganze' ins Bewusstsein bringen zu können. Nicht jedoch ist auch vorgesehen, dass die Menschen, indem sie das ‚Einzelne' bearbeiten, auch einen Beitrag zur genaueren Erkenntnis des ‚Ganzen' zu geben vermögen. Es käme aber alles darauf an, für das Verhältnis von ‚Einzelnem' und ‚Ganzem' genauere theoretische Hinweise zu geben, sonst ist eine ideologisch begründete autoritäre Lehrer-Schüler-Beziehung die fast unausweichliche Folge. Auch Schüler müssen nämlich in die Lage versetzt werden können, von ihrer Erfahrung des ‚Einzelnen' aus das ‚Ganze' als ihre eigene intellektuelle Entdeckung ansehen zu können und nicht nur als etwas, das andere ‚Experten' für sie verbalisieren, nachdem ihre subjektiv erfahrenen Konflikte und Wünsche als ‚entfremdete' und ‚falsche' denunziert worden sind. Die didaktische Aufgabe bestünde also in diesem Punkte darin, den Weg vom unmittelbar Erfahrbaren zur gesellschaftlichen Totalität so zu ‚veröffentlichen', dass er grundsätzlich von jedermann beschritten werden kann" (Giesecke 1972a: 104-105).

Was den an dieser Stelle aufscheinenden Widerspruch zwischen einer objektiv vorgegebenen Totalität der Gesellschaft und der Konstruktion eines Gesellschaftsbildes durch die Individuen selbst relativiert, ist Gieseckes Objektivitätsbegriff. Er kommt erst in der Darstellung seiner Konzeption genauer zum Vorschein, deutet sich aber hier bereits an: Giesecke fragt nach Negts „Zugang" zur gesellschaftlichen Totalität und interpretiert ihn dann dahingehend, dass er neben der gesamtgesellschaftlichen Theorie auch den „Einzelwissenschaften" eine wichtige Rolle zuschreibt, weil deren „Methoden, Kategorien und Ergebnisse" einer Theorie der gesellschaftlichen Totalität als „Material" dienen könnten (Giesecke 1972a: 107).[323] Daraus zieht Giesecke selbst die Schlussfolgerung, dass „gesamtgesellschaftliche Theorie, soll sie nicht selbst falsches Bewusstsein beinhalten, […] nur auf dem fortgeschrittensten Niveau der einzelwissenschaftlichen Arbeitsteilung produziert und verbessert werden" kann (Giesecke 1972a: 107). Hierin deutet sich an, dass für Giesecke die Inhalte des richtigen Bewusstseins nicht ontologisch vorgegeben sind und unabänderlich feststehen, sondern dass sie wissenschaftlich bestimmt werden können und müssen.

Wenn Giesecke dann fordert, den Lernenden einen „wenigstens exemplarischen Durchgang durch einzelwissenschaftliche Perspektiven" zu ermöglichen (Giesecke 1972a: 107), wird darin eine didaktische Lösungsmöglichkeit für den Weg zur gesamtgesellschaftlichen Theorie und zum richtigen Bewusstsein deutlich: Giesecke hält es offenbar für möglich, Lernenden durch einen

---

323 Vgl. auch schon entsprechende Hinweise auf den Seiten davor: Giesecke 1972a: 98, 99, 100.

wissenschaftlichen Zugang entsprechende Erkenntnisse zu vermitteln. Erst durch die Betonung der Rolle der Einzelwissenschaften für diesen Weg wird auch seine vorherige Aussage, die Bearbeitung des „Einzelnen" könne einen Beitrag zur Erkenntnis des „Ganzen" leisten, verständlich: Dass „jedermann" den Weg vom unmittelbar Erfahrbaren zur gesellschaftlichen Totalität beschreiten können sollte, scheint für Giesecke zu heißen, dass jedem Menschen über das Erlernen wissenschaftlicher „Methoden, Kategorien und Ergebnisse" ein Zugang zur Verständnis der Gesamtgesellschaft in ihrer Totalität und damit zum richtigen Bewusstsein eröffnet werden sollte.

Über diese rein didaktische Lösungsmöglichkeit hinaus könnte Giesecke auch im Sinn haben, dass jeder einzelne Mensch durch wissenschaftliches Forschen nicht nur zur eigenen Erkenntnis, sondern darüber hinaus zur Definition dessen, was genau die gesellschaftliche Totalität ausmacht, beitragen kann. Dafür spricht der Anfang des oben wiedergegebenen Zitats, wo Giesecke Negt dafür kritisiert, dass bei ihm alles, was „Klassen oder Individuen als relevant erleben", schon „‚objektiv' [...] vorweginterpretiert" sei, und dass er nicht vorsehe, „dass die Menschen, indem sie das ‚Einzelne' bearbeiten, auch einen Beitrag zur genaueren Erkenntnis des ‚Ganzen' zu geben vermögen" (Giesecke 1972a: 104-105).

Dass die Theorie der gesellschaftlichen Totalität, zu der die Einzelwissenschaften ihren Beitrag leisten sollen, dabei eine Theorie marxistischer Provenienz ist, daran besteht allerdings weder bei Negt noch bei Giesecke an keiner Stelle irgendein Zweifel. So schreibt Giesecke zwei Seiten später bezeichnend:

> „Die Frage ist jedoch, ob unter den von Negt skizzierten veränderten gesellschaftlichen Bedingungen (Nachlassen der unmittelbaren Klassenkämpfe) und unter veränderten subjektiven Erfahrungen (die subjektiven Interessen und Bedürfnisse zielen nun auf Integration in die Gesellschaft, z.B. auf optimale Beteiligung am Konsum) die alten – wenn auch erweiterten und differenzierten – marxistischen Vorstellungen ‚gelehrt' werden können, ohne dass sich dabei der Ideologieverdacht in neuer Weise stellt. [...] Obwohl Negt ausdrücklich an die – auch sozialpsychologisch interpretierten – Konflikte im Selbstgefühl der Arbeiter anknüpfen will, bleibt der Widerspruch erhalten, dass die subjektiv und auch kollektiv empfundene Konkretisierung der Wünsche und Interessen als ‚entfremdet', d.h. als möglichst bald zu überwindendes ‚falsches Bewusstsein' der eigenen Lage gelten müssen. Es geht hier gar nicht darum, ob diese Interpretation Negts richtig ist oder nicht, sondern darum, ob eine solche Einsicht *heute* – im Unterschied zu früher – nicht an die gesellschaftliche

Position eines wissenschaftlichen Intellektuellen gebunden ist, den diese Einsicht verhältnismäßig wenig kostet, während sie von Arbeitern als ein direkter Angriff auf ihre ‚Interessen' verstanden werden muss; denn von ihnen verlangt Negt eine temporäre Erhöhung ihres subjektiven Unglücks" (Giesecke 1972a: 109-110).

Die Frage, ob Negts marxistische Desavouierung der subjektiven Wünsche und Interessen „richtig ist oder nicht", stellt sich Giesecke, der sich die Orientierung am Subjekt als Didaktiker sonst immer wieder auf die Fahnen schreibt, auch dann nicht, als er Negt weitere zwei Seiten später mit einer Aussage zitiert, die heute regelrecht entlarvend wirkt: Es komme darauf an, gibt er Negt wieder, „eine von objektiven Interessen bestimmte Rangordnung wahrer Bedürfnisse sichtbar zu machen [...]. Denn wo die subjektiven Interessen der Individuen dem objektiven Interesse der Emanzipation tatsächlich entgegenstehen, sind sie entweder unmittelbarer Ausdruck von realen ökonomischen Interessen oder Resultate einer psychischen und geistigen Deformation, die Menschen dazu bringt, selbst gegen bessere Einsicht in die eigene Interessenlage zu handeln" (Negt 1971: 93).

Auch hier wirft Giesecke Negt lediglich wieder vor, dass bei ihm „der konkrete Zusammenhang von ‚entfremdetem' und ‚wahrem' Bedürfnis [...] nicht ‚lernbar' strukturiert" werde – den grundsätzlichen Widerspruch zwischen einer Gesellschaftstheorie, die vom entfremdeten Menschen ausgeht, und einer Bildungstheorie, bei der der Mensch trotzdem noch Subjekt ist, erkennt er auch hier nicht (Giesecke 1972a: 111).

Er kommt zu dem Schluss, Negts Text lege „ein Selbstverständnis des Lehrenden nahe, das der Emanzipation der Lernenden – insofern nämlich Emanzipation als Lernprozess das Ergebnis individueller intellektueller Arbeit ist – im Wege stehen kann" (Giesecke 1972a: 113). Er argumentiert, kein didaktisches Konzept sei dagegen gefeit, für ein autoritär-missionarisches Lehrerverhalten in Anspruch genommen zu werden, fordert aber, diese Gefahr, die er ja ausschließlich der problematischen didaktischen Umsetzung, nicht etwa der Gesellschaftstheorie selbst zuschreibt, durch entsprechende *Kategorien* kontrollierbar zu machen.[324]

---

[324] Giesecke merkt auch schon einige Seiten zuvor an, dass Negt diese Kategorien fehlen. Sein Vorwurf lautet, der „Weg vom ‚Einzelnen' zum ‚Ganzen'" sei bei Negt nicht hinreichend didaktisch-kategorial abgesichert, was den Eindruck erzeuge, dass es ihm „in erster Linie um ein allgemeines soziologisches Bewusstsein geht, weniger um die Analyse konkreter Handlungssituationen" (Giesecke 1972: 106).

Giesecke selbst hatte schon in seiner ersten Didaktik angedeutet, dass er in der dort entwickelten kategorialen politischen Bildung auch eine Lösungsmöglichkeit für den „Weg vom Einzelnen zum Ganzen" sehe (vgl. Giesecke 1965a: 128; o. S. 221). Diese Lösungsmöglichkeit spielt in der neuen Didaktik erneut eine große Rolle und Giesecke greift sie seinem zweiten, konzeptionellen Teil wieder auf (vgl. u. ab S. 287).

Im Kapitel zu Negt setzt Giesecke aber neben den angedeuteten didaktischen Chancen einer kategorialen und einer wissenschaftlichen Bildung auch auf einen politischen Weg zu einer veränderten Gesellschaft, mit dem er sich von Negt und der Kritischen Theorie abgrenzt:

Er plädiert dafür, die tatsächlich vorhandenen, subjektiven Konsumbedürfnisse nicht als entfremdet abzuwerten,[325] und fordert: „Vielleicht käme es politisch für die nächste Zukunft darauf an, diese [Konsum-]Bedürfnisse zu ermuntern und zu radikalisieren, anstatt ihnen durch ständige Hinweise auf ihren entfremdeten Charakter ihre Brisanz zu nehmen" (Giesecke 1972a: 110-111). Indem Giesecke eine „weniger rigorose Interpretation des Konsumbereichs" fordert, widerspricht er nicht nur der Kritischen Theorie (vgl. o.S. 170), sondern auch seiner eigenen früheren Kritik an der Kulturindustrie (vgl. o.S. 215, Anm. 253). Andererseits knüpft er damit an seine Schriften zur Freizeitpädagogik an, wo er schon früher darauf hingewiesen hatte, dass Jugendliche gerade ihre Freizeit als den Lebensbereich empfinden, in dem sie am stärksten selbst bestimmen können, und wo er vor einer manipulativen Pädagogisierung der Freizeit im Sinne der Ideale der Mittelschicht gewarnt hatte (vgl. bspw. Giesecke 1968c: 130-131; o. S. 213, Anm. 251). Die objektivistische Setzung von Bedürfnissen prinzipiell anzuzweifeln, kommt Giesecke aber auch hier nicht in den Sinn.

Am Ende des Negt-Kapitels erläutert Giesecke, welche „grundsätzlichen" Lösungsvorschläge es für dieses Dilemma der politischen Bildung, einen Weg von den subjektiven zu den objektiven Bedürfnissen aufzeigen zu müssen, überhaupt geben könne – wobei die erste seiner zwei diskutierten Lösungen auch in seinen eigenen Augen in Wahrheit gar keine ist:

Man könne, betont Giesecke, „die wahren Bedürfnisse den Individuen von außen, und zwar in klarer Konfrontation zu ihren falschen Bedürfnissen" ansinnen. Das habe dann aber nichts mehr mit Didaktik und Pädagogik zu

---

325 Giesecke wirft Negt vor, den Konsumbereich „– fast undialektisch – als geradezu klassisches Symptom der immer wieder reproduzierten Entfremdung" herabzusetzen (Giesecke 1972a: 110). Diesen Vorwurf richtet er weiter unten auch gegen den „neo-marxistischen [...] Materialismus" (vgl. Giesecke 1972a: 205; u. S. 316

tun, denn so wären die eigenen Bedürfnisse und Interessen der Lernenden höchstens noch „Aufhänger", die Lernenden wären ihren Lehrerinnen und Lehrern unterworfen und könnten nur noch „glauben", was diese ihnen als wahre Bedürfnisse vermitteln (vgl. Giesecke 1972a: 112).[326]

Gieseckes anderer Lösungsvorschlag lautet, man könne entfremdete Bedürfnisse so bearbeiten, dass die wahren Bedürfnisse dabei zum Vorschein kommen könnten, wodurch die Entdeckung dieser wahren Bedürfnisse zu einer eigenen intellektuellen Leistung der Lernenden werde. Das impliziere allerdings, „dass es auch sachlich eine Brücke zwischen den beiden Bedürfnissen gibt, etwa so, dass die wahren in den empirisch feststellbaren, wenn auch verkümmert, enthalten sind". Giesecke fährt fort, ob Negt eine solche „Brücke" sehe, sei nicht zu erkennen, auf jeden Fall werde sie bei ihm in didaktischer Hinsicht nicht thematisiert (Giesecke 1972a: 112).

Das zeigt, dass Giesecke bis zum Schluss des Negt-Kapitels nicht klar zwischen der erkenntnistheoretischen Frage der Bestimmung objektiver Bedürfnisse und ihrem Zusammenhang mit den subjektiven Bedürfnissen einerseits und der didaktischen Frage, wie gegebenenfalls eine Brücke zwischen beiden beschritten werden könnte andererseits, unterscheidet. Dass er selbst eine solche erkenntnistheoretisch begründete und didaktisch begehbare Brücke sieht, deutet sich an, wenn er zumindest an einigen Stellen Negts ontologisch anmutende Bestimmung objektiver Bedürfnisse zurückweist und für deren wissenschaftliche Bestimmung plädiert (vgl. o. S. 259). Inwiefern er im Rahmen der Ausführungen zu seiner eigenen Konzeption im zweiten Teil seiner Didaktik darauf genauer eingeht, wird weiter unten dargestellt (vgl. u. ab S. 306).

Wie wichtig Negt für Giesecke ist, zeigt sich noch einmal, wenn er als *Fazit* des gesamten historischen ersten Teils seiner Didaktik vor allem solche Punkte hervorhebt, mit denen er sich im Zusammenhang mit den Ausführungen zu Negt auseinandergesetzt hatte:

Giesecke stellt fest, eine didaktische Theorie setze eine Analyse des historisch-politischen Prozesses voraus; sie könne sich nicht einfach formal an ein abstraktes Staatsbürgersubjekt richten und dabei die klassenspezifische Dimension vernachlässigen.[327] Auch dürfe sie Schülerinnen und Schülern

---

326 Sein wiederholter Vorwurf an die radikale linke Pädagogik lautet an dieser Stelle auch: „Dass die eben ausgesprochene Befürchtung nicht an den Haaren herbeigezogen ist, zeigt das praktisch-pädagogische Verhalten vieler ‚Linker' in den letzten Jahren" (Giesecke 1972a: 112).
327 Zur klassenspezifischen Dimension schreibt Giesecke erläuternd:
„[D]enn ob man nun den Marx'schen Klassenbegriff für die optimale analytische Kategorie hält oder nicht, in jedem Falle ist die politische Dimension der kindlichen und jugendlichen Existenz bereits durch die Zugehörigkeit zu

kein „richtiges' Bewusstsein" vorsetzen, ohne Wege aufzuzeigen, wie dieses Bewusstsein „als Ergebnis der intellektuellen oder praktischen Arbeit von Individuen zustande kommen könnte" (Giesecke 1972a: 114-115).

Zwischenfazit zur Geschichte der politischen Bildung
Dieses letztgenannte Problem zieht sich durch Gieseckes Geschichtskapitel. Dass er so widersprüchlich damit umgeht, dürfte, wie bereits erwähnt, zum einen damit zusammenhängen, dass er das Problem der objektivistischen Bestimmung wahrer Interessen und Bedürfnisse nicht direkt auf der erkenntnistheoretischen Ebene angeht (vgl. o.S. 258), dass er den Objektivitätsbegriff nicht ausdrücklich klärt und dass er den Widerspruch zwischen Entfremdungsthese und Bildungsanspruch nicht reflektiert.

Zum anderen könnte es auch darin begründet liegen, dass er nicht nur als Pädagoge die Bedeutung des Subjekts und seiner individuellen Interessen als Ansatz der politischen Bildung hochhalten will, sondern dass er nach wie vor an seiner pluralistischen Grundüberzeugung von der Bedeutung und Legitimität der individuellen Interessen im politischen Prozess festhält. Auch wenn er die Darstellung der Beiträge pluralistischer Politikwissenschaftler und Soziologen zur politischen Bildung in seiner neuen Didaktik fast gänzlich gestrichen hat (vgl. Giesecke 1972a: 37; o. S. 231, S. 234 inkl. Anm. 281), und sein Politikverständnis aus der alten Didaktik, wonach Politik im Austrag von Interessenkonflikten besteht (vgl. o.S. 48), nun kaum noch zum Tragen kommt, scheint doch sein pluralistisches Demokratieverständnis immer wieder durch – so etwa wenn er dafür plädiert, dass politische Bildung die Nutzung vorhandener rechtlicher und politischer Möglichkeiten propagieren sollte, oder wenn er die partikularen materiellen Interessen verteidigt (vgl. Giesecke 1972a: 68; o. S. 248, S. 253).

Dieses pluralistische Demokratieverständnis steht im Widerspruch zur immer deutlicher werdenden Rolle marxistischer Kategorien für Giesecke. Diese haben für ihn in seinem Geschichtsteil vor allem zwei Funktionen:

Zum Ersten nutzt er sie zur Kritik der politischen Bildung. Die Analyse des Geschichtskapitels hat gezeigt, dass Giesecke zum einen Konzeptionen aus der politischen Pädagogik und Didaktik – wie die von Wilhelm, Litt, Spranger,

---

einer bestimmten sozialen Gruppe und durch die dadurch bedingten relativ größeren oder geringeren sozialen Chancen entscheidend definiert" (Giesecke 1972a: 114-115).
Wie schon bei der Wiedergabe der Gesellschaftsdiagnose von Marcuse (vgl. o.S. 244) und der Forderung Negts, marxistische Vorstellungen zu lehren (vgl. o.S. 261), referiert er auch hier wieder eine gesellschaftstheoretische Überlegung, ohne sich dazu zu positionieren.

Fischer/Herrmann/Mahrenholz und Henningsen – mit Hilfe marxistischer Kategorien kritisiert. Selbst die von ihm als orthodoxe Neo-Marxisten unter den Pädagogen bezeichneten Autoren Beck, Wallraven und Dietrich kritisiert er dafür, dass sie Marx' Potenzial nicht ausschöpften und hinter Habermas zurückfielen (vgl. o.S. 239). Weiterhin ist auch Gieseckes Kritik der Praxis politischer Bildung, bei der er sich auf Becker, Herkommer, Bergmann und Teschner stützt, deutlich durch marxistische Kategorien geprägt.

Zum Zweiten referiert Giesecke zustimmend wesentliche Elemente marxistischer Gesellschaftstheorie, wobei er namentlich dabei nur spätere marxistisch beeinflusste Autoren nennt, wie vor allem Habermas und Negt und daneben eher am Rande auch Marcuse, Adorno und Freud. Schon vor Gieseckes ausdrücklicher Formulierung seiner eigenen Gesellschaftstheorie deutet sich daher an, dass diese deutlich von marxistischen Annahmen geprägt ist.

Dabei stellt vor allem die zentrale Annahme von der Entfremdung die Didaktik vor ein Problem, denn will sie zur Überwindung dieser Entfremdung beitragen, muss sie einen Weg von den falschen subjektiven zu den richtigen objektiven Bedürfnissen aufzeigen. Ob und wie die bisherigen Theorien zur politischen Bildung dieses Problem angehen, ist im historischen ersten Teil von Gieseckes Didaktik die zentrale Messlatte zur Bewertung der dargestellten Theorien. Ob er deshalb so viele Konzeptionen aus dem Umfeld der Kritischen Theorie aufgenommen hat, die sich alle mit diesem Problem beschäftigen, oder ob seine Beschäftigung mit diesen Konzeptionen dieses Problem erst zu einem auch für ihn vordringlichen gemacht hat, lässt sich im Nachhinein nicht mehr beantworten. Dass auch er selbst sich in den Reigen der Autoren einreiht, die dies zum zentralen Angelpunkt ihrer eigenen Konzeption machen, zeigt sein zweiter, konzeptioneller Teil seiner neuen Didaktik.

3.6 Gieseckes neue Konzeption

Unter dem Titel „Didaktische Konstruktion" entfaltet Giesecke auf den nächsten knapp hundert Seiten seine eigene Konzeption (vgl. Giesecke 1972a: 117-208). Die folgende Untersuchung folgt seinem Argumentationsgang, wobei aber seine teilweise wenig treffenden Überschriften und die nicht immer nachvollziehbare Feingliederung für die Unterteilung der Darstellung häufig nicht übernommen werden.

3.6.1 Gesellschaftstheoretische Grundlegung und Parteilichkeit der politischen Bildung

Giesecke beginnt unter der Überschrift „*Die politische Bildung im Demokratisierungsprozess*" mit einer Erläuterung seiner gesellschaftstheoretischen Grundentscheidungen, die er selbst als „politisch-theoretische Ortsbestimmung" bezeichnet (Giesecke 1972a: 117).

Er bekennt sich als Erstes ausdrücklich zur Kritischen Theorie, mit einem Argument, das man als seine *erste Grundanforderung* für eine gesellschaftstheoretische Begründung didaktischer Theorie bezeichnen kann: Die kritischen Beiträge der Frankfurter Schule – er nennt Habermas und Negt – hätten gezeigt, „dass eine inhaltliche Bestimmung des Demokratisierungsprozesses nötig ist, um auch die Grundlage des politischen Unterrichts zu klären" (Giesecke 1972a: 119).

Gieseckes anschließende, ausführliche Rechtfertigung seiner Präferenz für die Kritische Theorie ist in mehrfacher Hinsicht aufschlussreich. Er argumentiert: „Darin kommt nicht einfach eine Vorliebe für diese wissenschaftliche Position zum Ausdruck, sondern die Einsicht, dass keine politische Didaktik hinter diese Position mehr zurückgehen kann, will sie sich nicht dem Vorwurf der willkürlichen Handhabung theoretischer Prämissen aussetzen. Didaktische Theorien wie alle anderen auf gesellschaftliche Praxis bezogenen Theorien haben sich vielmehr am jeweils fortgeschrittensten wissenschaftlichen Diskussionsstand zu orientieren, denn ihre Aufgabe besteht ja in erster Linie darin, die Differenz zwischen dem Fortschritt des wissenschaftlichen Erkenntnisstandes und dem praktischen Bewusstsein möglichst klein zu halten" (Giesecke 1972a: 119).

Wenn Giesecke in Bezug auf sozialwissenschaftliche Theorien von einem „Fortschritt des wissenschaftlichen Erkenntnisstandes" spricht, wird offenbar, dass er diese nicht – wie üblich – als konkurrierende Erklärungsmodelle, sondern eher wie naturwissenschaftliche Paradigmata begreift. Paradigmata sind nach Thomas S. Kuhn „allgemein anerkannte wissenschaftliche Leistungen, die für eine gewisse Zeit einer Gemeinschaft von Fachleuten maßgebende Probleme und Lösungen liefern" (Kuhn 1996: 10).[328] In genau diesem Sinne scheint Giesecke die Kritische Theorie zu deuten: als gegenwärtig anerkannte Theorie, an der sich alle Sozialwissenschaftler orientieren sollten. Nur mit einem solchen Begriff von Theorie, der hier im Folgenden als naturwissenschaftlicher Theoriebegriff oder naturwissenschaftliches Paradigma bezeichnet wird, kann Giesecke die heute geradezu widersinnig anmutende Behauptung aufstellen, es gebe *eine* Gesellschaftstheorie, die den „fortgeschrittensten wissenschaftlichen Diskussionsstand" repräsentiere.[329] Und nur dadurch wird nachträglich auch verständlich, warum Giesecke in der Auseinandersetzung mit Negts Bildungskonzeptionen dessen marxistische Grundannahmen nirgendwo problematisiert, sondern sich nur mit dem Problem der didaktischen Vermittlung dieser Annahmen kritisch auseinandersetzt.

Auch der letzte Halbsatz des Zitats, wonach es darum gehe, „die Differenz zwischen dem Fortschritt des wissenschaftlichen Erkenntnisstandes und dem praktischen Bewusstsein möglichst klein zu halten", ist aufschlussreich. Giesecke hatte bereits zuvor mehrfach angedeutet, dass er es für die Aufgabe der Wissenschaft hält, die „richtigen" Bewusstseinsinhalte zu bestimmen.[330] Hier zeigt er erneut, dass es ihm bei der Rede von richtigen oder objektiven Interessen, Bedürfnissen und Bewusstseinsinhalten nicht um ontologische Gewissheiten, sondern um die jeweils aktuellen wissenschaftlichen Erkennt-

---

328 Paradigmata bilden sich nach Kuhn heraus, „weil sie bei der Lösung einiger Probleme, welche ein Kreis von Fachleuten als brennend erkannt hat, erfolgreicher sind als die mit ihnen konkurrierenden" (Kuhn 1996: 37-38). Dabei gilt allerdings, dass dieser Erfolg
„am Anfang weitgehend eine Verheißung von Erfolg [ist], die in ausgesuchten und noch unvollständigen Beispielen liegt. Die normale Wissenschaft besteht in der Verwirklichung jener Verheißung, einer Verwirklichung, die durch Erweiterung der Kenntnis der vom Paradigma als besonders aufschlussreich dargestellten Fakten, durch Verbesserung des Zusammenspiels dieser Fakten mit den Voraussagen des Paradigmas sowie durch weitere Artikulierung des Paradigmas selbst herbeigeführt wird" (Kuhn 1996: 37-38).
329 Zur Differenz zwischen Natur- und Sozialwissenschaften vgl. Massing 2002: 34-35. Massing warnt vor einer Übertragung des Kuhn'schen Paradigmakonzepts auf die Sozialwissenschaften, weil es in diesen zu keiner Zeit nur ein konsensuelles Paradigma gebe, sondern gerade die Pluralität der Paradigmata den Normalfall darstelle.
330 Vgl. zu den entsprechenden Stellen in der neuen Didaktik Giesecke 1972a: 69 und o. S. 235; Giesecke 1972a: 107 und o. S. 259 sowie in der alten Didaktik Giesecke 1965a: 36, 128 und o. S. 221 inkl. Anm. 262.

nisse geht[331] – die sich freilich alle im Rahmen des marxistischen Paradigmas bewegen müssen. Im Folgenden entwickelt Giesecke in Anlehnung an die Kritische Theorie seine gesellschaftstheoretische Grundlage für seine didaktische Konzeption weiter. Zunächst einmal scheint er aber seine Entscheidung für die Kritische Theorie zu relativieren: Er konstatiert, seine „Option" für die Kritische Theorie impliziere „keineswegs eine Absage an andere wissenschaftstheoretische Positionen wie den ‚Positivismus' oder den ‚kritischen Rationalismus'". Man könne vielmehr verschiedene wissenschaftstheoretische Positionen „in einem für die gesellschaftliche Praxis produktiven Zusammenhang integrieren", weil diese sich aufgrund unterschiedlicher Gegenstandsbereiche und methodischer Reichweiten nicht gegenseitig ausschlössen (Giesecke 1972a: 119-120).[332]

Diese Abgrenzung über Gegenstandsbereiche und Reichweiten statt über die Methode selbst lässt zum einen daran zweifeln, dass Giesecke hier sinnvoll zwischen Gesellschaftstheorien und Wissenschaftstheorien differenziert. Zum anderen wird im Anschluss fraglich, ob er es mit der Pluralität welcher Theorietypen auch immer überhaupt ernst meint, weil er nun die Kritische Theorie zu einer Art Metatheorie erhebt und alle anderen Theorien demgegenüber zu methodischen Hilfswerkzeugen degradiert.[333] Sein zentrales Argument

---

331 1973, in seiner Einleitung zu seinem Sammelband „Bildungsreform und Emanzipation", bringt er dies besonders prägnant auf den Punkt: Unter der Überschrift „Emanzipation durch Wissenschaft" legt er dar, es sei seine Auffassung, „dass Emanzipation als Befreiung aus der historisch verschuldeten Unmündigkeit und Unterdrückung nur zu haben ist im Durchgang durch die wissenschaftliche Bearbeitung des Bewusstseins. Die ‚Herstellung eines richtigen Bewusstseins' (Adorno), und zwar tendenziell für und durch alle Menschen, ist die einzige Möglichkeit, sich der Idee der Emanzipation theoretisch zu versichern, ihre konkreten gesellschaftlichen Bedingungen und Chancen zu ermitteln und sich an ihrer praktischen Realisierung im Kontinuum historischer Prozesse zu beteiligen. Insofern es nämlich bei der Emanzipation immer um die Befreiung aus historisch hergestellter Unmündigkeit und Unterdrückung geht, muss das jeweils vorhandene Bewusstsein als ideologisch an diese Verhältnisse gekettet betrachtet werden, und nur durch wissenschaftliche Bearbeitung kann es sich Stück für Stück daraus befreien" (Giesecke 1973c: 9).
Ludwig Kerstiens hebt genau diese Passage bei Giesecke als besonders wichtig hervor und setzt sich im Anschluss daran mit Gieseckes Wissenschaftsbegriff auseinander (vgl. Kerstiens 1975: 74).
332 In seiner Dissertation hatte Giesecke demgegenüber noch den orthodoxen Marxismus als normative Wissenschaft ausdrücklich den wertfreien modernen Sozialwissenschaften gegenübergestellt (vgl. o.S. 47).
333 Giesecke schreibt beispielsweise, positivistische Annahmen seien teilweise

für diesen Vorrang der Kritischen Theorie lautet, nur mit ihr lasse sich „die Totalität der Gesellschaft in historischer Dimension" erfassen und nur mit ihr könne der Demokratisierungsprozess historisch-inhaltlich bestimmt werden (Giesecke 1972a: 120).

Wie bereits 1968 stellt Giesecke diesen Demokratisierungsprozesses anschließend dar, wobei er sich in der neuen Didaktik fast der gleichen Worte bedient wie zuvor in seinen Aufsätzen: Er bezeichnet die neuere Geschichte als einen Prozess der Demokratisierung und Emanzipation und zeichnet diesen unter Zuhilfenahme zahlreicher marxistischer Kategorien nach (vgl. Giesecke 1972a: 120; 1968c: 227; o. S. 207).

Neu ist, dass er sich dabei jetzt noch viel direkter am Marxismus orientiert als zuvor: Er schreibt, der marxistischen Arbeiterbewegung sei es um die Ablösung des Kapitalismus durch den Sozialismus gegangen und sie habe ihr partielles Klasseninteresse mit Hilfe der ökonomischen Grundkategorien Markt, Mehrwert und Arbeitsverhältnis zur gesellschaftlichen Totalität in Beziehung gesetzt. Ihre unmittelbaren Erfahrungen hätten sich mit Marx' theoretischer Einsicht gedeckt, dass die ökonomischen Abhängigkeiten die wichtigsten seien und alle anderen Abhängigkeiten zwischen den Menschen bedingten. Die Arbeiter hätten erkannt, dass das kapitalistische Produktionssystem aufgrund der Produktionsverhältnisse keine wirkliche Emanzipation zulassen könne, weil seine Existenz nur durch die Unterdrückung der wirklichen Bedürfnisse der Menschen „nach gemeinsamer und planmäßiger Entwicklung des gesellschaftlichen Systems zum Wohle aller" zu gewährleisten sei (Giesecke 1972a: 120-121; vgl. dazu die Ausführungen bei Marx o. S. 145, S. 151).

Warum Giesecke hier so ausführlich auf Marx eingeht, bleibt unklar. Vor allem, weil er anschließend darauf verweist, dass es innerhalb des Marxismus und der Kritischen Theorie über die gesellschaftliche Entwicklung kontroverse Deutungen gebe – wobei er exemplarisch Marcuse und Habermas nennt – und sich dann, wie schon zuvor bei Negt und beim Marx'schen Klassenbegriff, auf die These zurückzieht, es sei auch gar nicht nötig, die „Richtigkeit" dieser Theorien zu entscheiden (Giesecke 1972a: 123; vgl. o. S. 261, S. 264, Anm. 327).[334] Dafür liefert er eine fast schon abenteuerliche

---

zwingend bei der empirischen Forschung (vgl. Giesecke 1972a: 120). Vgl. entsprechend auch Giesecke 1973e: 47.

334 Giesecke schildert davor aber sogar – wie bereits bei seiner Darstellung Agnolis (vgl. o.S. 242) – die hypothetischen Konsequenzen, die die politische Bildung aus der Marx'schen Geschichtsdeutung ziehen müsste:
„Folgt man dieser hier nur knapp skizzierten Argumentation, so wäre der inhaltliche Begriff der ‚Demokratisierung', wie er für den politischen Unterricht zu gelten hätte, verhältnismäßig klar: Die einzig richtige politische Bildung

Begründung: Für die politische Bildung sei auf jeden Fall ein historisch-inhaltlicher Demokratiebegriff notwendig, dieser könne nur im Rahmen einer gesamtgesellschaftlich-historischen Theorie entwickelt werden und solche Theorien seien nun mal „allesamt Variationen des ursprünglichen Marx'schen Ansatzes" (Giesecke 1972a: 123).[335] Gerade Giesecke, der seine erste Didaktik ja selbst noch primär auf pluralistische Theorien gegründet hatte, die genau diese Ansprüche ebenfalls erfüllen, müsste eigentlich auffallen, wie unhaltbar diese Begründung ist.

Nach der Formulierung von Gieseckes erster Grundanforderung für eine gesellschaftstheoretische Begründung didaktischer Theorie, dass ein historisch-inhaltlicher Demokratiebegriff nötig sei, lassen sich an dieser Stelle nun zusammenfassend zwei weitere *Grundanforderungen* ergänzen: Ein solcher Demokratiebegriff setzt nach Giesecke *zweitens* eine gesamtgesellschaftlich-historische Theorie voraus – und eine solche gibt es *drittens* nur als marxistische Theorie.

Anschließend relativiert Giesecke allerdings die Bedeutung der marxistischen Theorie dann wieder, und zwar im Sinne seines historischen Wissenschafts- und Theorieverständnisses: Weil auch die marxistische Theorie eine „historische und nicht etwa eine übergeschichtlich-systematische" Theorie sei, tauge sie nicht für „ein für allemal gültige Deduktionen". Der Inhalt des Demokratisierungsprozesses müsse vielmehr beständig Gegenstand wissenschaftlicher Diskussionen bleiben (Giesecke 1972a: 123; vgl. auch o. S. 246, S. 257).[336]

---

bestünde auch für die politisch aufzuklärenden Nicht-Arbeiter darin, das Arbeiterinteresse gegen das kapitalistische System durchzusetzen und das zu lehren und zu lernen, was dafür nötig ist" (Giesecke 1972a: 122).
Er nimmt diese Aussage anschließend nicht einmal ausdrücklich zurück: Sie scheint sich für ihn mit dem Hinweis auf die Umstrittenheit der originalen Marx'schen Theorie zu erübrigen. Warum er diese Konsequenz überhaupt ausformuliert hat, bleibt rätselhaft.

335 Schon zwei Seiten zuvor behauptet Giesecke: „In der Tat ist die marxistische Theorie des gesellschaftlichen Prozesses, einschließlich der Weiterentwicklung, die sie z.B. durch die ‚Frankfurter Schule' erfahren hat, die einzige gesamtgesellschaftliche Theorie geblieben" (Giesecke 1972a: 121).

336 In einem kleinen, impliziten Seitenhieb auf die orthodoxen Marxisten schreibt Giesecke noch:
„Würde man sie [die gesamtgesellschaftliche Theorie] jedoch – was vielfach heute geschieht – als zwar historisch entstandenes, gleichwohl aber inhaltlich der historischen Relativierung enthobenes System von Sätzen betrachten, aus denen die theoretischen Grundlagen der gegenwärtigen politischen Didaktik lediglich deduziert zu werden brauchten, so würde sie die inhaltliche Frage

Dass Giesecke die marxistische Theorie damit nicht vollständig zur Disposition stellt, sondern sie weiterhin im Sinne eines naturwissenschaftlichen Paradigmas als zumindest gegenwärtig „gültige" begreift, wird deutlich, wenn er direkt anschließend fordert, diese wissenschaftliche Diskussion dürfe trotzdem nie hinter das bereits erreichte historische Bewusstsein zurückfallen, und die weitere Bearbeitung der gesamtgesellschaftlichen Theorie müsse „in der Auseinandersetzung mit den vorliegenden marxistischen Variationen" erfolgen (Giesecke 1972a: 124).

Eine Seite später verweist Giesecke auf Parsons' funktionale Theorie der Gesellschaft als weitere gesamtgesellschaftliche Theorie (vgl. o.S. 28). Er hält Parsons vor, dass er bei seiner Theorie die historische Dimension außer Acht gelassen habe. Vor allem kritisiert er, dass sich im Rahmen des Strukturfunktionalismus keine spezifisch demokratischen Ziele formulieren ließen.[337] Auch die politische Bildung werde nur unter dem typischen, rein funktionalistischen Erkenntnisinteresse betrachtet – es gehe ausschließlich um ihre Funktionalität oder Dysfunktionalität für das bestehende System, und deshalb sei auf Grundlage des Strukturfunktionalismus auch keine Theorie der Emanzipation möglich (vgl. Giesecke 1972a: 124).

Daraus lässt sich nun die *vierte Grundanforderung* für eine gesellschaftstheoretische Begründung didaktischer Theorie ableiten: dass politische Bildung zwingend einer Theorie der Emanzipation bedarf, in der Emanzipation – so muss man angesichts von Gieseckes Emanzipationsbegriff ergänzen – sowohl als Überwindung von politischer Ungleichheit wie auch von individueller Entfremdung verstanden wird.[338]

Nach dieser durchaus aufwendigen Entfaltung seiner gesellschaftstheoretischen Grundanforderungen für seine didaktische Konzeption macht Giesecke einen erstaunlichen Salto rückwärts: Er betont, weil die marxistische Theorie umstritten sei, könne sie nicht einfach als Ausgangspunkt

---

    der weiteren Demokratisierung – zur unwissenschaftlichen Weltanschauung heruntergekommen – nicht erhellen, sondern nur weiter verschleiern" (Giesecke 1972a: 123).

337 Hier verweist er als Beleg auf Habermas – vermutlich bezieht er sich auf den zwei Seiten zuvor angegeben Band Habermas, Jürgen/Luhmann, Niklas 1971: Theorie der Gesellschaft oder Sozialtechnologie – Was leistet die Systemforschung?, Frankfurt/M. (vgl. Giesecke 1972a: 125, 123).

338 Diese vierte Grundanforderung ließe sich auch unter die dritte, dass politische Bildung zu ihrer Grundlegung einer marxistischen Theorie bedarf, subsumieren, da die Emanzipation ein Kernpunkt der marxistischen Theorie ist. Sie wird wegen der Bedeutung des Emanzipationsbegriffs für Giesecke hier aber als separate Grundanforderung ausgewiesen.

für eine didaktische Theorie gesetzt werden. Deshalb biete es sich an, „die historische Ableitung eine Ebene tiefer anzusetzen, und zwar so, dass präzisere inhaltliche Feststellungen nicht ausgeschlossen, aber eben auch nicht vorweggenommen werden". Für „unbestreitbar" erklärt Giesecke dann, dass die neuere Geschichte als eine Geschichte von Emanzipationskämpfen beschrieben werden könne, dass vor allem die ökonomischen Formen der Abhängigkeiten in allen abhängigen sozialen Beziehungen ausschlaggebend seien, dass daher „eine maximale ökonomische Unabhängigkeit ein Hauptziel aller Emanzipationsbestrebungen" bilden müsse und schließlich, dass das Grundgesetz den historischen Emanzipationsprozesse aufgreife und in die Zukunft verlängere. Und weil diese Punkte „unbestreitbar" seien, eigneten sie auch als Ausgangspunkt für die politische Bildung (Giesecke 1972a: 125).

Hier deutet sich eine charakteristische Zweiteilung an, die später noch häufiger zu beobachten sein wird: Die bisherige Analyse von Gieseckes Aufsätzen und seiner neuen Didaktik hat gezeigt, dass in Gieseckes Gesellschaftstheorie zahlreiche marxistische Annahmen und Kategorien einfließen. Sie lässt sich daher durchaus als marxistisch im hier gemeinten weiten Sinne bezeichnen (vgl. o. S. 142; S. 265), auch wenn Giesecke auf eine revolutionäre Utopie verzichtet (vgl. o. S. 208). Wenn es aber um die politische Bildung im engeren Sinne geht, und vor allem, wenn die konkrete Praxis ins Spiel kommt, relativiert Giesecke seine marxistischen Grundannahmen wieder. Im weiteren Verlauf der Darstellung seiner Konzeption kommen dabei auch immer wieder pluralistische Gedanken zum Tragen, wie er sie vor allem in seiner ersten Didaktik formuliert hatte, sodass seine Position dann eher sozialdemokratisch oder linksliberal wirkt.

Selbst die von Giesecke als „unbestreitbar" bezeichneten Ausgangspunkte sind nicht wirklich konsensfähig (vgl. u. S. 301). Im Anschluss scheint er aber zwei weitere Aspekte in diesen vermeintlichen Konsens einschmuggeln zu wollen, die – wie die spätere Auseinandersetzung um genau diese Aspekte gezeigt hat – alles andere als konsensfähig waren: zum einen seinen doppelten Emanzipationsbegriff und zum anderen seine Forderung nach einer Parteilichkeit der politischen Bildung.

Giesecke schreibt nun, es gehe nicht nur um die politische Emanzipation, sondern um die „Demokratisierung aller menschlichen Beziehungen"[339] und nicht zuletzt um „die im Begriff der ‚Erziehung' implizierten Herrschaftsverhältnisse" (Giesecke 1972a: 126). Konkretisiere man die politische Bildung „im Rahmen eines so verstandenen historischen Kontextes von Emanzipation", erwachse daraus – auch wenn das aus Furcht lange abgestritten worden

---

339 Erneut verweist Giesecke hier auf Mannheims Begriff der Fundamentaldemokratisierung (vgl. o. S. 205).

sei – „unausweichlich ihre politische Parteilichkeit". Es folgt einer der wohl am häufigsten, vor allem in kritischer Absicht zitierten Sätze Gieseckes:

> „Wird jedoch die demokratische Inhaltlichkeit des historischen Emanzipationsprozesses ernst genommen, so ist politische Bildung nicht neutral, sondern selbst ein Stück eigentümlicher politischer Tätigkeit: sie ist für die Interessen des Lehrlings, des Arbeiters, des ‚Sozialfalles', des Jugendlichen, und somit folgerichtig gegen die Interessen des Meisters, des Unternehmers, der Fürsorgebehörde, der Schulbehörde usw., allgemeiner: sie ist für die Interessen und Bedürfnisse des jeweils Schwächeren, Ärmeren, Unterprivilegierten" (Giesecke 1972a: 126-127).[340]

Giesecke hatte bereits zuvor für Parteilichkeit plädiert – meist allerdings im Zusammenhang mit der Ungleichverteilung von Herrschaft. So forderte er in seiner ersten Didaktik, dass politische Bildung ihren Adressaten „Loyalität zu bestimmten gesellschaftlichen Gruppen" nahelegen solle, wie etwa den Lehrlingen zu den Gewerkschaften, und schlussfolgerte: „Eine falsch verstandene Unparteilichkeit des politischen Unterrichts ist in Wahrheit parteilich für diejenigen, die ohnehin an der Macht sind" (Giesecke 1965a: 63, o. S. 82).[341]

---

340 Giesecke ergänzt an dieser Stelle, wie schon in seinem Text „Politische Bildung – Rechenschaft und Ausblick" (Giesecke 1968e; vgl. o.S. 206, Anm. 241), dass auch bei bisherigen, scheinbar neutralen Konzepten des politischen Unterrichts, eine „ideologiekritische Analyse" erweise, „dass sie objektiv nur für die jeweils ‚andere Seite' parteilich waren" (Giesecke 1972a: 127).
Zur Parteilichkeit vgl. auch u. ab S. 310; zur Kritik an Gieseckes Forderung nach Parteilichkeit in der Sekundärliteratur vgl. bspw. Detjen 2007: 180; Gagel 1979: 60; Sutor 1973: 334-335 sowie u. S. 274 und S. 345.

341 In einem ähnlichen Sinne fordert Giesecke Parteilichkeit aufgrund einer Ungleichverteilung von Herrschaft auch in seiner radikalen Abrechnung mit der bisherigen politischen Bildung im Aufsatz „Politische Bildung – Rechenschaft und Ausblick" (Giesecke 1968e: 284; vgl. o.S. 206, Anm. 241).
In seiner ersten Didaktik fällt der Begriff Parteilichkeit in diesem Sinne sonst nicht. Hier spricht Giesecke lediglich von „Parteinahme" im Sinne einer politischen Parteinahme für bestimmte Positionen oder von politischen „Parteilichkeiten" und fordert, diese neben dem reinen Faktenwissen im Unterricht zu thematisieren (vgl. o.S. 47; Giesecke 1965a: 21, 22, 120). In einem ähnlichen Sinne verwendet er den Begriff Parteilichkeiten auch in seiner Replik auf die Kritiker der ersten Didaktik (vgl. Giesecke 1968b: 230).
Giesecke hatte allerdings bereits in seiner Dissertation auch deutlich radikaler die Thematisierung von Konflikten als Parteinahme „gegen die vorgegebene politisch-gesellschaftliche Wirklichkeit in ihrer Gesamtheit" bezeichnet (Giesecke 1964a: 169-170; vgl. o.S. 72).

Nun geht er aber deutlich darüber hinaus und bringt auf den Punkt, was sich auch schon in seiner Pluralismuskritik im Zusammenhang mit seiner Habermas-Rezeption angedeutet hatte (vgl. o.S. 247): dass politische Bildung prinzipiell parteilich für alle ökonomisch Benachteiligten sein solle, mit dem politischen Ziel, die Gesellschaft langfristig im Sinne des marxistischen Gleichheitsideals zu verändern.[342]

Darüber hinaus nutzt Giesecke diesen Abschnitt zu einer fast beiläufig präsentierten, aber doch massiven Kritik an seinen Kritikern: Er konstatiert zunächst, politischer Unterricht habe immer auch die Funktion gehabt, die Privilegien der Herrschenden zu stabilisieren. Dann fährt er fort:

> „Das ist auch nicht verwunderlich, denn der historische Demokratisierungsprozess ist ja nicht gradlinig verlaufen, sondern hat massive – und in den Zeiten des Faschismus barbarische – Gegner gefunden, und auch heute darf man sich nicht wundern, dass ein Konzept der politischen Bildung wie das hier vertretene politischen Widerstand bei denjenigen findet, gegen die es sich letzten Endes ja auch richtet. Auf dem formalen Boden unserer Verfassung können Gruppen, Parteien und Verbände operieren, die zwar nicht verfassungsfeindlich sind, die aber andererseits aufgrund ihrer objektiven Interessen – oder was sie dafür halten – gegen einen Fortschritt an Demokratisierung verbal oder durch Maßnahmen optieren können" (Giesecke 1972a: 127-128).

Bernhard Sutor ist über diese Passage regelrecht empört. Er schreibt, Giesecke widerspreche mit seinem Plädoyer für Parteilichkeit geradezu der üblichen Parteinahme politischer Bildung für Menschenwürde und Selbstbestimmung. Während diese die Möglichkeit kontroverser Deutungen der Politik notwendig impliziere, schließe Gieseckes Forderung nach einer parteilichen politischen Bildung legitime politische Gegenpositionen aus und führe zu einer in der

---

Erst in seiner neuen Didaktik wird die prinzipielle Parteilichkeit der politischen Bildung zugunsten ökonomisch Benachteiligter zu einer zentralen Forderung (vgl. u. S. 277, S. 310).

342 Heinisch hatte Giesecke vorgeworfen, in seiner alten Didaktik durch seine Orientierung an Dahrendorfs Pluralismusideal eine Parteinahme zugunsten der Unterdrückten auszuschließen (vgl. Heinisch 1970: 165-169; Roloff 1972a: 40). Auch wenn er diesen Vorwurf wie oben gezeigt zu unrecht erhebt (vgl. o.S. 47, S. 82), war es sicher nicht zuletzt die Kritik von Heinisch und anderen an seinen pluralistischen Grundannahmen, die Giesecke dazu bewogen hat, die Forderung nach einer Parteilichkeit der politischen Bildung in seiner neuen Didaktik zu verschärfen. Vgl. zum Zusammenhang von Parteilichkeit, Politikbegriff und Wissenschaftsbegriff auch u. S. 291, Anm. 363.

Politik „fatale[n] Unterscheidung von Gut und Böse, Freund und Feind" (Sutor 1973: 335).[343]

Dass Giesecke Parteilichkeit tatsächlich nicht nur als pädagogische Entscheidung zugunsten ökonomisch benachteiligter Kinder und Jugendlicher verstanden wissen will, bestätigt sich im folgenden Absatz. Hier beendet er die Erläuterung seiner gesellschaftstheoretischen Grundsatzentscheidungen damit, dass er daraus „ein erstes allgemeines Lernziel der politischen Bildung" ableitet, das er erneut im Duktus des Unabstreitbaren präsentiert:

> „Wenn es politisch darum gehen muss, den historischen Prozess der Demokratisierung in die Zukunft zu verlängern, so müssen unter pädagogischem Aspekt solche Kenntnisse, Fähigkeiten und Fertigkeiten gelernt werden, die dazu befähigen; und das sind vor allem solche, die vergleichsweise unterprivilegierte Gruppen zur Erkenntnis und Durchsetzung ihrer Interessen benötigen" (Giesecke 1972a: 128).[344]

In seinem Abschlusssatz verweist er noch auf ein Ziel Oskar Negts, wobei er es einmal mehr dem Leser überlässt, zu erraten, ob auch er dieses Ziel für erstrebenswert hält oder nicht:[345]

---

343 Sutor stellt daraufhin – in Bezug auf diese konkrete Passage nicht ganz zu Unrecht – fest:
„Hier geschieht doch nichts Geringeres, als dass politische Gegner, die sich auf dem (übrigens gerade nicht nur formalen) Boden der Verfassung bewegen, zu ‚objektiven' Feinden des ‚Fortschritts' gestempelt und in die Nähe des Faschismus gerückt werden. Politische Bildung?!" (Sutor 1973: 335).

344 Gagel interpretiert Giesecke so, dass dessen Begriff der Parteilichkeit zwischen zwei Polen stehe: einerseits einer absolut gesetzten und verbindlichen Entscheidung, für die Hilligen den Begriff Parteilichkeit reserviere, und andererseits einer Parteinahme „als Entscheidung, die in Frage gestellt und revidiert werden kann". Als weiteres Argument für diese Einordnung führt er an, Giesecke fordere einerseits eine verbindliche Festlegung auf eine dynamische Auslegung des Grundgesetzes, andererseits bleibe bei ihm die inhaltliche Deutung des Demokratisierungsprozesses offen für wissenschaftliche Diskussionen. Auch wenn Giesecke wirklich zwischen beiden Sichtweisen schwankt, verkennt Gagel mit seiner Lesart, diese als zwei Pole einer Skala zu fassen und Giesecke in der Mitte einzuordnen, die Unvereinbarkeit dieser Sichtweisen, die Gieseckes Begriff der Parteilichkeit letztlich unbrauchbar machen. Angesichts der ansonsten vehementen Kritik und der klaren Analyse der neuen Didaktik Gieseckes durch Gagel erstaunt diese wohlwollende Bewertung (vgl. Gagel 1979: 60; Gagel verweist hier auf Hilligen 1975: 52).

345 Vgl. entsprechend zu Marx o. S. 269, zu Marcuse o. S. 244, zu Negt o. S. 261 sowie erneut u. S. 313.

„Ob jedoch solche Lernprozesse im Sinne von Oskar Negt irgendwann zur Entdeckung der ‚wahren' Bedürfnisse führen und somit zur Überwindung des kapitalistischen Systems, ist sicher zweifelhaft, könnte aber anders auch nicht unmittelbar intendiert werden" (Giesecke 1972a: 128).

In seinem nächsten Abschnitt führt Giesecke unter der Überschrift „*Grundgesetz und Mitbestimmung*" aus, dass die gemeinsame staatliche Ordnung, repräsentiert durch das Grundgesetz,[346] zu einer gesamtgesellschaftlichen Verbundenheit führe, in deren Rahmen sich die weitere Demokratisierung für alle Klassen und Schichten konkretisieren müsse. Seine zuvor begründete Forderung nach einer Parteilichkeit der politischen Bildung impliziere daher nicht, dass die politische Bildung immer klassenspezifisch zu sein habe (vgl. Giesecke 1972a: 129; entsprechend auch o. S. 258).

Gieseckes Formulierungen sind allerdings so vage, dass man zunächst nicht genau weiß, ob er meint, das Grundgesetz solle aus normativen Gründen den Rahmen der Demokratisierung bilden oder nur aus funktionalen, weil Demokratisierung nur innerhalb dieses Rahmens in „kalkulierbare und zielstrebige politische Arbeit" umzusetzen sei (Giesecke 1972a: 129). Für die zweite Lesart spricht, dass Giesecke anmerkt, „nur unter wirklich revolutionären Bedingungen müsste sich die Bindung des emanzipatorischen politischen Kampfes an die politische Verfasstheit lösen" (Giesecke 1972a: 129). Für die erste Lesart spricht dagegen, dass er am Ende des Abschnitts kategorisch feststellt „Die politische Bildung und die ihr zugrunde liegende didaktische und methodische Theorie dürfen nicht grundgesetzwidrig sein" (Giesecke 1972a: 132).[347]

Entscheidend ist aber vor allem, dass Giesecke, der das Grundgesetz schon in seiner alten Didaktik implizit in Anlehnung an Wolfgang Abendroth dynamisch interpretiert hatte (vgl. o. S. 49), nun ausdrücklich für eine solche dynamische Interpretation eintritt und diese offenbar auch für unabweisbar hält: Das Grundgesetz sei – so schreibt er nun – „Ausdruck eines langfristigen historischen Emanzipations- und Demokratisierungsprozesses" und beinhalte als solches auch „einzulösende Versprechungen", die noch „ihrer künftigen Realisierung harren (z.B. Chancengleichheit)" (Giesecke 1972a: 129).

In seiner folgenden beispielhaften Darstellung, wie man einige der Grundgesetzartikel dynamisch zu interpretieren habe, wird deutlich, dass es vor allem die noch nicht realisierte Chancengleichheit ist, aus der Giesecke

---

346 Giesecke nennt hier auch die Verfassungen der Länder, beschränkt sich aber im Folgenden auf das Grundgesetz (vgl. Giesecke 1972a: 129).
347 Vgl. entsprechend auch Giesecke 1972c: 144-145, 147.

die Notwendigkeit der Parteilichkeit der politischen Bildung ableitet.[348] Und sein Fazit dazu stützt erneut die Lesart, dass er aus normativen, nicht bloß aus funktionalen Gründen dafür eintritt, dass das derart interpretierte Grundgesetz den Rahmen der Demokratisierung bilden sollte:

> „Die Ziele der politischen Bildung wären also nicht in blinder Parteilichkeit, gleichsam durch ein ‚Aussteigen' aus den historischen Kontexten des Demokratisierungsprozesses zu bestimmen, sondern durch Aufgreifen der fortschrittlichen Implikationen des Grundgesetzes selbst. ‚Parteilichkeit' heißt demnach nichts anderes, als die im Grundgesetz zugestandenen Chancen für die bisher Benachteiligten optimal zu realisieren" (Giesecke 1972a: 131).

Die Forderung nach einer parteilichen politischen Bildung beeinflusst auch Gieseckes Sicht auf die *„Richtlinien und Lehrpläne"*, die er im folgenden Abschnitt erläutert.

Er bewertet es positiv, dass die aktuellen Richtlinien im Gegensatz zu den früheren Lehrplänen nur noch sehr allgemeine Aussagen zum Unterrichtsinhalt machten. Gerade deshalb böten sie die Chance, die Interessen „der ohnehin benachteiligten Gruppen und Klassen" ins Zentrum zu stellen und bei der Auswahl der Themen und Ziele, wie auch bei der Auslegung des Grundgesetzes, so parteilich zu verfahren, „dass die Armen reicher werden, dass also – allgemeiner ausgedrückt – unterprivilegierte Gruppen speziell das lernen, was für ihre weitere Emanzipation nützlich ist" (Giesecke 1972a: 136). Bei verbindlich festgelegten materialen Lernzielen und eindeutigen Lehrvorschriften sieht Giesecke dagegen die Gefahr, dass der gesellschaftliche Status quo unverändert bleibt.

Giesecke verteidigt dann die Verantwortung des Staates für diese offenen Richtlinien und macht damit erneut deutlich, dass er politische und gesellschaftliche Veränderungen nur innerhalb des grundgesetzlichen Rahmens anstrebt. Er schreibt zum Ersten, nur in staatlicher Verantwortung seien die Richtlinien der öffentlichen wie auch der wissenschaftlichen Diskussion und Kontrolle zugänglich. Zum Zweiten hebt er hervor, die gesellschaftliche Demokratisierung hänge noch weit hinter der staatlichen zurück, sodass ein „Verzicht des Staates auf seine Richtlinienkompetenz zugunsten der Lehrer oder auch gesellschaftlicher Institutionen [...] auch ein Verlust an weiteren Demokratisierungschancen" sein könnte (Giesecke 1972a: 134-135).

---

348 Zur dynamischen Interpretation des Grundgesetzes und der daraus folgenden Parteilichkeit der politischen Bildung vgl. auch Gieseckes Würdigung der hessischen Rahmenrichtlinien (Giesecke 1973f: 136).

Zwischenfazit zur theoretischen Grundlegung
Dieser Abschnitt zur theoretischen Grundlegung zeigt noch deutlicher als die vorangegangene Darstellung der Geschichte der politischen Bildung die zentrale Bedeutung marxistischer Theorien für Giesecke: Er bekennt sich nicht nur ausdrücklich zur Kritischen Theorie, sondern benennt als prinzipielle Grundanforderungen für jede gesellschaftstheoretische Begründung einer didaktischen Konzeption, dass diese einen inhaltlichen Demokratiebegriff benötige (vgl. o.S. 266), der im Rahmen einer gesamtgesellschaftlich-historischen, marxistischen Theorie entwickelt werden müsse (vgl. o. S. 270). Hier wird offenbar, dass marxistische Kategorien für Giesecke ein unhintergehbares Paradigma darstellen, das jeder Gesellschaftsdeutung zugrunde gelegt werden muss.

Erstaunlich blass bleibt in diesem Zusammenhang die für die marxistischen Theorien zentrale Rolle von Entfremdung und Emanzipation. Giesecke konstatiert zwar, dass politische Bildung notwendig einer Theorie der Emanzipation bedürfe (vgl. o.S. 271) und fordert, die „richtigen" Bewusstseinsinhalte wissenschaftlich zu ermitteln (vgl. o.S. 267) – er setzt sich aber an dieser Stelle nicht damit auseinander, dass er sich mit seiner marxistischen Grundlegung automatisch auch der Problematik stellen muss, wie Entfremdung durch Bildung überwunden werden kann. Dass diese Frage in seiner theoretischen Grundlegung keine Rolle spielt, sondern erst in seinen späteren Ausführungen zur Didaktik wieder ins Zentrum seiner Aufmerksamkeit rückt, zeigt, wie bereits seine Ausführungen zu Negt (vgl. o.S. 258), dass er darin kein Problem der Gesellschaftstheorie, sondern lediglich eines der Didaktik sieht.

Aufgrund seiner ausdrücklich marxistischen Grundlegung kommen in Gieseckes Abschnitt zur Gesellschaftstheorie kaum pluralistische Gedanken zum Tragen. Sie scheinen lediglich durch, wenn Giesecke mit Blick auf die Praxis nach einer konsensfähigen Begründung der politischen Bildung fragt und seine eigene marxistischen Position dann etwas relativiert (vgl. o.S. 271). Daneben lässt sich aber selbst Gieseckes Orientierung am Grundgesetz nicht als Bekenntnis zum Pluralismus lesen, weil dessen dynamische Interpretation so sehr im Vordergrund steht, dass das dort verankerte pluralistische Demokratieverständnis nicht zum Vorschein kommt (vgl. o.S. 276). Vor allem anderen aber steht Gieseckes Forderung nach der Parteilichkeit politischer Bildung im Widerspruch zu einer pluralistischen und am Kontroversitätsgebot orientierten politischen Bildung (vgl. o.S. 274). So lässt sich einzig die positive Bewertung der staatlichen Verantwortung für die Richtlinien mit der Begründung, dass so eine Diskussion und Kontrolle möglich sei, als Hinweis auf eine Wertschätzung des Pluralismus lesen (vgl. o.S. 277).

Besonders aufschlussreich ist, dass Giesecke im zentralen Abschnitt zur gesellschaftstheoretischen Grundlegung seiner neuen Didaktik an keiner Stelle auf sein Politikverständnis eingeht: In der alten Didaktik hatte die Definition von Politik noch ganz am Anfang gestanden, und wenn Giesecke nun darauf verzichtet, zeigt das, dass er eine ausdrückliche Definition von Politik und damit auch eine Abgrenzung der Politik von der Gesellschaft und eine entsprechende Eingrenzung des Gegenstandes der politischen Bildung offenbar nicht mehr für nötig hält (vgl. Giesecke 1965a: 17-29 und o. ab S. 45).

3.6.2 Lernziele und Inhalte der politischen Bildung

Nach seiner Darstellung der gesellschaftstheoretischen Grundlagen erläutert Giesecke in mehreren Abschnitten seinen didaktischen Ansatz im engeren Sinne. Er beginnt zunächst mit der Darstellung der Lernziele und Inhalte politischer Bildung.

Das oberste Lernziel in seiner neuen Didaktik, das Giesecke ausdrücklich aus dem Grundgesetz ableitet, ist nun die „Mitbestimmung". Mitbestimmung bedeutet dabei für ihn nicht nur politische Beteiligung im Rahmen der bereits institutionell vorgegebenen Möglichkeiten, sondern auch die Mitwirkung an der weiteren Demokratisierung von staatlichen und gesellschaftlichen Strukturen – im Sinne einer „Fundamental-Demokratisierung", wie Giesecke hier erneut schreibt (Giesecke 1972a: 139; vgl. o.S. 205).

Auch wenn sich das an der bloßen Änderung der Wortwahl nicht erkennen lässt, geht Giesecke durch die Charakterisierung seines neuen Leitziels „Mitbestimmung" über seinen Zielbegriff in der alten Didaktik, „politische Beteiligung", hinaus. Dieses Ziel hatte er noch mit der Übereinstimmung mit dem grundgesetzlich garantierten Recht auf politische Beteiligung begründet und ausdrücklich ergänzt, man solle einen Zielbegriff wählen, „der von den Grundlagen unserer Verfassung ausgeht und nicht primär von den Kampfprozessen, die zu dieser Verfassung geführt haben" (Giesecke 1965a: 66).[349]

Dass Giesecke bei der Mitbestimmung als Ziel nun eben diese Kampfprozesse im Sinn hat, zeigt sich nicht zuletzt daran, dass im weiteren Verlauf seiner Didaktik, vor allem im dritten Teil, neben der Mitbestimmung auch die Emanzipation ausdrücklich als oberstes Lernziel auftaucht. Allein das Wortpaar „Emanzipation und Mitbestimmung" kommt mehr als ein Dut-

---

349 In der alten Didaktik heißt es sogar, die Grundrechte des Grundgesetzes stellten „einen gewissen Abschluss des Klassenkampfes und der Emanzipation" dar (Giesecke 1965a: 107). Damit war Giesecke hinter die an anderen Stellen deutlich gesellschaftskritischere Stoßrichtung seiner alten Didaktik zurückgefallen (vgl. o.S. 85).

zend Mal vor: Gegen Ende der Didaktik schreibt Giesecke ausdrücklich, dass „Emanzipation und Mitbestimmung die leitenden politischen Lernziele sind" (Giesecke 1972a: 224) und daneben bezeichnet er beide Begriffe gemeinsam als „Globalziel", „Leitziele", „Maßstab" „Leitperspektiven", „Leitvorstellungen" sowie „Leitgesichtspunkte" (Giesecke 1972a: 208, 217, 219, 222, 224, 227).

Giesecke will sein oberstes Ziel, das er in diesem Abschnitt nur „Mitbestimmung" nennt, anschließend in weitere, konkretere „Funktionsziele" oder „Teilziele"[350] ausdifferenzieren. Dazu bedürfe es – das ergebe sich folgerichtig aus seinem „historisch-materiellen Ansatz" – einer *historischen* Präzisierung in der konkreten Situation, und die Teilziele sollten eine „kritische Distanz zur Realität" aufbauen, um die Gegenwart „in Bewegung zu setzen" (Giesecke 1972a: 141).

Im folgenden Absatz betont Giesecke allerdings erneut die Rolle des Grundgesetzes als normativen Bezugspunkt der politischen Bildung. Er fordert, dass die Konkretisierung der Teilziele mittels einer Analyse der politisch-gesellschaftlichen Realität immer an das bisher Erreichte anschließen müsse und nur eine Korrektur, keine Umwälzung des historischen Prozesses anstreben dürfe. So dürften beispielsweise plebiszitäre Formen der Mitbestimmung nur an einigen Stellen des ansonsten repräsentativen Systems ergänzend als Korrekturen gefordert werden, wenn durch sie der Prozess der Demokratisierung weiter getrieben werden könne. Nur „historische Bewusstlosigkeit", so schreibt Giesecke eindringlich, könne einfach das Auswechseln des gesamten Systems durch ein anderes verlangen, und das Gleiche gelte auch für Lernziele, die ebenfalls nicht neu erfunden, sondern immer nur als „kritische Korrektur bisheriger Lernzielsysteme" formuliert werden sollten (Giesecke 1972a: 141-142).

Als nächstes betont Giesecke, dass es die politischen und gesellschaftlichen Konflikte seien, in denen Politik konkret werde und mit deren Hilfe sie in die pädagogische Praxis hineingeholt werden könne. Das Vorhandensein der Konflikte erklärt er – anders als 1965 ohne großen theoretischen Aufwand und ohne Ausweisung eines entsprechenden Politikbegriffs – durch wenige Sätze:

> „Dass es solche Konflikte unvermeidlich geben muss, resultiert schon aus dem noch nicht zu Ende geführten historischen Demokratisierungsprozess und daraus, dass die formalen Gleichheitschancen des Grundgesetzes über

---

350 Giesecke benutzt im Folgenden fast immer den Begriff Teilziele statt Funktionsziele – diesem Begriff wird daher auch hier der Vorzug gegeben. Gagel weist zudem zu Recht darauf hin, dass der Begriff Funktionsziel nicht wirklich passend ist, weil dieser von Wagenschein geprägte Begriff sich eher auf die Grundeinsichten eines Faches beziehe (vgl. Gagel 1979: 68).

weite Strecken noch nicht für alle realisiert sind. [...] Solche Konflikte basieren auf gesellschaftlichen Widersprüchen, sind also letztlich nicht nur ein Produkt von ‚Meinungsverschiedenheiten'" (Giesecke 1972a: 143).

Darin zeichnet sich durchaus eine Akzentverschiebung vom pluralistisch geprägten Konfliktverständnis seiner alten Didaktik zugunsten eines marxistischen Verständnisses ab: Konflikte werden nicht mehr wie bei Dahrendorf substanzialisiert (vgl. o.S. 36), sondern erklären sich historisch aus der noch nicht realisierten Chancengleichheit und scheinen damit überwindbar. Sie basieren auf grundlegenden Widersprüchen, was angesichts des an anderen Stellen proklamierten Klassencharakters der Gesellschaft (vgl. zusammenfassend Giesecke 1972a: 193-196; u. S. 311, S. 334) auf die herausgehobene Bedeutung von Klassenkonflikten hinweist. Sie sind also nicht mehr positiv besetzt, als Antriebskraft von Veränderungen und Möglichkeit, die eigenen Interessen zu realisieren, sondern negativ, weil sich in ihnen die Ungerechtigkeit der Gesellschaft spiegelt. Die Warnung vor der Idee, eine Gesellschaft ohne Konflikte herbeiführen zu wollen, wie Giesecke sie 1965 in Anlehnung an Dahrendorf ausgesprochen hat, spielt nun keine Rolle mehr (vgl. o.S. 91 sowie u. S. 293).[351]

Von diesem neuen Konfliktverständnis ist auch Gieseckes anschließende, auf 15 Seiten dargestellte Ausdifferenzierung des Leitziels Mitbestimmung in fünf Teilziele deutlich beeinflusst. Er will damit herausarbeiten, welche „Kenntnisse, Fähigkeiten und Fertigkeiten" Lernende erwerben müssen, „damit in charakteristischen politischen Handlungssituationen Mitbestimmung optimal realisiert und durchgesetzt werden kann" (Giesecke 1972a: 143). Diese Formulierung deutet bereits an, dass Giesecke hier Ziele und Inhalte der politischen Bildung zusammenfasst. Dabei gibt er seine Differenzierung in drei Wissensformen und vier korrespondierende Ebenen der Lerninhalte

---

351 Das konstatieren ähnlich auch Walter Gagel und Günter Behrmann. Gagel schreibt beispielsweise, Gieseckes neuer Konfliktbegriff transportiere eine bestimmte Vorstellung von der Struktur der Gesellschaft und die Erwartung einer konfliktfreien Gesellschaft (Gagel 1975: 199; vgl. auch Gagel 1979: 73; Behrmann 1972: 32).
Auch Kühr unterscheidet entsprechend zwischen den Konfliktbegriffen aus der liberalen Konflikttheorie und der Kritischen Theorie, der er bescheinigt, eine Gesellschaft anzustreben, in der es „keine grundlegenden Konflikte und damit auch keine Politik mehr geben wird". Er erkennt allerdings die Inkonsistenzen in Gieseckes neuer Didaktik und kommt zu dem Schluss, so weit wie die Kritische Theorie wage dieser sich nicht zu gehen – bei ihm werde „durchaus hier und dort der Eindruck erweckt, als ob er letztlich an seinem liberalen Politik-Verständnis festhalte" (Kühr 1980: 137).

aus der alten Didaktik auf und führt eine völlig neue, weit weniger klare Systematik ein.[352]

Zunächst aber unterscheidet er zwischen mittelbaren und unmittelbaren Handlungssituationen: Mittelbare seien etwa die Wahl in einem repräsentativen politischen System, unmittelbare die direkte Mitwirkung in gesellschaftlichen Organisationen wie beispielsweise im Betrieb oder in der Schule. Während für die *mittelbare Beteiligung* ein didaktisches Konzept genüge, das primär auf das Lernziel der Urteilsfähigkeit setze, reiche das für die *unmittelbaren* politischen Handlungen nicht aus. Für diesen Bereich seien bisher keine spezifischen Lernziele entwickelt worden, schreibt Giesecke – er selbst wolle versuchen, mit seinen Teilzielen beiden Handlungstypen gerecht zu werden (Giesecke 1972a: 143-144).

Bereits in Gieseckes erstem Teilziel, der „*Analyse aktueller Konflikte*", kommt sein marxistisch geprägtes Konfliktverständnis zum Tragen. Es geht ihm um die Fähigkeit, „sich im Sinne des allgemeinen Fortschritts an Demokratisierung und der Durchsetzung der eigenen Interessen in manifesten Konflikten zu engagieren und diese möglichst auf die latenten zurückführen" (Giesecke 1972a: 144). Dazu schlägt er vor, möglichst jeweils aktuelle, manifeste Konflikte im Unterricht zu bearbeiten und zusätzlich durch die Analyse epochaler, latenter Konflikte die Behandlung von immer wieder zu erwartenden manifesten Konflikten vorzubereiten (vgl. Giesecke 1972a: 144-146).

Auch im zweiten Teilziel, „*Training systematischer gesamtgesellschaftlicher Vorstellungen*", wird Gieseckes marxistisches Gesellschaftsverständnis deutlich – nun vor allem in Form der Annahme, dass Gesellschaften immer in ihrer Totalität analysiert werden müssen:

Dieses zweite Teilziel soll das erste ergänzen, insofern es dazu dienen könne, konkrete Konflikte in einen allgemeinen Zusammenhang einzuordnen und so auch ihre Relevanz zu bewerten. Giesecke nennt fünf „Schwerpunkte", die er

---

352 Vgl. zu den Wissensformen in der alten Didaktik Giesecke 1965a: 35-40 und o. S. 56. Zur Kritik vgl. u. S. 300, Anm. 373 und S. 305.

Giesecke führt die alten Wissensformen in seinen späteren Neuauflagen der Didaktik dann wieder ein: 1993 zunächst das Orientierungswissen, als „erste grundlegende Einsicht in Zusammenhänge unserer staatlich-gesellschaftlichen Verfassung und Struktur" (Giesecke 1993: 61; ebenso 2000b: 96). 2000 taucht dann auch das Bildungswissen wieder auf, als „Repertoire dessen, was der Mensch in seiner bisherigen Lebensgeschichte aus handelnder Erfahrung einerseits und systemati-scher Unterrichtung bzw. Studium andererseits erworben hat". Dazu kommt neu das Handlungs-wissen, das Giesecke nur indirekt, als auf eine konkrete Handlung hin mobilisiertes Bildungsreper-toire definiert, was deutlich an sein früheres Aktionswissen erinnert (Giesecke 2000b: 83).

später auch als „systematische Zusammenhänge" bezeichnet: kapitalistische und sozialistische Produktions- und Verteilungssysteme, die politischen Regierungssysteme in der Bundesrepublik und der DDR, das Verwaltungssystem, das System der internationalen Politik sowie das „System der verschiedenen menschlichen Kommunikationsweisen" (Giesecke 1972a: 147, 151).

Giesecke schlägt vor, anders als beim ersten Teilziel, die wissenschaftlichen Modelle zu diesen fünf Bereichen deduktiv zu vermitteln. Er begründet dies damit, dass Vorstellungen über die politisch-gesellschaftliche Totalität nicht gänzlich neu aufgebaut werden müssten, sondern dass immer schon vorhandene Vorstellungen – er nennt als Beispiele „das ‚dichotomische' Bewusstsein" von Arbeitern, „das ‚hierarchische' Bewusstsein" in der Mittelschicht und das antisemitische Bewusstsein – korrigiert werden müssten. Diese seien mit ihrer meist einfachen Struktur und den oft „unbewusst-magischen Anteilen" bloß ein „Reflex des undurchschauten gesamtgesellschaftlich-historischen Realzusammenhangs" und als solcher „ein Stück ‚falsches Bewusstsein'". Giesecke schlussfolgert, deshalb sei es nötig, „das ‚Gesellschaftsbild' unmittelbar anzugehen". Indem man die Lernenden mit sozialwissenschaftlichen Verständnis-Modellen konfrontiere, würden sie angeregt, in der Auseinandersetzung mit der Realität ihr eigenes Bewusstsein zu verbessern (Giesecke 1972a: 148-150).

Warum daraus didaktisch ein deduktives Vorgehen folgen sollte, erläutert Giesecke allerdings nicht. Und führt man sich vor Augen, dass es dabei um das zentrale Problem marxistischer Didaktik geht, wie falsches Bewusstsein überwunden werden kann, führt die lapidar vorgetragene Forderung der deduktiven Vermittlung eines neuen Gesellschaftsbildes jegliche Mühen, die Giesecke zuvor im Zusammenhang mit dieser Frage auf sich genommen hatte, ad absurdum.

Ähnlich bemerkenswert wie Gieseckes Vorschlag einer deduktiven Vorgehensweise sind seine Ausführungen zur Auswahl der jeweils zu den einzelnen Bereichen zu vermittelnden wissenschaftlichen Grundmodelle.

Zunächst konstatiert er, es komme vor allem darauf an, das bei den Lernenden bereits vorhandene gesamtgesellschaftliche Bewusstsein *überhaupt* mit sozialwissenschaftlichen Verständnis-Modellen zu konfrontieren – im Unterricht könne es ohnehin nicht darum gehen, „richtiges Bewusstsein' punktuell und ein für allemal herzustellen" (Giesecke 1972a: 150). Während man sich an dieser Stelle fragt, ob Giesecke mit richtigem und falschen Bewusstsein schlicht die Korrektur von offensichtlichen Fehlverständnissen jenseits gesellschaftstheoretischer Deutungen meint,[353] wird auf der folgenden

---

353 Ob es objektive Fehlverständnisse gibt, die sich jenseits gesellschaftstheoretischer

Seite deutlich, dass es ihm auch hier um richtiges Bewusstsein im marxistischen Sinne geht: Dort heißt es, die oben genannten fünf systematischen Zusammenhänge dienten der „Korrektur der jeweils vorliegenden gesellschaftlichen Totalitätsvorstellungen [...], insofern auf diese Weise die fortgeschrittenen sozialwissenschaftlichen Erkenntnismodelle in den Schulunterricht eingebracht werden können". Und Giesecke ergänzt ausdrücklich, dass zumindest beim Schwerpunkt kapitalistische und sozialistische Produktions- und Verteilungssysteme „auch die marxistische Interpretation angeboten werden muss" (Giesecke 1972a: 151).

Auch wenn damit erneut Gieseckes Annahme eines marxistischen Paradigmas im naturwissenschaftlichen Sinne durchschlägt, wird dies dadurch konterkariert, dass Giesecke fordert, auch andere sozialwissenschaftliche Theorien – und diese anscheinend sogar gleichberechtigt mit den marxistischen – im Unterricht zu behandeln.[354]

Gleich das nächste Teilziel, das Giesecke „*historisches Bewusstsein*" nennt, deutet aber doch wieder die Priorität der marxistischen Theorien für Giesecke bei der Erklärung von Vergangenheit, Gegenwart und Zukunft an: Er kritisiert nun, dass immer weniger Menschen über ein historisches Bewusstsein verfügten und macht dafür den Geschichtsunterricht verantwortlich. Er wirft ihm vor allem vor, die „materialistischen Impulse und Perspektiven" aus der Tradition der Arbeiterbewegung abzuwehren. Er habe sich, schreibt Giesecke, „zu einem Instrument der politisch-ideologischen Parteilichkeit gegen die gesellschaftlichen Interessen der Arbeiter" entwickelt und sei deshalb auch nicht in der Lage, den Demokratisierungsprozess der Neuzeit angemessen zu thematisieren (Giesecke 1972a: 152). Wie die Beiträge der Frankfurter Schule gezeigt hätten, sei eine historische Perspektive für die inhaltliche Bestimmung des weiteren Demokratisierungsprozesses unentbehrlich. Das Grundgesetz könne „nur dann zur politischen Lernzielbestimmung herangezogen werden [...], wenn es historisch-dynamisch interpretiert wird, d.h. so, dass es einen

---

Deutungen bewegen und die im Unterricht richtiggestellt werden sollten, ist heute in der Politikdidaktik stark umstritten (vgl. Autorengruppe Fachdidaktik 2011; Weißeno u.a. 2010). Diese Diskussion kann hier nicht dargestellt oder bewertet werden, weshalb zum Begriff Fehlverständnis auf die bisher meines Wissens nicht bestrittene Deutung dieses Begriffs durch Sibylle Reinhardt verwiesen sei, die auch von „Illusionen" oder „Fehlverstehen" spricht (vgl. Reinhardt 2005: 47-52).

354 Die Stelle bleibt allerdings auch deshalb vage, weil Giesecke keines der anderen „Grundmodelle" explizit benennt und weil er eine Aufteilung in fünf systematische Zusammenhänge vornimmt, deren Beziehung zur gesamtgesellschaftlichen Theorie unklar bleibt.

bestimmten historischen Prozess widerspiegelt und diesen in die Zukunft verlängert". Dementsprechend müsse auch der Geschichtsunterricht so angelegt werden, „dass er den Prozess der gelungenen bzw. gescheiterten Demokratisierung erklärt" (Giesecke 1972a: 153).

Beim vierten Teilziel, „*Training selbstständiger Informationsermittlung und Informationsverarbeitung*", geht es Giesecke vor allem um Techniken der Informationsbeschaffung, aber auch um Kenntnisse über das Medien- und Informationswesen (vgl. Giesecke 1972a; 155-156).

Während die bisher genannten vier Teilziele laut Giesecke für die mittelbare politische Beteiligung ausreichen, zielt sein fünftes Teilziel, das „*Training praktischer Handlungsformen*", speziell auf das unmittelbare politische Handeln. Zu diesem fünften Ziel zählt Giesecke strategisches Kommunizieren und Handeln, sowie die dafür notwendigen juristischen und psychologischen Grundkenntnisse. Außerdem erwähnt er in diesem Zusammenhang, dass das politische Bewusstsein auch über ein utopisches Moment verfüge müsse, um durch politisches Handeln die Realität in die gewünschte Richtung zu verändern (vgl. Giesecke 1972a: 157).

In seiner *Zusammenfassung* schreibt Giesecke, die Teilziele stellten „Operationalisierungen des übergeordneten Lernziels ‚Mitbestimmung'" dar, und sie müssten stets im Zusammenhang betrachtet und angestrebt werden. Bei allen Teilzielen gehe es um „die Bearbeitung des politischen Bewusstseins als eines gesamtgesellschaftlich-historischen", die jeweils unter verschiedenen Aspekten erfolge. Er kündigt an, im folgenden Kapitel noch weiter zu präzisieren, was er mit einer „Bearbeitung des Bewusstseins" meint (Giesecke 1972a: 158-159).

Zwischenfazit zu den Lernzielen und Inhalten
Insgesamt zeigt Gieseckes Formulierung seiner Inhalte und Ziele der politischen Bildung an vielen Stellen, vor allem aber bei seinem veränderten Konfliktverständnis (vgl. o.S. 280) und der Forderung nach einem Verständnis der Gesellschaft in ihrer Totalität (vgl. o.S. 282), sein verändertes und nun marxistisch geprägtes Gesellschaftsbild und dessen paradigmatischen Charakter. Da es in diesem Kapitel bei der Bestimmung der Teilziele aber schon um eine erste Operationalisierung von Gieseckes gesellschaftstheoretischen Vorstellungen für die Praxis der politischen Bildung geht, bleibt die marxistische Argumentation nicht ungebrochen: Giesecke relativiert sie zum einen durch die ausdrückliche Orientierung am Grundgesetz, dem er hier – auch wenn er es erneut dynamisch interpretiert – die Festschreibung und Absicherung der bisherigen Demokratisierung zugesteht. Zum anderen tritt beim zweiten Teilziel mit der Forderung, auch andere sozialwissenschaftliche Theorien im

Unterricht zu behandeln, zumindest in Bezug auf Gieseckes Wissenschaftsverständnis auch ein pluralistisches Element hervor.[355]

In diesem ersten Schritt der Operationalisierung seiner konzeptionellen Überlegungen für die Praxis zeigt sich auch eine Verschiebung in Gieseckes Politik- und Konfliktverständnis: Sein weites Verständnis von Politik und von den Aufgaben der politischen Bildung aus seiner theoretischen Grundlegung scheint an mehreren Stellen durch, etwa wenn er die Befähigung zur unmittelbaren Mitwirkung in gesellschaftlichen Organisationen zum Ziel politischer Bildung erklärt (vgl. o. S. 282) oder wenn er schreibt, dass es auch die gesellschaftlichen Konflikte seien, in denen Politik konkret werde (vgl. o. S. 280). Andererseits bewegen sich die zu den fünf Teilzielen beschriebenen Beispiele überwiegend unausgesprochen im Rahmen des politischen Systems. Insgesamt lässt sich daher feststellen, dass Giesecke nun zumindest die Ziele und Inhalte der politischen Bildung weniger weit fasst, als man dies nach seiner gesellschaftstheoretischen Grundlegung hätte vermuten können.

Zu diesem Eindruck trägt nicht zuletzt auch bei, dass Giesecke keine Ziele auf der psychologischen Ebene ausbuchstabiert. Er fordert lediglich im Rahmen des fünften Teilziels pauschal „psychologische Grundkenntnisse" (vgl. o. S. 285), obwohl er diese im Vorwort und im Geschichtsteil an mehreren Stellen als wichtiges neues Feld der didaktischen Diskussion eingestuft hatte.[356]

---

355 Die Widersprüche zwischen der marxistischen und der liberalen Argumentation im Zusammenhang mit den Funktionszielen analysiert treffend auch Herbert Kühr (vgl. Kühr 1980: 132, 136).
356 Giesecke erwähnt außerdem am Rande und ohne konkrete Erläuterung, dass „emotional-affektive" und „gruppendynamische" Probleme für ihn nur von Relevanz seien, wenn sie die Bearbeitung des Bewusstseins negativ beeinflussten (vgl. Giesecke 1972a: 159). Er nennt lediglich zwei Literaturhinweise. Zum einen den Band „Politische Erziehung als psychologisches Problem, Frankfurt/M. 1966". Dabei handelt es sich – was Giesecke aber nicht angibt – um einen Bericht Peter Brückners über eine gleichnamige Tagung der Friedrich-Ebert-Stiftung und der Sektion Politische Psychologie im Berufsverband Deutscher Psychologen. Zum anderen nennt er den politischen Psychologen Walter Jacobsen, den er auch 1965 schon erwähnt hatte (vgl. o. S. 71). Den hier angegeben Text „Zur Diskussion um die politische Bildungsarbeit" (APuZ, Heft 4/1966) hatte Giesecke bereits 1968 in seiner Replik auf seine Kritiker als wichtigen Beitrag zu den psychischen Voraussetzungen und der Wirksamkeit politischen Lernens genannt und zitiert (vgl. Giesecke 1968b: 224).
Zur Bedeutung der politischen Psychologie und Psychoanalyse in Gieseckes Geschichtsteil vgl. demgegenüber Giesecke 1972a: 11, 38, 51, 56-57 und dazu jeweils o. S. 229, S. 234, S. 243, zu deren Bedeutung in seiner alten Didaktik o. S. 71.

In Bezug auf die Frage der Vermittlung objektiver Interessen und eines richtigen Bewusstseins argumentiert Giesecke im Abschnitt zu den Lernzielen erneut widersprüchlich: Zwar fordert er explizit, „immer schon vorhandene Vorstellungen" zu korrigieren, weil diese „ein Stück ‚falsches Bewusstsein'" darstellten (Giesecke 1972a: 149; vgl. o.S. 282). Dann heißt es allerdings, zur Korrektur des vorhandenen Bewusstseins könne jedes sozialwissenschaftliche Modell herangezogen werden, was klingt, als ginge es Giesecke nicht um das Ergebnis des Erkenntnisprozesses, sondern lediglich um eine Erweiterung der Erkenntnisse, bei der noch nicht einmal die Richtung vorgegeben wird, oder sogar nur um eine Korrektur von Fehlverständnissen (vgl. Giesecke 1972a: 150; vgl. o.S. 283). Schließlich folgt aber wieder das Argument, die marxistischen Theorien seien die am weitesten fortgeschrittenen Erkenntnismodelle und sollten daher im Unterricht vermittelt werden, was die Rolle aller anderen sozialwissenschaftlichen Theorien natürlich deutlich relativiert.

3.6.3 Das Kategorienmodell

Wissenschaftstheoretische Begründung
Auch in seiner anschließenden Darstellung der elf Kategorien der Konfliktanalyse, die man als weiteren Operationalisierungsschritt seiner konzeptionellen Vorstellungen betrachten kann, bleibt Giesecke schwankend. Er wechselt in diesem Abschnitt vor allem zwischen einer marxistischen Neuinterpretation der Kategorien und einer weiterhin pluralistischen und am Grundgesetz orientierten Auslegung, wie er sie schon 1965 entwickelt hatte.

Zunächst erläutert er unter der Überschrift „Aktionswissen und Kategorien der Konflikt-Analyse" in einem kleinen Vorspann den Zusammenhang von kategorialer Analyse und Aktionswissen. Das Aktionswissen war 1965 eine von drei Wissensformen, und Giesecke hatte es als die Wissensform eingeführt, die Bildungs- und Orientierungswissen auf einen konkreten Konflikt hin neu strukturiert (vgl. Giesecke 1965a: 99; o. S. 57). Von diesen ursprünglich drei Wissensformen ist in der neuen Didaktik einzig das Aktionswissen übrig geblieben, und dieses wird von Giesecke nur sehr knapp erklärt – als Wissen, das entstehe, wenn das Bewusstsein einen politischen Konflikt bearbeite und „seine Informationen und Interpretationsmuster in eigentümlicher Weise darauf hin" neu organisiere. Das geschieht laut Giesecke durch Fragen, die – immer auch schon unbewusst – an einen Konflikt gestellt werden. Genau diesen Prozess will Giesecke „rational durchschaubar machen", und er argumentiert, dafür brauche man *politische* Kategorien, weil sich erst durch sie Fragen als politische Fragen qualifizieren ließen (vgl. Giesecke 1972a: 159-160).

Giesecke betont, dass es sich bei diesen Fragen nicht um wissenschaftliche, sondern um politische Fragen handelt. Den Unterschied sieht er darin, dass ihnen nicht nur ein wertneutraler Wunsch nach Erkenntnis zugrunde liegt, sondern auch ein „erkenntnisleitendes Interesse". Giesecke nennt zu diesem Begriff ausdrücklich den Namen Habermas, aber indem er erkenntnisleitende Interessen für wissenschaftliche Fragen ausschließt, zeigt er, dass er Habermas' Definition nicht oder falsch versteht: Bei diesem sind erkenntnisleitende Interessen unüberschreitbare, transzendentale Grenzen jedes Erkennens und damit auch für die Wissenschaft konstitutiv. Objektive wissenschaftliche Erkenntnisse werden durch sie laut Habermas nicht verhindert, sondern gerade im Gegenteil erst möglich gemacht (vgl. o.S. 196; Habermas 1969b: 159-160).[357]

Giesecke folgt mit diesem Begriffsgebrauch und mit dem unzutreffenden Bezug auf Habermas einem damals absolut üblichen Missverständnis: Erkenntnisleitende Interessen wurden gemeinhin als außerwissenschaftliche (politische) Präferenzen verstanden – entweder in einer pluralistischen Lesart, nach der jeder Mensch eben ein anderes erkenntnisleitendes Interesse habe und das auch legitim sei; oder in einer marxistischen, nach der es ein objektives Erkenntnisinteresse im Sinne einer für alle Menschen gleichen Utopie einer gerechten Gesellschaft gebe, an der sich alles Handeln auszurichten habe.

Giesecke scheint in seiner neuen Didaktik zwischen diesen beiden Lesarten zu schwanken: Während der Begriffsgebrauch im Zusammenhang mit der Erläuterung der Kategorien nach einem pluralistischen Verständnis klingt, spricht er gegen Ende der Didaktik in marxistischer Manier davon, dass „‚Emanzipation' das erkenntnisleitende Interesse sowohl der politischen wie der didaktischen Theorie ist" (Giesecke 1972a: 214). Dass Giesecke hier schwankt und auch dass die einzelnen Textstellen nicht eindeutig einer pluralistischen oder einer marxistischen Lesart zuzuordnen sind, dürfte erneut mit seiner Unentschiedenheit zwischen einem pluralistischen und einem marxistischen Verständnis von Gesellschaft zusammenhängen.[358]

Die Begriffe Erkenntnisinteresse und erkenntnisleitendes Interesse kommen bei Giesecke auch vor 1972 schon vor. Allerdings benutzt er sie zunächst nicht wie in der neuen Didaktik im Sinne praktischer, meist politischer Ziele der wissenschaftlichen Theoriebildung, sondern eher im Sinne des neutralen Begriffs

---

357 Giesecke gibt Habermas' Monografie „Erkenntnis und Interesse" (Habermas 1968a) auch im Literaturverzeichnis an, geht darauf jedoch an keiner Stelle genauer ein.

358 Weitere Stellen, an denen Giesecke den Begriff erkenntnisleitendes Interesse verwendet und die die uneinheitliche Verwendung zeigen, finden sich bei Giesecke 1972a: 9, 211-212.

einer Fragestellung, die dieser Theoriebildung zugrunde liegt.[359] So bezeichnet er etwa in seiner Rezension der Studie von Tilman Moser, „Jugendkriminalität und Gesellschaftsstruktur" (Frankfurt 1970), die Frage nach der sozio-ökonomischen Bedingtheit des Verbrechens als dessen erkenntnisleitendes Interesse (Giesecke 1970c: 582; vgl. entsprechend auch Giesecke 1971a: 223).

In seinen Aufsätzen ab 1972 verwendet Giesecke beide Begriffe zunächst nur noch wie in der neuen Didaktik im Sinne von ausgesprochenen oder unausgesprochenen praktischen, politischen Zielen wissenschaftlicher Theoriebildung.[360]

Eine ähnliche Konnotation wie bei Jürgen Habermas erhalten die Begriffe Erkenntnisinteresse und erkenntnisleitendes Interesse dann vorübergehend ab 1974 – auch hier allerdings nur vereinzelt.[361] Vor allem in seinem 1975 erschie-

---

359 Dieser neutrale Gebrauch findet sich z.T. auch noch in der neuen Didaktik: So heißt es über die didaktische Konzeption Negts, die Methoden der Arbeiterbildung seien dort inhaltlich dadurch definiert, dass sie „auf der Grundlage des Erkenntnisinteresses einer politischen Ökonomie der Arbeit soziologische, sozialpsychologische und historische Aspekte in einer systemsprengenden Praxis zusammenfassen" (Giesecke 1972a: 99). Dass Giesecke schon die erkenntnisleitenden Interessen selbst als politisch motiviert betrachtet, ist anzunehmen; es wird jedoch nicht eindeutig behauptet.

360 So benutzt Giesecke in seiner Laudatio auf Janusz Korczak 1972 die Formulierung, dessen „erkenntnisleitendes Interesse" sei „die Emanzipation des Kindes" gewesen (Giesecke 1972b: 402). 1975 schreibt er in einem ähnlichen Sinne, Emanzipation sei „nicht mehr als ein Begriff, der ein erkenntnisleitendes Interesse zum Ausdruck bringt: das Interesse an der zum jeweiligen historischen Zeitpunkt höchstmöglichen Befreiung von den Zwängen der Natur und der gesellschaftlichen Organisation, und zwar [...] zum Zwecke der optimalen Bedürfnisartikulation und Bedürfnisbefriedigung für alle Menschen" (Giesecke 1975c: 77; vgl. zu erkenntnisleitenden Interessen im Sinne politischer Ziele auch Giesecke 1975b: 94).
Auch ein Jahr zuvor taucht das erkenntnisleitende Interesse Emanzipation bereits in einem Aufsatz auf: In seinem Text über die didaktischen Möglichkeiten der Emanzipation bemängelt Giesecke, dass die Emanzipation „bisher kaum zum erkenntnisleitenden Interesse" der Sozialisationstheorie gemacht worden sei (Giesecke 1971a: 223).

361 So weist er in seiner Antwort auf Bernhard Sutors Kritik an seiner neuen Didaktik den Vorwurf der versuchten Indoktrination zurück, indem er schreibt, die vom erkenntnisleitenden Interesse an zunehmender Emanzipation ausgehenden Autoren lehnten im Gegenteil eine parteiliche Belehrung ab, und das erkenntnisleitende Interesse fungiere wie bei Habermas als „erkenntniskritische Kategorie", die der Selbstreflexion dienen solle (Giesecke 1974a: 92; entsprechend auch in seiner Kritik an Brezinka, vgl. Giesecke 1975a: 590). 1976 bemerkt er, die Kritische Theorie halte „Werturteile zumindest als ‚erkenntnisleitende

nenen Aufsatz „Emanzipation, Tradition und praktisches Bewusstsein" (Giesecke 1975c) scheint Giesecke der Wissenschaft vorgegebene, unüberschreitbare Grenzen des Erkennens anzunehmen: Hier verteidigt er den Begriff der Emanzipation als erkenntnisleitendes Interesse und folgert daraus, dieser sei damit kein wissenschaftlicher Begriff, sondern lediglich „ein wissenschaftlich bearbeitbarer Begriff", sodass „kritische Einwände, die auf seine unzulängliche wissenschaftliche Begründung abheben", ins Leere liefen (Giesecke 1975c: 78). Allerdings heißt es gleich im folgenden Absatz doch wieder, das erkenntnisleitende Interesse an Emanzipation sei dennoch eine politische Zielvorstellung. Dass Giesecke das emanzipatorische Erkenntnisinteresse nicht im Sinne Habermas' als eines von drei für eine Erkenntnis konstitutiven, unhintergehbaren Erkenntnisinteressen sieht, wird zudem deutlich, wenn er schreibt, es stehe „durchaus in Konkurrenz zu anderen [Erkenntnisinteressen]: zu dem der Aufrechterhaltung historisch erworbener Herrschaft und Privilegien; zu dem der Profitmaximierung bzw. des optimalen Wachstums" (Giesecke 1975c: 78).

1976 vollzieht Giesecke dann eine erneute Kehrwendung: Nachdem er bisher an zahlreichen Stellen eine Auseinandersetzung mit den einer Theorie zugrunde liegenden Erkenntnisinteressen geleistet beziehungsweise gefordert hat, kritisiert er nun die permanente Forderung nach einer „Offenlegung wissenschaftstheoretischer und politischer Positionen" in der politischen Bildung. Die Erkenntnistheorie sei vorrangig eine „philosophische Spezialdisziplin"; sie habe zwar in den vorangegangenen Jahren zur Reflexion wissenschaftlichen Arbeitens Wichtiges beigetragen, mittlerweile führten die erzwungenen „Bekenntnis-Orgien" jedoch zur voreiligen und schematischen Zuordnung jedes Arguments zu einer vermeintlichen Position (Giesecke 1976b: 98). Er selbst verwendet die Begriffe Erkenntnisinteresse und erkenntnisleitendes Interesse anschließend immer seltener und kehrt zur politisch-praktischen Verwendungsweise beider Begriffe zurück.[362]

Analog zu dieser, auch in der neuen Didaktik vorherrschenden Verwendungsweise beider Begriffe bezeichnet Giesecke auch seine elf Kategorien als *politische* Kategorien und betont, sie enthielten nie nur analytische, sondern immer auch normative Aspekte (vgl. Giesecke 1972a: 161).[363] Indem er aus-

---

Interessen' für unvermeidlich" (Giesecke 1976c: 231; zur Werturteilsfrage vgl. u. S. 291).
362 Vgl. bspw. Giesecke 1977a: 24; 1978a: 497; 1978c: 55; 1980a: 535-536; 1998c: 94-95; 1998d: 444.
363 Es ist anzunehmen, dass dieses ausdrückliche Bekenntnis zum politischen Charakter der Kategorien mit der Kritik an Gieseckes erster Didaktik zusammenhängt. So hatte Roloff geschrieben, Gieseckes Politikbegriff, nach dem Entscheidungen prinzipiell offen seien, und sein Votum, dass er „als

drücklich hervorhebt, dass es sich bei den Kategorien nicht um *wertneutrale wissenschaftliche* Kategorien handle, bekennt er sich indirekt zu einem wertneutralen Wissenschaftsbegriff. Er schreibt sogar ausdrücklich: „Nach dem heute vorherrschenden Wissenschaftsbegriff würde man von einer wissenschaftlichen Frage erwarten, dass sie ohne Beimischung eines Werturteils nur auf Erkenntnis zielt" (Giesecke 1972a: 161).

Giesecke hatte schon 1965 einen werturteilsfreien Wissenschaftsbegriff und ging davon aus, dass sich die gesellschaftliche und politische Praxis nicht rein wissenschaftlich begründen lasse:

> „Mit dem Aufkommen der positiven Wissenschaften zerfällt die Einheit von Theorie und Praxis, und dieser Zerfall dringt nachdrücklich in das allgemeine Bewusstsein ein. [...] Wissenschaftliche Erkenntnis der Welt einerseits und Anwendung der Erkenntnisse zur Verbesserung menschlicher Verhältnisse andererseits beruhen nicht mehr auf demselben Denkakt" (Giesecke 1965a: 161).

Giesecke benutzt hier den Begriff positiv, an anderen Stellen darüber hinaus auch die Begriffe positivistisch und Positivismus synonym mit Werturteilsfreiheit. So plädiert er etwa in der Replik auf die Kritiker seiner ersten Didaktik dafür, „die in den modernen positiven Wissenschaften verwendeten ‚Modelle' in den Unterricht einzubringen". Diese Modelle, wie etwa die Marktmodelle der Nationalökonomie oder das kybernetische Modell, müsse man „in positivistischer Weise verwenden, d.h. unter Ausklammerung der Werturteilsproblematik". Das sei aber entgegen den Einwänden der Kritiker des Positivismus nicht problematisch, denn schließlich berge „der moderne wissenschaftliche Positivismus eine unentbehrliche aufklärerische Kraft in sich" (Giesecke 1968b: 222).

Hier zeigt sich, dass Giesecke den Begriff Positivismus auch als Bezeichnung einer wissenschaftstheoretischen Position und in Gegenüberstellung zur Kritischen Theorie benutzt. Dabei wechselt er vor 1972 zwischen einer positiven Bewertung des Positivismus, wie oben dargestellt, und einer negativen. Seine negative Bewertung des Positivismus steht oft in Zusammenhang mit der Anerkennung des marxistischen Postulats der Erfassung der Gesellschaft in ihrer

---

wissenschaftlicher Didaktiker" dazu nicht inhaltlich Stellung nehmen wolle, seien von seinen linken Kritikern scharf kritisiert worden und ließen sich mit der Forderung nach einer Parteilichkeit der politischen Bildung zugunsten der Unterdrückten nicht vereinbaren (Roloff 1972a: 40). Da Giesecke nun für eben diese Parteilichkeit plädiert, versucht er über die Betonung des politischen Charakters der Kategorien unter Beibehaltung seines wertneutralen Wissenschaftsbegriffes offenbar dieses Dilemma zu lösen. Vgl. zu diesen Vorwürfen auch o. S. 274, Anm. 342.

Totalität. So zitiert er in der alten Didaktik zustimmend Hans Mommsen mit der Aussage, es scheine denkbar, durch „eine Konzentration des Unterrichts auf das politische Entscheidungshandeln" ein „positivistisches Auseinanderfallen des neuen Faches" in einzelne Unterrichtsabschnitte zur Geschichte, Politik, Geografie, Soziologie, Ökonomie und Staatstheorie zu verhindern (Giesecke 1965a: 29). Weiter unten bezeichnet er dann eine bloß systematische Wissensvermittlung als „sozialkundlichen Wissenspositivismus" und konstatiert, diesen „durch allerhand Fracht aus der Bildungsideologie aufzuwerten", mache den „Positivismus problematisch, denn nun kann er unerkannt und unangefochten im Schafspelz der Bildung einherschreiten" (Giesecke 1965a: 131).

Erst in der neuen Didaktik löst er den Widerspruch zwischen der positiven und der negativen Bewertung scheinbar auf, indem er die Kritische Theorie zur Metatheorie erhebt und den Positivismus zum methodischen Hilfswerkzeug degradiert (vgl. o.S. 268 und ähnlich Giesecke 1972a: 189). Dass dies seinem weiterhin aufrechterhaltenen Bekenntnis zur Werturteilsfreiheit der Wissenschaft widerspricht, scheint Giesecke nicht zu bemerken. Wie schon in anderen Zusammenhängen zeigt sich hier zum einen der Bruch zwischen seiner marxistischen theoretischen Grundlegung, die von ihm ganz selbstverständlich als normative Legitimation seiner Didaktik gedacht ist, und der pragmatischen Rücknahme dieses Bekenntnisses in dem Teil seiner Didaktik, der auf die Praxis des politischen Unterrichts bezogen ist.

Dass Giesecke sich darüber keine Rechenschaft ablegt, lässt zum anderen vermuten, dass er den sogenannten Positivismusstreit, zumindest zu diesem Zeitpunkt noch nicht wirklich rezipiert hat. Er erwähnt ihn zwar in einer Rezension,[364] aber der Widerspruch zwischen seinem Bekenntnis zur Kritischen Theorie und seinem werturteilsfreien Wissenschaftsbegriff legt nahe, dass er sich mit den wissenschaftstheoretischen Argumenten im Rahmen dieser Auseinandersetzung nicht beschäftigt hat.[365]

Gagels Behauptung, dass der Positivismusstreit auch die politische Bildung beeinflusst habe, muss also zumindest für Giesecke relativiert werden:[366] Dessen

---

364 In dieser Rezension kritisiert Giesecke die Forderung Karl-Dieter Opps nach normfreien Theorien abweichenden Verhaltens. Er schreibt „Die prinzipielle wissenschaftstheoretische Problematik dieser Position ist in den letzten Jahren ausgiebig im sogenannten ‚Positivismus-Streit' diskutiert worden, sodass wir sie hier nicht weiter zu verfolgen brauchen" (Giesecke 1970c: 583).
365 In seiner Dissertation hatte Giesecke dagegen zumindest den orthodoxen Marxismus noch als normative Wissenschaft charakterisiert (vgl. o.S. 47).
366 Bei Gagel bleibt diese Aussage ohnehin recht allgemein, und er belegt sie auch nicht (vgl. Gagel 2005: 172-173). Ein indirekter Einfluss des Positivismusstreits, auch auf Giesecke, ist aber natürlich nicht von der Hand zu weisen, da der

Überarbeitung seiner Didaktik wurde offenbar nicht von einer Auseinandersetzung mit den wissenschaftstheoretischen Argumenten im Positivismusstreit angestoßen, auch wenn diese seit mehreren Jahren die akademische Auseinandersetzung in der Soziologie prägten. Bei Giesecke kam bis zu diesem Zeitpunkt offenbar nur die im Positivismusstreit immer mitschwingende gesellschaftstheoretische Auseinandersetzung an, die auch in der öffentlichen Diskussion vorherrschend war.[367]

Die elf Kategorien
Giesecke nennt die gleichen elf Kategorien wie bereits 1965 – lediglich bei der Reihenfolge weicht er teilweise von seiner ersten Didaktik ab. Seine marxistische Gesellschaftstheorie kommt insbesondere bei drei Kategorien deutlich zum Vorschein, die im Folgenden zuerst beschrieben werden.

Konflikt: Vor allem Gieseckes Darstellung der Kategorie Konflikt hat sich gegenüber 1965 entscheidend geändert. Noch immer betont er die zentrale Bedeutung von Konflikten für die Politik. Während er aber 1965 eher am Rande angedeutet hatte, dass es auch latente Konflikte gebe, betont er nun gleich zu Beginn die Gefahr, dass Konflikte interessengeleitet verschleiert würden – vor allem um Auseinandersetzungen um prinzipielle Widersprüche in der Gesellschaft zu vermeiden. Als Beispiel nennt er Arbeitgeber, von denen er sagt, dass sie meist den „objektiven, ‚latenten' Widerspruch zwischen

---

Positivismusstreit eine „Lagerbildung in der Soziologie" (Albrecht 1999a: 184) beförderte, die auch die Lagerbildung in der Didaktik entscheidend prägte (vgl. Gagel 2005: 173-174).

367 Vier Jahre nach dem ersten Erscheinen der Neuausgabe der Didaktik, in seinem Nachwort zur 10. unveränderten Auflage von 1976, wird bei Giesecke allerdings nachträglich doch eine direkte Auseinandersetzung mit dem Positivismusstreit erkennbar. Hier schreibt er zur Frage der Legitimation einer didaktischen Konzeption durch Wissenschaft, es sei die „Werturteilsproblematik", die der Wissenschaft Grenzen setze, denn:
„Ganz gleich, ob man – wie der Neo-Positivismus oder der kritische Rationalismus – Werturteile überhaupt aus wissenschaftlichen Aussagen heraushalten will oder ob man mit der ‚kritischen Theorie' Werturteile zumindest als ‚erkenntnisleitende Interessen' für unvermeidlich hält: in jedem Falle bleibt ein Spielraum für normative Entscheidungen und Setzungen übrig, der seinerseits wieder des Konsensus bedarf" (Giesecke 1976c: 230).
1978 äußert er dann in seinem Interview mit Gerd Koch auf die Frage nach der Bedeutung des Positivismusstreits für die Didaktik, er sei der Meinung, „dass hier sehr komplizierte philosophische Fragen angesprochen" würden und schlussfolgert daraus: „Diese sollte man als solche an einem anderen Ort diskutieren" (Giesecke 1978b: 379-380).

sich und ihren Arbeitern verneinen" (Giesecke 1972a: 161). Aufgabe der Konfliktanalyse sei es nun, grundlegende latente Konflikte, wie den Widerspruch zwischen Kapitel und Arbeit, von manifesten zu unterscheiden und gegebenenfalls manifeste auf latente Konflikte zurückzuführen. Zudem gelte: „Epochale latente Konflikte lassen sich nur im Kontext historischer Reflexion ermitteln" (Giesecke 1972a: 162).

Jeglicher Verweis auf Dahrendorfs pluralistische Konflikttheorie fehlt nun, und auch dessen Bemerkung, „dass sich die Gegensätze der Klassengesellschaft so vermindert hätten, dass ihre ‚Institutionalisierung' und damit eine Regelhaftigkeit ihres Austrages möglich geworden sei", die Giesecke 1965 noch unkommentiert übernommen hatte, hat er nun gestrichen (Giesecke 1965a: 102; vgl. o.S. 90).[368] Überhaupt fehlt in der neuen Didaktik jeder Verweis auf Dahrendorf, selbst in Gieseckes Ausführungen zur Rollentheorie (vgl. u. S. 315) fällt noch nicht einmal dessen Name.[369] Auch wenn das spekulativ ist, kann man fragen, ob vielleicht Dahrendorfs politische Karriere und seine Mitgliedschaft in der FDP Giesecke daran hindern, sich nun noch auf ihn zu berufen (vgl. o.S. 26, Anm. 25).

---

368 In einem späteren Beitrag zum „Taschenbuch der Pädagogik" unterscheidet Giesecke selbst ausdrücklich zwischen einem liberalen und einem marxistischen Konfliktbegriff. Hier heißt es zum liberalen Begriff:
„Konflikte gelten als Motor gesellschaftlichen Fortschritts und sind insofern positiv zu werten, müssen jedoch, um die gesamtgesellschaftliche Integration nicht zu sprengen, unter (politische; rechtliche) Regeln gestellt werden, unter denen sie ausgetragen werden dürfen (Dahrendorf)" (Giesecke 1978c: 497).
Zum marxistischen Begriff schreibt Giesecke:
„Konflikte gelten zumindest teilweise als Symptom bzw. Signal für unversöhnliche (antagonistische) gesellschaftliche Widersprüche, die nicht im vorhandenen, sondern erst in einem neu zu schaffenden gesellschaftlichen System geregelt werden können. Konflikte werden deshalb nicht gelöst, sondern sind Ausgangspunkt für solche Systemveränderungen und müssen deshalb weiter verschärft werden. Beispiele für diese Position sind einerseits die orthodox-marxistische Klassenkampftheorie, die den antagonistischen Widerspruch von Kapital und Arbeit für einzig wesentlich hält, aber auch mehr oder weniger ausformulierte anarchistische Theorien" (Giesecke 1978c: 498).
Auch nach diesem Beitrag nutzt Giesecke diese Unterscheidung allerdings nicht, um sich kritisch mit den uneingestandenen Veränderungen in seiner Konfliktkategorie auseinanderzusetzen.
369 Im Literaturverzeichnis stehen wie bereits 1965 die Titel „Gesellschaft und Freiheit" (Dahrendorf 1961a) und „Gesellschaft und Demokratie in Deutschland" (Dahrendorf 1965).

Mit der stärkeren Berücksichtigung latenter Konflikte verschiebt Giesecke zudem den Schwerpunkt der Kategorie Konflikt aus dem Bereich des politischen Systems hin zur Gesellschaft als Ganzer, da nur jeweils manifeste Konflikte auf der aktuellen politischen Agenda stehen und damit politische Konflikte im engeren Sinne darstellen.

Macht: Zur Erläuterung der Kategorie Macht formuliert Giesecke wie schon 1965 einen weiten Machtbegriff. Während er in seiner ersten Didaktik aber als Beispiele unterschiedliche Machtansprüche aus Staat und Gesellschaft gegenüber den einzelnen Menschen aufgezählt hatte, geht es ihm nun um die Ungleichheit der „durch Macht möglichen *Realisierungschancen* bestimmter Interessenpositionen", die vor allem ökonomisch bedingt sei. Außerdem fragt er nach Möglichkeiten der „Macht-Vermehrung" für benachteiligte Gruppen durch verschiedene Mittel der außerparlamentarischen Opposition (vgl. Giesecke 1972a: 163-164; 1965a: 104-105; o. S. 93).

Solidarität: Giesecke verweist jetzt anders als 1965 zunächst auf die emotionale Aufladung des Begriffs Solidarität in der Vergangenheit – zum Beispiel in Form der „schicksalhaften Verbundenheit" der ausgebeuteten und unterdrückten deutschen Arbeiter – und die heute dadurch möglichen Missverständnisse: Solidarität sei damals ein hoher moralischer Anspruch gewesen, und unsolidarisches Verhalten habe nicht nur als politisch falsch gegolten, sondern darüber hinaus als moralisch verwerflich. Heute verlange Solidarität demgegenüber eher rationale Distanz und eine Übertragung der solidarischen Verbundenheit auf andere Gruppen sei mittlerweile durchaus üblich und könne „sogar ein wichtiger Aspekt des politischen Handelns" sein (Giesecke 1972a: 167).

Während Giesecke 1965 auch eine Nivellierung der Klassengesellschaft für den möglichen Wechsel der Solidarität verantwortlich gemacht hatte, schreibt er nun, Solidarität sei auch heute nicht beliebig verschiebbar, weil sie nach wie vor vom gesellschaftlichen Standpunkt abhänge. So sei für einen Arbeiter zwar keine kontinuierliche Solidarität mehr mit einer Partei, wohl aber mit den Gewerkschaften vorgezeichnet. Daraus folge, ein politischer Unterricht, „der sich hier auf einen bloß formalen Pluralismus zurückzieht, handelt in Wahrheit gegen die Interessen der Arbeiter bzw. ihrer Kinder" (Giesecke 1972a: 167; vgl. 1965a: 109-110; o. S. 98).

Bei fünf seiner elf Kategorien hat Giesecke 1972 wenig geändert und lediglich vereinzelt neue, häufig marxistische Begrifflichkeiten eingefügt (vgl. Giesecke 1965a: 103-114; o. ab S. 93):

Konkretheit: Bei der Kategorie Konkretheit betont er wie schon 1965 vor allem, dass politische Entscheidungssituationen immer konkret und somit einmalig seien und dass bei jeder Konfliktanalyse neben den allgemeinen

Aspekten auch immer die spezifischen Bedingungen und konkret gegebenen Handlungsmöglichkeiten wichtig seien (vgl. Giesecke 1972a: 162-163).

Mitbestimmung: Die Mitbestimmung ist in Gieseckes neuer Didaktik, wie er ausdrücklich noch einmal betont, nicht nur politische Kategorie, sondern auch oberstes Lernziel. Als Kategorie dient sie wie schon 1965 der Aufgabe, die konkreten Möglichkeiten politischer und gesellschaftlicher Mitbestimmung zu erfassen und realistische von „illusionären Handlungsmöglichkeiten" abzugrenzen (Giesecke 1972a: 168).

Ideologie: Bei der Beschreibung der Kategorie Ideologie hat Giesecke fast gar nichts geändert. Die einzige inhaltliche Änderung ist, dass er den ersten Satz erweitert, in dem Sinne, dass die Ideologie nicht nur die „Begründungen für das politische Handeln" „einer rationalen Kontrolle" unterwerfe, sondern auch die Begründungen „für eine gesellschaftliche Situation" (vgl. Giesecke 1972a: 169). Angesichts der Bedeutung des Ideologiebegriffs in den marxistischen Theorien erstaunt es besonders, dass Giesecke diese Kategorie nicht neu gefasst hat. Herbert Kühr kritisiert ihn vehement dafür, dass seine Beschreibung angesichts des in der wissenschaftlichen Diskussion umstrittenen Begriffs diffus und völlig unzulänglich sei. Der Lehrer, der Gieseckes Kategorienmodell anwenden wolle, müsse spekulieren, ob dieser „den Ideologiebegriff des Kritischen Rationalismus", „den wissenssoziologischen Ideologiebegriff Mannheims" oder gar „einen funktionalistischen Ideologiebegriff" im Sinn habe. Dadurch könne die Verwendung des Ideologiebegriffs in der Praxis der politischen Bildung „unter Umständen Gieseckes Zielvorstellungen durchaus entgegenwirken", zumal „der Ideologiebegriff der Kritischen Theorie, die ansonsten für Giesecke die wissenschaftliche Leitfunktion hat", in seinen Ausführungen am allerwenigsten sichtbar werde (Kühr 1980: 137).[370]

Geschichtlichkeit: Giesecke verweist darauf, dass er die Bedeutung der Kategorie Geschichtlichkeit schon bei der Lernzielbestimmung begründet habe (vgl. o.S. 284). Seine Beschreibung deckt sich weitgehend mit der von 1965, interessant sind lediglich einige geänderte Details. So hatte er 1965 geschrieben, es gehe ihm um die „Kontinuität des Faktischen" – 1972 ergänzt er: „[...] und des Bewusstseins". 1965 sprach Giesecke in Bezug auf das Ende der Weimarer Republik davon, dass „eine freiheitliche Gesellschaft" in eine Diktatur umgeschlagen sei – 1972 schreibt er, dass „demokratische Ansätze

---

370 Vgl. dazu die Ausführungen zum Problem der theorielosen Kategorien als „isolierte Begriffsinseln" (Massing) im Zusammenhang mit Gieseckes alter Didaktik, o. S. 104.

in Diktatur umschlugen". Schließlich ändert er den Terminus „historisches Bildungswissen" in „historisches Bewusstsein" (Giesecke 1972a: 170-171).

Menschenwürde: Die Beschreibung der an letzter Stelle stehenden Kategorie Menschenwürde übernimmt Giesecke inhaltlich komplett unverändert aus seiner alten Didaktik (vgl. Giesecke 1972a: 171-172).

Vor allem bei der Darstellung der restlichen drei Kategorien werden an mehreren Stellen Gieseckes pluralistische Anschauungen deutlich und zum Teil kritisiert er sogar ausdrücklich antipluralistische linke Vorstellungen.

Funktionszusammenhang: Giesecke übernimmt die Legitimation der Kategorie Funktionszusammenhang in weiten Teilen aus seiner alten Didaktik. Er schreibt erneut, in ihr komme „sachlich wie ethisch das Ganze des politischen Zusammenlebens in den Blick". Das entsprechende Bergstraesser-Zitat zu dieser Aussage hat Giesecke zwar gestrichen, er bleibt aber dabei, dass im Funktionszusammenhang ein Gemeinwohl zum Tragen komme, das er im Sinne des Fraenkel'schen Gemeinwohls „a posteriori" definiert (Giesecke 1972a: 168; vgl. Giesecke 1965a: 106 und o. S. 92).

Interesse: Wie schon 1965 betont Giesecke, es gehe ihm bei der Kategorie Interesse um die subjektiven Interessen. Er beruft sich dabei wieder auf Adornos Aufsatz „Erziehung nach Auschwitz" (Adorno 1971c), lässt aber den Kommentar von Sontheimer weg (vgl. o.S. 93). Er übernimmt aus seiner ersten Didaktik auch die Forderung, dass die politische Pädagogik die Jugendlichen dazu ermuntern solle, „ihre eigenen Interessen zu ermitteln und sich nach den Chancen der Verwirklichung umzusehen", weil politische Mitbestimmung – 1965 hieß es noch politische Beteiligung – nur so sinnvoll übernommen werden könne und weil sie sich vornehmlich als das Recht verstehe, „die je individuellen Interessen ins politische Spiel zu bringen" (Giesecke 1972a: 165).[371] Aufschlussreich ist, was er ausdrücklich ergänzt: „Nicht gemeint ist hier der marxistische Begriff des ‚wahren' Interesses bzw. Bedürfnisses, etwa im Sinne von Oskar Negt, der nicht auf das Individuum, sondern auf die menschliche Gattung bezogen ist" (Giesecke 1972a: 165).[372] Eine so klare

---

371 Während Giesecke 1965 die Behauptung, „Kinder und Jugendliche hätten angesichts ihrer noch nicht festgelegten sozialen Stellung auch keine oder jeweils keine gravierenden politischen Interessen zu vertreten" (Giesecke 1972a: 165-166), nur für die Lehrlinge zurückgewiesen hatte, verallgemeinert er nun diese Zurückweisung mit einem Hinweis darauf, dass gesellschaftliche Institutionen wie Schule und Lehrbetrieb, in denen Jugendliche sich bewegen, „selber notwendigerweise einen Interessenwiderspruch produzieren" (Giesecke 1972a: 166).

372 Einen entsprechenden Hinweis, nur in weniger eindeutiger Formulierung, hatte Giesecke bei der Kategorie Interesse allerdings bereits 1965 gegeben.

Abgrenzung vom marxistischen Begriff objektiver Interessen nimmt Giesecke sonst an keiner anderen Stelle seiner neuen Didaktik vor.

Recht: Recht ist für Giesecke weiterhin einerseits der Rahmen politischer Entscheidungen und andererseits ihr Ergebnis. Er betont erneut, es müsse immer wieder überprüft und gegebenenfalls verändert werden. In Bezug auf das Recht als Rahmen der Politik erwähnt er nun zusätzlich dessen Rolle bei der Machterhaltung, und deutlicher als 1965 verweist er auf die Notwendigkeit des Rechtsfortschritts. Allerdings bescheinigt Giesecke gerade dem Recht jetzt ausdrücklich auch eine positive Funktion im Demokratisierungsprozess und kritisiert damit indirekt die damals verbreitete linke Kritik am demokratischen Rechtsstaat: Rechtssetzungen – schreibt Giesecke – seien eben nicht nur, „wie oft glauben gemacht wird, ein Instrument der ‚herrschenden Klassen' zur Unterdrückung der anderen Klassen", sondern die Entwicklung des Rechtsstaats sei konstitutiv für die fortschreitende Demokratisierung und Emanzipation gewesen. Gerade das Recht schütze die benachteiligten Gruppen vor der Macht der Privilegierten und deshalb müsse die Kategorie des Rechts immer auch „nach der Erhaltung des bestehenden Rechtes" fragen (Giesecke 1972a: 165-166; 1965a: 105).

Zwischenfazit zum Kategorienmodell
Die Darstellung dieser drei letzten Kategorien zeigt, wie stark neben den marxistischen Elementen weiterhin auch pluralistische Elemente in Gieseckes Gesellschaftsbild verankert sind und dass er – allem marxistischen Pathos zum Trotz – noch immer die pluralistische Grundannahme von der Legitimität subjektiver individueller Interessen sowie dem Versuch ihrer politischen Durchsetzung teilt. Die Widersprüche zu seiner ausdrücklich marxistischen Grundlegung seiner neuen Didaktik scheint er dabei nicht wahrzunehmen.

Auf ein nach wie vor pluralistisches Gesellschaftsbild bei Giesecke deutet über die konkrete Darstellung der Kategorien hinaus auch hin, dass er das Ensemble seiner elf Kategorien in der neuen Didaktik unverändert lässt (vgl. o.S. 106). Das ist nach seiner deutlich veränderten gesellschaftstheoretischen Grundlegung erstaunlich, denn diese hätte sich ja durchaus auch in der Auswahl der Kategorien niederschlagen können – beispielsweise, indem als neue Kategorien Emanzipation und/oder Demokratisierung dazu

---

Dort hieß es: „Unsere Kategorie des Interesses bezieht sich also nicht bereits auf die gesellschaftliche Objektivierung – diese äußert sich unter anderem in den Konflikten –, sondern auf das je einzelne Individuum" (Giesecke 1965a: 108; vgl. o.S. 97).

kommen und ein eher formaler Begriff wie Funktionszusammenhang durch einen inhaltlich stärker bestimmten wie Totalität ersetzt wird.

Was sich ebenfalls kaum in Gieseckes Kategorienensemble niederschlägt, ist sein in der neuen Didaktik deutlich weiteres Politik- und Konfliktverständnis. Auch wenn er – wie in seinem Vorwort erläutert – nicht mehr einen großen gesellschaftlich-politischen Konflikt wie die Spiegel-Affäre exemplarisch ins Zentrum seiner Überlegungen stellt (vgl. o.S. 228), legen seine Ausführungen zu den Kategorien nahe, dass er sich – außer bei den Kategorien Konflikt und Macht – meist auf das politische System bezieht. Da er ausdrücklich betont, die Kategorien sollten dazu dienen, potenzielle Fragen an einen möglichen Unterrichtsgegenstand als politische Fragen zu qualifizieren (vgl. o.S. 288), muss man schlussfolgern, dass Giesecke wie schon 1965 (vgl. o.S. 127) einen politischen Unterricht anstrebt, in dem das politische System – oder noch genauer: die Konflikte innerhalb dieses Systems – im Zentrum stehen. Das widerspricht aber nicht nur seiner Betonung der Bedeutung latenter Konflikte bei der Beschreibung der Kategorie Konflikt und seinem weiten Machtbegriff (vgl. o.S. 293), sondern auch seiner gesellschaftstheoretischen Grundlegung – und hier vor allem seinem Anspruch, dass neben der Mitbestimmung auch die Emanzipation im doppelten Sinne als politische und individuelle das wichtigste Ziel jeder politischen Bildung zu sein habe.

Das Kategorienmodell Gieseckes ist nach den Zielen und Inhalten der politischen Bildung der zweite Schritt zur Formulierung didaktischer Überlegungen, die auf die Praxis der politischen Bildung zielen. Während die Ziele und Inhalte trotz der Verschiebungen beim Politik- und Konfliktverständnis und der Aufnahme pluralistischer Grundgedanken noch ansatzweise als Operationalisierung von Gieseckes gesellschaftstheoretischen Überlegungen für die Praxis verstanden werden können (vgl. o.S. 285), gilt das für sein Kategorienmodell nicht mehr. Aus der Analyse lässt sich vielmehr schlussfolgern, dass es der pluralistischen theoretischen Grundlegung seiner alten Didaktik näher steht, als der marxistischen Fundierung der neuen.

3.6.4 Implikationen des Kategorienmodells für Ziele, Inhalte und Methoden des politischen Unterrichts

Das Kategorienmodell und die Ziele des politischen Unterrichts
Auf die Darstellung der Kategorien folgt ein Abschnitt, in dem es vor allem um den Zusammenhang zwischen dem Kategorienmodell und den Zielen der politischen Bildung geht. Unter der Überschrift „*Aktionswissen und Lernziele*" erläutert Giesecke zunächst nochmals die Bedeutung der Kategorien für den

Lernprozess. Er betont, dass mit ihrer Hilfe das Bewusstsein auf die behandelten Konflikte hin neu strukturiert werden könne[373] und dass durch die Anwendung der Kategorien alle zuvor erläutern Teilziele mobilisiert würden. Der theoretische Zusammenhang von Aktionswissen und Teilzielen stellt nach Giesecke aber ausdrücklich keine sozialwissenschaftliche, sondern eine didaktische Theorie dar, der es primär darum gehe, „die fraglichen Sachverhalte unter einem subjektiven Aspekt zu konstruieren" (Giesecke 1972a: 174).

Im folgenden Absatz, noch immer unter der gleichen Überschrift, setzt sich Giesecke mit der Frage auseinander, ob eine solche didaktische Theorie ein richtiges Bewusstsein vorgeben sollte:

> „Unser didaktisches Modell ist [...] keine inhaltlich endgültig bestimmte Theorie über ‚richtiges' Bewusstsein. Selbstverständlich enthält sie gewisse inhaltliche Vorentscheidungen darüber, was zum ‚richtigeren' Bewusstsein gehören müsste, etwa die inhaltlichen Implikationen der Kategorien selbst oder der formulierten Lernziele. Im Großen und Ganzen jedoch enthält unsere Theorie nur Verfahrenshinweise darüber, wie man zu einem ‚richtigeren' Bewusstsein kommen könnte, sowie darüber, was ‚richtigeres' Bewusstsein im Kontext der eigenen Interessen heißen könnte. Es ist vorauszusehen, dass dies als ‚formalistisch' kritisiert werden wird. Aber nur auf Indoktrination angelegter politischer Unterricht könnte die Inhaltlichkeit des ‚richtigen' Bewusstseins vollends didaktisch antizipieren; dann aber wäre die didaktische Theorie überhaupt überflüssig, nötig wäre nur noch als Sozialtechnik verstandene Unterrichtsmethodik. Vielleicht

---

[373] Giesecke argumentiert außerdem, dass die Kategorien aus dem vorgängigen „systematischen Bewusstsein" heraus erwüchsen und dann an den Konflikt angelegt würden, wodurch ein – wie er es nennt – „aporetisches Bewusstsein" entstehe. Die Passage ist schwer verständlich und auch widersprüchlich. Mit aporetischem Bewusstsein meint Giesecke vermutlich die Fähigkeit, alle Konflikte zu analysieren, auch solche – manchmal als aporetisch bezeichneten –, bei denen beide Seiten „recht" haben, sodass der Konflikt auf der Sachebene nicht entscheidbar ist. Den Unterschied zwischen aporetischem Bewusstsein und Aktionswissen erläutert Giesecke nicht.
Widersprüchlich ist vor allem, dass Giesecke das systematische Bewusstsein zunächst als vorgängig bezeichnet, dann aber direkt anschließend davon spricht, dass aporetisches und systematisches Bewusstsein „sich immer schon gegenseitig voraussetzen". Der Begriff aporetisches Bewusstsein taucht in der Didaktik anschließend nie wieder auf, sodass rätselhaft bleibt, warum Giesecke ihn überhaupt einführt und warum er nicht an seiner deutlich klareren Unterscheidung der drei Wissensformen Orientierungswissen, Aktionswissen und Bildungswissen aus der ersten (Giesecke 1972a: 172-173; vgl. o. S. 282, Anm. 352 sowie u. S. 305).

gäbe es Möglichkeiten, die inhaltlichen Vorentscheidungen noch zu erweitern, ohne das eben erläuterte Prinzip zu verletzen; aber ich sehe sie vorläufig nicht und finde auch in der vorliegenden Literatur keine plausiblen Hinweise dafür" (Giesecke 1972a: 174-175).

In diesem Zitat, mit dem Giesecke sich offenbar im Voraus gegen den von links zu erwartenden Vorwurf des Formalismus abgrenzen will, wird die ganze Inkonsistenz und Widersprüchlichkeit seiner neuen didaktischen Konzeption sowie der Bruch zwischen seiner gesellschaftstheoretischen Grundlegung und seiner Anleitung für die Praxis deutlich:

Will Giesecke nur die Möglichkeit einer inhaltlich *endgültig* bestimmten Theorie über richtiges Bewusstsein zurückweisen? – Dann könnte er im Rahmen seines historischen Wissenschaftsverständnisses an seinem paradigmatisch vorgegeben marxistischen Interpretationsrahmen für jede Gesellschaftstheorie festhalten, und er bräuchte keine Angst vor dem Vorwurf des Formalismus zu haben (vgl. o.S. 271, S. 267).

Will Giesecke prinzipiell die Möglichkeit der objektivistischen Bestimmung eines richtigen Bewusstseins im Rahmen einer Gesellschaftstheorie zurückweisen? – Dann widerspricht er damit seinem Bekenntnis zur Kritischen Theorie, die als Konsequenz aus der Entfremdungsthese genau das machen muss (vgl. o.S. 201).

Oder will er sich nur von den radikalen linken Didaktikern abgrenzen, indem er diesen unterstellt, ihre Bildungsziele aus Theorien über richtiges Bewusstsein zu deduzieren? – Dann stellt sich zum einen die Frage, warum er selbst an so vielen Stellen das richtige Bewusstsein zum Ziel des Lernprozesses erklärt (vgl. o.S. 214, S. 237, S. 258,S. 267, S. 282 und v.a. u. S. S. 323), und zum anderen, wie er selbst das bisher ungelöste Problem der Vermittlung zwischen einer holistischen Gesellschaftstheorie und einer beim Individuum ansetzenden Didaktik bewältigen will.

Im zweiten Teil des Zitats versucht Giesecke es dann mit der Ausflucht, dass sein didaktisches Modell inhaltliche Vorentscheidungen darüber enthalte, „was zum ‚richtig*eren*' Bewusstsein gehören müsste" (Giesecke 1972a: 174). Damit impliziert er, dass er mit seinem Modell zwar die Richtung angibt, nicht aber das Ergebnis der angestrebten Bewusstseinsveränderung. Dass aber auch schon diese Richtung davon abhängt, auf welcher Gesellschaftstheorie eine Didaktik aufbaut, scheint er nicht zu erkennen. Er relativiert die Rede vom richtigeren Bewusstsein noch weiter, indem er sich auf die Formulierung „‚richtigeres' Bewusstsein *im Kontext der eigenen Interessen*" zurückzieht. Damit scheint er sagen zu wollen, dass ein richtiges Bewusstsein ein den subjektiven Interessen angemessenes Bewusstsein ist – womit er sich einen pluralistischen

Standpunkt zu eigen macht, demzufolge Interessen gerade nicht objektivistisch bestimmt werden dürfen, und der mit seiner vorherigen marxistischen Grundlegung vollends unvereinbar ist (vgl. entsprechend auch o. S. 298).

Die Eignung des Kategorienmodells als Grundlage für den politischen Unterricht

Anschließend folgen mehrere kurze Abschnitte, in denen Giesecke begründet, warum sich das Kategorienmodell als Grundlage für den politischen Unterricht eignet. Die Abschnitte entsprechen in weiten Teilen den entsprechenden Kapiteln in der alten Didaktik und werden hier dem Buch folgend in Bezug auf die Veränderungen gegenüber dieser alten Fassung analysiert.

Unter der Überschrift „*Entwurf eines didaktischen Modells*" erläutert Giesecke wie bereits 1965 drei Bedingungen für die Brauchbarkeit seiner Kategorien (vgl. Giesecke 1972a: 176-178; 1965a: 114-117; o. S. 100). Alle drei sieht er bei seinem Kategorienensemble erfüllt:[374]

Seine erste Bedingung lautet nach wie vor, dass jeweils alle Kategorien in einem Konflikt enthalten sein müssten. Er ergänzt lediglich drei Kleinigkeiten, die sich alle auf seine marxistische Orientierung zurückführen lassen: Er schreibt nun – die Ergänzungen sind von mir jeweils kursiv hervorgehoben –, dass jede politische Entscheidung „ausgesprochen oder unausgesprochen mit einem auf das politische Ganze zielenden Begründungszusammenhang versehen ist, *der zugleich das partikulare Interesse artikuliert* (Ideologie)", und dass sie „in der Kontinuität eines faktischen *und ideologischen* Zusammenhangs" stehe. Außerdem konstatiert er, dass Mitbestimmung „nur in Solidarität mit einer Gruppe *oder Klasse*" ausgeübt werden könne (Giesecke 1972a: 176; 1965a: 115; Hervorh. K. P.).

---

374 Zuvor argumentiert Giesecke in einem „Exkurs über Geschichtsunterricht", dass die Kategorien sich auch für den Geschichtsunterricht eigneten, und kommt zu dem Ergebnis, dass sie nach hinreichender Anwendung nicht mehr nur die Funktion eines analytischen Instruments hätten, sondern darüber hinaus auch zu einem „systematischen Strukturmodell des historisch-politischen Einzelbewusstseins" werden könnten (Giesecke 1972a: 175).
Damit erweitert Giesecke die Funktion der Kategorien erheblich. Er kehrt allerdings drei Seiten weiter unten zu seiner Position von 1965 zurück, wo es hieß: „Die Kategorien bilden kein systematisches, sondern ein operatives Denkmodell" (Giesecke 1965a: 119). Als Begründung hatte Giesecke 1965 die Unsystematik der Politik selbst angeführt; nun schreibt er, die Kategorien seien „eben nicht das Abbild einer politischen Theorie […], sondern Elemente einer didaktischen Konstruktion" (Giesecke 1972a: 179; vgl. o.S. 102).

Als weitere Bedingung formuliert Giesecke wie bereits 1965, dass Kategorien sich in Leitfragen umwandeln lassen müssten. Hier ergänzt er ebenfalls den Begriff Klasse und fügt ansonsten vorwiegend formale Änderungen ein (Giesecke 1972a: 177-178; 1965a: 116-117).

Er übernimmt drittens seine bereits 1965 genannte Bedingung, dass die in seinen Kategorien „beschlossenen Werteinstellungen" einen „Konsensus der ganzen Gesellschaft" darstellen sollten. Die Erläuterung dieser Bedingung ändert Giesecke am deutlichsten, weshalb sie etwas genauer dargestellt wird:

Gleich am Anfang stärkt Giesecke die Bedeutung des Grundgesetzes für die politische Bildung, indem er ergänzt, die Voraussetzung für diesen Konsensus sei, „dass die in diesen Kategorien *enthaltenen normativen Implikationen mit denen des Grundgesetzes übereinstimmen und insofern* als Konsensus der ganzen Gesellschaft angesehen werden können" (Giesecke 1972a: 176; 1965a: 115; Hervorh. K. P.).[375]

Beim seinem Durchgang durch die Kategorien in Bezug auf ihre Konsensfähigkeit findet sich erneut eine merkwürdige Mischung von marxistischen und pluralistischen Elementen: Giesecke führt im Zusammenhang mit mehreren Kategorien an, dass es legitim sei, die eigenen Interessen durchzusetzen. Die Kategorien implizieren für ihn darüber hinaus aber auch, dass Menschen bessere Mitbestimmungsmöglichkeiten sowie „einen Fortschritt der eigenen Rechtsposition" fordern sollten.

Zudem ergänzt er auch zur Kategorie Solidarität die Solidarität mit der *Klasse*, und zur Forderung, dass der Mensch Subjekt seiner Lebensbedingungen sein solle, fügt er die Formulierung „und frei von Angst, Ausbeutung und Unterdrückung" hinzu (Giesecke 1972a: 177).

Einige dieser Ergänzungen zu den normativen Implikationen der Kategorien stehen in einem merkwürdigen Gegensatz zur Behauptung, dass diese mit denen des Grundgesetzes übereinstimmten, weil sie ganz klar eine bestimmte, *dynamische Auslegung* des Grundgesetzes anzeigen (vgl. o. S. 276, 284). Daher gilt für die neue Didaktik noch mehr als für die alte, dass Gieseckes Behauptung, die normativen Implikationen seiner Kategorien könnten als gesellschaftlicher Konsens gelten, zurückgewiesen werden muss (vgl. o.S. 103).[376]

---

375 1965 hieß es noch: „die in diesen Kategorien beschlossenen Werteinstellungen". 1972 hat Giesecke durchgehend den Begriff Werthaltungen durch „normative Implikationen" ersetzt (Giesecke 1972a: 176).

376 Zumal Giesecke seine Einschränkung von 1965, dass die Kategorien nur aufgrund ihrer „formalen Allgemeinheit" konsensfähig seien, hier ersatzlos gestrichen hat und stattdessen nun sogar fragt, ob sich die inhaltlichen Vorentscheidungen nicht noch erweitern ließen (Giesecke 1965a: 117-118; 1972a: 174; o. S. 301).

Im folgenden Abschnitt fordert Giesecke die Möglichkeit einer „*Umwandlung der Kategorien in Grundeinsichten*". Er übernimmt die entsprechenden Ausführungen in weiten Teilen aus seiner alten Didaktik (vgl. Giesecke 1972a: 179-181; 1965a: 120-123). Wie schon bei den Bedingungen für die Brauchbarkeit seiner Kategorien ergänzt er nun den Klassenbegriff und betont neben der Bedeutung vorhandener Mitbestimmungsmöglichkeiten auch deren Erweiterung. Statt vom „Ausgleich der Interessen" spricht er nun von deren „Gewährung oder Nicht-Gewährung", und neben der „friedenstiftenden Wirkung" rechtlicher Regelungen betont er – nun der verbreiteten zeitgenössischen linken Kritik folgend –, dass diese aufgrund der bestehenden gesellschaftlichen Ungleichheit auch zu rechtlichen Ungleichheiten führten und dass deshalb Rechtsfortschritte nötig seien.

Am deutlichsten verändert Giesecke erwartungsgemäß die Grundeinsicht zur Kategorie Konflikt. Da darin sowohl sein nun marxistisches Konfliktverständnis als auch eine klare Unterscheidung von Politik und Gesellschaft zum Vorschein kommen, werden hier beide Formulierungen einander gegenübergestellt:

Didaktik 1965, S. 120:	Didaktik 1972, S. 179:
„Was Politik ‚eigentlich' sei, ist schwer zu sagen. Im Alltag des politischen Lebens zeigt sie sich darin, dass Menschen verschiedene Interessen, Ziele und Wünsche haben, die miteinander im Widerspruch stehen und so aufeinander abgestimmt werden müssen, dass Frieden erhalten bleibt. Diese Widersprüche kennzeichnen nicht einen moralischen Mangel des Menschen, sondern seine individuelle, nicht austauschbare Eigenart".	„Politik geht heute zurück auf die fundamentale Tatsache der sozioökonomischen Ungleichheit in einer Gesellschaft. Diese Ungleichheit führt zu Konflikten, die die eigentliche Triebfeder des politischen Prozesses sind und die daher vornehmlich Gegenstand des politischen Engagements sind. Ein Engagement in Konflikten eröffnet die Möglichkeit, das Maß an Ungleichheit zu verringern".

Als Quintessenz seiner Überlegungen zur Eignung der Kategorien skizziert Giesecke knapp den idealtypischen *didaktischen Aufbau einer Unterrichtsreihe*, der das Kategorienmodell zugrunde liegt.[377]

Die Struktur der Reihe und die wesentlichen Inhalte übernimmt er dabei erneut aus seiner alten Didaktik (vgl. o.S. 107). Allerdings streicht er durchge-

---

377 Hier fehlt der Absatz, der in Gieseckes erster Didaktik dem Kapitel zum didaktischen Aufbau vorangeht: Giesecke geht dort der Frage nach, wann Kategorien explizit politische Kategorien darstellen. Er argumentiert, sie könnten nur direkt „durch eine Analyse politischer Zusammenhänge gefunden werden", und weist Sprangers Ansatz einer „elementarisierenden Betrachtung der unmittelbaren menschlichen Zusammenhänge" zurück. 1972 lässt er diesen Absatz weg, vermutlich weil die Kontroverse um lebensweltliche Ansätze zu dieser Zeit nicht mehr – und noch nicht wieder – aktuell ist (Giesecke 1965a: 123-125; vgl. o. S. 107).

hend die Hinweise auf die für die jeweilige Phase optimale Unterrichtsform und daneben auch den Hinweis, dass politische Diskussionen erst in den beiden letzten Phasen des Unterrichts stattfinden sollten. Er ersetzt auch mehrfach seine alten Begriffe für die drei Wissensformen durch andere. So steht für die Kombination „Bildungs- und Orientierungswissen" zweimal der Begriff „Ausgangsbewusstsein" und für „Orientierungswissen" steht weiter unten „gesamtgesellschaftliches Bewusstsein".[378]

Daneben sind zwei Änderungen von Bedeutung, die seine Übernahme marxistischer Kategorien zeigen: Giesecke erwartet nun vom politischen Unterricht zum Ersten die „Differenzierung des Ausgangsbewusstseins im Hinblick auf die Korrektur gesamtgesellschaftlicher Vorstellungen" und zum Zweiten versteht er die Grundeinsichten nun offenbar als „neue Bezugspunkte für das gesamtgesellschaftliche Bewusstsein".

Schließlich fügt Giesecke als neuen Aspekt noch ein, dass der politische Unterricht eine „Ermittlung der realen Handlungs- und Mitbestimmungsmöglichkeiten und deren praktische Organisation" leisten solle (Giesecke 1972a: 182).

Das Kategorienmodell und die Inhalte des politischen Unterrichts
Die Bedeutung der Kategorien bei der Auswahl der Inhalte skizziert Giesecke dann unter der Überschrift „Objektive und subjektive Konflikte".

Sein Konfliktverständnis changiert in seiner neuen Didaktik bisher zwischen einem engen, auf das politische System bezogenen Verständnis, das er dem politischen Unterricht zugrunde legen will (vgl. o. S. 299), und dem weiteren Verständnis seiner gesellschaftstheoretischen Grundlegung und seines Vorworts (vgl. o. S. 279, S. 228), das die gesellschaftlichen Konflikte einbezieht und nach dem die Gesellschaft inklusive der Politik nur in ihrer Totalität zu erfassen ist. Auch in diesem Teilkapitel, in dem Giesecke sich ausdrücklich der Frage zuwendet, welche Konflikte im Unterricht Priorität haben sollten, bleibt sein Konfliktverständnis unpräzise, was für die hier verhandelte didaktische Frage, welche Konflikte den zentralen Ansatzpunkt der politischen Bildung bilden sollten, zu Widersprüchen führt.

Wie schon bei der „subjektiven Dimension" der Emanzipation (vgl. o. S. 210) kann der Begriff subjektive Konflikte hier leicht in die Irre führen, weil es Giesecke an dieser Stelle nicht um den Gegensatz zwischen bloß subjektiv empfundenen, objektiv aber unwesentlichen, und objektiv relevanten Konflikten geht, sondern um persönliche oder, wie Gagel schreibt, „private" soziale

---

378 Warum er die klarere Unterscheidung der Wissensformen aufgibt und hier wie auch an anderen Stellen verschiedenste andere Begriffe einsetzt, wird nicht deutlich (vgl. auch o. S. 282, Anm. 352 und S. 300, Anm. 373).

oder psychische Konflikte auf der einen und gesellschaftliche oder politische Konflikte auf der anderen Seite (Gagel 1975: 201; 1979: 73).

Giesecke beginnt mit den objektiven Konflikten und nennt als Beispiele den Vietnamkrieg, die Ostverträge, den Paragrafen 218 und die innerbetriebliche Mitbestimmung.

Er konstatiert nun, da solche Konflikte, obwohl sie alle Menschen in einer Gesellschaft beträfen, nicht bei allen Jugendlichen Betroffenheit auslösten, ginge ein Unterricht, der sich nur daran orientierte, an deren „wirklichen Betroffenheiten" vorbei (Giesecke 1972a: 183-184). Als Alternative diskutiert er, ob politische Bildung stattdessen an den unmittelbar erfahrenen Problemen und Konflikten der Jugendlichen ansetzen sollte. Sie könne dann die Jugendlichen anleiten, diese nicht mehr bloß als private zu verstehen, sondern als Widerspiegelungen objektiver gesellschaftlicher Konflikte und Widersprüche. Giesecke schreibt diese Idee der „antiautoritären Schüler- und Studentenbewegung" und der „Verbreitung psychoanalytischer und gruppendynamischer Erkenntnisse" zu und nennt als Beispiele unter anderem Autoritätskonflikte mit Eltern und Lehrern sowie sexuelle Ängste und Frustrationen (Giesecke 1972a: 184).

Er führt aber sofort zwei Gegenargumente gegen eine solche Ausrichtung des Unterrichts an: Zum Ersten argumentiert er auf der inhaltlichen Ebene, für subjektiv erlebte Konflikte sei das Kategorienmodell nicht mehr brauchbar, weil die elf Kategorien mit Ausnahme von Interesse und Solidarität nicht mehr sinnvoll anwendbar seien. Das zeige, dass es sich bei subjektiven Konflikten nicht notwendig um politische Gegenstände handle, sondern häufig um „gesellschaftlich-partikulare", um „typische Konflikte der *bürgerlich-mittelständischen* Jugend, kaum jedoch auch solche der Arbeiterjugend" (Giesecke 1972a: 185).

Zum Zweiten bezweifelt Giesecke, dass es didaktisch möglich sei, ausgehend von den persönlichen Konflikten wirklich zu den politischen Ursachenzusammenhängen vorzudringen. Er fürchtet, dass „die ,Selbstthematisierung' in einem selbstgenügsamen Circulus vitiosus" stecken bleibe und lediglich „Albernheiten" zur Folge habe – „etwa Ladendiebstähle, um auf diese Weise den angelernten Respekt vor Eigentum in sich zu zerstören; oder die prinzipielle Verweigerung von intellektueller Arbeit, um auf diese Weise das gesellschaftliche Leistungsprinzip zu vernichten usw." (Giesecke 1972a: 185).

Er schlussfolgert daraus, dass zumindest die Priorität im politischen Unterricht auf den objektiven politischen Konflikten liegen müsse, die durch das Kategorienschema erfassbar seien. Diese seien sachlich „mehr und anderes" als die subjektiven Konflikte und nicht einfach deren Verlängerung.[379]

---

379 Giesecke verweist an dieser Stelle etwas lapidar auf sein Buch „Die Jugendarbeit".

Nachdem Giesecke den didaktischen Lösungsansatz, individuelle Probleme und Konflikte als Widerspiegelung objektiver zu verstehen, vorher mehrfach positiv bewertet hatte,[380] erstaunt hier seine Ablehnung. Sein erster Einwand, dass das Kategorienmodell auf viele der subjektiven Konflikte nicht anwendbar sei, ist nicht von der Hand zu weisen. Die Ursache dafür liegt aber darin, dass dem Kategorienmodell ein relativ enges, auf das politische System bezogenes Politik- und Konfliktverständnis zugrunde liegt, während die genannten individuellen Konflikte sich eher zu gesellschaftlichen Widersprüchen, Problemen oder Strukturen in Beziehung setzen ließen, die Giesecke nur in seinem Geschichtskapitel und seiner gesellschaftstheoretischen Grundlegung in sein Konflikt- und Politikverständnis einbezieht.

Gieseckes Ergänzung, dass die persönlichen Konflikte nicht nur unpolitisch seien, sondern häufig auch gesellschaftlich-partikulare Konflikte der mittelständischen Jugend darstellten, widerspricht ebenfalls seinen vorangegangenen Ausführungen: Dort hatte er ausdrücklich – vor allem im Zusammenhang mit der Darstellung der Konzeption Negts – die Nützlichkeit der Thematisierung subjektiver Konflikte gerade in der Arbeiterbildung betont und mit Negt zum Beispiel auf das Potenzial dieses Ansatzes in den Bereichen Recht und Technik verwiesen (vgl. Giesecke 1972a: 102; Negt 1971: 98; o. S. 256, Anm. 318).

Dass Giesecke sich dann in Bezug auf die Möglichkeiten der didaktischen Umsetzung des Ansatzes zunächst auf die „Albernheiten" von Teilen der mittelständischen Jugendlichen kapriziert, scheint daher mehr über seine persönlichen Ressentiments gegen die Studentenbewegung auszusagen[381] als über die tatsächliche Brauchbarkeit dieses Ansatzes: Wenn man sachlich ak-

---

Er schreibt, dort zeige er, warum auch subjektive Konflikte ein pädagogisches Thema seien, weil sie selbstverständlich mit objektiven Konflikten in einem Zusammenhang stünden. Dass er dort noch behauptet hatte, Emanzipation sei nur dann didaktisch organisierbar, wenn man an subjektiven Konflikten ansetze, welche durch gesellschaftliche Widersprüche erzeugt seien, scheint ein Jahr später in Vergessenheit geraten zu sein (vgl. o.S. 221; Giesecke 1971b: 150). Giesecke ergänzt zudem, dass auch persönliche Konflikte letztlich nur bearbeitet werden könnten, indem man sich von ihnen distanziere, denn „subjektive Fixierungen" könnten „nur an objektiven Gegenständen abgearbeitet werden" (Giesecke 1972a: 186). Warum das gegen den didaktischen Weg von den subjektiven zu den objektiven Konflikten spricht, bleibt allerdings unklar.

380 Vgl. Giesecke 1965e: 471; 1971a: 221-222 und o. S. 221 sowie zu Gieseckes Ausführungen zu Negt Giesecke 1972a: 101-102 und o. S. 255.
381 Vgl. dementsprechend auch Giesecke 1972a: 47-48 und o.S. 250, wo Giesecke der Studentenbewegung die Verteidigung ihrer mittelständischen Interessen vorwirft und sich dabei zu Unrecht auf Habermas und Adorno beruft.

zeptiert, dass subjektiv wahrgenommene Probleme vielfach Widerspiegelungen objektiver gesellschaftlicher Konflikte und Widersprüche sind – und das tut Giesecke an vielen Stellen (vgl. Giesecke 1972a: 101, o. S. 255; Giesecke 1965e: 471, o. S. 221) –, dann sollte man gründlich nach einem didaktischen Weg von diesen individuellen zu den gesellschaftlichen Konflikten suchen, statt selektiv auf negative Beispiele zu verweisen.[382]

Man muss Giesecke allerdings zugutehalten, dass er nach seiner anfänglichen, polemischen Kritik genau dies versucht: Er bekräftigt erneut, dass ein Zusammenhang zwischen subjektiven und objektiven Konflikten selbstverständlich gegeben sei, und versucht dann beispielhaft darzustellen, wie dieser im Unterricht aufgezeigt werden könne.

Er verweist dabei mit Ernst August Roloff auf die Etappen, in denen Kinder im Laufe ihres Sozialisationsprozesses mit politisch-gesellschaftlicher Realität konfrontiert werden.[383] Dabei komme es zu Spannungen und Konflikten, die vom politischen Unterricht begleitend aufgeklärt werden könnten. Die Beispiele, die er nennt, bewegen sich alle eher auf der Ebene der Gesellschaft und nicht der Politik im engeren Sinne des politischen Systems, machen aber die Anwendung der Kategorien durchaus vorstellbar: Giesecke nennt den Schulbeginn als ersten Eintritt in das gesellschaftliche Leben, die Verwendung des Taschengelds, die

---

382 In Bezug auf Marcuses Aussagen zur Durchbrechung sexueller Tabus hatte Giesecke jedenfalls noch schlicht geschrieben, wenn diese zuträfen, „so ergäbe sich ein Begründungszusammenhang für eine Änderung der üblichen politischen Sozialisation, der nur noch didaktisch und methodisch operationalisiert werden müsste" (Giesecke 1972a: 57; vgl. o.S. 245).

383 Giesecke gibt Roloff 1972 an. Im Literaturverzeichnis verweist er auf drei Texte Roloffs aus diesem Jahr (Roloff 1972a, 1972b, 1972c), von denen zwei entsprechende Konflikte auflisten:
In seiner Monografie „Erziehung zur Politik" schreibt Roloff: „Die didaktische Konzeption eines Gesamtcurriculums für den politischen Unterricht in der Schule muss sich folglich an den für den Schüler relevanten Entscheidungsbereichen orientieren, in denen er durch das Grundgesetz selbst zur freien Entscheidung aufgefordert ist". Als Stufen nennt er die Gewissens- und Religionsfreiheit mit 14, die freie Berufswahl in der 9. bis 10. Klasse, das Wahlrecht und den Bereich Ehe und Familie mit 18 sowie die Wehrpflicht für die männlichen Jugendlichen ab 18 (Roloff 1972a: 127-128). Fast identisch sind seine Ausführungen in seinem Aufsatz „Das Grundgesetz als Problem der Didaktik" (Roloff 1972b: S. 27-29).
Auch wenn Giesecke mit Ausnahme der freien Berufswahl andere Beispiele nennt als Roloff, überträgt er offenbar dessen Idee auf seinen eigenen Ansatz, objektive Konflikte hinter den subjektiven Konflikten zu suchen und darüber eine Brücke vom Jugendlichen zur Gesellschaft herzustellen.

Begegnung mit den Massenmedien sowie das Recht zur freien Berufswahl und die Rechtsstellung bei Auszubildenden. Sein Verständnis einer kritischen und parteilichen politischen Bildung kommt wieder zum Vorschein, wenn er dazu schreibt, die Schule könne zur „Bewusstmachung und Korrektur" des Sozialisationsprozesses beitragen, statt einfach nur die bisherige politische Sozialisation mit anderen Mitteln fortzusetzen (Giesecke 1972a: 188).[384]

Giesecke nennt noch einige Bedingungen für das Gelingen eines solchen Unterrichts, die aber durchweg problematisch sind:

So fordert er, persönliche Konflikte müssten verfremdet werden, entweder indem sie als objektive politische Konflikte behandelt würden oder indem – vor allem bei jüngeren Schülerinnen und Schülern – „verobjektivierte" Konflikte aus Literatur oder Film im Unterricht besprochen würden. Wichtig sei es vor allem, „dass von Anfang an die Dimension objektiv-subjektiv – wie

---

384 Vgl. auch die entsprechenden Ausführungen Gieseckes in seinem Aufsatz „Pluralistische Sozialisation und das Verhältnis von Schule und Sozialpädagogik", wo er konstatiert, „Schule ist im Prinzip auch die Befreiung der Heranwachsenden aus der Totalität der Familie" (Giesecke 1973h: 356).
In seiner Didaktik relativiert Giesecke seine Aussagen zur Korrektur des Sozialisationsprozesses durch die Schule allerdings später wieder, und die Rolle der Pädagogik im Rahmen seiner Theorie wird deutlich, wenn er darauf verweist, dass jüngere Schülerinnen und Schüler nicht in einen Gegensatz zu ihren Eltern und ihrem Herkunftsmilieu gebracht werden dürften, sondern dass bei ihnen eher der soziale Kontext gestärkt werden müsse, weil sie sonst „dissozial" würden. Als Begründung führt er Erkenntnisse der Kinderpsychologie und Kindertherapie an, die zeigten, „dass die Übereinstimmung mit dem Herkunftsmilieu von geradezu existenzieller Bedeutung für das Kind ist" und dass erst bei Jugendlichen „eine größere Distanz zum Herkunftsmilieu grundsätzlich möglich" sei (Giesecke 1972a: 190). Vgl. auch die Ausführungen von Ludwig Kerstiens zu Gieseckes Ausführungen über die Rolle der sozialen Bindungen in der Emanzipation in seiner „Einführung in die Pädagogik" (Giesecke 1969a, Kerstiens 1975: 80-81).
Für junge Schülerinnen und Schüler verlangt Giesecke überdies auch vom politischen Unterricht bestimmte Erziehungsleistungen – das „Training wünschenswerter Verhaltensweisen" hält er in den frühen Altersklassen sogar für wichtiger als „die stoffliche Seite". Er nennt Beispiele einer klassischen Werteerziehung wie „Eintreten und Hilfe für die Schwächeren", aber auch instrumentelle Fähigkeiten wie selbstständiges Arbeiten und schon spezifischer politische Fähigkeiten wie „Solidarisierungen zum Geltendmachen von Interessen". Er legitimiert diese Forderungen damit, dass solche „Verhaltensmodi […] wichtige Dispositionen auch für die späteren Transzendierungen der in ihnen enthaltenen politisch-pädagogischen Zielsetzungen" schüfen (Giesecke 1972a: 190).

fragmentarisch auch immer – erfahrbar wird, und zwar so, dass das Objektive nicht als etwas den eigenen Bedürfnissen Fremdes oder gar Feindseliges erscheint, sondern als ihr dialektischer Zwilling" (Giesecke 1972a: 189). Mit diesem Vorschlag, an objektiven beziehungsweise verobjektivierten Konflikten anzusetzen, scheint Giesecke sein Ausgangsproblem, dass Kinder und Jugendliche im Unterricht unmotiviert seien, weil sie nicht immer unmittelbar ihre subjektive Betroffenheit von objektiven Problemen erkennen könnten, eher umformuliert als didaktisch befriedigend gelöst zu haben.

Er fordert außerdem, dass im Unterricht von Beginn an altersgemäße kategoriale politische Fragen gestellt werden sollten, wie etwa „wem ein Zustand nützt oder schadet", sodass diese Kategorien zu Leitmotiven der politischen Reflexion werden könnten (Giesecke 1972a: 189). Auch hier ist zumindest Vorsicht angebracht, weil bei der parallelen Anwendung von Kategorien auf Lebenswelt und Gesellschaft oder Politik die Gefahr besteht, dass die Schülerinnen und Schüler falsche Parallelen ziehen und ihr Zugang zur Politik so eher erschwert als vereinfacht wird.

Insgesamt leiden Gieseckes Überlegungen zur Frage, ob die politische Bildung von objektiven, politisch-gesellschaftlichen oder subjektiven, persönlichen Konflikten ausgehen sollte, vor allem daran, dass seine Vorstellungen zur Breite der Inhalte und der Ziele des Unterrichtsfaches so widersprüchlich sind. Solange nicht eindeutiger geklärt ist, welche Art von Konflikten im politischen Unterricht überhaupt thematisiert werden sollen, müssen didaktische Überlegungen dazu, wie dies erfolgen soll, notwendig unbefriedigend bleiben.

Kategoriale Bildung, Klassenbewusstsein und Parteilichkeit
Nach seinen Ausführungen zu den subjektiven und objektiven Konflikten versucht Giesecke, den Beitrag der kategorialen Bildung zur Umsetzung einer klassenbewussten und parteilichen politischen Bildung deutlich zu machen.

Er resümiert zunächst, was er bisher zur seines Erachtens notwendigen Parteilichkeit des politischen Unterrichts ausgeführt hatte: dass der politische Unterricht „nicht unparteilich sein kann, sondern die interessengeleiteten Perspektiven der sozio-ökonomisch Benachteiligten eigentlich unterstützen, zumindest aber ermöglichen muss" (Giesecke 1972a: 191; vgl. o. S. 273, S. 82; Giesecke 1973h: 358). Er betont erneut, dass Parteilichkeit mehr sei als Meinungsfreiheit – der Austausch von Meinungen sei lediglich „eine notwendige *Voraussetzung* für Parteilichkeit, aber nicht dasselbe". Neu fügt er an dieser Stelle hinzu, dass Meinungen über politische Sachverhalte nicht vollkommen beliebig, sondern durch „politische Interessen weitgehend determiniert" seien, sodass man im Unterricht von den Schülerinnen und Schülern auch nicht erwarten könne, sich „allen denkbaren politischen Meinungen" zu öffnen (Giesecke 1972a: 191).

Giesecke schreibt, sein Kategorienmodell gelte in seiner „formalen Allgemeinheit grundsätzlich für *alle* partikularen Interessen" und komme daher der Tatsache entgegen, dass sich in der Schule prinzipiell alle sozialen Klassen und Schichten mischten. Zudem ließen sich mit Hilfe dieses Modells die Unterschiede der gesellschaftlichen Interessen innerhalb einer Schulklasse herausarbeiten – es diene mithin der „Bearbeitung der in ein und derselben Schulklasse vorhandenen Klassen- und Schichtunterschiede" (Giesecke 1972a: 192).

Die parteiliche Differenzierung dieses Kategorienmodells erfolge erst durch die konkrete Anwendung der formalen, allgemeinen Kategorien auf reale gesellschaftliche Zusammenhänge. Dabei ergebe sich beispielsweise, dass Kategorien wie Interesse und Solidarität von Beamtenkindern inhaltlich ganz anders bestimmt würden als von Arbeiterkindern (vgl. Giesecke 1972a: 192-193).

Die notwendige Bedingung dafür, dass eine parteiliche Differenzierung des Kategorienmodells gelingen kann, sieht Giesecke darin, „dass der Lehrer die wichtigsten Klassen- und Schichttheorien und die Grundsätze der Ideologiekritik kennt und bei der Anwendung der Kategorien im politischen Unterricht auch zweckmäßig ins Spiel zu bringen weiß". Fehle diese „theoretische Basis", so bestehe die Gefahr, dass ein „,über' den gesellschaftlichen Realinteressen stehender ,allgemeiner' politischer Unterricht betrieben wird, wie ihn Teschner und Becker in ihren Lehreruntersuchungen kritisiert haben" (Giesecke 1972a: 192-193).

In einem „Exkurs" geht Giesecke anschließend noch einmal auf Oskar Negts Forderung nach einem Bildungsziel „Klassenbewusstsein" ein (Giesecke 1972a: 193). Er wiederholt zunächst, dass in der außerschulischen Arbeiterbildung und in der schulischen Bildung jeweils unterschiedliche institutionelle Rahmenbedingungen gelten würden (vgl. o.S. 258). Trotzdem macht er sich dann eindeutiger als zuvor Negts Forderung nach der Ausbildung eines Klassenbewusstseins zu eigen – mit der Begründung, „wenn die auf Klassenbewusstsein zielende Bildungskonzeption grundsätzlich richtig ist, dann muss zumindest auch geklärt werden, in welchem Umfang und mit welchen Modalitäten sie für den Schulunterricht Geltung haben kann" (Giesecke 1972a: 193; vgl. o.S. 258).

Giesecke plädiert daher nun mit Negt für die Aufklärung der „gesellschaftlichen Gesamtexistenz des Arbeiterkindes", dessen Perspektive im Normalfall die einer „künftigen Arbeiterexistenz" mit allen ihren Nachteilen sei. Zur

Erschließung der Unterschiede zwischen dieser Perspektive und derjenigen anderer Kinder der Klasse können seines Erachtens seine Kategorien beitragen:

„Wer im biografischen Kontext von Kindheit an immer wieder die Frage nach der realen Macht, nach dem Recht, nach den eigenen Interessen und der ihnen angemessenen Solidarität stellt, wird – ohne dass da indoktriniert werden müsste – immer wieder in eine gleiche Richtung weisende Antworten finden: dass es immer wieder dieselben anderen sind, die mehr Macht und bessere Rechtschancen haben, und dass das eigene Interesse immer wieder auf die gleiche Solidarität, etwa mit den Arbeiterorganisationen, verwiesen ist. Auf diese Weise vermag über Jahre des Sozialisationsprozesses vielleicht ein Bewusstsein entstehen, das die ‚Arbeiterexistenz als Gesamtphänomen' in sich enthält und das durch eine kontinuierliche Fragehaltung an die Umwelt entstanden ist" (Giesecke 1972a: 194).

Einschränkend fügt Giesecke allerdings hinzu, dies gelte nicht für die konkreten *marxistisch-sozialistischen Inhalte* des Klassenbewusstseins, auf die Negt ziele. Diese könnten zwar durch kontinuierliches kategoriengeleitetes Fragen entstehen, das sei aber nicht zwingend und sogar eher unwahrscheinlich, weil abhängig von den je eigenen Erfahrungen jedem Schüler die „‚Arbeiterexistenz als Ganzes' in davon abweichender Weise zum Bewusstsein wird" (Giesecke 1972a: 195).

Wenn Giesecke anschließend schreibt, eine marxistische Gesamtinterpretation der Arbeiterexistenz, wie die, auf die Negt ziele, könne nur „unmittelbar intendiert" werden, indem sie den Lernenden „als Gesamtinterpretation" angeboten werde, und didaktisch gebe es dafür keinen anderen Zugang, als „die einschlägigen Texte zu lesen und zu verstehen", dann ist wie so oft unklar, ob Giesecke genau diese Vermittlung der marxistischen Gesamtinterpretation selbst für erstrebenswert hält oder nicht (Giesecke 1972a: 195).[385]

Direkt anschließend distanziert er sich erst einmal von einer orthodoxen marxistischen Interpretation des Klassen*bewusstseins* – er erklärt es nun ausdrücklich für inhaltlich offen und plädiert sogar dafür, dass die Schülerinnen und Schüler es hinterfragen.[386] Trotzdem stellt Giesecke sein marxistisches

---

385 Vgl. entsprechend zu Marx o. S. 269, zu Marcuse o. S. 244 sowie zu Negt o. S. 261 und S. 276.
386 Die Passage lautet: „Die Schlussfolgerung muss deshalb lauten: Entweder ist Klassenbewusstsein etwas inhaltlich klar Definiertes (also etwas Orthodoxes), dessen inhaltliche Bestimmung nicht den subjektiven Aneignungsprozessen überlassen werden darf; dann ist didaktische Reflexion überhaupt überflüssig, dann kommt es nur darauf an, die ‚reine Lehre' vorzutragen, in der Hoffnung, dass sie auch so akzeptiert wird. Oder aber das Klassenbewusstsein gilt inhaltlich

Paradigma keineswegs ganz in Frage, wie sein Festhalten am *Klassenbegriff* zeigt. Und dass er es persönlich vermutlich begrüßen würde, wenn die Schülerinnen und Schüler im Unterricht ein „Klassenbewusstsein in dem von Negt gemeinten Sinne" entwickelten, legt der letzte Absatz dieses Abschnitts nahe, in dem Giesecke auch wieder das „fortgeschrittenste Bewusstsein" als normatives Leitbild des Bildungsprozesses in Anschlag bringt, das er offenbar mit Klassenbewusstsein gleichsetzt:

> „Wäre die Differenz zwischen dem am weitesten fortgeschrittenen Bewusstsein von der Gesellschaft und dem tatsächlichen der großen Mehrheit durch irgendwelche Akte der persönlichen Entscheidung einfach überwindbar und aufzuheben, so stellte die politische Bildung überhaupt kein Problem mehr dar. Klassenbewusstsein in dem von Negt gemeinten Sinne kann also gar nicht unmittelbar Ziel der politischen Bildung sein; die politischen Lernziele, und zwar sowohl die Globalziele wie auch die daraus abgeleiteten Feinziele, können höchstens so formuliert sein, dass sie auf lange Sicht die Bildung von Klassenbewusstsein nicht zusätzlich zum ohnehin wirksamen Vergesellschaftungsprozess noch verhindern oder erschweren" (Giesecke 1972a: 196).

Folgerungen für die Methodik des politischen Unterrichts
Im Anschluss geht Giesecke kurz auf die Methodik der politischen Bildung ein. Er verweist vor allem auf seinen Methoden-Band (Giesecke 1973a), da er in der Didaktik lediglich einige „prinzipielle Konsequenzen" seiner didaktischen Grundsatzüberlegungen für die Methoden der politischen Bildung benenne.[387]

Er schreibt, sein didaktisches Modell lege eine Präferenz für Unterrichts*projekte* nahe. Ob er dabei an eine selbstbestimmte Planung und Durchführung des Unterrichts denkt, lässt er offen. Er konkretisiert lediglich das didaktische Vorgehen als Fallanalyse, die sich an „wichtige, auch den Jugendlichen in-

---

als für die Zukunft offen, als Produkt realer Auseinandersetzungen und deren Reflexion, also als Arbeitsergebnis des Bewusstseins [...]; dann geht es darum, für den Prozess der politischen Reflexion solche Kategorien zu entwickeln, die ein Bewusstsein von der ‚Arbeiterexistenz als Ganzes' aufzubauen – und entsprechende Gesamtinterpretationen wie die marxistische auch zu hinterfragen! – vermögen" (Giesecke 1972a: 195-196).

387 Seine Ausführungen zur Bedeutung des Unterrichtseinstiegs, die sich aus der Orientierung an Konflikten ergibt, übernimmt Giesecke inhaltlich aus seiner alten Didaktik. Er lässt lediglich das Beispiel der Spiegel-Affäre weg und verallgemeinert seine Aussagen, ohne ein neues Beispiel zu geben (vgl. Giesecke 1972a: 198-201; 1965a: 132-135).

teressierende politische Kontroversen" anschließe und die bei grundsätzlich problemorientiertem Vorgehen systematische Lernziele einbeziehe. Zudem deutet er an, dass man den Unterricht in Form von Blockveranstaltungen realisieren sollte (Giesecke 1972a: 197).[388] Giesecke fordert, die politischen Stoffe nicht mehr jahrgangsmäßig zu schichten und bietet dafür eine Erklärung an, die er sinngemäß aus seiner alten Didaktik übernimmt, die aber im Kontext seiner marxistischen Grundlegung widersprüchlich wird:

Noch auf der vorangegangenen Seite hatte er die Entwicklung von Klassenbewusstsein als wünschenswert erachtet, und vor allem in seinem Theorieteil suggeriert Giesecke, dass die Schülerinnen und Schüler im Unterricht so weit wie möglich ein fortgeschrittenes, mithin marxistisches Bewusstsein von der Gesellschaft in ihrer Totalität erlangen sollten. Nun schreibt er dagegen, wenn Politik nur in Form von systematischen Lehrgängen gelehrt würde, „müsste das in den Schülern die Vorstellung erwecken, als ob sich ihnen im Laufe der Jahre die politische Welt systematisch erschließe und ihnen damit fertig ‚zuhanden' werde". Das lehnt er ab mit dem Argument, damit „würde die politische Welt vorfabriziert, es würde ein Zusammenhang gestiftet, der nur deshalb existiert, weil er so und nicht anders hergestellt wurde" und der Unterricht schaffe so „eine Art zweiter Wirklichkeit" (Giesecke 1972a: 198; vgl. 1965a: 129-130).[389]

Diese Sorge ist zwar aus Sicht einer am Individuum ansetzenden Didaktik gerechtfertig, steht aber, wie so viele Ausführungen Gieseckes zur Praxis der politischen Bildung, im Widerspruch zu seiner gesellschaftstheoretischen Grundlegung.

Emanzipation als Transzendierung und Erweiterung von Rollenvorschriften
Anschließend geht Giesecke unter der Überschrift „Politische Bildung und unmittelbare politische Praxis" nochmals der Frage nach, was die politische Bildung dazu beitragen könne, dass politische Handlungsspielräume an der

---

388 Seine problematische Bemerkung vom Nebeneinander eines fachgebundenen Sozialkundeun-terrichts mit projektorientierten politischen Arbeitsgemeinschaften hat Giesecke in der neuen Didaktik gestrichen (vgl. Giesecke 1965a: 130-131 sowie o. S. 183).

389 Der Vorbehalt passt zudem auch nicht zu Gieseckes Forderung, die wissenschaftlichen Modelle zu den fünf systematischen Zusammenhängen im Rahmen des Teilziels „Training systematischer gesamtgesellschaftlicher Vorstellungen" deduktiv zu vermitteln. Hier warnt er sogar vor einer „zufällig-additiven" Thematisierung von Konflikten, weil sich dadurch keine systematischen Denk- und Vorstellungszusammenhänge aufbauen könnten (Giesecke 1972a: 146; vgl. 1965a: 129-130 und o. S. 107, S. 282).

Basis in der Praxis auch tatsächlich genutzt würden. Er plädiert für Realismus und Bescheidenheit und fasst das in die Formulierung, eine Weiterentwicklung von Emanzipation und Mitbestimmung müsse immer vom aktuell gegebenen historischen Standort aus erfolgen.

Giesecke will diese beiden Leitziele dann für Menschen, die an der gesellschaftlichen Basis handeln, konkretisieren. Hierfür greift er – wie er selbst schreibt – auf das soziologische Rollenmodell zurück: Er fasst zunächst den gegebenen politischen Handlungsspielraum von Individuen und Kollektiven als „Ensemble ihres gesellschaftlich zugelassenen Rollenhandelns" und will politische Strategien als „historisch-dynamisierte Rollenerweiterungen" beschreiben. Emanzipation wäre dann die „anzustrebende Erweiterung der Mitbestimmung durch eine Transzendierung der jeweils vorliegenden Rollen-Vorschriften", wobei es ihm wichtig ist zu betonen, dass das Individuum keinesfalls aus allen seine Rollen aussteigen solle (Giesecke 1972a: 202-203).[390]

Giesecke geht auf den folgenden Seiten in fünf Punkten noch weiter ins Detail:

Zunächst konstatiert er, man müsse durch eine historisch-gesellschaftliche Analyse prüfen, welche Rollenerwartungen die verschiedenen gesellschaftlichen Institutionen an die Individuen stellten, um bewerten zu können, in welchem Maße die politische Mitbestimmung im Rahmen der gegebenen Rollenerwartungen überhaupt realisiert werden könne. Für wichtig hält er dabei vor allem, dass sich Rollenerwartungen ändern können. Als Beispiel nennt er die Familie, die, seit sie nicht mehr vorwiegend Produktionsgemeinschaft sei, gesellschaftliche Rollendeterminanten nicht mehr reproduzieren müsse, sondern heute zum Stützpunkt werden könne, von dem aus diese Determinanten hinterfragt werden könnten und „Rollen-Innovationen" möglich seien.

Im nächsten Punkt fragt Giesecke nach den *Unterschieden* in den Erwartungen der verschiedenen Rollen, die ein Mensch inne hat, und ob nicht eine Verschiebung der Identifikation hin zu Rollen mit anderen Erwartungen zur Emanzipation beitragen könne. Er stellt sich zudem vor, dass kritisches Potenzial von einer Rolle auf die andere transferierbar sein könnte und erläutert das am Beispiel von Arbeit und Freizeit, wobei er abwechselnd von „Arbeitsrolle" und „Berufsrolle" sowie von „Freizeitrolle" und „Konsumrolle" spricht (Giesecke

---

390 Giesecke erläutert zusätzlich, dass sein Vorschlag auch mit der strukturfunktionalistischen Theorie vereinbar sei. Angesichts seiner ausdrücklichen Ablehnung dieser Theorie als Grundlage der politischen Bildung (vgl. o.S. 271) verrät eine derartige Absicherung vermutlich den Versuch, potenzieller Kritik an seiner gesellschaftstheoretischen Positionierung schon im Vorfeld etwas entgegen zu setzen.

1972a: 204-205). Er äußert hier ähnlich wie bereits weiter oben in seiner Didaktik die Hoffnung, dass die Zunahme und das Bewusstwerden von Freizeit- und Konsumbedürfnissen auf die Berufsrolle zurückwirken und einen Impuls zur „Aufhebung der Arbeiterexistenz" bewirken könne.

Giesecke grenzt sich mit der Annahme, dass kritisches Potenzial in der Freizeit entstehen und auf die Arbeit zurückwirken könnte, zunächst von Negt ab (vgl. Giesecke 1972a: 204). Dann wirft er Teilen des „neo-marxistischen […] Materialismus" vor, den Freizeit- und Konsumbereich so blindwütig und undialektisch zu denunzieren, dass nicht mehr erkennbar sei, „dass auf die Dauer die ‚revolutionären' Impulse für die große Mehrheit aus dem Freizeit- und Konsumsektor kommen könnten". Er selbst hofft, dass aus der dort erfahrenen Lebensqualität und dem Bedürfnis nach deren Erhaltung und Ausweitung, „eine ganz andere Wucht des politischen Engagements erwachsen könnte als aus der abstrakten Forderung nach kollektiver Übernahme der kapitalistischen Produktionsmittel", und erklärt den neo-marxistischen Materialismus aus diesem Grund schlicht für reaktionär (Giesecke 1972a: 205).

Wie schon im Kapitel zu Oskar Negt wird hier ein Unterschied in der Diagnose Gieseckes zu derjenigen der Kritischen Theorie deutlich, der auch zeigt, dass Giesecke zumindest an einigen Stellen die Entfremdungsthese der Kritischen Theorie nicht in ihrer ganzen Tragweite übernimmt (vgl. o.S. 170, S. 262). Dadurch bieten sich für die im Unterricht anzustrebende Emanzipation der Schülerinnen und Schüler zusätzliche Ansatzpunkte und damit auch Chancen, die Giesecke aber nicht systematisch auslotet. Er schreibt dazu lediglich abschließend, diese „dialektisch-fortschrittlichen Momente des Freizeit- und Konsumsystems" sollten von der politischen Pädagogik ermittelt und unterstützt werden.

Anschließend kommt Giesecke auf die „Arbeitsrolle" zurück und argumentiert, diese sei an der reinen Produktionseffizienz ausgerichtet und komme den zuvor genannten Zielen politischer Bildung nicht entgegen. Das Gegenteil gelte allerdings für die gewerkschaftliche Interessenvertretung, weshalb man beide Rollen durch innerbetriebliche Mitbestimmung miteinander verschmelzen solle.

Die didaktische Stoßrichtung von Gieseckes Argumentation wird im vierten Punkt noch einmal sehr deutlich. Hier schreibt er:

> „In welcher Weise und in welchem Maße lassen sich die vorfindbaren Rollen *erweitern*? Anpassung an die vorgefundenen gesellschaftlichen Rollen gehört zu den Notwendigkeiten einer jeden politischen Sozialisation. Indem jedoch das Bewusstsein durch Lernen die vorgefundenen Rollen zu transzendieren vermag, vermag es auch neue Rollenaspekte

und Rolleninhalte zu antizipieren und in bescheidenem Maße auch zu realisieren. In den Erfahrungen der Individuen vermag sich das, was abstrakt ‚gesellschaftlicher Fortschritt' genannt wird, vermutlich nur in den erfahrbaren Rollen-Erweiterungen zu konkretisieren. Umgekehrt muss Fortschritt an Emanzipation sich auch im Hinblick auf Rollen-Erweiterungen operationalisieren lassen: Was muss an der Arbeits-, Freizeit- usw. Rolle im Namen der Emanzipation anders werden, und unter welchen Bedingungen kann das geschehen?" (Giesecke 1972a: 206).

In seinem letzten Punkt geht Giesecke schließlich noch kurz darauf ein, dass die Bildungsinstitutionen einen Beitrag zur Rollenerweiterung leisten könnten, indem sie zum einen selbst möglichst große Spielräume in ihren eigenen Rollenanforderungen zulassen und zum anderen durch die Reflexion der verschiedenen gesellschaftlichen Rollenerwartungen zu deren Transzendierung beitragen (Giesecke 1972a: 206-207).

Die Idee Gieseckes, die Chancen und Grenzen der Verwirklichung der Ziele politischer Bildung auf der Ebene individuellen sozialen Verhaltens mit Hilfe der Rollentheorie auszuloten, müsste natürlich mit der marxistischen Entfremdungsthese vermittelt werden. Lässt man diese durchgängige Grundproblematik in Gieseckes Didaktik außen vor, kann man trotzdem festhalten, dass seine Idee, den Rollenbegriff für die politische Bildung fruchtbar zu machen, durchaus ein gewisses Potenzial birgt, und es ist bedauerlich, dass Giesecke sie nach seiner neuen Didaktik kaum noch wieder aufgegriffen hat.[391]

---

391 Giesecke kommt vor allem in seiner Methodik darauf zurück, wo er darauf verweist, dass man im Rahmen von Rollenspielen lernen könne, übliche Rollendeterminanten zu durchschauen und Rollenspielräume auszuspielen sowie wünschenswerte Rollenveränderungen zu antizipieren (vgl. Giesecke 1973a: 77-82). Erstaunlich ist, dass Giesecke noch in demselben Jahr in zwei seiner Rezensionen der hessischen Rahmenrichtlinien von 1973 seine didaktischen Vorschläge nicht zu der dort geforderten Thematisierung von Rollenerwartungen und -konflikten in Beziehung setzt. Er listet die entsprechenden Inhalte des Lernfelds Sozialisation in einem der Texte detailliert auf (vgl. Giesecke 1973f: 131-133); im anderen erwähnt er kommentarlos, die Richtlinien machten die Rollenkonflikte und Sozialisationsprobleme von Schülerinnen und Schülern und damit die Politik im Rahmen ihrer Lebenswelt zum Thema des Unterrichts (vgl. Giesecke 1973g: 328). Später erwähnt Giesecke seinen didaktischen Vorschlag zu Rollenerweiterung nur noch indirekt und am Rande, etwa wenn er das Rollenmodell als geeignet zu „Vermittlung zwischen objektiven und subjektiven Aspekten von Konflikten" bezeichnet (Giesecke 1978a: 497; vgl. auch 1999c: 56).
1978 verwischt er das didaktische Konzept der Rollenerweiterung vollends, als er auf die ausdrückliche diesbezügliche Interviewfrage von Gerd Koch

Allerdings stecken einige Probleme in Gieseckes Ausgestaltung seiner Idee. Dies sind vor allem theoretische Inkonsistenzen, die darin begründet liegen könnten, dass Giesecke sich zwar ausdrücklich auf „das Rollen-Modell" beruft, dieses aber nicht als soziologische Theorie erläutert und auch keinen Referenzautor nennt.[392] Man kann vermuten, dass er Dahrendorfs „Homo Sociologicus" kannte, er erwähnt das damals in der breiten Öffentlichkeit wohl bekannteste Buch zur Rollentheorie aber nicht.[393]

Gieseckes impliziter Rollenbegriff stimmt insofern mit dem Dahrendorfs überein, als auch für ihn eine Rolle „der objektivierte, soziologische Gedanke von Komplexen erwartbarer [...] Regelmäßigkeiten des Verhaltens" ist (Dahrendorf 1977: 64), und nicht – wie das bei anderen Theoretikern zum Teil der Fall ist – eine tatsächliche Regelmäßigkeit des Verhaltens. Darüber hinaus ist Gieseckes Rollenbegriff aber eher schwammig. Zum einen, weil er Rollen nicht ausdrücklich – wie dies Dahrendorf und die meisten anderen Soziologen tun – als Erwartungen an den Träger einer konkreten sozialen Position versteht. Wenn Giesecke beispielsweise von Arbeitsrollen und Freizeitrollen spricht, so ist dahinter, anders als bei Dahrendorfs Berufsrollen

---

    antwortet, der Begriff der Rolle sei lediglich ein „Hilfsbegriff" und es gehe „im Grunde darum, Handlungskompetenz zu erweitern". Bei Kochs zweiter Nachfrage antwortet er gar nicht mehr (Giesecke 1978b: 364; vgl. ebd.: 373-374). Bereits ein bis zwei Jahre zuvor scheint Giesecke auch den emanzipatorischen Anspruch der Rollenerweiterung aufgegeben zu haben: Hier schreibt er in seinem Beitrag zur Beutelsbacher Tagung von 1976, welche beruflichen, kulturellen und politischen Kompetenzen Schule zu vermitteln habe, sei „unter den gegebenen historisch-gesellschaftlichen Bedingungen" weitgehend vorgegeben, z.B. in Form von Rollenkompetenzen (Giesecke 1977c: 65-66).

392 Giesecke verwendet den Rollenbegriff schon früh und ausgesprochen häufig, und er setzt sich schon vor seiner neuen Didaktik an sehr vielen Stellen mit Veränderungen von Rollenerwartungen auseinander (vgl. bspw. Giesecke 1963a: 62-63; 1963b: 426; 1964b: 190; 1965d: Texte 6 und 7; 1968g: 53-56).
Die soziologische Rollentheorie erwähnt er erst später und auch nur gelegentlich (vgl. bspw. Giesecke 1971a: 224; 1974b: 121; 1977b: 195; 1978a: 497). Er beschäftigt sich jedoch weder in seinen Aufsätzen noch in den beiden Ausgaben seiner Didaktik ausdrücklich mit ihr. 1980 behauptet er pauschal, die Arbeiten von Dahrendorf hätten die von ihm „aus den USA adaptierten Rollen- und Konflikttheorien" in die didaktische Diskussion eingebracht, was in Bezug auf seine eigene didaktische Konzeption für die Rollentheorie aber ebenso wenig zutrifft wie für die Konflikttheorie (Giesecke 1980a: 537).

393 Selbst im Literaturverzeichnis tauchen von Dahrendorf nur die Bücher „Gesellschaft und Freiheit" sowie „Gesellschaft und Demokratie in Deutschland" auf (Dahrendorf 1961a; 1965).

oder Klassenrollen, keine soziale Position erkennbar (vgl. Dahrendorf 1977: 32, 73). Zum anderen löst Giesecke an verschiedenen Stellen die Grenzen zwischen unterschiedlichen Rollen auf, bevor er diese überhaupt richtig voneinander abgegrenzt hat, wie zum Beispiel bei der Forderung, Arbeitsrolle und Gewerkschaftsrolle miteinander zu verschmelzen.

Schließlich fordert Giesecke eine Rollenerweiterung und Transzendierung, ohne zunächst auf die vorhandenen Spielräume innerhalb gegebener Rollen systematisch einzugehen.[394] Dahrendorf spricht dagegen von einem relativ großen Bereich, „in dem der Einzelne frei ist, seine Rollen selbst auszugestalten und sich so oder anders zu verhalten" – durch Rollen sei das Verhalten keinesfalls determiniert, sondern lediglich eingegrenzt (Dahrendorf 1977: 41; vgl. ebd.: 59-60). Eine politische Didaktik, der es darum geht, möglichst *realistisch* die Handlungsspielräume der Individuen auszuloten, sollte also eher in der Ausschöpfung vorhandener Spielräume den ersten Schritt zu mehr Mitbestimmung sehen und die Rollenerweiterung zum zweiten Schritt machen. Für diesen zweiten Schritt bedürfte es zunächst einer Bestimmung der Rollengrenzen. Hier bietet sich Dahrendorfs Differenzierung zwischen Muss-, Soll- und Kann-Erwartungen und den jeweils unterschiedlichen Sanktionen an, um die Ziele einer auf Emanzipation und Mitbestimmung zielenden politischen Bildung mit Hilfe der Rollentheorie zu operationalisieren.

Gieseckes Didaktik hat einen anderen Schwerpunkt, weshalb er eine entsprechend komplexe Rollentheorie in diesem Rahmen nicht hätte entwickeln können. Die Bemerkungen sollten daher lediglich zeigen, dass Dahrendorfs Rollentheorie Potenziale bietet, die man für eine didaktische Konzeption ausschöpfen könnte. Das gilt nicht nur in Bezug auf das Ziel der Mitbestimmung, sondern auch für die Emanzipation, die Giesecke, ohne hier ins Detail zu gehen, als Transzendierung von Rollenvorschriften operationalisiert. Darüber hinaus böte auch Dahrendorfs Anwendung des Rollenbegriffs im Rahmen einer Erklärung der Gesetzlichkeiten sozialen Wandels Anknüpfungspunkte für eine politische Didaktik – gerade wenn ein Didaktiker sich wie Giesecke einem historisch-kritischem Ansatz verpflichtet sieht (vgl. Dahrendorf 1977: 76).[395]

---

394 Indirekt steckt dieses Argument auch in Sutors Kritik, wenn er Gieseckes Annahme beanstandet, dass außerschulische Sozialisationsinstanzen prinzipiell anpassend wirkten (vgl. Sutor 1973: 339).
395 Auch Habermas' Auseinandersetzung mit der Rollentheorie in der einflussreichen Schrift zu seiner Vorlesung „Thesen zur Theorie der Sozialisation" im Jahr 1968, die zu seiner kommunikationstheoretischen Wende entscheidend beigetragen hat, hat Giesecke offenbar nicht zur Kenntnis genommen, obwohl er sich mit vielen anderen Schriften Habermas' auseinandergesetzt hat. Habermas

Giesecke warnt im Zusammenhang mit seinen Ausführungen zur Rollentheorie und deren möglichem Beitrag zu einer realistischen politischen Bildung erneut eindringlich vor revolutionären Utopien und vor einem blinden Aktionismus, „der sich zu allem Überfluss auch noch mit ‚fortschrittlichen' oder gar ‚revolutionären' Redensarten drapieren kann" (Giesecke 1972a: 201; vgl. o.S. 208, S. 262).[396]

Er mahnt, dass Pädagogik niemals darauf zielen dürfe, das „optimale Endprodukt eines Sozialisationsprozesses perfekt zu entwerfen und selbst zu realisieren". Ihre Chance bestehe vielmehr darin, vorhandene Resultate des bisherigen Sozialisationsprozesses umzustrukturieren und zu korrigieren. Der spezifische Beitrag der pädagogischen Institutionen könne dabei nur darin bestehen, vorhandene Informationen durch neue zu ergänzen und diese gemeinsam methodisch zu bearbeiten (vgl. Giesecke 1972a: 207-208).[397]

    kritisiert hier die Rollentheorie dafür, dass sie mehrere Dimensionen möglicher Freiheitsgrade des Handelns innerhalb von Rollen vernachlässigt. Genau diese Kritik trifft Giesecke wie oben dargestellt in besonderem Maße (vgl. Habermas 1968b: 8-12).

396 Giesecke setzt seine missbilligende Bemerkung sogar noch weiter fort mit dem Hinweis: „Nicht anti-kapitalistische Affekte nutzen z.B. den Arbeitern, sondern eher die Optimalisierung und Erweiterung des gewerkschaftlichen Rollenhandelns", und fordert polemisch, „gut gemeinte, aber illusorische ‚idealistische' Postulate [...], deren eilfertige Aufrufe von der unerschütterten Innerlichkeit bis zur putschistischen Revoluzzerei reichen können", zu vermeiden (Giesecke 1972a: 202).

397 Diese Abgrenzung von revolutionären Utopien hebt sogar Sutor positiv hervor. Er bescheinigt Giesecke, durch seinen Verzicht auf eine revolutionäre Utopie und das Plädoyer für eine am Bestehenden ansetzende, „dynamische Rollenerweiterung" bewahre sich sein Konzept „ein erheblich höheres Maß an Realismus als etwa das von Schmiederer". Anderen Konzepten der emanzipatorischen Pädagogik wirft er demgegenüber vor, ihre Ziele an der Realität vorbei zu konstruieren, weil sie die realitätsferne marxistische Utopie einer Gesellschaft ohne Entfremdung, in der herrschaftsfreier Dialog zu zwanglosem Konsens führe, übernehme (Sutor 1973: 337).

Giesecke schreibt allerdings trotz dieser Abgrenzung, die sich bei ihm bereits 1968 findet, es sei eine „geschickte Maßnahme der konservativen Ideologie", zu fordern, dass man das Bestreben nach Emanzipation „teleologisch zu Ende zu denken" müsse, um Emanzipationen als Ziel der politischen Bildung zurückzuweisen (vgl. das entsprechende Zitat o. S. 208, Anm. 244).

Auch Kerstiens erwähnt, dass Giesecke ausgehend von der bestehenden Situation konkrete Emanzipationsziele anstrebt, statt utopische Gesellschaftsentwürfe zu präsentieren. Daraus allerdings wie Kerstiens abzuleiten: „Skepsis gegen allgemeine Theorien und Ideologien prägt Gieseckes Denken", widerspricht eindeutig dessen

Wie politische Bildung trotzdem einen Beitrag zur Emanzipation leisten könne, erklärt er am Ende dieses zweiten Teils seiner neuen Didaktik, indem er ihre Aufgabe als „Korrektur der politischen Sozialisation" bestimmt: Gerade weil das menschliche Verhalten im Wesentlichen aus einer Anpassung an Normen und Erwartungen vorgegebener Rollen bestehe, müssten pädagogische Institutionen dies nicht noch zusätzlich verstärken. Ihre Aufgabe – schreibt Giesecke – „läge vielmehr ganz überwiegend darin, solche Anpassungsvorgänge wieder zu relativieren und im Sinne von ‚Kritik' und ‚Widerstand' wieder aufzubrechen". Die Einwände seiner konservativen Kritiker antizipierend, fügt er abschließend hinzu:

> „Wenn die Schule also ihren Schwerpunkt so legt, dann handelt sie nicht ‚utopisch' oder ‚weltfremd' oder ‚einseitig kritisch', sondern sie bestimmt damit nur ihre relative Position im Kontext der übrigen Sozialisationswirkungen und im Hinblick auf das Globalziel zunehmender Emanzipation und Mitbestimmung" (Giesecke 1972a: 208).

Zwischenfazit zu den Implikationen des Kategorienmodells
Insgesamt ist Gieseckes Darstellung der didaktischen Implikationen seines Kategorienmodells von zahlreichen Widersprüchen gekennzeichnet:

Wie schon bei der Darstellung seiner elf Kategorien (vgl. o. S. 293) mischt er vor allem bei seinen Argumenten zur Eignung des Kategorienmodells (vgl. o. ab S. 302) pluralistische und marxistische Elemente. Seine Ausführungen zum Klassenbewusstsein als Ziel des politischen Unterrichts lassen nicht eindeutig erkennen, ob er die Ausbildung eines Klassenbewusstsein im marxistischen Sinn für wünschenswert hält (vgl. o. S. 311), und auch bei der entscheidenden Frage, wie weit er bei der objektivistischen Bestimmung des anzustrebenden „richtigen Bewusstsein" gehen will, bleibt er nebulös (vgl. o. ab S. 300).

Überdies wird nicht deutlich, ob er objektive, gesellschaftliche und/oder politische oder subjektive, persönliche Konflikte zum Ausgangspunkt des Unterrichts machen möchte. Auch wie gegebenenfalls der didaktische Weg von den subjektiven zu den objektiven Konflikten aussehen soll, wird lediglich angedeutet – unter anderem, weil Giesecke wie schon bei der Vorstellung des Kategorienmodells zwischen einem engen und einem weiten Verständnis der objektiven politischen Konflikte changiert (vgl. o. ab S. 305 sowie S. 293). Seine Ausführungen zu den Methoden und zur Rollenerweiterung bleiben zu ober-

---

Übernahme marxistischer Kategorien (Kerstiens 1975: 68). Kerstiens bezieht sich in diesem Zitat auf Gieseckes Buch „Die Jugendarbeit" (Giesecke 1971b), er verallgemeinert aber zumindest das Lob über Gieseckes Absage an die Revolution auch auf andere Schriften (vgl. Kerstiens 1975: 71, 76).

flächlich, als dass sie Lehrerinnen und Lehrern als konkretes Handwerkszeug dienen könnten (vgl. o.S. 313, S. 315).

Als konkrete Hilfestellung für die Praxis politischer Bildung bleibt einzig Gieseckes Kategorienmodell selbst. Über dieses sagt Giesecke im Anschluss an die Darstellung der Kategorien aber, es handle sich um ein formales Kategorienmodell, das erst durch die richtige Anwendung und im Zusammenhang mit dem eigenen Theoriewissen der Lehrerinnen und Lehrer inhaltlich gefüllt werde. Erst so könne es bei den Schülerinnen und Schülern zu Klassenbewusstsein und gegebenenfalls zu einem Bewusstsein von der eigenen Arbeitsexistenz führen – wobei dieses Bewusstsein aber nicht inhaltlich vorgegeben oder direkt angestrebt werden dürfe (vgl. o.S. 311). Nachdem Giesecke zunächst eine aufwendige marxistische Grundlegung für seine Didaktik formuliert, die schon bei seinen Ausführungen zu den Zielen und Inhalten sowie zum Kategorienmodell in den Hintergrund tritt und zunehmend durch pluralistische Gedanken überlagert wird (vgl. o.S. 285, S. 298), überträgt er damit nun vordergründig die Legitimation politischer Bildung dem individuellen Lehrer (vgl. o.S. 311).

An dieser Stelle kann man wohl feststellen, dass Giesecke sich mit seiner widersprüchlichen Vermengung verschiedener gesellschaftstheoretischer Versatzstücke nicht nur gegen seine Kritiker zu immunisieren versucht, sondern dass er sich außerdem gegenüber den wichtigsten Adressaten seiner Didaktik, den Lehrerinnen und Lehrern, aus der Verantwortung stiehlt. Entsprechend konstatiert auch Sutor über Gieseckes neue Didaktik, die „bloße Weitergabe des Problems an die ‚pädagogische Basis', an den Lehrer in seiner Klasse, ist keine Lösung" (Sutor 1974: 88).

3.6.5 Der Zusammenhang zwischen politischer Didaktik, politischer Theorie und pädagogischer Theorie

In seinem dritten und letzten Teil der neuen Didaktik kommt Giesecke erneut auf seine gesellschaftstheoretischen Überlegungen zurück.

Er grenzt zunächst die „politische Theorie" als „wissenschaftlich fundierte und reflektierte Theorie" von dem gesamtgesellschaftlichen Bewusstsein ab, das stets bei jedem vorhanden sei und durchaus vorwissenschaftlich sein könne (Giesecke 1972a: 212).

Er hatte den Begriff politische Theorie bereits zuvor an einigen Stellen benutzt – meist in Abgrenzung zur didaktischen Theorie.[398] Einige For-

---

[398] Vgl. Giesecke 1972a: 68-70, 173-174, 178-179 und o. S. 302; sowie auch bereits Giesecke 1966d: 386; o. S. 203 und Giesecke 1967b: 413; o. S. 205.

mulierungen haben aber auch bereits gezeigt, dass Giesecke den Begriff politische Theorie nicht auf das politische System bezieht, sondern ihn sehr weit fasst, sodass politische Theorie zur Theorie der gesamten Gesellschaft wird, mithin dem entspricht, was hier als Gesellschaftstheorie bezeichnet wird. So spricht Giesecke beispielsweise von Habermas' politischer Theorie der Demokratisierung (vgl. Giesecke 1972a: 47; o. S. S. 249) und in seinem Negt-Kapitel heißt es ausdrücklich, dessen politische Theorie beinhalte „die Reflexion gesamtgesellschaftlicher Prozesse und deren historischer Dimension" (Giesecke 1972a: 103; vgl. o.S. 256). Im letzten Teil seiner neuen Didaktik schreibt Giesecke nun noch eindeutiger:

> „Wir hatten bei der Lernzieldiskussion als politische Theorie eine solche bezeichnet, die versucht, die Totalität der gesellschaftlichen Beziehungen in historischer Dimension aufzuhellen" (Giesecke 1972a: 211).

Er ergänzt nun zunächst, es sei „selbstverständlich", dass es konkurrierende politische Theorien gebe,[399] konterkariert das aber nur eine Seite später dadurch, dass er wieder von einer „am weitesten fortgeschrittenen politischen Theorie" spricht (Giesecke 1972a: 212).

Nach dieser Rekapitulation seines Theorieverständnisses, die die oben begründete These eines marxistischen Paradigmas bei Giesecke erneut bestätigt (vgl. o.S. 267, geht er auf die Frage ein, wie man zu einem richtigen Bewusstsein komme.

Erneut scheinbar pluralistisch argumentierend schreibt Giesecke zunächst:

> „Schon die bloße Konfrontation eines vorwissenschaftlichen gesamtgesellschaftlichen Bewusstseins mit einer ausformulierten politischen Theorie (z.B. einer marxistischen) hat didaktischen Sinn: Sie stellt das empirisch vorhandene Bewusstsein in Frage, erklärt es als falsch und macht Gründe (z.B. ökonomische) für diese Falschheit geltend" (Giesecke 1972a: 212).

Allerdings – so fährt er fort – seien nicht alle Menschen „bereit und fähig [...], die Sätze der jeweils am weitesten fortgeschrittenen politischen Theorie zu ihren eigenen zu machen". Er begründet das damit, dass das vorhandene politische Bewusstsein „eine Funktion des historisch-sozialen Standortes" sei und deshalb nicht beliebig verändert werden könne, dass alle Menschen unterschiedliche intellektuelle Fähigkeiten, aber auch andere Motivationen,

---

399 Zusätzlich wiederholt er seinem historischen Wissenschaftsverständnis entsprechend, dass politische Theorien im Verlaufe der Geschichte ständig neu überarbeitet werden müssten (vgl. Giesecke 1972a: 212; o. S. 271).

Gefühle und Interessen hätten, und dass schließlich auch der „Stand der lebensgeschichtlichen Entwicklung" unterschiedlich sei (Giesecke 1972a: 212). Dies alles mache die Entwicklung des richtigen Bewusstseins schwierig, aber gerade deshalb liege hier die zentrale Aufgabe der politischen Didaktik:

> „Unter der Voraussetzung also, dass ‚richtiges' politisches Bewusstsein – repräsentiert in der jeweils am weitesten fortgeschrittenen politischen Theorie – vom jeweils empirisch vorfindbaren ‚falschen' aus angesteuert werden soll, thematisiert didaktische Theorie eben diesen Vermittlungsprozess" (Giesecke 1972a: 212-213).

Giesecke grenzt dann die didaktische Theorie von der politischen Theorie ab, indem er schreibt, die politische Theorie könne zwar die obersten Bildungsziele – „z.B. Emanzipation oder Mitbestimmung" – inhaltlich bestimmen, sie könne aber nur wenig zum Vermittlungsprozess sagen. Den Grund sieht er darin, dass die politische Theorie nur „*allgemeine* Aussagen über richtiges oder falsches Bewusstsein" liefere, die erst noch „auf *individuelle* Ausgangssituationen und Lernprozesse hin umgesetzt werden" müssten (Giesecke 1972a: 213). Eben dies hatte er bereits ausführlich im Zusammenhang mit seiner Kritik an der Kritischen Theorie und an Habermas diskutiert (vgl. Giesecke 1970a: 37, 34; 1972a: 46; o. S. 219, S. 249). Nun geht er aber darüber hinaus, nur die Ergänzung der politischen Theorie durch eine pädagogische Theorie zu fordern, und schreibt:

> „Die didaktische Umsetzung einer politischen Theorie ist nicht nur einfach ihre Variation, sondern schließt auch ihre inhaltliche Veränderung ein" (Giesecke 1972a: 213).[400]

Giesecke bedauert, dass diese Veränderung häufig zu pauschalen Ressentiments gegenüber jeder didaktischen Theorie führe sowie zu ihrer Wahrnehmung „als pädagogisch motivierte Verunreinigung und Verfälschung" der politischen Theorie (Giesecke 1972a: 214), und versucht im Folgenden, die Veränderung der politischen Theorie durch die Didaktik zu legitimieren:

---

400 Einen strukturellen Unterschiede sieht er darin, dass die politische Theorie die bestehende Praxis zwar kritisieren könne, indem sie ihr „als ihre bessere Idee" gegenübertrete, sie könne aber keine hinreichend genauen Vorschläge dazu unterbreiten, wie sich diese Praxis verbessern ließe. Er fährt fort, sie sei noch nicht einmal in der Lage, „die von ihr gesetzten obersten Lernziele [...] zu operationalisieren, weil sie [...] dazu den ihr eigentümlichen allgemein-historischen Charakter ihrer Aussagen mit individuellen oder zumindest individualisierbaren lebensgeschichtlichen Dimensionen kombinieren müsste" (Giesecke 1972a: 213-214).

Zunächst wendet er gegen potenzielle Kritik von links ein, erst die Didaktik mache politische Postulate wie die Forderung nach Emanzipation umsetzbar, weil erst sie *praktische* Strategien der Veränderung eröffne (vgl. Giesecke 1972a: 214-215).

Dann folgt eine Verteidigung seines Politikbegriffs, die offenbar exemplarisch die reduzierten Ansprüche an gesellschaftstheoretische Aussagen in didaktischen Theorien verdeutlichen soll: Giesecke argumentiert, seine Definition des Politischen als Konflikt erfülle den beabsichtigten Zweck, eine für die politische Bildung ergiebige und sinnvoll operationalisierte Definition darzustellen, und auch wenn diese fachwissenschaftliche Defizite aufweise, sei sie doch zumindest nicht falsch und damit fachwissenschaftlich tolerierbar (vgl. Giesecke 1972a: 215).[401]

Giesecke merkt in diesem Zusammenhang weiterhin an, dass die Formulierung politischer Theorien im Gegensatz zur politischen Didaktik von Akademikern für Akademiker betrieben werde und dass die Theoretiker „von der politischen und pädagogischen Realisierung und Bewährung ihrer Studien suspendiert" seien. Er sieht darin „Chance und Grenze zugleich": Der Kritik an einer zu großen Distanz der wissenschaftlichen politischen Theorie zur gesellschaftlichen Praxis will er sich nicht anschließen. Zum einen würde politische Theorie durch praxisnähere Theorien wie die Didaktik, die auf sie zurückgriffen, mittelbar relevant und gestatte eine sinnvolle „intellektuelle Arbeitsteilung"; und zum anderen ermögliche diese Distanz erst die Fortschritte, von denen auch die Didaktik profitiere. Giesecke schreibt hier:

> „Ohne die in bewusster Distanz zur gesellschaftlichen Praxis entwickelten theoretischen Arbeiten der ‚Frankfurter Schule' z.B. wäre [...] ein Fortschritt der politisch-didaktischen Diskussion gar nicht möglich gewesen" (Giesecke 1972a: 215, 216).[402]

---

401 Giesecke wählt hier fast die gleichen Worte wie schon 1968 in der Replik auf die Kritiker seiner alten Didaktik (vgl. Giesecke 1968b: 216; o. S. 51).

402 Giesecke wählt mehrfach Marx und die marxistische Theorie als Beispiel. So schreibt er zum strukturellen Unterschied zwischen politischer Theorie und Didaktik ohne genauere Erläuterung: „Marx für Oberseminaristen ist etwas anderes als Marx für Arbeiter oder für Lehrlinge oder für Grundschüler, obwohl ‚Marx-Philologie' in allen Fällen das gleiche sein mag" (Giesecke 1972a: 214). Weiter unten konstatiert er, dass die neuere, in universitären „Oberseminaren" entstandene Adaptation der marxistischen Theoreme „zwar zur radikalen Kritik der gesellschaftlichen Verhältnisse taugte, kaum jedoch auch zur Inszenierung praktischer Politik und Pädagogik" (Giesecke 1972a: 215-216).

Als Letztes folgt noch ein pragmatisches Argument: Didaktik sei zwar auch eine akademische Disziplin, aber doch vor allem eine Berufswissenschaft, und um überhaupt von Praktikern gelesen zu werden, müsse sie ihren Umfang begrenzen (Giesecke 1972a: 216).

Diese Erklärungen zum Unterschied zwischen einer politischen Theorie – oder besser: Gesellschaftstheorie – und einer didaktischen Theorie bringen das zentrale Problem der didaktischen Konzeption Gieseckes noch einmal auf den Punkt:

Auch wenn Gieseckes Unterscheidung generell zutreffend sein mag, geht sie am Problem seiner neuen Didaktik vorbei. Anders als beim Politikbegriff seiner alten Didaktik, den er durchaus zu Recht mit dem Hinweis verteidigt, es handle sich um eine ergiebige und sinnvoll operationalisierte Definition, die fachwissenschaftlich immerhin tolerierbar sei (vgl. o.S. 325 sowie S. 51), gilt das für die gesellschaftstheoretische Fundierung seiner neuen Didaktik nicht.

Deren zentrales Problem besteht darin, dass Giesecke in seinen theoretischen Ausführungen im geschichtlichen Teil und in seiner gesellschaftstheoretischen Fundierung marxistisch argumentiert, in den auf die Praxis bezogenen Ausführungen aber marxistische und pluralistische Kategorien und Normen mischt und sich so vor allem in Bezug auf die marxistische Entfremdungsthese und die am Individuum ansetzende Bildungstheorie in Widersprüche verstrickt, die anders als der Politikbegriff seiner alten Didaktik wissenschaftlich nicht mehr tolerierbar sind – auch dann nicht, wenn man bei einer didaktischen Konzeption nur „reduzierte" Ansprüche zugrunde legt.

Im folgenden Abschnitt schreibt Giesecke der politischen Didaktik trotz aller Reduzierung des theoretischen Anspruchs zusätzlich eine „historisch-kritische Funktion" zu, die seinem vorherigen Fokus auf die „Berufswissenschaft" deutlich entgegen steht: Weil die politische Didaktik immer schon eine historisch entstandene Erziehungswirklichkeit vorfinde, müsse sie diese zunächst aufklären und „am Maßstab zunehmender Emanzipation und Mitbestimmung" kritisieren. Statt einfach idealistische Alternativen zu formulieren, müsse sie versuchen, „die real und ideologisch fortschrittlichen Tendenzen der vorgegebenen Wirklichkeit herauszufinden und im Sinne zunehmender Emanzipation und Mitbestimmung weiterzutreiben" (Giesecke 1972a: 219).

Er geht dann noch weiter ins Detail und unterscheidet genau wie in seiner alten Didaktik fünf „Aspekte der Kritik":

Als „*Kritik der politischen Entscheidung*" müsse die Didaktik die Entscheidungen über Lehr- und Stoffpläne kritisieren. Allerdings verallgemeinert Giesecke diesen Aspekt nun gegenüber seiner Aussage von 1965, indem er feststellt, jede vorgegebene Erziehungswirklichkeit beruhe auf politischen Entscheidungen. Damit stellt er der politischen Didaktik anheim, auch andere Entscheidungen im Bereich der Erziehung zu kritisieren, und zwar im Hinblick darauf, wer was mit welcher Legitimation festsetzt (Giesecke 1972a: 219-220).

Als „Kritik der Lehrinstitutionen" trägt Giesecke wie schon 1965 der Didaktik auf, zu überprüfen, welche Chancen und Behinderungen beim politischen Lernen die verschiedenen Institutionen und Akteure auszeichnen (Giesecke 1972a: 220).

Giesecke fordert zum Dritten eine „*Kritik der anthropologischen Grundlagen*", wobei er „anthropologisch" nicht im philosophischen Sinn meint, sondern im Sinne von entwicklungspsychologischen Annahmen über die Jugendlichen sowie von Annahmen über die Zweckmäßigkeit didaktischer und methodischer Arrangements für das politische Lernen. Er selbst kritisiert wie schon 1965, dass häufig formale entwicklungspsychologische Annahmen zugrunde gelegt würden, ohne die konkreten Kontexte der Sozialisation zu berücksichtigen. Neu ist, dass er dabei besonders auf den sozio-ökonomischen Status der Familie verweist (Giesecke 1972a: 221).

Den vierten Aspekt, die „*Wissenschaftliche Kritik der Lehrinhalte*", formuliert Giesecke vor dem Hintergrund seines marxistischen Paradigmas komplett neu. Hier fordert er nun, die Didaktik, „definiert als Theorie von der Totalität [...] pädagogischer Sachverhalte", habe neue wissenschaftliche Erkenntnisse „als Symptom und Ausdruck gesellschaftlicher Veränderungen selbst zu verstehen, gleichsam als deren ideologische Begleitung". Sie müsse „im Sinne ihrer Leitperspektiven Emanzipation und Mitbestimmung die fortschrittlichen von den rückschrittlichen Momenten" trennen und diese Erkenntnisse zur Kritik und Überwindung der rückschrittlichen Praxis des Unterrichts in die Schule tragen (Giesecke 1972a: 222).[403]

Zum fünften Punkt, der „*Kritik des Vermittlungsprozesses*" verweist Giesecke lediglich auf seine im Anschluss an die neue Didaktik zu veröffentlichende Methodik (vgl. Giesecke 1972a: 222).

Auch wenn die Kritik für Giesecke „Ausgangspunkt aller didaktischen Überlegungen" ist (Giesecke 1972a: 223), hat eine didaktische Konzeption für ihn auch eine „konstruktive Funktion". Allerdings dürften entsprechende Vorschläge nur eine „geringe Reichweite" haben und lediglich „aus der dialektischen Analyse der bestehenden Wirklichkeit" heraus entwickelt werden. Seine Begründung

---

403 Giesecke ergänzt noch gemäß seiner Überzeugung vom Beitrag der Einzelwissenschaften zur gesamtgesellschaftlichen Theorie (vgl. o.S. 259), dass dafür die Hilfe der „fortschreitenden einzelwissenschaftlichen Erkenntnisse" nötig sei (Giesecke 1972a: 222).

für diese Beschränkung knüpft an seine bereits mehrfach vorgebrachte Kritik an politischen Utopien im Rahmen didaktischer Theorien an:

„[I]hre Ortsbestimmung im Rahmen historisch-dynamischer Kontexte erlaubt es ihr nicht, der verbesserungswürdigen Gegenwart in idealistischer Antithetik die wünschenswerte Zukunft nur gegenüberzustellen. Konstruktive Vorschläge zur Verbesserung der Praxis können nur im Vergleich zur bestehenden vorgenommen werden und müssen sich auf erreichbare Maßnahmen und Strategien erstrecken" (Giesecke 1972a: 223; vgl. o.S. 208, S. 217).[404]

Wie schon 1965 bekennt Giesecke, dass die daraus resultierende Vorläufigkeit von konstruktiven Vorschlägen auch für seine eigene didaktische Konstruktion gelte. Sie sei „nur ein *möglicher*, keineswegs der *einzig* mögliche Vorschlag" und ihr Charakter sei daher auch nur operativ und fragmentarisch. Anders als 1965 begründet er den fragmentarischen Charakter nun aber nicht mehr nur flüchtig damit, dass dieser „aus dem Zweck der Unterrichtung erwächst", sondern schreibt, dieser ergebe sich „notwendig aus dem ihm zugrunde liegenden Typus des historisch-dynamischen Denkens selbst" (Giesecke 1965a: 174; 1972a: 223-224).

In seinem allerletzten Abschnitt versucht Giesecke, „politische Didaktik und allgemeine Didaktik" gegeneinander abzugrenzen. Er bezeichnet mit Klafki das allgemeine Ziel aller Didaktik als „Bildung", bevor er fragt, ob man diesen formalen Begriff durch die Leitziele politischer Bildung – Emanzipation und Mitbestimmung – füllen könne, und diese Frage dann verneint:

Auch wenn beide Ziele fächerübergreifenden Charakter hätten, dürfe man sich in der Pädagogik – er setzt hier allgemeine Didaktik und Pädagogik offenbar in eins – nicht einzig auf die Ziele Emanzipation und Mitbestimmung kaprizieren, denn sonst „ginge der Zweck verloren, dem Emanzipation und Mitbestimmung letzten Endes dienen sollen". Ohne diesen Zweck zu bestimmen, fährt Giesecke erstaunlicherweise fort, beide seien kein Selbstzweck, sondern sollten lediglich die Verwirklichung anderer Ziele möglich machen – „z.B. die Optimalisierung menschlicher Bedürfnisse (etwa ästhetischer oder kommunikativer Bedürfnisse)" (Giesecke 1972a: 225). Trotzdem fordert er, eine Schwerpunktsetzung der Lehrerinnen und Lehrer auf die politische Bildung – und mithin auch auf Emanzipation und Mitbestimmung – im Rahmen anderer Fächer zu tolerieren, solange „der unterprivilegierte Status [der Arbeiterkinder] nicht wenigstens relativ behoben ist" (Giesecke 1972a:

---

404 Das klingt erneut wie eine vorbeugende Abgrenzung von einer kommunistischen Utopie (vgl. o.S. 208, Anm. 243).

226).[405] Giesecke fordert zudem, seine politischen Kategorien auch als Leitgesichtspunkte anderer Fächer zu verankern – ergänzend „zu deren jeweils spezifischen didaktischen Kategorien". Er begründet das damit, dass sonst den Lernenden Chancen politischer Emanzipation vorenthalten würden, wovon wie immer die ohnehin Begünstigten ökonomisch und politisch profitierten (Giesecke 1972a: 226).

Seine allgemeine Schlussfolgerung lautet:

> „Eine Identität von politischer Didaktik und allgemeiner Didaktik lässt sich also nicht plausibel begründen, wohl aber, dass der politischen Didaktik im Rahmen anderer didaktischer Aufgaben eine Vorrangstellung gebührt, weil erst ein möglichst ‚richtiges' politisches Bewusstsein diejenigen gesellschaftlichen Verhältnisse schaffen kann, die den übrigen Lernaufgaben zu ihrem eigentlichen Sinn verhelfen" (Giesecke 1972a: 227).

Trotz des erneuten Verweises auf die Bedeutung eines richtigen politischen Bewusstseins beschließt Giesecke den dritten und letzten Teil seiner neuen Didaktik mit einem pluralistischen Credo für die Pädagogik: „In einer Klassengesellschaft kann es ebenso wenig in der Pädagogik wie in der Politik inhaltliche Endziele geben, die des Beifalls aller sicher sein können. Ebenso wie in der Politik kann es in der Pädagogik vielmehr nur konkurrierende Endzielvorstellungen geben, sowie der jeweiligen geschichtlichen Situation angemessene, mehr oder weniger ebenfalls konkurrierende kurzfristige Zielstrategien, die im Laufe der Zeit ständig überprüft und gegebenenfalls revidiert werden müssen. Es kommt nicht auf ‚Endziele' eines Sozialisationsprozesses an, sondern auf die Ermittlung der jeweils nächstmöglichen Teilziele im geschichtlichen und biografischen Prozess" (Giesecke 1972a: 227; vgl. o.S. 324).[406]

Für die allgemeine Didaktik proklamiert Giesecke dann ohne weitere Begründung, sie sei prinzipiell „an eine ‚idealistische' Position" gebunden, und erklärt sie deshalb mit dem Hinweis auf die Notwendigkeit der Historizität jeder Theorie kurzum für überflüssig (Giesecke 1972a: 228).

---

405 Darin sieht Giesecke allerdings eher eine Notlösung angesichts der marginalisierten Stellung des politischen Unterrichts. Er erklärt die geringe Stundenzahl des Unterrichtsfaches damit, „dass den für das Schulwesen zuständigen Institutionen an einer Steigerung der politischen Mitbestimmung dieser Bevölkerungsgruppen nicht gelegen ist", und fordert, die Stundenzahl auf „mindestens ein Fünftel der Gesamtstundenzahl" zu erhöhen (Giesecke 1972a: 226).

406 Er verbindet dies mit einem erneuten Verweis auf das Erlernen von Rollenerweiterungen als praxisnahes Verfahren, um Mitbestimmungsmöglichkeiten auszuweiten (vgl. Giesecke 1972a: 228; o. S. 315).

Zwischenfazit zum Zusammenhang zwischen politischer Didaktik, politischer Theorie und pädagogischer Theorie
Giesecke kehrt in seinem dritten, wieder theoretischeren Teil der neuen Didaktik zu den marxistischen Grundüberzeugungen zurück, die er zuvor im Rahmen seiner praxisorientierten Ausführungen zugunsten pluralistischer Überlegungen und eines engeren Politikbegriffs stark relativiert hatte:

Er behauptet nun erneut die Existenz einer „am weitesten fortgeschrittenen politischen Theorie", und diese Theorie repräsentiert für ihn ausdrücklich das „richtige" Bewusstsein. Er bestimmt die Aufgabe der Didaktik als Vermittlung zwischen diesem „richtigen", theoretischen und dem „falschen", empirischen Bewusstsein, auch wenn er beide Begriffe relativiert, indem er sie in Anführungszeichen setzt (vgl. o.S. 323).

Sein Abschnitt zur historisch-kritischen Funktion der Didaktik (vgl. o.S. 326) und seine Vorschläge zur „konstruktiven Funktion der politischen Didaktik" (vgl. o.S. 328) offenbaren erneut seine Nähe zum historisch-dialektischen Theorieverständnis der Kritischen Theorie und des Marxismus (vgl. o.S. 223, S. 246, S. 271).

Auch Gieseckes Politikverständnis scheint nun in Übereinstimmung mit marxistischen Überlegungen wieder weiter zu sein, weil er politische Theorie mit Gesellschaftstheorie gleichsetzt (vgl. o.S. 322).

Im wohl wichtigsten Abschnitt dieses dritten Teils versucht Giesecke, den Unterschied zwischen einer politischen Theorie respektive Gesellschaftstheorie und einer didaktischen Theorie zu erklären, wobei die theoretischen Inkonsistenzen seiner Konzeption erneut zu Tage treten und offenbar wird, dass Giesecke sich diesen nicht stellt, sondern mit Hilfe seines unscharfen Begriffs der subjektiven Interessen das Problem auf die Ebene einer didaktischen Lösung verschiebt (vgl. o.S. 326).

Eine zusammenfassende Deutung dieses Problems sowie eine Rekapitulation von Gieseckes Theorierezeption, bei der nun stärker als bisher auch die Bewertungen aus der Sekundärliteratur einbezogen werden, soll nun das abschließende Teilkapitel zu Gieseckes neuer Didaktik leisten.

3.7 Was bleibt von der sozialwissenschaftlichen Wende?

Marxistische Kategorien in Gieseckes neuer Didaktik
In Gieseckes Aufsätzen, die er seit dem Ende der 1960er Jahre verfasst hat, rückt der Begriff der Emanzipation zunehmend ins Zentrum seiner didaktischen Konzeptionen, bis er schließlich zu einem prägenden Begriff der neuen Didaktik wird. Giesecke bezieht den Begriff im marxistischen Sinne

sowohl auf die politische Gleichberechtigung von Gruppen, als auch auf die individuelle Befreiung jedes einzelnen Individuums aus der Abhängigkeit von überflüssiger Herrschaft – er begreift ihn wie schon Karl Marx im umfassenden Sinne als Abbau von Entfremdung (vgl. o.S. 151, S. 149, S. 207, S. 269).

Neben dem Emanzipationsbegriff prägen seit dem Ende der 1960er Jahre weitere *marxistische gesellschaftstheoretische Vorstellungen* Gieseckes Aufsätze wie auch seine neue Didaktik: Giesecke glaubt nun, man könne die Gesellschaft nur in ihrer Totalität erfassen (vgl. o.S. 225). Des Weiteren begreift er die gesellschaftliche Entwicklung wie schon Marx als historisch-dialektische (vgl. o.S. 153, S. 223) und spricht sogar davon, die der Emanzipation zuträglichen dialektischen Elemente müssten so lange verstärkt werden, „bis die viel zitierte Quantität in die neue Qualität umschlagen kann" (Giesecke 1971a: 221; vgl. o.S. 284).[407] Auch wenn er sich mehrfach von Marx' kommunistischer Utopie abgrenzt, übernimmt er das geschichtsphilosophische Denken des Marxismus und damit auch die inhaltliche Vorgabe, die Gesellschaft müsse sich in Richtung eines Abbaus von Herrschaft und hin zu einer klassenlosen Gesellschaft entwickeln (vgl. o. S. 147, S. 208).

Auch Peter Kühn spricht von einem geschichtsphilosophischen Denken bei Giesecke. Er schreibt treffend:

„Giesecke interpretiert also nicht nur die Geschichte als einen Prozess der Reduktion von Herrschaft und Privilegien, sondern prophezeit auch eine Fortsetzung dieser von ihm konstatierten generellen Tendenz, die den Einzelnen, ob er will oder nicht, erfasst und mitreißt. Ein Trend, eine historische Tendenz, die Giesecke in der Vergangenheit vorzufinden meint, wird damit zur ‚unbedingten historischen Prophetie', zum absoluten Trend, dessen Andauern nicht von spezifischen Randbedingungen abhängig ist, sondern der unwiderruflich und unabänderlich unsere Zukunft bestimmt. [...] Geschichte hat für Giesecke also einen Sinn, sie ist vernünftig" (Kühn 1977: 74).[408]

Ganz ähnlich attestiert Herbert Kühr Giesecke „geschichtsphilosophische Annahmen" und schreibt, dass dessen Geschichtsdeutung sich zu sehr „an

---

407 Giesecke fordert auch, die Dialektik als *Methode* zur kritischen Auseinandersetzung mit der politischen Erziehung und der Bildungstheorie in Deutschland anzuwenden – allerdings ohne auszuführen, was er damit meint. Vgl. seine Auseinandersetzung mit Theodor Wilhelm (o. S. 232) sowie die entsprechende indirekte Forderung in seiner Kritik an Beck, Wallraven und Dietrich (o. S. 239).
408 Das Zitat im Zitat stammt von Popper, Karl 1965: Prognose und Prophetie in den Sozialwissenschaften, in: Topitsch, Ernst (Hrsg.): Logik der Sozialwissenschaften, Köln/Berlin, S. 113-125, hier S. 116.

den Prämissen und der Geschichtsteleologie marxistischen Denkens orientiert und aus einer bestimmten Geschichtsdeutung den historischen Trend der Zukunft linear [extrapoliert][409]". Er zitiert dann die oben wiedergegebene Passage bei Kühn und kommt zu dem Ergebnis, durch Gieseckes marxistische Geschichtsphilosophie werde eine „historische Tendenz", die dieser durch seine „eklektizistisch" vorgenommene Geschichtsdeutung vorzufinden glaube, „zur ,unbedingten historischen Prophetie'" (Kühr 1980: 135).

Mit der Frage, welche Funktion diese Geschichtsphilosophie für Giesecke erfüllt, haben sich vor allem Walter Gagel und Günther Behrmann auseinandergesetzt.

Gagel analysiert in seinem Buch „Politik – Didaktik – Unterricht", in dem er mit Gieseckes neuer Didaktik deutlich härter ins Gericht geht als in späteren Darstellungen, an mehreren Stellen Gieseckes geschichtsphilosophisches Denken: Er kritisiert zunächst, Giesecke führe die Geschichte auf nur ein Thema zurück: den Prozess der Emanzipation. Obwohl es sich dabei eher um eine Offenlegung seiner Wertprämisse handle, beanspruche Giesecke dafür empirische Gültigkeit, indem er behaupte, der Emanzipationsprozess sei „an der Kette von historisch nachweisbaren Emanzipationskämpfen" abzulesen (Gagel 1979: 61).[410] Folgerichtig, aber zu Unrecht proklamiere er sodann für diese Geschichtsdeutung einen wissenschaftlichen Konsens (vgl. Gagel 1979: 80).[411] Dadurch avanciere seine Geschichtsdeutung schließlich zur unanfechtbaren, weil realen Wahrheit und zu einem „objektiven Wert", der dann als Ausgangspunkt für die Deduktion weiterer Normen diene (Gagel 1979: 61).

Dieses von Gagel charakterisierte Muster zeigt sich eindrucksvoll, wenn Giesecke, nachdem er für seine Deutung der Geschichte als Emanzipationsprozess einen Konsens reklamiert hat, nachträglich seinen doppelten Emanzipationsbegriff wie auch die Forderung nach Parteilichkeit aus

---

409 Kühr schreibt hier „interpoliert", der Kontext legt aber nahe, dass er extrapoliert meint (Kühr 1980: 135).
410 Gagel kritisiert zudem, Giesecke verzichte auch für Aussagen zur gegenwärtigen Gesellschaft, die eine empirische Klärung verlangten – wie die These vom Machtdefizit bestimmter Gruppen in unserer Gesellschaft – auf die nötigen Belege, indem er sie zum Ergebnis historischer Prozesse erkläre (vgl. Gagel 1979: 60).
411 Entsprechend schreibt auch Detjen: „Gieseckes Politikdidaktik von 1972 folgte einer Geschichtsinterpretation, die zu keiner Zeit einen allgemeinen Konsens genoss. Die Didaktik versperrte sich durch ihre explizite Parteinahme der Pluralität von Geschichtsdeutungen und Gesellschaftstheorien" (Detjen 2007: 181).

diesem Geschichtsverständnis meint ableiten zu können (vgl. o. S. 272). Zur Parteilichkeit heißt es dort wörtlich:

„Fundiert und konkretisiert man nun die politische Bildung im Rahmen eines so verstandenen historischen Kontextes von Emanzipation, so folgt daraus *unausweichlich* ihre politische Parteilichkeit" (Giesecke 1972a: 126, Hervorh. K. P.).

Gagel erteilt dieser Art der „Normenbegründung" eine grundsätzliche Absage: Sie sei nicht nur in der vorliegenden Form nicht haltbar – ihr Dogmatismus widerspreche zudem auch Gieseckes eigener Intentionen (vgl. Gagel 1979: 80-81).[412] Ergänzend kann man nach der hier vorgelegten Analyse hinzufügen: wie sie vor allem später in dem auf die Praxis bezogenen Teil seiner Didaktik zum Vorschein kommt.

Günter Behrmann ergänzt an dieser Stelle Gagels Vorwurf, Giesecke wolle seinen normativen Zielen durch Verweis auf die geschichtliche Entwicklung einen empirisch begründeten Geltungsanspruch verleihen, um die Aussage, dass er den Unterschied zwischen normativen und empirischen Aussagen durch Formulierungsunschärfen und vieldeutige Begriffe überdecke, sodass der empirische Gehalt der Begriffe kaum noch zu erkennen sei (vgl. Behrmann 1972: 8, 28[413]). Da sein Buch „Soziales System und politische Sozialisation" im Jahr 1972 veröffentlicht wurde und Gieseckes neue Didaktik noch nicht berücksichtigt, bezieht sich diese Kritik vor allem auf Gieseckes Replik auf seine Kritiker von 1968. Sie lässt sich aber auch auf die Neuausgabe der Didaktik übertragen – vor allem in Bezug auf Behrmanns zentrales Beispiel, den Begriff Demokratisierung, trifft sein Vorwurf auch auf Gieseckes Didaktik von 1972 voll zu.

Behrmann diagnostiziert darüber hinaus auch für Gieseckes Legitimation der Kategorien das Begründungsmuster, normative Setzungen als vermeintlich empirisch evident und deshalb konsensuell darzustellen. Hier hält er Giesecke

---

412 Das komplette Zitat lautet:
„Wenn hingegen Giesecke den Eindruck erweckt, als könne man aus der Geschichte objektive Werte im ontologischen Sinne gewinnen und dadurch als verbindlich nachweisen, dann gerät dieser Versuch in der Tat in den Sog des Werturteilsstreites und muss durch ihn problematisiert werden, andernfalls wäre der Vorwurf des Dogmatismus schwerlich von der Hand zu weisen. Er würde freilich Gieseckes Intentionen völlig widersprechen. In der vorliegenden Form scheint die Normenbegründung daher nicht gelungen zu sein" (Gagel 1979: 80).
413 Die bei Behrmann auf S. 28 zitierten Stellen stammen aus Giesecke 1968b: 213-214. Behrmann gibt wohl aus Versehen als Quelle Giesecke 1968e an – allerdings mit den korrekten Seitenzahlen aus Giesecke 1968b (vgl. Behrmann 1972: 28).

vor, er versuche diese durch die Behauptung zu legitimieren, sie entsprächen „in ihrem normativen Anspruch dem Selbstanspruch unserer demokratischen Gesellschaft" (Giesecke 1968b: 211; Behrmann 1972: 8). Auch diese Kritik ist, wie die vorangegangene Analyse gezeigt hat, zweifellos auf Gieseckes neue Didaktik übertragbar (vgl. o.S. 303).

Neben der Geschichtsphilosophie und dem Totalitätspostulat übernimmt Giesecke auch die marxistische Deutung der Gesellschaft als Klassengesellschaft (vgl. o.S. 158). Das zeigt sich unter anderem darin, dass er von Oskar Negt die Herausbildung von Klassenbewusstsein beziehungsweise Arbeiterbewusstsein als Ziel der Bildungsarbeit übernimmt und ausdrücklich schreibt, eine didaktische Theorie dürfe die klassenspezifische Dimension der Gesellschaft nicht vernachlässigen (vgl. o.S. 263).[414] Auch wenn er die Interpretation der Gesellschaft als Klassengesellschaft häufig dadurch relativiert, dass er von „Klassen und Gruppen" oder „Klassen und Schichten" spricht,[415] ergänzt Giesecke bei der Darstellung seines didaktischen Modells systematisch und gezielt an mehreren Stellen den Begriff Klasse (vgl. o. ab S. 303) und bezeichnet am Ende seiner Didaktik die bundesrepublikanische Gesellschaft noch einmal ausdrücklich als „Klassengesellschaft" (vgl. Giesecke 1972a: 227; o. S. 329).

Mit Gieseckes Verständnis der Gesellschaft als Klassengesellschaft und der Annahme einer historisch-dialektischen Entwicklung dieser Gesellschaft steht auch seine neue, in Anlehnung an Habermas entwickelte Kritik an der pluralistischen Gesellschaftstheorie in Zusammenhang: Er erhebt nun den Einwand, diese lasse unerwähnt, dass eben nicht alle Gruppen zum gegenwärtigen Zeitpunkt der historischen Entwicklung die gleichen Einflussmöglichkeiten hätten (vgl. o.S. 247, S. 295).[416]

---

414 Vgl. die entsprechenden Passagen zu Negt S. S. 255-S. 258 – dazu allerdings auch einschränkend S. 264, Anm. 327. Zu Gieseckes Ablehnung einer klassenspezifischen Bildung in der allgemeinbildenden Schule vgl. o.S. 276, zur gegenläufigen Befürwortung der Förderung eines Klassenbewusstseins o. S. 311. Dass Giesecke die Gesellschaft als Klassengesellschaft betrachtet, deutet sich vor dem Kapitel zu Negt bereits an, wenn er Henningsen vorwirft, auf „schicht- und klassenspezifische Analysen" als Grundlage seiner didaktischen Konzeptionen zu verzichten (vgl. o.S. 238).
415 Zum Begriffspaar Klassen und Gruppen bei Giesecke vgl. o.S. 229, S. 277, S. 303 sowie Giesecke 1973e: 61; zu Klassen und Schichten o. S. 276, S. 238, S. 311 sowie Giesecke 1975b: 90.
416 Außerdem ist hier Gieseckes Kritik an Kurt Gerhard Fischer, Karl Herrmann und Hans Mahrenholz zu nennen, denen er vorwirft, dass sie keine historisch-politische Analyse vornähmen und deshalb reale gesellschaftliche Interessenantagonismen sowie die ideologische Funktion von Meinungen ausblendeten

Auch sein Konfliktverständnis weicht nun von dem des Pluralismus deutlich ab: Relevant erscheinen vor allem die latenten gesellschaftlichen Konflikte, die nach Giesecke auf gesellschaftlichen (Klassen-)Widersprüchen basieren und überwunden werden müssen (vgl. o.S. 280, S. 282, S. 293).

Insgesamt lässt sich sagen, dass marxistische Kategorien für Giesecke im Rahmen der gesellschaftstheoretischen Legitimation seiner Didaktik den Status eines unhintergehbaren Paradigmas im naturwissenschaftlichen Sinne erlangt haben, das jeder Gesellschaftsdeutung zugrunde gelegt werden muss. Auf diese Weise wird die marxistische Theorie in der neuen Didaktik für Giesecke zur Metatheorie, der gegenüber andere Theorien nur noch methodische Hilfswerkzeuge darstellen (vgl. o.S. 267, S. 269).

Vor allem Bernhard Sutor und Joachim Detjen haben sich mit der Rezeption marxistischer Theorien in der Pädagogik und Politikdidaktik und speziell bei Giesecke auseinandergesetzt, daher soll ihre Kritik nun etwas ausführlicher dargestellt und auch kritisch hinterfragt werden.

Joachim Detjen schreibt, Giesecke sei bereits 1967 von der Kritischen Theorie geprägt gewesen und stützt sich dabei vor allem auf dessen Herrschaftskritik und die Forderung nach einer parteilichen politischen Bildung in dem Vortrag „Politische Bildung – Rechenschaft und Ausblick", der ein Jahr darauf in der GSE veröffentlicht wurde (vgl. Detjen 2007: 179; Giesecke 1968e; vgl. o.S. 206). In der Tat ist dieser Aufsatz das deutlichste Zeichen einer veränderten politischen Grundhaltung Gieseckes nach der Veröffentlichung seiner ersten Didaktik. Da es sich um ein Vortragsmanuskript handelt, das keinerlei Literaturhinweise enthält, ist die Rezeption der Kritischen Theorie allerdings nicht direkt nachzuweisen.

Giesecke setzt sich zwar mit den im Auftrag der Traeger-Stiftung entstandenen Studien auseinander, erwähnt die Bedeutung der Psychoanalyse und kritisiert die fehlende Rezeption der Soziologie, vor allem der Schriften Karl Mannheims (vgl. Giesecke 1968e: 279, 282) – es tauchen aber keinerlei Namen von Theoretikern der Frankfurter Schule auf. Demgegenüber legt gerade dieser Aufsatz eine große Bedeutung des Zeitgeists und der damaligen politischen Auseinandersetzung für Gieseckes eigene Veränderungen nahe. So schreibt er eindrücklich:

„Auf eine Formel gebracht: die Politische Bildung [der frühen Bundesrepublik] wurde Teil des politischen Establishments selbst. Der Ausschluss des SDS aus der SPD war ein deutlicher Hinweis dafür, dass das Establishment

---

(vgl. o.S. 236 sowie die ähnliche Kritik Gieseckes an Spranger und an Henningsen o. S. 236, S. 238).

nicht gewillt war, sich über die *Inhalte* unseres demokratischen Lebens in große Diskussionen einzulassen. Diese Identität von Establishment und Politischer Bildung erklärt zu einem guten Teil die Wut, mit der gegenwärtig vor allem studentische Minderheiten die Auseinandersetzung mit eben diesem Establishment aufnehmen. In dieser Wut steckt, so meine ich, etwas von der Erfahrung, dass die ständigen Appelle zur Mitverantwortung umgekehrt proportional den tatsächlichen Möglichkeiten der *Mitbestimmung* waren, und von der Schule an immer bloß zu Nutzen derer erfolgten, die sie aussprachen" (Giesecke 1968f: 278).

Was auch eher gegen Detjens Lesart spricht, aus diesem Aufsatz die Prägung Gieseckes durch die Kritische Theorie herauszulesen, ist, dass hier der Emanzipationsbegriff noch keine Rolle spielt (vgl. o.S. 206) und dass Giesecke sein zentrales Argument für seine Forderung nach Parteilichkeit, „dass die so oft geforderte ‚Objektivität' tatsächlich nur den etablierten Mächten zugutekommt", in seiner ersten Didaktik bereits fast genau so formuliert hatte.[417]

Detjen konstatiert sodann, Giesecke habe sich 1968 in seiner Replik auf seine Kritiker zu diesem marxistischen Grundverständnis bekannt (vgl. Detjen 2007: 179). Einem Bekenntnis zum Marxismus noch am nächsten kommt in diesem Text Gieseckes Aussage, er sei der Ansicht, „dass die Inhalte der Demokratisierung (der bereits erfolgten wie der noch ausstehenden) überhaupt nur historisch-kritisch zu ermitteln sind" (Giesecke 1968b: 212) sowie seine Forderung an die Pädagogik nach der „‚Herstellung eines richtigen Bewusstseins' (Adorno)" (vgl. Giesecke 1968b: 229; o. S. 215). Andererseits aber – so hat diese Analyse ergeben – bekennt Giesecke sich in dieser Replik noch ausdrücklich zu den subjektiven Bedürfnissen und Interessen als Ausgangspunkt der politischen Bildung, und auch sein Emanzipationsbegriff steht hier noch nicht im doppelten Sinne für politische Entwicklungen einerseits und persönliche Entwicklungen von Individuen andererseits (vgl. o.S. 212, S. 206).

Erst für Gieseckes neue Didaktik von 1972 spricht Detjen dann zu Recht von einem expliziten Bekenntnis zur Kritischen Theorie (Detjen 2007: 180). Aber schon seine anschließende Aussage, dass Gieseckes Funktionsziele „alle den Geist der Kritischen Theorie atmeten, mithin marxistische Züge trugen", hat sich in der vorangegangenen Analyse als zu undifferenziert erwiesen, weil Detjen die Brüche außer Acht lässt, die durch Gieseckes bereits in den Funk-

---

417 Dort heißt es: „Eine falsch verstandene Unparteilichkeit des politischen Unterrichts ist in Wahrheit parteilich für diejenigen, die ohnehin an der Macht sind" (Giesecke 1965a: 63; vgl. o.S. 82).

tionszielen wieder durchscheinende pluralistische Überlegungen entstehen (Detjen 2007: 181; vgl. o.S. 285).[418]

Detjens Fazit lautet: „Gieseckes Politikdidaktik von 1972 [...] instrumentalisierte die vom Steuerzahler finanzierte öffentliche Schule für die Verwirklichung eines bestimmten politischen Programms" (Detjen 2007: 181). Angesichts der hier gewonnenen Erkenntnis, dass Gieseckes im engeren Sinne didaktische Ausführungen dem Pluralismus meist näher stehen als dem Marxismus, erscheint auch dieser massive Vorwurf deutlich übertrieben – zumal auch ein solch simpler Kurzschluss von einer didaktischen Konzeption auf die Unterrichtspraxis Erstaunen hervorruft.

Ganz so weit geht Sutor nicht, der zunächst die Kritische Theorie selbst kritisiert. Er streitet deren Eignung als gesellschaftstheoretische Grundlegung für die politische Bildung mit einem Verweis darauf ab, dass sie lediglich eine „Grundhaltung" transportiere, der es an empirischer soziologischer Evidenz mangele.

Dazu schreibt er:

„Der Grund für die Unbekümmertheit, Selbstsicherheit, ja stellenweise Arroganz ‚emanzipatorischer' Pädagogen [...] liegt im Absolutheitsanspruch der marxistischen Theorie, die Totalität von Gesellschaft und Geschichte begreifen zu können. Von diesem Anspruch hat ursprünglich auch die Kritische Theorie ihren Impuls bezogen: ‚Sie speichert keine Hypothesen auf über den Gang einzelner Vorkommnisse in der Gesellschaft, sondern konstruiert das sich entfaltende Bild des Ganzen, das in die Geschichte einbezogene Existenzialurteil'. [...] Immerhin warnt Horkheimer bereits dort davor, ‚Kritische Theorie' in Soziologie zu verwandeln, [sei] ‚ein problematisches Unternehmen' [...]. Es ging ihm also doch wohl mehr um eine Grundhaltung, um einen Impuls, aus dem Geschichte und Gesellschaft gedacht werden sollten, als um eine positive Wissenschaft" (Sutor 1973: 335-336).[419]

---

418 Auch die Aussage: „In Übernahme eines von Jürgen Habermas entwickelten Schemas bekannte Giesecke sich zu ‚dem erkenntnisleitenden Interesse' an zunehmender Emanzipation und Demokratisierung'", wird der Komplexität und Widersprüchlichkeit der Rezeption der Kritischen Theorie bei Giesecke nicht gerecht, weil Gieseckes Begriff des erkenntnisleitenden Interesses wie oben gezeigt wenig mit dem von Habermas zu tun hat (Detjen 2007: 180; vgl. o.S. 288).

419 Sutor zitiert Horkheimers Aufsatz von 1937 (Horkheimer 1992b: 255-256). Er selbst zitiert nach folgender Ausgabe: Horkheimer, Max 1970: Traditionelle und kritische Theorie. Vier Aufsätze, Frankfurt/M., S. 53-54.

Sutors abwertende Begriffe „Unbekümmertheit" und „Arroganz" scheinen zumindest für Giesecke angesichts der ausführlichen gesellschaftstheoretischen Reflexionen, die er in seiner neuen Didaktik leistet, nicht treffend. Sein Vorwurf eines Absolutheitsanspruchs der marxistischen Theorie ist dagegen nicht übertrieben:[420] Wie vor allem die Ausführungen zur Geschichtsphilosophie und zur Totalität bei Marx und in der Kritischen Theorie gezeigt haben (vgl. o.S. 147, S. 153, S. 167, S. 155, S. 162), trifft dieser Vorwurf sowohl die marxistischen Theorien selbst als auch Giesecke, insofern dieser – zumindest in seiner gesellschaftstheoretischen Grundlegung – die Geschichtsdeutung in weiten Teilen aus den marxistischen Theorien übernimmt und daraus ableitet, marxistische Kategorien wie naturwissenschaftliche Paradigmata benutzen zu können.[421]

Sutors zweiter Kritikpunkt, der darauf hinausläuft, der Kritischen Theorie ein Desinteresse an der (empirischen) Soziologie zu unterstellen, ist dagegen weitgehend substanzlos. Es stimmt zwar, dass Horkheimer ausdrücklich davon abrät, die einzelnen Bestandteile und Beziehungen zwischen Einzelaspekten, wie sie in der Kritischen Theorie beschrieben werden, aus ihrem Gesamtzusammenhang herauszulösen und sie zur Diagnose von Teilbereichen der

---

420 Sutor kritisiert zudem treffend, dass Giesecke selbst diesen Absolutheitsanspruch zurückweist und sich damit in Widersprüche verstrickt (vgl. u. S. 344). Zwei Seiten zuvor schreibt er, dessen Behauptung eines Vorrangs marxistischer Theorie, bei gleichzeitiger Zurückweisung des Totalitätsanspruches dieser Theorie, müsse „geradezu krampfhaft" genannt werden. Giesecke nehme damit „weder den metaphysischen Kern des Marxismus ernst noch seine nur daraus erklärbaren prognostischen, handlungsleitenden Elemente" – er wolle „einen Marxismus ohne seine bedenklichen Elemente haben, vor allem ohne Klassenkampf" (Sutor 1973: 334).

421 Der Begriff Existenzialurteil bringt diesen Absolutheitsanspruch gut auf den Punkt. Horkheimer nutzt den Begriff für die Deutung der Gesellschaft im Sinne der Marx'schen Aufwärtsspirale als kapitalistische Ordnung, deren Wirtschaftsform nach einer Phase der Förderung der Emanzipation der Menschen nun die weitere Entwicklung hemmt, sodass die Menschheit nun „einer neuen Barbarei zutreibt" (Horkheimer 1992b: 244; vgl. zu Marx o. S. 144). Zwar beinhaltet das Existenzialurteil der Kritischen Theorie nach Horkheimer auch das Wissen um die Historizität der Gesellschaft und damit auch der Historizität jedes Urteils über die Gesellschaft (Horkheimer 1992b: 251). Diese vermeintliche Relativierung nimmt er aber wie auch Giesecke anschließend wieder zurück: Er behauptet nämlich, auch wenn die Theorie sich in einem konstanten Evolutionsprozess befinde, würden in diesem Prozess nicht ihre Grundlagen aufgelöst, da ja auch die gegenwärtige Gesellschaft bei allen Umbildungen keine grundlegend Andere werde (Horkheimer 1992b: 255; zu Giesecke vgl. o.S. 221).

Gesellschaft zu nutzen. Explizit schreibt er sogar direkt vor dem bei Sutor zitierten Satz, solche Teilaspekte der Kritischen Theorie besäßen „nicht einmal den Wert der Begriffsinventare anderer Fachwissenschaften […], die wenigstens in der relativ gleichförmigen Praxis des täglichen Lebens verwendet werden" (Horkheimer 1992b: 256).

Sutors Verallgemeinerung zu einer prinzipiellen Abgrenzung der Kritischen Theorie von der Soziologie und seine Schlussfolgerung, es gehe der Kritischen Theorie lediglich um eine „Grundhaltung" oder einen „Impuls", ist angesichts der Vielzahl empirischer Studien am IfS allerdings erstaunlich (vgl. bspw. o. S. 173, Anm. 204). Selbst wenn seine Diagnose auf die „Dialektik der Aufklärung" zutreffen mag (vgl. o. S. 167, S. 169), wurde die Kritische Theorie von ihren Protagonisten von Beginn an als interdisziplinäres sozialwissenschaftliches Projekt gedacht, bei dem zwar die Philosophie die Führungsrolle übernehmen sollte, das aber empirische Studien selbstverständlich einschloss (vgl. o. S. 161).[422]

Und für Giesecke gilt darüber hinaus, dass er ausdrücklich vorschlägt, auch andere sozialwissenschaftliche Theorien zur Erkenntnisgewinnung heranzuziehen. Selbst wenn er dies – zumindest im Theorieteil seiner Didaktik – nur im Rahmen der Kritischen Theorie als Metatheorie anstrebt, relativiert das die Gefahr, die Sutor offenbar sieht, noch weiter (vgl. o. S. 259, S. 268).

Der direkt anschließende Vorwurfs Sutors bezieht sich auf die seines Erachtens unzureichend genaue Rezeption der Kritischen Theorie in der Pädagogik und Didaktik, und hier vor allem auf die mangelnde Berücksichtigung des Gedankens, dass die Aufklärung dialektisch zu betrachten sei. Sutor schreibt:

> „Umso erstaunlicher finde ich, dass emanzipatorische Pädagogen so selbstgewiss argumentieren und die Weiterentwicklung der ‚Kritischen Theorie' kaum zur Kenntnis nehmen. Vor allem realisieren sie zu wenig den Grundgedanken der ‚Dialektik der Aufklärung': Alles objektivierende Denken entspringt einem Herrschaftswillen und gebiert Herrschaft. […]. Die restlos Aufgeklärten steuern die Gesellschaft zur Barbarei, ‚Aufklärung ist so ist totalitär wie nur irgend ein System' […]. Angesichts solcher Aussagen scheint mir der Versuch beinahe absurd, aus der ‚Kritischen Theorie' eine positiv-emanzipatorische Erziehung zu begründen. Was

---

422 Das Gleiche gilt auch für die zwei Jahre darauf geäußerte, ähnliche Kritik Sutors, in der er der emanzipatorischen Pädagogik vorwirft, „dass sie das Philosophisch-Schwebende dieser Theorie zu unkritisch für sozialwissenschaftliche Erkenntnis genommen hat". Seine Schlussfolgerung, der „Aufklärungsoptimismus" emanzipatorischer Konzepte widerspreche dem „Geist der Kritischen Theorie", trifft erneut vor allem auf die „Dialektik der Aufklärung" zu, lässt sich so aber nicht für die gesamte Kritische Theorie verallgemeinern (Sutor 1975: 66).

bleibt, wäre doch immer nur Gegen-Denken, ein Protestieren, ein ‚Madigmachen' (Adorno); emanzipatorische Erziehung als Veranstaltung wäre ein Widerspruch in sich" (Sutor 1973: 335-336).[423]

Wie Sutors erster Satz in diesem Zitat zeigt, versteht er die „Dialektik der Aufklärung" als „Weiterentwicklung der ‚Kritischen Theorie'". Die Skepsis, die Horkheimer und Adorno in dieser zweiten Phase der Kritischen Theorie gegenüber der Aufklärung äußern, die sie nun als zunehmende Naturbeherrschung und als Ausbreitung der instrumentellen Vernunft deuten (vgl. o.S. 166), spielt Sutor nun gegen den zuvor kritisierten Absolutheitsanspruch in der ersten Phase der Kritischen Theorie aus, wie er vor allem die frühen Aufsätze Horkheimers auszeichnete.

Trotzdem trifft Sutor mit seiner Schlussfolgerung, dass es kaum möglich sei, aus der Kritischen Theorie eine positiv-emanzipatorische Erziehung zu begründen, einen Nerv: Wie am Ende des Exkurses zu Marx und der Kritischen Theorie festgehalten, sind die gesellschaftstheoretischen Ausführungen der Kritischen Theoretiker insgesamt so resignativ, dass ihre Diagnose von der umfassenden Entfremdung als Ausgangspunkt für eine Bildungstheorie, die notwendig an den Möglichkeiten der Individuen ansetzt, wenig geeignet erscheint (vgl. o.S. 202).

Marxismus oder Pluralismus? Gieseckes Widersprüche
Giesecke scheint diese Entfremdungsthese der Kritischen Theorie in seiner neuen Didaktik zunächst zu übernehmen, denn er unterscheidet an vielen Stellen zwischen einem „empirisch vorfindbaren" *falschen* und einem *richtigen Bewusstsein*, zwischen falschen und wahren Interessen und Bedürfnissen. Den Vermittlungsprozess zwischen dem falschen und dem richtigen Bewusstsein erklärt er in seiner neuen Didaktik zur zentralen Aufgabe einer didaktischen Theorie (Giesecke 1972a: 212-213; o. S. 230).[424]

---

423 Das Zitat in der Mitte, dass Aufklärung „totalitär" sei, stammt aus der „Dialektik der Aufklärung" (Horkheimer/Adorno 1995: 31). Sutor zitiert nach der Auflage von 1971, S. 24.

424 Entsprechend argumentiert er bereits in seinen Aufsätzen vor 1972 (vgl. o.S. 214, S. 215). In seinem Geschichtskapitel macht er dann die Frage, inwieweit andere Konzeptionen der politischen Bildung diesen Vermittlungsprozess thematisieren und produktive Lösungsansätze bieten, zur zentralen Messlatte der Bewertung dieser Theorien. Seine Kritik wurde oben ausführlich analysiert und soll hier nicht erneut dargestellt werden (vgl. o.S. 235-S. 266).

Behrmann wirft Giesecke schon für seine alte Didaktik vor, aus der Diagnose eines Interessenantagonismus zwischen Herrschenden und Beherrschten und einer Verschleierung der herrschenden Interessen abzuleiten, es sei die zentrale

Wie schon bei der Übernahme anderer marxistischer Überlegungen kommt Gieseckes Zielvorgabe, das vorhandene, falsche Bewusstsein der Adressaten politischer Bildung durch ein richtiges Bewusstsein zu ersetzen, in der gesellschaftstheoretischen Grundlegung seiner Didaktik besonders stark zum Tragen, wohingegen die Relevanz der tatsächlich gegebenen individuellen Interessen von Giesecke dort kaum thematisiert wird (vgl. o.S. 278).

Auch bei der Darstellung der Ziele politischer Bildung bezeichnet Giesecke die bereits vorhandenen Vorstellungen über Gesellschaft als „Reflex des undurchschauten gesamtgesellschaftlich-historischen Realzusammenhangs" und erklärt, als solche seien sie „ein Stück ‚falsches Bewusstsein'", das es zu korrigieren gelte (vgl. Giesecke 1972a: 149; o. S. 282).

Als Bedingung, damit dies gelingen könne, formuliert er ausdrücklich, dafür müssten die „fortgeschrittenen sozialwissenschaftlichen Erkenntnismodelle in den Schulunterricht eingebracht werden" (Giesecke 1972a: 151; vgl. o.S. 284

Trotzdem bleibt Giesecke auch in seinen grundsätzlichen gesellschaftstheoretischen Überlegungen Didaktiker und *Pädagoge:* Zumindest in seinen Aufsätzen und bei der Darstellung der Geschichte der politischen Bildung ist häufig sichtbar, dass seine Überlegungen nicht nur an der Gesellschaft, sondern auch am Individuum ansetzen (vgl. bspw. o. S. 212).

Neben dem pädagogischen Ausgangspunkt seiner theoretischen Überlegungen offenbart Gieseckes Beharren auf der Bedeutung der individuellen Interessen an diesen Stellen auch eine *pluralistische Grundüberzeugung*, die er bei allem marxistischen Pathos nie ganz aufgibt (vgl. o.S. 264). Auch in Bezug

---

Aufgabe der politischen Bildung, durch Ideologiekritik die Verschleierung zu durchbrechen und die individuellen Lebenslagen aus den sie bedingenden gesellschaftlichen Widersprüchen zu erklären (vgl. Behrmann 1972: 31). Er verweist auf die Seiten 82 ff. und 108 in Gieseckes erster Didaktik. An der ersten genannten Stelle unterscheidet Giesecke im Rahmen des „Orientierungswissens" vier „Systeme kommunikativer Zusammenhänge": Produktion und Markt, Verwaltung, politische Herrschaft sowie internationale Politik. Die Beschreibungen sind dabei – wie Giesecke selbst abschließend weitgehend zutreffend schreibt – „positivistisch […] und aller normativen Probleme entkleidet" (Giesecke 1965a: 88-91). An der zweiten von Behrmann angegebenen Stelle erläutert Giesecke die Kategorie Interesse und schreibt nun ebenfalls das Gegenteil von dem, was Behrmann ihm unterstellt: Er spricht ausschließlich von subjektiven Interessen und ergänzt ausdrücklich, dass er sich dabei „nicht bereits auf die gesellschaftliche Objektivierung" beziehe (Giesecke 1965a: 108; vgl. o.S. 213). Behrmanns Kritik wirft daher die Frage auf, ob er nicht nur die marxistischen Lesart gesellschaftlicher Konflikte und objektiver Interessen ablehnt – oder damals abgelehnt hat –, sondern die Fokussierung der politischen Bildung auf Interessen und Konflikte generell.

auf Gesellschaftstheorien und Wissenschaftstheorien fordert Giesecke, trotz seiner Bevorzugung der Kritischen Theorie, an einigen Stellen einen Theorienpluralismus. So etwa, wenn er argumentiert, seine „Option" für die Kritische Theorie impliziere „keineswegs eine Absage an andere wissenschaftstheoretische Positionen" (Giesecke 1972a: 119; vgl. o.S. 268), oder wenn er später fordert, auch im Unterricht verschiedene „sozialwissenschaftliche Modelle" zu behandeln (vgl. o.S. 283, S. 291).

Diese pluralistische Argumentation steht allerdings in einem eklatanten Widerspruch dazu, dass Giesecke an anderen Stellen die marxistische Entfremdungsthese übernimmt. Es gibt in Gieseckes Aufsätzen und in seiner Didaktik mehrere Stellen, die darauf hindeuten, dass er erkennt, wie weit die Diagnose der Entfremdung in der Kritischen Theorie geht, so zum Beispiel, wenn er feststellt, dass „das bekämpfte politische ‚System'" sich „auf dem Wege der Sozialisation in die Psyche der einzelnen Individuen eingenistet" habe (Giesecke 1972a: 50; vgl. o.S. 241 sowie auch S. 215, S. 225, S. 226, S. 243).

Trotzdem sieht Giesecke nicht, dass eine solche Entfremdungsdiagnose mit einer didaktischen Theorie, die an den individuellen Interessen der Subjekte ansetzen will und diesen deshalb ein Mindestmaß an Authentizität und Legitimität zugestehen muss, kaum zu vereinbaren ist.[425] Giesecke erkennt auch nicht, dass die von ihm kritisierten linken Pädagogen, die die marxistische Entfremdungsthese vollständig teilen, den pluralistischen Konfliktbegriff seiner alten Didaktik als Leerformel identifizieren müssen (vgl. o.S. 240) und nur auf die Überwältigung der Individuen oder auf die Eliten setzen können (vgl. o.S. 216, S. 247, 227, S. 300), weil sie nicht an die Authentizität und Legitimität der vorhandenen Interessen glauben. Und er problematisiert genauso wenig, dass es bei Adorno selbst einen ähnlichen Widerspruch gibt, wenn dieser trotz seiner resignativen Gesellschaftstheorie erziehungsoptimistische Beiträge zur politischen Bildung verfasst (vgl. o.S. 202, S. 235).

So lässt sich zusammenfassend feststellen, dass ein zentrales Problem von Gieseckes neuer Didaktik darin besteht, dass er das Unvereinbarkeitsproblem zwischen der marxistischen Entfremdungsthese, die eine objektivistische Bestimmung der menschlichen Bedürfnisse nötig macht, und einem pluralistischen didaktischen Ansatz, der von der Authentizität und Legitimität subjektiver Interessen ausgeht, ignoriert.

---

425 Vgl. dazu v.a. Gieseckes Auseinandersetzung mit Oskar Negt, o. S. 260; weiterhin auch o. S. 220, S. 264, S. 278, S. 301.

Statt dieses Problem als Grundsatzproblem auf der Theorieebene anzusprechen und nach einer Lösung zu suchen, bleibt er hier schwammig und verstrickt sich in Widersprüche:

Während er einerseits die Entfremdungsthese übernimmt, relativiert er sie an anderen Stellen indirekt wieder, so zum Beispiel, wenn er plötzlich im Freizeit- und Konsumbereich Chancen für die Entstehung eines kritischen Potenzials ausmacht, aus denen eine „Wucht des politischen Engagements erwachsen" könne (Giesecke 1972a: 205; vgl. o.S. 316, S. 262). Nun wäre es sicherlich möglich, durch eine bewusste Einschränkung der Entfremdungsthese Inseln authentischer Subjektivität zu beschreiben, die der politischen Bildung als Ansatzpunkte dienen könnten. Diesen Weg schlägt Giesecke aber nicht gezielt ein.

Stattdessen erklärt er das theoretische Grundsatzproblem zum bloßen didaktischen Vermittlungsproblem und sucht nach Wegen der Vermittlung zwischen subjektiven und objektiven Interessen. Die Möglichkeit zu einer solchen Problemverschiebung erkauft er sich dabei mit einem doppeldeutigen Begriff subjektiver Interessen: Diese stehen für Giesecke einmal im marxistischen Sinn für entfremdete Interessen, die man überwinden muss, dann aber wieder im pluralistischen Sinne für authentische und legitime Interessen des autonomen Subjekts, an denen die politische Bildung ansetzen kann.[426]

Insgesamt kann man hier von einem gravierenden Problem in Gieseckes neuer Didaktik sprechen. Sowohl die Widersprüche, die durch die Vermischung von inkompatiblen Elementen aus marxistischen und pluralistischen Theorien entstehen, als auch die Begriffsunschärfen in Gieseckes neuer Didaktik sind – im Gegensatz zum pragmatisch entwickelten, aber wissenschaftlich akzeptablen Politikbegriff seiner alten Didaktik – wissenschaftlich nicht haltbar. Und das gilt nicht nur, wenn man die Didaktik mit den Maßstäben der Sozialwissenschaften misst, sondern auch, wenn man nur den von Giesecke selbst formulierten, gegenüber einer Gesellschaftstheorie „reduzierten" theoretischen Anspruch an eine didaktische Konzeption zugrunde legt: dass diese für die politische Bildung ergiebige und sinnvoll operationalisierte Definitionen entwickeln sollten, die fachwissenschaftlich zumindest nicht falsch sind (vgl. Giesecke 1972a: 215; o. S. 325).

---

426 Entsprechend erscheint auch die gesellschaftliche Wirklichkeit bei Giesecke einmal nur im Rahmen der marxistischen Theorie in ihrer Totalität objektiv erfassbar zu sein, während er auf der anderen Seite suggeriert, selbst Schülerinnen und Schüler könnten durch das Erlernen wissenschaftlicher Methoden ein adäquates Verständnis von der Gesellschaft aufbauen.

In der Sekundärliteratur wird vor allem die Frage diskutiert, ob Giesecke marxistisch oder, wie in seiner alten Didaktik, pluralistisch argumentiert und welche Widersprüche sich daraus unter Umständen ergeben.

Walter Gagel sieht in Gieseckes neuer Didaktik keine marxistische Uminterpretation der ersten Ausgabe: Er hebt diejenigen Aussagen Gieseckes hervor, in denen dieser die eigene marxistische Position relativiert oder in denen er pluralistisch argumentiert und geht auf den Widerspruch, den diese Stellen zu den eindeutig marxistischen Passagen Gieseckes darstellen, kaum ein.[427] Mit Verweis auf diese Stellen widerspricht Gagel dann ausdrücklich Bernhard Sutor, der Giesecke eine ‚marxistische Uminterpretation' unterstellt, und argumentiert, dieser habe nicht erkannt, dass Gieseckes Ansatzpunkt „die subjektive Erfahrung der Lernenden, nicht ein Modell der Gesellschaftsformationen" sei.[428]

Gagel bemerkt lediglich im Anschluss, man könne nicht übersehen, dass Giesecke eine „Tendenz zu einem dichotomischen Gesellschaftsbild" habe, weil er „strikt zwischen fortschrittlichen und konservativen Interessen unterscheidet und dadurch vielleicht nicht ganz die Wirkung vermeidet, ein Freund-Feind-Denken zu erzeugen" (Gagel 1979: 81).[429] Insgesamt bescheinigt er ihm

---

[427] Dabei scheint er einige der marxistischen Ausführungen Gieseckes auch gar nicht in ihrer Brisanz wahrzunehmen. So schreibt er zum Beispiel ausdrücklich, dass Giesecke „die Vorstellung eines ‚richtigen Bewusstseins' ablehnt" (Gagel 1979: 68).

[428] Gagel verweist auf Sutor 1973: 334. Er nennt auch Hüser/Beckers/Küpper: 1976: 97; diesen unterstellt er aber zu unrecht, dass sie in Gieseckes neuer Didaktik eine marxistische Uminterpretation der alten erblicken (vgl. u.S. 345). Vgl. zur Rolle der Kritischen Theorie für Giesecke auch Gagel 2005: 205. Dort spricht Gagel von einer „Bereicherungs- und Ergänzungsfunktion" der Kritischen Theorie für Giesecke und verzichtet nun selbst auf die Erwähnung, dass die Mischung verschiedener wissenschaftstheoretischer Ansätze bei Giesecke auch Kritik hervorgerufen hat. Sein anschließender Hinweis, dass die Kritische Theorie von Giesecke nicht dogmatisch übernommen worden sei und seine in diesem Zusammenhang unbefriedigenden Verweise darauf, dass die Kritische Theorie sich zu dieser Zeit bereits weit vom marxistischen Ausgangspunkt entfernt hatte und Habermas die Vernunftkritik durch seine kommunikationstheoretische Wende ins Positive gewendet habe, wirken wie ein Versuch, Gieseckes Bezugnahme auf den Marxismus zu relativieren. Das eigentliche Problem – die gesellschaftstheoretische Inkonsistenz bei Giesecke – bleibt in Gagels Buch zur Geschichte der politischen Bildung nun vollständig außen vor.

[429] Gagel verweist erneut auf Sutor 1973: 335; vgl. o.S. 274.

trotzdem, seine Position könne „einer linksliberalen Demokratievorstellung zugeordnet werden" (Gagel 1979: 64).[430]

Karl Hüser, Wilhelm Beckers und Ferdinand Küpper arbeiten den Widerspruch innerhalb von Gieseckes Position deutlicher heraus. Sie heben hervor, dass er seinen „historisch-materiellen' Argumentationsansatz [...] in der Argumentation nicht durchhält". Letztlich kommen sie zu dem Schluss:

> „An Stelle des vom Verlag angekündigten ‚völlig neuen Buches' vollzieht Giesecke in der Neuen Ausgabe zwar ‚eine Anpassung an den immanent-progressiven Diskussionsstand', er bietet jedoch keine prinzipielle Umgestaltung seines ursprünglichen Konzepts" (Hüser/Beckers/Küpper 1976: 101).[431]

Ganz ähnlich stellen Hans-Werner Kuhn, Peter Massing und Werner Skuhr fest, Gieseckes „Neubearbeitung" erscheine „nicht als eine prinzipielle Umgestaltung des ursprünglichen Konzeptes, sondern bestenfalls als ‚eine Anpassung an den immanent-progressiven Diskussionsstand'" (Kuhn/Massing/Skuhr 1993: 227).[432] Für die Schwierigkeiten der Einordnung Gieseckes machen sie dessen „eklektizistische Verwendung der Kritischen Theorie sowie marxistischer und bürgerlicher Kategorien" verantwortlich – diese führten „zu einer Begriffsverwirrung" und nähmen so der neuen Konzeption „ihre analytische Schärfe" (Kuhn/Massing/Skuhr 1993: 227).

Bernhard Sutor erkennt vor allem in Bezug auf Gieseckes Forderung nach einer parteilichen politischen Bildung Widersprüche: Im Rahmen der Auseinandersetzung um die nordrhein-westfälischen Richtlinien sieht er sich mit Giesecke einig, dass Richtlinien pluralistisch sein sollten (vgl. u. S. 375), aber, so Sutor weiter: „Umso unverständlicher ist mir seine Auslegung von Parteilichkeit in seiner Didaktik" (Sutor 1974: 90). Sutor kritisiert, Giesecke unternehme „gleichsam den unmöglichen Versuch [...], den liberalen Glauben an Offenheit, Mehrdeutigkeit und Unvollendbarkeit von Geschichte und Gesellschaft mit dem Neomarxismus in der ‚Kritischen Theorie' zu verbinden". Er stellt

---

430 Ähnlich wie Gagel unterstreicht auch Kurt-Gerhard Fischer, Giesecke habe sich 1972 „von seiner Konzeption von 1965 nicht etwa gelöst", man könne also lediglich „von einer Fortschreibung seines Theorie-Ansatzes" sprechen (Fischer 1973: 291).

431 Das erste Zitat im Zitat stammt aus Fischer 1973: 291. Das zweite Zitat übernehmen Hüser/Beckers/Küpper entgegen ihrer Angabe nicht von Fischer, sondern von Christian, den sie aber direkt zuvor mit korrekter Angabe zitiert hatten (vgl. Christian 1974: 22; u. S. 349, Anm. 440).

432 Für das Zitat im Zitat ist keine Belegstelle angeben. Es stammt aber aus Christian 1974: 22 (vgl. u. S. 349, Anm. 440).

daher fest: „[G]anz eindeutig ist Gieseckes Position nicht zu bestimmen. Ich finde sie […] schwankend und schillernd" (Sutor 1974: 86).[433]

Auch Herbert Kühr erfasst den Widerspruch bei Giesecke, den er als „Aporie" zwischen Gieseckes Bekenntnis zur Kritischen Theorie und seiner Erkenntnis, „dass es ‚die' gesamtgesellschaftliche Theorie, als einen fraglos vorgegebenen Zusammenhang von Sätzen, nicht unbestreitbar gibt", bezeichnet (Kühr 1980: 132).[434]

Damit sieht Kühr nicht nur den Widerspruch, sondern auch, dass Giesecke diesen Widerspruch selbst bemerkt und indirekt eingesteht: Gieseckes Eingeständnis dieses Widerspruchs, schreibt Kühr, helfe wenig, weil Giesecke es beim „Feststellen dieser Aporie" belasse: „Die unter erkenntnislogischem Gesichtspunkt auftretenden Unvereinbarkeitsprobleme zwischen Kritischer Theorie und den empirisch-analytischen Sozialwissenschaften werden überdeckt und durch die Forderung nach mehr ‚Einsicht' ausradiert" (Kühr 1980: 132). Vier Seiten später heißt es zur Erklärung, das Unvereinbarkeitsproblem anzusprechen müsse für Giesecke „ungewöhnlich schwierig" sein, „weil sein politik- wie gesellschaftstheoretischer Standortwechsel ein unklares und uneinheitliches Bild bietet. In diesem Theorien-Mix bleiben wesentliche Begriffe, sowohl was ihre Herkunft als auch was ihren Zusammenhang angeht, theoretisch ungeklärt" (Kühr 1980: 132, 136).[435]

Genau diese Begriffsunschärfe kritisiert auch Günter Behrmann, dessen Ausführungen sich zwar auf Gieseckes Replik auf seine Kritiker aus dem Jahr 1968 beziehen, teilweise aber auch auf dessen neue Didaktik übertragen werden

---

433 Sutor geht in diesem Text zudem auf die Widersprüche in Gieseckes Ausführungen zum Kategorienmodell ein: Giesecke behaupte einerseits, die normativen Implikationen seiner Kategorien seien konsensfähig, da sie mit dem Grundgesetz übereinstimmten, gebe dann aber „den Prinzipien und Zielwerten der Verfassung eine ganz bestimmte, durchaus nicht allgemein akzeptierte, sondern parteiliche Interpretation" (Sutor 1974: 87).

434 Kühr zitiert Giesecke 1972a: 150. Er weist den Widerspruch anschließend auch an zahlreichen Beispielen nach (vgl. Kühr 1980: 132).

435 Vorab heißt es hier:
„Wie Hilligen glaubt aber auch Giesecke, sich für einen komplementären wissenschaftstheoretischen Ansatz entscheiden zu müssen, wobei – etwas vereinfacht – der Kritischen Theorie die Funktion zufällt, die Geschichtsdeutung im Sinne der Totalität, zunehmender Aufklärung, Emanzipation und Selbstbestimmung zu liefern, während die empirisch-analytischen Wissenschaften die faktische Überprüfung von Zusammenhängen, Einstellungen, Wertvorstellungen und politischen wie gesellschaftlichen Möglichkeiten zu leisten haben" (Kühr 1980: 136).

können. Behrmann behauptet, Giesecke verwende die Begriffe Emanzipation, Demokratisierung, Mündigkeit, Selbstbestimmung, Partnerschaft und Toleranz synonym und verzichte darauf, sie zu konkretisieren. So würden sie zu alternativlosen Globalzielen einer *guten* politischen Bildung, der eine *schlechte* politische Bildung gegenüber stehe, die ebendieses Ziel zu verhindern trachte (vgl. Behrmann 1972: 28).

Behrmanns Vorwurf, bei dem nicht ganz klar ist, ob er sich nur auf Giesecke oder auf alle von ihm untersuchten Autoren bezieht, trifft Giesecke aber nur zum Teil: Partnerschaft und Toleranz spielen für seine Konzeption überhaupt keine Rolle[436] und Mündigkeit grenzt er – zumindest ab 1971 – deutlich von den anderen Zielen ab.[437]

Die Begriffe Selbstbestimmung, Emanzipation und Demokratisierung benutzt Giesecke allerdings tatsächlich häufig synonym – auch wenn er gerade in der von Behrmann zitierten Replik auf seine Kritiker den Begriff Emanzipation noch vor allem zur Kennzeichnung eines politischen Prozesses verwendet, während Demokratisierung bereits die zusätzliche Bedeutung als Erweiterung der individuellen Selbstbestimmung hat.[438]

---

436 Giesecke setzt sich erst 1972 kritisch mit Theodor Wilhelms Konzept der Partnerschaftserziehung auseinander (vgl. o. S. 232), aber auch seine erste Didaktik steht schon in deutlichem Gegensatz zu dessen Konzeption, auch wenn er seinen Doktorvater in der aus seiner Dissertation hervorgegangenen Didaktik aus naheliegenden Gründen nicht direkt kritisiert hatte.

437 Wobei man anmerken muss, dass Giesecke sein Verständnis von Mündigkeit in den bei Sutor genannten Schriften noch nicht explizit hat und den Begriff zumindest 1965 noch im Sinne dessen versteht, was er später Emanzipation nennen wird: Er spricht hier von Mündigkeit als einem „politisch-ideologischen Kampfbegriff", den er ausdrücklich ablehnt, weil er über die Grundlagen der Verfassung hinausgehe (vgl. o. S. 85). 1971 hält Giesecke die Forderung nach Mündigkeit dann für zu konservativ, weil diese sich – nun im Gegensatz zur Emanzipation – an einem „statischen Gesellschaftsverständnis" orientiere (Giesecke 1971a: 219; vgl. o. S. 226).
In der neuen Didaktik taucht an einer Stelle die Formulierung auf, dank Habermas sei die Inhaltlichkeit der Demokratie in der politischen Bildung in den Mittelpunkt gerückt worden – Demokratie werde nun verstanden als „politische Verfassung, deren wichtigster Zweck es ist, die Mündigkeit, Emanzipation und Aufklärung der wirklichen Menschen weiterzutreiben". An dieser Stelle könnte Sutors Vorwurf der Gleichsetzung und synonymen Verwendung der Begriffe Emanzipation und Mündigkeit zutreffen. Er muss es aber nicht, da es sich auch um eine Aufzählung unterschiedlicher Ziele handeln könnte (Giesecke 1972a: 42-43).

438 Vgl. o. S. 206, S. 229. Die pauschale Begriffsverwendung bei Giesecke kritisiert

Behrmanns Schlussfolgerung, dass Giesecke sich durch die Vermengung aller guten Ziele zu einem Gesamtziel von allen nicht-linken, konservativen und liberalen Konzeptionen abgrenze, wurde in dieser Analyse so pauschal nicht bestätigt. Es gibt durchaus vereinzelte Passagen in Gieseckes Aufsätzen und seiner neuen Didaktik, für die dieser Vorwurf zutrifft, wie beispielsweise die oben wiedergegebene, zutreffende Kritik Sutors an Gieseckes „Freund und Feind"-Denken im Zusammenhang mit seiner Forderung nach Parteilichkeit zeigt (vgl. o.S. 274). Insgesamt kann man jedoch für Giesecke nicht von einer durchgehenden Abwertung liberaler Konzepte, wie sie den radikalen linken Ansätzen zu eigen ist, sprechen.

Behrmanns Interpretation hat vermutlich nicht zuletzt etwas mit seinem eigenen politischen Standpunkt zu tun, denn eine Konsequenz von Gieseckes Widersprüchen ist auch, wie es Hans-Günther Assel treffend auf den Punkt bringt, dass „liberal-konservative Autoren vor der Verabsolutierung des Konfliktaspektes" durch die Orientierung an der Kritischen Theorie warnen, während „linksorientierte Autoren" den Vorwurf erheben, dass Giesecke „eine Transformation der ‚kapitalistischen Gesellschaft' in eine ‚sozialistische' gar nicht anstrebe" (Assel 1983: 91).

Um Assels Argument zu unterstützen, seien hier zwei Pole in der Diskussion dargestellt: Auf der einen Seite bescheinigt Bernhard Sutor Giesecke eine „marxistische Uminterpretation seiner ursprünglich liberalen Konflikttheorie" (Sutor 1973: 334) und Joachim Detjen spricht von einer Instrumentalisierung der steuerfinanzierten öffentlichen Schule „für die Verwirklichung eines bestimmten politischen Programms" (Detjen 2007: 181; vgl. o.S. 337).

Auch wenn Gieseckes widersprüchliche gesellschaftstheoretische Bezüge es der Leserin und dem Leser fast unmöglich machen, aus dieser Gemengelage seine eigentlichen Überzeugungen herauszufiltern, ist es doch erstaunlich, wie wenig sich Sutor und Detjen die Mühe machen, die liberalen Anteile in Gieseckes neuer Didaktik zu identifizieren und darüber hinaus zu prüfen, inwieweit Gieseckes marxistische Kategorien tatsächlich auf seine für die Praxis bestimmten didaktischen Vorschläge durchschlagen. Das gilt besonders für Joachim Detjen, der seine Ausführungen 35 Jahre nach der ideologisch

---

auch Ludwig Kerstiens, der in Bezug auf Gieseckes „Einführung in die Pädagogik" (Giesecke 1969c) von einer „Begriffsreihung ohne eindeutige Definitionen" spricht (Kerstiens 1975: 80). Ein Beispiel für eine solche Begriffsreihung findet sich in Gieseckes Aufsatz „Pädagogische Konsequenzen" – hier spricht Giesecke von „Leitvorstellungen wie ‚Mündigkeit', ‚Autonomie', ‚Personalität', ‚Ich-Stärke'", die er allesamt „als Widerspiegelungen des Demokratisierungsprozesses bzw. […] als seine subjektive Seite" versteht (Giesecke 1968g: 50).

aufgeheizten Diskussion formuliert, die Sutor bei seiner Kritik noch geprägt haben dürfte.[439]

Auf der anderen Seite des politischen Spektrums wettert Wolfgang Christian – auch noch im Rahmen der polarisierten Diskussion um die politische Bildung in den frühen 1970er Jahren – Gieseckes Didaktik sei grundsätzlich gekennzeichnet „vom Widerspruch zwischen dem Anspruch, ‚materiell'-dialektisch zu verfahren, und dem eklatanten Mangel an dialektischer Auffassung" (Christian 1974: 25). Er bescheinigt Giesecke dann genau das, was Sutor und Detjen ihm absprechen: dass er einen „interessenpluralistische[n] Standort" vertrete, dass er „die gesamtgesellschaftlichen Theorien Parsons' und Marx' vordergründig als gleichwertig" deklariere, dass er den „‚Positivismus' bzw. ‚kritischen Rationalismus'" für genauso brauchbar halte wie die Kritische Theorie und dass er in der „kapitalistische[n] Sozialstruktur der BRD" keine grundlegenden Widersprüche zu erkennen vermöge (vgl. Christian 1974: 22).[440]

Gieseckes Schwanken zwischen marxistischen und pluralistischen Kategorien und Normen kennzeichnet auch die letzte zentrale Veränderung in seinem gesellschaftstheoretischen Ansatz: sein *Verständnis von Politik*. Während er 1965 gleich am Beginn seiner Didaktik seinen Politikbegriff verdeutlicht hatte, fehlt eine solche Definition 1972.

---

439 Sutor ist – anders als Detjen – heute deutlich versöhnlicher. Er bescheinigt Giesecke nicht nur, durch seine erste Didaktik gemeinsam mit Fischer und Hilligen „die institutionenkundlich verengte alte Staatsbürgerkunde und eine naiv harmonisierende Gemeinschaftskunde" überwunden zu haben (Sutor 2002: 18), sondern stellt auch fest:
„Der intensive Streit der siebziger Jahre hätte in der Form gewiss manchmal anders geführt werden können, aber geführt werden musste er, da die Fragen nun einmal aufgebrochen waren. Er hat Klärungen gebracht, die es bis heute ermöglicht haben, den wissenschaftlichen und politischen Pluralismus unserer Gesellschaft – auch in der politischen Bildung – im Rahmen der gemeinsamen freiheitlichen Verfassung auszuhalten und auszutragen. Dahinter sollten wir nicht zurückfallen, weder theoretisch noch praktisch" (Sutor 2002: 27).

440 Die Passage, aus der das auch bei Hüser/Beckers/Küpper sowie bei Kuhn/Massing/Skuhr wiedergegebene Zitat stammt (vgl. o.S. 345), lautet:
„Nachdem seine [Gieseckes] viel beachtete fachdidaktische Theorie – repräsentativ für den sog. ‚Konfliktansatz' – zunehmend hinter den Stand kritisch-sozialkundlicher Diskussion zurückgefallen war, erschien kürzlich eine völlig umgestaltete Neuausgabe. Wie sich im Folgenden herausstellen wird, vollzog der Autor mit ihr keine prinzipielle Umgestaltung des seinerzeit fortschrittlichen Konzepts, sondern eine Anpassung an den immanent-progressiven Diskussionsstand" (Christian 1974: 22).

Schon 1965 gibt es – trotz der ausdrücklichen Definition – bereits Widersprüche in Bezug auf die Weite dieses Politikverständnisses: Im Zusammenhang mit seiner gesellschaftstheoretischen Grundlegung bemerkt Giesecke auch hier schon, dass sich das Politische und das Soziale nicht voneinander trennen ließen (vgl. bspw. Giesecke 1965a: 27; o. S. 52). Wenn es ihm jedoch um die Praxis der politischen Bildung geht, folgt er seinem zu Beginn der Didaktik aus der Praxis der außerschulischen politischen Bildungsarbeit heraus entwickelten engeren Verständnis von Politik als offene, konflikthafte Situation, für die im Rahmen des politischen Systems nach einer Lösung gesucht werden muss.[441]

In seinen späteren Aufsätzen und bei der Darstellung der Geschichte der politischen Bildung im Rahmen der neuen Didaktik offenbart Giesecke wiederum ein breites Politikverständnis. Wenn er dann außerdem in der gesellschaftstheoretischen Grundlegung seiner eigenen Konzeption zu Beginn des zweiten Teils der neuen Didaktik an keiner Stelle ausdrücklich auf dieses Politikverständnis eingeht, wird offenkundig, dass er es nicht mehr für nötig erachtet, die Politik von der Gesellschaft abzugrenzen. Peter Kühn betont, in seiner neuen Didaktik stelle Politik für Giesecke bloß noch ein „Epiphänomen sozio-ökonomischer Ungleichheit" dar (Kühn 1977: 82) und sein Politikbegriff stehe nun „ganz im Zusammenhang mit den geschichtsphilosophischen Annahmen", von denen er ausgehe (Kühn 1977: 83).

Dazu kommt noch, dass Giesecke nun noch deutlicher als bereits 1965 die Bedeutung psychologischer Faktoren für die politische Bildung betont (vgl. zur alten Didaktik o. S. 71). Wenn er etwa die Relevanz der Erkenntnisse der Psychoanalyse für die politische Bildung hervorhebt (vgl. o.S. 243) oder gar konstatiert, das politische System habe sich in den Individuen eingenistet (vgl. o.S. 241), liegt es zunächst nahe anzunehmen, dass er die Bearbeitung entsprechender psychologischer Aspekte im Rahmen der politischen Bildung erwartet und dementsprechend auch die potenziellen Ziele und Inhalte der politischen Bildung nun viel breiter fasst als noch in seiner alten Didaktik.

Im praktischen Teil seiner Didaktik ist Gieseckes Verständnis von Politik dann aber zumeist wieder enger und vorwiegend auf das politische System

---

441 Vgl. Giesecke 1965a: 18, 30, 49 und o. S. 45, S. 53, S. 88, S. 127). Das Gleiche gilt für Gieseckes Konfliktverständnis. Zwar definiert er mit Dahrendorf einen relativ weiten Konfliktbegriff, seinen Ausführungen zur politischen Bildung liegt jedoch ein deutlich engeres, auf Konflikte im Rahmen des politischen Systems bezogenes Verständnis zugrunde (vgl. Giesecke 1965a: 102; o. S. 48, S. 127).

bezogen (vgl. zusammenfassend u. S. 354), auch dort formuliert er allerdings nicht ausdrücklich einen Politikbegriff.

Gieseckes Politikbegriff wird in der Sekundärliteratur wenig thematisiert. Vermutlich liegt das daran, dass er eine so geringe Rolle spielt, was aber, wie oben ausgeführt, erst recht aufschlussreich in Bezug auf sein Politikverständnis ist. Auffällig ist vor allem, dass die vorhandene Kritik sich, mit Ausnahme derjenigen Kühns, nicht auf die Veränderungen in Gieseckes Politikbegriff bezieht, sondern in gleicher Form auch schon Gieseckes alte Didaktik trifft:

Kühr kritisiert das Fehlen der Institutionen in Gieseckes Didaktik und beruft sich dabei auch auf Günter Behrmann, der eben dies an Gieseckes alter Didaktik kritisiert hatte (vgl. o.S. 94). Er kommt zu dem Fazit, aus Gieseckes reduziertem Politikverständnis resultierten auch „spezifische Lücken für eine politische Didaktik" (Kühr 1980: 137). Inhaltlich ergänzt er allerdings nur, dass dieser Politikbegriff fachwissenschaftlich defizitär sei, weil er „die zunehmende Differenzierung und Komplexität moderner Gesellschaften" und den dadurch entstehenden Bedarf an „verbindlichen Regelungen" und „spezifische[n] Institutionen" nicht erfasse.[442]

Auch Gagels Argumentation zeigt, dass Gieseckes Politikbegriff defizitär ist, selbst wenn er diese Kritik nicht ganz so deutlich äußert. Er stellt zunächst fest, bei Giesecke sei die Politics-Dimension vorherrschend, er berücksichtige auch die Polity-Dimension, aber vor allem die Policy-Dimension trete in den Hintergrund. Während Gagel diese Aussage offenbar vorwiegend auf Gieseckes Teilziele bezieht, kommt er für die Didaktik insgesamt zu dem Fazit, „dass bei Giesecke eine subjektive Perspektive auf die Politik vorherrscht", und kritisiert, daraus ergebe sich „eine Einengung des Objektbereichs Politik". Wenn Gagel dann als Beispiele anführt, es würden Fragen ausgeblendet nach den „Bedingungen politischer Entscheidungen", den zentralen „Leistungsbereichen des politischen Systems" und den „Grenzen der Leistungsfähigkeit des Systems und damit der Interessendurchsetzung", zeigt er, dass er bei Gieseckes Politikbegriff nicht nur im Bereich der Policy-Dimension Defizite sieht, sondern auch in den beiden anderen Dimensionen (Gagel 1979: 77). Zudem deutet der Vorwurf der „subjektiven Perspektive"

---

442 Kühr schreibt: „Politik als Regelungs- bzw. Steuerungsfähigkeit komplexer Wirtschafts- und Sozialsysteme ist jedoch nur bedingt mit dem Postulat nach immer mehr Selbstbestimmung zu vereinbaren" (Kühr 1980: 137). Damit thematisiert er ein Problem, das einige Jahre später ins Zentrum von Politikwissenschaft und politischer Theorie rücken sollte. Vgl. dazu auch die politikwissenschaftliche Diskussion um Input- und Output-Legitimation bspw. bei Scharpf 1998 und Buchstein/Jörke 2003.

an, dass er prinzipiell in Frage stellt, dass Gieseckes Politikbegriff auch die strukturellen Phänomene und Prozesse im Rahmen des politischen Systems adäquat erfassen kann.

Mit dem defizitären Politikbegriff in engem Zusammenhang steht die Frage, ob Gieseckes Didaktik eine ausreichende Analyse der Verfassungswirklichkeit zugrunde liegt. In seiner ersten Didaktik hatte Giesecke der Frage nach den realen Möglichkeiten der politischen Beteiligung eine große Bedeutung beigemessen und damit zumindest einen Ausschnitt der Verfassungsrealität analysiert (vgl. o.S. 73). Weitere Ausführungen zum politischen System blieben dagegen auch in der alten Didaktik schon auf der Ebene der Verfassung stehen, wie etwa beim Staatsverständnis, oder waren vorrangig theoretischer Natur, wie bei der Politisierung der Gesellschaft (vgl. o.S. 50, S. 52).

In der neuen Didaktik verschärft sich dieses Problem deutlich, weil Giesecke seine auf die Verfassungsrealität bezogenen, in Anlehnung an die politikwissenschaftliche Diskussion formulierten Argumente nicht wieder aufnimmt. Die neu hinzugekommenen marxistischen Kategorien nutzt er für seine gesellschaftstheoretische Grundlegung, nicht jedoch für eine Analyse der Verfassungsrealität – wohl auch, weil ihm eine empirische Überprüfung seiner Aussagen über die Gesellschaft angesichts der geschichtsphilosophisch begründeten Evidenz nicht mehr nötig zu sein scheint (vgl. o.S. 332).

Gagel sieht die Ursache für die fehlende Analyse der Verfassungswirklichkeit offenbar schon in Gieseckes gesellschaftstheoretischen Ausführungen angelegt: Er kritisiert im Zusammenhang mit den Lernzielen zunächst, Giesecke analysiere nicht die „Handlungssituationen", auf die hin er seine Lernziele formuliere. Er geht aber noch weiter und moniert, Giesecke benenne noch nicht einmal entsprechende Analyse*kategorien*, weil er auf konkrete Merkmale von Konfliktsituationen gar nicht eingehe (vgl. Gagel 1979: 67). Später heißt es, Giesecke benenne die Merkmale des Konfliktbegriffes, die als Auswahlkriterien für die Unterrichtsinhalte notwendig seien, nur unzureichend; vor allem fehle eine theoretische Klärung des genauen Zusammenhangs zwischen den manifesten Konflikten und den dahinter liegenden latenten, nach denen man in der politischen Bildung suchen solle (vgl. Gagel 1979: 74-75). Gagel resümiert abschließend treffend:

> „Sicherlich wird man einräumen müssen, dass die ‚Didaktik' nicht der Ort ist, um gesellschaftliche und politische Wirklichkeit systematisch zu beschreiben. Trotzdem wird man ihr Unvollständigkeit anlasten können, weil die Strukturelemente der Wirklichkeit in Form von Kategorien oder kategorialen Begriffen ebenso hätte aufgelistet werden können, wie es Giesecke bei der Konfliktanalyse getan hat" (Gagel 1979: 81).

Didaktische Ansätze für die Praxis
Der Entwicklung seiner gesellschaftstheoretischen Argumentation entsprechend hat Giesecke schließlich bereits in seinen Aufsätzen neue *didaktische Ansätze* angedeutet: Vor allem regt er mehrfach an, individuelle Probleme als Widerspiegelung objektiver Probleme zu entschlüsseln und zählt Widersprüche wie die zwischen Triebbedürfnis und -befriedigung, zwischen ideologischer und realer Lebensperspektive, zwischen Bedürfnissen und ökonomischen Chancen sowie zwischen Mitbestimmung und Herrschaft auf (vgl. o.S. 249).

Auch in seiner neuen Didaktik greift er diesen Ansatz im Geschichtsteil wieder auf, wobei er sich vor allem auf Oskar Negt bezieht (vgl. o.S. 255). In demselben Kapitel deutet Giesecke zudem an, ein Zugang zum Verständnis der Gesamtgesellschaft in ihrer Totalität und damit zum richtigen Bewusstsein könne im Erlernen (einzel-)wissenschaftlicher Methoden liegen (vgl. o.S. 260). Und schließlich bekennt er sich zu Beginn der Darstellung seiner eigenen didaktischen Konzeption zum politischen Charakter seiner Kategorien und betont deren normative Aspekte (vgl. o.S. 291). Das steht im Zusammenhang mit seiner neuen Forderung nach einer politischen Parteilichkeit der politischen Bildung: Politische Bildung müsse, so schreibt er nun, „für die Interessen und Bedürfnisse des jeweils Schwächeren, Ärmeren, Unterprivilegierten" eintreten (Giesecke 1972a: 126-127). Dabei geht es ihm – anders als früher – nicht mehr nur um eine Parteinahme als Ausgleich für die Ungleichverteilung von Herrschaft, sondern um eine Veränderung der Gesellschaft im Sinne des marxistischen Gleichheitsideals (vgl. o.S. 273).

Je mehr sich Giesecke aber der Praxis der politischen Bildung zuwendet und je konkreter sich seine didaktischen Überlegungen an diese Praxis richten, desto weiter bewegt er sich von seiner marxistischen Grundlegung weg und kehrt zu den pluralistischen Überzeugungen seiner alten Didaktik zurück. Ein zentrales Ergebnis der vorangegangenen Analyse lautet, dass der größte Graben zwischen Gieseckes widersprüchlichen Theoriebezügen entlang der architektonischen Grenze zwischen seiner gesellschaftstheoretischen Begründung und den auf die Praxis bezogenen Vorschlägen seiner Didaktik verläuft.

Während viele der in diesem Kapitel herausgearbeiteten Kritikpunkte zur gesellschaftstheoretischen Grundlegung von Gieseckes neuer Didaktik schon in der Sekundärliteratur zu finden sind, wurde diese Trennlinie bisher zu wenig beachtet.

Sie zeigt sich vor allem an den im Anschluss an Negt formulierten didaktischen Überlegungen Gieseckes sehr deutlich: Während er im Theoriekapitel dessen Ansatz rühmt, an den subjektiv erfahrbaren Konflikten der Individuen anzuknüpfen, erhält dieser später, im Rahmen seiner eigenen didaktischen

Konzeption, eine ganz andere Konnotation: Hier stellt Giesecke die Idee, subjektive, persönliche Konflikte zum Ausgangspunkt des Unterrichts zu machen und in ihnen die objektiven, gesellschaftlichen und/oder politischen Konflikte aufzusuchen, massiv in Frage. Er desavouiert den Ansatz geradezu, wenn er behauptet, damit gelangten lediglich gesellschaftlich-partikulare Konflikte in den Blick, die ausschließlich die bürgerlich-mittelständische Jugend beträfen, und nur deren Selbstthematisierung in Form von „Albernheiten" begünstigten (Giesecke 1972a: 185; vgl. o.S. 306). Wenn er anschließend unter Berufung auf Ernst August Roloff doch noch darzustellen versucht, wie man im Unterricht von den subjektiven zu den objektiven Konflikten gelangen kann, indem man die Etappen, in denen Kinder im Laufe ihres Sozialisationsprozesses mit politisch-gesellschaftlicher Realität konfrontiert werden, zeitnah thematisiert und so zur „Bewusstmachung und Korrektur" des Sozialisationsprozesses beiträgt, bleibt die Gesellschaftskritik, die damit einhergeht, deutlich moderater als bei seinen zuvor mit Negt und in Anlehnung an Marcuse formulierten didaktischen Überlegungen (vgl. o.S. 308).

Gieseckes im Negt-Kapitel geäußerte Hoffnung, dass die Schülerinnen und Schüler durch das Erlernen einzelwissenschaftlicher Methoden und Perspektiven schließlich das gesellschaftliche Ganze in seiner Totalität erkennen (vgl. o.S. 183), greift Giesecke für seine eigene Konzeption ebenfalls nicht mehr auf.

Seine stattdessen im Praxisteil neu entwickelte didaktische Ausführungen zur Rollenerweiterung und zu den Methoden bleiben letztendlich zu oberflächlich, um Lehrerinnen und Lehrern als konkretes Handwerkszeug dienen zu können (vgl. o.S. 315, S. 313).

Als solches bleibt einzig sein Kategorienmodell selbst. Dessen Beitrag zu einer klassenbewussten und parteilichen politischen Bildung widmet er gegen Ende seiner Didaktik einen separaten Abschnitt, in dem er aber – abweichend von seiner vorangegangenen Aussage, seine Kategorien enthielten politische Implikationen – zu dem Ergebnis kommt, es handle sich um ein formales Kategorienmodell, das erst durch die richtige Anwendung durch die Lehrerinnen und Lehrer parteilich differenziert werden könne. Damit überträgt er die Legitimation seiner zentralen didaktischen Neuerung, der Forderung nach der Parteilichkeit politischer Bildung, letztendlich den individuellen Lehrerinnen und Lehrern (vgl. o.S. 311, S. 322).

Hinter der Kehrtwende in Gieseckes didaktischem Ansatz steckt nicht zuletzt seine Rückkehr zu einem deutlich engeren *Verständnis von Politik* im Rahmen seiner unterrichtspraktischen Überlegungen. In seinen Ausführungen zu den Lernzielen und -inhalten, dem ersten Schritt in Richtung praxisorientierter didaktischer Überlegungen, ist Gieseckes Politik- und Konfliktverständnis noch relativ weit, im Zusammenhang mit den fünf Teilzielen zeigt sich aber die Tendenz, die Ziele und Inhalte der politischen Bildung doch wieder enger zu fassen (vgl. o.S. 286). Noch deutlicher kehrt Giesecke bei der Darstellung seines Kategorienmodells zum engen, auf das politische System bezogenen Politikverständnis seiner alten Didaktik zurück. Dort scheint lediglich bei den Kategorien Konflikt und Macht noch das weitere Verständnis seiner gesellschaftstheoretischen Grundlegung durch (vgl. o.S. 299).

Auch in Gieseckes Gesellschaftsbild zeigt sich in seinen Überlegungen für die Praxis eine Abkehr von seinen zuvor formulierten marxistischen Postulaten. Erneut tauchen bereits bei der Formulierung der Lernziele und Inhalte neben den marxistischen Kategorien vermehrt *pluralistische Argumente* auf: Giesecke sieht das Grundgesetz als Festschreibung und Absicherung der bisherigen Demokratisierung und fordert, nicht nur marxistische, sondern auch andere sozialwissenschaftliche Theorien im Unterricht zu behandeln (vgl. o.S. 285).

Bei der Darstellung des Kategorienmodells werden diese pluralistischen Elemente stärker, was sich zum einen darin zeigt, dass Giesecke das Ensemble seiner elf Kategorien gegenüber der alten Didaktik unverändert lässt, und zum anderen an der Anerkennung der *Legitimität subjektiver individueller Interessen* deutlich wird: Giesecke relativiert nun seine marxistisch inspirierten Ausführungen zu den empirisch vorfindbaren falschen Interessen, beispielsweise mit der Aussage, die Jugendlichen sollten von der Pädagogik dazu ermuntert werden, ihre eigenen Interessen zu ermitteln – ergänzt um die Anmerkung, damit sei nicht „der marxistische Begriff des ‚wahren' Interesses bzw. Bedürfnisses, etwa im Sinne von Oskar Negt [gemeint], der nicht auf das Individuum, sondern auf die menschliche Gattung bezogen ist" (Giesecke 1972a: 165; vgl. o.S. 297; zu Marx' Gattungsbegriff o. S. 148).

Die Rezeption marxistischer Theoretiker in Gieseckes neuer Didaktik
Nachdem Giesecke also zunächst eine aufwendige marxistische Grundlegung für seine Didaktik formuliert hat, weicht er diese schon bei seinen Ausführungen zu den Zielen und Inhalten wieder auf (vgl. o.S. 285), und spätestens mit der Darstellung des Kategorienmodells (vgl. o.S. 298) dominieren die gleichen pluralistischen Grundannahmen, die in seiner alten Didaktik vorherrschend waren.

Dass Giesecke diese pluralistischen Grundannahmen in seiner ersten Didaktik unter Verweis auf mehrere Theoretiker, vor allem aus der Politikwissenschaft begründet hatte, die er in seiner neuen Didaktik alle nicht mehr erwähnt, wurde bereits deutlich gemacht (vgl. o.S. 133, S. 234).

Zusätzlich kann man festhalten, dass Giesecke nicht nur darauf verzichtet, die für seine alte Didaktik wichtigen Politikwissenschaftler sowie den Soziologen Ralf Dahrendorf zu berücksichtigen, sondern dass in der neuen Didaktik gar kein Gesellschaftstheoretiker außerhalb des Umfeldes der marxistischen Theorien für die Begründung seiner Konzeption eine Rolle spielt.[443]

Für die marxistischen Theoretiker, auf die sich Giesecke in der neuen Didaktik beruft, soll nun resümiert werden, wer von ihnen Giesecke besonders beeinflusst hat. Dabei geht es auch um die Frage, ob es tatsächlich, wie von Giesecke selbst, aber auch in der Sekundärliteratur meist behauptet, Vertreter der Kritischen Theorie waren, auf die Giesecke sich in seiner neuen Didaktik vorwiegend stützt, oder vielmehr doch Karl Marx selbst.[444]

Von *Karl Marx* übernimmt Giesecke bereits in seinen Aufsätzen vor der Veröffentlichung seiner zweiten Didaktik den doppelten Emanzipationsbegriff (vgl. o.S. 151, S. 207).

Er schildert den Verlauf der Geschichte sowohl in seinen Aufsätzen als auch in der neuen Didaktik in den Kategorien von Marx (vgl. o.S. 207, S. 229); und auch wenn er sich von Marx' kommunistischer Utopie ausdrücklich abgrenzt, teilt er in Bezug auf die Entwicklungsrichtung der Gesellschaft dessen Geschichtsphilosophie (vgl. o.S. 147, S. 155, S. 208).

Giesecke beruft sich nicht ausdrücklich auf eine dialektische Methode der Erkenntnis, bei seiner Beschreibung des Geschichtsverlaufs scheint jedoch an einigen Stellen Marx' formale Vorstellung einer spiralförmigen Entwicklung durch, in der sich These und Antithese jeweils zur Synthese aufheben (vgl. o.S. 154, S. 223). Giesecke übernimmt zwar nicht Marx' inhaltliche Vorstellung über die Rolle von Produktionsverhältnissen und Produktivkräften im historischen Entwicklungsprozess, trotzdem deutet die Tatsache, dass in seinen Schilderungen vor allem ökonomische Faktoren die Entwicklung beeinflussen, auf eine Nähe zu Marx.[445] – zumal Giesecke sich, anders als Horkheimer und Adorno,

---

443 Karl Mannheim kann man hier vernachlässigen, weil Giesecke lediglich dessen Begriff der Fundamentaldemokratisierung als – noch dazu aus dem Zusammenhang gerissenes – Schlagwort verwendet (vgl. o.S. 205).

444 Manfred Teschner sowie Egon Becker, Sebastian Herkommer und Joachim Bergmann können hier vernachlässigt werden, da Giesecke zwar deren empirische Ergebnisse zur Kritik der vorhandenen politischen Bildung nutzt, ihre gesellschaftstheoretischen Überlegungen aber – anders als noch 1965 – nirgendwo berücksichtigt (vgl. o.S. 251 sowie zur alten Didaktik S. 55, Anm. 57).

445 So argumentiert Giesecke bspw. auf der Suche nach einem Konsens über die gesellschaftliche Entwicklung, es sei „unbestreitbar", dass vor allem die ökonomischen Formen der Abhängigkeiten in allen abhängigen sozialen Beziehungen ausschlaggebend seien, und dass daher „eine maximale ökonomische Unabhängigkeit ein Hauptziel aller Emanzipationsbestrebungen" bilden müsse (Giesecke 1972a: 125; vgl. o.S. 271).

an keiner Stelle mit der Rolle der immer perfekteren Naturbeherrschung und der Entfaltung einer quantifizierenden Rationalität als Bewegungsgesetz der Geschichte befasst (vgl. o.S. 167, S. 167).

Allerdings muss man in diesem Zusammenhang anführen, dass Giesecke an anderer Stelle Marx' Beschreibung des Geschichtsverlaufs ausdrücklich als „‚politik-ökonomische' Reduktion" kritisiert und konstatiert, zur Erklärung von Sozialisation und Erziehung habe sich diese bisher „als wenig ergiebig erwiesen" (Giesecke 1971a: 218; vgl. o.S. 209). Da er aber den Versuch der Überwindung ebendieser Reduktion, der ja das zentrale Ziel der Kritischen Theorie darstellt (vgl. o.S. 161), gar nicht erwähnt, deutet diese Stelle auch nicht darauf hin, dass Gieseckes Geschichtsdeutung der Kritischen Theorie näher steht als der von Marx.

Neben diesen oben bereits analysierten Passagen zum Einfluss von Marx auf Giesecke gibt es zahlreiche weitere Stellen, an denen Giesecke Marx' Namen nennt. Sie wurden in der vorliegenden Analyse nicht berücksichtigt, weil Giesecke ihn hier eher beiläufig erwähnt. Nun werden sie zumindest kurz genannt, weil sie zusätzlich zeigen können, dass Giesecke sich sehr intensiv mit Marx auseinandergesetzt hat und dessen Schriften so gut kennt, dass insgesamt von einem relevanten Einfluss der Marx'schen Frühschriften auf Giesecke auszugehen ist:

So gibt Giesecke sachlich zutreffend Marx' Staatsbegriff wieder (vgl. Giesecke 1972a: 33; zu Marx o. S. 158); er erwähnt seine Revolutionstheorie, seinen Klassenbegriff und seinen Gemeinwohlbegriff (vgl. Giesecke 1972a: 106, 114-115, 121-121). Zudem geht er auf die Lern- beziehungsweise Vermittelbarkeit der Marx'schen Theorie ein (Giesecke 1972a: 195, 213-214), fragt nach der Aktualität seiner rein ökonomischen Herrschaftstheorie (Giesecke 1972a: 122-123) und merkt wie oben bereits erwähnt an, dass Marx sich nicht mit Fragen der Sozialisation auseinandergesetzt habe (Giesecke 1972a:

Für die Orientierung an Marx' Geschichtsphilosophie spricht auch, dass Giesecke den von ihm als orthodoxe Neo-Marxisten kritisierten Pädagogen vorwirft, dass sie Marx' Potenzial nicht ausschöpften, „weil sie das differenzierte marxistische Methoden-Instrumentarium um den ‚historischen Materialismus' verkürzten" (vgl. o.S. 239).

Ein weiterer Hinweis ist Gieseckes Schilderung, wie die marxistische Arbeiterbewegung mit Hilfe der ökonomischen Grundkategorien Markt, Mehrwert und Arbeitsverhältnis ihr partielles Klasseninteresse zur gesellschaftlichen Totalität in Beziehung gesetzt habe (vgl. o.S. 269). Daraus folgert er rein hypothetisch, die politische Bildung müsse auch den aufzuklärenden Nicht-Arbeiter dazu bringen, das Arbeiterinteresse gegen das kapitalistische System durchzusetzen, nimmt zu dieser Schlussfolgerung allerdings selbst nicht Stellung (vgl. o. S. 270).

48-49; vgl. o.S. 219, Anm. 258). Nicht zuletzt bestätigt Giesecke später in seiner Autobiografie, dass er sich bereits im Rahmen seiner Jugendarbeit seit dem Ende der 1950er Jahre ausgiebig mit Marx beschäftigt habe (vgl. Giesecke 2000a: 102; o. S. 119).

Warum Giesecke Marx im Gegensatz zu den anderen Autoren, denen er nahesteht, nicht ausdrücklich als Quelle seiner gesellschaftstheoretischen Legitimation der Didaktik benennt und kein einziges seiner Werke im Literaturverzeichnis auflistet, darüber lässt sich nur spekulieren. Es könnte sein, dass dessen Kategorien ihm durch die langjährige Beschäftigung mit dem Marxismus so selbstverständlich geworden sind, dass er ihren Ursprung nicht für erwähnenswert hält. Es wäre aber auch möglich, dass die Angst vor liberalen und konservativen Kritikern Giesecke dazu gebracht hat, sich lieber auf die Kritische Theorie als auf Marx selbst zu berufen. Entsprechend formuliert Ingrid Schmiederer 40 Jahre später in einem Interview:

> „Ich würde sagen, wir waren alle Marxisten, wobei man schon wieder stockt, wenn man eine solche Frage beantworten muss, weil wir das natürlich in einer bestimmten Zeit in der Bundesrepublik überhaupt nicht zugeben durften" (Pohl 2009: 139).

Daneben ist aber auch denkbar, dass die Aufnahme marxistischer Kategorien durch die von Giesecke rezipierten Autoren der Kritischen Theorie dazu geführt hat, dass die ursprüngliche Urheberschaft dieser Gedanken dabei auch für Giesecke mittlerweile verschwommen war. Auf diese Begründung deutet hin, dass Giesecke viele der marxistischen Kategorien in so allgemeinem Sinne nutzt, dass sie sich nicht mehr eindeutig auf Marx oder einen der Kritischen Theoretiker zurückführen lassen.

Das gilt zum Beispiel, wenn Giesecke die prinzipielle Geschichtlichkeit aller Gesellschaft und die Notwendigkeit einer historisch-kritischen Perspektive betont (vgl. o.S. 246); wenn er den Anspruch formuliert, die Gesellschaft immer in ihrer Totalität durch eine umfassende Gesellschaftstheorie zu erfassen (vgl. o.S. 225); wenn er als Basis einer didaktischen Konzeption einen historisch-inhaltlichen Demokratiebegriff auf der Grundlage einer gesamtgesellschaftlich-historischen, marxistischen Theorie fordert (vgl. o. S. 270); oder wenn er die Kategorien Konflikt, Macht und Solidarität im marxistischen Sinne umformuliert (vgl. o.S. 293).

Der Punkt, an dem vor allem deutlich wird, dass Giesecke auch die Aussagen aus der *Kritischen Theorie*, die über Marx hinaus gehen, zur Kenntnis genommen hat, ist die Diagnose der Entfremdung. Dazu wurde im ersten Teil dieses Fazits bereit festgestellt, dass Giesecke sich an vielen Stellen die Erweiterung der Entfremdungsthese auf die Psyche und teilweise auch auf die Kultur zu eigen macht (vgl. o.S. 342). Auch wenn er, wie sein Festhalten an seiner am Individuum ansetzenden Bildungstheorie zeigt, die Tragweite, die diese Diagnose für eine didaktische Konzeption eigentlich haben müsste, nicht erkennt, zeigt sich daran doch seine Auseinandersetzung mit der neueren Kritischen Theorie.

Sein pauschales Bekenntnis zur Kritischen Theorie bleibt dabei allerdings in weiten Teilen formelhaft (vgl. o.S. 266). Das gilt nicht nur, weil die Entfremdungsthese letztlich für Gieseckes auf die Praxis bezogene Vorschläge keine relevante Rolle mehr spielt, sondern auch, weil er wichtige Aspekte und Schriften aus der Kritischen Theorie kaum zur Kenntnis nimmt. So wird beispielsweise Theodor W. Adorno, der in Gieseckes erster Didaktik durchaus eine gewisse Bedeutung hatte,[446] zwar im Text gelegentlich noch genannt (vgl. o.S. 234, S. 243, S. 297) und kommt auch im Literaturverzeichnis mehrfach vor (Giesecke 1972a: 230), inhaltlich spielt er aber keine Rolle mehr. Auch die „Dialektik der Aufklärung" von Adorno und Horkheimer steht zwar in Gieseckes Literaturverzeichnis, scheint aber den Text nicht wesentlich beeinflusst zu haben. Im Gegenteil: Während Giesecke in einigen älteren Aufsätzen die Begriffe „Vergnügungsindustrie" und „Kulturindustrie" mit der gleichen negativen Konnotation verwendet hatte wie Horkheimer und Adorno (vgl. o.S. 170, S. 214 sowie S. 215 Anm. 253), verwahrt er sich nun dagegen, die tatsächlichen Konsumbedürfnisse als entfremdet abzuwerten (vgl. o.S. 262) und den Freizeit- und Konsumbereich „blindwütig und undialektisch zu denunzieren" (Giesecke 1972a: 205; vgl. o.S. 316). Andere Aspekte aus der „Dialektik der Aufklärung", wie etwa die Gefahren der Zunahme der instrumentellen Rationalität (vgl. o.S. 169) spielen bei Giesecke gar keine Rolle und auch auf die spätere Kritik von Horkheimer und Adorno an der bundesrepublikanischen Nachkriegsgesellschaft als „total verwaltete Welt" (Adorno) geht er nicht ein (vgl. o.S. 176 und zusammenfassend o.S. 199).

Ähnliches gilt – wenn auch eingeschränkt – für *Herbert Marcuse*. Er ist der Autor, der die Entfremdungsthese und mit ihr die Behauptung der Verbreitung falscher Bedürfnisse und Interessen durch seine Bezugnahme auf die Psychoanalyse am fundamentalsten gefasst hat (vgl. o.S. 183, 188). Giesecke schreibt ihm

---

446 1965 hatte Giesecke sich für seinen Bildungsbegriff (vgl. o.S. 58, 121), für die These, dass die Gesellschaft heute gar nicht so schwer zu durchschauen sei, wie immer behauptet werde (S. 69), für die These, dass die Einflusslosigkeit der Menschen in der Gesellschaft zu negativen psychologischen Rückwirkungen und einem Gefühl des Ausgeliefertseins führe (S. 69) sowie bei der Kategorie Interesse (S. 96) auf Adorno berufen. Insgesamt konnte daher als Ergebnis der Analyse durchaus ein Einfluss Adornos auf Gieseckes Didaktik festgestellt werden (S. 133). Der allgemeine Einfluss auf Gieseckes Denken ließ sich sogar bis in die Zeit seines Studiums zurückverfolgen (S. 121).

den stärksten Einfluss auf die antiautoritäre Bewegung zu und nennt mehrere seiner Werke im Literaturverzeichnis (vgl. o.S. 244; Giesecke 1972a: 235).[447]

Giesecke selbst scheint, wie bereits ausgeführt, Marcuses Diagnose einer Entfremdung, die bis in die Psyche und die Triebstruktur der Menschen hineingeht, durchaus zu teilen (vgl. o.S. 342). Er beruft sich hierbei aber auf Brückner, Heine und Freud und nennt zusätzlich Adorno, Horkheimer und Fromm (vgl. o.S. 241, S. 243). Vor allem Marcuses pessimistische Diagnose aus dem „Eindimensionalen Menschen" (vgl. o.S. 187) scheint Giesecke gar nicht zur Kenntnis zu nehmen, obwohl das Buch in seinem Literaturverzeichnis auftaucht.

Er rezipiert allerdings dessen theoretische Überlegungen aus „Triebstruktur und Gesellschaft" und referiert optimistisch Marcuses These, dass das Leistungsprinzip angesichts des Standes der Produktivkräfte nicht mehr nötig sei, woraus man für die Pädagogik ableiten könne, dass es legitim sei, „den realen kindlichen Lustbedürfnissen stärkere Geltung zu verschaffen" (Giesecke 1972a: 56-57; vgl. o.S. 244). Wie auch schon bei Marx, Negt und Agnoli kommentiert Giesecke diese Schlussfolgerung nicht,[448] sodass nicht klar wird, ob er ihr überhaupt zustimmt. Für seine didaktischen Überlegungen spielt sie dann, genau wie die weitgehende Entfremdungsdiagnose, keine Rolle mehr, obwohl sich hier natürlich ein pädagogischer Ansatzpunkt böte, der einer Orientierung am Subjekt nicht entgegensteht und der von der Bewegung der antiautoritären Erziehung auch aufgegriffen wurde.[449]

---

447 Giesecke nennt im Literaturverzeichnis seiner neuen Didaktik die Monografien „Triebstruktur und Gesellschaft", „Der eindimensionale Mensch" und „Versuch über die Befreiung" sowie die Sammelbände „Kultur und Gesellschaft I/II" und „Ideen zu einer kritischen Theorie der Gesellschaft" (vgl. Giesecke 1972a: 235).
448 Vgl. zu Agnoli o. S. 242; zu Marx zusammenfassend o. S. 357, Anm. 445; zu Negt u. S. 366.
449 Es lässt sich vermuten, dass sich Giesecke in seiner Didaktik nicht intensiver mit Marcuses „Triebstruktur und Gesellschaft" auseinandersetzt, weil er das Buch erst kurz zuvor zur Kenntnis genommen hat. In seinem Text „Didaktische Probleme des Lernens im Rahmen von politischen Aktionen" von 1970, in dem er das Fehlen einer tragfähigen marxistischen Pädagogik aufzeigt, konstatiert er jedenfalls noch, „eine befriedigende Synthese zwischen Marxismus bzw. kritischer Theorie und Psychoanalyse [ist] bisher auch nicht andeutungsweise gelungen. Man sieht nicht einmal recht, dass an ihr gearbeitet wird" (Giesecke 1970a: 35). Als einzige Ansätze, die aber ohne Einfluss auf die aktuelle Pädagogik geblieben seien, nennt er an dieser Stelle die Arbeiten von Willhelm Reich und Siegfried Bernfeld sowie Veröffentlichungen in der „Zeitschrift für psychoanalytische Pädagogik" in den 1920er Jahren (Giesecke 1970a: 35).
Allerdings könnte sich der Vorwurf einer fehlenden Synthese zwischen marxistischen Theorien und Psychoanalyse auch speziell auf die fehlende Berücksich-

So muss man für Marcuse schlussfolgern, dass sich ein wirklich entscheidender Einfluss seiner Schriften auf Gieseckes neue Didaktik genauso wenig feststellen lässt wie bei Horkheimer und Adorno.[450]

Im Zusammenhang mit Marcuse sei auch ein kurzes Resümee zur Bedeutung der *Psychoanalyse* für Giesecke gezogen: Schriften wichtiger Autoren aus der politischen Psychologie und Psychoanalyse hatte Giesecke bereits 1965 rezipiert (vgl. o.S. 71). In seinen Aufsätzen betont Giesecke erneut deren Bedeutung für die politische Bildung und fordert eine Ergänzung der Kritischen Theorie durch die Psychoanalyse.[451]

In seiner neuen Didaktik hebt er bereits im Vorwort die Bedeutung des Fortschritts der psychologischen sowie psychoanalytischen Theorien für die politische Bildung hervor (vgl. Giesecke 1972a: 11; o. S. 229). In seinem Geschichtsteil führt er an, vor allem Sigmund Freud und Alexander Mitscherlich hätten die pädagogische Diskussion beeinflusst (vgl. o.S. 234, S. 243). Während er Mitscherlich, mit dem er sich bereits in seinen Aufsätzen und in der alten Didaktik beschäftigt hatte (vgl. o.S. 70, Anm. 81), fortan nicht mehr erwähnt, geht er ausführlich auf Freuds „Drei-Instanzen-Modell" der Psyche ein und erläutert die Sozialisationsdefizite, die laut Freud zum analen Zwangscharakter führen – wobei er allerdings die Freud-Zitate der Sekundärliteratur entnimmt (Giesecke 1972a: 53; vgl. o.S. 243, Anm. 300). Auch seine Forderung nach einer Ergänzung der Kritischen Theorie durch die Psychoanalyse greift er im Geschichtsteil im Rahmen seiner Kritik an der Kritischen Theorie und an den radikalen linken Ansätzen aus der Pädagogik erneut auf (vgl. Giesecke 1972a: 48; o. S. 238).

Wie schon bei Horkheimer, Adorno und Marcuse ist die Relevanz Freuds und der Psychoanalyse für Gieseckes didaktische Konzeption schwer zu bewerten: Dass sie sein Denken beeinflusst haben, zeigt die häufige Erwähnung

---

tigung sozialisationstheoretischer Aspekte in der radikalen linken Pädagogik beziehen. In diese Richtung geht zumindest der Vorwurf, den Giesecke im Geschichtsteil seiner neuen Didaktik erhebt. Hier schreibt er, marxistische pädagogische Theorien bedürften der Ergänzung durch „sozialisationstheoretische (z.B. psychoanalytische) Theorieansätze von außen" (vgl. o.S. 238). Das leistet natürlich auch Marcuse nicht, bei dem pädagogische Überlegungen keine Rolle spielen.

450 Im Text erwähnt Giesecke Marcuses Namen nur noch in Zusammenhang mit seiner Kritik am traditionellen, „affirmativen" Bildungsbegriff – offenbar überträgt er Marcuses Vorwurf eines affirmativen Kulturbegriffs auf die Bildung (vgl. o.S. 232, Anm. 278).

451 Zu Gieseckes Aufsätzen vgl. Giesecke 1970a: 34-35; Giesecke 1971a: 220 und dazu jeweils o. S. 226, S. 226.

psychoanalytischer Erkenntnisse im Rahmen seiner gesellschaftstheoretischen Ausführungen. In sein Kategorienmodell und die anderen unterrichtspraktischen Vorschläge haben diese psychoanalytischen Aspekte aber kaum Eingang gefunden: Wenn Giesecke den „analen Zwangscharakter" beschreibt, stellt sich die Frage, warum er nicht die Konsequenzen entsprechender Sozialisationsdefizite, die sich vor dem Hintergrund eines an Autonomie orientieren Menschenbildes durchaus auch als Entfremdung beschreiben lassen, für die politische Bildung reflektiert.

Mit Sicherheit größer ist der Einfluss von *Jürgen Habermas* auf Gieseckes neue Didaktik. Giesecke setzt sich in seiner Didaktik auf zehn Seiten ausführlich mit dessen theoretischem Einleitungstext zur Studie „Student und Politik" auseinander (vgl. Habermas 1961; Giesecke 1972a: 39-48). Schon in seiner ersten Didaktik hatte er aus diesem Text die These einer fortschreitenden Politisierung der Gesellschaft übernommen, der er sich auch jetzt wieder anschließt (vgl. o.S. 52, S. 246).

Der wichtigste Aspekt aus Habermas' Text, dessen Bedeutung Giesecke in seiner neuen Didaktik betont, ist die Inhaltlichkeit des Demokratiebegriffs: Giesecke führt aus, dass erst durch Habermas ein inhaltlich bestimmter Demokratiebegriff in die politische Bildung eingeführt worden sei. Nur durch ihn hätten „Begriffe wie ‚Selbstbestimmung', ‚Selbstdefinition', ‚Emanzipation'" Eingang in die politisch-pädagogische Diskussion gefunden, und die Adressaten der politischen Bildung seien zu Subjekten geworden (Giesecke 1972a: 43, 39; vgl. o.S. 245).[452] Allerdings – so betont Giesecke selbst – habe eigentlich erst die Rezeption Habermas' durch die Studentenbewegung diesen Schub ausgelöst (vgl. Giesecke 1972a: 42).

Giesecke beruft sich in seiner neuen Didaktik auch zur Betonung der Notwendigkeit einer „historisch-kritischen Perspektive" in der politischen Bildung auf Habermas, der Begriff taucht aber bereits in einigen früheren Aufsätzen und dort ohne direkten Bezug auf Habermas auf (vgl. o.S. 246, Anm. 304). Während Giesecke ihn dort zur Kennzeichnung einer Methode der gesellschaftstheoretischen Reflexion genutzt hatte, verbindet er ihn nun mit seinem inhaltlichen Demokratiebegriff und betont, durch Habermas habe die Frage, was „die Geschichte zur Steigerung des Potenzials an Emanzipation beigetragen" habe, Eingang in die konzeptionelle Diskussion um die politische Bildung gefunden (Giesecke 1972a: 43). Auf die seines Erachtens große Bedeutung von Habermas' Schriften für die politische Bildung kommt Giesecke

---

452 Dass der Emanzipationsbegriff durch Habermas in die Pädagogik gelangt sei, betonen auch Ludwig Kerstiens (1975: 28, 59), Günter Behrmann (1999b: 476) und Melanie Fabel-Lamla (2006: 88).

auch nach dem Habermas-Kapitel im Rahmen der gesellschaftstheoretischen Grundlegung seiner Konzeption sowie im theoretischen dritten Teil seiner Didaktik erneut zurück (vgl. o.S. 266, S. 326).

Für die Neuausgabe von Gieseckes Didaktik ist neben dem inhaltlichen Demokratiebegriff vor allem entscheidend, dass Giesecke nun – anders als noch 1965 – Habermas' Kritik am Pluralismus übernimmt. Indem ihm diese als eine Grundlage für seine Forderung nach Parteilichkeit dient (vgl. o.S. 247), findet sie auch Eingang in Gieseckes unterrichtspraktische Überlegungen, während der weite Politikbegriff im Zusammenhang mit der These von der politisierten Gesellschaft wie schon 1965 den Sprung in die Ausführungen zur Praxis der politischen Bildung nicht schafft (vgl. o.S. 127).

Insgesamt lässt sich sagen, dass Habermas auf Gieseckes neue Didaktik einen größeren Einfluss hatte als die bisher genannten Kritischen Theoretiker. Trotzdem gibt es auch bei ihm Aspekte, die für seine frühen Schriften essenziell sind, die Giesecke aber nicht zur Kenntnis nimmt oder unzutreffend rezipiert: So spielen offenbar Habermas' Überlegungen zum Verhältnis von Staat und Ökonomie (vgl. o.S. 193) für Giesecke keine Rolle, und auch dessen Ausführungen zur Rolle der Veränderungen im Verhältnis von Staat und Gesellschaft für die Problematik der Entfremdung (vgl. o.S. 195) nimmt er nicht auf.

Habermas' als Schlussfolgerung aus der Entfremdungsthese durchaus konsistente Skepsis gegen die Möglichkeit einer „Aufklärung des Wahlvolkes" und seine Hervorhebung der Rolle der Eliten bieten Giesecke Anlass zur Kritik: Ohne die Aufklärungsskepsis als Ergebnis der Entfremdungsdiagnose zu reflektieren, weist er Habermas' Konsequenzen zurück und mahnt eine politische Bildung an, die beim Individuum ansetzt (vgl. o.S. 248).

Unreflektiert kann man auch Gieseckes Berufung auf Habermas' Begriff der erkenntnisleitenden Interessen nennen (vgl. o.S. 196): Dieser Begriff taucht zwar immer wieder auf, Giesecke verwendet ihn jedoch zumindest in seiner Didaktik nicht im Sinne von Habermas, sondern als Synonym für ein politisches Interesse.[453] Da Giesecke die wissenschaftstheoretische Bedeutung, die die erkenntnisleitenden Interessen bei Habermas haben, entgeht, ist zu vermuten, dass er den Begriff nicht aus den Schriften von Habermas selbst übernimmt, sondern ihn eher der zeitgenössischen öffentlichen Diskussion entlehnt, wo er in genau diesem Sinne verwendet wird (vgl. o.S. 288).[454]

---

453 Spätere Aufsätze Gieseckes lassen aber vermuten, dass er sich in den folgenden Jahren doch noch mit Habermas' wissenschaftstheoretischen Überlegungen zu den Erkenntnisinteressen auseinandergesetzt hat (vgl. dazu o. S. 290).

454 Giesecke beruft sich noch an einer anderen Stelle zu Unrecht auf Habermas, und zwar dort, wo er den protestierenden Studentinnen und Studenten unter-

Ein besonders einflussreicher Autor für Gieseckes neue Didaktik aus dem Umfeld der Kritischen Theorie war sicherlich *Oskar Negt*. Giesecke selbst betont zu Beginn seines ausführlichen Negt-Kapitels dessen allgemeine Relevanz für die politische Bildung, die er vor allem darin sieht, dass hier erstmalig ein „Vertreter der Kritischen Theorie" eine explizit didaktische Konzeption vorgelegt habe (vgl. o.S. 254).

Er referiert dann zunächst Negts theoretische Überlegungen zum Klassenbewusstsein und zur Reflexion der Gesellschaft in ihrer Totalität (vgl. o.S. 254, S. 256, S. 263, S. 334). Beide Kategorien prägen auch schon Gieseckes Aufsätze, sodass sie ihm sicher aus dem Marxismus bekannt sind – offenbar hat aber die didaktische Konzeption Negts dazu beigetragen, dass Giesecke diesen nun mehr Bedeutung beimisst als noch 1965.

Darüber hinaus referiert er ausführlich Negts didaktische Ausführungen zum Prinzip der Exemplarität und zum soziologischen Lernen sowie zum Ansetzen der politischen Bildung an solchen subjektiven Konflikten des Arbeiters, die objektive Konflikte widerspiegeln (vgl. o.S. 254-S. 256). Dabei wird deutlich, dass Negts Attraktivität für Giesecke auch in dessen Versuch der Verbindung von Bildungstheorie und marxistischer Entfremdungsthese besteht (vgl. o.S. 257).

Anschließend setzt Giesecke sich aber ausgesprochen kritisch mit Negt auseinander, wobei er betont, die dargestellten Probleme lägen alle nur auf der Ebene der didaktischen Umsetzung für die Schule. Im Einzelnen verneint Giesecke zunächst die Möglichkeit, Negts Konzept einer klassenspezifischen Bildung auf allgemeinbildende Schulen zu übertragen (vgl. o.S. 258). Dann wirft er ihm vor, dass er das Problem einer Vermittlung zwischen subjektivem Erleben und objektiver Realität nicht löse. Dabei verstrickt sich Giesecke in Widersprüche, weil er Negt einerseits vorhält, die Arbeiter durch die Unterstellung entfremdeter Interessen anzugreifen, andererseits aber selbst fordert, „eine von objektiven Interessen bestimmte Rangordnung wahrer Bedürfnisse sichtbar zu machen" und dabei sogar von einer „psychischen und geistigen Deformation" der Menschen spricht (Giesecke 1972a: 111; vgl. o.S. 261).

Er fordert dann eine didaktische Lösung des Problems, bei der Kategorien den Weg von den subjektiven zu den objektiven Interessen weisen. Neben der Tatsache, dass Giesecke nicht thematisiert, dass die Verbindung von marxistischer Entfremdungsthese und Bildungstheorie prinzipiell problematisch ist, hat die vorangegangene Analyse gezeigt, dass er letztlich auch auf

---

stellt, sich lediglich für ihre partiellen mittelständischen Interessen einzusetzen, während Habermas nur deren Anspruch problematisiert, für die Arbeiterklasse zu sprechen (vgl. o.S. 250).

der didaktischen Ebene das Problem nicht wirklich angeht: Er verwässert stattdessen in seinen unterrichtspraktischen Überlegungen seine theoretischen marxistischen Prämissen einfach so sehr, dass sich das Problem nicht mehr stellt. Vor allem sieht er dort wieder in den objektiven politischen Konflikten den wichtigsten Ansatzpunkt für die politische Bildung, sodass sich das Vermittlungsproblem weitgehend in Luft auflöst (vgl. o.S. 299).

Trotzdem lässt sich ein Einfluss von Negt auch auf Gieseckes im engeren Sinne didaktische Vorschläge aufzeigen: Gieseckes offenbar in Auseinandersetzung mit Negt gewonnene Erkenntnis, dass eine didaktische Theorie die klassenspezifischen Lebensumstände ihrer Adressaten berücksichtigen müsse, bildet gemeinsam mit Habermas' Pluralismuskritik die Grundlage für seine Forderung nach Parteilichkeit:[455] Noch in seiner alten Didaktik hatte Giesecke bei der Darstellung seiner Kategorien von einer Nivellierung der Klassengesellschaft gesprochen und unter Berufung auf Dahrendorf festgestellt, die Gegensätze der Klassengesellschaft hätten sich so vermindert, dass sie nun im Rahmen bestehender Institutionen ausgetragen werden könnten (Giesecke 1965a: 109-110, 102; vgl. o.S. 98, S. 90). Nun spricht er wieder von einer „Klassengesellschaft" (vgl. o.S. 329) und ergänzt Formulierungen aus der alten Didaktik mehrfach um den Begriff Klasse, so beispielsweise wenn er schreibt, Mitbestimmung könne nur „in Solidarität mit einer Gruppe oder Klasse" ausgeübt werden (Giesecke 1972a: 176; vgl. o.S. 303).

In seinem späteren „Exkurs über Klassenbewusstsein" (vgl. Giesecke 1972a: 193-196; o. S. 311) wird auch die Bedeutung, die er der Diagnose einer Klassengesellschaft für die praktische politische Bildung zuschreibt, erkennbar. Der Exkurs ist in sein resümierendes Kapitel zur Parteilichkeit politischer Bildung eingegliedert, und hier betont Giesecke nochmals eindringlich die Notwendigkeit einer zugunsten aller ökonomisch Benachteiligten parteilichen politischen Bildung (vgl. o.S. 310) und fordert ausdrücklich, mit Hilfe seines Kategorienmodells die in einer Schulklasse vorhandenen Klassen- und Schichtunterschiede zu bearbeiten.

Giesecke macht sich zudem Oskar Negts Appell zur Vermittlung eines Klassenbewusstseins zu eigen und tritt für die Aufklärung der „gesellschaftlichen Gesamtexistenz des Arbeiterkindes" ein (Giesecke 1972a: 193; vgl. o.S. 311). Auch wenn er hier die parteiliche Differenzierung seines nun von ihm als „formal" bezeichneten Kategorienmodells den Lehrerinnen und Lehrern

---

455 Schon in seinem Geschichtsteil äußert er mehrfach die Kritik, die dargestellten Didaktiker hätten schicht- und klassenspezifische Analysen zur Konkretisierung ihrer Didaktik vernachlässigt (vgl. bspw. o. S. 238), und im Fazit dieses ersten Teils seiner Didaktik hebt er just diesen Aspekt nochmals hervor (vgl. o. S. 263).

überträgt und damit seine Bestrebungen einer gesellschaftstheoretischen Legitimation seines didaktischen Ansatzes untergräbt (vgl. o.S. 322), wird er in diesem Absatz sogar relativ konkret: Er verlangt nun, immer wieder „die Frage nach der realen Macht, nach dem Recht, nach den eigenen Interessen und der ihnen angemessenen Solidarität" zu stellen und äußert die Überzeugung, dass die Schülerinnen und Schüler aus der Arbeiterklasse so ohne Indoktrination erkennen könnten, dass sie in der Gesellschaft benachteiligt seien und deshalb auch auf Solidarität mit den Arbeiterorganisationen angewiesen blieben (Giesecke 1972a: 194).

Allerdings verhält sich Giesecke wie schon bei Marx und Marcuse (vgl. o.S. 357, Anm. 445; S. 361) indifferent, wenn es um Frage geht, ob die von Negt angestrebte Aufklärung über die „gesellschaftliche Gesamtexistenz des Arbeiterkindes" bei den Schülerinnen und Schülern zu einer marxistischen Interpretation ihrer eigenen Existenz führen sollte. Er erwähnt zwar, diese könne durch fortgesetztes kategoriales Fragen entstehen, vermeidet aber eine Stellungnahme dazu, ob er selbst dies überhaupt für wünschenswert hält (vgl. o.S. 313). Das Gleiche gilt für Negts allgemeine Forderung, marxistische Vorstellungen zu lehren. Giesecke bezweifelt zwar die Erfolgsaussichten dieses Vorschlags, vor allem weil eine Einsicht der Arbeiter, dass ihr Bewusstsein entfremdet sei, von diesen „eine temporäre Erhöhung ihres subjektiven Unglücks" verlange; er thematisiert aber auch die Legitimität dieses Vorschlags nicht, sondern bemerkt erneut lapidar: „Es geht hier gar nicht darum, ob diese Interpretation Negts richtig ist oder nicht" (Giesecke 1972a: 109-110; vgl. o.S. 261).[456] Gieseckes eigene Konkretisierung seines kategorialen Ansatzes in Form der oben dargestellten Fragen nach Macht, Interessen und Solidarität sowie sein Appell zur Parteilichkeit rechtfertigen trotz allem die Vermutung, dass er tatsächlich ein Klassenbewusstsein für erstrebenswert hält, das dem von Negt formulierten marxistischen Arbeiterbewusstsein zumindest nahekommt, und das vor allem die Arbeiterkinder dazu befähigt, nicht nur ihre Benachteiligung zu erkennen, sondern sich auch durch solidarische politische Aktionen gegen diese Benachteiligung zur Wehr zu setzen.

Insgesamt lässt sich daher auf jeden Fall feststellen, dass Oskar Negts Schrift „Soziologische Phantasie und exemplarisches Lernen" sowohl Gieseckes

---

456 Ähnlich indifferent verhält sich Giesecke zudem zu Negts Wunsch, dass die Entdeckung der wahren Bedürfnisse letztlich zu einer Überwindung des kapitalistischen Systems führen solle. Er bezweifelt zwar, dass dieser Wunsch in Erfüllung gehen wird, scheint sich aber für dessen Legitimität auch hier nicht zu interessieren (vgl. Giesecke 1972a: 128 und o. S. 276).

gesellschaftstheoretische Grundlegung als auch die unterrichtspraktischen Überlegungen in seiner neuen Didaktik wesentlich beeinflusst hat.

Gesellschaftstheorie oder Zeitgeist?

Die vorliegende Analyse hat ergeben, dass sich einige von Gieseckes gesellschaftstheoretischen Ausführungen in der neuen Didaktik auf die Auseinandersetzung mit Schriften vor allem von Marx, Habermas und Negt zurückführen lassen.

Anders als 1965 hat Giesecke mit Hilfe der Anleihen an diese Theorien aber keine konsistente gesellschaftstheoretische Grundlegung für seine Didaktik entwickelt. Das liegt sicher nicht zuletzt daran, dass seine gesellschaftstheoretischen Überzeugungen nur selektiv Eingang in seine praxisorientierten Ausführungen gefunden haben, sodass es zu deutlichen Brüchen zwischen der ersten und der zweiten Hälfte seiner Didaktik kommt. Es erklärt sich aber auch daraus, dass Gieseckes theoretische Grundlegung selbst fragmentarisch bleibt. Vor allem, weil er schon hier widersprüchlich argumentiert, weil er keinen Politikbegriff ausweist und auf eine Analyse der Verfassungsrealität verzichtet, mangelt es seiner Entfremdungsthese und den Forderungen nach Emanzipation und einer Weiterentwicklung der Demokratie an Überzeugungskraft.

Eine Erklärung dafür könnte ein gegenüber 1965 verändertes Rezeptionsmuster sein: 1965 nutzte Giesecke offenbar die Sozialwissenschaften, um Antworten auf die Frage nach sinnvollen Inhalten und Zielen politischer Bildung zu finden, die er sich bereits im Laufe seiner praktischen Arbeit gestellt hatte. 1972 haben ihn womöglich die gesellschaftlichen Entwicklungen und der Zeitgeist animiert, seine Didaktik umzuschreiben, um diesen Entwicklungen und ihren neuen theoretischen Deutungen gerecht zu werden, ohne dabei weiterhin konsequent von den Schülerinnen und Schülern als Subjekten der politischen Bildung auszugehen.

In der Sekundärliteratur wird häufig auf die Bedeutung der politischen und gesellschaftlichen Entwicklung für Gieseckes Sinneswandel hingewiesen. Dabei werden vor allem die Studentenbewegung, die Große Koalition und die Notstandsgesetze als zentrale Ereignisse hervorgehoben (Kühr 1980: 127; Kuhn/Massing/Skuhr 1993: 226-227).[457]

---

[457] Walter Gagel stellt für die Entwicklung der politischen Didaktik und ihre Polarisierung zu Beginn der 1970er Jahre zusätzlich die These auf, dass sie durch die massive Einmischung der politischen Akteure in die politische Bildung zustande gekommen, mithin „politisch induziert" worden sei (Gagel 2005: 216, 200).
Auch wenn die Polarisierung in der Politikdidaktik im Zuge der bildungspolitischen Auseinandersetzungen sicher deutlich an Schärfe gewonnen hat,

Dass diese Ereignisse Gieseckes Konzeption beeinflusst haben, ist selbstverständlich und auch legitim. Denn was Hans-Hermann Hartwich über das Unterrichtsfach Politische Bildung schreibt, trifft auch auf die politikdidaktische Theoriebildung zu:

> „Politische Bildung ist [...] im Zustand und in den Bewegungen der Gesellschaft verankert. Als reflexive Auseinandersetzung mit Gesellschaft und Politik ist sie geradezu wie ein Seismograf dem Vibrieren dieser Gesellschaft und Politik selbst ausgesetzt. Wird dieses ‚Vibrieren‘ in der Vermittlung politischer Bildung nicht spürbar, wird diese wirkungslos" (Hartwich 1990: 45).[458]

Giesecke war grundsätzlich ein kritischer Beobachter dieser gesellschaftlichen und politischen Entwicklung, was bereits in seiner ersten Didaktik deutlich wird, in der er die Spiegel-Affäre zum Ausgangspunkt seiner Darstellung macht. Die Untersuchung dieser Didaktik, der Dissertation und der frühen Aufsätze Gieseckes hat gezeigt, dass er in Mitte der 1960er Jahre sicher kritischer war, als es dem damaligen Zeitgeist entsprach. Wie im Fazit zum zweiten Kapitel erläutert, waren dafür biografische Erfahrungen in seiner Jugend, seine Arbeit in der außerschulischen politischen Bildung sowie schon damals die Auseinandersetzung mit gesellschaftskritischen Autoren, darunter bereits Karl Marx und Jürgen Habermas, verantwortlich.[459]

Während es Giesecke 1965 gelungen ist, diese Einflüsse so zu verarbeiten, dass dabei eine weitgehend konsistente Konzeption entstand, gilt das für 1972 nicht. Berücksichtigt man die Inkonsistenzen in der neuen Didaktik und vor

---

können hier nicht ihre Ursprünge gelegen haben, weil diese Polarisierung zeitlich früher eingesetzt hat als die bildungspolitische Diskussion. Peter Massing schreibt, es seien die Didaktiker gewesen, die dieser Entwicklung zumindest „Vorschub geleistet" hätten (Massing 2005: 34); ähnlich konstatieren Kuhn, Massing und Skuhr, dass Bildungspolitik und Politikdidaktik sich wechselseitig „Schützenhilfe" leisteten (Kuhn/Massing/Skuhr 1993: 267).

458 Auch Giesecke selbst schreibt in seiner neuen Didaktik, dass die Diskussion in der politischen Bildung „eine Funktion der realen politischen Entwicklung" sei. (Giesecke 1972a: 59-60). Vgl. überdies seine Hinweise zur Bedeutung der jeweils aktuellen gesellschaftlichen und politischen Situation für die politische Bildung in Giesecke 1980d: 854; 1980a: 520; 1985: 470.

459 Vgl. die zusammenfassende Erläuterung der Gesellschaftskritik, in der auch die Einflüsse von Wolfgang Abendroth, Karl Mannheim, Theodor W. Adorno und der Schriften zur politischen Psychologie resümiert werden (o. S. 130). Zur Gesellschaftskritik in Gieseckes erster Didaktik vgl. außerdem o. S. 70 und zur Gesellschaftskritik in seiner Dissertation, die er dann in seiner Didaktik abgeschwächt hat, o. S. 72, S. 81-S. 83.

allem Gieseckes baldige Abkehr von den marxistischen Theorien nach 1972 (vgl. u. S. 378), drängt sich die Frage auf, ob er sich vorübergehend nicht nur von den gesellschaftlichen und politischen Entwicklungen, sondern auch vom linken Zeitgeist hat mitreißen lassen und wie stark sein Bekenntnis zur Kritischen Theorie diesem Zeitgeist geschuldet war. Entsprechend fordert auch Wolfgang Sander, zu überprüfen, ob Giesecke, der sich zwar „jeweils kritisch zum (pädagogischen und wissenschaftlichen) Zeitgeist" gegeben habe, nicht in Wahrheit durch genau diesen Zeitgeist bei den Veränderungen seiner Konzeption beeinflusst wurde (Sander 2003: S. 134-135, Anm. 58).

Giesecke stellt diese Frage 1980 für die Politikdidaktik allgemein – bleibt jedoch eine Antwort schuldig:

> „Wenn man die Einflüsse der einzelnen Wissenschaften auf die Entwicklung der politischen Didaktik untersucht, ist natürlich schwer auszumachen, auf welchem Wege diese Einflüsse erfolgt sind: Erfolgten sie unmittelbar im Rahmen der üblichen wissenschaftlichen Kommunikation? Oder verliefen sie mittelbar auf dem Umweg über die veröffentlichte Meinung?" (Giesecke 1980a: 536).

Sehr viele Autoren konstatieren einen fast unauflösbaren Zusammenhang zwischen der politischen Entwicklung, der politischen Kultur, der Studentenbewegung und der wachsenden Rolle der Kritischen Theorie in Pädagogik und Politikdidaktik. So schreibt beispielsweise Behrmann, die Erschießung Benno Ohnesorgs sei zu einem „kritischen Ereignis" im Sinne Bourdieus geworden, in dessen Folge sich „die politisch-kulturelle Tektonik der Bundesrepublik mit deutlichen Erschütterungen" verschoben habe, sodass schließlich „vollauf etablierte Personen – Professoren, Publizisten, Politiker, Pädagogen aus verschiedenen Bildungseinrichtungen – mit der Absicht auf den Plan [traten], die Bildungsinstitutionen und über sie die ‚Gesellschaft' im Geiste der Kritischen Theorie zu reformieren". Nach Behrmann wurde *die* Kritische Theorie überhaupt erst erfunden, indem sie „pädagogisch zur Geltung gebracht" wurde (Behrmann 1999a: 321; 1999b: 452; vgl. auch Detjen 2007: 180).[460]

---

460 Auch Giesecke selbst schreibt:
„Dass diese marxistische und psychoanalytische Elemente integrierende Gesellschaftstheorie, die wegen ihrer komplizierten Gedankenführung und Diktion nur wenigen Eingeweihten überhaupt verständlich war, in den folgenden Jahren nicht nur für die innenpolitischen, sondern auch für die politisch-didaktischen Auseinandersetzungen eine große Bedeutung gewinnen sollte, lag daran, dass sie einen sozialen Träger in der studentischen Protestbewegung fand" (Giesecke 1999b: 17).

Umgekehrt wurde immer wieder behauptet, dass die Kritische Theorie die Studentenbewegung und mit ihr die politische Pädagogik maßgeblich beeinflusst habe. So auch von Giesecke selbst, der feststellt: „Habermas war einer der wichtigsten Autoren dieser kritischen Minderheiten, und von Positionen der ‚kritischen Theorie' her nahm die Protestwelle der Studenten und Schüler ihren Ausgang" (Giesecke 1972a: 61). Zeithistoriker und wichtige Interpreten der Kritischen Theorie relativieren diese Bedeutung jedoch heute: So schreibt Edgar Wolfrum, Marcuse, Adorno und Horkheimer seien zwar für die Studentenbewegung wichtig gewesen, allerdings seien sie von ihr häufig „nur verkürzt rezipiert" worden. Oft habe man sich mit „Stichworten" begnügt und vor allem Buch- und Aufsatztitel wie Marcuses „Der eindimensionale Mensch" und „Repressive Toleranz" seien gerne als Schlagworte verwendet worden (Wolfrum 2007: 265-266). Auch Wiggershaus schreibt, Marcuse habe „einprägsame und verlockende Begriffe" zu bieten gehabt,[461] und Horkheimers frühe Arbeiten hätten sich „als Fundgrube für Zitate" erwiesen, wie beispielsweise: „Wer aber vom Kapitalismus nicht reden will, soll auch vom Faschismus schweigen" (Wiggershaus 1991: 693). Kraushaar bezeichnet die Theorien als „Durchlauferhitzer" und stellt fest: „Das Tempo, mit dem sie aufgegriffen, durchdekliniert und wieder verworfen wurden, gehörte zu den bestimmendsten Charakteristika der Beschäftigung mit ihnen" (Kraushaar 2001: 14).

Die Untersuchung von Gieseckes Neuausgabe der Didaktik hat einige Anhaltspunkte dafür geliefert, dass auch er von diesem neuen Zeitgeist beeinflusst war: So nimmt er auch jenseits der gründlich rezipierten Literatur zahlreiche marxistische Kategorien auf, die 1965 keine oder eine deutlich geringer Rolle spielten (vgl. o. ab S. 331). Er erklärt die Kritische Theorie zu seiner Bezugstheorie, obwohl er sie nur selektiv zur Kenntnis nimmt und noch nicht einmal ihre zentralen Grundaussagen zur Entfremdung systematisch reflektiert (vgl. o. ab S. 356). Zudem referiert er vielfach Gesellschaftsdiagno-

---

Und bereits 1972 betont Giesecke, dass die Studentenbewegung für die Verbreitung der Kritischen Theorie eine wichtige Rolle gespielt habe, zeige sich schon daran,

„dass eine Reihe von Schriften erst in den letzten Jahren wirksam wurden, obwohl sie schon in den fünfziger Jahren erschienen waren: so Marcuses ‚Eros und Kultur' und Neills ‚Summerhill' – ganz zu schweigen von zahlreichen anderen marxistischen und psychoanalytischen Texten. Und auch die referierte Arbeit von Habermas blieb nur in vergleichsweise kleinen Zirkeln bekannt" (Giesecke 1972a: 59-60).

461 Wiggershaus ergänzt, dass diese „aber weniger in einer Theorie, als vielmehr in einem revolutionären Pathos verankert waren" (Wiggershaus 1991: 693).

sen der marxistischen Theoretiker, die für die politische Bildung relevant sind, ohne sich selbst zu diesen zu positionieren (vgl. o.S. 361, S. 366 sowie S. 357, Anm. 445).

Vor allem aber zeigt sich die Rolle des Zeitgeistes daran, dass Giesecke viele der marxistischen Gedanken nur als eine Art „argumentativen Schutzgürtel" (Grammes 1986: 42)[462] aufnimmt, sie in seine Ausführungen zur Praxis der politischen Bildung dann aber keinen Eingang finden (vgl. o.S. 130, S. 353).

Giesecke selbst hat sich in seiner Autobiografie nachträglich mit seinen Motiven zur Überarbeitung seiner Didaktik zu Beginn der 1970er Jahre auseinandergesetzt: Dort führt er aus, er habe sich trotz seiner Kritik den linken Positionen in der politischen Bildung weiterhin verbunden gefühlt und daher versucht, „mir vernünftig erscheinende Überlegungen etwa über die Tatsache der gesellschaftlichen Ungleichheit oder über eine weitere innere Demokratisierung aufzugreifen". Ohne darauf inhaltlich weiter einzugehen, beschreibt er, wie schwierig es war, trotz seiner „linksorientierten ‚Bezugsgruppe'" einen „klaren Kopf zu behalten". Er sei damals gedrängt worden, „den konservativen ‚Klassenfeind' rücksichtslos, also ohne argumentative Differenzierung, zu kritisieren, gegen ‚linke' Positionen jedoch immer nur ‚solidarisch' vorzugehen, also Kritik allenfalls am Detail zu üben, mich mit den Grundsätzen jedoch stets öffentlich zu identifizieren". Des Öfteren sei er für seine Positionen angegriffen worden, was schließlich zu einer schmerzhaften Loslösung von seiner Bezugsgruppe und vielen Freunden, verbunden mit einem „Verlust eines bisher für selbstverständlich gehaltenen intellektuellen Milieus" geführt habe (Giesecke 2000a: 228-229). Obwohl er versucht habe, seine didaktische Argumentation gerade *„gegen* die neuen Strömungen zu profilieren" (Giesecke 2000a: 229, Hervorh. K. P.), sei er trotzdem auch von

---

462 Tilman Grammes schlägt für didaktische Konzeptionen die Unterscheidung zwischen einem „Argumentationskern", der vorwiegend sozialisationstheoretische Überlegungen enthält, und einem „argumentativen Schutzgürtel", der in Abhängigkeit von der aktuellen politischen Situation flexibel ist, vor (Grammes 1986: 41-42). Der Begriff argumentativer Schutzgürtel passt hervorragend, um die Funktion von Schlagworten in Gieseckes theoretischen Ausführungen wie bspw. die erkenntnisleitenden Interessen, der anale Zwangscharakter oder die Überflüssigkeit des Leistungsprinzips zu charakterisieren. Jenseits dessen hat aber die vorliegende Analyse Grammes' These, dass der didaktische Argumentationskern vom Zeitgeist nicht beeinflusst werde, zumindest für Giesecke nicht bestätigt. Auch wenn seinen im engeren Sinne didaktischen Ausführungen vorwiegend pluralistische Annahmen zugrunde liegen, sind doch einige seiner neuen marxistischen Gedanken zu tief in seine Konzeption eingedrungen, als dass man sie als zeitgeistbedingten „Schutzgürtel" abtun könnte.

den Konservativen missverstanden und für seine vermeintliche „Identifikation" mit den Linken kritisiert worden.

Giesecke verallgemeinert seine Aussage, dass auf die Didaktiker großer Druck ausgeübt worden sei, in seinem Aufsatz „Entstehung und Krise der Fachdidaktik Politik 1960-1976" von 1999:

> „Die Anfang der 60er Jahre entwickelten didaktischen Konzepte mussten nun zu den von der Studentenbewegung ins Spiel gebrachten Ideen der ‚Systemkritik', ‚Herrschaftskritik' und ‚Selbstverwirklichung' Stellung beziehen. Da die Autoren im Hochschulbereich bzw. in der Lehrerbildung tätig waren, ging schon von ihrem Arbeitsfeld her ein erheblicher sozialer Druck in dieser Richtung aus" (Giesecke 1999b: 18; identisch in 2000b: 37).

Diese Passagen deuten in der Tat auf eine gewisse Alibifunktion der Kritischen Theorie hin. Leider bleibt Gieseckes Beschäftigung mit seinen eigenen Veränderungen aber inhaltlich unbefriedigend, weil er sich nicht mit seinen damaligen Argumenten auseinandersetzt.[463] So schreibt er zum angeblichen Missverständnis auf Seiten seiner konservativen Kritiker:

„Dieses Missverständnis hatte auch damit zu tun, dass mein zentraler Begriff ‚Emanzipation' durch seine Verwendung im Rahmen der ‚kritischen Theorie' im öffentlichen Gebrauch eine andere Färbung angenommen hatte als im Rahmen meiner sozialgeschichtlichen, von Conze geschulten Denkweise. Ich sah die damalige innenpolitische Kontroverse in diesem geschichtlichen Zusammenhang, als Teil der modernen Befreiungstendenzen. Solange solche Bewegungen noch existierten, sei auch von einer *vorgängigen* Ungleichheit von gesellschaftlichen Positionen und Chancen auszugehen. In einer solchen historischen Situation sei jede wirklich aufklärende – aber auch nur eine solche! – Politische Bildung per se parteilich, nämlich für die Benachteiligten. Deshalb sei es Unsinn oder sogar kontraproduktiv – gegen die ‚Linken' gesagt –, Politische Bildung als parteiliche veranstalten zu wollen. Die eigene Parteilichkeit würde nur gegnerische Alternativen provozieren, aber eine wissenschaftlich fundierte Aufklärung könne in unserer Gesellschaft nicht mehr zurückgenommen werden, weil sie zum bereits erfüllten Programm der modernen Emanzipationsbewegungen gehöre; deshalb müsse,

---

463 Schon dass Giesecke von einem „Nachtrag zur Neuauflage von 1972" und einer „Neuausgabe von 1976" spricht, obwohl er 1968 ein Nachwort zur 3. Auflage der ersten Didaktik, 1972 die Neuausgabe und 1976 ein Nachwort zur Neuausgabe verfasst hat, lässt vermuten, dass er sich mit beiden Didaktiken nicht noch einmal intensiv auseinandergesetzt hat (Giesecke 2000a: 228).

wer demokratischen Fortschritt wolle, für diese Form der Aufklärung eintreten" (Giesecke 2000a: 229).

In diesem Zitat streitet Giesecke zum einen eine zentrale Veränderung seiner neuen Didaktik gegenüber seinen früheren Schriften einfach ab: die Ausweitung des Emanzipationsbegriffes von der politischen auf die individuelle Emanzipation.[464] Zum anderen zeigen seine Ausführungen zur Parteilichkeit, dass er noch immer geschichtsphilosophische Annahmen wie empirische Erkenntnisse behandelt und sie zum Ausgangspunkt angeblich konsensfähiger normativer Aussagen macht (vgl. o.S. 332).[465]

Offenbar hat Giesecke vor den zahlreichen Einwänden gegen diese Argumentation aber trotzdem kapituliert. In seiner Autobiografie schreibt er schließlich resignierend über die Neuausgabe seiner Didaktik von 1972:

„Nachträglich halte ich es allerdings für einen Fehler, meine Didaktik überhaupt noch einmal umgearbeitet zu haben, anstatt die ursprüngliche Fassung zu belassen und mich in davon unabhängigen Publikationen mit dem Zeitgeist auseinanderzusetzen" (Giesecke 2000a: 230).

Die Ergebnisse der Untersuchung dieser Neuausgabe seiner Didaktik bestätigen Gieseckes selbstkritische Einschätzung: Er hat die neuen politischen und gesellschaftstheoretischen Diskussionen nicht produktiv genutzt, um neue

---

464 Später schreibt Giesecke allerdings doch noch, für ihn habe Emanzipation im Zusammenhang mit der Diskussion um die Demokratisierung auch die Bedeutung eines Abbaus überflüssiger Herrschaft gehabt, weil zur damaligen Zeit Staat und Gesellschaft „bis in Einzelheiten hinein noch durch – nicht zuletzt vom Nationalsozialismus tradierte – autoritäre Vorstellungen und Strukturen geprägt" gewesen seien. Er fährt fort: „Abgesehen jedoch von der grundsätzlichen Frage, was denn warum als ‚überflüssige' Herrschaft bezeichnet werden könnte, stand in wenigen Jahren nicht mehr die Emanzipation der Jugend in meinem Sinne, sondern umgekehrt ihre Re-Integration in die Gesellschaft auf der Tagesordnung" (Giesecke 2000a: 231). Damit wirft Giesecke eine entscheidende Frage auf, wechselt jedoch das Thema, statt diese Frage zu beantworten.

465 Wie stark er sich andererseits im Jahr 2000 von der Idee der Notwendigkeit einer weiteren Emanzipation verabschiedet hat – und zwar von der politischen wie auch von der individuellen –, wird deutlich, wenn er fortfährt: „Allerdings habe ich mich damals in einem zentralen Punkt geirrt: Ich habe nicht vorausgesehen, dass der Prozess der Emanzipationen in wenigen Jahren historisch zum Ende kommen werde". Nachdem die Jugend sich von den „traditionellen Erziehungsmächten" emanzipiert und die neue Frauenbewegung sich Anfang der 1980er Jahre bereits „durchgesetzt" habe, habe keine „gesellschaftliche Teilgruppe" mehr existiert, „die noch einer Emanzipation in jenem klassischen Sinne bedurft hätte" (Giesecke 2000a: 230).

Antworten auf die Frage nach sinnvollen Inhalten und Zielen der politischen Bildung zu finden. Stattdessen hat er teilweise Deutungsmuster übernommen, die seinen pluralistischen gesellschaftstheoretischen Vorstellungen widersprechen und versucht, sie trotzdem in seine Didaktik einzubauen.

Vorzuwerfen ist Giesecke nicht, dass er sich 1972 mit anderen Gesellschaftstheorien auseinandergesetzt und versucht hat, diese in seiner Konzeption zu berücksichtigen. Vorzuwerfen ist ihm lediglich, dass es ihm in der neuen Didaktik im Gegensatz zur alten nicht gelungen ist, auf der Grundlage der neuen gesellschaftstheoretischen Überlegungen eine in sich konsistente und dadurch wissenschaftlich akzeptable didaktische Konzeption vorzulegen (vgl. o.S. 343).

Was mit Gagel als Fazit zu Gieseckes alter Didaktik formuliert wurde, kann daher an dieser Stelle abschließend in sein Gegenteil verkehrt werden: „Worin die Beziehung zwischen Fachwissenschaft und Fachdidaktik besteht – auf diese Frage findet man in diesem Buch *[k]eine* Antwort" (Gagel 2005: 158, Erg. K. P.; vgl. o.S. 139).

4. Gieseckes Abwendung von den sozialwissenschaftlichen Theorien nach 1972

4.1 Die Aufsätze Gieseckes zur politischen Bildung nach 1972

Nach 1972 veröffentlichte Giesecke im Jahr 1973 seine Methodik des politischen Unterrichts, publizierte aber im Anschluss – dem Aufgabengebiet seiner Professur entsprechend – vorwiegend zur Pädagogik (vgl. o. S. 14). Trotzdem hat er bis heute immer wieder auch Beiträge zur politischen Bildung veröffentlicht und auch seine politische Didaktik in den Jahren 1993 und 2000 erneut grundlegend überarbeitet. Welche Veränderungen sich in diesen Schriften Gieseckes in Bezug auf die Rezeption von Gesellschaftstheorien feststellen lassen, wird in diesem vierten Kapitel untersucht.

Zwei dieser Veränderungen deuten sich bereits kurz nach der Veröffentlichung der neuen Didaktik an: Giesecke nimmt zum einen seine marxistische Argumentation schon bald Stück für Stück zurück und der pluralistische Tenor seiner Schriften wird wieder eindeutiger. Damit einher gehen zum anderen schon früh Hinweise auf eine prinzipielle Ablehnung einer wissenschaftlichen Legitimation didaktischer Ausführungen.

In Ansätzen, aber noch sehr widersprüchlich, machen sich beide Tendenzen in einem Text von 1974 bemerkbar, in dem Giesecke sich mit zwei didaktischen Schriften auseinandersetzt, die sich an die Praxis der politischen Bildung wenden: den Richtlinien von Hessen und Nordrhein-Westfalen. Sein Beitrag erscheint unter dem Titel „Pädagogische und politische Funktionen von Richtlinien". Giesecke betont dort, der Staat habe „nicht das Recht, das Denken seiner Bürger (auch nicht seiner jungen) inhaltlich zu reglementieren". Er müsse „Aufklärung über die politische Realität" ermöglichen und dieser Realität könne man sich nur „durch wissenschaftliche Forschungen bzw. durch diese transzendierende gesellschaftliche Theorien einigermaßen adäquat versichern".[466] Es sei daher „endlich an der Zeit, ein Schulfach wie

---

[466] Diesem scheinbaren Theorienpluralismus stehen Textpassagen entgegen, die auf Gieseckes marxistische Prägung hindeuten. So heißt es gegen Anfang des Beitrags:
„Das dem curricularen Verfahren innewohnende ahistorisch-logische Denkmodell verfehlt also a priori die politische Wirklichkeit, aus der es Ableitungen

‚Politik' aus seiner Tradition als ‚Gesinnungsfach' zu befreien und es mit jenen sachlich-fachlichen Ansprüchen zu konzipieren, wie sie inzwischen etwa für die Naturwissenschaften Gott sei Dank Geltung gewinnen" (Giesecke 1974b: 125).

Giesecke fährt fort, die „staatlich monopolisierte Schule" müsse „im politischen Unterricht jenen Interpretationsspielraum ermöglichen […], der wenigstens annähernd der faktischen Pluralität von Interessen und Positionen in unserer Gesellschaft entspricht". Dies sei nur möglich, indem die Richtlinien zukünftig darauf verzichteten, „bei den ‚Verhaltensweisen', also den ‚Endprodukten' des politischen Bildungsprozesses" anzusetzen. Stattdessen sollten sie

„den Unterricht als ‚Studieren' von Sachverhalten und Problemen nach allgemein bekannten Regeln und Kategorien definieren und damit Spielräume von Interpretationen zulassen, und sich im übrigen beschränken auf die Beschreibung der dafür nötigen *Bedingungen* sowie allenfalls noch auf die Benennung von *Sachverhalten*, die mit Vorrang bearbeitet werden sollen" (Giesecke 1974b: 125-126).

Es ist durchaus verständlich, dass Giesecke sich gegen eine Orientierung an „Endprodukten" des Lernprozesses ausspricht, wenn damit gemeint ist – wie dieser negativ konnotierte Begriff zu suggerieren scheint –, dass Lernen ein technischer Prozess mit programmierbarem Ende sei. Irritierend ist aber, dass Giesecke gar nicht zwischen solchen programmierbaren Endprodukten und der prinzipiellen Formulierung von wünschenswerten Zielen in den Richtlinien zur politischen Bildung unterscheidet. Das wird deutlich, wenn er im Anschluss schreibt, wenn man auf die Formulierung von Endprodukten verzichte, würden „die Norm- und Sinn-Aporien nicht beseitigt, aber an die pädagogische Basis übergeben, wo sie trotz aller Gefahr des Missbrauchs hingehören" (Giesecke 1974b: 126; vgl. o.S. 311, S. 322).

Über diese Zurückweisung von wünschenswerten Endprodukten in Richtlinien hinaus äußert Giesecke in diesem Aufsatz auch schon Bedenken gegenüber einer sozialwissenschaftlichen Grundlegung für die politische Bildung in konzeptionellen politikdidaktischen Beiträgen. So kritisiert er etwa

---

vornehmen will. Weiter käme man nur dann, wenn man stattdessen historisch-analytisch vorginge. Dann könnte man – ohne einen solchen Anspruch auf Vollständigkeit – die in den alten Richtlinien zum Ausdruck kommende konservative ‚Parteilichkeit' korrigieren, z.B. die früher vernachlässigten Kategorien ‚Selbstbestimmung' und ‚Mitbestimmung' nun zur Geltung bringen" (Giesecke 1974b: 89).

an dem von Rolf Schörken herausgegebenen Theorieband zu den Richtlinien von NRW (Schörken 1974), dieser sei „so weit entfernt von den Denk- und Argumentationsmustern des politischen Alltags", dass nicht nur seine Relevanz für die Praxis fraglich sei, sondern auch die Gefahr bestehe,

> „dass sich hier eine didaktische Theorie einerseits ‚überpädagogisierend' vor die Realität schiebt und andererseits die meisten Lehrer und erst recht die Schüler wegen ihrer Kompliziertheit zur Unterwerfung zwingen wird. Didaktische Konzepte aber, die die komplizierten Analysen der Sozialwissenschaften nicht vereinfachen, sondern eher noch weiter komplizieren, um dann Fragestellungen auszuwerfen, auf die die einfache Lebenserfahrung auch auf direktem Wege kommen würde, scheinen mir überflüssig zu sein" (Giesecke 1974b: 101).

In dieser Passage deutet sich bereits eine neue Lösungsstrategie Gieseckes im Umgang mit dem Begründungsproblem an: der Verweis auf „die einfache Lebenserfahrung" als eine scheinbar selbstverständliche Praxis, die ohne weitere theoretische Überlegungen der Erkenntnis eines Jeden zugänglich sei.

In seinem Text zu den Richtlinien steht dieser Verweis auf die Lebenserfahrung noch im Widerspruch zu der Forderung, zur Aufklärung der politischen Realität auch gesellschaftliche Theorien heranzuziehen. Im Laufe von Gieseckes späteren Aufsätzen wird die Abwendung von einer gesellschaftstheoretischen Begründung der politischen Bildung aber – genauso wie die Abwendung vom Marxismus und die Rückkehr zum Pluralismus – immer deutlicher, auch wenn beide Tendenzen nie ungebrochen sind und immer widersprüchlich bleiben.

Im Folgenden werden beide Veränderungen differenzierter betrachtet und anhand von Textbeispielen belegt. Als dritte Veränderung, die 1974 noch nicht spürbar ist, kommt eine Abwendung Gieseckes von der Forderung nach einer Konfliktorientierung der politischen Bildung hinzu. Wie schon in der Darstellung der Entwicklung Gieseckes zwischen 1965 und 1972 folgt die Darstellung dabei einer inhaltlichen Systematik und verzichtet auf eine eingehende Analyse jedes einzelnen Aufsatzes.

Der Weg zurück: Vom Marxismus zum Pluralismus
Während Giesecke sich in seiner Didaktik von 1972 eindeutig dazu bekennt, dass ihm die „Überlegungen der Autoren der ‚Frankfurter Schule' […] als Grundlage dienen" (Giesecke 1972a: 119; vgl. o. S. 228), und darüber hinaus von allen didaktischen Theorien fordert, die Erkenntnisse der *Kritischen Theorie* zu berücksichtigen, weil diese den „fortgeschrittensten wissenschaftlichen Diskussionsstand" repräsentiere (Giesecke 1972a: 119; vgl. o. S. 266), relativiert er dieses Bekenntnis nach 1972 mehrfach.

In einer Antwort auf Bernhard Sutors Kritik an seiner Forderung nach Parteilichkeit unter dem Titel „Wer macht den politischen Unterricht parteilich?" schreibt Giesecke:

> „So habe ich in der Neufassung meiner ‚Didaktik' die ‚kritische Theorie' nur unter ganz bestimmten Aspekten für die ‚fortschrittlichste' Theorie gehalten, nämlich im Kontext der Grundlagendiskussion Oetinger-Litt-Habermas und unter dem Aspekt, dass die ‚kritische Theorie' bis dahin die einzig brauchbare historisch-inhaltliche Fassung des Demokratiebegriffs geliefert habe" (Giesecke 1974a: 93; vgl. entspr. Giesecke 1978b: 375).

Diese Relativierung durch die angebliche Beschränkung der Rolle der Kritischen Theorie auf einzelne Inhalte wird der paradigmatischen Bedeutung, die die marxistischen Kategorien im Rahmen von Gieseckes neuer Didaktik haben, ganz sicher nicht gerecht (vgl. o.S. 267). Dem paradigmatischen Charakter widerspricht auch Gieseckes zweiter Relativierungsversuch, mit dem er die Rolle der Kritischen Theorie im Verhältnis zu anderen Theorien herunterzuspielen versucht. So schreibt er im gleichen Aufsatz:

> „Mich jedenfalls interessieren Kritische Theorie und Marxismus genau wie andere theoretische und wissenschaftliche Ansätze nur unter dem Aspekt, ob und inwieweit sie die Probleme erklären können, an denen ich arbeite – was mir von anderer Seite längst den Vorwurf des Eklektizismus eingetragen hat, mit dem Unterton, ein anständiger Mensch müsse doch eine für jedermann klare Gesinnung haben und dürfe sich nicht allein aufs Denken und Argumentieren verlassen" (Giesecke 1974a: 93).

Schließlich relativiert Giesecke ein Jahr später auch noch das erkenntnisleitende Interesse der Emanzipation, das sich 1972 angeblich noch zwingend aus seinem Geschichtsverständnis ergeben hatte (vgl. o.S. 207, S. 271):

> „Das eigentümliche erkenntnisleitende Interesse, das sich in Emanzipation ausdrückt, steht durchaus in Konkurrenz zu anderen: zu dem der Aufrechterhaltung historisch erworbener Herrschaft und Privilegien; zu dem der Profitmaximierung bzw. des optimalen Wachstums. Wissenschaftliche Aufklärung lässt sich ebenso wie die Tradition genauso gut auch für solche Leitvorstellungen mobilisieren. Die ‚Parteilichkeit' des Begriffes Emanzipation ergibt sich folgerichtig aus dem schon erwähnten historischen Widerspruch von herrschender und wiederzuentdeckender Tradition. Die eigentliche politische Schwierigkeit des Begriffes besteht also darin, dass er *keinen* politischen Konsens zum Ausdruck zu bringen

vermag; dafür wären andere Leitvorstellungen nötig" (Giesecke 1975c: 79, Hervorh. K. P.).⁴⁶⁷

Noch wichtiger als die Abgrenzung von der Kritischen Theorie scheint Giesecke – was im Rahmen der ideologischen Auseinandersetzungen der 1970er Jahre nicht verwunderlich ist – die Abgrenzung vom Marxismus zu sein. So konstatiert er, obwohl er die Kritische Theorie 1972 durchaus als marxistischen Ansatz bezeichnet hatte (vgl. Giesecke 1972a: 123; o. S. 270), zwei Jahre später in einem Nebensatz, es sei „reichlich abwegig [...], die ‚kritische Theorie' (also Autoren wie Adorno, Horkheimer und Habermas) als Neo-Marxismus zu etikettieren" (Giesecke 1974a: 93).

Während Gieseckes Abgrenzung von Kritischer Theorie und Marxismus als Abwehrkampf gegen die konservativen Vorwürfe gedeutet werden kann, der nicht zwangsläufig eine echte Veränderung seiner Einstellung widerspiegelt,⁴⁶⁸ zeigt sich eine solche Veränderung aber eindeutig daran, dass er auf der didaktischen Ebene die wohl deutlichste didaktische Auswirkung seiner neuen gesellschaftstheoretischen Fundierung relativiert: seine Forderung nach der *Parteilichkeit* politischer Bildung.

---

467 Der Rest der Passage lautet:
„Für die politische Auseinandersetzung über Richtlinien und Curricula wäre es zweckmäßig, diese Tatsache wieder ernst zu nehmen und nicht zu hoffen, dass sich emanzipatorische Leitvorstellungen in der gegenwärtigen historischen Situation rein durchsetzen ließen. Nicht ihre Durchsetzung steht historisch auf der Tagesordnung, sondern erst einmal ihre Zulassung im gesellschaftlichen Wettbewerb politischer und pädagogischer Zielvorstellungen" (Giesecke 1975c: 79).

468 So halten denn auch seine Relativierungen Giesecke nicht davon ab, immer wieder auf Marx und die Kritische Theorie zu verweisen und deren Fruchtbarkeit zumindest für einzelne Aspekte der politischen Bildung zu betonen. Er sieht beispielsweise die Möglichkeit, mit Hilfe der Kritischen Theorie die „realen Lebensverhältnisse [...] mit den Prinzipien und Versprechungen, die am Beginn der bürgerlichen Gesellschaft formuliert wurden", zu konfrontieren (Giesecke 1978c: 60). Zudem fordert er von der Geschichtsdidaktik, zur Formulierung einer „Theorie des Geschichtsunterrichts" die Kritische Theorie aufzuarbeiten und betont, auch ohne sie im Ganzen zu übernehmen, müsse man sie „in ihren grundsätzlichen Frageansätzen ernst nehmen" (Giesecke 1978c: 61).
Daneben tauchen immer wieder marxistische Kategorien und Begriffe in Gieseckes Schriften auf, wie bei seinem Vergleich des Lernens mit der entfremdeten Arbeit (Giesecke 1977d: 163, 172) oder bei der Forderung, im Geschichtsunterricht müssten Schülerinnen und Schüler einen „Vorstellungszusammenhang über die Gesamtgesellschaft" entwickeln (Giesecke 1978c: 70). Zur Erwähnung von Marx selbst vgl. außerdem Giesecke 1978b: 387.

In seiner Didaktik von 1972 hat eine parteiliche politische Bildung für Giesecke die Aufgabe, „den historischen Prozess der Demokratisierung in die Zukunft zu verlängern" (Giesecke 1972a: 128; vgl. o.S. 275).

In der bereits zitierten Antwort auf Bernhard Sutors Kritik an der Parteilichkeit scheint Giesecke zunächst zu seinem Verständnis von 1968 zurückzukehren, wo er zwar eine prinzipielle Parteilichkeit zugunsten unterprivilegierter Schülerinnen und Schüler fordert, ohne dabei aber die Demokratisierung der Gesellschaft als politisches Ziel generell mitzudenken (Giesecke 1968e: 284; vgl. o.S. 206, Anm. 241). Hier schreibt er:

„Die Gründe für Parteilichkeit lassen sich ohne Rückgriff auf marxistische Theoreme nennen, es sind vor allem zwei: Erstens geht es, was die ökonomischen und sonstigen gesellschaftlichen Ressourcen angeht, immer noch um die Verteilung eines Mangels – was meines Wissens eine Binsenwahrheit aller Nationalökonomie ist. Und zweitens haben aus historischen Gründen verschiedene Schichten und Klassen von vornherein einen ungleichen Zugang zu dieser Verteilung, was sich ebenfalls ohne Marxismus erklären lässt, nämlich z.B. dadurch, dass gesellschaftliche Positionen zu einem großen Teil über den Standard der Familie vererbt werden" (Giesecke 1974a: 93).

Im Anschluss schränkt Giesecke sein Verständnis von Parteilichkeit noch weiter ein und scheint sich auf die Forderung nach der Möglichkeit einer Parteinahme der Schülerinnen und Schüler für bestimmte politische Positionen, wie er sie in der alten Didaktik gefordert hatte, zu beschränken (vgl. o.S. 51; Giesecke 1965a: 21, 22, 120):

„Die entscheidende Frage ist also nicht, wie man Parteilichkeit in den Schulen abschaffen könnte, sondern wie man das Problem der Parteilichkeit im Unterricht transparent machen und möglichst pluralistisch offenhalten kann. [...] Was die Ebene des konkreten Unterrichts angeht, so habe ich in der Neufassung meiner ‚Didaktik' zu zeigen versucht, dass die Anwendung der von mir vorgeschlagenen Kategorien bei der Analyse politischer Probleme die unterschiedlichen Parteilichkeiten transparent macht und damit einer auf Argumentation beruhenden Beurteilung zugänglich zu machen vermag" (Giesecke 1974a: 94).

Auch in seinem Beitrag zu Kurt Gerhard Fischers Sammelband „Zum aktuellen Stand der Theorie und Didaktik der Politischen Bildung", in dem die wichtigsten zeitgenössischen Didaktiker ihre Konzeption kurz darstellen, betont Giesecke die Notwendigkeit, gerade in staatlichen Schulen, in denen „alle Klassen, Schichten und Weltanschauungen und damit auch alle gesellschaftlichen Interessenpositionen gemeinsam unterrichtet werden", Offenheit und Toleranz innerhalb der gesamten Bandbreite des Grundgesetzes zu zeigen und alle „parteilichen Festlegungen" zu vermeiden (Giesecke 1975d: 60-61).[469]

Im Nachwort zur 10. Auflage seiner neuen Didaktik argumentiert er ein Jahr später, der politische Unterricht müsse „neutral" gegenüber „den Interessenunterschieden und den Ungleichheiten und den damit verbundenen unterschiedlichen Zukunftsperspektiven der Bevölkerung" bleiben. Hier ist nun zu lesen, dass Parteilichkeiten in der Schule nur insofern eine Rolle spielen dürften, als sie im Unterricht zur Kenntnis genommen und bearbeitet werden sollten (Giesecke 1976c: 229-230).

Erstaunlicherweise erkennt Giesecke dabei nicht, dass sich diese Aussage erheblich von seiner in der neuen Didaktik vertretenen Position zur Parteilichkeit unterscheidet. Er schreibt in seinem Nachwort von 1976 an die Adresse von Bernhard Sutor gerichtet: „Insofern kann ich die in diesem Buch vertretenen Vorschläge zur Lösung des Parteilichkeits-Problems nach wie vor aufrechterhalten" (Giesecke 1976c: 230).

Im Zusammenhang mit der Parteilichkeit grenzt Giesecke nun auch deutlicher als noch 1972 die Aufgaben der schulischen von denen der *außerschulischen politischen Bildung* ab (vgl. o. S. 258). So betont er in seinem Interview mit Gerd Koch, er halte das, was Negt für die Gewerkschaft vorschlage, für ganz hervorragend und für eine völlig legitime parteiliche Position. Dann fährt er fort:

„Eine gesellschaftlich partikulare Gruppe wie die Gewerkschaft, die Kirchen oder auch eine politische Partei kann natürlich ein parteilich-didaktisches Angebot machen [...]. In der Schule und auch in der Hochschule geht das so nicht. Die Schule muss das Parteilichkeitsproblem – was es da gibt, was aber sehr viel schwieriger ist – didaktisch angehen. [...] Das Parteilichkeitsproblem als ein pluralistisches kann man in der Schule nur

---

469 Vgl. entsprechend auch den Text „Die Schule als pluralistische Dienstleistung und das Konsensproblem in der politischen Bildung" (Giesecke 1977c: 56, 60). Giesecke relativiert in diesem Text allerdings weiter unten die Forderung nach einem nicht parteilichen Unterricht wieder etwas, indem er schreibt: „Der politische Unterricht muss methodisch-kommunikativ so angelegt sein, dass er diejenigen Schüler, die z.B. wegen ihrer sozialen Herkunft benachteiligt sind, in höchstmöglichem Maße fördert, sowie die Schüler überhaupt als Subjekte ihrer Lernprozesse ernst nimmt. Dies ist der einzig wirkliche Beitrag, den die Schule zur Korrektur sozialer Ungleichheit leisten kann" (Giesecke 1977c: 63).

negativ lösen. [...] Die Frage kann nur lauten: Verhindert sie die Entfaltung und Herausarbeitung einer gesellschaftlich zugelassenen partikularen Perspektive?" (Giesecke 1978b: 368-369).[470]

Ähnlich heißt es in einem späteren Beitrag Gieseckes zu den Stichworten „Parteinahme, Parteilichkeit und Toleranzgebot" im Handbuch von Wolfgang W. Mickel und Dietrich Zitzlaff:

„Für die einschlägigen staatlichen Träger (z.b. Schule und Hochschule) gilt vielmehr das Toleranzgebot, d.h. alle Meinungen und Überzeugungen sind mit gleichem Recht zu behandeln, keine darf privilegiert oder benachteiligt werden [...]. Anders als etwa die Schule können ‚Tendenzbetriebe', z.B. die Bildungseinrichtungen von politischen Parteien, der Kirchen, der Gewerkschaften und anderer gesellschaftlicher Verbände, durchaus parteilich orientierte politische Bildung anbieten" (Giesecke 1988: 71).[471]

In diesem Handbuch-Beitrag definiert Giesecke nun auch ausdrücklich die ‚Parteilichkeit' nicht mehr als Auftrag der politischen Bildung, sondern als eine persönliche Einstellung:

„‚Parteilichkeit' wird hier [im Gegensatz zur Parteinahme] [...] strukturell verstanden, als eine grundsätzliche, relativ dauerhafte Einstellung zu politischen Ideen und Organisationen, etwa im Sinne einer parteipolitischen Präferenz. Parteilichkeit präformiert deswegen auch mehr oder weniger die situationsgebundenen Parteinahmen. Aus der Tatsache, dass Menschen ohne Parteilichkeit kein politisches Bewusstsein haben können und dass Parteilichkeit das sachlich zwingende Ergebnis einer politischen Situationsanalyse ist, folgt jedoch keineswegs, dass auch Institutionen, die ‚Träger' der politischen Bildung, parteilich sein müssen, dass sie also ihre Bildungsangebote entsprechend arrangieren" (Giesecke 1988: 69).

Mit der Parteilichkeit verabschiedet sich Giesecke auch weitgehend von der *Gesellschaftskritik* als Aufgabe der politischen Bildung.

---

470 Vgl. auch die entsprechende Abgrenzung in Gieseckes Text zur Beutelsbacher Konsens-Tagung (Giesecke 1977c: 67-68).
471 In der Neuauflage des Handbuches von 1999 sind die einzigen Änderungen, die Giesecke gegenüber seinem Text von 1988 vornimmt, dass er drei neue Literaturangaben einfügt und die Meinungsfreiheit nicht mehr nur als „wichtiges", sondern nunmehr als „wichtigstes persönliches Recht" bezeichnet (Giesecke 1988: 71; Giesecke 1999d: 505).

Dass dieser Wandlung auch Resignation zugrunde liegt, lässt sich vermuten, wenn man folgenden Absatz in seinem Beitrag zur Beutelsbacher Konsens-Tagung von 1976 liest:

> „Die Schule kann an der gesellschaftlichen Ungleichheit wie überhaupt an allen wichtigen gesellschaftlichen Problemen und Widersprüchen nichts ändern, sie muss sie hinnehmen, wie sie sind, und sie muss auch die Tatsache hinnehmen, dass ihre Schüler aufgrund ihrer unterschiedlichen sozialen Herkunft ganz unterschiedliche Lebenschancen, Perspektiven und weltanschauliche Überzeugungen haben werden" (Giesecke 1977c: 60).

Gleich anschließend heißt es aber – und daran zeigt sich wie bei Gieseckes Abkehr von der Parteilichkeit, dass sein Wandel nicht nur als Resignation, sondern auch als Veränderung seiner normativen Prämissen gewertet werden kann:

> „Trotzdem muss [die politische Bildung] allen möglichst in gleichem Maße von Nutzen sein können, und genau dies ist das Konsensproblem in seinem Kern" (Giesecke 1977c: 60).

Folgerichtig plädiert Giesecke nun auch nicht mehr wie noch 1972 für eine „Mitbestimmung", die vor allem auf eine weitere Demokratisierung von staatlichen und gesellschaftlichen Strukturen zielt (Giesecke 1972a: 139; vgl. o.S. 279), sondern fordert: „Der politische Unterricht muss sich orientieren an den realen politischen Partizipationsmöglichkeiten, die die Menschen in unserer Staats- und Gesellschaftsverfassung haben". Giesecke kritisiert, dass die Didaktik in den vorangegangenen Jahren zunehmend die „Mobilisierung der Basis' propagiert, also die Teilnahme an unmittelbaren politischen Tätigkeiten" gefordert habe. (Giesecke 1975d: 58).[472] Auch wenn Giesecke sich selbst immer gegen eine „politische Bildung durch Aktion" ausgesprochen hat (vgl. o.S. 218, Anm. 256), erstaunt es, dass er auf die Bedeutung der Rezeption marxistischer Theorien für den Wandel im Aufgabenverständnis der politischen Bildung, das sich auch in der Neuausgabe seiner Didaktik findet, mit keinem Wort eingeht.

Stattdessen propagiert er nun wie selbstverständlich, „unsere hochkomplizierte Gesellschaft" sei

> „auf Institutionen angewiesen, die dauerhaft funktionieren müssen und nicht durch spontane Aktivitäten von der Basis her ständig verändert

---

[472] Giesecke fährt fort mit der Konkretisierung: „Das sind für die meisten Menschen vor allem drei: Teilnahme an politischen Wahlen; an der beruflich-wirtschaftlichen Interessenvertretung (Gewerkschaften); an der politischen Publizistik" (Giesecke 1975d: 59).

werden können. Unmittelbare Aktionen können sich also entweder nur in dem Spielraum bewegen, den institutionelle Regelungen offen gelassen haben, oder sie können für eine Erweiterung dieses Spielraums oder auch für eine Verbesserung vorhandener institutioneller Regelungen eintreten. In jedem Falle aber setzen unmittelbare Aktivitäten institutionelle Regelungen voraus" (Giesecke 1975d: 58-59).

In einem späteren Aufsatz unter dem Titel „Die Normalisierung der Politischen Bildung" bietet Giesecke eine Erklärung für seine Wandlung an, die in der Konsolidierung des demokratischen politischen Systems der Bundesrepublik Deutschland liegt:

„Die Aufgabe der politischen Bildung besteht also heute darin, sich auf die gegebenen Normen und Strukturen der demokratischen Staats- und Gesellschaftsverfassung zu beziehen und die Bedingungen der Möglichkeit politischen Lernens didaktisch-professionell zu reflektieren, damit entsprechende Lernarrangements inszeniert werden können. Das schließt natürlich kritische Distanz zu den Realitäten und ihren Begründungen nicht aus, aber diese kann sich nun, im Unterschied zur Aufbauphase, auf grundlegende, seit Jahrzehnten entfaltete demokratische Prinzipien beziehen. Es ergibt also keinen Sinn mehr, Lagerdidaktiken zu vertreten, die sich mit den wie immer definierten partikularen Interessen einer gesellschaftlichen Teilgruppe verbünden bzw. diese auf pädagogischem Wege zu propagieren versuchen" (Giesecke 1996b: 108).[473]

Inwieweit Giesecke eine solche Konsolidierung auch schon Mitte der 1970er Jahre gesehen hat, lässt sich nachträglich nicht feststellen – das Argument taucht auf jeden Fall zu diesem Zeitpunkt noch nicht in seinen Schriften auf.[474]

---

473 Vgl. auch die sehr ähnlich lautenden Aussagen in Gieseckes Text „Was bleibt von der Politischen Bildung?" (Giesecke 2001: 155).
474 Gieseckes Verständnis einer politischen Bildung, die sich an den vorhandenen Mitwirkungsmöglichkeiten orientieren sollte, bleibt allerdings widersprüchlich. Nur zwei Jahre, nachdem er die „Normalisierung der politischen Bildung" konstatiert hatte, betont er in einem Interview: „Nach meiner Meinung hat Bildung überhaupt ihren letzten Sinn darin, die Partizipationschancen der Menschen in der Gesellschaft zu optimieren". Viele Probleme seien „ohne Bürgerbeteiligung von unten einfach nicht mehr zu lösen von den großen Apparaten". Zwar halte er „die politischen Beteiligungsmöglichkeiten gar nicht für so gering", allerdings sei es „kein Fehler, wenn das Denkpotenzial und das Fantasiepotenzial größer ist, als die Menschen jeweils realisieren können und wollen; denn nur wenn das so ist, verfügen sie auch über ein Potenzial dafür, unter Umständen wichtige Veränderungen zu erzwingen" (Giesecke 1998b: 5).

Auch der *Emanzipationsbegriff* erfährt im Zuge dieser Wandlungen eine entscheidende Veränderung, indem er die marxistische Konnotation verliert und wieder zum bürgerlichen Begriff wird. In einem Aufsatz über „Aufklärung und Subjektivität" betont Giesecke:

> „Zur Frage, ob die bürgerliche Erziehung am Ende sei, lässt sich also sagen: Ohne Zweifel war bürgerliche Bildung Standes- und Klassenbildung [...]. Man kann aber auch die Frage prüfen, ob unter den gegenwärtigen gesellschaftlichen und materiell-ökonomischen Bedingungen dieses Privileg zum ersten Mal in der Geschichte der bürgerlichen Gesellschaft nach unten sozialisiert und damit beseitigt werden, also zur Chance für eine ganze nachwachsende Generation werden könnte. Die großen Leitziele für die Erziehung der heranwachsenden Generation wie ‚Mündigkeit' und ‚Emanzipation' [...] entstammen jedenfalls dem Horizont der bürgerlichen Bildungsprinzipien und sind ohne sie nicht denkbar: Nimmt man also an, dass die bürgerliche Erziehung an ihrem historischen Ende sei, dann bedeutet dies auch das Ende jener pädagogischen Leitvorstellungen und darüber hinaus das Ende derjenigen politischen Prinzipien, auf denen unsere gesellschaftliche Verfassung und der Katalog der Grundrechte beruhen" (Giesecke 1977d: 174-175).

Zur „bürgerlichen" Umdeutung der Emanzipation passt auch, dass Giesecke nun nicht mehr wie noch in seinem Aufsatz „Jugendarbeit und Emanzipation" zwischen Emanzipation und Mündigkeit unterscheidet und den Begriff der Mündigkeit als zu konservativ zurückweist, weil er sich an einem „statischen Gesellschaftsverständnis" orientiere (Giesecke 1971a: 219-220; vgl. o.S. 226).

Er reklamiert nun ausdrücklich auch rückwirkend für sich selbst ein Verständnis von Emanzipation, das auf die politische Bedeutung des Begriffs beschränkt bleibt:

> „Ich habe den Begriff Emanzipation bei Werner Conze gelernt, der nicht im Verdacht steht, ein Linker zu sein, der in seinen sozialgeschichtlichen Vorlesungen damals in den 50er Jahren gesagt hat, wie Zug um Zug erst die Arbeiter, dann die Frauen, dann die Jugendlichen in der Jugendbewegung in Emanzipationsprozesse verwickelt werden, die offenbar auf objektive historische Veränderungen – heute würde man sagen: auf sozialen Wandel – zurückgehen" (Giesecke 1978b: 365).[475]

---

[475] Wenn Giesecke auf der gleichen Seite doch wieder die doppelte Bedeutung der Emanzipation in Anschlag bringt, zeigt das, wie widersprüchlich er mit diesem für ihn zentralen Begriff umgeht:
„Es geht im Grunde um die zunehmende Zulassung von Bedürfnissen und die zunehmende Zulassung der Selbstorganisation von Bedürfnissen. Dies ist

Für die politische Bildung reduziert Giesecke in diesem Text die Bedeutung des Emanzipationsbegriffes sogar noch weiter. Indem er erneut nicht zwischen Zielen und programmierbaren Endzielen unterscheidet (vgl. o.S. 376), verwirft er alle Ziele der politischen Bildung und reduziert Didaktik auf bloße „Unterrichtsorganisation" (vgl. o.S. 5), in der Emanzipation dann vor allem eine soziale Bedeutung hat:

> „Es geht im Grunde darum, Handlungskompetenz zu erweitern. Es geht nicht darum, Handlungskompetenz inhaltlich zu antizipieren. Und das muss ich noch einmal zur Grundsatzproblematik der Didaktik sagen: Eine emanzipatorische Didaktik ist nicht eine solche, die wie auch immer definierte emanzipatorische Erziehungsziele deduziert und operationalisiert und dann am Ende sozusagen im kontrollierten Lernziel den Erfolg nachweist. Emanzipatorisch kann überhaupt nur die Kommunikationsstruktur des Unterrichts selbst sein. D.h. also das, was ich die pädagogische Kultur genannt habe. Sie hat nicht die Absicht, das Ergebnis des Denkens, das Ergebnis der Bearbeitung von Realität, sei es politischer, kultureller oder beruflicher Art, vorwegzunehmen" (Giesecke 1978b: 364-365).

Schließlich verändert sich mit Gieseckes Verständnis der Emanzipation auch sein Verständnis der *Demokratisierung* und er scheint seine geschichtsphilosophische marxistische Sicht auf die Entwicklung der Gesellschaft aufzugeben. In seinen bereits erwähnten „Skizzen zu einer politisch begründeten historischen Didaktik" schreibt er:

> „Dabei steht die Leitvorstellung ‚Demokratisierung' durchaus selbst zur Diskussion. Wie aktuelle politische Auseinandersetzungen zeigen, wie etwa die Diskussion um den Begriff ‚Emanzipation' zeigt, gibt es darüber nicht ohne Weiteres einen Konsens. Unterschiedliche klassen- und schichtspezifische Erfahrungen und Interpretationen müssen ernst genommen werden, eine bewusste Konvention kann nicht vorausgesetzt werden, sondern wäre gerade u.a. durch Geschichtsunterricht herzustellen und zu ermöglichen" (Giesecke 1978c: 65).

Auch darin drückt sich aus, was in diesem Kapitel als generelle Tendenz von Giesecke Schriften nach 1972 bezeichnet worden ist: Seine Rückkehr vom Marxismus zum Pluralismus.

> der Maßstab, an dem zu messen wäre, und man muss in jedem konkreten Fall sehr genau nachprüfen, ob etwas, was sich dafür hält, wirklich ein Fortschritt an Emanzipation ist" (Giesecke 1978b: 365).

Abwendung von der Konfliktdidaktik
Die zweite zentrale Veränderung in Gieseckes politikdidaktischen Schriften ist der nachlassende Stellenwert der politischen Konflikte. Diese Entwicklung lässt sich in vier Schritten beschreiben, wobei erneut einschränkend gesagt werden muss, dass sie nicht streng linear verläuft, sondern durch vielfältige Vor- und Zurückbewegungen sowie Widersprüche gekennzeichnet ist.

In einem ersten Schritt trennt Giesecke 1975 zwischen Konflikten und *Politik*: Konflikte zeigten zwar „die neuralgischen Punkte der Politik" an, weshalb es wichtig sei, sie weiterhin zu thematisieren. Allerdings bestehe das Politische nicht nur aus Konflikten, die „Option für den politischen Konflikt" bedeute nicht, „dass von Konflikten her ganze Staats- und Gesellschaftsstrukturen allein erklärt werden könnten". Giesecke betont nun, vor allem die politischen *Institutionen* seien ein wichtiger Teil der Politik, weil sie „einen ‚sachlichen' Ablauf des alltäglichen, immer komplizierter werdenden Lebens garantieren und dem Ausgleich von Interessen und Widersprüchen dienen" (Giesecke 1975d: 57).

Damit verabschiedet Giesecke sich nicht nur vom marxistischen Konfliktbegriff, sondern auch gleich in doppelter Hinsicht vom Konfliktverständnis seiner ersten Didaktik: Konflikte sind nun für Giesecke nicht mehr die Grundlage allen politischen Lebens (vgl. o.S. 48) und es ist nicht mehr selbstverständlich, Konflikte ins Zentrum der politischen Bildung zu stellen (vgl. o.S. 56), sondern es wird zu einer „Option".

In einem zweiten Schritt wird dann die Begründung der Konfliktorientierung von einer inhaltlichen zu einer *methodischen*: Giesecke schreibt 1978, konfliktorientierte didaktische Ansätze seien „weder notwendigerweise mit bestimmten politischen Zielen noch mit bestimmten allgemeinen pädagogischen Leitvorstellungen (z.B. ‚Emanzipation') verbunden". Für die politische Bildung ließen sie sich „vielmehr allein schon durch ihren hohen Motivationsgehalt rechtfertigen, dazu als ein Prinzip, das ähnlich wie das ‚exemplarische Prinzip' die Stofffülle plausibel zu reduzieren sucht" (Giesecke 1978c: 500).

Als Schritt drei lässt sich ausmachen, dass Giesecke statt der politischen Konflikte nun *Probleme* ins Zentrum der Aufmerksamkeit rückt und sich damit auch von der Forderung, aktuelle Konflikte im Unterricht zu thematisieren, abrückt. So ergänzt er 1980 seinen Text im Sammelband von Kurt-Gehart Fischer ausdrücklich um die folgenden Absätze:[476]

---

476 Fischers Sammelband erschien in fünf Auflagen. Gieseckes Text ist von der 1. Auflage 1975 bis zur 3. Auflage 1978 unverändert, für 4. Auflage von 1980 hat er ihn erweitert. Vgl. Giesecke 1975d, 1980e.

„In den letzten 10 Jahren wurde die didaktische Funktion des politischen Konfliktes vielfach auf seinen politischen Inhalt reduziert und dieser aus seinem historischen Entstehungszusammenhang isoliert. Deshalb ist es vielleicht nützlich darauf hinzuweisen, dass die Inhalte von Konflikten ja Probleme sind. [...] Den Blick von den Konflikten auf die dahinter stehenden Probleme zu lenken, kann vielleicht dazu führen, dass a) zwischen ‚wichtigen‘ und ‚weniger wichtigen‘ Stoffen unterschieden werden kann, insofern diejenigen Problem-Komplexe als besonders wichtig gelten könnten, die aller Voraussicht nach eine relativ langfristige Bedeutung auch für die Zukunft der heute Heranwachsenden haben; b) Politik wieder stärker als zeitlicher Prozess verstanden und erlebt werden kann, in den zwar handelnd eingegriffen werden kann, der aber nicht gänzlich zur Disposition steht; c) die didaktischen Chancen des Konfliktansatzes wieder freigelegt werden, insofern eine gewisse Distanz von der Unmittelbarkeit der Gegenwart nötig wird" (Giesecke 1980: 43).

Gieseckes vierter Schritt in der Abkehr von der Konfliktorientierung besteht schließlich darin, einem *systematischen Unterricht* Vorrang zuzusprechen:

„Ich bin für einen altmodischen systematischen Kernunterricht, etwa über die Systeme der Politik, der Ökonomie und der öffentlichen Kommunikation, in dem grundlegende Fakten, Strukturen und Zusammenhänge vermittelt werden; erst dann ergeben andere Ansätze wie Problem- und Konfliktorientierung ebenfalls einen Sinn" (Giesecke 1998b: 13).

Von der gesellschaftstheoretischen zur pragmatischen Begründung
Die dritte zentrale Veränderung bei Giesecke nach 1972 besteht darin, dass er die Möglichkeit einer gesellschaftstheoretischen Begründung der politischen Bildung an vielen Stellen prinzipiell in Frage stellt.

In einem frühen Text von 1973 über die hessischen Rahmenrichtlinien betont Giesecke noch, „wissenschaftliche, didaktische und methodische Positionen sowie detaillierte Lernzielbestimmungen" dürften „nur der wissenschaftlichen Diskussion nach deren Regeln unterliegen". Demgegenüber dürften die Richtlinien keine „didaktischen, methodischen und wissenschaftstheoretischen Begründungen" enthalten, weil sich die politische Richtlinienkompetenz aufgrund des Konfliktcharakters der politischen Bildung nur auf „bestimmte grundsätzliche Lernziele und Qualifikationen und allenfalls auf den Vorschlag bestimmter Stoffgebiete" erstrecken dürfe (Giesecke 1973f: 139).

In seinem Text zur Beutelsbacher Konsens-Tagung von 1976 heißt es dann aber: „Konsensfähig werden, das ist von nun an die These, die Schule und damit auch der politische Unterricht in Zukunft nur sein können, wenn sie sich als eine Dienstleistung für eine pluralistische, also ideologisch wie ökonomisch heterogen zusammengesetzte Schülerschaft verstehen, der sie dadurch zu dienen haben, dass sie Lebenskompetenz für unterschiedliche gesellschaftliche Perspektiven vermitteln. Das ist nur möglich, wenn die Lernpläne und didaktischen und methodischen Konzepte, also der Unterricht überhaupt, selbst pluralisiert werden" (Giesecke 1977c: 59).

An dieser Stelle fällt auf, dass Giesecke zunächst noch zwischen verschiedenen *Ebenen der politischen Bildung* differenziert, später aber das Verhalten der Lehrer in der Praxis, die Richtlinien und die didaktischen Konzeptionen vermengt und mit gleichen Maßstäben misst.

Darüber hinaus gibt es Texte, in denen Giesecke dann ganz ausdrücklich auch für *politikdidaktische Konzeptionen* die Möglichkeit einer wissenschaftlichen Legitimation durch eine gesellschaftstheoretische Begründung verwirft, weil er auch für Konzeptionen eine Konsensfähigkeit einfordert. So schreibt er 1976 im Nachwort zur 10. Auflage seiner Didaktik:

„Denkbar wäre, die Legitimationsfrage durch wissenschaftliche Analysen und Erkenntnisse zu lösen. Das ist jedoch nur in gewissen Grenzen möglich. Erstens versteht sich die gemeinsame Unterwerfung kontroverser Positionen unter wissenschaftliche Erkenntnisse und Ergebnisse nicht von selbst, sondern müsste auch erst einmal als Konsens angesehen werden. Zweitens setzt selbst dann noch die ‚Werturteilsproblematik' der Wissenschaft Grenzen. Ganz gleich, ob man – wie der Neo-Positivismus oder der kritische Rationalismus – Werturteile überhaupt aus wissenschaftlichen Aussagen heraushalten will oder ob man mit der ‚kritischen Theorie' Werturteile zumindest als ‚erkenntnisleitende Interessen' für unvermeidlich hält: in jedem Falle bleibt ein Spielraum für normative Entscheidungen und Setzungen übrig, der seinerseits wieder des Konsensus bedarf" (Giesecke 1976c: 231).

Zwei Jahre später antwortet Giesecke ausdrücklich auf die Interviewfrage von Gerd Koch, ob die Didaktik der Politik eine „ausgearbeitete politische Theorie" benötige:

„Nein. Aber das ist ein Punkt, der in der Kritik an meiner Didaktik schon stereotyp geworden ist. Die Argumentation läuft etwa so: ‚Wer vermitteln will, muss wissen, was da vermittelt werden soll, also muss er selbst eine Theorie davon haben und erst einmal begründen.' Konsequent zu Ende gedacht, würde dies heißen: 1. Der Didaktiker macht diejenigen Wissenschaften, in deren Kompetenz seine Gegenstände fallen, überflüssig. 2. Der Didaktiker kennt zumindest im Prinzip das Endergebnis seiner Vermittlung im Voraus" (Giesecke 1978b: 383).

Und in seinem Aufsatz „Zur Krise der politischen Bildung" schreibt Giesecke 1997 rückblickend:

„Keine didaktisch-methodische Konstruktion des politischen Unterrichts konnte bald mehr präsentiert werden, ohne dass sie sofort in einen komplizierten politisch-ideologischen Rechtfertigungszusammenhang geriet. Aufgabe didaktisch-methodischer Konstruktionen ist ja eigentlich, Lernen zu ermöglichen, und nicht, den Gegenstand selbst – also Politik – zu definieren und zu bearbeiten; dafür sind andere Kompetenzen zuständig – die Akteure selbst, die Politikwissenschaftler oder die Philosophen" (Giesecke 1997b: 5).

An die Stelle der gesellschaftstheoretischen tritt nun bei Giesecke eine „pragmatische" Begründung politischer Bildung. Deutlich wird das in Ansätzen bereits in Gieseckes Text mit dem bezeichnenden Titel „Plädoyer für eine praktische und praktikable politische Didaktik" (Giesecke 1975d). Dort verleiht er seiner „Skepsis gegen allzu perfekte didaktische Konzepte" Ausdruck, bezieht dabei sich jedoch zunächst nur auf Richtlinien und auf die Praxis der politischen Bildung:

„Die wichtigen Grundentscheidungen lassen sich nach meiner Meinung ohnehin nicht wissenschaftlich eindeutig ableiten und rechtfertigen, sondern nur im Rahmen pragmatischer Vereinbarungen treffen, weil es für jede denkbare Entscheidung eine ganze Reihe gleich vernünftiger Alternativen gäbe. Das gilt sowohl für die Ebene der staatlichen Lehrpläne wie auch für die Unterrichtspraxis in den Schulen selbst" (Giesecke 1975d: 54).[477]

---

[477] Entsprechende Aussagen in Bezug auf die Unterrichtspraxis finden sich auch an vielen anderen Stellen wie bspw. in Gieseckes „Skizzen zu einer politisch begründeten historischen Didaktik":
„Mit anderen Worten: Das Problem der unterrichtlichen Konkretion ist nur dadurch zu lösen, dass man den offensichtlich nicht weiter einzugrenzenden Unbestimmbarkeitsspielraum zwischen den leitenden Prinzipien und der Konkretisierung durch pragmatische Konventionen ausfüllt" (Giesecke 1978c: 67; vgl. ähnlich auch Giesecke 1978b: 383).
Zu den Richtlinien schreibt Giesecke entsprechend:
„Die rheinland-pfälzischen Richtlinien, an denen Sutor mitgearbeitet hat, sind nicht weniger parteilich als die hessischen – nur eben mit anderem Akzent.

In seinem Nachwort zur 10. Auflage seiner Didaktik fordert Giesecke für die Richtlinien, die er offenbar auch als eine Art von didaktischer Konzeption betrachtet, eine „historisch-pragmatische" Legitimation anstelle einer „historisch-kritischen":

> „Wie und wodurch kann man eine Konzeption für den politischen Unterricht legitimieren, also unter Bezugnahme auf eine allgemein gebilligte Überzeugungsgrundlage rechtfertigen? [...] Am einfachsten wäre die Sache, wenn man historisch-pragmatisch verfahren würde, d.h. so, dass man vorhandene Richtlinien aufgrund gewandelter Erkenntnisse und neuer politischer Überzeugungen und Machtverhältnisse korrigieren, also anpassen würde" (Giesecke 1976c: 230).[478]

Bei dieser Beschränkung der Aussage auf staatliche Richtlinien, die in der Tat konsensfähig sein müssen, da über sie letztlich politisch entschieden wird, bleibt es allerdings nicht. Es finden sich in Gieseckes Schriften mehrere Stellen, an denen er auch für wissenschaftliche politikdidaktische Konzeptionen die Möglichkeit einer wissenschaftlichen Legitimation durch eine gesellschaftstheoretische Grundlegung ausschließt: Auf die Frage, wie er den Stellenwert von politischen Theorien bewerte, antwortet Giesecke in einem Interview mit Gotthard Breit:

> „Eine politische Didaktik kann sich nicht auf solche Theorien stützen, sonst gerät sie in unlösbare Schwierigkeiten wie in den siebziger Jahren, wo jede Didaktik sofort politisch-ideologisch verdächtigt wurde. Es geht darum, durch die Didaktik Lernmöglichkeiten zu eröffnen, die nicht beliebig, sondern schon durch wissenschaftliche Kategorien geprägt sind. Wir unterrichten ja Kinder und Jugendliche im Hinblick darauf, dass sie später als Erwachsene die Gesellschaft produktiv weiter gestalten können. Und was dann noch an Gesellschaftstheorie vernünftig und plausibel ist,

---

> Befriedigende Regelungen sind nicht durch das Durchsetzen der einen Politik- und Demokratietheorie gegen die andere möglich, nicht dadurch, dass die einen mit Aristoteles und die anderen mit Habermas argumentieren, sondern nur durch einen pragmatischen Kompromiss – etwa zwischen dem hessischen und dem rheinland-pfälzischen Modell" (Giesecke 1974a: 95).

478 Weiter unten heißt es – vermutlich ebenfalls nur auf staatliche Richtlinien bezogen:
> „Auf die Dauer wird man [...] ohne pragmatische Kompromisse nicht auskommen können, was aber eben auch besagt, dass man auf in sich stimmige, perfekt durchgearbeitete didaktische Konstruktionen wird verzichten müssen; sinnvoll sind in jedem Falle nur solche didaktischen Konzepte, die ‚Pluralität' auch in ihrer eigenen theoretischen Struktur zulassen" (Giesecke 1976c: 233).

wissen wir heute nicht; wir wissen auch nicht, welche Probleme es geben wird und welche Lösungen die neuen Generationen dafür finden werden" (Giesecke 1998b: 10; zum Interview vgl. o.S. 124, Anm. 146).

Auch in Bezug auf die Geschichtsdidaktik schreibt Giesecke:

„Meine Ansicht ist, dass didaktische Theoriebildung unter den gegenwärtigen wissenschaftlichen und gesellschaftlichen Bedingungen von einem bestimmten Punkt der Perfektion an ins Gegenteil umschlägt, nämlich entweder zu blutleeren technologischen Unterrichtsprojekten führt, oder aber das, was da vermittelt werden soll, verbaut. Didaktische Theorien müssen sich deshalb wohl bescheiden, mehr oder weniger pragmatische Konstrukte mit ‚mittlerer Reichweite' zu bleiben" (Giesecke 1978c: 72).[479]

Im Nachhinein interpretiert Giesecke auch das Kategorienensemble seiner eigenen Didaktik als „pragmatisch zusammengestellt, ohne jeden Anspruch auf eine innere theoretische Einheitlichkeit" (Giesecke 1975d: 56), und argumentiert, selbst die Kategorie Konflikt habe lediglich „einen pragmatisch-pädagogischen Hintergrund gehabt", weil sie sich in der außerschulischen politischen Bildung als „didaktisch ergiebig" erwiesen habe (Giesecke 1978b: 359). Beide Argumente treffen in Bezug auf die Entwicklung des Kategorienensembles und der Kategorie Konflikt zwar zu (vgl. o.S. 124), trotzdem wird Giesecke seiner Konzeption damit insgesamt nicht gerecht, weil er dort sowohl die Kategorien als auch die Bedeutung des Konflikts nicht nur pragmatisch, sondern durchaus auch theoretisch begründet.

Dass die „pragmatische Wende" (Gagel 1979: 179) ab Mitte der 1970er Jahre nicht von allen Politikdidaktikern so verstanden wurde, dass eine gesellschaftstheoretische Legitimation didaktischer Konzeptionen nicht mehr möglich sei, zeigen die Ausführungen von Bernhard Sutor. Bei ihm bleibt der Pragmatismus[480] auf die Formulierung der Richtlinien beschränkt und er schreibt über die Gespräche in Beutelsbach 1976 und in den Folgejahren:

„Es ging um den ‚pragmatischen' Gedanken, dass wir im Grundgesetz eine Lösung des Problems finden, wie eine pluralistische Gesellschaft ihren Dissens in Wert- und Weltanschauungsfragen austragen kann, nämlich

---

479 Giesecke scheint u.a. auch ein Vermittlungsproblem zu sehen, denn an anderer Stelle erwähnt er, er sehe die Gefahr, dass die „Verwissenschaftlichung" der Didaktik „die Kluft zwischen den Denkweisen der Hochschule und denen der Schule so vergrößern [könnte], dass sie einander nicht mehr befruchten und korrigieren können" (Giesecke 1980e: 48).
480 Mit Pragmatismus ist hier und im Folgenden immer nur ein pragmatisches Vorgehen gemeint, nicht die entsprechende philosophische Strömung.

unter Einigung auf Prinzipien und Regeln, deren Letztbegründung strittig bleibt und bleiben kann, weil sie ein hinlängliches Maß an ‚vorletzten' Gemeinsamkeiten enthalten" (Sutor 2002: 25).

In Bezug auf didaktische Konzeptionen sieht er den Pragmatismus nur darin, dass man sich damit abgefunden habe, dass es im Rahmen des Verfassungsverständnisses mehrere „konkurrierende[] Theorien und Konzepte" gab (Sutor 2002: 26).

Giesecke aber propagiert zunehmend als Alternative zur theoretischen Begründung, dass die Didaktik von der *vorgegebenen Praxis* ausgehen solle. In seinem bereits erwähnten „Plädoyer für eine praktische und praktikable politische Didaktik" schreibt er: „Nach meiner Überzeugung müssen didaktische Konzepte für den politischen Unterricht davon ausgehen, wie die Menschen ‚sowieso' über Politik denken [...]. Solche fundamentalen Grundhaltungen sind selbstverständlich nicht ‚angeboren', sie werden durch Lebenserfahrung erworben, nämlich dadurch, dass man im Umgang mit anderen, mit Behörden, mit Gruppen, mit Institutionen (z.B. Schulen) Erfahrungen macht" (Giesecke 1975d: 54).

Fast schon theoriefeindlich äußert er sich im Anschluss, wenn er zusätzlich konstatiert:

> „Wissenschaftliche Theorien können nämlich verhältnismäßig beliebig konstruiert werden, weil die Erkenntnisziele verhältnismäßig beliebig gesetzt werden können; für das praktische politische Denken dagegen können die Ziele nicht beliebig sein, sie sind bezogen auf bestimmte Bedürfnisse und Interessen. So wie Politiker im Wahlkampf diese Interessen und Bedürfnisse ansprechen müssen (und nicht etwa irgendwelche beliebigen Welterklärungs-Muster ansprechen können), so muss auch der politische Unterricht dieses praktische Denkmuster als vorgegeben betrachten; er kann es weder herstellen noch fundamental ändern, sondern nur korrigieren, erweitern, differenzieren" (Giesecke 1975d: 54-55).[481]

---

481 Vgl. entsprechend auch Gieseckes Gespräch mit Gerd Koch, in dem er sagt: „Die Didaktik hat auszugehen von den praktischen Problemen, die beim Lehren und Lernen entstehen. [...] Die Fragen sind objektiv vorgegeben und die didaktischen Lösungen, die es da gibt, müssen sich auf diese praktischen Fragen beziehen" (Giesecke 1978b: 361).
Weiterhin betont er in seinem Beitrag „Wozu noch ‚Politische Bildung'" für die „Neue Sammlung":
„Es scheint mir an der Zeit zu sein, die Frage nach dem Inhalt der politischen Bildung wieder einmal ‚von unten' anzugehen, also aus der Perspektive der Menschen selbst und nicht im Sinne einer Fortschreibung oder Variation der

Auch wenn Giesecke im Anschluss seine Absage an die Theorie relativiert, indem er zugesteht, wissenschaftliche Theorien könnten „dieses Denkmuster nicht außer Kraft setzen, sie können es nur aufklären helfen und die daraus resultierenden didaktischen Konzepte kritisieren", erstaunt seine naive Vorstellung von einer vorgegebenen Praxis, aus der sich – scheinbar ohne weitere Interpretation – Rückschlüsse für die Gestaltung der politischen Bildung ziehen ließen.

Walter Gagel schreibt dazu treffend in seinem zuerst 1986 in der Gegenwartskunde veröffentlichten, flammenden Plädoyer für eine theoretische „Neubesinnung" der politischen Bildung:

„Der theoretischen Explikationen überdrüssig oder von der massiven Kritik beeindruckt, wendet man sich direkt der Praxis zu und findet diese als Realität der Schüler (Schülerorientierung), als Realität, in der die Schüler leben (Alltagsorientierung), als Bewusstsein, wie es ist oder im Alltag entsteht (Erfahrungsorientierung)" (Gagel 1992: 66).

Während Gagel sich nicht nur und nicht ausdrücklich auf Hermann Giesecke bezieht, fordert Wolfgang Sander, für Gieseckes spätere Schriften zu überprüfen, ob sich darin nicht der dem Zeitgeist entsprechende „Habitus der Wissenschafts- und Theoriefeindlichkeit, der sich hinter der Berufung auf scheinbar selbstverständliche Anforderungen der ‚Praxis' verbirgt", wiederfinden lasse (Sander 2003: 134, Anm. 58).[482]

Mit der Verabschiedung von den Gesellschaftstheorien verschiebt sich bei Giesecke auch die Verantwortung für die Legitimation politischer Bildung – auf die Praktiker vor Ort, die jeweiligen *Lehrerinnen und Lehrer*. 1976 ist Giesecke noch skeptisch und schreibt, wenn der Staat sich in den Richtlinien auf allgemeine Grundsätze beschränke und „die konkreten Entscheidungen in der gemeinsamen Planung von Lehrern und Schülern erfolgen", bekomme der Lehrer „eine sehr starke Entscheidungsposition" und es sei die Frage, „wodurch sie sich rechtfertigen ließe" und ob sie „mit dem staatlichen Hoheitsanspruch auf die Schule und mit allen daraus resultierenden Konsequenzen noch vereinbar wäre" (Giesecke 1976c: 233).

---

vorliegenden didaktischen und curricularen Theorien, die, an den Universitäten hoffähig geworden, eher nach den Regeln des Wissenschaftsbetriebes sich weiterentwickeln als durch Orientierung an der politischen Realität" (Giesecke 1985: 471).

482 Sander bezieht sich auf die Neubearbeitungen von Gieseckes Didaktik 1993 und 2000; vgl. dazu u. ab S. 398.

Bereits ein Jahr später heißt es aber schon, die Schule in einer pluralistischen Gesellschaft bedürfe „eines großen didaktischen und methodischen Freiheitsspielraums" und daraus folge, dass „letzten Endes" der Lehrer „didaktische und methodische Entscheidungen treffen muss" (Giesecke 1977c: 66). Giesecke betont mehrfach, dass dadurch „die fachwissenschaftliche Qualifikation des Lehrers [...] konstitutiv für den Legitimationszusammenhang wird", und folgert daraus, dieser benötige die Kompetenz,

> „die Gegenstände, die er unterrichtet, hinsichtlich der damit verbundenen wertenden Urteile für sich selbst und gegenüber Fachkollegen argumentativ diskutieren zu können. Er muss also – prinzipiell unabhängig von seiner beruflichen Aufgabe – historisch-wissenschaftlich ‚gebildet' sein" (Giesecke 1978c: 64; vgl. auch Giesecke 1998e: 123).

Widersprüche: Nun doch eine wissenschaftliche Legitimation didaktischer Konzeptionen?
Gieseckes Abwendung von den Gesellschaftstheorien zur Begründung der politischen Bildung, die vor allem seine Aufsätze aus den späten 1970er Jahren auszeichnet, wird allerdings von zwei Aufsätzen aus dem Jahr 1980 konterkariert, in denen er plötzlich wieder ganz ausdrücklich für eine wissenschaftliche Legitimation politikdidaktischer Konzeptionen durch eine theoretische Begründung eintritt.

In seinem nur dreiseitigen Text „Was ‚ist' eine didaktische Theorie?" antwortet er auf Peter Kühns Vorwurf eines fehlenden theoretischen Pluralismus in der politischen Bildung (vgl. Kühn 1977: 9). Giesecke unterscheidet hier ausdrücklich verschiedene Ebenen und Textgattungen: „Richtlinien, didaktische Theorien und der jeweils tatsächliche Unterricht in den Schulen sind drei verschiedene Ebenen des politisch-gesellschaftlichen Phänomens ‚Politischer Unterricht'" (Giesecke 1980b: 65).

Über die Richtlinien schreibt Giesecke dann, es handle sich um politische Dokumente, deren „Legitimation auf dem gesetzlich vorgegebenen Auftrag des Staates gegenüber der Schule beruht" und die deshalb pluralistisch sein müssten. (Giesecke 1980b: 65-66). Dagegen werde in didaktischen Konzeptionen

> „der Versuch unternommen, die im Rahmen eines jeden politischen Unterrichts notwendig auftauchenden Probleme (z.B. Ziele, Begründung, Stoffe, Methoden usw.) nach den Regeln wissenschaftlichen Argumentierens in einem sinnvollen theoretischen Zusammenhang zu entwickeln und mögliche Lösungen zu begründen" (Giesecke 1980b: 66).

Bei Konzeptionen zeige sich der „theoretische Pluralismus" daher nicht innerhalb einer Konzeption, sondern erst darin,

> „dass verschiedene Autoren mit verschiedenen Ansätzen sich an dieser öffentlichen Diskussion beteiligen – wie bei anderen wissenschaftlichen Gegenständen und in anderen Disziplinen auch. [...] Theoretischer Pluralismus kann nun ernsthaft nicht vom einzelnen Autor verlangt werden; verlangt werden kann vielmehr nur, dass er sich mit anderen wissenschaftlichen Ansätzen auseinandersetzt, also überhaupt die Regeln wissenschaftlichen Argumentierens einhält" (Giesecke 1980b: 66).[483]

Giesecke widerspricht damit genau dem, was er selbst zuvor geschrieben hatte: dass der Lösung der „Legitimationsfrage durch wissenschaftliche Analysen und Erkenntnisse" auch für politikdidaktische Konzeptionen enge Grenzen gesetzt seien (Giesecke 1976c: 231; vgl. o.S. 389).

In seiner Antwort auf Peter Kühn thematisiert Giesecke auch erstmals ansatzweise seine Auffassung, dass zwischen der gesellschaftstheoretischen Grundlegung einer Konzeption und dem in ihr vorgeschlagenen „didaktischen Arrangement" ein Unterschied bestehe. Er schreibt ausdrücklich:

> „Wenn Kühn aber prüfen will, ob eine didaktische Konzeption Pluralität für den Unterricht zulässt oder nicht, dann muss er die didaktischen *Lösungsvorschläge*, also das vorgeschlagene didaktische Arrangement, daraufhin überprüfen und nicht die Begründungszusammenhänge, die zu diesen Lösungsvorschlägen geführt haben. Also: Genügt zum Beispiel das von mir vorgeschlagene Kategorien-Modell diesem Anspruch? Und nicht: Genügt meine im Begründungszusammenhang vorgetragene Auffassung über die ‚Kritische Theorie' diesem Anspruch? Diese Auffassung ist nämlich überhaupt nicht Gegenstand des Unterrichts. [...] Der Begründungszusammenhang richtet sich an den Lehrer, er soll und kann nicht Ergebnis (‚Lernziel') des Unterrichts sein" (Giesecke 1980b: 66-67).

Auch wenn Giesecke leider nicht weiter fragt oder gar ausführt, wie denn genau der Zusammenhang zwischen dem theoretischen Begründungszusammenhang und dem didaktischen Arrangement in einer Konzeption aussehen sollte,

---

483 Über den politischen Unterricht selbst schreibt Giesecke, dieser würde ohnehin nicht durch die eine oder andere didaktische Konzeption determiniert – diese ermöglichten lediglich den Lehrenden, „sich eine Art von didaktischem Bewusstsein zu verschaffen", wozu es allerdings nötig sei, dass der Lehrer „zumindest mehrere didaktische Ansätze kennt und vergleicht" (Giesecke 1980b: 66).

deutet dieser Text zumindest an, dass Giesecke nachträglich die Funktion des Begründungszusammenhangs zur Legitimation der Didaktik in Frage stellt.[484]

In seinem ungleich längen Grundlagenaufsatz „Entwicklung der Didaktik des Politischen Unterrichts", den Giesecke ebenfalls 1980 im Sammelband des MPI für Bildungsforschung zur „Bildung in der Bundesrepublik Deutschland" veröffentlicht hat, geht er aber wie selbstverständlich davon aus, dass didaktische Konzeptionen insgesamt auch eine legitimatorische Funktion erfüllen. Er unterscheidet erneut zwischen didaktischen Konzeptionen, die er „Didaktik" nennt, und anderen Texten zur politischen Bildung wie „Richtlinien" und „unterrichtsmethodischer Gebrauchsliteratur" (Giesecke 1980a: 503).

Giesecke schreibt, didaktische Konzeptionen richteten sich vornehmlich an die Praxis, erfüllten aber auch „legitimatorische Funktionen" – sie würden „benötigt, um den pädagogischen Entscheidungsspielraum, den die Richtlinien lassen, rational zu fassen und öffentlich zu verantworten" (Giesecke 1980a: 503). Richtlinien dagegen seien politische Texte und müssten daher konsensfähig sein (Giesecke 1980a: 510). Die umstrittenen Richtlinien aus Hessen und NRW seien gerade deshalb problematisch gewesen,

> „weil sie die Grenzen der unterschiedlichen Legitimationsebenen verwischten: Was gehört in den politischen Text, was in den offenen Wettbewerb der fachwissenschaftlichen und didaktischen Theoriebildung und was in die professionelle Unterrichtskompetenz des Lehrers?" (Giesecke 1980a: 512-513).

Erwähnenswert ist darüber hinaus, dass Giesecke in diesem Text bedauert, dass Anfang der 1970er Jahre der Versuch abgebrochen worden sei, „neue wissenschaftliche Entwicklungen und Erkenntnisse, die für die praktischen Grundprobleme der politischen Didaktik relevant sind, in deren Theorie zu integrieren". Er fordert er ausdrücklich:

> „Dieser Versuch muss wieder aufgenommen werden. Gelingt dies nicht, dann werden die genannten vielfältigen wissenschaftlichen Einflüsse auch weiterhin zu partikularen, verabsolutierten didaktischen und methodischen

---

484 Giesecke fragt zudem ausdrücklich, ob der große Umfang der Begründungszusammenhänge in didaktischen Theorien vielleicht zu einer Verselbstständigung „gegenüber den eigentlichen praktischen didaktischen Problemen" geführt habe. Selbstkritisch benennt er die Gefahr, dass die theoretischen Grundlegungen damit „zu einem eigentümlich belanglosen Genre von Text werden – nutzlos für den Unterricht, aber auch nicht autonom genug, um als Theorie sui generis Bedeutung zu erlangen", und fordert: „Darüber sollte vielleicht weiter nachgedacht werden" (Giesecke 1980b: 67).

Einzelstrategien führen, die der praktisch vorgegebenen Komplexität des Handlungszusammenhangs nicht mehr gerecht werden. Im gleichen Maße werden sie sich notwendig auch von ihren wissenschaftlichen Kontrolldisziplinen lösen und zu pädagogischen Ideologien verkümmern" (Giesecke 1980a: 540).

Dreizehn Jahre später veröffentlicht Giesecke dann die erneute Überarbeitung seiner eigenen politischen Didaktik – und alles, was er 1980 so eindringlich fordert, wird dort von ihm selbst ignoriert.

4.2 Gieseckes neue „Politische Bildung"

Gieseckes erneute Überarbeitung seiner Didaktik schließt seine ebenfalls überarbeitete Methodik ein und erschien erstmals 1993 unter dem Titel „Politische Bildung. Didaktik und Methodik für Schule und Jugendarbeit". Das Buch ist in weiten Teilen eher essayistisch geschrieben. Giesecke verzichtet auf sämtliche Literaturverweise im Text und sein Literaturverzeichnis umfasst auf knapp zwei Seiten weniger als 40 Titel. Er selbst bezeichnet diese Neuausgabe im Vorwort der 2000 erschienen zweite Auflage als „Diskussionsbeitrag unter Experten", der nicht für die Ausbildung der Politiklehrerinnen und -lehrer gedacht gewesen sei (Giesecke 2000b: 5).

Für die überarbeite und erweiterte zweite Auflage, die im Jahr 2000 erschien, hat Giesecke große Teile seines Aufsatzes „Entstehung und Krise der Fachdidaktik Politik 1960-1976" (Giesecke 1999b) in leicht modifizierter Form übernommen. Dieser historische Überblick enthält im Gegensatz zum restlichen Text, in den Giesecke auch jetzt nur einzelne Literaturverweise eingebaut hat, deutlich mehr Verweise. Der Umfang des Literaturverzeichnisses hat sich vervierfacht und Giesecke schreibt nun im Vorwort, dass es ihm bei der erweiterten Auflage darum gehe, „dem politischen Unterricht wieder eine fachdidaktische Grundlage zu geben, die auch für die Ausbildung der Politiklehrer dienlich sein kann" (Giesecke 2000b: 5).

Giesecke begründet seine Intention damit, dass „sich das Fach in einer bildungspolitischen und schulpädagogischen Krise" befinde. Dass er darauf mit einer Überarbeitung seiner Didaktik reagiert, legt die Vermutung nahe, dass die „schulpädagogische" Krise seines Erachtens auch eine politikdidaktische Krise einschließt. Diese Krisendiagnose widerspricht allerdings anderen Deutungen aus der Politikdidaktik. So betont beispielsweise Wolfgang Sander, dass dieser im Laufe der 1990er Jahre ein „Generationenwechsel" gelang, der zugleich eine „Konsolidierung" wie auch eine „Modernisierung" der Disziplin bewirkte (Sander 2003: 150).

In der Politikdidaktik wurden Gieseckes neue Ausgaben von 1993 und 2000 kaum zur Kenntnis genommen. Walter Gagel erwähnt sie in seiner „Geschichte der politischen Bildung" in einem kleingedruckten Textabschnitt, geht jedoch nicht weiter darauf ein (Gagel 2005: 158). In Ingo Juchlers Text zu Giesecke als „Klassiker" der politischen Bildung kommen sie gar nicht vor (Juchler 2011) und auch Joachim Detjen erwähnt sie in seinem Buch „Politische Bildung" (Detjen 2007) nicht. Wolfgang Sander geht in seinem Überblick zur Geschichte der politischen Bildung in der Schule mit wenigen Sätzen darauf ein (vgl. o.s. 394) und lediglich Peter Herdegen analysiert einige der Neuerungen in den Ausgaben von 1993 und 2000 (vgl. Herdegen 2007; u. S. 402).

In diesem Abschnitt werden beide Auflagen von Gieseckes Buch parallel dargestellt, da sie sich in Bezug auf die Theorierezeption nicht substanziell unterscheiden. Wo Unterschiede existieren, wird auf sie hingewiesen.

Abkehr von den marxistischen Theorien und von der Gesellschaftskritik
In Gieseckes Neuausgaben von 1993 und 2000 ist wie schon in seinen Aufsätzen seit der Mitte der 1970er Jahre von einer marxistischen Gesellschaftstheorie nichts mehr zu spüren und es findet sich auch kaum noch eine Kritik an der bestehenden Gesellschaft.

Bei Gieseckes Abgrenzung von den *marxistischen Ansätzen* der politischen Bildung in Pädagogik und Didaktik wird meist nicht deutlich, ob sich seine Kritik nur gegen die radikalen linken Pädagogen und Didaktiker richtet, die er auch 1972 schon kritisiert hatte (vgl. o.S. 216), oder gegen die gesamte linke Didaktik der 1970er Jahre – inklusive seiner eigenen Konzeption. Gieseckes Formulierung der Kritik an der Vorgabe eines richtigen Bewusstseins und objektiver Interessen trifft aber inhaltlich auch seine Neuausgabe der Didaktik von 1972 oder doch zumindest deren theoretische Grundlegung, und sie zeigt, dass Giesecke nun die Probleme solcher Vorgaben zumindest ansatzweise erkennt. 1993 schreibt er:

> „Die politisch-ideologische Zuschreibung didaktisch-methodischer Konzepte erreichte ihren Höhepunkt in dem Jahrzehnt Ende der sechziger bis Ende der siebziger Jahre. Das Instrumentarium dafür lieferte die ‚Ideologiekritik' der nun zum Zuge kommenden neo-marxistisch orientierten Autoren. Die Ideologiekritik ordnet bekanntlich individuelle Gedanken und Meinungen ‚objektiven' kollektiven Interessen zu, – ob die Meinenden diese nun im Sinne haben oder nicht. Voraussetzung dafür ist, dass man die Interessen vorweg definiert, damit die Zuordnungen auch einen Sinn ergeben" (Giesecke 1993: 22-23; vgl. ähnlich auch 2000b: 30).

In der überarbeiteten Ausgabe von 2000 heißt es zusätzlich an anderer Stelle:

„Wie jedoch kann die Objektivität der Welt erkannt und gelehrt bzw. gelernt werden? [...] Versuche, die Einzelwissenschaften in einer Art von Metawissenschaft zu integrieren – wofür sich eine Zeit lang Theologie bzw. Philosophie anboten –, endeten durchweg in ideologischen Systemen, wofür der Marxismus das bekannteste, aber keineswegs das einzige Beispiel der Moderne ist. Solche Systeme drohen immer den eigentlichen wissenschaftlichen Impetus, die Welt in ihrer Objektivität in Distanz zum unmittelbaren Handlungsinteresse zu verstehen, zumindest teilweise wieder in Frage zu stellen" (Giesecke 2000b: 81-82).

Zudem erkennt Giesecke jetzt in Ansätzen das Problem der resignativen Entfremdungsthese der Kritischen Theorie, wenn er feststellt:

„Ihre klassischen Vertreter wie Adorno und Horkheimer stifteten gerade wegen ihrer gesellschaftlichen Fundamentalkritik keineswegs zum unmittelbaren Handeln an, weil sie dafür gar keine Strategie parat hatten" (Giesecke 2000b: 39).

Es gibt mehrere Hinweise darauf, dass Giesecke vor allem die radikalen linken Autoren kritisieren will und sich selbst nicht in die Kritik einbezieht. So schreibt er unter anderem:

„Eine neue politisch-ideologische Qualität erreichte die Auseinandersetzung durch jetzt zum Zuge kommende, an der ‚kritischen Theorie' bzw. neo-marxistisch orientierte Autoren, die die politisch-didaktischen Konzepte nun ideologiekritisch sortierten. Was sich nicht ‚antikapitalistisch' verstand, wurde ausgegrenzt" (Giesecke 2000b: 25; vgl. ebd.: 30).

Giesecke greift diese Konzepte wie schon 1972 dafür an, dass sie auf Indoktrination setzten (vgl. o.S. 238):

„Die radikalen ‚Antikapitalisten' hatten die Fragen, die sie den Schülern und die diese selbst stellten, ohnehin für sich längst beantwortet, sodass die didaktische Problematik ein für allemal erledigt schien und es nur darauf ankam, Methoden zu finden, mit denen das ‚richtige' Bewusstsein in die Köpfe der Kinder und Jugendlichen transportiert werden konnte" (Giesecke 2000b: 26).

Andererseits gibt es auch Anzeichen dafür, dass Giesecke erkennt, dass diese Kritik auch ihn selbst trifft. So konstatiert er ausdrücklich, nachdem er die Veränderungen bei Hilligen und Fischer in den 1970er Jahren dargestellt und auf seine Forderung nach einem „Abbau überflüssiger Herrschaft von

Menschen über Menschen" im Nachwort zu seiner Didaktik von 1968 (Giesecke 1968b) verwiesen hat:

> „Gesellschaftliche Veränderungen können und müssen zweifellos zum Thema politischer Bildung werden, wenn sie mit gebührender öffentlicher Resonanz vertreten werden; werden sie aber auch zu deren Ziel, dann wird politische Bildung selbst zum Teil des innenpolitischen Kampfes mit anderen Mitteln. Die Didaktik der Politik kann von sich aus weder die Substanz des Gegenstandes Politik definieren, noch politische Prognosen verkünden, etwa über die künftige Abschaffung des Staates. Nicht nur die offen neo-marxistischen didaktischen Konzepte, sondern auch die der ‚ersten Generation' gingen also von vorgängigen und immer auch bestreitbaren Grundsatzdeutungen des Politischen aus" (Giesecke 2000b: 37-38).

Dass Giesecke bei der vorausgegangenen Erwähnung seiner Schriften aus dieser Zeit allerdings nur sein Nachwort von 1968 nennt und seine Neuausgabe der Didaktik von 1972 mit keinem Wort anspricht, ist aufschlussreich. Es zeigt, dass Giesecke auch im Jahr 2000 noch nicht bereit war, sich mit seiner eigenen marxistischen Grundlegung der Didaktik von 1972 auseinanderzusetzen.

Gieseckes Wandlung wird 1993 nicht nur in der Abkehr von den marxistischen Theorien deutlich, sondern zeigt sich auch darin, dass er seine *Gesellschaftskritik* wie bereits in den vorangegangenen Aufsätzen deutlich reduziert und auf die Forderung nach einer zunehmenden Demokratisierung der Gesellschaft weitgehend verzichtet. Er argumentiert jetzt unter der Überschrift „Wozu politischer Unterricht?", das Unterrichtsfach Politische Bildung sei nötig, um die Akzeptanz für die „parlamentarisch-demokratische Gesellschaftsverfassung" zu stärken und gegebenenfalls zur „Verteidigung" von „demokratische[n] Verhältnisse[n] und Gedanken" beizutragen (Giesecke 1993: 46).

Der Staat könne sich im politischen Unterricht in Form einer Verfassungskunde „der jungen Generation präsentieren" (Giesecke 1993: 47) und Ziel dieses Unterrichts sei die „gegenwärtige wie künftige gesellschaftliche Teilhabe", die sich durch die Teilnahme an den Wahlen, an der beruflichen Interessenvertretung, an der „politischen Publizistik" sowie „im Rahmen von Verbänden, Organisationen bzw. Bürgerinitiativen" realisieren lasse (Giesecke 1993: 48-49; vgl. 2000b: 67-Giesecke spricht zwar einerseits von der politischen Partizipation als „Hauptzweck des politischen Lernens in der Schule" – betont aber, es komme nicht nur darauf an, selbst politisches Handeln zu erlernen, sondern auch darauf, das „politische Handeln anderer – vor allem der gewählten Repräsentanten" beurteilen zu können, „um mit eigenem

Handeln – und sei es auch nur beim Wahlakt – darauf reagieren zu können" (Giesecke 1993: 57; vgl. entspr. 2000b: 69).

Im Jahr 2000 schreibt Giesecke dann zusätzlich, man müsse „zwischen dem Handeln als Standpunkt und als Gegenstand unterscheiden", und im allgemeinbildenden Unterricht gehe es nicht darum, „politisches Handeln zu lehren, sodass dabei Politiker ausgebildet würden, sondern darum, das in der Realität Vorfindbare zu beurteilen. Das ist ein gewichtiger Unterschied" (Giesecke 2000b: 82).

Die extremste Formulierung in diesem Zusammenhang wählt Giesecke im Methoden-Kapitel der Didaktik von 1993:

> „Die Vorstellung, dass der Schüler durch den politischen Unterricht auch erfahren müsse, wie er politisch handeln könne, oder dass er sogar zu bestimmten Handlungen durch den Unterricht mobilisiert werden müsse, ist nicht pädagogischer, sondern politischer Natur. Sie ist eine Erblast aus der Hitler-Zeit" (Giesecke 1993: 124).[485]

Giesecke argumentiert hier, auch wenn im Unterricht „die Möglichkeiten des legalen politischen Widerstandes aufgezeigt werden" müssten, sei es „unsinnig, bei jedem behandelten politischen Thema darüber nachzusinnen, wie man denn nun aktiv werden könne, wenn man es denn wolle oder solle". Er begründet das einerseits empirisch – wie bereits 1965 – mit den geringen tatsächlichen Einflussmöglichkeiten der Bürgerinnen und Bürger, aber andererseits auch normativ, indem er schreibt: „Das außerschulische Handeln der Schüler bleibt ihr Eigentum, gehört nicht dem Lehrer" (Giesecke 1993: 124-125).

Insgesamt zeigen seine Ausführungen, dass er sich nun am bestehenden politischen System orientiert – dessen weitere Demokratisierung scheint für ihn kein relevantes Ziel der politischen Bildung mehr zu sein.[486] Auch Peter Herdegen erkennt in Gieseckes Didaktik von 1993 eine „zunehmende Skepsis vor der Demokratisierung der Gesellschaft". Giesecke kehre zu seiner Position

---

485 In der zweiten Auflage aus dem Jahr 2000 taucht dieses Argument nicht mehr auf.
486 Entsprechend ist auch Gieseckes Politikbegriff 1993 relativ eng und ausschließlich auf das politische System bezogen:
„Es kommt aber darauf an, Politisches politisch zu verstehen und zu erklären, sonst wird die moralistische Beurteilung politischer Phänomene nur fortgesetzt. Das allerdings ist entscheidend. Nur ein politischer Unterricht, der wirklich das Politische im Blick hat, also die Strukturen und Organe des politischen Systems einerseits, die auf Machtgewinn und Durchsetzung gerichteten Interessen andererseits, hat eine eigene Daseinsberechtigung" (Giesecke 1993: 48).

von 1965 und zum „interessierten Zeitungsleser als wichtige Zielsetzung politischer Bildung" zurück (Herdegen 2007: 128).

Darüber hinaus verzichtet Giesecke nun auch darauf, die *Interessen der Schülerinnen und Schüler* – seien sie nun subjektiv oder objektiv – zum Ausgangspunkt der politischen Bildung zu machen. Er schreibt:

> „Vielleicht mag überraschen, dass hier auf eine subjektive Kategorie, etwa auf die Frage nach dem persönlichen Interesse oder der individuellen Betroffenheit des Schülers verzichtet wird. Selbstverständlich kann man die Frage: ‚Was geht mich das an?' als eine ständige Leitfrage aufnehmen. Mir selbst erschiene dies allzu ‚erzieherisch'" (Giesecke 1993: 75).

Darauf folgt der lapidar formulierte, aber aufschlussreiche Hinweis:

> „[D]er Schüler hat auch das Recht, seine Gefühle und Überzeugungen für sich zu behalten" (Giesecke 1993: 76).

Die Ablehnung der Schülerinteressen als Ausgangspunkt politischer Bildung steht im Zusammenhang damit, dass Giesecke nun von einer grundlegenden Unvereinbarkeit von *Bildung und Erziehung* – er spricht auch von „Aufklärung und Verhalten" – ausgeht (Giesecke 1993: 50; vgl. 2000b: 78). Er behauptet jetzt, jede Erwartung, dass der Politikunterricht auch zur Erziehung beitragen könne, führe zur Ideologisierung, die der Aufklärung widerspreche. Dabei scheint der Begriff „Erziehung" aber nicht nur für die Vermittlung von Werten des sozialen Zusammenlebens zu stehen, sondern zumindest an einigen Stellen auch für Versuche, durch politische Bildung normative Ziele zu erreichen. So schreibt Giesecke etwa, es lasse sich „keine didaktische Konstruktion finden, die z.B. die Gewaltenteilung erklärt, sie aber so erklärt, dass der Schüler dieses Prinzip auch später verteidigen wird" (Giesecke 1993: 50; 2000b: 72). Diese Aussage widerspricht offenkundig dem noch einige Seiten zuvor formulierten Ziel der politischen Bildung, die „parlamentarisch-demokratische Gesellschaftsverfassung" zu verteidigen (vgl. o.S. 401), zudem kann sie fast schon als relativistisch bezeichnet werden.[487]

Giesecke nennt anschließend als weiteres Beispiel, dass niemand die Bundeswehr so erklären könne, „dass der Schüler nicht den Wehrdienst verweigert"

---

487 Zumindest für eine Unsicherheit Gieseckes, wie weit die normativen Vorgaben in der Schule gehen dürfen, spricht auch, dass er anschließend argumentiert, „in unserer pluralistischen und individualisierenden Gesellschaft" sei „die staatsmonopolistische Schule nicht mehr legitimiert, Erziehungsziele einzufordern, die im pluralistischen Alltag unterschiedlich bewertet werden dürfen, weil sonst der Konsens unter den gesellschaftlichen Gruppen gefährdet würde" (Giesecke 1993: 51-52; 2000b: 74-75).

(Giesecke 1993: 50; vgl. 2000b: 72-73). Das deutet darauf hin, dass er an dieser Stelle gar nicht zwischen politisch umstrittenen Fragen, die in der Tat kontrovers behandelt werden sollten, und den normativen Grundlagen der Demokratie, wie sie sich beispielsweise in der Gewaltenteilung manifestieren, unterscheidet.

Allerdings gibt es dann auch wieder Passagen, in denen Giesecke Erziehungsziele nicht mit Verweis auf den Pluralismus, sondern nur aus Gründen mangelnder Umsetzbarkeit abzulehnen scheint. So etwa wenn er im Fazit schreibt:

> „Alle seit Beginn der 60er Jahre vorgelegten Konzepte und Versuche haben den relativ großen Spielraum der Unbestimmbarkeit nicht wesentlich einengen können. Lediglich ideologisch festgelegte Positionen – wie einige neo-marxistische – haben diese Unbestimmbarkeit weitgehend beseitigen können, aber nur um den Preis offenkundiger Indoktrination. Selbst wenn man erzieherische Vorgaben macht, ändert sich an der didaktischmethodischen Unbestimmbarkeit wenig, weil eben kaum vorhersehbar ist, welche erzieherischen Wirkungen welche Stoffe [...] tatsächlich haben. Die Tatsache, dass nur eine ideologisch festgelegte didaktisch-methodische Position eine logisch konsequente Linie von der didaktischen Analyse zur unterrichtlichen Verwirklichung ziehen kann, sollte uns nachdenklich stimmen, weil es ein wenn auch extremes Beispiel dafür ist, was aus dem politischen Unterricht wird, wenn er konsequent erzieherischen Zielen unterworfen wird" (Giesecke 1993: 159).

Und schließlich scheint sogar die *Gesellschaftskritik* an manchen Stellen wieder durch, etwa wenn Giesecke betont, die politische Bildung in den 1960er und 1970er Jahren habe parteilich werden müssen, weil nun durch die modernen Sozialwissenschaften Erkenntnisse „über die tatsächlichen gesellschaftlichen Verhältnisse und damit auch über Ungerechtigkeiten, Benachteiligungen, ideologische Verschleierungen von Machtverhältnissen u.a. m." vorgelegen hätten. Aufklärung sei damit – so Giesecke weiter – „eo ipso Parteinahme" gewesen (Giesecke 1993: 24; vgl. Giesecke 2000b: 27).[488]

Erstaunlicherweise differenziert Giesecke dabei nicht eindeutig zwischen den Theoriebezügen seiner ersten Didaktik von 1965 und der zweiten von 1972. Einige Seiten weiter unten heißt es nämlich – nun offenbar in Bezug

---

488 Dass Giesecke in Bezug auf die angebliche „Objektivität" seiner gesellschaftspolitischen Vorstellungen der „Alte" geblieben ist, zeigt sich daran, dass er immer noch von den damaligen sozialwissenschaftlichen „Erkenntnissen" als unbestreitbaren Fakten spricht (Giesecke 1993: 24).

auf die erste Didaktik –, die neuen didaktischen Konzepte hätten sich an den wieder etablierten „sachbezogenen Bezugswissenschaften Soziologie und Politikwissenschaft" orientiert und mit dem Blick „auf die soziopolitischen Realitäten" eine „realistische Wende" in der Politikdidaktik eingeleitet (Giesecke 1993: 34).

Abwendung von der Konfliktorientierung
Wie schon in seinen Aufsätzen wendet sich Giesecke in seiner Didaktik von 1993 vom Leitbild einer konfliktorientierten politischen Bildung ab. Er führt zunächst mehrere Probleme des Konfliktansatzes an, die auf der Ebene der *Umsetzung* liegen:

Zuerst nennt er Schwierigkeiten bei der Unterrichtsplanung und Erfolgskontrolle, die durch die Offenheit und Unentscheidbarkeit vieler Konflikte entstünden (vgl. Giesecke 1993: 76). Eine große Herausforderung sieht Giesecke auch in der Notwendigkeit, immer eine „Mindestmaß an Komplexität" aufrechtzuerhalten (Giesecke 1993: 82). Vor allem Lehrerinnen und Lehrer, die fachfremd unterrichteten, hätten in der Praxis „die Schwierigkeiten dieses Ansatzes umgangen […], indem sie statt sachlicher Analysen moralisch-pädagogische Gesinnungen verbreitet haben" (Giesecke 1993: 77; vgl. ebd.: 82; 2000b: 95, 136). Schließlich habe die Vergangenheit gezeigt, dass der konfliktorientierte Ansatz wegen „seiner unvermeidlichen Mobilisierung von Emotionalität problematisch werden kann" (Giesecke 1993: 80). Auch bei den Schülerinnen und Schülern setze der konfliktorientierte Ansatz viele Fähigkeiten voraus, die „wohl erst von Schülern der gymnasialen Oberstufe erwartet werden" könnten (Giesecke 1993: 82). Da die Lernenden überdies heute mit der Erfahrung aufgewachsen seien, „dass ein wichtiger Teil des politischen Lebens aus Interessengegensätzen und daraus resultierenden Konflikten besteht" (Giesecke 1993: 82), hält Giesecke die Konfliktorientierung als organisierendes Prinzip der politischen Bildung nicht mehr in gleichem Maße für notwendig wie noch 1965 und 1972.

Er nennt nun vier alternative didaktische Zugänge des Politikunterrichts: neben dem „konfliktorientierten" den „problemorientierten" und den „tagespolitischen Ansatz" sowie die „systematische Kunde" (Giesecke 1993: 58-88).

Giesecke hebt zunächst die *Problemorientierung* hervor und nennt dazu fünf Beispiele: „1. Die Gleichstellung von Männern und Frauen, 2. Das Energieproblem (z.B. Atomkraft), 3. Wanderungsbewegungen und Asylrecht, 4. Der Nord-Süd-Konflikt, 5. Das Verhältnis von Ökonomie und Ökologie" (Giesecke 1993: 65). Er fordert, diese Probleme „sachlich und systematisch" darzustellen und im Hinblick auf die „unterschiedlichen Positionen und ihre

Begründung" zu untersuchen (Giesecke 1993: 67). Sowohl an den genannten Problemen wie auch an der Forderung, sie systematisch darzustellen, wird deutlich, dass Giesecke sich nicht nur von dem Anspruch, konkrete, jeweils aktuelle Konflikte im Unterricht zu behandeln, verabschiedet, sondern dass er mit dem Wechsel von den Konflikten zu den Problemen auch die Politics-Dimension über Bord wirft. Deren Berücksichtigung hatte aber vor allem seine Didaktik von 1965, eingeschränkt auch noch die Neuausgabe von 1972, besonders geprägt, weil Giesecke damit einen wichtigen Ausschnitt der politischen Wirklichkeit in den Blick genommen hatte, der in vielen anderen Konzeptionen zur politischen Bildung vernachlässigt worden war (vgl. o.S. 51, S. 351).

Giesecke geht aber sogar noch weiter. Er will gar nicht primär die genannten Probleme ins Zentrum des Unterrichts stellen, sondern setzt vor allem auf eine *systematische Kunde*. Er konstatiert: „Ein Mindestmaß an systematischen Kenntnissen über politische Strukturen ist nötig, um die anderen Ebenen des langfristigen und des aktuellen politischen Handelns überhaupt verstehen und beurteilen zu können" (Giesecke 1993: 58). Daraus folgt er:

> „Das Kernstück des schulischen politischen Unterrichts dürfte aber die Kunde sein, und die anderen Ansätze können in sie eingefügt werden, wenn die Umstände dafür sprechen. Die Schule ist nicht dazu da, täglich politisch zu räsonieren, das bringt sie an den Rand des Stammtisches" (Giesecke 1993: 87).[489]

Auch Peter Herdegen stellt fest, dass Giesecke schon Mitte der 1970er Jahre von der Konfliktorientierung abgerückt sei und diese 1993 und 2000 weitgehend auf die Oberstufe und die Erwachsenenbildung begrenzen wolle (vgl. Herdegen 2007: 127). Herdegen hebt besonders hervor, dass Giesecke zur Begründung auf die Veränderungen in der politischen Sozialisation verweise:

> „Der jungen Generation will er eine Distanzierung von ihrer ‚allzu fixen Selbstzentriertheit' […] ermöglichen, indem er den problemorientierten Ansatz und die systematische Kunde über politische Institutionen und deren Beziehungen gegenüber dem konfliktorientierten Ansatz in den

---

[489] Fünf Seiten zuvor heißt es etwas weniger abwertend aber noch immer deutlich anders als in den vorangegangenen Konzeptionen: „Für den ‚normalen' politischen Unterricht schlage ich vor, den problemorientierten Ansatz mit der Kunde zu verbinden, den konfliktorientierten dagegen als gelegentlich einzusetzendes Konzept der gymnasialen Oberstufe vorzubehalten" (Giesecke 1993: 82).

Vordergrund rückt" (Herdegen 1993: 128; Zitat im Zitat: Giesecke 2000: 133).

Mit der nachlassenden Bedeutung der Konfliktorientierung dürfte in Zusammenhang stehen, dass Giesecke sich 1993 auch von seinen elf Kategorien der Konfliktanalyse verabschiedet. Stattdessen präsentiert er nun fünf kategoriale Analysefragen, die gegebenenfalls im Rahmen des konfliktorientierten Ansatzes zum Tragen kommen sollen: „1. Welche verschiedenen Problemdefinitionen sind erkennbar?"; „2. Welche verschienen Interessen sind erkennbar?"; „3. Welche Ursachen für den Konflikt werden genannt?"; „4. Welche Folgen hat diese oder jene Handlungsstrategie, wenn sie sich durchsetzt?"; „5. Wie ist die Rechtslage?" (Giesecke 1993: 71-75).

Offenbar hält Giesecke diese Ersatzlösung aber nicht lange für tragfähig, denn 2000 kehrt er zu seinen ursprünglichen elf Kategorien zurück (vgl. o.S. 89, S. 293) und präsentiert sie im Rahmen des konfliktorientierten Ansatzes, der allerdings noch immer nur einen von vier didaktischen Zugängen des Politikunterrichts im Rahmen seiner Konzeption darstellt (vgl. Giesecke 2000b: 110-116).

Die fünf kategorialen Analysefragen von 1993 behält Giesecke trotzdem bei. Ergänzt um eine sechste Frage: „Wie könnte eine Lösung des Konflikts aussehen, welche die Beteiligten zu befrieden vermag?", stellt er sie neben die elf ursprünglichen Kategorien und charakterisiert sie als „vereinfachtes Modell", wie er es sich „für Haupt- und Realschüler" vorstellen könne (Giesecke 2000b: 122-128).

Giesecke betont nun an mehreren Stellen die zentrale Bedeutung der Kategorien:

„Der didaktische Kern des politischen Unterrichts ist das politische Handeln. Seine Beurteilung soll durch Anwendung entsprechender fachdidaktischer Kategorien gelernt werden. Das Kategorienensemble verbindet alle überhaupt sinnvollen Lernziele für den politischen Unterricht in einem logischen Zusammenhang, der jedoch nicht identisch sein kann mit einer praktikablen unterrichtlichen Sequenz" (Giesecke 2000b: 136).

Mit den elf Kategorien der Konfliktanalyse steigt auch die Bedeutung des Konfliktansatzes in der Auflage der Didaktik von 2000 wieder. Zwar schreibt Giesecke auch jetzt noch, es sei „denkbar, der Kunde und dem problemorientierten Ansatz (,Schlüsselprobleme') einen gewissen Vorrang einzuräumen, weil sie den planerischen Bedürfnissen der Schule entgegenkommen" (Giesecke 2000b: 133); an anderen Stellen betont er jedoch, er knüpfe nun wieder an sein Konzept von 1965 an (vgl. Giesecke 2000b: 35).[490]

---

490 Giesecke schreibt:

Giesecke argumentiert nun – gegen seine eigene Position von 1993 –, dass die Konfliktorientierung sich bisher „unterhalb der gymnasialen Oberstufe kaum durchgesetzt" habe, weil sie „als zu abstrakt und deshalb als zu schwierig für jüngere Schüler" gelte, sei nicht überzeugend, „wenn man bedenkt, dass dieselben Schüler bereits mit gewiss nicht weniger komplizierten Operationen der Mathematik befasst werden" (Giesecke 2000b: 94). Weiter unten konstatiert er: „Die verschiedenen didaktischen Zugänge sind mit je spezifischen Schwierigkeiten verbunden, die zugleich die Grenzen ihrer Reichweite verdeutlichen. Deshalb ist es angebracht, längerfristig diese Ansätze zu kombinieren" (Giesecke 2000b: 136).

Auch wenn Giesecke die Rolle der Kategorien und der Konfliktanalyse im Jahr 2000 wieder stärker hervorhebt, wird ihre Stellung im Rahmen seiner neuesten Konzeption nicht ganz deutlich. Vor allem dass er die Kategorien einerseits dem konfliktorientierten Ansatz zuordnet, aber andererseits betont, das Kategorienensemble verbinde „alle überhaupt sinnvollen Lernziele für den politischen Unterricht in einem logischen Zusammenhang", was eine Kombination aller vier didaktischen Ansätze „möglich und nötig" mache (Giesecke 2000b: 136), lässt diesen zentralen Aspekt der didaktischen Konzeption Gieseckes unausgereift erscheinen.

Ablehnung einer gesellschaftstheoretischen Grundlegung
In seinen didaktischen Konzeptionen von 1993 und 2000 lehnt Giesecke wie schon im Großteil der Aufsätze aus den 1970er Jahren eine gesellschaftstheoretische Grundlegung didaktischer Konzeptionen ab. Damit grenzt er sich fast schon überheblich von früheren didaktischen Konzeptionen – auch seinen eigenen – ab. Bereits in der Einleitung heißt es:

„Zum Stichwort ‚Politische Bildung' stehen in meiner häuslichen Bibliothek Bücher und Schriften in einem Umfang von mehr als sechs Metern. […] Zu dieser Produktion habe ich auch das eine oder andere beigetragen, z.B. meine ‚Didaktik der politischen Bildung', die 1965 erschien […].

„Didaktisches Zentrum war hier der politische Konflikt, weil er einerseits das Politische in der Öffentlichkeit erst interessant mache, andererseits bei den Bürgern mobilisiere, was sie ohnehin schon wissen und denken – eine Kombination, die als für den Unterricht besonders fruchtbar gelten könne. Den Kern der Vermittlung zwischen subjektiver Voreinstellung und objektiver Sachlage sollten ‚Kategorien' bilden, die wissenschaftlich relevant sind, den Normen des Grundgesetzes entsprechen, an bereits vorhandene Fragehaltungen der Schüler anknüpfen und in politische Grundeinsichten transponiert werden können. An dieses Konzept knüpfe ich im Folgenden wieder an" (Giesecke 2000b: 35).

Wenn ich in diesem Buch heute blättere und auch das eine oder andere von den sechs Metern in die Hand nehme, dann frage ich mich, ob man irgendeinem Kollegen aus einer anderen westlichen Demokratie diesen intellektuellen Aufwand erklären kann; denn es ging hier ja nicht darum, die Lehrer mit dem für den politischen Unterricht nötigen Fachwissen auszustatten, sondern nur darum, die didaktischen Voraussetzungen, das ‚Was' und ‚Warum' dieses Unterrichts zu klären, – der im Übrigen, wenn es hoch kam, ein bis zwei Stunden pro Woche erteilt wurde. Von heute aus gesehen muss es so erscheinen, als habe dieser Aufwand in keinem vertretbaren Verhältnis zu seinem praktischen Anlass gestanden, zu dem nämlich, wozu er schließlich dienen sollte: der didaktischen Aufklärung des politischen Unterrichts" (Giesecke 1993: 9).

Giesecke neue Strategie besteht nun nach eigenem Bekunden darin, sich der politischen Bildung „pragmatisch" zu nähern. Es gehe ihm nicht darum, so schreibt er jetzt, „die Praxis unter irgendeine Theorie zu subsumieren, sondern darum, diese Praxis [...] so aufzuklären, dass der Handelnde seine Tätigkeit reflektieren kann". Ausdrücklich ergänzt er sodann: „Diese Aufklärung wird sich aber nicht zu einer geschlossenen Theorie zusammenfügen" (Giesecke 1993: 13).

Weiter unten spricht er von einer „pragmatische[n] Selbstbeschränkung" der politischen Didaktik, die er damit begründet, dass die in der Praxis Lehrenden „nur einen einzigen Kopf" haben, in den nicht nur die didaktischen Theorien hinein passen müssten. Zudem sei die Didaktik „nicht der richtige Ort für profilierte philosophische oder fachwissenschaftliche Theorien", und sie sei auch „weder für den Zustand der politischen Welt verantwortlich" noch habe sie „die Aufgabe, diese wissenschaftlich zu erklären" (Giesecke 1993: 38).

Der pragmatische Zugang gilt nach Giesecke ausdrücklich auch für die Kategorien der politischen Bildung: Seine „Konstruktion" der Kategorien aus der alten Didaktik halte er weiterhin für „brauchbar"; allerdings, so schreibt er weiter, „kann auf den damaligen umfangreichen Begründungszusammenhang weitgehend verzichtet werden. Heute lässt sich dieses didaktische Problem vereinfacht pragmatisch, sozusagen mit dem gesunden Menschenverstand angehen" (Giesecke 1993: 70).

Das Gleiche gilt nach Giesecke auch für den Politikbegriff. Er stellt fest, es sei unmöglich, „zweifelsfrei zu definieren, was unter Politik denn zu verstehen sei" (Giesecke 1993: 56). Didaktische Entwürfe hätten sich der Vergangenheit

> „nicht zuletzt an dieser Frage festgebissen, aber die Resultate zeigen, dass die Didaktik sie nicht beantworten kann. Sie ist selbst in der politischen Philosophie eine strittige Frage, und wissenschaftlich Strittiges kann die

Didaktik nicht stimmig machen. [...] Da also die Didaktik die Frage, was Politik sei, nicht lösen kann, kann ihr Zugang zum Politischen auch nur ein pragmatischer sein, wenn sie versucht, grundlegende Strukturen der Lehrbarkeit zu finden" (Giesecke 1993: 56).

In Gieseckes Didaktik von 1993 zeigt sich allerdings häufig, dass er diese Wende zur Praxis nicht vollständig vollzieht und sich in Widersprüche verstrickt, weil er immer wieder die Bedeutung der Fachwissenschaften betont, ohne genau anzugeben, welche Rolle sie an welcher Stelle einer fachdidaktischen Theorie spielen soll. So fordert er beispielsweise eine „ständige Rückbindung der Didaktiker an das [wissenschaftliche] Fach und dessen Forschungsfortschritt", weil sonst die Didaktik „zu leicht ideologisierbar" sei, und warnt ausdrücklich vor reinen Didaktik-Professuren (Giesecke 1993: 35-36).[491]

Aufschluss darüber, *warum* Giesecke die politische Didaktik nicht mehr mit Hilfe von Gesellschaftstheorien wissenschaftlich legitimieren will, geben seine Erklärungen für den Begründungsaufwand, der die didaktischen Konzeptionen bis in die 1970er Jahre gekennzeichnet habe.

Giesecke führt diesen Aufwand zum einen auf die fehlenden demokratischen Traditionen zurück: Weil demokratische Normen keine Selbstverständlichkeit gewesen seien, habe man sich zahlreiche Fragen gestellt – „nach der konkreten gesellschaftlichen Verfassung, nach dem Menschenbild und nach anderen politischen Normen" – und versucht, diese im Rahmen der didaktischen Konzeption zu beantworten. Als Beispiel nennt er die für ihn selbst prägende Frage nach der Inhaltlichkeit des Demokratiebegriffs (Giesecke 1993: 18) Zum anderen sieht Giesecke in der Politisierung der politischen Didaktik am Ende der 1960er Jahre eine zentrale Ursache: Jede didaktische Konzeption sei dadurch in einen „komplizierten politischideologischen Rechtfertigungszusammenhang" geraten: Man habe von ihr nicht nur „Konsensfähigkeit" erwartetet, sondern auch für jede der berührten Fachwissenschaften – nach Giesecke Soziologie, Philosophie und Politikwissenschaft – „Argumentationsqualitäten auf ihrem jeweils höchstmöglichen fachlichen Niveau". Die Didaktiker hätten sich damals

---

491 In Bezug auf die Inhalte der politischen Bildung fordert Giesecke, in einer „systematischen Kunde" Zusammenhänge herzustellen, indem „Staat und Gesellschaft als miteinander vermittelte Systeme" betrachtet werden und im Unterricht „das politische System, das ökonomische System und das Kommunikationssystem" sowie das „System der außenpolitischen Beziehungen" thematisiert werden (Giesecke 1993: 61). Dass er hier keine Bezüge zu fachwissenschaftlichen Theorien herstellt, kann das Begründungsproblem höchstens verschleiern, aber nicht lösen.

auf Forderungen eingelassen, an denen sie zwangsläufig scheitern mussten – sie hätten Begründungen formuliert, denen „immer etwas Halbfertiges, der Geruch des ‚Pädagogischen', also des Un-Eigentlichen" angehaftet habe (Giesecke 1993: 20).[492]

Ähnlich schreibt Giesecke auch 2000:

> „Je komplexer eine didaktische Theorie angelegt ist, um so mehr versucht sie in einem inneren logischen Zusammenhang zu erklären; je mehr sie jedoch erklären will, um so mehr dringt sie in fremde Kompetenzen ein – in die anderer Wissenschaften oder in die politische Meinungs- und Gestaltungsfreiheit anderer Menschen. Dann wird sie leicht selbst politische oder weltanschauliche Partei und tritt in Wettbewerb mit anderen ähnlich theoretisierten Parteinahmen, wie wir es seit den siebziger Jahren erlebt haben" (Giesecke 2000b: 84).

Wie schon in seinen Aufsätzen bleibt Gieseckes Ablehnung einer gesellschaftstheoretischen Grundlegung zur wissenschaftlichen Legitimation politikdidaktischer Ausführungen allerdings nicht ungebrochen: 2000 unterscheidet er zwischen „verschiedenen Entscheidungsebenen" bei der Legitimation der politischen Bildung und schreibt:

> „Die Erziehungswissenschaften, insbesondere die Didaktik der Politik, entwerfen einen allgemeinen Rahmen dafür unter der Fragestellung, was warum im politischen Unterricht überhaupt gelehrt bzw. gelernt werden soll. Die staatlichen Richtlinien orientieren sich im Allgemeinen daran. Dazu sind sie jedoch keineswegs verpflichtet. Allerdings beziehen sie von didaktischen Konzepten zumindest einen wichtigen Teil ihrer Legitimation; denn sonst würden sie in der öffentlichen Diskussion den Eindruck von Beliebigkeit bzw. von politischer Willkür erwecken. Andererseits selektieren sie dabei auch didaktische Begründungen für ihre bildungspolitischen Zwecke, wofür die generelle ‚Handlungsorientierung' allen Unterrichts ein aktuelles Beispiel ist" (Giesecke 2000b: 135-136).

---

492 Etwas weiter unten heißt es zur Erklärung auch noch, die Didaktiker seien zunächst Praktiker gewesen, die für andere Praktiker geschrieben hätten, später sei aber ein wissenschaftlicher Legitimationsdruck entstanden, der zu praxisfernen Entwürfen und zudem auch zu einer „Überproduktion" solcher Entwürfe geführt habe (Giesecke 1993: 34).

4.3 Sozialwissenschaftliche Wende rückwärts?

Anders als die nachvollziehbare Abwendung vom Marxismus gibt Gieseckes Schwanken zwischen einer gesellschaftstheoretischen und einer pragmatischen Begründung der politischen Bildung in seinen späteren Schriften Rätsel auf: Gerade Hermann Giesecke, der zentrale Autor der sozialwissenschaftlichen Wende, der sich wie kaum ein anderer Didaktiker um eine gesellschaftstheoretische Fundierung seiner Didaktik bemüht und die Notwendigkeit einer inhaltlichen Bestimmung des Demokratiebegriffs zum zentralen Ausgangspunkt jeder didaktischen Überlegung erklärt hatte (vgl. o.S. 266), wendet sich nun von diesen Grundlagen ab. Wenn er sie stringent zurückweisen und plausibel durch eine andere Legitimationsgrundlage ersetzen würde, könnte man darin vielleicht eine Weiterentwicklung erblicken. Aber wie auch bei der Konfliktorientierung zeichnen sich Gieseckes Schriften ab Mitte der 1970er Jahre dadurch aus, dass sie in Bezug auf die gesellschaftstheoretische Fundierung inkonsistent bleiben.

Warum Giesecke sich nur zehn Jahre nach der Veröffentlichung der erfolgreichsten politikdidaktischen Konzeption in Deutschland, die maßgeblich zur sozialwissenschaftlichen Wende beigetragen hat, an vielen Stellen von seinen eigenen Grundlagen distanziert und sich zu ehedem zentralen Annahmen dieser Konzeption derart widersprüchlich äußert, lässt sich im Rahmen dieser Arbeit nicht klären. Dazu bedürfte es vermutlich, wie Wolfgang Sander anregt, einer Untersuchung des Zeitgeistes und der zeitgenössischen Diskussionen in der Pädagogik. Dann ließe sich prüfen, ob sich auch in Gieseckes Schriften ab der Mitte der 1970er Jahre die „Wendungen des Zeitgeistes" in Form eines allgemeinen „Habitus der Wissenschafts- und Theoriefeindlichkeit" widerspiegeln (Sander 2003: 133-134, Anm. 58).

5. Chancen und Gefahren der Theorierezeption: Fazit und Ausblick

5.1 Was lässt sich von Hermann Giesecke lernen? – Ein Fazit

Gieseckes entscheidender Beitrag zur sozialwissenschaftlichen Wende in der Politikdidaktik wurde am Ende des zweiten Kapitels gewürdigt. Ungeachtet aller Kritik im Detail und vor allem vor dem Hintergrund, dass die Politikwissenschaft damals kaum etabliert war, muss seine Leistung als wichtiger Baustein zu Klärung der Frage, wie das Verhältnis der Politikdidaktik zu den sozialwissenschaftlichen Theorien aussehen könnte, anerkannt werden (vgl. o.S. 136).

Das Fazit zu Gieseckes Neuausgabe seiner Didaktik fiel dagegen deutlich kritischer aus: Hier hat Giesecke gegenüber 1965 einen deutlichen Schritt rückwärts gemacht, indem er eine in sich widersprüchliche Konzeption vorlegte, die wissenschaftlich kaum akzeptabel genannt werden kann (vgl. o.S. 374).

An dieser Stelle geht es nun nicht darum, erneut Gieseckes Leistung zu bewerten. Stattdessen wird bewusst von heute aus gefragt, was sich aus der Analyse seiner Theorierezeption für die gegenwärtige Politikdidaktik lernen lässt, welche Chancen und Gefahren der Rezeption sozialwissenschaftlicher Theorien durch die Politikdidaktik dabei zutage getreten sind. Dabei lassen sich sieben Erkenntnisse festhalten:

1) Die Legitimation politikdidaktischer Konzeptionen durch sozialwissenschaftliche Theorien ist sinnvoll und notwendig.
Zunächst ist zu konstatieren, dass es Giesecke gelingt, durch die gesellschaftstheoretische Grundlegung seiner didaktischen Konzeptionen seine Vorstellungen über die Gesellschaft zu legitimieren. Sowohl in seiner ersten wie auch in der zweiten Didaktik zieht er sozialwissenschaftliche Theorien heran, um die Gesellschaft zu beschreiben und um normative Maßstäbe für eine Bewertung der bestehenden Gesellschaft zu gewinnen (vgl. o.S. 342, S. 266).

Dass er dabei eklektisch vorgeht, kann man ihm nicht vorwerfen, solange er dies nur im neutralen Sinne dieses Wort tut, also „aus bereits Vorhandenem auswählend u. übernehmend" (Duden 2007: 378).[493] Wie jede wissenschaft-

---

493 Im Duden wird davon die pejorative Bedeutung „(abwertend) in unschöpferischer Weise nur Ideen anderer (z.B. in einer Theorie) verwendend" unterschieden (Duden 2007: 378).

liche Theorie wird auch eine didaktische in Auseinandersetzung mit bereits bestehenden Theorien entwickelt und übernimmt daher auch Gedanken und Argumente aus diesen Theorien.

Auch dass Giesecke sich dabei an der Aktualität von sozialwissenschaftlichen Theorien orientiert, ist legitim: Zum einen werden die fachwissenschaftlichen Theorien permanent weiterentwickelt. Solange man nicht eine einzelne dieser Theorien umstandslos zur fortschrittlichsten Theorie erklärt und damit den Eindruck erweckt, die Wahl einer bestimmten Theorie oder theoretischen Richtung sei keine *Entscheidung*, sondern eine objektive Notwendigkeit, muss an eine politikdidaktische Konzeption sogar der Anspruch gestellt werden, dass sie zentrale neue Theorieentwicklungen in den Sozialwissenschaften zur Kenntnis nimmt und verarbeitet.

Zum anderen zielt eine didaktische Konzeption auch auf die Anerkennung durch ihre Rezipienten und daher muss eine gesellschaftstheoretische Grundlegung immer auch die Adressaten einer didaktischen Konzeption im Blick haben. Giesecke selbst formuliert den treffenden Satz:

> „[M]an darf wohl von der Vermutung ausgehen, dass bestimmte Texte dann ein größeres Publikum finden, wenn der Autor es versteht, seine Gedanken, Wünsche und Meinungen gleichsam stellvertretend für sein Publikum zu formulieren, so, dass dieses sich in ihm wiedererkennen kann" (Giesecke 1972a: 60).[494]

Eine Berücksichtigung aktueller Theorien ist also auch aus Gründen der Wirksamkeit ratsam.

Dabei geht es jedoch nicht nur um die Wirksamkeit einer individuellen Konzeption im Wettbewerb mit anderen Konzeptionen, sondern auch um die öffentliche Anerkennung der politischen Bildung insgesamt. Gerade in Zeiten, in denen Fächer wie Ethik und Wirtschaft der Politischen Bildung Konkurrenz machen, muss die demokratie- und gesellschaftstheoretische Begründung politikdidaktischer Konzeptionen anschlussfähig sein für die öffentliche Diskussion, wenn sie dazu beitragen will, auch weiterhin die Notwendigkeit des Unterrichtsfaches Politische Bildung zu legitimieren (vgl. Massing 1999: 25).

---

494 Das Zitat steht bei Giesecke allerdings in einem etwas anderen Zusammenhang. Wie die oben ausgelassene Fortsetzung des Satzes zeigt, begründet er an dieser Stelle die späte Wahrnehmung der Kritischen Theorie in der Öffentlichkeit: „[…] was erhebliche Veränderungen der Aussagen im Prozess der Aneignung durch das Publikum durchaus nicht ausschließt" (Giesecke 1972a: 60).

2) *Politikdidaktische Konzeptionen müssen bei der Theorierezeption mehrere Klippen umschiffen.*
Trotzdem hat vor allem die Untersuchung von Gieseckes Neuausgabe der Didaktik von 1972 gezeigt, dass bei der wissenschaftlichen Legitimation einer didaktischen Konzeption mit Hilfe gesellschaftstheoretischer Überlegungen einige Klippen zu umschiffen sind:
- So darf das unvermeidbar eklektische Vorgehen nicht dazu führen, dass die gesellschaftstheoretische Fundierung *inkonsistent* wird. Bei Giesecke führt die Vermischung inkompatibler Elemente aus marxistischen und pluralistischen Theorien zu Widersprüchen und Begriffsunschärfen, die wissenschaftlich nicht haltbar sind (vgl. o.S. 344, S. 343). Dies ist unbedingt zu vermeiden, wenn eine didaktische Konzeption selbst als wissenschaftliche Theorie anerkannt werden will (vgl. o.S. 5).
- In Bezug auf die Begriffe, darunter vor allem die Kategorien zur Analyse von Politik und Gesellschaft, die eine didaktische Konzeption ausweist, lässt sich das Mindestkriterium für eine *Begriffsdefinition* entsprechend Gieseckes eigenen Ausführungen zu seinem Politikbegriff von 1965 bestimmen: Wenn solche Begriffe in Anlehnung an sozialwissenschaftliche Theorien entwickelt werden, müssen sie für die politische Bildung ergiebig und sinnvoll operationalisiert werden und dabei fachwissenschaftlich zumindest tolerierbar bleiben (vgl. Giesecke 1968b: 216; o. S. 51; Giesecke 1972a: 215; o. S. 325).
- In Bezug auf die Widersprüche zwischen Elementen verschiedener Gesellschaftstheorien legen die Ergebnisse der Untersuchung der Neuausgabe von Gieseckes Didaktik nahe, dass bei aller notwendigen Aktualität eine zu starke Orientierung am *Zeitgeist* problematisch ist, weil sie dazu führen kann, nicht die Suche nach sinnvollen Inhalten und Zielen der politischen Bildung ins Zentrum didaktischer Überlegungen zu stellen, sondern Deutungsmuster zu übernehmen, die gerade en vogue sind, ohne ihre Stimmigkeit im Gesamtkontext der Konzeption zu überprüfen (vgl. o.S. 374).[495]
- In diesem Zusammenhang sollte auch darauf geachtet werden, dass Thesen und Argumente aus sozialwissenschaftlichen Theorien nicht einfach nur *referiert* werden, ohne zugleich deutlich zu machen, ob sie zur Grundlegung der eigenen didaktischen Konzeption herangezogen werden oder nicht. Bei Giesecke tragen entsprechende Verweise auf

---

495 Das zeigt sich auch eindrucksvoll an der unkritischen Übernahme von Ulrich Becks These der „Risikogesellschaft" in weiten Teilen der Politikdidaktik in den 1990er Jahren (vgl. Pohl 1997).

Marx, Negt, Marcuse oder Agnoli (vgl. o.S. 357, Anm. 445; S. 366; S. 361; S. S. 242), die er unkommentiert lässt oder aus denen er lediglich hypothetische Schlussfolgerungen zieht, maßgeblich dazu bei, dass er seine eigene Position immer mehr ins Unkenntliche verwischt.

- Und schließlich ist darauf hinzuweisen, dass jede Theorierezeption eine begleitende *Metakognition* nötig macht: Wer sich in der Politikdidaktik auf sozialwissenschaftliche Theorien bezieht, sollte sich und seinen Leserinnen und Lesern immer Rechenschaft darüber ablegen, zu welchem Zweck er dies macht, und potenzielle Probleme der eigenen Theorierezeption innerhalb der Konzeption offenlegen und reflektieren.

3) Politikdidaktische Konzeptionen brauchen normative Bezugstheorien.
Indem didaktische Konzeptionen auf normativen Vorstellungen über die Gesellschaft beruhen, sind sie auch selbst normativ. Peter Massing stellt fest: „Alle Konzeptionen politischer Bildung und der Politikdidaktik sind notwendigerweise normativ. Als Wissenschaft und als Praxis sind sie auf normative Aussagen in Form von Werturteilen, Handlungsanweisungen von normativen Theorien angewiesen" (Massing 2005: 19).

Während Bildungsstandards, Richtlinien und Schulbücher zumindest so weit konsensfähig sein müssen, dass sich dafür politische Mehrheiten finden lassen (vgl. o.S. 389, S. 395), gilt das für politikdidaktische Konzeptionen, die sich als wissenschaftliche Theorien verstehen, nicht. Ganz im Gegenteil: Der „politikdidaktische Minimalkonsens" (Massing 2005: 35), wie er Bildungsstandards, Richtlinien und Schulbüchern zugrunde liegt, bleibt für eine politikdidaktische Konzeption normativ zu blass, weil zentrale Begriffe wie beispielsweise Demokratie oder Mündigkeit hier kaum konkretisiert werden.

Das Gebot der Pluralität wird bei politikdidaktischen Konzeptionen nicht innerhalb einer Konzeption realisiert, sondern indem verschiedene Autorinnen und Autoren verschiedene Konzeptionen verfassen, die dann innerhalb der scientific community, im Rahmen der Lehramtsausbildung und in Zeiten öffentlicher Diskussionen über die Rolle politischer Bildung wie in den 1970er Jahren auch in einer breiteren Öffentlichkeit als konkurrierende Angebote diskutiert werden.

Insofern stellt zunächst einmal weder Gieseckes Entscheidung für pluralistische Normen in der ersten Didaktik noch seine Entscheidung für eine marxistische theoretische Grundlegung in der neuen Didaktik ein prinzipielles Problem dar.

4) *Marxistische Bezugstheorien bergen durch die zentrale Rolle der Entfremdungsthese besondere Probleme.*
Vor allem die Untersuchung der Neuausgabe der Didaktik hat aber gezeigt, dass marxistische Gesellschaftstheorien als Grundlage politikdidaktischer Konzeptionen Gefahren mit sich bringen. Ich würde nicht so weit gehen, von einer grundsätzlichen Inkompatibilität zwischen marxistischen Theorien und politischer Didaktik zu sprechen, aber zumindest Giesecke ist es nicht gelungen, hier befriedigende Lösungen zu präsentieren.

- Das zentrale Problem besteht darin, zwischen der resignativen Entfremdungsthese der marxistischen Theorien und einer Bildungstheorie zu vermitteln, weil letztere immer beim Individuum ansetzen muss und daher auf den Glauben an die zumindest partielle Authentizität und Legitimität von dessen Interessen und Bedürfnissen nicht verzichten kann. Gieseckes Strategie, den marxistischen Anspruch, subjektive und objektive Interessen und Bedürfnisse zur Deckung zu bringen, erst zum didaktischen Problem zu erklären und dann in seinen praxisbezogenen Ausführungen die marxistischen Begriffe so umzudeuten, dass sich das ganze Problem in Wohlgefallen auflöst, stellt auf jeden Fall keinen gangbaren Weg dar.[496]

- Die Probleme, die sich bei Giesecke zeigen, legen die Schlussfolgerung nahe, dass die marxistische Entfremdungsthese auf der Theorieebene relativiert werden muss, so wie Giesecke das für den Freizeit- und Konsumbereich andeutet. Inwieweit die daraus folgende „marxistische Theorie light" dann noch marxistisch genannt werden kann, vermag diese Arbeit nicht zu klären. Womöglich gelangt man so schnell auf den Pfad, auf dem sich alle Pädagogen und Didaktiker bewegen, die ja, indem sie Mündigkeit anstreben, immer auch eine partielle, entwicklungsbedingte Unmündigkeit ihrer Adressaten unterstellen. Aber vielleicht lässt sich auch ein Teil der Entfremdungsthese retten, der Unmündigkeit nicht nur als entwicklungsbedingtes, sondern vor allem als gesellschaftlich verursachtes Phänomen erklärt, sodass Marxismus und Kritische Theorie die „Bereicherungs- und Ergänzungsfunktion" erhalten, die Gagel ihnen auch schon für Giesecke zuschreibt.

- Ein weiteres Problem, das sich durch die Rezeption des Marxismus ergibt, besteht in der Rolle der Geschichtsphilosophie. Indem Giesecke in seiner neuen Didaktik von 1972 seinen normativen Zielen durch Verweis auf

---

496 Ähnliches gilt auch für die marxistische Kategorie der Totalität, für deren didaktische Kleinarbeitung im Bildungsprozess Giesecke ebenfalls keine überzeugende Lösung präsentieren konnte (vgl. o.S. 258).

die von den marxistischen Theorien aufgezeigte geschichtliche Entwicklung einen scheinbar empirisch begründeten Geltungsanspruch verleiht, scheint sich für ihn eine Analyse der Verfassungsrealität zu erübrigen (vgl. o. S. 332). Die Notwendigkeit einer solchen Analyse überhaupt erst aufgezeigt zu haben, ist aber gerade das Verdienst von Gieseckes erster Didaktik.

5) Politikdidaktische Konzeptionen brauchen empirische sozialwissenschaftliche Bezugstheorien, die Erkenntnisse über die Verfassungsrealität enthalten.
Giesecke zeigt 1965, dass eine Rezeption sozialwissenschaftlicher Theorien nicht nur der normativen Legitimation der eigenen gesellschaftstheoretischen Überlegungen dient, sondern auch zur realistischeren Einschätzung der Verfassungsrealität einen Beitrag leisten kann. Mit Hilfe der Ausführungen sozialwissenschaftlicher Autoren wie Sontheimer, Hennis und Habermas wendet er sich dort der bestehenden Verfassungsrealität zu (vgl. o. S. 129) und erkennt so, dass die idealistischen Zielvorstellungen aus der politischen Pädagogik oftmals an der Realität vorbeigehen, weil sie nicht in Betracht ziehen, dass Politik und Gesellschaft nur wenige Einflussmöglichkeiten für die Bürgerinnen und Bürger bereithalten.

Gieseckes erste Didaktik zeigt, dass empirisch orientierte sozialwissenschaftliche Theorien hier Antworten bieten und dass eine politikdidaktische Konzeption normative gesellschaftstheoretische Überlegungen mit empirisch basierten sozialwissenschaftlichen Theorien verknüpfen sollte. Indem Giesecke das in seiner ersten Didaktik zumindest in Ansätzen gelingt, zeigt diese Konzeption nicht zuletzt auch, dass ein realistischer Blick idealistische Ziele nicht ausschließen muss.

6) Politikdidaktische Konzeptionen brauchen theoretische Systematisierungsvorschläge als Analyseinstrumentarien.
Dass Gieseckes Analyse der Verfassungsrealität bei den Einflussmöglichkeiten der Bürgerinnen und Bürger stehenbleibt, dürfte auf ein Defizit zurückzuführen sein, das schon die erste Didaktik kennzeichnet, und das in der zweiten noch eklatanter wird: Giesecke begründet das seiner ersten Didaktik zugrunde liegende und auch in der zweiten Didaktik durchscheinende pluralistische Demokratieverständnis nur sehr unzureichend (vgl. o. S. 128). Viele pluralistische Grundannahmen scheinen ihm selbstverständlich zu sein und werden daher nicht explizit und systematisch dargestellt.

Giesecke diskutiert zwar im Zusammenhang mit der Diagnose der fehlenden Einflussmöglichkeiten und der Auseinandersetzung um ein angemessenes

Bürgerleitbild die entsprechenden Bürgerrechte und Bürgerqualifikationen (vgl. o.S. 73); die dritte Ecke des magischen Dreiecks der Demokratietheorie, die notwendigen institutionellen Arrangements, kommt jedoch zu kurz (vgl. o.S. 11). Auch Gieseckes Konfliktverständnis bleibt demokratietheoretisch defizitär, weil er darauf verzichtet, zur Ergänzung von Dahrendorfs soziologischem Konfliktbegriff auch einen politischen Konfliktbegriff heranzuziehen (vgl. o.S. 39). Insgesamt fehlt bereits in Gieseckes erster Didaktik eine deutliche Abgrenzung der Politik im engeren Sinne von der Gesellschaft. Selbst wenn man den in der Realität unauflösbaren Zusammenhang zwischen beiden anerkennt, scheint doch Gieseckes fehlende analytische Unterscheidung zu bestimmten Defiziten zu führen: So mangelt es seinem Kategorienensemble zum einen an Kategorien, die zur Analyse politischer Konflikte im engeren Sinne nötig wären wie beispielsweise Akteure, politische Prozesse und Entscheidungen, Institutionen oder Ordnung (vgl. o.S. 94). Zum anderen werden die vorhandenen Kategorien von ihm oft nicht deutlich genug im Hinblick auf die Analyse politische Konflikte spezifiziert; als Beispiel ist hier vor allem sein ungenauer Begriff von Macht- und Herrschaft zu nennen (vgl. o.S. 93, S. 351).

Diese Defizite dürften vor allem zeitbedingt sein: Der damalige Stand moderner pluralistischer Demokratietheorien hat Giesecke einen systematischen Zugang erschwert. Er rezipiert die Diskussion um die Bürgerleitbilder, ohne ein Raster an der Hand zu haben, das ihm als Suchinstrument nach weiteren Erklärungen, die für die politische Bildung relevant sind, dienen könnte. Die heutige Politikdidaktik kann demgegenüber auf Systematisierungsvorschläge wie Buchsteins demokratietheoretisches Dreieck, die Differenzierung zwischen verschiedenen Bürgerleitbildern und -kompetenzen oder auch die Unterscheidung von Input- und Outputlegitimation zurückgreifen (vgl. o.S. 11, S. 85). Diese Systematisierungen können fruchtbar gemacht werden, um in Demokratie- und Gesellschaftstheorien gezielt nach relevanten Aspekten für die politische Bildung zu suchen,[497] ähnlich wie die Politikdidaktik die Politikbegriffe aus der Policy-Forschung zur Strukturierung auf der Inhaltsebene politischer Bildung fruchtbar gemacht hat (vgl. Massing 1995).

---

497 Einen entsprechenden Vorschlag macht bspw. Peter Massing (vgl. Massing 2005: 37). Dass Hubertus Buchsteins Text, in dem er nicht nur das „magische Dreieck", sondern auch die Einteilung der Bürgerqualifikationen in kognitive und prozedurale Kompetenzen und habituelle Dispositionen vorschlägt, in der Politikdidaktik so breit rezipiert wurde, dürfte mit diesen systematisierenden Vorschlägen zusammenhängen (vgl. Buchstein 1996; Detjen 2000 sowie den Literaturüberblick bei Breit/Weißeno 2003: 53-54).

7) *Politikdidaktische Konzeptionen brauchen eine gesellschaftstheoretische Fundierung, die ihre praktischen Vorschläge trägt.*

Am problematischsten in Gieseckes neuer didaktischer Konzeption sind sicher die Inkonsistenzen zwischen seinen gesellschaftstheoretischen und seinen praxisorientierten Überlegungen. Sie zeigen sich bereits in der ersten Didaktik bei Gieseckes Politik- und Konfliktbegriff (vgl. o.S. 127) und werden in der Neuausgabe zum alles überschattenden Problem: Indem Giesecke nun von der marxistischen Theoriegrundlage zu überwiegend pluralistisch anmutenden Vorschlägen für die Praxis wechselt, raubt er seiner theoretischen Grundlegung nachträglich ihren Sinn (vgl. o.S. 353).

Daraus lässt sich das sicher wichtigste Kriterium für die Theorierezeption im Rahmen einer politikdidaktischen Konzeption ableiten: Die theoretische Grundlegung sollte die didaktische Konzeption als Ganzes tragen und ihre Bedeutung für die praxisorientierten Vorschläge muss sichtbar sein, wenn sie überhaupt einen Sinn haben soll.

5.2 Politikdidaktik und sozialwissenschaftliche Theorien heute – Ein Ausblick

Das Problem der wissenschaftlichen Legitimation didaktischer Konzeptionen durch eine gesellschaftstheoretische Grundlegung scheint heute auf den ersten Blick nicht mehr so dringlich zu sein, wie in den 1970er Jahren. Das dürfte vor allem daran liegen, dass die Diskussion mittlerweile weit weniger polarisiert ist: Weder gibt es eine intensive politische Diskussion um die politische Bildung noch existieren einflussreiche Positionen innerhalb der Politikdidaktik oder auch im Mainstream der Sozialwissenschaften, die gestützt auf marxistische Theorien eine Systemüberwindung anstreben und so zum Widerspruch herausfordern.

Es scheint in der Politikdidaktik ein pluralistisches Paradigma zu geben, das breit akzeptiert und wahrscheinlich gerade deshalb kaum thematisiert wird. Die Politikdidaktik orientiert sich normativ am Leitbild des mündigen Individuums einerseits und des demokratischen politischen Systems andererseits (vgl. Pohl 2004b: 317-318).

Jenseits dieser generellen Überstimmung gibt es aber durchaus Differenzen in Bezug auf die Konkretisierung dieser Normen, wie viele Diskussionen und Veröffentlichungen der letzten Jahre gezeigt haben. Die Diskussion um die Bürgerleitbilder hat Unterschiede im Menschenbild, aber auch in den demokratietheoretischen Vorstellungen zutage gefördert (vgl. Breit/Massing 2002). Wolfgang Sanders Konzeption politischer Bildung postuliert die Freiheit als alleinigen obersten Wert, was anderen Politikdidaktikern zur normativen Fundierung einer politikdidaktischen Konzeption nicht ausreicht (vgl. Sander 2001; Massing 2005: 36). In der Kontroverse Demokratie-Lernen versus Politik-Lernen ging es um den Demokratiebegriff in der politischen Bildung und die Debatte um den Konstruktivismus hat die generelle Frage einer normativen Orientierung der Politikdidaktik auf den Plan gerufen (vgl. zusammenfassend Pohl 2004b: 324-330).

Vor allem Peter Massing hat im Rahmen dieser Diskussionen immer wieder eingefordert, dass die Politikdidaktik sich ihrer gesellschafts- und demokratietheoretischen Grundlagen versichern sollte: Er konstatiert, es reiche nicht aus,

> „dass politische Bildung sich bloß an Bürgerleitbildern orientiert, sondern sie muss auch die institutionelle und strukturelle Dimension von Demokratie wieder in ihre Konzeption einholen. Denn nur vor dem Hintergrund eines normativen Demokratiemodells ist die Kritik der politischen Realität möglich und scheint die Richtung auf, in die eine Weiterentwicklung des bestehenden demokratischen Systems führen kann oder soll" (Massing 2005: 38).

Die Politikdidaktik sei heute, bemängelt Massing anschließend,

> „im Vergleich zu den 70er Jahren – von wenigen Ausnahmen abgesehen – normativ blass. Welche Demokratieposition einzelne Autoren vertreten, welche Einstellung sie zur Demokratisierung oder zur politischen Partizipation haben, ist schwierig zu erkennen" (Massing 2005: 38-39).

Auch auf der Metaebene scheint die Frage, wie genau die Beziehung zwischen Politikdidaktik und sozialwissenschaftlichen Theorien aussehen könnte und sollte, fast 50 Jahre nach der sozialwissenschaftlichen Wende immer noch nicht ausreichend geklärt zu sein. Das zeigt sich nicht zuletzt daran, dass Hermann Gieseckes Theorierezeption als zentraler Beitrag zur sozialwissenschaftlichen Wende gewürdigt wird, ohne dass die Bedeutung der sozialwissenschaftlichen Theorien für seine Konzeptionen bisher gründlich untersucht wurde und ohne dass seine Wende rückwärts seit der Mitte der 1970er Jahre nachhaltig problematisiert wurde.

Eine systematische Klärung des Verhältnisses der Politikdidaktik zu den sozialwissenschaftlichen Theorien steht also noch aus.

Das folgende Schaubild soll dazu einen Impuls geben, indem es einen Vorschlag zur Systematisierung unterbreitet. Es versucht, mögliche Anknüpfungspunkte der Politikdidaktik an ihre vielfältigen Bezugswissenschaften zu ordnen, darunter auch an die Erziehungswissenschaften und die Psychologie. Da es in dieser Arbeit um die Rezeption sozialwissenschaftlicher Theorien ging, erhebt das Schema in Bezug auf alle weiteren dort genannten Anknüpfungsmöglichkeiten allerdings nicht den Anspruch, eine ausgereifte Theorie darzustellen.

Sozialwissenschaftlichen Theorien können, wie in der Grafik veranschaulicht, verschiedene Aufgaben erfüllen:
- Als normative Theorien können sie vor allem das *Gesellschafts- und Politikverständnis* legitimieren, das einer didaktischen Konzeption zugrunde gelegt wird. Wie auch Giesecke in seinen beiden Konzeptionen gezeigt hat, lassen sich aus diesen Theorien Maßstäbe zur Bewertung der gegenwärtigen Gesellschaft und des demokratischen politischen Systems gewinnen. Desiderate in der Politikdidaktik bestehen sicher darin, auch aktuelle Theorieentwicklungen aufnehmen und beispielsweise deliberative, reflexive oder kommunitaristische Ansätze der Demokratietheorie für die Politikdidaktik fruchtbar zu machen (vgl. den Überblick bei Massing 1999: 34-38).
- Sofern in den normativen sozialwissenschaftlichen Theorien das zugrunde gelegte *Menschenbild* deutlich wird, wie beispielsweise in den meisten Theorien aus dem Bereich der politischen Philosophie, können sie überdies auch der Legitimation des Menschenbildes in der politischen Bildung dienen, das jede politikdidaktische Konzeption zumindest implizit enthält.
- Als empirische Theorien klären Theorien aus allen Bereichen der Sozialwissenschaften über die *empirische gesellschaftliche Realität* auf. Hier zeigt zumindest Gieseckes erste Didaktik, dass sie helfen können, im Rahmen einer politikdidaktischen Konzeption die Verfassungsrealität in den Blick zu nehmen und angemessene, realistische Ziele und Inhalte für die politische Bildung zu bestimmen. Auch hier lässt sich als Desiderat für die Politikdidaktik festhalten, dass aktuelle Theorieentwicklungen stärker rezipiert werden sollten. Vor allem empirisch fundierte Theorien, die Aussagen machen über politische Entwicklungen auf der europäischen und internationalen Ebene, zum Beispiel über die politische und ökonomische Globalisierung oder über Demokratiedefizite in der EU, sind für die politische Bildung wichtig, weil sie zeigen, wie sich politische und gesellschaftliche Beteiligungsmöglichkeiten verändern, deren Realisierung politische Bildung ja anstrebt. Auch soziologische und ökonomische Bereichstheorien können wichtige Hinweise auf die gesellschaftliche Realität liefern, in der die politische Bildung sich bewegt und auf die sie die Schülerinnen und Schüler vorbereitet – zumal gegenwärtig die Frage der interdisziplinären Ausrichtung der politischen Bildung wieder in den Fokus der Aufmerksamkeit gerückt ist (vgl. bspw. Sander 2011: 19).

Bei ihrer Theorierezeption sollte die Politikdidaktik berücksichtigen, was Giesecke 1965 vorgemacht, aber 1972 leider wieder vernachlässigt hat:

Mögliche Anknüpfungspunkte der Politikdidaktik an ihre Bezugswissenschaften

1. Menschenbild und Bildungsbegriff

Bspw. Potenziale und Bedürfnisse der Menschen, Befähigung zu Autonomie und Mündigkeit.

Aussagen dazu in der politischen Philosophie, in normativen Gesellschaftstheorien, der Pädagogik, de Bildungstheorie u.a.

2. Gesellschaftsbild und Politikverständnis

Bspw. Demokratiebegriff, Bürgerleitbild, normativ aufgeladene Kategorien (z.B. Konfliktbegriff).

Aussagen dazu in normativen Gesellschaftstheorien, Demokratietheorien, politischen Theorien u.a.

← Normative Legitimation →

Individuum ↑↓

Politik-didaktische Konzeption

demokratisches politisches System ↑↓

← Empirische Begründung →

3. Erkenntnisse zur politischen Bildsamkeit der Schülerinnen und Schüler durch den Politikunterricht

Bspw. zur kognitiven und moralischen Entwicklung, zu den Interessen und Werthaltungen

Aussagen dazu in der Lern- und Entwicklungspsychologie, der Pädagogik, der empirischen Unterrichtsforschung, der sozialwissenschaftlichen Jugendforschung u.a.

4. Empirische Befunde zu Gesellschaft und Demokratie

Bspw. zur bestehenden Gesellschaftsstruktur, zur politischen und ökonomischen Globalisierung, zu den institutionellen Bedingungen für eine effektive politische und gesellschaftliche Beteiligung

Aussagen dazu in empirischen sozialwissenschaftlichen Theorien, in Bereichstheorien aus Soziologie, Ökonomie, Recht u. Politik, in der politikwissenschaftlichen Demokratieforschung u.a.

Sie sollte zunächst Fragen stellen, die für die Bestimmung von Zielen und Inhalten der politischen Bildung relevant sind, und die sie dann als Suchraster nutzen kann, um in der sozialwissenschaftlichen Theoriediskussion nach relevanten Antworten zu fahnden. Dabei darf sie eklektisch vorgehen, muss aber darauf Acht geben, dass sie nicht unreflektiert dem Zeitgeist folgt.

Sie hat zudem die Aufgabe, die aus den sozialwissenschaftlichen Theorien entlehnten Erklärungen, Kategorien und Erkenntnisse in einen konsistenten und widerspruchsfreien Zusammenhang zu bringen. Wenn sie Begriffe aus diesen Theorien verwendet, muss der Theoriezusammenhang, aus dem sie stammen, eindeutig zu erkennen sein. Auf keinen Fall dürfen identische Begriffe, wie bei Giesecke die subjektiven Interessen, abwechselnd verschiedene Theoriezusammenhänge transportieren.

Politikdidaktik muss sich zudem Rechenschaft ablegen über die Verwendung der rezipierten Theorien und mögliche Probleme offenlegen und nachvollziehbar reflektieren.

Und last but not least müssen politikdidaktische Konzeptionen, die ihrer Funktion gerecht werden wollen, praktisches Handeln von Lehrerinnen und Lehrern anzuleiten, ihre theoretische Grundlegung so formulieren, dass diese mit ihren Vorschlägen für die Praxis politischer Bildung einen plausiblen und wissenschaftlich tragfähigen Gesamtzusammenhang bilden.

Literaturverzeichnis

Die Schriften von Hermann Giesecke sind hier alphabetisch eingeordnet. Er hat einen großen Teil seiner Arbeiten online gestellt und dankenswerter Weise die Seitenzahlen und -umbrüche der jeweiligen Druckfassungen kenntlich gemacht. Immer wenn hier die elektronische Variante genutzt wurde, ist zusätzlich zur Originalquelle die URL im Literaturverzeichnis angegeben. Das Inhaltsverzeichnis aller online verfügbaren Quellen findet sich unter www.hermann-giesecke.de/ (letzter Zugriff: 01.06.2011).

Abendroth, Wolfgang 1954: Zum Begriff des demokratischen und sozialen Rechtsstaates im Grundgesetz der Bundesrepublik Deutschland, in: Herrmann, Alfred (Hrsg.): Festschrift zum 70. Geburtstag von Ludwig Bergstraesser. Aus Geschichte und Politik, Düsseldorf, S. 279-300.

Ackermann, Paul 1998: Die Bürgerrolle in der Demokratie als Bezugsrahmen in der politischen Bildung, in: Breit, Gotthard/Schiele, Siegfried (Hrsg.): Handlungsorientierung im Politikunterricht, Schwalbach/Ts., S. 15-34.

Adam, Uwe Dietrich 1975: Kontinuität, Konflikt, Wandel. Überlegungen zu einer Neuorientierung der Didaktik der Politik, in: APuZ, B 29, S. 3-20.

Adorno, Theodor W. 1951: Minima Moralia. Reflexionen zu einem beschädigten Leben (Gesammelte Schriften, Bd. 4), Frankfurt/M.

Adorno, Theodor W. 1958: Dissonanzen, 2., erw. Ausg., Göttingen.

Adorno, Theodor W. 1959: Theorie der Halbbildung, in: Der Monat, Nr. 132, S. 30-43.

Adorno, Theodor W. 1964: Eingriffe. Neun kritische Modelle, Frankfurt/M.

Adorno, Theodor W. 1969: Marginalien zu Theorie und Praxis, in: Adorno, Theodor W.: Stichworte. Kritische Modelle 2, Frankfurt/M., S. 169-191.

Adorno, Theodor W. 1970: Ästhetische Theorie, hrsg. von Gretel Adorno und Rolf Tiedemann, Frankfurt/M.

Adorno, Theodor W. 1971a: Erziehung zur Mündigkeit, Frankfurt/M.

Adorno, Theodor W. 1971b: Was bedeutet „Aufarbeitung der Vergangenheit", in: Adorno 1971a, S. 10-28.

Adorno, Theodor W. 1971c: Erziehung nach Auschwitz, in: Adorno 1971a, S. 88-104.

Adorno, Theodor W. 1971d: Erziehung zur Mündigkeit, in: Adorno 1971a, S. 133-147.

Adorno, Theodor W. 1973a: Studien zum autoritären Charakter, hrsg. von Ludwig von Friedeburg, Frankfurt/M.

Adorno, Theodor W. 1973b: Negative Dialektik. Jargon der Eigentlichkeit, Frankfurt/M. (Gesammelte Schriften, Bd. 6).

Adorno, Theodor W. 1993: Zur Logik der Sozialwissenschaften. Koreferat. in: Adorno, Theodor W./Albert, Hans/Dahrendorf, Ralf/Habermas, Jürgen/Pilot, Harald/Popper, Karl. R.: Der Positivismusstreit in der deutschen Soziologie, München, S. 125-143.

Adorno, Theodor W. 1999: Aufarbeitung der Vergangenheit. Originalaufnahmen aus den Jahren 1955 bis 1969, München.

Adorno, Theodor W./Frenkel-Brunswik, Else/Levinson, Daniel J./Sanford, R. Nevitt 1950: The Authoritarian Personality (Studies in Prejudice, Bd. 1, hrsg. von Max Horkheimer und Samuel H. Flowerman), New York.

Adorno, Theodor W./Frenkel-Brunswik, Else/Levinson, Daniel J./Sanford, R. Nevitt 1973: Einleitung, in: Adorno 1973a, S. 1-36.
Agnoli, Johannes/Brückner, Peter 1967: Die Transformation der Demokratie, Berlin.
Albrecht, Clemens 1999a: Wie das IfS zur Frankfurter Schule wurde, in: Albrecht u.a. 1999, S. 169-188.
Albrecht, Clemens 1999b: Im Schatten des Nationalismus. Die politische Pädagogik der Frankfurter Schule, in: Albrecht u.a. 1999, S. 387-447.
Albrecht, Clemens/Behrmann, Günter C./Bock, Michael/Homann, Harald/Tenbruck, Friedrich H. 1999: Die intellektuelle Gründung der Bundesrepublik. Eine Wirkungsgeschichte der Frankfurter Schule, Frankfurt a. M./New York.
Ammon, Hermann/Roth, Friedrich (Hrsg.) 1981: Sozialkunde, München.
Arendes, Cord 2005: Politikwissenschaft in Deutschland. Standorte, Studiengänge und Professorenschaft 1949-1999, Wiesbaden.
Assel, Hans-Günther 1969: Kritische Gedanken zu den Denkansätzen der politischen Bildung, in: APuZ, B 31, S. 3-23.
Assel, Hans-Günther 1983: Über Hauptprobleme politischer Bildung in Deutschland. „Veränderung" als Leitmotiv politischer Bildungstheorie im Wandel der Zeit, Frankfurt/M.
Autorengruppe Fachdidaktik 2011: Konzepte der politischen Bildung. Eine Streitschrift, Schwalbach/Ts.
Beck, Johannes/Clemenz, Manfred/Heinisch, Franz/Jouhy, Ernest/Markert, Werner/Müller, Hermann/Pressel, Alfred 1970: Erziehung in der Klassengesellschaft. Einführung in die Soziologie der Erziehung, München.
Beck, Ulrich 1997: 50 Jahre „Dialektik der Aufklärung" (www.radiobremen.de/online/adorno/beck.pdf, download: 15.12.2008).
Becker, Egon/Herkommer, Sebastian/Bergmann, Joachim 1967: Erziehung zur Anpassung? Politische Bildung in den Schulen. Eine soziologische Untersuchung, Schwalbach/Ts.
Behr, Wolfgang 1978: Politikwissenschaft und Politische Didaktik, in: Gegenwartskunde, Heft 3, S. 373-393.
Behrmann, Günter C. 1972: Soziales System und politische Sozialisation. Eine Kritik der neueren politischen Pädagogik, Stuttgart u.a.
Behrmann, Günter C. 1983: Die Soziologie als „Bezugswissenschaft" des sozialkundlich-politischen Unterrichts – Anmerkungen zur „Wissenschaftsorientierung" des Unterrichts und seiner Didaktik, in: DVPB (Hrsg.): Politische Bildung in den Achtzigerjahren. Erster Bundeskongress für Politische Bildung – Gießen 1982, Stuttgart, S. 89-96.
Behrmann, Günter C. 1999a: Kulturrevolution. Zwei Monate im Sommer 1967, in: Albrecht u.a. 1999, S. 312-386.
Behrmann, Günter C. 1999b: Die Erziehung kritischer Kritiker als neues Staatsziel, in: Albrecht u.a. 1999, S. 448-496.
Bergstraesser, Arnold 1956: Das Wesen der politischen Bildung, in: Freiheit und Verantwortung, Heft 1, S. 4-12.
Bergstraesser, Arnold 1957: Warum ist politische Bildung nötig?, in: Offene Welt, Heft 52, S. 555-561.
Bergstraesser, Arnold 1960: Die Lehrgehalte der politischen Bildung, in: Bundeszentrale für Heimatdienst (Hrsg.): Möglichkeiten und Grenzen der politischen Bildung in der höheren Schule, Bonn, S. 75-88.
Bergstraesser, Arnold 1961: Der Mensch und die Politik im heutigen Deutschland, in: Bergstraesser, Arnold (Hrsg.): Politik in Wissenschaft und Bildung. Schriften und Reden, S. 273-287.

Bergstraesser, Arnold 1963: Der Beitrag der Politikwissenschaft zur Gemeinschaftskunde, in: Roth, H. 1963, S. 57-53.

Besson, Waldemar 1958: Politische Bildung im Zeitalter der Gruppengesellschaft, in: GSE, Heft 7, S. 302-310.

Besson, Waldemar 1963: Zur gegenwärtigen Krise der deutschen Geschichtswissenschaft, in: GSE, Heft 3, S. 156-172.

Beyme, Klaus von 1986: Die Politischen Theorien der Gegenwart. Überarbeitete Neuausgabe, 6., überarb. u. erg. Aufl., München/Zürich.

Bleek, Wilhelm 2001: Geschichte der Politikwissenschaft in Deutschland, München.

Böhret, Carl/Jann, Werner/Kronenwett, Eva 1988: Innenpolitik und politische Theorie. Ein Studienbuch, 3., neubearb. u. erw. Aufl., Opladen.

Bolte, Karl Martin: Die Stoffbereiche der Sozialkunde nach den Vorschlägen der Vereinigten Kommission, in: GSE, Heft 2, S. 104-114.

Breit, Gotthard/Massing, Peter (Hrsg.) 2002: Die Rückkehr des Bürgers in die politische Bildung, Schwalbach/Ts.

Breit, Gotthard/Weißeno, Georg 2003: Planung des Politikunterrichts. Eine Einführung, Schwalbach/Ts.

Brückner, Peter 1967: Die Transformation des demokratischen Bewusstseins, in: Agnoli/Brückner 1967, S. 91-194.

Brückner, Peter 1970: Provokation als Selbstfreigabe, in: Giesecke u.a. 1970, S. 175-235.

Buchstein, Hubertus 1992: Politikwissenschaft und Demokratie. Wissenschaftskonzeption und Demokratietheorie sozialdemokratischer Nachkriegspolitologen in Berlin, Baden-Baden.

Buchstein, Hubertus 1996: Die Zumutungen der Demokratie. Von der normativen Theorie des Bürgers zur institutionell vermittelten Präferenzkompetenz, in: Beyme, Klaus von/ Offe, Claus (Hrsg.): Politische Theorien in der Ära der Transformation (PVS Sonderheft 26/1995), Opladen, S. 295-324.

Buchstein, Hubertus 1999: Wissenschaft von der Politik, Auslandswissenschaft, Political Science, Politologie. Die Berliner Tradition der Politikwissenschaft von der Weimarer Republik bis zur Bundesrepublik, in: Bleek, Wilhelm/Lietzmann, Hans J. (Hrsg.): Schulen in der deutschen Politikwissenschaft, Opladen, S. 183-212.

Buchstein, Hubertus 2009: Perspektiven Kritischer Demokratietheorie, in: Buchstein, Hubertus: Demokratietheorie in der Kontroverse, Baden-Baden, S. 31-52.

Buchstein, Hubertus/Jörke, Dirk 2003: Das Unbehagen an der Demokratietheorie, in: Leviathan, Heft 4, S. 470-495.

Christian, Wolfgang 1974: Probleme des Erkenntnisprozesses im politischen Unterricht, Köln.

Coser, Lewis A. 1968: Conflict: Social Aspects, in: Sills, David L. (Hrsg.): International Encyclopedia of the Social Sciences, Vol. 3, S. 232-236.

Coser, Lewis A. 1972: Theorie sozialer Konflikte, Neuwied/Berlin.

Dahmer, Helmut 1971: Psychoanalyse und historischer Materialismus, in: Lorenzer, Alfred/ Dahmer, Helmut/Horn, Klaus/Brede, Karola/Schwanenberg, Enno: Psychoanalyse und Sozialwissenschaft, Frankfurt/M., S. 60-92.

Dahrendorf, Ralf 1955: Klassenstruktur und Klassenkonflikt in der entwickelten Industriegesellschaft, in: Die Neue Gesellschaft, Heft 4, S. 33-45.

Dahrendorf, Ralf 1957: Soziale Klassen und Klassenkonflikt in der industriellen Gesellschaft, Stuttgart.

Dahrendorf, Ralf 1961a: Gesellschaft und Freiheit. Zur soziologischen Analyse der Gegenwart, München.

Dahrendorf, Ralf 1961b: Sozialwissenschaft und Werturteil, in: Dahrendorf 1961a, S. 27-48.

Dahrendorf, Ralf 1961c: Struktur und Funktion. Talcott Parsons und die Entwicklung der soziologischen Theorie, in: Dahrendorf 1961a, S. 49-84.

Dahrendorf, Ralf 1961d: Pfade aus Utopia. Zu einer Neuorientierung der soziologischen Analyse, in: Dahrendorf 1961a, S. 85-111.

Dahrendorf, Ralf 1961e: Die Funktionen sozialer Konflikte, in: Dahrendorf 1961a, S. 112-131.

Dahrendorf, Ralf 1961f: Bürger und Proletarier. Die Klassen und ihr Schicksaal, in: Dahrendorf 1961a, S. 133-162.

Dahrendorf, Ralf 1961g: Elemente einer Theorie des sozialen Konflikts, in: Dahrendorf 1961a, S. 197-237.

Dahrendorf, Ralf 1961h: Der repräsentative Staat und seine Feinde, in: Dahrendorf 1961a, S. 237-259.

Dahrendorf, Ralf 1961i: Demokratie und Sozialstruktur in Deutschland, in: Dahrendorf 1961a, S. 260-299.

Dahrendorf, Ralf 1961j: Wandlungen der deutschen Gesellschaft in der Nachkriegszeit. Herausforderung und Antworten, in: Dahrendorf 1961a, S. 300-320.

Dahrendorf, Ralf 1965: Gesellschaft und Demokratie in Deutschland, München.

Dahrendorf, Ralf 1967: Lob des Thrasymachos. Zur Neuorientierung von politischer Theorie und politischer Analyse, in: Dahrendorf, Ralf: Pfade aus Utopia. Arbeiten zur Theorie und Methode der Soziologie (Gesammelte Abhandlungen I), München, S. 294-313.

Dahrendorf, Ralf 1972a: Konflikt und Freiheit. Auf dem Weg zur Dienstklassengesellschaft, München.

Dahrendorf, Ralf 1972b: Konflikt nach dem Klassenkampf, in: Dahrendorf 1972a, S. 73-93.

Dahrendorf, Ralf 1977: Homo Sociologicus, 15. Aufl., Opladen.

Dahrendorf, Ralf 1993: Anmerkungen zur Diskussion, in: Adorno, Theodor W. u.a.: Der Positivismusstreit in der deutschen Soziologie, München.

Dahrendorf, Ralf 2002: Über Grenzen. Lebenserinnerungen, München.

Detjen, Joachim 2000: Bürgerleitbilder in der Politischen Bildung, in: PoBi, Heft 4, S. 19-38.

Detjen, Joachim 2007: Politische Bildung. Geschichte und Gegenwart in Deutschland, München.

Dewey, John 1993: Demokratie und Erziehung. Eine Einleitung in die philosophische Pädagogik, Weinheim/Basel (amerik. Originalausgabe New York 1916).

Dewey, John 1996: Die Öffentlichkeit und ihre Probleme, Bodenheim (amerik. Originalausgabe Ohio 1927).

Duden 2007: Das große Fremdwörterbuch. Herkunft und Bedeutung der Fremdwörter, 4., akt. Aufl., Mannheim u.a.

Engelhardt, Rudolf 1964: Politisch bilden – aber wie? Mit Unterrichtsbeispielen, Essen.

Engels, Friedrich 1967: Engels an Eduard Bernstein, London, in: MEW, Bd. 35: Briefe. Januar 1881-März 1883, Übersetzung der vom Institut für Marxismus-Leninismus beim ZK der KPdSU hrsg. russischen Ausgabe, Berlin, S. 386-390.

Engels, Friedrich 1983: Herrn Eugen Dührings Umwälzung der Wissenschaft (Anti-Dühring), in: MEW, Bd. 20: Anti-Dühring und Dialektik der Natur, hrsg. vom Institut für Marxismus-Leninismus beim ZK der SED, Berlin, S. 5-303.

Fabel-Lamla, Melanie 2006: Theodor W. Adorno: Erziehung zur Mündigkeit, in: Honneth/IfS 2006, S. 85-89.

Fijalkowski, Jürgen 1961: Über einige Theoriebegriff in der deutschen Soziologie der Gegenwart, in: KZfSS, S. 88-109.

Fischer, Kurt Gerhard 1973: Zur Theorie und Didaktik der politischen Bildung, in: NPL, Heft 18, S. 290-308.

Fischer, Kurt Gerhard (Hrsg.) 1975: Zum aktuellen Stand der Theorie und Didaktik der Politischen Bildung, Stuttgart.

Fischer, Kurt Gerhard (Hrsg.) 1980: Zum aktuellen Stand der Theorie und Didaktik der Politischen Bildung, 4., überarb. u. erw. Aufl., Stuttgart.

Fischer, Kurt Gerhard/Herrmann, Karl 1960: Der politische Unterricht, unter Mitarbeit von Hans Mahrenholz, Bad Homburg v. d. Höhe/Berlin/Zürich.

Fischer, Kurt Gerhard/Herrmann, Karl/Mahrenholz, Hans 1965: Der politische Unterricht, 2., neubearb. u. erw. Aufl., Berlin/Zürich.

Flitner, Andreas 1957: Ein neues Bürgermodell? in: GSE, Heft 9/10, S. 448-451.

Forst, Rainer 2006: Herbert Marcuse: Repressive Toleranz, in: Honneth/IfS 2006, S. 357-359.

Fraenkel, Ernst 1957: Pluralismus, in: Fraenkel, Ernst/Bracher Karl-Dietrich (Hrsg.): Staat und Politik. Das Fischer Lexikon, S. 234-236.

Fraenkel, Ernst 1991a: Deutschland und die westlichen Demokratien, 8., erw. Ausg., hrsg. von Alexander v. Brünneck, Frankfurt/M.

Fraenkel, Ernst 1991b: Demokratie und öffentliche Meinung, in: Fraenkel 1991a, S. 232-260.

Fraenkel, Ernst 1991c: Möglichkeiten und Grenzen politischer Mitarbeit der Bürger in einer modernen parlamentarischen Demokratie, in: Fraenkel 1991a, S 261-276.

Fraenkel, Ernst 1991d: Der Pluralismus als Strukturelement der modernen Demokratie, in: Fraenkel 1991a: 297-325.

Friedeburg, Ludwig von (Hrsg.) 1971: Jugend in der modernen Gesellschaft, Köln/Berlin.

Friedeburg, Ludwig von 1973: Vorrede, in: Adorno 1973a, S. IX-XI.

Friedeburg, Ludwig von o. J.: Geschichte des Instituts für Sozialforschung, o. O. (www.ifs.uni-frankfurt.de/institut/ifs_geschichte.pdf, 26.11.2008).

Gagel, Walter 1975: Politisches Lernen am Konflikt?, in: Dietrich, Theo/Kaiser, Franz-Josef (Hrsg.): Brennpunkte der Schulpädagogik, Bad Heilbrunn, S. 196-203.

Gagel, Walter 1979: Politik – Didaktik – Unterricht. Eine Einführung in didaktische Konzeptionen des politischen Unterrichts, Stuttgart u.a.

Gagel, Walter 1985: Betroffenheitspädagogik oder politischer Unterricht? Kritik am Subjektivismus in der politischen Didaktik, in: Gegenwartskunde, Heft 4, S. 403-414.

Gagel, Walter 1991: Drei didaktische Konzeptionen. Giesecke, Hilligen, Schmiederer, Schwalbach/Ts.

Gagel, Walter 1992: Politische Didaktik. Selbstaufgabe oder Neubesinnung?, in: Breit, Gotthard/Massing, Peter (Hrsg.): Grundfragen und Praxisprobleme der politischen Bildung, Bonn, S. 66-71.

Gagel, Walter 1994: Geschichte der politischen Bildung in der Bundesrepublik Deutschland 1945-1989/90, Opladen.

Gagel, Walter 2002: Der lange Weg zur demokratischen Streitkultur. Politische Bildung in den fünfziger und sechziger Jahren, in: APuZ, B 45, S. 6-16.

Gagel, Walter 2005: Geschichte der politischen Bildung in der Bundesrepublik Deutschland 1945-1989/90, 3., überarb. u. erw. Aufl., Wiesbaden.

Gehlen, Arnold 1949: Sozialpsychologische Probleme in der industriellen Gesellschaft, Tübingen.

Geißler, Rainer 2002: Die Sozialstruktur Deutschlands. Die gesellschaftliche Entwicklung vor und nach der Vereinigung, 3., grundl. überarb. Aufl., Wiesbaden.

George, Siegfried 2004: „Die Augen sehend, die Ohren hörend, die Gefühle fühlend machen", in: Pohl 2004a: 76-87.

Giesecke, Hermann 1959: Das Amerikabild der Deutschen, in: West-Ost-Berichte, Heft 10, S. 369-370 (www.hermann-giesecke.de/werke1.htm, download: 05.05.2008).

Giesecke, Hermann 1960a: Die Ostthematik in der politischen Bildung. Ihre Grenzen und

Möglichkeiten, in: West-Ost-Berichte, Heft 6, S. 253-257 (www.hermann-giesecke.de/werke1.htm, download: 03.05.2008).

Giesecke, Hermann 1960b: Zur Geschichte des Antisemitismus, in: West-Ost-Berichte, Heft 9-10, S. 429-434 (www.hermann-giesecke.de/werke1.htm, download: 03.05.2008).

Giesecke, Hermann 1961a: Deutschlands Weg in die Diktatur. Probleme und Möglichkeiten zeitgeschichtlicher Tondokumente, in: NPL, Heft 6, S. 503-514 (www.hermann-giesecke.de/werke1.htm, download: 03.05.2008).

Giesecke Hermann 1961b: Das Politische in der politischen Bildung, in: NPL, Heft 9, S. 797-803 (www.hermann-giesecke.de/werke1.htm, download: 01.11.2007).

Giesecke, Hermann 1961c: Verrat und Verräter, in: NPL, Heft 3, S. 227-236 (www.hermann-giesecke.de/werke1.htm, download: 05.05.2008).

Giesecke, Hermann 1961d: Demokratie in Amerika, in: West-Ost-Berichte, Heft 2-3, S. 154-155 (www.hermann-giesecke.de/werke1.htm, download: 05.05.2008).

Giesecke, Hermann 1962a: Zur Geschichte des jüdischen Schicksals. Ein Literaturbericht, in: Europäische Begegnung, Heft 7, S. 46-51 (www.hermann-giesecke.de/werke2.htm, download: 20.05.2008).

Giesecke, Hermann 1962b: Die politische Bildung und die Mauer, in: dj, Heft 6, S. 270-273 (www.hermann-giesecke.de/werke2.htm, download: 20.05.2008).

Giesecke, Hermann 1963a: Die Misere der geplanten Jugendlichkeit. Eine Kritik der Jugendarbeit, in: dj, Heft 2, S. 61-71 (www.hermann-giesecke.de/werke2.htm, download: 03.05.2008).

Giesecke, Hermann 1963b: Worauf antworten die jungen Arbeiter?, in: Gewerkschaftliche Monatshefte, Heft 7, S. 423-426 (www.hermann-giesecke.de/werke2.htm, download: 03.05.2008).

Giesecke, Hermann 1964a: Die Tagung als Stätte politischer Jugendbildung. Dissertation, Kiel (www.hermann-giesecke.de/dissinv.htm, download: 01.11.2007).

Giesecke, Hermann 1964b: Jugend und Gesellschaft, in: NPL, Heft 7, S. 479-506 (www.hermann-giesecke.de/werke3.htm, download: 03.05.2008).

Giesecke, Hermann 1964c: Was ist Jugendarbeit?, in: Müller, Wolfgang C./Kentler, Helmut/Mollenhauer, Klaus/Giesecke, Hermann: Was ist Jugendarbeit. Vier Versuche zu einer Theorie, München, S. 119-176 (www.hermann-giesecke.de/werke3.htm, download: 05.05.2008).

Giesecke, Hermann 1965a: Didaktik der Politischen Bildung, München.

Giesecke, Hermann 1965b: Wandlungen in der Theorie der Jugendarbeit, in: Lebendige Seelsorge, Heft 8, S. 254-256 (www.hermann-giesecke.de/werke4.htm, download: 05.05.2008).

Giesecke, Hermann 1965c: Tourismus als neues Problem der Erziehungswissenschaft, in: Hahn, Heinz (Hrsg.): Jugendtourismus. Beiträge zur Diskussion über Jugenderholung und Jugendreisen, München, S. 103-122 (www.hermann-giesecke.de/werke4.htm, download: 05.05.2008).

Giesecke, Hermann 1965d: Artikelserie „Jungsein in Deutschland", in: Sonntagsblatt, Nr. 19-25 (www.hermann-giesecke.de/werke4.htm, download: 05.05.2008).

Giesecke, Hermann 1965e: Gegen eine positivistisch verstandene „Erziehungswirklichkeit", in: dj, Heft 10, S. 468-472 (www.hermann-giesecke.de/werke4.htm, download: 05.05.2008).

Giesecke, Hermann 1966a: Politische Bildung in der Jugendarbeit, München.

Giesecke, Hermann 1966b: Entwurf einer Didaktik der Berufsfähigkeit. Theodor Wilhelm zum 60. Geburtstag, in: Pädagogische Rundschau, Heft 4, S. 362-373 (www.hermann-giesecke.de/werke5.htm, download: 05.05.2008).

Giesecke, Hermann 1966c: Braucht die deutsche Jugend Nationalgefühl? Referat zu dem

Hauptthema der 33. Vollversammlung des Deutschen Bundesjugendringes, in: dj, Heft 12, S. 541-552 (www.hermann-giesecke.de/werke5.htm, download: 05.05.2008).

Giesecke, Hermann 1966d: Bestandsaufnahme der „DDR"-Pädagogik, in: Europäische Begegnung, Heft 7-8, S. 386-388 (www.hermann-giesecke.de/werke5.htm, download: 20.05.2008).

Giesecke, Hermann 1966e: Das Gymnasium im Bildungssystem der DDR, in: Wilhelm, Theodor (Hrsg.): Die Herausforderung der Schule durch die Wissenschaften. Festgabe für Fritz Blättner zum 75. Geburtstag, Weinheim, S. 69-78 (www.hermann-giesecke.de/werke5.htm, download: 20.05.2008).

Giesecke, Hermann 1967a: Gesellschaftliche Faktoren des sozialpädagogischen Bewusstseins, in: Mollenhauer, Klaus (Hrsg.) 1966: Zur Bestimmung von Sozialpädagogik und Sozialarbeit in der Gegenwart, Weinheim, S. 86-98 (www.hermann-giesecke.de/werke6.htm, download: 03.05.2008) [Giesecke gibt der Onlineausgabe seiner Gesammelten Schriften das Jahr 1967 an, die Originalveröffentlichung stammt aber von 1966].

Giesecke, Hermann 1967b: Didaktik der politischen Bildung im außerschulischen Bereich, in: dj, Heft 9, S. 411-420 (www.hermann-giesecke.de/werke6.htm, download: 20.05.2008).

Giesecke, Hermann 1968a: Dokumentation der Kritik, in: Giesecke, Hermann: Didaktik der politischen Bildung, 3. Aufl., München, S. 199-209.

Giesecke, Hermann 1968b: Kritik der Kritik. Nachwort, in: Giesecke, Hermann: Didaktik der politischen Bildung, 3. Aufl., München, S. 211-231.

Giesecke, Hermann 1968c: Didaktische Probleme der Freizeiterziehung, in: Giesecke, Hermann (Hrsg.): Freizeit- und Konsumerziehung, Göttingen, S. 219-239 (www.hermann-giesecke.de/werke7.htm, download: 05.05.2008).

Giesecke, Hermann 1968d: Was heißt: studentische Mitbestimmung?, in: dj, Heft 2, S. 69-74 (www.hermann-giesecke.de/werke7.htm, download: 05.05.2008).

Giesecke, Hermann 1968e: Politische Bildung – Rechenschaft und Ausblick, in: GSE, Heft 5, S. 277-286 (www.hermann-giesecke.de/werke7.htm, download: 05.05.2008).

Giesecke, Hermann 1968f: Allgemeinbildung, Berufsbildung, politische Bildung – ihre Einheit und ihr Zusammenhang, in: Neue Sammlung, Heft 3, S. 210-221 (www.hermann-giesecke.de/werke7.htm, download: 05.05.2008).

Giesecke, Hermann 1968g: Pädagogische Konsequenzen, in: Veränderte Jugend – gewandelte Erziehung. Bericht über die Tagung des Allgemeinen Fürsorgeerziehungstages in Kiel vom 15. bis 17. Mai 1968 (Neue Schriftenreihe des Allgemeinen Fürsorgeerziehungstages, Heft 19), S. 47-59 (www.hermann-giesecke.de/werke7.htm, download: 20.05.2008).

Giesecke, Hermann 1969a: Emanzipation – ein neues pädagogisches Schlagwort?, in: dj, Heft 12, S. 539-544 (www.hermann-giesecke.de/werke8.htm, download: 20.05.2008).

Giesecke, Hermann 1969b: Wissenschaft lernen. Die Krise der technologischen Hochschuldidaktik, in: Deutsches Allgemeines Sonntagsblatt, Nr. 41 (12.10.1969) (www.hermann-giesecke.de/werke8.htm, download: 20.05.2008).

Giesecke, Hermann 1969c: Einführung in die Pädagogik, München.

Giesecke, Hermann 1970a: Didaktische Probleme des Lernens im Rahmen von politischen Aktionen, in: Giesecke, Hermann/Baacke, Dieter/Glaser, Hermann (Hrsg.): Politische Aktion und politisches Lernen, München, S. 11-45.

Giesecke, Hermann 1970b: Die Krise der politischen Bildung. Ein Literaturbericht, in: dj, Heft 1, S. 35-45 (www.hermann-giesecke.de/werke9.htm, download: 20.05.2008).

Giesecke, Hermann 1970c: Das Dilemma der Jugendkriminologie. Bericht über neuere Literatur, in: dj, Heft 12, S. 571-586 (www.hermann-giesecke.de/werke9.htm, download: 20.05.2008).

Giesecke, Hermann 1970d: Über das Schreiben von Lehrbüchern, in: Neue Sammlung, Heft 4, S. 406-415 (www.hermann-giesecke.de/werke9.htm, download: 20.05.2008).
Giesecke, Hermann 1971a: Jugendarbeit und Emanzipation. Theodor Wilhelm zum 65. Geburtstag, in: Neue Sammlung, Heft 3, S. 216-230 (www.hermann-giesecke.de/werke10. htm, download: 20.05.2008).]
Giesecke, Hermann 1971b: Die Jugendarbeit, München.
Giesecke, Hermann 1972a: Didaktik der Politischen Bildung. Neue Ausgabe, München.
Giesecke, Hermann 1972b: Janusz Korczak – Der Anwalt des Kindes in: dj, Heft 9, S. 397-402 (www.hermann-giesecke.de/werke10.htm, download: 03.06.2008).
Giesecke, Hermann 1972c: Die „linke" politische Pädagogik und das Grundgesetz, in: Frister, Erich/Jochimsen, Luc (Hrsg.): Wie links dürfen Lehrer sein? Unsere Gesellschaft vor einer Grundsatzentscheidung, Reinbek, S. 144-147 (www.hermann-giesecke.de/werke10.htm, download: 03.06.2008).
Giesecke, Hermann 1973a: Methodik des politischen Unterrichts, München.
Giesecke, Hermann 1973b: Bildungsreform und Emanzipation. Ideologiekritische Skizzen, München.
Giesecke, Hermann 1973c: Statt einer Einleitung. Das gegen-emanzipatorische ideologische Syndrom der Bildungsreform, in: Giesecke 1973b, S. 7-30.
Giesecke, Hermann 1973d: Erfahrungen nach fünf Jahren. Nachtrag zu: Was heißt: studentische Mitbestimmung?, in: Giesecke 1973b, S. 145-149.
Giesecke, Hermann 1973e: Erziehung gegen den Kapitalismus? Neomarxistische Pädagogik in der Bundesrepublik, in: Neue Sammlung, Heft 1, S. 42-61 (www.hermann-giesecke. de/werke11.htm, download: 10.01.2008).
Giesecke, Hermann 1973f: Die neuen hessischen Rahmenrichtlinien für den Lernbereich „Gesellschaftskunde, Sekundarstufe I", in: Neue Sammlung, Heft 2, S. 130-141 (www. hermann-giesecke.de/werke11.htm, download: 10.01.2008).
Giesecke, Hermann 1973g: Neue Rahmenrichtlinien für „Gesellschaftslehre" in Hessen, in: Westermanns Pädagogische Beiträge, S. 326-328 (www.hermann-giesecke.de/werke11. htm, download: 10.01.2008).
Giesecke, Hermann 1973h: Pluralistische Sozialisation und das Verhältnis von Schule und Sozialpädagogik, in: dj, Heft 8, S. 351-360 (www.hermann-giesecke.de/werke11.htm, download: 10.01.2008).
Giesecke, Hermann 1974a: Wer macht den politischen Unterricht parteilich? Eine Antwort auf Bernhard Sutors Kritik, in: Materialien zur politischen Bildung, Heft 4, S. 91-97 (www.hermann-giesecke.de/werke12.htm, download: 10.01.2008).
Giesecke, Hermann 1974b: Pädagogische und politische Funktionen von Richtlinien, in: Neue Sammlung, Heft 2, S. 84-132 (www.hermann-giesecke.de/werke12.htm, download: 10.01.2008).
Giesecke, Hermann 1975a: Brezinkas gesammelte Ressentiments. Anmerkungen zu „Erziehung und Kulturrevolution", in: Neue Sammlung, Heft 6, S. 585-591 (www.hermann-giesecke. de/werke12.htm, download: 10.01.2008).
Giesecke, Hermann 1975b: Abschied von der Vergangenheit? Anmerkungen zur Krise des Geschichtsunterrichts, in: Vorgänge, Heft 2, S. 88-98 (www.hermann-giesecke.de/werke12. htm, download: 20.05.2008).
Giesecke, Hermann 1975c: Emanzipation, Tradition und praktisches Bewusstsein, in: Biehl, Peter/Kaufmann, Hans-Bernhard (Hrsg.): Zum Verhältnis von Emanzipation und Tradition. Elemente einer religionspädagogischen Theorie, Frankfurt a. M., S. 76-79 (www. hermann-giesecke.de/werke12.htm, download: 20.05.2008).

Giesecke, Hermann 1975d: Plädoyer für eine praktische und praktikable politische Didaktik, in: Fischer 1975, S. 53-61.

Giesecke, Hermann 1976a: Einführung in die Politik. Lese- und Arbeitsbuch für den Sozialkundeunterricht im Sekundarbereich I, Stuttgart.

Giesecke, Hermann 1976b: Über die Grenzen einer Fachdidaktik „Politik". Überlegungen zu Wolfgang Hilligens „Didaktik des politischen Unterrichts", in: Gegenwartskunde, Heft 1, S. 95-100 (www.hermann-giesecke.de/werke13.htm, download: 20.05.2008).

Giesecke, Hermann 1976c: Nachwort: Probleme der politischen Bildung seit 1972. Politischer Konsens, Legitimation und Curriculum-Konstruktion, in: Giesecke, Hermann: Didaktik der politischen Bildung, 10., erw. Aufl., München, S. 229-241 (www.hermann-giesecke.de/poldinach.htm, download: 14.02.2005).

Giesecke, Hermann 1977a: Die Aufgaben der außerschulischen Bildungsstätten im Bildungssystem, in: dj, Heft 1, S. 22-29 (www.hermann-giesecke.de/werke14.htm, download: 20.05.2008).

Giesecke, Hermann 1977b: Rollen und Funktionen des Lehrers im Politikunterricht, in: Die deutsche Berufs- und Fachschule, Heft 3, S. 194-200 (www.hermann-giesecke.de/werke14.htm, download: 20.05.2008).

Giesecke, Hermann 1977c: Die Schule als pluralistische Dienstleistung und das Konsensproblem in der politischen Bildung, in: Schiele, Siegfried/Schneider, Herbert (Hrsg.): Das Konsensproblem in der politischen Bildung, Stuttgart, S. 56-69.

Giesecke, Hermann 1977d: Aufklärung und Subjektivität. (Zur Kritik der gegenwärtigen Reformpädagogik), in: Giesecke, Hermann (Hrsg.): Ist die bürgerliche Erziehung am Ende? München, S. 163-175 (www.hermann-giesecke.de/werke14.htm, download: 12.03.2008).

Giesecke, Hermann 1978a: Konflikt, in: Hierdeis, Helmwart (Hrsg.): Taschenbuch der Pädagogik, Baltmannsweiler, S. 497-503 (www.hermann-giesecke.de/werke15.htm, download: 03.06.2008).

Giesecke, Hermann 1978b: Didaktische Entwicklungen im Politikunterricht. Hermann Giesecke im Gespräch mit Gerd Koch, in: Born, Wolfgang/Otto, Gunter (Hrsg.): Didaktische Trends, München/Wien/Baltimore, S. 358-387 (www.hermann-giesecke.de/werke15.htm, download: 10.01.2008).

Giesecke, Hermann 1978c: Skizzen zu einer politisch begründeten historischen Didaktik, in: Neue Sammlung, Heft 1, S. 55-73 (www.hermann-giesecke.de/werke15.htm, download: 10.01.2008).

Giesecke, Hermann 1979: Einführung in die Politik. Lese- und Arbeitsbuch für den politischen Unterricht in der Sekundarstufe I, 2., völlig neu bearb. Aufl., Stuttgart.

Giesecke, Hermann 1980a: Entwicklung der Didaktik des Politischen Unterrichts, in: Max-Planck-Institut für Bildungsforschung (Hrsg.): Bildung in der Bundesrepublik Deutschland, Bd. 1, Stuttgart, S. 501-547 (www.hermann-giesecke.de/werke16.htm, download: 10.01.2008).

Giesecke, Hermann 1980b: Was „ist" eine didaktische Theorie?, in: Neue Sammlung, Heft 1, S. 65-67 (www.hermann-giesecke.de/werke16.htm, download: 10.01.2008).

Giesecke, Hermann 1980c: Anmerkungen zur „Konfliktpädagogik", in: Zeitschrift für Pädagogik, Heft 4, S. 629-633 (www.hermann-giesecke.de/werke16.htm, download: 10.01.2008).

Giesecke, Hermann 1980d: Sozialkunde, in: Spiel, Walter (Hrsg.): Die Psychologie des 20. Jahrhunderts, Bd. XI, Zürich, S. 851-855 (www.hermann-giesecke.de/werke16.htm, download: 10.01.2008).

Giesecke, Hermann 1980e: Plädoyer für eine praktische und praktikable politische Didaktik, in: Fischer 1980, S. 40-48.

Giesecke, Hermann 1981a: Vom Wandervogel bis zur Hitler-Jugend. Jugendarbeit zwischen Politik und Pädagogik, München.

Giesecke, Hermann 1981b: Wir wollen alles, und zwar subito. Ein Bericht über jugendliche Aussteiger, in: dj, Heft 6, S. 251-266 (www.hermann-giesecke.de/werke16.htm, download: 10.01.2008).

Giesecke, Hermann 1985: Wozu noch „Politische Bildung"? Anmerkungen zum 40. Geburtstag einer nach wie vor umstrittenen Bildungsaufgabe, in: Neue Sammlung, Heft 4, S. 465-474 (www.hermann-giesecke.de/werke18.htm, download: 10.01.2008).

Giesecke, Hermann 1987: Pädagogik als Beruf. Grundformen pädagogischen Handelns, Weinheim/München.

Giesecke, Hermann 1988: Parteinahme, Parteilichkeit und Toleranzgebot, in: Mickel, Wolfgang W./Zitzlaff, Dietrich (Hrsg.): Handbuch zur politischen Bildung, Bonn, S.69-72 (www.hermann-giesecke.de/werke20.htm, download: 12.03.2008).

Giesecke, Hermann 1990: Einführung in die Pädagogik. Neuausgabe, Weinheim/München.

Giesecke, Hermann 1993: Politische Bildung. Didaktik und Methodik für Schule und Jugendarbeit, Weinheim/München.

Giesecke, Hermann 1996a: Wozu ist die Schule da?, Stuttgart.

Giesecke, Hermann 1996b: Die Normalisierung der Politischen Bildung, in: Weidinger, Dorothea (Hrsg.): Politische Bildung in der Bundesrepublik. Zum dreißigjährigen Bestehen der Deutschen Vereinigung für politische Bildung, Opladen 1996, S. 106-111 (www.hermann-giesecke.de/werke22.htm, download: 12.03.2008).

Giesecke, Hermann 1997a: Wenn Familien wieder heiraten. Neue Beziehungen für Eltern und Kinder, Stuttgart.

Giesecke, Hermann 1997b: Zur Krise der politischen Bildung. Versuch einer Bilanz, in: APuZ, B 32, S. 3-10 (www.hermann-giesecke.de/werke23.htm, download: 12.03.2008).

Giesecke, Hermann 1998a: Pädagogische Illusionen. Lehren aus dreißig Jahren Bildungspolitik, Stuttgart.

Giesecke, Hermann 1998b: Interview mit Hermann Giesecke, in: Politik unterrichten, Heft 2, S. 4-15 (www.hermann-giesecke.de/werke24.htm, download: 12.03.2008).

Giesecke, Hermann 1998c: Kritik des Lernnihilismus. Zur Denkschrift „Zukunft der Bildung – Schule der Zukunft", in: Neue Sammlung, Heft 1, S. 85-102 (www.hermann-giesecke.de/werke24.htm, download: 12.03.2008).

Giesecke, Hermann 1998d: Auf der Suche nach einer Theorie der Jugendarbeit – Zur Erinnerung an Klaus Mollenhauer, in: neue praxis, Heft 5, S. 441-447 (www.hermann-giesecke.de/werke24.htm, download: 12.03.2008).

Giesecke, Hermann 1998e: Zum Verhältnis von Allgemeiner und Fachdidaktik – Das Beispiel Politikunterricht, in: Hoffmann, Dietrich/Neumann, Karl (Hrsg.): Die gegenwärtige Struktur der Erziehungswissenschaft. Zum Selbstverständnis einer undisziplinierten Disziplin, Weinheim, S. 119-127 (www.hermann-giesecke.de/werke24.htm, download: 12.03.2008).

Giesecke, Hermann 1999a: Hitlers Pädagogen. Theorie und Praxis nationalsozialistischer Erziehung, 2. Aufl., Weinheim/München.

Giesecke, Hermann 1999b: Entstehung und Krise der Fachdidaktik Politik 1960-1976, in: APuZ, B 7-8, S. 13-23.

Giesecke, Hermann 1999c: Nicht das Leben, nur die Bildung bildet, in: Psychologie heute, Heft 9, S. 54-59 (www.hermann-giesecke.de/werke25.htm, download: 12.03.2008).

Giesecke, Hermann 1999d: Parteinahme, Parteilichkeit und Toleranzgebot, in: Mickel,

Wolfgang W. (Hrsg.): Handbuch zur politischen Bildung. Grundlagen, Methoden, Aktionsformen, Schwalbach/Ts., S. 503-506 (www.hermann-giesecke.de/werke25.htm, download: 12.03.2008).

Giesecke, Hermann 2000a: Mein Leben ist lernen, Weinheim/München.

Giesecke, Hermann 2000b: Politische Bildung. Didaktik und Methodik für Schule und Jugendarbeit, 2., überarb. u. erw. Aufl., Weinheim/München.

Giesecke, Hermann 2001: Was bleibt von der Politischen Bildung?, in: Neumann, Karl/ Uhle, Reinhard (Hrsg.): Pädagogik zwischen Reform und Restauration, Weinheim, S. 153-158 (www.hermann-giesecke.de/werke26.htm, download: 12.03.2008).

Giesecke, Hermann 2004: „Der Politikunterricht wurde nach dem Kriege vor allem durch die zentralen politischen Konflikte begründet und fundiert", in: Pohl 2004a, S. 62-75.

Giesecke, Hermann/Baacke, Dieter/Glaser, Hermann/Ebert, Theodor/Jochheim, Gernot/ Brückner, Peter 1970: Politische Aktion und politisches Lernen, München.

Giesen, Bernhard 1993: Die Konflikttheorie, in: Endruweit, Günter (Hrsg.): Moderne Theorien der Soziologie. Strukturell-funktionale Theorie – Konflikttheorie – Verhaltenstheorie. Ein Lehrbuch, Stuttgart, S. 87-134.

Gmünder, Ulrich 1985: Kritische Theorie. Horkheimer, Adorno, Marcuse, Habermas, Stuttgart.

Göhler, Gerhard 1994: Dialektik, in: Nohlen, Dieter (Hrsg.): Lexikon der Politik, Bd. 2: Politikwissenschaftliche Methoden, hrsg. von Jürgen Kriz, Dieter Nohlen und Rainer-Olaf Schultze, München, S. 81-84.

Göhler, Gerhard/Klein, Ansgar 1991: Politische Theorien des 19. Jahrhunderts, in: Lieber, Hans-Joachim (Hrsg.): Politische Theorien von der Antike bis zur Gegenwart, Bonn, S. 259-656.

GPJE (Hrsg.) 2002: Politische Bildung als Wissenschaft. Bilanz und Perspektiven, Schwalbach/Ts.

GPJE 2004: Nationale Bildungsstandards für den Fachunterricht in der Politischen Bildung an Schulen. Ein Entwurf, Schwalbach/Ts.

Grammes, Tilman 1986: Politikdidaktik und Sozialisationsforschung. Problemgeschichtliche Studien zu einer pragmatischen Denktradition in der Fachdidaktik, Frankfurt/M. u.a.

Grammes, Tilman 1998: Kommunikative Fachdidaktik. Politik. Geschichte. Recht. Wirtschaft, Opladen.

Greiffenhagen, Martin 1963: Nationalsozialismus und Kommunismus im Sozialkundeunterricht, in: Frankfurter Hefte, Heft 3, S. 168-176.

Gutjahr-Löser, Peter/Knütter, Hans-Helmuth (Hrsg.) 1975: Der Streit um die politische Bildung. Was man von Staat und Gesellschaft wissen und verstehen sollte, München/Wien.

Habermas, Jürgen 1961: Über den Begriff der politischen Beteiligung, in: Habermas, Jürgen u.a. 1961, S. 11-55.

Habermas, Jürgen 1968a: Erkenntnis und Interesse, Frankfurt/M.

Habermas, Jürgen 1968b: Thesen zur Theorie der Sozialisation. Stichworte und Literatur zur Vorlesung im Sommersemester 1968, mimeo.

Habermas, Jürgen (Hrsg.) 1968c: Antworten auf Herbert Marcuse, Frankfurt/M.

Habermas, Jürgen 1968d: Zum Geleit, in: Habermas 1968c, S. 9-16.

Habermas, Jürgen 1969a: Erkenntnis und Interesse. Frankfurter Antrittsvorlesung vom 28.06.1965, in: Habermas, Jürgen: Technik und Wissenschaft als „Ideologie", Frankfurt/M., S. 146-168.

Habermas, Jürgen 1969b: Protestbewegung und Hochschulreform, Frankfurt/M.

Habermas, Jürgen 1971a: Theorie und Praxis, 4., durchges., erw. u. neu eingel. Aufl., Frankfurt/M. (Erstauflage 1963).

Habermas, Jürgen 1971b: Die Klassische Lehre von der Politik in ihrem Verhältnis zur Sozialphilosophie, in: Habermas 1971a, S. 48-88.
Habermas, Jürgen 1971c: Zwischen Philosophie und Wissenschaft. Marxismus als Kritik, in: Habermas 1971a, S. 228-288.
Habermas, Jürgen 1981: Theorie des kommunikativen Handelns, 2 Bände, Frankfurt/M.
Habermas, Jürgen 1984: Philosophisch-politische Profile, 3., erw. Ausg., Frankfurt/M.
Habermas, Jürgen 1993: Strukturwandel der Öffentlichkeit, Frankfurt/M.
Habermas, Jürgen/Friedeburg, Ludwig von/Oehler, Christoph/Weltz, Friedrich 1961: Student und Politik. Eine soziologische Untersuchung zum politischen Bewusstsein Frankfurter Studenten, Neuwied.
Hartmann, Heinz (Hrsg.) 1973: Moderne amerikanische Soziologie. Neue Beiträge zur soziologischen Theorie, 2., umgearb. Aufl., Stuttgart.
Hartmann, Martin 2006: Jürgen Habermas: Strukturwandel der Öffentlichkeit, in: Honneth/IfS 2006, S. 168-172.
Hartwich, Hans-Hermann 1990: Die wechselseitige Beeinflussung von Politik und staatlicher politischer Bildung, in: Bundeszentrale für politische Bildung (Hrsg.): Vierzig Jahre politische Bildung in der Demokratie. Dokumentation: Kongress im Berliner Reichstag vom 10.-12. November 1989, Bonn, S. 34-50.
Heine, Hartwig 1969: Tabuverletzung als Mittel politischer Veränderung, in: dj, Heft 1, S. 25-34.
Heinisch, Franz 1970: Politische Bildung – Integration oder Emanzipation?, in: Beck u.a. 1970, S. 155-183.
Hennis, Wilhelm 1957: Das Modell des Bürgers, in: GSE, Heft 7, S. 330-339.
Herdegen, Peter 2007: Das Politische als Konflikt, in: Lange, Dirk/Reinhard, Volker (Hrsg.): Basiswissen Politische Bildung (Handbuch für den sozialwissenschaftlichen Unterricht, Bd. 1: Konzeptionen politischer Bildung, hrsg. von Dirk Lange), Baltmannsweiler, S. 122-130.
Hilligen, Wolfgang 1955: Plan und Wirklichkeit im sozialkundlichen Unterricht. Untersuchungen, Erfahrungen und Vorschläge, hrsg. von der Hochschule für Internationale Pädagogische Forschung, Frankfurt/M.
Hilligen, Wolfgang 1975: Zur Didaktik des politischen Unterrichts. Wissenschaftliche Voraussetzungen – Didaktische Konzeptionen – Praxisbezug. Ein Studienbuch, Opladen.
Hilligen, Wolfgang 1990: Zu Theorie und Praxis im Politikunterricht, in: Bundeszentrale für politische Bildung (Hrsg.): Zu Theorie und Praxis der politischen Bildung, Bonn, S. 295-302.
Hilligen, Wolfgang 1991: Didaktische Zugänge zur politischen Bildung, Schwalbach/Ts.
Hochheimer, Wolfgang 1962: Vorurteilsminderung in der Erziehung und die Prophylaxe des Antisemitismus, in: Psyche, Heft 5, S. 295-294.
Honneth, Axel 2006: Max Horkheimer: Traditionelle und kritische Theorie, in: Honneth/IfS 2006, S. 229-232.
Honneth, Axel/IfS (Hrsg.) 2006: Schlüsseltexte der Kritischen Theorie, Wiesbaden.
Horkheimer, Max (Hrsg.) 1963: Zeugnisse. Theodor W. Adorno zum 60. Geburtstag, Frankfurt/M.
Horkheimer, Max 1967: Zur Kritik der instrumentellen Vernunft, hrsg. von Alfred Schmidt, Frankfurt/M.
Horkheimer, Max 1968a: Kritische Theorie. Eine Dokumentation, Bd. I., hrsg. von Alfred Schmidt, Frankfurt/M.
Horkheimer, Max 1968b: Kritische Theorie. Eine Dokumentation, Bd. II, hrsg. von Alfred Schmidt, Frankfurt/M.
Horkheimer, Max 1968c: Vorwort, in: Horkheimer 1968a, S. IX-XIV.
Horkheimer, Max 1970: Verwaltete Welt? Ein Gespräch, Zürich.

Horkheimer, Max 1988a: Gesammelte Schriften, Bd. 3: Schriften 1931-1936, hrsg. von Alfred Schmidt, Frankfurt/M.
Horkheimer, Max 1988b: Die gegenwärtige Lage der Sozialphilosophie und die Aufgaben eines Instituts für Sozialforschung, in: Horkheimer 1988a, S. 20-35.
Horkheimer, Max 1988c: Vorwort [zu Heft 1/2 des I. Jahrgangs der Zeitschrift für Sozialforschung], in: Horkheimer 1988a, S. 36-39.
Horkheimer, Max 1992a: Traditionelle und kritische Theorie. Fünf Aufsätze, Frankfurt/M.
Horkheimer, Max 1992b: Traditionelle und kritische Theorie, in: Horkheimer 1992a, S. 205-259.
Horkheimer, Max 1992c: Vernunft und Selbsterhaltung, in: Horkheimer 1992a, S. 271-301.
Horkheimer, Max/Adorno, Theodor 1981: Vorurteil und Charakter. Ein Bericht, in: Horkheimer, Max: Gesellschaft im Übergang. Aufsätze, Reden und Vorträge 1942-1970, hrsg. von Werner Brede, Frankfurt/M., S. 82-93.
Horkheimer, Max/Adorno, Theodor W. 1995: Dialektik der Aufklärung. Philosophische Fragmente, Frankfurt/M.
Horn, Wolfgang 1996: Rechtsstaatsprinzip und Sozialstaatsprinzip, in: Massing, Peter (Hrsg.): Das Demokratiemodell der Bundesrepublik Deutschland. Grundstruktur – Prinzipien – Systematik, Schwalbach/Ts., S. 68-80.
Hornung, Klaus 1975: Zwischen offener Gesellschaft und ideologischem Dogmatismus. 30 Jahre Politische Bildung und Erziehung in der Bundesrepublik, in: Gutjahr-Löser/Knütter 1975, S. 15-42.
Huber, Ludwig 1998: Fächerübergreifender Unterricht – auch auf der Sekundarstufe II?, in: Duncker, Ludwig/Popp, Walter (Hrsg.): Fächerübergreifender Unterricht in der Sekundarstufe I und II – Prinzipien, Perspektiven, Beispiele, Bad Heilbrunn, S. 18-34.
Hufer, Klaus-Peter/Pohl, Kerstin/Scheurich, Imke (Hrsg.) 2004: Positionen der politischen Bildung 2. Ein Interviewbuch zur außerschulischen Jugend- und Erwachsenenbildung, Schwalbach/Ts.
Hüser, Karl/Beckers, Wilhelm/Küpper, Ferdinand 1976: Politische Bildung im zwanzigsten Jahrhundert. Bedingungen und Elemente ausgewählter Konzeptionen, Neuwied/Darmstadt.
Jacobsen, Walter 1962: Ein Leck in den Bemühungen um politische Bildung, in: Die deutsche Schule, Heft 12, S. 567-577.
Jaeggi, Rahel 2006a: Max Horkheimer/Theodor W. Adorno: Dialektik der Aufklärung. Philosophische Fragmente, in: Honneth/IfS 2006, S. 249-253.
Jaeggi, Rahel 2006b: Herbert Marcuse: Versuch über die Befreiung, in: Honneth/IfS 2006, S. 360-363.
Jay, Martin 1976: Dialektische Phantasie. Die Geschichte der Frankfurter Schule und des Instituts für Sozialforschung 1923-1950, Frankfurt/M.
Jordan, Stefan 2009: Theorien und Methoden der Geschichtswissenschaft, Paderborn u.a.
Jörke, Dirk 2003: Demokratie als Erfahrung. John Dewey und die politische Philosophie der Gegenwart, Wiesbaden
Juchler, Ingo 2005: Demokratie und politische Urteilskraft. Überlegungen zu einer normativen Grundlegung der Politikdidaktik, Schwalbach/Ts.
Juchler, Ingo 2011: Der Konflikt – Kategoriale Politikdidaktik bei Hermann Giesecke, in: May/Schattschneider 2011, S. 91-113.
Kallscheuer, Otto 1986: Marxismus und Sozialismus bis zum Ersten Weltkrieg, in: Fetscher, Iring/Münkler, Herfried (Hrsg.): Pipers Handbuch der politischen Ideen, Bd. 4: Neuzeit. Von der Französischen Revolution bis zum europäischen Nationalismus, hrsg. von Shlomo Avineri, Iring Fetscher und Herfried Münkler, München/Zürich, S. 515-588.

Kerstiens, Ludwig 1975: Modelle Emanzipatorischer Erziehung. Eine Zwischenbilanz. Voraussetzungen – Entwürfe – Kritik, 2., durchges. u. erw. Aufl., Bad Heilbrunn.

Kiss, Gábor 1973: Einführung in die soziologischen Theorien II. Vergleichende Analyse soziologischer Hauptrichtungen, Opladen.

KMK 1960: Auszug aus dem Beschluss der Ständigen Konferenz der Kultusminister der Länder in der Bundesrepublik Deutschland über die Rahmenvereinbarung zur Ordnung auf der Oberstufe der Gymnasien vom 29. September 1960, in: Schneider 1975, Bd. 1, S. 311.

KMK 1962: Beschluss der Ständigen Konferenz der Kultusminister der Länder in der Bundesrepublik Deutschland über Rahmenrichtlinien für die Gemeinschaftskunde in den Klassen 12 und 13 der Gymnasien vom 5. Juli 1962, in: Schneider 1975, Bd. 1, S. 312-316.

Knütter, Hans Helmuth (Hrsg.) 1984: Politische Bildung in der Bundesrepublik Deutschland, Bonn.

Kocka, Jürgen 1999: Interview mit Jürgen Kocka zum Thema: „Neubeginn und Entwicklung der deutschen Geschichtswissenschaft in den 1950/60er Jahren" (http://hsozkult.geschichte. hu-berlin.de/beitrag/intervie/kocka.htm, download: 01.10.2009).

König, René 1958: Grundformen der Gesellschaft. Die Gemeinde, Hamburg.

Kraushaar, Wolfgang 2001: Denkmodelle der 68er-Bewegung, in: APuZ, B 22-23, S. 14-27.

Kruse, Volker 2008: Geschichte der Soziologie, Konstanz.

Krysmanski, Hans Jürgen 1971: Soziologie des Konflikts. Materialien und Modelle, Reinbek.

Kuhn, Hans-Werner/Massing, Peter 1990: Politische Bildung in Deutschland. Entwicklung – Stand – Perspektiven, Opladen.

Kuhn, Hans-Werner/Massing, Peter 2004: Einleitung, in: Frech, Siegfried/Kuhn, Hans-Werner/ Massing, Peter (Hrsg.): Methodentraining für den Politikunterricht I, Schwalbach/Ts., S. 7-12.

Kuhn, Hans-Werner/Massing, Peter/Skuhr, Werner 1993: Politische Bildung in Deutschland. Entwicklung – Stand – Perspektiven, 2., überarb. u. erw. Aufl., Opladen.

Kühn, Peter 1977: Theoretischer Pluralismus und politischer Unterricht, Frankfurt a. M./ Bern/Las Vegas.

Kuhn, Thomas S. 1996: Die Struktur wissenschaftlicher Revolutionen, 13. Aufl., Frankfurt/M.

Kühr, Herbert 1980: Politische Didaktik, Königstein/Ts.

Ladwig, Bernd 2009: Moderne politische Theorie. Fünfzehn Vorlesungen zur Einführung, Schwalbach/Ts.

Landshut, Siegfried 1975: Die Schwierigkeiten der politischen Erziehung in der egalitären Massengesellschaft, in: Schneider 1975, Bd. 1, S. 67-74.

Lemberg, Eugen 1958: Ideologie und Utopie unserer politischen Bildung, in: GSE, Heft 2, S. 57-65.

Lemberg, Eugen 1964: Nationalismus. Band II. Soziologie und politische Pädagogik, Reinbek.

Lenk, Kurt 1962: Sinn und Unsinn der Forderung nach einer Gegenideologie, in: GSE, Heft 3, S. 135-148.

Lingelbach, Karl Christoph 1967a: Der „Konflikt" als Grundbegriff der politischen Bildung (1. Teil). Auseinandersetzung mit neuen Denkansätzen zur politischen Bildung, in: Pädagogische Rundschau, Heft 1, S. 48-54.

Lingelbach, Karl Christoph 1967b: Der „Konflikt" als Grundbegriff der politischen Bildung (2. Teil), in: Pädagogische Rundschau, Heft 2, S. 125-138.

Lipset, Seymour Martin 1962: Soziologie der Demokratie, Neuwied.

Maier, Hans 1965: Die Vorschläge der Vereinigten Kommission zur Ausbildung und Prüfung der Sozialkundelehrer an der Universität, in: GSE, Heft 2, S. 114-121.

Maiwald, Kai-Olaf 2006: Horkheimer, Max/Fromm, Erich/Marcuse, Herbert: Studien über

Autorität und Familie. Forschungsberichte aus dem Institut für Sozialforschung, in: Honneth/IfS 2006, S. 254-258.

Mambour, Gerit 2007: Zwischen Politik und Pädagogik. Eine politische Geschichte der politischen Bildung in der Bundesrepublik Deutschland, Schwalbach/Ts.

Mannheim, Karl 1932: Die Gegenwartsaufgaben der Soziologie. Ihre Lehrgestalt, Tübingen.

Mannheim, Karl 1952: Ideologie und Utopie, 3. Aufl., Frankfurt/M.

Mannheim, Karl 1958: Mensch und Gesellschaft im Zeitalter des Umbaus, Darmstadt.

Marcuse, Herbert 1965: Über den affirmativen Charakter der Kultur, in: Marcuse, Herbert: Kultur und Gesellschaft I, Frankfurt/M., S. 56-101.

Marcuse, Herbert 1973: Triebstruktur und Gesellschaft, Frankfurt/M.

Marcuse, Herbert 1974: Der eindimensionale Mensch. Studien zur Ideologie der fortgeschrittenen Industriegesellschaft, Neuwied/Berlin.

Marx, Karl 1971: Die Klassenkämpfe in Frankreich 1848-1850, in: MEW, Bd. 7: August 1849-Juni 1851, Übersetzung der vom Institut für Marxismus-Leninismus beim ZK der KPdSU hrsg. russischen Ausgabe, Berlin, S. 9-107.

Marx, Karl 1980: Das Elend der Philosophie. Antwort auf Proudhons „Philosophie des Elends", in: MEW, Bd. 4: Mai 1846-März 1848, hrsg. vom Institut für Marxismus-Leninismus beim ZK der SED, Berlin, S. 63-182.

Marx, Karl 1981a: Zur Kritik der Politischen Ökonomie, in: MEW, Bd. 13: Januar 1859-Februar 1865, hrsg. vom Institut für Marxismus-Leninismus beim ZK der SED, Berlin, S. 3-160.

Marx, Karl 1981b: Zur Judenfrage, in: MEW, Bd. 1: Karl Marx 1842-1844, Friedrich Engels 1839-1844, hrsg. vom Institut für Marxismus-Leninismus beim ZK der SED, Berlin, S. 347-377.

Marx, Karl 1981c: Thesen über Feuerbach, in: MEW, Bd. 3: 1845-1846, hrsg. vom Institut für Marxismus-Leninismus beim ZK der SED, Berlin, S. 5-7.

Marx, Karl 1985: Ökonomisch-philosophische Manuskripte aus dem Jahr 1844, in: MEW, Bd. 40: Karl Marx: Schriften und Briefe, November 1837-August 1844, hrsg. vom Institut für Marxismus-Leninismus beim ZK der SED, Berlin, S. 465-588.

Marx, Karl 1988: Das Kapital. Kritik der politischen Ökonomie. Erster Band, hrsg. vom Institut für Marxismus-Leninismus beim ZK der SED, Berlin.

Marx, Karl/Engels, Friedrich 1980: Manifest der Kommunistischen Partei, in: MEW, Bd. 4: Mai 1846-März 1848, hrsg. vom Institut für Marxismus-Leninismus beim ZK der SED, Berlin, S. 459-493.

Marx, Karl/Engels, Friedrich 1981: Die deutsche Ideologie. Kritik der neuesten deutschen Philosophie in ihren Repräsentanten Feuerbach, B. Bauer und Stirner, und des deutschen Sozialismus in seinen verschiedenen Propheten, in: MEW, Bd. 3: 1845-1846, hrsg. vom Institut für Marxismus-Leninismus beim ZK der SED, Berlin, S. 9-530.

Massing, Peter 1978: Marxistische und pluralistische Konflikttheorien, in: Gabriel, Oscar W. (Hrsg.): Grundkurs politische Theorie, Köln/Wien, S. 191-222.

Massing, Peter 1979: Interesse und Konsensus. Zur Rekonstruktion und Begründung normativkritischer Elemente neopluralistischer Demokratietheorie, Opladen.

Massing, Peter 1995: Wege zum Politischen, in: Massing, Peter/Weißeno, Georg (Hrsg.): Politik als Kern der politischen Bildung. Wege zur Überwindung unpolitischen Politikunterrichts, Opladen, S. 61-98.

Massing, Peter 1997: Politikwissenschaftliche Deutungen und kategorialer Politikunterricht, in: Massing, Peter/Weißeno, Georg (Hrsg.): Politische Urteilsbildung. Zentrale Aufgabe für den Politikunterricht, Schwalbach/Ts., S. 221-230.

Massing, Peter 1999: Theoretische und normative Grundlagen politischer Bildung, in: Beer,

Wolfgang/Cremer, Will/Massing, Peter (Hrsg.): Handbuch politische Erwachsenenbildung, Schwalbach/Ts., S. 21-60.

Massing, Peter 2001: Bürgerleitbilder und Medienkompetenz, in: Weißeno, Georg (Hrsg.): Politikunterricht im Informationszeitalter. Medien und neue Lernumgebungen, Schwalbach/Ts., S. 39-50.

Massing, Peter 2002: Politikdidaktik als Wissenschaft?, in: GPJE 2002, S. 32-44.

Massing, Peter 2005: Normativ-kritische Dimensionen politischer Bildung, in: Weißeno, Georg (Hrsg.): Politik besser verstehen. Neue Wege der politischen Bildung, Wiesbaden, S. 19-42.

Massing, Peter 2007: 40 Jahre Politikdidaktik – Auf dem Weg zu einer eigenständigen Wissenschaft, in: Politische Bildung, Heft 3, S. 18-30.

May, Michael/Schattschneider, Jessica (Hrsg.) 2011: Klassiker der Politikdidaktik neu gelesen. Originale und Kommentare, Schwalbach/Ts.

Messelken, Karlheinz 1968: Politikbegriffe der modernen Soziologie. Eine Kritik der Systemtheorie und Konflikttheorie, Köln/Opladen.

Messerschmid, Felix 1960: Politische Bildung und Höhere Schule, in: Bundeszentrale für Heimatdienst (Hrsg.): Möglichkeiten und Grenzen der politischen Bildung in der Höheren Schule, Bonn, S. 9-32.

Messerschmid, Felix 1965: Zur politischen Bildungsaufgabe der Oberstufe der höheren Schule, in: GSE, Heft 2, S. 86-104.

Mills, C. Wright 1963: Kritik der soziologischen Denkweise, Neuwied/Berlin.

Minssen, Friedrich 1957: Der politische Mensch heute, in: GSE, Heft 7, S. 307-310.

Mitscherlich, Alexander 1962: Revision der Vorurteile, in: Der Monat, Nr. 165, S. 7-21.

Mitscherlich, Alexander 1963: Auf dem Weg zur vaterlosen Gesellschaft. Ideen zur Sozialpsychologie, München.

Mommsen, Hans 1962: Zum Verhältnis von politischer Wissenschaft und Geschichtswissenschaft in Deutschland, in: Vierteljahreshefte für Zeitgeschichte, Heft 4, S. 341-372.

Müller-Doohm, Stefan 1997: 50 Jahre „Dialektik der Aufklärung" (www.radiobremen.de/online/adorno/mueller_doohm.pdf, download: 15.12.2008).

Münkler, Herfried 1997: Der kompetente Bürger, in: Klein, Ansgar/Schmalz-Bruns, Rainer (Hrsg.): Politische Beteiligung und Bürgerengagement in Deutschland. Möglichkeiten und Grenzen, Baden-Baden, S. 153-172.

Narr, Wolf-Dieter 1969: Logik der Politikwissenschaft – eine propädeutische Skizze, in: Kress, Gisela/Senghaas, Dieter (Hrsg.): Politikwissenschaft. Eine Einführung in ihre Probleme, Frankfurt/M., S. 9-37.

Narr, Wolf-Dieter 1972: Theoriebegriffe und Systemtheorie, Stuttgart u.a., 3. Aufl.

Negt, Oskar 1968: Soziologische Phantasie und exemplarisches Lernen. Zur Theorie der Arbeiterbildung, Frankfurt/M.

Negt, Oskar 1971: Soziologische Phantasie und exemplarisches Lernen. Zur Theorie und Praxis der Arbeiterbildung, überarb. Neuausgabe, Frankfurt/M.

Nohlen, Dieter/Schultze, Rainer-Olaf 2002 (Hrsg.): Lexikon der Politikwissenschaft. Theorien, Methoden, Begriffe, 2 Bände, München.

Nolte, Paul 2001: Die Ordnung der deutschen Gesellschaft. Selbstentwurf und Selbstbeschreibung im 20. Jahrhundert, München.

Oehler, Christoph 1961: Chancen politischer Bildung, in: Habermas u.a. 1961, S. 239-277.

Parsons, Talcott 1976: Grundzüge des Sozialsystems, in: Parsons, Talcott: Zur Theorie sozialer Systeme, Opladen, S. 161-274.

Pieper, Josef 2004: Grundformen sozialer Spielregeln. Eine soziologisch-ethische Grundlegung der Sozialpädagogik, in: Wald, Berthold (Hrsg.): Josef Pieper. Werke in acht Bänden,

Ergänzungsband 1: Frühe soziologische Schriften, Hamburg, S. 196-309 (Erstveröffentlichung 1933).

Pohl, Kerstin 1997: Das „Beck-Risiko" – Wie eine fragwürdige Gesellschaftsdiagnose zu einem allgemeinen Dogma in der Politikdidaktik avancierte, in: Politische Bildung, Heft 2, S. 174-190.

Pohl, Kerstin 1999a: Gesellschaftstheorien, in: Weißeno 1999, S. 92-93.

Pohl, Kerstin 1999b: Politische Theorie und politische Bildung, in: Weißeno 1999, S. 196-199.

Pohl, Kerstin (Hrsg.) 2004a: Positionen der politischen Bildung 1. Ein Interviewbuch zur Politikdidaktik, Schwalbach/Ts.

Pohl, Kerstin 2004b: Politikdidaktik heute – Gemeinsamkeiten und Differenzen. Ein Resümee, in: Pohl 2004a, S. 302-349.

Pohl, Kerstin 2004c: Demokratie-Lernen als Aufgabe des Politikunterrichts? Die Rezeption von Deweys Demokratiebegriff und die Parallelisierungsfalle, in: Breit, Gotthard/Schiele, Siegfried (Hrsg.): Demokratie braucht politische Bildung, Schwalbach/Ts., S. 166-180.

Pohl, Kerstin 2004d: Demokratie als Versprechen, in: Politische Bildung, Heft 3, S. 129-138.

Pohl, Kerstin 2009: Politische Bildung zwischen Emanzipation und Demokratisierung. Ein Interview mit Ingrid Schmiederer zur Erinnerung an Rolf Schmiederer, in: Politische Bildung, Heft 4, S. 136-149.

Pohl, Kerstin/Buchstein, Hubertus 1999: Moderne Demokratietheorien, in: Massing, Peter (Hrsg.): Ideengeschichtliche Grundlagen der Demokratie, Schwalbach/Ts., S. 70-92.

Pross, Helge 1963: Zum Begriff der pluralistischen Gesellschaft, in: Horkheimer 1963, S. 439-450.

Raddatz, Fritz 1987: Karl Marx. Der Mensch und seine Lehre, Reinbek.

Rathert, Hans Jürgen 1964: Ideologiekritik als Prinzip politischen Unterrichts, in: GSE, Heft 5, S. 314-323.

Reiche, Reimut 2006a: Herbert Marcuse: Triebstruktur und Gesellschaft, in: Honneth/IfS 2006, S. 344-348.

Reiche, Reimut 2006b: Herbert Marcuse: Der eindimensionale Mensch, in: Honneth/IfS 2006, S. 352-356.

Reinhardt, Sibylle 2005: Politik-Didaktik. Praxishandbuch für die Sekundarstufe I und II, Berlin.

Roloff, Ernst August 1972a: Erziehung zur Politik. Eine Einführung in die politische Didaktik, Bd. 1: Sozialwissenschaftliche Grundlagen, Göttingen.

Roloff, Ernst August 1972b: Das Grundgesetz als Problem der Didaktik, in: APuZ, B 1-2, S. 16-30.

Roloff, Ernst August 1972c: Politische Didaktik als kritische Sozialwissenschaft, in: APuZ, B 10, S. 32-38.

Röll, Katharina 2007: Biologisch-politischer Unterricht und Bildung für Nachhaltigkeit. Eine empirische Studie über die Wirkung fächerverbindenden Unterrichts im Bereich der Umweltbildung, Hamburg.

Rosa, Hartmut 2006: Theodor W. Adorno: Eingriffe. Neun kritische Modelle, in: Honneth/IfS 2006, S. 49-51.

Rosa, Hartmut/Strecker, David/Kottmann, Andrea 2007: Soziologische Theorien, Konstanz.

Roth, Heinrich (Hrsg.) 1963: Gemeinschaftskunde und Politische Bildung. Ein Arbeitsbericht. Im Auftrage des Göttinger Instituts für Erziehung und Unterricht, Göttingen.

Roth, Klaus 2002: Totalität, in: Nohlen/Schultze 2002, Bd. 2, S. 977-979.

Sander, Wolfgang 1999: Konfliktdidaktik, in: Richter, Dagmar/Weißeno, Georg (Hrsg.) 1999: Lexikon der politischen Bildung, Band 1: Didaktik und Schule, Schwalbach/Ts., S. 129-131.

Sander, Wolfgang 2001: Politik entdecken – Freiheit leben. Neue Lernkulturen in der politischen Bildung, Schwalbach/Ts.
Sander, Wolfgang 2002: Politikdidaktik heute – wo steht die Wissenschaft vom politischen Lernen?, in: GPJE 2002, S. 9-19.
Sander, Wolfgang 2003: Politik in der Schule. Kleine Geschichte der politischen Bildung, Bonn.
Sander, Wolfgang 2005: Theorie der politischen Bildung: Geschichte – didaktische Konzeptionen – aktuelle Tendenzen und Probleme, in: Sander, Wolfgang (Hrsg.): Handbuch politische Bildung, Schwalbach/Ts., S. 13-47.
Sander, Wolfgang 2011: Kompetenzorientierung in Schule und politischer Bildung – eine kritische Zwischenbilanz, in: Autorengruppe Fachdidaktik, S. 9-25.
Sanford, R. Nevitt/Adorno, Theodor W./Frenkel-Brunswik, Else/Levinson, Daniel J. 1973: Die Messung antidemokratischer Züge in der Charakterstruktur, in: Adorno 1973a, S. 37-104.
Scharpf, Fritz W. 1998: Demokratische Politik in der internationalisierten Ökonomie, in: Greven, Michael Th. (Hrsg.): Demokratie – eine Kultur des Westens? 20. Wissenschaftlicher Kongress der Deutschen Vereinigung für Politische Wissenschaft, Opladen, S. 81-103.
Schefer, Gerwin 1969: Das Gesellschaftsbild des Gymnasiallehrers. Eine Bewusstseinsanalyse des deutschen Studienrats, Frankfurt/M.
Scherb, Armin 2003: Streitbare Demokratie und politische Bildung. Grundlagen und Bauelemente eines normativ-pädagogischen Konzepts, Hamburg.
Scheurich, Imke/Pohl, Kerstin/Hufer, Klaus-Peter 2004: Außerschulische politische Bildung heute – Ein Resümee in zwei Teilen, in: Hufer/Pohl/Scheurich 2004, S. 340-392.
Schildt, Axel 2001: Vor der Revolte. Die sechziger Jahre, in: APuZ, B 22-23, S. 7-13.
Schlette, Hanna 1963: Brauchen wir eine politische Psychologie?, in: GSE, Heft 2, S. 65-68.
Schlussresolution 1965: Schlussresolution der Tagung „Die Rolle der Sozialwissenschaften in der Sozialkunde und ‚Gemeinschaftskunde' der höheren Schule (Politische Weltkunde)", in: GSE, Heft 2, S. 214.
Schmidt, Manfred G. 2011: Das politische System Deutschlands, 2. überarb., akt. u. erw. Aufl., München.
Schmiederer, Rolf 1969: Politische Bildung zwischen Gemeinschaftsideologie und Nationalismus. Zum Stand der Politischen Bildung in der Bundesrepublik, in: Das Argument, Nr. 54, S. 431-465.
Schmiederer, Rolf 1971: Zur Kritik der Politischen Bildung. Ein Beitrag zur Soziologie und Didaktik des politischen Unterrichts, Frankfurt/M.
Schmiederer, Rolf 1972: Zwischen Affirmation und Reformismus. Politische Bildung in Westdeutschland seit 1945, Frankfurt/M.
Schmiederer, Rolf 1977a: Politische Bildung im Interesse der Schüler, Hannover.
Schmiederer, Rolf 1977b: Entwicklung und Probleme der Didaktik des politischen Unterrichts, in: Fischer, Kurt Gerhard (Hrsg.) 1975: Zum aktuellen Stand der Theorie und Didaktik der Politischen Bildung, Stuttgart, S. 75-84.
Schmiederer, Rolf/Schmiederer, Ingrid 1966: Neuere Literatur zur politischen Bildung, in: Das Argument, Nr. 40, S. 406-413.
Schmiederer, Ursula/Schmiederer, Rolf 1970: Der Neue Nationalismus in der politischen Bildung, Frankfurt/M.
Schneider, Heinrich 1962: Person, Gesellschaft, Freiheit, in: GSE, Heft 4, S. 197-222.
Schneider, Heinrich (Hrsg.) 1975: Politische Bildung in der Schule, 2 Bände, Darmstadt.
Schörken, Rolf (Hrsg.) 1974: Curriculum „Politik". Von der Curriculum-Theorie zur Unterrichtspraxis, Opladen.

Schumm, Wilhelm 2006: Theodor W. Adorno: Theorie der Halbbildung, in: Honneth/IfS 2006, S. 46-48.

Seel, Norbert M. 2003: Psychologie des Lernens. Lehrbuch für Pädagogen und Psychologen, 2., akt. u. erw. Aufl., München/Basel.

Sontheimer, Kurt 1962: Das Staatsbewusstsein in der Demokratie, in: Der Bürger im Staat, Heft 4, S. 74-82.

Sontheimer, Kurt 1963: Politische Wissenschaft und Gemeinschaftskunde, in: APuZ, B 34-35, S. 11-20.

Sontheimer, Kurt 1975: Politische Bildung zwischen Utopie und Verfassungswirklichkeit, in: Schneider 1975, Bd. 1, S. 202-221.

Sternberger, Dolf 1954: Politische Bildung. Ein Vortrag, Frankfurt/M.

Sutor, Bernhard 1973: Didaktik des politischen Unterrichts. Eine Theorie der politischen Bildung, mit einem Nachwort zur 2. Auflage, 2. Aufl., Paderborn.

Sutor, Bernhard 1974: Parteilichkeit politischer Bildung? Ein Diskussionsbeitrag in Auseinandersetzung mit Hermann Gieseckes „Didaktik der politischen Bildung", in: Materialien zur politischen Bildung, Heft 4, S. 85-91.

Sutor, Bernhard 1975: Philosophisch-anthropologische Grundlagen der Politischen Bildung, in: Gutjahr-Löser/Knütter 1975, S. 43-72.

Sutor, Bernhard 1981: Theoretische Konzepte und philosophische Grundlagen politischer Bildung, in: Ammon/Roth 1981, S. 43-59.

Sutor, Bernhard 1984: Neue Grundlegung politischer Bildung, Bd. I: Politikbegriff und politische Anthropologie, Paderborn u.a.

Sutor, Bernhard 2002: Politische Bildung im Streit um die „intellektuelle Gründung" der Bundesrepublik Deutschland. Die Kontroversen der siebziger und achtziger Jahre, in: APuZ, B 45, S. 17-27.

Teschner, Manfred 1963a: Politische Bildung an höheren Schulen, in: Horkheimer 1963, S. 402-409.

Teschner, Manfred 1963b: Zur Wirksamkeit der Politischen Bildung an höheren Schulen, in: Roth, H. 1963, S. 107-115.

Teschner, Manfred 1968: Politik und Gesellschaft im Unterricht. Eine soziologische Analyse der politischen Bildung an hessischen Gymnasien, Frankfurt/M.

Türcke, Christoph/Bolte, Gerhard 1994: Einführung in die Kritische Theorie, Darmstadt.

Vereinigte Kommission 1965: Vorschlag der Vereinigten Kommission der DGS und der DVPW zur Frage der Sozialkunde im Rahmen der Gemeinschaftskunde (August 1964), in: GSE, Heft 2, S. 71-85.

Wallraven, Klaus 1976: Der unmündige Bürger. Ideologien und Illusionen politischer Pädagogik, München.

Wallraven, Klaus/Dietrich, Eckart 1970: Politische Pädagogik. Aus dem Vokabular der Anpassung, München.

Weber, Max 1980: Wirtschaft und Gesellschaft. Grundriss der verstehenden Soziologie, 5., rev. Ausgabe, Tübingen.

Weiß, Ulrich 2002a: Dialektik, in: Nohlen/Schulze 2002, Bd. 1, S. 144.

Weiß, Ulrich 2002b: Dialektischer Materialismus, in: Nohlen/Schulze 2002, Bd. 1, S. 145.

Weißeno, Georg (Hrsg.) 1999: Lexikon der politischen Bildung, Bd. 1: Didaktik und Schule, hrsg. von Dagmar Richter und Georg Weißeno, Schwalbach/Ts.

Weißeno, Georg 2002: Wo steht die Politikdidaktik als Wissenschaft?, in: GPJE 2002, S. 20-31.

Weißeno, Georg 2006: Kernkonzepte der Politik und Ökonomie – Lernen als Veränderung mentaler Modelle, in: Weißeno, Georg (Hrsg.): Politik und Wirtschaft unterrichten, Bonn, S. 120-141.

Weißeno, Georg/Detjen, Joachim/Juchler, Ingo/Massing, Peter/Richter, Dagmar 2010: Konzepte der Politik – ein Kompetenzmodell, Schwalbach/Ts.

Wiggershaus, Rolf 1991: Die Frankfurter Schule. Geschichte – Theoretische Entwicklung – Politische Bedeutung, 3. Aufl., München.

Winkler, Heinrich August 2004: Der lange Weg nach Westen II. Deutsche Geschichte 1933-1990, Bonn.

Wolfrum, Edgar 2007: Die geglückte Demokratie. Geschichte der Bundesrepublik Deutschland von ihren Anfängen bis zur Gegenwart, Bonn.

Abkürzungen

APuZ	Aus Politik und Zeitgeschichte. Beilage zur Wochenzeitung „Das Parlament"
APO	Außerparlamentarische Opposition
BpB	Bundeszentrale für politische Bildung
DGS	Deutsche Gesellschaft für Soziologie
dj	deutsche jugend. Zeitschrift für die Jugendarbeit
DVPB	Deutsche Vereinigung für Politische Bildung
DVPW	Deutsche Vereinigung für Politische Wissenschaft
FDP	Freie Demokratische Partei
GPJE	Gesellschaft für Politikdidaktik und politische Jugend- und Erwachsenenbildung
GSE	Gesellschaft, Staat, Erziehung. Blätter für politische Bildung und Erziehung
IfS	Institut für Sozialforschung
KMK	Ständige Konferenz der Kultusminister der Länder in der Bundesrepublik Deutschland („Kultusministerkonferenz")
KPdSU	Kommunistische Partei der Sowjetunion
KZfSS	Kölner Zeitschrift für Soziologie und Sozialpsychologie
MEW	Marx-Engels-Werke
MPI	Max-Planck-Institut
Napola	Nationalpolitische Lehranstalt (amtlich: NPEA – Nationalpolitische Erziehungsanstalt)
NPL	Neue Politische Literatur
NRW	Nordrhein-Westfalen
NS	Nationalsozialismus
PoBi	Politische Bildung. Beiträge zur wissenschaftlichen Grundlegung und zur Unterrichtspraxis
SED	Sozialistische Einheitspartei Deutschlands
SDS	Sozialistischer Deutscher Studentenbund
ZfS	Zeitschrift für Sozialforschung
ZK	Zentralkomitee

Danksagung

Hermann Giesecke, dessen politikdidaktische Konzeption im Zentrum dieser Arbeit steht, sagt über didaktische Theorien, sie suchten sich Aufklärung, wo sie sie finden könnten. Nicht nur eine didaktische Theorie, sondern auch eine Dissertation erfordert Aufklärung und für mich gilt, was Giesecke für die Didaktik gesagt hat: Ich habe mir Aufklärung gesucht, wo ich sie finden konnte. Gefunden habe ich sie nicht nur in den zahlreichen Büchern und Zeitschriften, die ich im Laufe der Zeit gelesen und verarbeitet habe, sondern auch bei den Menschen, ohne deren Beiträge zu meiner Aufklärung ich diese Arbeit nicht hätte schreiben können.
Ich danke zuerst Prof. Dr. Peter Massing, der mich während des gesamten Promotionsvorhabens zuverlässig unterstützt hat. Er hat mir sowohl bei politikdidaktischen als auch bei fachwissenschaftlichen Fragen immer kompetente Antworten gegeben und mir nicht zuletzt auch immer wieder enthusiastisch und deshalb glaubhaft versichert, dass es kein spannenderes Dissertationsthema gibt als meines. Darüber hinaus hat er mich auch bei meinen ersten Schritten in der universitären Lehre und in der scientific community gefördert, die mit der Arbeit an meiner Dissertation untrennbar verbunden waren.
Prof. Dr. Gotthard Breit und Prof. Dr. Hubertus Buchstein danke ich dafür, dass sie jederzeit ein offenes Ohr für meine politikdidaktischen bzw. fachwissenschaftlichen Fragen hatten. Sie haben mir in zahlreichen Telefonaten und persönlichen Gesprächen wichtige Ratschläge gegeben, die mir über schwierige Klippen hinweg geholfen und erheblich zur Verbesserung dieser Arbeit beigetragen haben.
Meine Kolleginnen aus dem Arbeitsbereich Politikdidaktik am Otto Suhr-Institut der FU-Berlin, Jessica Schattschneider, Sabine Achour und Dr. Katharina Röll-Berge haben Teile des Manuskripts kritisch mit mir diskutiert und mir wertvolle Anregungen gegeben. Das gleiche gilt für die Kolleginnen und Kollegen aus der GPJE, die hier nicht alle namentlich genannt werden können. Die studentischen Hilfskräfte der Politikdidaktik am OSI, Maxime Lejeune und Philip Elsen haben durch Recherchen und das Lesen von Teilen des Manuskripts einen wichtigen Beitrag geleistet.
Etliche Aspekte meines Dissertationsthemas habe ich über die Jahre immer wieder mit zahlreichen Freundinnen und Freunden erörtert. Vor allem in Gesprächen mit Imke Scheurich, Dr. Matthias Simon, Matthias Bertsch, Jeannette Ennigkeit, Marianne Gurr, Christiane Jansen, Michael Kern und Dr. Thomas Rink habe ich neue Ideen entwickelt und alte verbessert.

Markus Soldner hat durch seine kritischen Nachfragen und zahllose intensive Diskussionen die Arbeit (nicht nur) inhaltlich enorm bereichert. Darüber hinaus verdanke ich seiner moralischen und organisatorischen Unterstützung, dass ich in der Schlussphase die Arbeit relativ entspannt und fast immer auch mit Freude am Schreiben fertig stellen konnte.

Nicht nur während der Dissertation, sondern seit mein Sein begonnen hat, mein Bewusstsein zu prägen, haben mich meine Eltern, Armin und Karin Pohl, gefördert. Ihren Beitrag darzustellen würde ein weiteres Buch füllen. Da sie dies wissen, brauche ich dieses zweite Buch nicht zu schreiben. Stattdessen widme ich ihnen dieses.

Berlin im Juni 2011
Kerstin Pohl

Ergänzung zur zweiten Auflage

Für Unterstützung bei der Durchsicht des Manuskripts der zweiten Auflage danke ich Laura Lay und Anna Krekeler sowie Margit Hartung von der Johannes Gutenberg-Universität Mainz.

Mainz im Oktober 2013
Kerstin Pohl

... ein Begriff für politische Bildung

Kleine Reihe
Klassiker im Original

Weitere Bücher der Reihe

Gotthard Breit
Allein vor der Klasse
Meine erste Stunde im Politikunterricht
978-3-89974569-6, 112 S., € 12,80

Carl Deichmann
Symbolische Politik und politische Symbolik
Dimensionen politischer Kultur
978-3-89974357-9, 64 S., € 9,80

Carl Deichmann
Leistungsbeurteilung im Politikunterricht
978-3-89974494-1, 60 S., € 9,80

Walter Gagel
Drei didaktische Konzeptionen:
Giesecke, Hilligen, Schmiederer
978-3-89974209-1, 48 S., € 9,80

Reinhold Hedtke
Konzepte ökonomischer Bildung
978-3-89974658-7, 96 S., € 12,80

Bernd Janssen
Kreativer Politikunterricht
Wider die Langeweile im schulischen Alltag
978-3-89974388-3, 82 S., € 9,80

Bernd Janssen
Methodenorientierte Politikdidaktik
Methoden zur Sachanalyse und Unterrichtsplanung
978-3-89974312-8, 56 S., € 9,80

Klaus Kremb
Kompaktwissen Politikdidaktik
Kategorien – Konzeptionen – Kompetenzen
978-3-89974624-2, 64 S., € 9,80

Sabine Manzel
Wissensvermittlung und Problemorientierung im Politikunterricht. Lehr-Lern-Forschung.
Eine anwendungsorientierte Einführung
978-3-89974396-8, 64 S., € 9,80

Michael May
Demokratielernen oder Politiklernen?
978-3-89974397-5, 50 S., € 9,80

Britta Schellenberg
Unterrichtspaket Demokratie und Rechtsextremismus
anhand rechtsextremer Musik
978-3-89974633-4, 80 S., € 12,80

Siegfried George
Erschließendes Denken
Selbstreflexion, Meditation, Intuition, Kreativität als Methoden des politischen Unterrichts
978-3-87920-515-8, 54 S., € 5,00

Kurt G. Fischer
Das Exemplarische im Politikunterrichts
978-3-87920-514-1, 47 S., € 5,00

Wolfgang Hilligen
Didaktische Zugänge in der politischen Bildung
978-3-87920-502-8 , 48 S., € 5,00

Bernhard Sutor
Politische Bildung als Praxis
978-3-87920-503-5, 45 S., € 5,00

INFOSERVICE: Neuheiten für Ihr Fachgebiet unter **www.wochenschau-verlag.de** | Jetzt anmelden!
Adolf-Damaschke-Str.10, 65824 Schwalbach/Ts., Tel.:06196/86065, Fax:06196/86060, info@wochenschau-verlag.de